Pädagogik im Verborgenen

Clemens Bach
(Hrsg.)

Pädagogik im Verborgenen

Bildung und Erziehung in der ästhetischen Gegenwart

Hrsg.
Clemens Bach
Berlin, Deutschland

ISBN 978-3-658-21890-4   ISBN 978-3-658-21891-1   (eBook)
https://doi.org/10.1007/978-3-658-21891-1

Die Deutsche Nationalbibliothek verzeichnet diese Publikation in der Deutschen Nationalbibliografie; detaillierte bibliografische Daten sind im Internet über http://dnb.d-nb.de abrufbar.

Springer VS
© Springer Fachmedien Wiesbaden GmbH, ein Teil von Springer Nature 2019
Das Werk einschließlich aller seiner Teile ist urheberrechtlich geschützt. Jede Verwertung, die nicht ausdrücklich vom Urheberrechtsgesetz zugelassen ist, bedarf der vorherigen Zustimmung des Verlags. Das gilt insbesondere für Vervielfältigungen, Bearbeitungen, Übersetzungen, Mikroverfilmungen und die Einspeicherung und Verarbeitung in elektronischen Systemen.
Die Wiedergabe von allgemein beschreibenden Bezeichnungen, Marken, Unternehmensnamen etc. in diesem Werk bedeutet nicht, dass diese frei durch jedermann benutzt werden dürfen. Die Berechtigung zur Benutzung unterliegt, auch ohne gesonderten Hinweis hierzu, den Regeln des Markenrechts. Die Rechte des jeweiligen Zeicheninhabers sind zu beachten.
Der Verlag, die Autoren und die Herausgeber gehen davon aus, dass die Angaben und Informationen in diesem Werk zum Zeitpunkt der Veröffentlichung vollständig und korrekt sind. Weder der Verlag, noch die Autoren oder die Herausgeber übernehmen, ausdrücklich oder implizit, Gewähr für den Inhalt des Werkes, etwaige Fehler oder Äußerungen. Der Verlag bleibt im Hinblick auf geografische Zuordnungen und Gebietsbezeichnungen in veröffentlichten Karten und Institutionsadressen neutral.

Springer VS ist ein Imprint der eingetragenen Gesellschaft Springer Fachmedien Wiesbaden GmbH und ist ein Teil von Springer Nature
Die Anschrift der Gesellschaft ist: Abraham-Lincoln-Str. 46, 65189 Wiesbaden, Germany

Vorwort

Das Verhältnis von Pädagogik und Ästhetik scheint angespannt und von Widersprüchlichkeiten durchzogen zu sein. Auf der einen Seite proklamieren Künstler*innen und Praktiker*innen in der kulturellen und ästhetischen Bildung eine Abwesenheit pädagogischer Implikationen und Intentionen in ihren Werken, Praktiken und Konzepten (vgl. Brinkmann 2013). Dies hat eine lange Tradition. Bereits seit Schillers wirkmächtiger Schrift *Über die ästhetische Erziehung des Menschen* (1795/2001) werden ästhetische Praktiken und Erfahrungen mit Spiel, Freiheit und Autonomie verbunden und einer pädagogischen Intentionalität entgegengestellt – ein Dual, das sich bis in die Gegenwart durchzieht. Gleichwohl schreiben die Protagonist*innen jenen Projekten und Konzepten der kulturellen und ästhetischen Bildung fast schon mythische Heilswirkungen zu. Mit ihnen sollen pädagogische, institutionelle und gesellschaftliche Missstände verbessert werden (vgl. Rat für Kulturelle Bildung 2013). Obwohl also Pädagogik und Ästhetik oftmals als Gegensätze konstruiert werden, verbinden sich mit künstlerischen Ambitionen häufig implizite Erwartungen, die sich auch auf Pädagogisches beziehen. Auf der anderen Seite gibt es auch im Pädagogischen Ansichten, die umgekehrt das Pädagogische strikt vom Ästhetischen trennen – so etwa das wirkungsmächtige Verdikt Mollenhauers, Ästhetisches passe nicht in die „pädagogische Kiste" (Mollenhauer 1990, S. 484). Gerade aufgrund der die Freiheit einschränkenden pädagogischen Intentionalitäten und der institutionellen Bedingtheiten seien in pädagogischen Zusammenhängen keine ästhetischen Erfahrungen möglich. Ästhetisches erweise sich hier vielmehr als „Sperrgut" (vgl. ebd.). Pädagogische Tätigkeiten und die Kunstpädagogik müssten daher darauf verzichten, ästhetische Erfahrungen anregen zu wollen. Sie müssten auf eine Propädeutik begrenzt werden.

Die Frage nach dem Verhältnis von Pädagogik und Ästhetik führt also in ein widersprüchliches Feld zwischen einerseits Abgrenzungs- und Begrenzungsbemühungen und andererseits Wirkungsabsichten und Möglichkeitshoffnungen. Oftmals aber werden Gegenstand, Felder und Praktiken kultureller und ästhetischer Bildung in ihrem Bezug zum Pädagogischen und in ihrer impliziten oder expliziten Normativität nicht ausreichend thematisiert und reflektiert (vgl. Rat für Kulturelle Bildung 2015).

Der vermeintliche Dual von Pädagogik und Ästhetik wird im Zeitalter des „ästhetischen Kapitalismus" (Reckwitz 2011) weiter zerstreut. Im Zuge einer Ästhetisierung von Praktiken, Gegenständen und Denkformen scheint inzwischen alles irgendwie mit Kreativem und Künstlerischem verbunden. Die Entgrenzung der kulturellen, technischen, wissenschaftlichen und ökonomischen Produktionsformen und die allgegenwärtige Beschwörung von Kreativität, von Spielerischem und von Autonomie macht auch vor dem Pädagogischen nicht halt. Die Pathosformeln vom kreativen, autonomen und spielerischen Lernen sind ubiquitär geworden. Die allgegenwärtige Beweihräucherung des Selbst (Selbsttätigkeit, Selbstlernen, Selbstwirksamkeit usw.) in pädagogischen Zusammenhängen, insbesondere in schulischen und vorschulischen Kontexten passt sich in die Ästhetisierung, Funktionalisierung und Ökonomisierung gesellschaftlicher und sozialer Praktiken ein. Bildung und Erziehung werden als Subjektivierungspraktiken (vgl. Ricken, Casale und Thompson 2016) in den Prozess der unternehmerischen (vgl. Bröckling 2007) und ästhetischen Selbstoptimierung (vgl. Reckwitz 2018) hineingezogen.

Gleichwohl – in die Bestimmung, Reflexion und Beschreibung ästhetischer Produktions- und Gelingensbedingungen sowie ästhetischer Praktiken und ästhetischer Objekte scheinen diese Tendenzen paradoxerweise nicht Eingang gefunden zu haben. Je stärker Freiheit, Spiel und Autonomie in Bereichen ästhetischer und kultureller Bildung und Erziehung beschworen werden, desto weniger lassen sie sich begrifflich, inhaltlich und strukturell von der ubiquitären Ästhetisierung unterscheiden und abgrenzen. Wenn überhaupt noch von Bildung die Rede ist, dann nur noch im trivialisierten „Bildungsgerede" (Ruhloff 2006). Erziehung scheint hier sowieso als Zumutung und als Unwort zu gelten, das aufgrund seiner unklaren Verbindung von Intentionalität und Normativität unter der Perspektive der Beschwörung des Selbst grundsätzlich in Verdacht gerät (vgl. Reichenbach 2018), zu disziplinieren und zu normalisieren. In Zeiten des Spätkapitalismus verstärkt sich also einerseits das Spannungsverhältnis zwischen Pädagogischem und Ästhetischem. Andererseits finden beide in den Tendenzen der Ästhetisierung und der Pädagogisierung des Selbst zusammen, auch hier vielfach versteckt, verborgen und unausgesprochen. Gegebenenfalls passen sich sogar die Absichtserklärungen und

Abgrenzungsbemühungen funktional in eine allgemeinkulturelle-kapitalistische Ästhetisierung ein – ohne allerdings die pädagogischen, widerständigen Momente zu beachten (vgl. Thompson und Weiß 2008).

Diese widerständigen Momente kommen in den Blick, wenn Bildung und Erziehung aufeinander bezogen und grundlagentheoretisch erfasst werden (vgl. Benner 2016; Prange 2015). Die Widerständigkeit des Pädagogischen gegen die ubiquitäre Ästhetisierung von sozialen und pädagogischen Praktiken und Begriffen bindet das *Projekt* der Pädagogik an die aufklärerische Tradition der Kritik und Subversion (vgl. Foucault 1992) – eine Perspektive, mit der in diesem Band das Verborgene ans Licht und zur Aussprache gebracht wird. Das Verborgene meint hier nicht eine platonische Hinterwelt, sondern mitgängig formulierte und nicht explizite pädagogische Zusammenhänge – seien es Ziele, Methoden oder Praktiken – in theoretischen und gegenständlichen Bereichen der Ästhetik. Die in diesem Band in drei Teilen zusammengestellten „verborgenen Konstellationen", „entbergenden Reflexionen" und „bergenden Dechiffrierungen" verdanken sich also der kritischen Perspektive, den pädagogischen Gehalt von Theorien, Konzeptionen, Praktiken und Objekten im Ästhetischen herauszuarbeiten – auch gegen die Absichtserklärung der Protagonist*innen. Es werden also jeweils gegenintentional verborgene und verschwiegene Intentionalitäten, kritisch untergründige Normativitäten und reflexiv implizite pädagogische Gehalte aufgedeckt. Auch werden Konzepte, Praktiken und Gegenstände kritisch interpretiert, die sich nur scheinbar einer Abwesenheit des Pädagogischen verdanken. So wird aber nicht die Autonomie der Kunst bezweifelt, wohl aber ihre vermeintliche Nicht-Pädagogizität aufgedeckt. Damit leistet der Band und sein Herausgeber Clemens Bach einen wichtigen Beitrag zur Aufdeckung des falschen Duals zwischen Kunst und Pädagogik bzw. zwischen Ästhetik und Erziehung – eines Duals, der in Zeiten spätkapitalistischer Ästhetisierung bzw. ästhetisierender Subjektivierung immer fragwürdiger wird. Zugleich gelingt es den Autor*innen und dem Herausgeber, Konstellationen, Praktiken und Gegenstände, die im erziehungswissenschaftlichen Diskurs bisher wenig Beachtung gefunden haben, aus dem Verborgenen zu heben – wie zum Beispiel Wurstverpackungen, Architekturen, Waldspaziergänge oder elektronische oder Heavy Metal-Musik.

Das alles vollzieht sich aus der Perspektive einer Wissenschaft, die sich selbst notorisch unsicher über ihre eigenen Gegenstände, Grundbegriffe und Praktiken ist (vgl. Prange 2005). Die Beiträge dieses Bandes sind also auch als Versuche einer Selbstvergewisserung im Pädagogischen zu lesen. Mitgängig wird immer wieder die Differenz einer ästhetischen und einer pädagogischen Wirksamkeit herausgestellt, um nicht dem Vorurteil aufzusitzen, alles Ästhetische sei irgendwie pädagogisch oder umgekehrt, alles Pädagogische irgendwie auch ästhetisch. Die pädagogische Wirksamkeit wird in einer ersten Lesart auf eine erzieherische Intentionalität zurückgeführt – oftmals mit Bezug auf Prange und Benner. Eine zweite Lesart bezieht sich auf bildende Erfahrungen im Ästhetischen und eine dritte bestimmt sie sozialtheoretisch als Relation zwischen Erziehung und Bildung. In letzterer werden auch nicht-intentionale Aspekte pädagogischer Situationen wie Materialität und Performativität einbezogen. Alle drei Lesarten verbürgen eine pädagogische Perspektive, die sich nicht gegen das Ästhetische wendet, sondern Pädagogisches im Ästhetischen findet, ohne dessen Eigenlogik zu stören oder zu zerstreuen.

Dieser Band sei daher nicht nur Pädagog*innen auf der Suche nach ihrem Kerngeschäft im Ästhetischen empfohlen. Er ist auch Künstler*innen, Kunstpädagog*innen und all jenen anempfohlen, die in Bereichen der kulturellen und ästhetischen Bildung arbeiten. Denn hier wird eine Vermittlung von künstlerischen und ästhetischen Gedanken, Praktiken und Objekten in nicht-dualistischer, kritischer Perspektive aufgeworfen. Damit lassen sich neue Perspektiven auf das Ästhetische im Pädagogischen und zugleich auf das Pädagogische im Ästhetischen werfen.

Malte Brinkmann

Literatur

1. Benner, D. (2015). Erziehung und Bildung! Zur Konzeptualisierung eines erziehenden Unterrichts, der bildet. *Zeitschrift für Pädagogik 61 (4)*, S. 481–496.
2. Brinkmann, M. (2013). Wiederkehr der Übung. Übungstheoretische Anmerkungen zu einem praktischen und theoretischen Desiderat im Kunstunterricht. In. J. Krautz & H. Sowa (Hrsg.), *Kunst+Unterricht, Lernen – Üben – Können, H. 369/370*, S. 72–77.
3. Bröckling, U. (2007). *Das unternehmerische Selbst: Soziologie einer Subjektivierungsform*. Frankfurt a. M.: Suhrkamp.
4. Foucault, M. (1992). *Was ist Kritik?* Berlin: Merve.
5. Mollenhauer, K. (1990). Ästhetische Bildung zwischen Kritik und Selbstgewissheit. *Zeitschrift für Pädagogik Nr. 36*, S. 481–494.
6. Prange, K. (2005). *Die Zeigestruktur der Erziehung. Grundriss der operativen Pädagogik*. Paderborn: Schöningh.
7. Rat für kulturelle Bildung (2013). Alles immer gut? Mythen kultureller Bildung. https://www.rat-kulturelle-bildung.de/publikationen/denkschriften/. Zugegriffen: 19. November 2018.

8. Rat für kulturelle Bildung (2015): Zur Sache. Kulturelle Bildung: Gegenstände, Praktiken und Felder. https://www.rat-kulturelle-bildung.de/publikationen/denkschriften/. Zugegriffen: 19. November 2018.
9. Reckwitz, A. (2011). *Die Erfindung der Kreativität. Zum Prozess gesellschaftlicher Ästhetisierung*. Berlin: Suhrkamp.
10. Reckwitz, A. (2018). *Die Gesellschaft der Singularitäten. Zum Strukturwandel der Moderne*. Berlin: Suhrkamp.
11. Reichenbach, R. (2018). *Ethik der Bildung und Erziehung. Essays zur pädagogischen Ethik*. Paderborn: Schöningh.
12. Ricken, N., Casale, R., & Thompson, C. (Hrsg.) (2016): *Die Sozialität der Individualisierung*. Paderborn: Schöningh.
13. Ruhloff, J. (2006). Bildung und Bildungsgerede. *Vierteljahrsschrift für wissenschaftliche Pädagogik, 82. Jg., H.3/2006*, S. 287–299.
14. Schiller, F. (2001). *Philosophische Schriften. Schillers Werke. Nationalausgabe Bd. 20*. Herausgegeben von B. von Wiese, J. Peters, L. Blumenthal & N. Oellers. Weimar: Böhlau.
15. Thompson, C., & Weiß, G. (Hg.) (2008). *Bildende Widerstände – widerständige Bildung. Blickwechsel zwischen Pädagogik und Philosophie*. Bielefeld: transcript.

Inhaltsverzeichnis

Einleitung. 1
Clemens Bach

Teil I Pädagogik, Ästhetik und Theorie –
Verborgene Konstellationen

Das Pädagogische im Schatten der ästhetischen
Differenz. 27
Carlos Willatt

Das Buch als pädagogisches Medium
ästhetischer Empfindung? Versuche zu einer
erziehungstheoretischen Analyse. 45
Ulf Sauerbrey

Die Sichtbarkeit der *cultural lucidity* im
Medium des *ontologischen Freaks*. Anmerkungen
zu einer pädagogischen Theorie der Fotografie. 63
Clemens Bach

It's More Fun To Compute? Karl Bartos zur
Dialektik von Digitalisierung und Kreativität
am Beispiel der Band „Kraftwerk". 103
Malte Brinkmann

Smart Things. Über Design und Bildung 119
Jörg Zirfas

Pädagogische Implikationen des zeitgenössischen
Theaters. Oder: Die Angst vor dem Zeigefinger 141
Friederike Förster

Teil II   Ästhetische Praktiken – Entbergende Reflexionen

Forest Bathing – Eine pädagogische Wanderung
durch den Wald 169
Sebastian Engelmann

Science meets art. Zu den Spielarten performativer
Sozialforschung 191
Irene Leser

Die implizite Pädagogik ästhetischer Praktiken –
Mediale Ausrichtung am Beispiel des Handy-Videos 223
Ole Wollberg

Bildung(sprozesse) inkognito? – Ästhetische
Praktiken als Wechselwirkung zwischen
Ich und Heavy Metal 257
André Epp

Teil III   Ästhetische Gegenstände – Bergende Dechiffrierungen

Stadtgestaltung als Erziehungsmaßnahme.
Oder: Reaktionäre Architektur und die
Entbildung des Öffentlichen 281
Robert Pfützner

Froh, zu demonstrieren. Zum Verhältnis von
Empowerment und Kritik der zweiten
OFF-Biennale Budapest 299
Carolin Krahl

"The Danger of a Single Story" – Ästhetisch-
pädagogische Zugänge zur menschlichen
Pluralität in Anlehnung an Chimamanda Ngozi
Adichie und Hannah Arendt 317
Anne Otzen und Ole Hilbrich

**Die Extrawurst für Kinder – oder Verpackungen
von Kinderlebensmitteln als Artefakte
pädagogischer Vorstellungen** 337
Juliane Noack Napoles

**Nach dem Fall der Wand. Versteckte pädagogische
Vorgänge im post-edukativen Theater** 359
Iris Laner

Autor_inneninfo 385

Einleitung

Clemens Bach

1 Pädagogik im Verborgenen oder: Verortungen des Pädagogischen im Schein der willkürlichen Freiheit

Es ist schon vor sehr langer Zeit üblich geworden, allgemeine Reflexionen über den Zusammenhang von Pädagogik und Ästhetik nicht ohne den Verweis auf einen der wohl wirkmächtigsten Texte der Moderne zu diesem theoretischen Konfliktfeld zu beginnen – oder zumindest dessen Kenntnisnahme zu bezeugen. Die Briefe *Über die ästhetische Erziehung des Menschen* von Friedrich Schiller (1759–1805) aus dem Jahr 1795 weisen eine beeindruckende Rezeptionsgeschichte auf. Sie dienten und dienen Wissenschaftler_innen aus den Disziplinen der Geschichte, der Philosophie, der Literatur-, Kunst- und Erziehungswissenschaft als Dokument einer vergangenen Epoche, deren Aufstieg und Niedergang aufs Engste miteinander verflochten und deren Fortschrittshoffnung auf die Verwirklichung einer aufgeklärten und humanen Welt wiederum an die politische und gesellschaftliche Rolle der Kunst geknüpft war. Und noch bis in unsere Gegenwart behält der Textkorpus Schillers jene Fähigkeit, die nicht nur philosophischen Texten, sondern ebenso literarischen Schriften oftmals als Ausweis ihrer Qualität zugerechnet wird: Sie bleiben aktuell, da sie diejenigen Fragen stellen und Beobachtungen schildern, die heute noch mit ungebrochener Schärfe kulturelle wie gesellschaftliche Problemlagen erkennen lassen. Und gleichzeitig unterbreiten sie in ihrem nicht gerade bescheidenen Hoffnung stiftenden Gestus einen Vorschlag für die Versöhnung der menschlichen und gemeinschaftlichen Verhältnisse mittels der Kunst,

---

C. Bach (✉)
Berlin, Deutschland
E-Mail: clemens_bach@gmx.de

© Springer Fachmedien Wiesbaden GmbH, ein Teil von Springer Nature 2019
C. Bach (Hrsg.), *Pädagogik im Verborgenen,*
https://doi.org/10.1007/978-3-658-21891-1_1

Freiheit und eben der Pädagogik, der, sicher in abgewandelter Form, noch bis heute die hehren Ziele verschiedenster Kultur- und Kunstschaffender beeinflusst. Der traditionelle Bezug auf die Briefe Schillers speist sich zu einem Großteil aus der Feststellung, dass die eigene Gegenwart der Leser_innen der Schiller'schen Texte sich nicht allzu entfernt von den Inhalten seiner Diagnosen aufhält. Von Schillers Kultur- und Gesellschaftskritik, seiner Anthropologie, seinen Überlegungen zu Erziehung und Bildung bis hin zu seiner eigenwilligen Aneignung der kantischen Ästhetik; all diese allgemeinen Topoi sind bekannt oder zumindest präsent und ihre Wirkungsgeschichte ist schwer zu überblicken. Allein der Gegenstand – die Briefe selbst – bietet zahlreiche Lesarten an, und auch die heutigen Auseinandersetzungen um ihn scheinen dies zu bestätigen.

Viel wurde also von Schiller, seinen Epigonen_innen oder Kritiker_innen, und der kaum zu überschauenden sich auf ihn beziehenden Menge von Künstler_innen und Wissenschaftler_innen gesagt und behauptet, zur Disposition gestellt oder schlicht postuliert. Warum also wieder Schiller bemühen, ihn so zum Anwalt derjenigen Gedanken erklären, die anscheinend schon oftmals den verschiedensten Auslegungen unterlagen und durch eine nicht abzuweisende Prominenz wenig Überraschendes zu aktuellen Debatten über Ästhetik und Pädagogik zutage fördern? Warum sollte gerade Schiller etwas zu einer *Pädagogik im Verborgenen* beizutragen haben? Ist nicht schon im Titel seiner Schrift dasjenige Wort aufzufinden, welches den expliziten Bezug zu dem Gegenstand Pädagogik nicht etwa verbirgt, sondern geradezu in das Zentrum der Ausführungen rückt? Es ist weniger die Originalität seiner Gedanken als vielmehr das ihm eigene Geschick seiner pathetischen wie gleichsam luziden Sprache, die einerseits das offenbart, was noch bis heute allzu gern von Produzent_innen und Rezipient_innen der Kunst geleugnet wird, und andererseits kenntlich macht, wie ein so bezwecktes Resultat durch eine bestimmte Funktionsweise vonstattengeht. Dazu findet sich in dem Brief Schillers vom 21. November 1793 an den Prinzen Friedrich Christian von Schleswig-Holstein-Sonderburg-Augustenburg ein interessanter Passus, der dann allerdings in die Version des bis heute überlieferten Textkorpus von 1795 nicht aufgenommen wurde. Darin heißt es:

> Zum Denken wird der Mensch, wenn nicht starke Triebfedern seine natürliche Trägheit überwinden, bekanntlich nur durch den Reitz des Genußes eingeladen, […]. Und dann kann uns ein noch so großes Gut in der Erwartung, wenn es auch anlockend genug ist, uns zur Arbeit anspornen, doch die gegenwärtige Mühe der Anstrengung nicht verbergen, noch das Gefühl eines Zwanges ersparen. Um dieses Gefühl völlig aus dem Gemüth zu verbannen, muß der Genuß so schnell mit der Anspannung wechseln, daß das Bewußtsein beyde Zustaende kaum unterscheiden kann. Ein Meister in der guten Darstellung muß also die Geschicklichkeit besitzen, das Werk der Abstracktion augenblicklich in einen Stoff für die Phantasie zu

verwandlen, Begriffe in Bilder umzusetzen, Schlüße in Gefühle aufzulösen, und die strenge Gesetzmäßigkeit des Verstandes unter einem Schein von Willkür zu verbergen (Schreibweise i. O.) (Schiller 2008, S. 173 f.).

Was hier nur im Vorbeigehen von Schiller gar als Imperativ an den Meister der guten Darstellung formuliert wird, legt offen, inwiefern die scheinbar im Modus der Willkür vollzogene Vermittlung auf einen Begriff oder den Verstand als Stoff für das Gefühl, die Sinnlichkeit oder eben die Fantasie umzubilden sei. Keine Anstrengung oder Arbeit wäre somit von den Rezipient_innen abverlangt, diese könnten mittels des Genusses eingeladen werden, den Inhalten des Denkens ohne das gleichzeitige Bewusstsein von deren willentlich gestalteten Intentionen zu folgen. Expliziter drückt Schiller diesen Gedanken anhand der Gegenüberstellung von verschiedenen pädagogischen Modellen aus. Auch hier ist die Rede des Verborgenen eng mit der Hervorbringung einer ästhetischen, d. h. sinnlichen und scheinbar freien Lenkung des Verstandes – hier am Beispiel des Lesers – verbunden. Im selben Brief schreibt er also:

> Wer hingegen allgemein gefallen will, den entschuldigt kein Stoff, er muß die Freiheit respecktiren, er muß das logische Geräthe verbergen, wodurch er den Verstand seines Lesers lenckt. Wenn der dogmatische Vortrag in geraden Linien und harten Ecken mit mathematischer Steifigkeit fortschreitet, so windet sich der schöne Vortrag in einer freyen Wellenbewegung fort, ändert in jedem Punkt unmerklich seine Richtung, und kehrt eben so unmerklich zu derselben zurück. Der dogmatische Lehrer, könnte man sagen, zwingt uns seine Begriffe auf, der sokratische lockt sie aus uns heraus, der Redner und Dichter gibt uns Gelegenheit, sie mit scheinbarer Freiheit aus uns selbst zu erzeugen (ebd., S. 175).

In Hinblick auf Schiller lässt sich also der Gedanke einer *Pädagogik im Verborgenen* als ein solcher konzeptualisieren, der es ermöglicht, dort Praktiken, Reflexionen oder Intentionen ausfindig zu machen, wo mittels verschiedenster Strategien und hauptsächlich unter der Verwendung der Chiffre des Ästhetischen der Schein des Nicht-Intentionalen, des nicht gezielten Einwirkens auf adressierte Personen konstruiert wird. Was für Schiller noch unter dem Verweis auf Freiheit und Vernunft am Ende des 18. Jahrhunderts und mithilfe einer äußerst metaphernreichen Sprache kein Problem darzustellen vermochte, ist in unserer Gegenwart, in der das Ästhetische in allen möglichen Formen und sozialen Feldern angesprochen wird, ein nahezu blasphemisches Unterfangen gegenüber ästhetischen und künstlerischen Praktiken und Erzeugnissen. Wer möchte heute schon bereitwillig feststellen, dass das von ihm so geschätzte Theaterstück oder das für ihn initiierte Leseerlebnis eines Romans über seine Dichte an theoretischen, historischen und anderweitigen Bezügen eventuell eben doch einem Bildungs- oder gar Erziehungsauftrag verpflichtet ist? Wer möchte schon zugeben, dass der als ästhetisch und somit auch als selbstbestimmt wahrgenommene Genuss von Bauwerken, Fotografien, Musik, bildender Kunst usw. auf die Initiative von – um in der Sprache Schillers zu bleiben – Rednern, Dichtern und Meistern der Darstellung gestaltet wurde, und einer konkreten Vermittlung von Inhalten folgt, die eben diese Gestalt des *logischen Geräthes* verbirgt? Und welche Produzent_innen der jeweiligen künstlerischen und ästhetischen Artefakte würden diese rhetorisch gestellten Fragen wiederum unkommentiert und ohne einen gewissen Widerwillen an sich vorüberziehen lassen?

Bildung und Erziehung in der ästhetischen Gegenwart, so der Untertitel des vorliegenden Bandes, scheinen dennoch in bestimmten Bereichen der Erziehungswissenschaft sowie in der außer- und innerschulischen pädagogischen Praxis keine Seltenheit mehr zu sein. Die Publikationen zu diesem Thema häufen sich, die Anzahl verschiedenster staatlicher oder privat geförderter Programme, Seminare, Kurse usw. nimmt stetig zu.[1] Dennoch scheint die Abwehr des Pädagogischen aus der Ästhetik immer noch und vor allem in theoretischen Diskussionen um den Eigenwert des Ästhetischen eine große Rolle zu spielen. Daher wird im Folgenden der aufgestellten Formel von einer *Pädagogik im Verborgenen*, die Bildung und Erziehung in der ästhetischen Gegenwart verorten will, mittels dreier Schritte begegnet. *Erstens* soll knapp umrissen werden, was es heißt, von einer *ästhetischen Gegenwart* zu sprechen. Weshalb ist es von Interesse, über die Allgegenwart des Ästhetischen nachzudenken und wie steht diese in Beziehung zu aktuellen gesellschaftlichen Prozessen? Welche Berührungspunkte zwischen Ästhetik und Pädagogik sind darüber hinaus gegenwärtig hervorzuheben und welche Momente geraten dabei überhaupt in den Blick? *Zweitens* wird anhand drei kurzer, prominenter Beispiele verdeutlicht, wo das Pädagogische in der theoretischen Reflexion über das Ästhetische als etwas auftritt, was explizit aus dessen Umfang ausgeschlossen und als Abgrenzung zur Bestimmung seines Eigenwerts verwendet wird. Die theoretischen Entwürfe von Juliane Rebentisch, Jacques Rancière sowie Alexander Garcia Düttmann zur Gegenwartskunst werden hier dementsprechend daraufhin befragt, inwiefern sich nach ihrer Abwehr

---

[1] Als ein Indikator für diese Beobachtung kann neben der steigenden Anzahl verschiedenster Magazine und Veröffentlichungen – ein rascher Blick in die unterschiedlichsten Verlagsprogramme dazu genügt – nicht zuletzt die finanzielle Aufstockung des Haushalts der Bundesregierung für den Bereich Kultur und Medien gelten. Verglichen mit dem Bundeshaushaltsbeschluss von 2013 wurde der veranschlagte Betrag der Regierung für das Ressort der Staatsministerin für Kultur und Medien 2018 um 476 Mio. EUR erhöht. Der gegenwärtige Etat, den Bundestag und Bundesrat im Juli 2018 beschlossen haben, liegt nun bei 1,78 Mrd. EUR (vgl. Bundesregierung 2018).

des Pädagogischen dennoch geradezu pädagogische Reflexionen in ihren Schriften erkennen lassen. Es wird sich zeigen, dass, am Beispiel der theoretischen Diskussion um die Bestimmung von dem, was Gegenwartskunst ist und oder sein soll, pädagogische Ideen von diesen Fragen nicht einfach zu trennen sind, oder kurz: wo eine Pädagogik im Verborgenen als nicht-intendierte Figur auf einer theoretischen Ebene sich wiederholt kenntlich macht. *Drittens* wird hier in Aussicht gestellt, welche Vor- und Nachteile und auch welche ausbaufähigen Bestandteile mit der aufgestellten Formel einhergehen, und was schließlich konkret unter ihr zu verstehen ist. Welche Konsequenzen ergeben sich nicht nur für die Erziehungswissenschaft aus einer solchen Analysekategorie? Was kann sie überhaupt hervorheben, klarer umreißen oder schlicht besser erkennbar machen? Und letztlich: Was ist daraus zu gewinnen, wenn behauptet wird, dass das Verbergen des *logischen Geräthes* – wie es bei Schiller hieß – noch heute zum ästhetischen Schein des Willkürlichen zur Vermeidung pädagogischer Intentionen genutzt wird?

2 Ästhetischer Kapitalismus, unscharfe Differenzen und interpretatorische Herausforderungen

Von einer *ästhetischen Gegenwart* zu sprechen ist nicht selbstverständlich, da schon diejenigen Positionen, die die gesellschaftliche Gegenwart zu bestimmen versuchen, vielzählig auftreten. Spätmoderne Gesellschaften werden grosso modo bspw. nach Oliver Nachtwey als *Abstiegsgesellschaften* (vgl. 2016), nach Oliver Marchart als *Prekarisierungsgesellschaften* (vgl. 2013), nach Bernd Stegemann als Austragungsort der Krise des Liberalismus in Form von Populismen (vgl. 2017) oder nach den Autor_innen des Unsichtbaren Komitees als eine durch den aktuellen Kapitalismus strukturierte allgemeine *Fragmentierung* (vgl. 2018) wahrgenommen. Inmitten dieser mehr als nur Unbehagen auslösenden Befunde nimmt das Nachdenken über Kultur und Ästhetik eine besondere Stellung ein. Kultur und Ästhetik wird – zumeist mit positiv zugespielten, aber sich nur implizit als pädagogisch zu erkennen gebenden Hoffnungserwartungen – eingeräumt, Reflexionsarena sowie Möglichkeitshorizont einer Kritik eben jenes in die Krise geratenen sozialen Zusammenlebens zu sein. Andererseits machen sie sich berechtigterweise in den Augen skeptischer Beobachter_innen auch verdächtig, Appelle wie Bildung, Emanzipation, Selbstentfaltung und Individualisierung dem gesellschaftlichen Status quo auszuliefern, diesem sogar über derlei Formeln zur angeblichen Stärkung des Subjekts tatkräftig beiseite zu stehen und geradezu das Gegenteil der vorgetragenen Versprechen zu bewirken. Der Kultursoziologe Andreas Reckwitz hat so in seiner (vgl. 2012) publizierten Studie *Die Erfindung der Kreativität. Zum Prozess gesellschaftlicher Ästhetisierung* auf diesen Widerspruch aufmerksam gemacht und herausgestellt, dass das Kreativitätsdispositiv und der damit verbundene Imperativ spätmoderner Gesellschaften zur Ausbildung einer kreativen Persönlichkeit zumeist erhebliche Erfahrungen von Ungleichheit, Erwartungsdruck und Selbstverwertung zeitige. Mittlerweile ist sein neues Buch über die *Gesellschaft der Singularitäten* erschienen. Es stellt den Versuch dar, den Strukturwandel der Moderne über Begriffe wie Kulturalisierung und Singularisierung begreifbar zu machen; und auch hier steht die Beobachtung im Vordergrund, dass die Allgegenwart der Ästhetisierung der Gesellschaft eng mit ihrer Kapitalisierung verflochten ist (vgl. 2017). Und auch der Philosoph Gernot Böhme hat dem gegenwärtigen Wirtschaftswachstum, was auf unstillbare sogenannte *Begehrnisse* zur Steigerung des Lebens in Form von Inszenierung, Ruhm, Mobilität, materielle Ausstattung usw. setze, den Namen *ästhetischer Kapitalismus* verliehen, eine Bezeichnung, die sich nicht nur bei ihm oder Reckwitz, sondern bei zahlreichen anderen Autor_innen wiederfindet (vgl. 2016, S. 12 ff.).

Doch in welcher Verbindung steht dieser *ästhetische Kapitalismus* – der unsere ästhetische Gegenwart bestimmt – mit den Überlegungen zu einer Pädagogik im Verborgenen? Es bietet sich an, einen kurzen Blick auf diejenige Praxis zu werfen, die nicht nur kaum aus dem öffentlichen Sprechen über Ästhetik wegzudenken ist, sondern deren ambivalenter Charakter seit geraumer Zeit kritisch diskutiert wird. Allein, was in der gegenwärtigen Kultur- und Wissenschaftslandschaft unter dem Topos der *ästhetischen Praktiken* zu verstehen ist, scheint nicht nur für positive, sondern hauptsächlich auch für negative Begriffsbestimmungen ein nicht besonders einfaches Unterfangen zu sein (vgl. Kauppert 2016; Eberfeld und Krankenhagen 2017). Was eben *nicht* einer ästhetischen Praxis zugebilligt werden kann, wirkt in Zeiten allgegenwärtiger kultureller Produktion in fast allen Bereichen des Privat- und Arbeitslebens ebenso aussichtslos wie der Versuch zu ergründen, wo denn die Grenze zwischen kreativer Selbstverwirklichung und heteronomer Aktivierung des innerhalb des neoliberalen Arbeitsmarkts agierenden Subjekts verlaufen könnte.[2] Alles wird zur ästhetischen Praxis, wo es keine Differenzbestimmungen mehr zu antiästhetischen Praktiken gibt. Die Entgrenzung der gegenwärtigen Künste und ihrer jeweiligen Produktionsformen, wie sie von verschiedenen Theoretiker_innen und Soziolog_innen mit ihren ästhetischen sowie sozialen Vor- und Nachteilen seit geraumer Zeit diagnostiziert

---

[2]Vgl. zu diesem Befund die mit reichlich empirischem Material ausgestattete Arbeit von Alexandra Manske (2015) mit dem Titel *Kapitalistische Geister in der Kultur- und Kreativwirtschaft. Kreative zwischen wirtschaftlichem Zwang und künstlerischem Drang.*

wird, trägt zu diesem Befund in besonderer Weise bei und provoziert dabei Diskussionen um das Wechselspiel bzw. Ineinandergreifen von Freiheitspotenzialen und kulturindustrieller Vereinnahmung der Versprechungen des Ästhetischen.[3] So rege auch solche Auseinandersetzungen innerhalb der Wissenschaft und dem Feuilleton geführt werden, so bleibt doch oftmals der Eindruck bestehen, dass weiterhin Unklarheit gegenüber nichtästhetischen sozialen Praktiken und ihrer je spezifischen Intention besteht.

Ein besonders prominenter Ort einer ästhetikfreien Praxis scheint dagegen allerdings noch immer der der Pädagogik im Allgemeinen[4] zu sein. Schulsysteme und -politik, gewerkschaftliche oder elterliche Verteilungskämpfe um ökonomische Ressourcen, das Ringen um die Geltung und Durchsetzung der eigenen favorisierten und damit als am effektivsten bestimmten pädagogischen Vorstellungen und die per se nach Zwang, Didaktisierung und repressiver Eingliederung riechende Pädagogisierung des Alltags lassen dabei wenig Ästhetisches zum Vorschein kommen. Je mehr also die Ästhetisierung der gesellschaftlichen Alltagserfahrungen und Praktiken zunimmt und je schwerer es fällt, ästhetische Praxis von ihrem Gegenteil abzugrenzen, desto weniger scheint paradoxerweise infrage zu stehen, dass das mit dem Begriff *Pädagogik* assoziierte Feld sozialer Praktiken und theoretischer Diskurse kaum etwas mit Ästhetik zu tun hat.[5] Es stehen also auch noch gegenwärtig hinter dem Gegensatzpaar Ästhetik und Pädagogik weiterhin Antagonismen wie Spiel und Ernst, Rätselhaftigkeit und Eindeutigkeit oder die

---

[3]Vgl. zu diesem Zusammenhang die Beiträge in dem von Christoph Menke und Juliane Rebentisch (2011) herausgegebenen Band *Kreation und Depression: Freiheit im gegenwärtigen Kapitalismus*. Vgl. allgemein zu dem Thema der Entgrenzung der Kunst und ihrer gesellschaftlichen Relevanz Rebentisch (2013).

[4]Die in diesem Band versammelten Beiträge spiegeln in ihrer jeweiligen inhaltlichen Ausrichtung verschiedene Verständnisse und Auffassungen von Pädagogik – oder eben Erziehung und Bildung – wieder. Wenn hier allerdings in einer ersten Annäherung innerhalb der vorliegenden Einleitung die Rede von Pädagogik ist, dann ist damit ein allgemeines Verständnis von ihr gemeint, welches folgendermaßen umrissen werden kann: „Dieser Kern [der den Bereich des Pädagogischen exklusiv kennzeichnet; C. B.] kann bzw. muss in der Anthropologie gesucht werden, weil es bei aller Bedingtheit des Menschen durch Weltanschauung und Kultur letztlich in der Pädagogik um den je einzelnen Menschen geht. […] In diesem Sinne ist Pädagogik immer anthropologische Pädagogik. Der Kern aller Pädagogik muss also in der Relation zum einzelnen Individuum gesehen werden. Es geht in diesem Kern um die Steuerung von Lernprozessen – sei es, dass diese Steuerung von außen (Erziehung) oder als Anstoß von inneren Lernvorgängen (Bildung) gedacht ist" (Koerrenz und Winkler 2013, S. 52 f.).

[5]Vgl. dazu im Speziellen das dritte Kapitel dieser Einleitung sowie zusätzlich Mersch (2015, S. 11 f., 16).

großen und mit einigem Pathos beschworenen Dualismen wie Freiheit und Zwang oder Autonomie und Heteronomie. Die wissenschaftliche wie kulturell-politische Öffentlichkeit ist weit davon entfernt, derlei scharfe Opponenten einer Prüfung oder gar einer Hinterfragung auszuliefern.

Das lässt aufhorchen, so kommt doch dem Paradigma der ästhetischen bzw. kulturellen Bildung – und ihrem digitalisierten sowie film- und bildwissenschaftlich informierten Abkömmling, der Medienpädagogik – gegenwärtig eine besonders aktuelle und viel versprechende Rolle in Bezug auf die Schlagwörter wie Inklusion, Kreativität, Toleranz und soziale Verantwortung zu.[6] Als Impfstoffe gedacht, welche die einzelnen Individuen gegen den ruinösen Zustand der bestehenden Welt immunisieren sollen, sind die Interdependenzen zwischen Ästhetik und pädagogischer Praxis hier kaum zu übersehen. Doch es ist erstaunlich, dass genau solche eindeutigen Zusammenhänge zumeist auf ihre bloß institutionelle und personelle Lesbarkeit zugeschnitten werden. Zugebilligt werden der Verbindung von Ästhetik und Pädagogik dementsprechend dann nur klar zu identifizierende pädagogische Räume und Subjekte: In Schulen und Seminaren, auf Bildungsreisen und beruflichen Weiterbildungen oder innerhalb der frühkindlichen Erziehung oder von politischen Jugendgruppen organisierte Filmausflüge etc., überall ist die explizit vorgetragene Überschneidung von Ästhetik und Pädagogik auf tradierte Institutionen und das klassische pädagogische Personal beschränkt. Seltsamerweise spielt die Pädagogik in denjenigen Kontexten keine Rolle, die sich eben diesem klar zu entziffernden personellen und räumlichen Zusammenhang entziehen. Obwohl die Grenzziehung zwischen ästhetischen und antiästhetischen Praktiken kaum zu bewerkstelligen ist und die Verbindung von Ästhetik und Pädagogik fast ausschließlich mittels tradierter Beobachtungsperspektiven in den Blick kommt, wird allem, was sich außerhalb dieser klaren Grenzen aufhält, zumeist eine schroffe Absage erteilt.

Die Formel von einer *Pädagogik im Verborgenen* möchte diesen Befund korrigieren. Mittels interpretatorischer Bemühungen soll der Versuch unternommen werden zu überprüfen, inwiefern ästhetische Praktiken, Gegenstände und Theorien vor allem auf ihren pädagogischen Gehalt hin als etwas zu befragen sind, was sich von anderen sozialen oder individuellen Handlungen nicht nur abhebt, sondern durch pädagogisch-theoretische Zugänge ihren Intentionscharakter sichtbar machen lässt. Im Verborgenen, so die bereits in Anschluss an Schiller geäußerte These des Bandes, spielen sich solche Praktiken und Gedanken deshalb ab, da sie mittels

---

[6]Vgl. etwa das umfassende Dossier zur kulturellen Bildung auf der Homepage der Bundeszentrale für politische Bildung (vgl. 2018) oder die aktuell zahlreich publizierte Literatur zu dem Thema (Hagener und Hediger 2015; Dietrich et al. 2012; Zirfas 2015).

verschiedener Strategien und hauptsächlich unter der Verwendung der Chiffre des Ästhetischen den Schein des Nicht-Intentionalen, des nicht gezielten Einwirkens auf adressierte Personen konstruieren. Es handelt sich um interpretatorische Herausforderungen, die auf diese Unschärfe ästhetischer Praxis reagieren und die gleichzeitig damit unlesbar gewordene pädagogische Struktur hinter diesen Produktionsformen und -ergebnissen sichtbar machen wollen. Inwiefern diese womöglich ebenso dazu beitragen, den ästhetischen Kapitalismus gleichsam als einen angeblich auf keinerlei Intentionen ausgerichteten darzustellen oder sein Wirken durch verborgene Pädagogiken zu begünstigen, stellt einen Analysehorizont dar, der sicher auch zu den Erkenntnis stiftenden Vorteilen dieser Formel gehört.

3 Theorien der Gegenwartskunst: Rebentisch, Rancière und Düttmann

Wie bereits erwähnt, befindet sich aus der Sicht verschiedener gegenwärtiger ästhetischer Theorien die Bestimmung der Kunst oder des Ästhetischen in einer Abwehrhaltung gegenüber pädagogischen Reflexionen und Praktiken. Anhand von drei Beispielen kann nun dieser Befund illustriert werden, um damit gleichzeitig zu belegen, dass in solchen expliziten Vermeidungsstrategien durchaus pädagogische Gedanken, mithin sogar bestimmte pädagogische Imperative enthalten sind. Die hier ausgewählten Autor_innen widmen sich in ihren Ausführungen explizit der Gegenwartskunst und nicht einem bestimmten Medium oder einem konkret methodologisch fundierten Theorieangebot. Es handelt sich um prominente und öffentlichkeitswirksame Positionen zur Gegenwartskunst, deren Stoßrichtungen zwar unterschiedliche inhaltliche Konturen annehmen, aber dennoch durch die Behauptung vereint sind, ihrem Nachdenken über Kunst und Ästhetik keine pädagogischen Schattierungen angedeihen zu lassen.

Bereits in Juliane Rebentischs (vgl. 2003) veröffentlichter Arbeit zur *Ästhetik der Installation* ist die Distanznahme zu pädagogischen Überlegungen nicht nur zaghaft angedeutet, sondern drängt sich beim Lesen ihrer Schrift wiederholt in den Vordergrund. Rebentisch wird nicht müde zu betonen, dass ein angemessener Begriff der Kunst, orientiert an einer Ästhetik der Installation, das Offene, das Unabschließbare und Autonome des Kunstwerks auf der Seite der rezipierenden Personen betonen muss. Ihre Vorstellung von einer ästhetischen Erfahrung lautet, dass diese individuell wie politisch, reflexiv und performativ am künstlerischen Objekt ausgerichtet ist und indes in einem nahezu unendlichen Prozess der Bedeutungszuschreibung und -verwerfung sich bei einem betrachtenden Subjekt autonom vollzieht (vgl. Rebentisch 2003, S. 284 f.). Bemerkenswert ist dabei die Vehemenz, mit der sie etwaige intendierte Erfahrungsabsichten eines Kunstwerkes – bspw. in Form einer räumlichen Inszenierung von installativer Kunst – nicht mit einer tatsächlichen ästhetischen Erfahrung verwechselt wissen will. Die bloße Annahme, dass das Subjekt eine ästhetische Erfahrung im Sinne eines erfahrenden Durchschreitens einer solchen räumlichen Installation vollziehe und dieses darin aufgehe, sei nach Rebentisch ein „weitverbreitetes kunstpädagogisches Mißverständnis" (ebd., S. 76). Was genau unter dem Begriff der Kunstpädagogik bei ihr zu verstehen ist, entzieht sich einer klaren Definition. Doch ist in ihrer Arbeit zu erkennen, dass jedwede absichtsvoll gestiftete Erfahrung, Reflexion usw., die auf die rezipierenden Subjekte übertragen werden oder aus denen sie bspw. lernen sollen, schlicht nicht mit ihrer Konzeption korreliert. Es scheint, als habe zudem die Kunst – was sich aus Rebentischs doch recht auffälligem und häufigem Gebrauch der Verschmelzung *der Kunst* mit dem grammatischen Subjekt ihrer Sprachkonstruktion herleitet – die magische Eigenschaft, sich selbst reflexiv zu präsentieren, sich selbst verfranzen zu lassen, sich selbst als durchweg offen und bedeutungsfrei zu gestalten und sich schließlich in diesen Eigenschaften dem sie rezipierenden Subjekten ohne Zwang, Einschränkung und Auswahl vollkommen intentionslos auszuliefern (vgl. ebd., S. 282 f.). Es mag zwar verständlich und nachvollziehbar sein, zu behaupten, dass eine über die Gegenwartskunst oder künstlerische Installation gestiftete Erfahrung nicht identisch mit derjenigen sein muss, die anschließend das rezipierende Subjekt tatsächlich auch bei sich entwickelt. Doch wiederum aus der über eine künstlerische Installation o. Ä. hervorgerufene ästhetische Erfahrung jedweden Absichtscharakter zu tilgen, bedeutet dann allerdings, eine Art von Kunstmagie zu betreiben, die nicht daran interessiert ist, aus welchen Gründen welche Personen anderen Menschen etwas über bestimmte ästhetische Erfahrungen kommunizieren oder vermitteln wollen. Rebentisch jedenfalls möchte, in ihrer gleichzeitigen Verteidigung der Installationskunst, diese von allen absichtsvollen oder gar nur andeutungsweise zu identifizierenden Inhalten oder Botschaften befreien; ja sogar genuin ästhetische – also sinnliche – Wirkungsweisen lehnt sie ab, wie es sich an ihrer schroffen Abwehr gegen eine moderne pädagogische Verwendung der Kunst im Sinne Schiller'scher Ideen zeigt (vgl. ebd., S. 284).

In ihrer Publikation *Theorien der Gegenwartskunst* von 2013 finden sich die hier kurz angerissenen Motive ebenfalls wieder: Gegenwartskunst sei offen, prozesshaft und fast unabschließbar im Modus ihrer Deutung, verwehre sich einer klaren Bedeutungszuschreibung und erzeuge kritische Reflexionsschleifen bezüglich ihrer Geschichte, Begrifflichkeit, Medialität, und ihrem gesellschaftlichen Funktionszusammenhang (vgl. Rebentisch 2013). Die Stiftung sinnlicher Erfahrungen mit dem Zweck der Initiierung eines bestimmten Lern- oder

Bildungsprozesses spielt dabei überhaupt keine Rolle für sie, vielmehr ist sie an der alles reflektierenden Kraft der Gegenwartskunst interessiert, der indes – seltsamerweise – in ihrer fast totalen Bedeutungsoffenheit ein kritisches Moment innewohne (vgl. ebd., S. 165 ff.). Es reflektiere sich wer kann, wäre hier spitzfindig zu behaupten, doch so einfach und unpädagogisch lässt uns Juliane Rebentisch nicht vom Haken ihrer merkwürdigerweise äußerst unsinnlichen ästhetischen Beschwörungsformeln. Da heißt es in der *Ästhetik der Installation*, dass durchaus eine von ihr so verstandene Kunst das Potenzial besitze, die rezipierenden Subjekte auf die Kontingenz ihrer ästhetischen Erfahrung *nötigend* reflexiv zu verweisen sowie Sinnanreicherung und die Steigerung der Kontingenzwahrnehmung zu erzeugen (vgl. Rebentisch 2003, S. 94 f.). Der Kunst kommt hier also die Aufgabe zu, auf der Seite der rezipierenden Personen Erfahrungen und Reflexionen hervorzurufen, die in einer Steigerungslogik auf einer normativ und positiv bestimmten Absicht fußen. Hier soll etwas gelernt werden, und das anscheinend nicht nur, um unendlich um sich selbst kreisende Reflexionsspiralen in den Hirnen derjenigen zu erzeugen, die sich einmal in solch eine von Rebentisch anvisierte Installation vorgewagt haben. Mit einem politischen wie gesellschaftlichen Auftrag versieht Rebentisch ihren Kunstbegriff dann wiederum mit dem Supplement der Reflexion, welches auf den verschiedensten Ebenen zum Einsatz kommt. Zu welchen konkreten politischen oder inhaltlichen Positionen nun letztlich Rebentisch die in ihrer Theorie verborgenen pädagogischen Hinweise lenkt, bleibt dabei ebenso offen wie ihr Insistieren auf die Offenheit der Deutung von Gegenwartskunst. Interessanterweise erwähnt sie in diesem Zusammenhang einen bestimmten Modus der Kommunikation von Kunst, der sogar die Funktionsweise des Verborgenen prägnant auf den Punkt bringt: „Gesellschaftlich relevant wird Kunst nicht dadurch, daß sie bestimmte Inhalte vermittelt, die besser und differenzierter anders kommuniziert werden könnten als dadurch, daß man sie ‚kunstmäßig' dekoriert – als sei die Form eine diesen bloß äußerliche Zugabe. Kunst kommuniziert, verdient sie diesen Begriff, nie direkt" (ebd., S. 277). Dass Kunst also indirekt kommuniziert und damit eine ästhetische Erfahrung stiftet, die die rezipierenden Subjekte zum Lernen von allgemeinen Kontingenz- und Sinnerweiterungen nötigt – und darüber überhaupt erst den Begriff *Kunst* verdient –, ist schwerlich als *kunstpädagogisches Mißverständnis* zu interpretieren. Fraglich bleibt nur, was dann, nach aller Kontingenz- und Reflexionszauberei, überhaupt noch als gesellschaftlich relevant von Rebentisch angesehen wird oder einen konkreten politischen Inhalt füllen kann.

Als ein weiteres Beispiel für eine solche Umschiffung des Pädagogischen zugunsten der Hervorkehrung einer spezifischen ästhetischen Wirksamkeit der Kunst können die Überlegungen des Philosophen Jacques Rancière gelten, die er in seiner Veröffentlichung mit dem Titel *Der emanzipierte Zuschauer* vorgelegt hat. In dieser Textsammlung finden sich gleich in mehreren Texten die Gedanken wieder, die eine solche Sichtweise nahelegen. So auch in der ersten Schrift, die dem Band den Titel gibt. Hier kritisiert Rancière die sogenannte „Logik der pädagogischen Beziehung" (2015a, S. 18), wie er sie am Beispiel der Theaterparadigmen von Bertolt Brecht (1898–1956) und Antonin Artaud (1896–1948) gleichermaßen zu erkennen glaubt. Für ihn besteht das Problem dieser Beziehung darin, dass in beiden theoretischen Modellen und der sich jeweils daraus ergebenden Praxis eine fundamentale Differenz zwischen den künstlerisch-produzierenden und den rezipierenden Subjekten eingezogen werde. Dieser bezeugten intellektuellen Ungleichheit setzt Rancière eine intellektuelle Emanzipation entgegen, die wiederum die Gleichheit der Intelligenzen betont (vgl. ebd., S. 20). Für seine kunsttheoretischen Betrachtungen gewinnt an dieser Stelle die Figur des *unwissenden Lehrmeisters* an Bedeutung, die er anhand der Schriften des französischen Pädagogen Jean Joseph Jacotot (1770–1840) entwickelte. Im Gegensatz zu der Annahme, dass ein *Lehrmeister* oder eben *Theatermacher* die Kluft des Wissens und Nicht-Wissens zu überbrücken habe, betreibe der von Rancière geforderte Meister keine „verdummende [] Pädagogik" (ebd., S. 25). Was ist damit gemeint? Die Logik der verdummenden Pädagogik sei eine der „[…] direkten und identischen Übertragung: Es gibt etwas, ein Wissen, eine Fähigkeit, eine Energie auf der einen Seite – in einem Körper oder Geist –, das auf eine andere Seite übergehen soll. Was der Schüler *lernen* muss, ist das, was der Lehrer *ihn lehrt*. Was der Zuschauer *sehen* soll, ist das, was der Regisseur, ihn *sehen lässt* [Herv. i. O.]" (ebd., S. 24). Der Vorstellung von Ursache und Wirkung stellt er sein Konzept des unwissenden Lehrmeisters entgegen, welches durch eine Paradoxie gekennzeichnet ist: „Der Schüler lernt vom Lehrmeister etwas, was der Lehrmeister selbst nicht weiß. Er lernt es durch die Wirkung der Lehrmeisterschaft, die ihn dazu zwingt zu suchen und diese Suche zu verifizieren. Aber er lernt nicht das Wissen des Lehrmeisters" (ebd., S. 25). Es stellt sich hier die Frage, was dieses *Etwas* nun ist, und wie es die pädagogische Beziehung innerhalb des Theaters durch die Vermeidung von einer absichtsvoll gestalteten Ursache-Wirkungs-Vorstellung vermeidet. In der Logik der Emanzipation zwischen unwissendem Lehrmeister (Künstler) und emanzipiertem Lehrling (Zuschauer), so Rancières Antwort, gebe es immer eine „[…] dritte Sache, die niemand besitzt, und deren Sinn niemand besitzt, die sich zwischen ihnen hält und jede identische Übertragung, jede Identität von Ursache und Wirkung unterbindet" (ebd., S. 25). Das Spezifische des von Rancière favorisierten nichtpädagogischen Verhältnisses zwischen den beiden personellen Polen zeichnet sich also einerseits durch das Wissen des unwissenden Lehrmeisters bezüglich der Gleichheit der Intelligenz und andererseits durch das Element eines nicht näher bestimmbaren *Dritten* aus, welches scheinbar ohne jedwede Intention die Übertragung einer absichtsvoll gestalteten Wirkung aus einer bestimmten Ursache heraus unterbricht. Ob sich dieses Dritte tatsächlich als nicht zu greifende theoretische Bestimmung ausweist und diese dementsprechend auch im Bereich des Nicht-Pädagogischen zu verorten ist, macht ein zusätzlicher Blick in *Die Paradoxa der politischen Kunst* aus demselben Band deutlich.

Auch in diesem Text begegnet man Rancières Absage an eine sowohl in der theoretischen wie praktischen Sphäre der Kunst anzutreffenden Pädagogik wieder. Auf der einen Seite sei die Pädagogik der repräsentativen Vermittlung, auf der anderen Seite die der ethischen Unmittelbarkeit verantwortlich dafür, dass aus beiden Paradigmen die von Rancière anvisierte „ästhetische Wirksamkeit" ausgeklammert werde (ebd. 2015b, S. 69). Beiden Pädagogiken der Kunst komme eine absichtsvolle Gestaltung ihrer Ziele zu, der ästhetischen Wirksamkeit fehle dieser Charakter hingegen vollständig. Rancière schreibt: „Die ästhetische Wirksamkeit bedeutet eigentlich die Wirksamkeit der Aufhebung jedes direkten Verhältnisses zwischen der Erschaffung von Kunstformen und der Erzeugung einer bestimmten Wirkung auf ein bestimmtes Publikum" (ebd., S. 71 f.). Es handle sich dabei um eine *ästhetische Distanz* dieser Wirkung, die, so Rancière, jede bestimmbaren „Beziehungen zwischen der Absicht eines Künstlers, einer in einem Kunstort repräsentierten sinnlichen Form und einem Gemeinschaftszustand" aufhebt (ebd., S. 70). Diejenigen Kunsterzeugnisse, die eine spezifisch ästhetische Erfahrungen auslösen können, stehen nach ihm deshalb mit einer bestimmten Vorstellung von Politik im Bunde, da sie ebenfalls mit der vermeintlichen „sinnlichen Öffentlichkeit der ‚natürlichen' Ordnung, die Individuen und Gruppen jeweils zum Befehlen und zum Gehorchen, zum öffentlichen Leben oder zum privaten Leben bestimmt" – er nennt diese *Polizei* – breche und ebenso wie die Politik die „sinnlichen Rahmenbedingungen" neu gestalte (ebd., S. 73). Zudem seien diese Kunsterzeugnisse in ihrer nicht vorhandenen Funktionalität und Zweckfreiheit bezüglich gesellschaftlicher Anliegen – im Zuge dessen wiederholt hier Rancière die Abgrenzung zu mimetischen oder ethischen Auftragsbestimmungen der Kunst – dazu in der Lage, sogenannte *Dissense* hervorzurufen, die auf der Seite der rezipierenden Subjekte mittels der ästhetischen Erfahrung „neue Formen von Individualitäten und von Verbindungen, unterschiedliche Rhythmen der Wahrnehmung, neue Maßstäbe" erschaffen (ebd., S. 80).

Fragt man auch hier wieder nach dem Subjekt der Stiftung von einer solchen Erfahrung, die auch der Politik im Verständnis Rancières eigen würde, erlangt wiederholt diejenige Instanz einen enormen Stellenwert, die den Absichten von Künstler_innen – mithin also etwaigen pädagogischen Bemühungen – zuvorkommt.

Dazu heißt es bei ihm: „Es gibt somit eine Politik der Kunst, die den Politiken der Künstler vorausgeht, eine Politik der Kunst als einzigartige Aufteilung der Gegenstände der gemeinsamen Erfahrungen, die sich von alleine vollzieht, unabhängig von den Absichten des Künstlers, dieser oder jener Sache zu dienen" (ebd., S. 78). Es sei dementsprechend eine „ästhetische Demokratie", deren nicht bestimmbare Wirkung durch die Künstler_innen fließe und keiner absichtsvollen Lenkung unterworfen werden könne (ebd., S. 79).

Sicherlich sind hiermit die Reflexionen Rancières nicht vollständig dargestellt oder systematisch umrissen; ebenso wären noch seine Beispiele in ihrer Konsistenz anhand seiner Theorie vollständig zu überprüfen. Worauf es ankam, ist dies: In beiden Texten gipfelt die Verteidigung des von ihm bevorzugten Theaters, der ästhetischen Wirksamkeit und der Politik der Kunst in der Überzeugung, dass diese von verschiedenartigen Pädagogiken zu trennen wären. Gemeinsam ist den Ablehnungen der Verweis auf den absichtsvollen Gebrauch der Kunst im Allgemeinen. Hinsichtlich dieses Absichtscharakters muss betont werden, dass Rancière explizit wie implizit bestimmte Hoffnungen an die Kunst knüpft, seien diese nun in einem bestimmten Sinne auf Emanzipation, neue Formen von Individuen und Gruppen oder auf eine Umgestaltung des Sinnlichen hin ausgerichtet. Auch hier regiert der Zweck, nur ist dieser anscheinend eben nicht von einer menschlichen Intention bestimmt, sondern vielmehr von einem Dritten oder nicht Bestimmbaren, was diesen gewünschten Resultaten entgegenkomme. Das Pädagogische befindet sich bei Rancière in der Weise im Verborgenen, in der der Absicht der menschlichen Künstler_innen etwas Pädagogisches zugespielt und dieses Etwas gleichzeitig abgelehnt wird, auf der Ebene des Kunstsubjektes jedoch wieder als Wirkungsweise mit bestimmten positiven Ergebnissen hervortritt. Das Pädagogische scheint also hier etwas Menschliches zu sein, und es scheint gerade dann mit dem Ästhetischen nicht vereinbar zu sein, wenn die Kunst es selbst ist, die nach Rancière durch den Künstler die Menschen nach ihrem Geschmack formt.

Als letztes kurzes Beispiel für eine Theorie der Gegenwartskunst, die ihren pädagogischen Anteil verbirgt, lohnt ein Blick in einen aktuellen Text zu dieser Thematik, der von dem Philosophen Alexander García Düttmann (vgl. 2017) unter dem Titel *Was ist Gegenwartskunst? Zur politischen Ideologie* veröffentlicht wurde. Düttmann beschreitet hier ähnliche Pfade, denen auch Rancière bei seiner Verteidigung der Kunst, der ästhetischen Wirksamkeit oder der Politik der Kunst folgt. Was Düttmann versucht, an dem Begriff der Gegenwartskunst – der selbst kaum einer genauen Definition unterliegt – zu verteidigen, geschieht in Abgrenzung hinsichtlich zweier Strategien, durch die sich die Gegenwartskunst in den Dienst der politischen Ideologie des Kapitalismus stelle. Einerseits hafte eine reflexive Gegenwartskunst, wie sie u. a. nach Düttmann auch von Rebentisch gefordert wird, an den Vorstellungen einer gegebenen Ordnung, genauso wie andererseits ihre auf Nützlichkeit hin ausgerichtete zweite Ausprägung wenig zur Transzendenz des Bestehenden beitrage (vgl. Düttmann 2017, S. 63 f.). Die von Düttmann geforderte Gegenwartskunst besitze diese Eigenschaften nicht, da sie sich aus verschiedenen Gründen der Bestimmbarkeit entziehen würde, indes allerdings dennoch mit einer gewissen Anzahl von nicht allzu unbestimmten Konturen versehen wird. Gegenwartskunst sei das „Außen des Außen" (ebd., S. 28), ein „Machen oder Tun" (ebd., S. 46), die „absolute Gegenwart" (ebd.) und die Möglichkeit, die „Veränderung des Ganzen (…) die das Ganze betrifft" (ebd., S. 66) zu bewerkstelligen. Interpretiert man die im Gegensatz dazu aufgestellten Strategien der Reflexion und der Nützlichkeit der Gegenwartskunst als in Theorie und Praxis sich auswirkende Modi der intentionalen Bezugnahme auf die sinnliche, kognitive oder politische Veränderung rezipierender Subjekte – also als pädagogisch –, dann würde sich bezüglich der Ausführungen Düttmanns auch sagen lassen, dass seine Vorstellung einer Gegenwartskunst die Abgrenzung zu diesem pädagogischen Anteil besonders stark betont. Diejenige Gegenwartskunst, die ihm dabei vorschwebt, wäre also intentions- und nutzlos, völlig unbestimmt, reines Tun und Machen im Hier und Jetzt und gleichzeitig würde sie die Sprengung einer Ordnung – der politischen Ideologie – oder auch die Veränderung des Ganzen bewahren. Auch hier scheint dieser Anspruch an die Kunst nicht in Form eines Appells an künstlerisch produzierende Personen gerichtet zu sein, vielmehr obliege es dem nebulösen und schwer zu bestimmenden Wesen der Kunst, solche Auswirkungen bei einem Publikum zu zeitigen und damit einem größeren Anliegen den Weg zu breiten. Ebenso ließe sich, würde man theoretisch-fundiert diesem Befund beggnen, von einem pädagogischen Geschehen sprechen lassen, allerdings von einem, dessen Ursache wohl nicht als menschlich zu bezeichnen wäre. Düttmanns sparsamer Umgang mit der Formulierung bestimmender Imperative für die Gegenwartskunst lässt allerdings an wenigen Stellen erkennen, welchen in die Zukunft gerichteten Auftrag er ihrem Wesen unterstellt. Da heißt es bei ihm nach der Diskussion um das Zusammenspiel einer tatsächlichen Selbstreflexion im Gegensatz zur Reflexion innerhalb der Gegenwartskunst in Bezug auf das Außen dieser Kunst:

> Das Außen arbeitet im, für und als das Selbst der Selbstreflexion. Kann, so müsste man hier erneut fragen, die Selbstreflexion mehr sein als eine Bestätigung? Kann sie eine Veränderung zeitigen, die das Ganze betrifft, die ‚Einheit der Gegenwendigkeit', weil sie Unterscheidungen unterwandert, durch die sich die Einheit als eine selbstreflexive Einheit bildet, als Selbstbezug, der seine produktive Lücke ausstellt,

als Ganzes im Nicht-Ganzen oder als widerwilliges Ganzes? Kann sie eine politische oder revolutionäre oder befreiende Veränderung herbeiführen? Versetzt die Gegenwartskunst als Fiktion des reinen Machens die Kunst und den Teilnehmer an ihrem Experiment nicht […] in ein ‚Außen des Außen' der Selbstreflexion, in ein ‚buchstäbliches Nichts', das den Dienst der selbstreflexiven Arbeit verweigert? (ebd., S. 63).

Was Düttmann an dieser Stelle mit gewaltigen und nicht näher systematisierten Begriffen in die Form mehrerer rhetorischer Fragen kleidet, lässt aufblitzen, dass er der Gegenwartskunst – ob mit oder ohne eine bestimmte Variante der Selbstreflexion – und ihrem *Außen* eine nahezu wirkmächtige Funktion zuspielt. Hier fände sie ihren nützlichen, mithin also auch pädagogischen Ort. Dieser befindet sich in seiner Theorie sicher an einer verborgenen Stelle, deren genaue Identifizierung weiterer theoretischer Bemühungen bedarf.

4 Grundstrukturen und Beobachtungen zu einer Pädagogik im Verborgenen

Was ist also nun nach dem bisherigen Durchgang zu einer *Pädagogik im Verborgenen* zu sagen? Zum einen sollen hier nun die verschiedenen Varianten der Formel benannt, zum anderen soll versucht werden, Vorteile wie Nachteile ihrer möglichen Verwendung in Ausblick zu stellen. Zu dem ersten Punkt: Wie oben bereits erwähnt, besteht die Grundaussage der in Anlehnung an Schiller orientierten Formel darin, solche Praktiken und Gedanken als *Pädagogik im Verborgenen* zu bezeichnen, die mittels verschiedener Strategien und hauptsächlich unter der Verwendung der Chiffre des Ästhetischen den Schein des Nicht-Intentionalen, des nicht gezielten Einwirkens auf adressierte Personen konstruieren. Dabei lassen sich grob zwei verschiedene Varianten unterscheiden. Entweder wird bewusst, wie es Schiller in seinem Brief schrieb, der Schein des Willkürlichen oder der Schein der Freiheit eines bestimmten Kunsterzeugnisses mit bestimmten künstlerischen Praktiken erzeugt, um zu verbergen, dass durchaus das *logische Geräthe* eines Gegenstandes auf die Vermittlung von bestimmten Inhalten und auf einen bestimmten Zweck abzielt, dieses also auf eine pädagogische Praxis verweist. Diese Verwendung der Formel weiß um ihre pädagogische Wirksamkeit und Absicht und erkennt diese wiederum unter der Inszenierung ihrer scheinbaren Abwesenheit an. Die andere Variante findet sich überall dort wieder, wo von ihr keine Kenntnis genommen oder das Pädagogische explizit vermieden wird. Dies ist bspw. in den Schriften von Rebentisch, Rancière und Düttmann der Fall, in denen Formen oder Inhalte des Pädagogischen schlicht vom Ästhetischen oder eben der Gegenwartskunst abgekoppelt werden. Es handelt sich hier also um eine Form der impliziten Kritik, die unter dieser Formel das hervortreten lässt, was von den jeweiligen kunst- oder theorieproduzierenden Personen nach eigener Aussage vermieden werden soll. Sie lässt den Widerspruch erkennen, den ein angeblich pädagogikfreies Denken und Handeln in Bezug auf das Ästhetische begleitet.

Welcher Gebrauch und welche Vorteile lassen sich nun aus der hier vorgestellten Formel ableiten? Es ist gerade die letztgenannte Variante einer *Pädagogik im Verborgenen,* die gegenwärtige ästhetische Praktiken, Theorien und die damit verbundenen konkreten ästhetischen Objekte auf ihre implizite pädagogische Struktur hin befragen kann. Ein solcher Versuch kann mindestens fünf Applikationen bezeugen.

Erstens verfolgt er die Spur der jeweiligen Handlung in Hinblick auf die Intention des agierenden Subjekts im Kontext der je spezifischen Produktionsbedingungen. Es ist dabei möglich, hervorzuheben, dass die spezifischen Akteure in ihren konkreten Situationen Absichten verfolgen, die sich bewusst für ästhetische Verfahrensweisen entscheiden. Die als unscharf bezeichnete Grenze zwischen ästhetisch/nichtästhetischen Handlungen und Objekten könnte damit genauer konturiert werden und somit Aufschlüsse über die Verwendung genau solcher Praktiken erlauben.

Damit kann *zweitens* eine Antwort auf die Frage gegeben werden, wozu und weshalb mittels einer speziellen ästhetischen Produktionsweise ein gleichsam ästhetisches Objekt erstellt worden ist. Die Fokussierung auf einen pädagogischen Gehalt in den verschiedenen Werken – sei er an Erziehung, Bildung oder am Lernen orientiert – ist deshalb von Interesse, da sie im Kontrast zu Absichtserklärungen von Unterhaltung oder angeblich intentionslosen Verteidigungen ästhetischer Autonomie etwas präzisiert: Dass nämlich die intendierte pädagogische Absicht oder Wirkung sich nicht einfach zu den letztgenannten Oppositionen abgrenzen lässt, vielmehr kann sie auch einen didaktischen Gebrauch aus diesen ziehen. Im Verborgenen kann also eine solche ästhetisch motivierte Pädagogik deshalb bleiben, da die zu beleuchtenden Praktiken und Gegenstände im Modus des Spiels, der Deutungsoffenheit, des Rätselcharakters oder der Fähigkeit ästhetische Erfahrungen zu stiften, das *Als-ob* des Nicht-Pädagogischen mitproduzieren.

Es ist somit *drittens* vorstellbar, dass – sobald solche Strukturen aufgedeckt und aus dem Verborgenen ins Licht gerückt worden sind – auch Urteile bezüglich der Motivation, des Ziels und der Art und Weise der Praktiken bzw. der Produktion verschiedener Objekte getroffen werden können. Die Dechiffrierung von als *pädagogikfrei* bezeichneten Prozessen oder Werken erschöpft sich somit nicht in der bloßen Feststellung, dass diese nun einfach als *pädagogisch* identifiziert worden sind. Der Schlüssel der interpretatorischen Bemühung bildet somit auch die Bedingung der Möglichkeit für die Produktion von pädagogischer Kritik im Bereich der Kunst sowie künstlerischer Kritik im Bereich der Pädagogik. So wäre bspw. darüber nachzudenken, inwiefern eine Kunstkritik ihre Kriterien an einem zu viel oder zu wenig an pädagogischer Intention ausrichten könnte, somit also möglicherweise darüber eine Auskunft geben kann, warum das Urteil über ein künstlerisches Werk positiv oder negativ – ebenso graduell zwischen diesen beiden Polen – ausfällt.

Viertens kann die skizzierte Formel auch sichtbar machen, wo in dem von Böhme oder Reckwitz diagnostizierten *ästhetischen Kapitalismus* eine Pädagogik der Anpassung an ebendiese Verhältnisse verborgen auftaucht, wo von scheinbarer Zweckfreiheit, Autonomie und Willkürlichkeit die Rede ist. Nicht zu vernachlässigen ist hierbei auch die politische Dimension der inhaltlichen Vermittlung einer über das Ästhetische verborgenen Pädagogik. Zu denken wäre hier etwa an die sogenannte Metapolitik der Neuen (aber auch alten) Rechten und die sich daran mehr oder weniger anschließenden Versuche, *ästhetische Gemeinschaften* mit ihrem überzeitlichen Potenzial der Kunst zum Wohle ihrer identitätsstiftenden Funktion für die Heimat und ein neues heroisches Zeitalter zu stiften (vgl. Strauß 2017). Kritik wäre hier mindestens angebracht, und zwar aus politischer, pädagogischer und ästhetischer Perspektive.

Fünftens und letztens dient der Aufweis einer absichtsvoll pädagogisch gestalteten, wenn auch nicht immer den jeweiligen Erwartungen entsprechenden Wirkung einer scheinbaren vom Pädagogischen abgetrennten Ästhetik auch dem Einspruch, dem Nimbus der Kunst unkritisch zu begegnen. Wie die hier kurz umrissenen Beispiele gezeigt haben sollten, gerät die Wirkung der Kunst, wenn sie als solche verteidigt und vom Pädagogischen bereinigt werden soll, in den Verantwortungsbereich der Kunst selbst, ja, diese wird sogar zur alleinigen Herrscherin aller aus ihr erfolgenden Resultate ernannt. Dass Menschen mittels künstlerischer Praxis in einem nicht immer klar zu überblickenden Verhältnis von zufälliger und absichtsvoller Produktion Gegenstände herstellen, die größtenteils in ihrer Wirkung auf die menschlichen Sinne Rücksicht nehmen, scheint einem Denken, dass jedwedes absichtsvolles menschliches Zutun vom heiligen Supersubjekt Kunst fernhalten will, geradezu ein verwerflicher Gedanke zu sein. Hier zu intervenieren und den kryptotheologischen Wiegenliedern eines Kunstbegriffs skeptisch gegenüberzutreten, ist auch ein aufklärerisches Anliegen, was die Formel von einer Pädagogik im Verborgenen verfolgt.

Nun bleibt schlussendlich noch zu fragen, worin, nach der Aufzählung dieser fünf Applikationen, überhaupt die Nachteile von ebendieser Formel bestehen könnten. Einmal auf eine *Pädagogik im Verborgenen* versteift, würde es jeder rezipierenden Person von Kunstwerken – welcher Art auch immer – äußerst schwerfallen, das *logische Geräthe,* von dem Schiller schrieb, überhaupt via dem Gefühl Eingang in den Verstand zu gewähren. Vieles spricht zwar dafür, auf der Hut zu sein, gerade wenn es um Inhalte – wie der Neuen (und alten) Rechten – geht, die doch verabscheuungswürdiger nicht sein könnten. Doch verhindert die von vornherein nur durch eine Reflexion bestimmte Begegnung mit ästhetischen Gebilden jene Veränderung, die andererseits wünschenswert sind. Einfach zu gestalten ist diese Begegnung nicht, obwohl der Schriftsteller Maxim Biller sie doch mit folgenden Worten so einfach umschrieb: „Wenn ich ins Theater gehe, will ich die Welt vergessen – ich will sie vergessen, um an sie umso präziser erinnert zu werden, genau wie im Kino, im Museum, in der Literatur. Ich will begreifen, warum ich zwar lebe, aber trotzdem sterben werde, ich will kapieren, was einen Menschen zum Menschen macht" (Biller 2017, S. 327). Paradox ist dieser Gedanke in der Konfrontation mit der hier vorgeschlagenen Formel allemal: Man möchte mithilfe des Theaters, der Literatur, dem Kino oder eben der Kunst etwas kapieren und begreifen oder sogar belehrt werden, ohne das dabei die Welt um einen herum – und ergänzend: der pädagogische Zugriff – uns an ihre Präsenz erinnert. Man möchte das Pädagogische vergessen, um sich erziehen oder bilden zu lassen. Und vielleicht steckt in diesem Willen auch das Kriterium, dass uns doch oftmals bei der Beurteilung so mancher künstlerischer Gebilde in die Problemlage drängt, mithilfe der Sprache etwas über das zuvor Gefühlte auszusagen. Würde die durch die Formel gestiftete Reflexion dieses Gefühl abschneiden, wäre wohl viel an begrüßenswerten Wirkungen ihrem Verlust ausgeliefert. Dass eine *Pädagogik im Verborgenen* andererseits durchaus über das Ästhetische etwas Sinnvolles und damit Wünschenswertes vermitteln kann, darin liegt wohl letztendlich auch ihre positive Bedeutung verborgen.

5 Zu den Beiträgen dieses Bandes

In den wenigsten Fällen gelingt eine solche klare Kategorisierung, wie sie in der vorgeschlagenen fünffachen Ausprägung von einer *Pädagogik im Verborgenen* sichtbar geworden ist. Es wäre wohl auch nicht besonders hilfreich für das hier beschriebene Unterfangen, würden die genannten Dimensionen der Analyseformel strikt getrennt und ausschließlich auf einen bestimmten Gegenstand hin angewendet werden, da somit, in den jeweiligen Fällen, bspw. Voraussetzung und Kritik oder Analyse und Wertung voneinander entkoppelt werden könnten. Die Beiträge des vorliegenden Bandes machen entgegen dieser strikten Fokussierung auf nur *einen* Teil der Analyseformel dabei besonders deutlich, wie eng die vorgestellten

Aspekte einer Pädagogik im Verborgenen miteinander verzahnt sind. Dementsprechend erfolgte die Gliederung der Texte nicht unter der Maßgabe der fünf Kategorien, sondern anhand dreier Rahmungen – welche derweil die Struktur des Bandes vorgeben –, die sich aus dem Gegenstandsbezug der jeweiligen Reflexionsbemühungen ergeben. Diese sind nun entweder auf das Verhältnis von Pädagogik, Ästhetik und Theorie in einer allgemeinen Perspektive (Teil I) gerichtet oder auf konkrete ästhetische Praktiken (Teil II) und ästhetische Gegenstände (Teil III) hin orientiert. Ein kurzer Überblick zu den verschiedenen Beiträgen sollte diese Dreiteilung plausibilisieren.

In dem ersten Teil des Bandes – *Pädagogik, Ästhetik und Theorie – Verborgene Konstellationen* – unternimmt und diskutiert beginnend *Carlos Willatt* den Versuch, die Abgrenzung der Ästhetik von der Pädagogik im Ausgang von der Ästhetik Immanuel Kants her zu hinterfragen, um auf einer allgemeinen theoretischen Ebene das Verborgene des Pädagogischen im Ästhetischen zu thematisieren. *Ulf Sauerbrey, Clemens Bach, Malte Brinkmann, Jörg Zirfas* und *Friederike Förster* widmen sich hingegen in ihren Beiträgen je spezifischen Werkbereichen des Ästhetischen mittels einer ebenso theoretisch-allgemeinen Ausrichtung. Sauerbrey konzentriert sich so mithilfe einer erziehungstheoretischen Analyse des Mediums Buch auf dessen verborgene pädagogische Vermittlung von ästhetischen Empfindungen. Bach gelangt in seinem Beitrag über erziehungs- und bildtheoretische Wege und die Einflechtung der fototheoretischen Essays und Äußerungen des kanadischen Fotografen Jeff Wall zu der Skizze einer pädagogischen Theorie der Fotografie in kritischer Absicht. Ähnlich diskutiert auch Brinkmann ausgehend von einem konkreten Gegenstand – der Band Kraftwerk – mögliche verborgene pädagogische Impulse anhand der Dialektik von Digitalisierung und Kreativität innerhalb der Musik. Zirfas wiederum macht in seinem Beitrag mithilfe einer ideengeschichtlichen und aktuell theoretischen Annäherungen an das Verhältnis zwischen Design und Bildung deutlich, inwiefern vor allem auch heute – unter warenökonomischen Vorzeichen – Pädagogik als antagonistisches Doppel von Funktionalisierung und Kritik im Verborgenen auftreten kann. Förster schließlich liest mittels einer erziehungstheoretischen Unternehmung den aktuellen Streit zwischen Performativen bzw. Postdramatischen Theater und einem Theater des Realismus als einen solchen, der nicht nur als ein ästhetischer oder ökonomischer Konflikt, sondern in seinen Begründungsfiguren im Verborgenen als ein pädagogischer zu identifizieren ist. Abzulesen ist fast allen Aufsätzen dieses ersten Teils neben dem Aufweis des Verborgenen in je unterschiedliche Lesarten vor allem auch der Befund, dass die jeweiligen theoretischen Bemühungen, die sich auf ein bestimmtes ästhetisches Medium beziehen, zumeist kaum beachtete Konstellationen innerhalb der erziehungswissenschaftlichen Forschung und der angesprochenen anderen Disziplinen erhellen.

Von diesem Desiderat zehren auch die Beiträge des zweiten Teils des Bandes – *Ästhetische Praktiken – Entbergende Reflexionen*. Konkret stehen hier im Zentrum der Untersuchungen bestimmte Formen und Inhalte von ästhetischen Praktiken. Gleichwohl – wie oben schon angesprochen – gerade die Differenzierung von ästhetischen und pädagogischen Praktiken nicht sonderlich einfach zu bewerkstelligen ist, folgt die Auswahl der Aufsätze für diesen Teil des schlichten und alltagssemantischen Vorurteils, dass es sich bei den analysierten Praktiken um ästhetische Handlungsweisen in einem weiten Sinne handelt. So analysiert *Sebastian Engelmann* die kaum von der erziehungswissenschaftlichen Forschung beachtete ästhetische Praxis des Forest Bathings und akzentuiert in einer kritischen Perspektive deren Verwissenschaftlichung und Funktionalisierung innerhalb gegenwärtiger Gesellschaften. Andererseits betont *Irene Leser* in ihrem Aufsatz die reichhaltige Menge an verschiedenen ästhetischen Praktiken innerhalb der Qualitativen Sozialforschung um u. a. auch kenntlich zu machen, wie diese Spielarten des ästhetischen Forschens nicht nur pädagogische Zwecke auf mehreren Ebenen verfolgen, sondern zudem auch sonderbare und diskussionswürdige Resultate bewirken. *Ole Wollberg* konturiert in seinem Beitrag einen konkreten Begriff von ästhetischen Praktiken um damit die Handlungsweisen des Ausstellens und die Verwendung des Handy-Videos am Beispiel der Installation #collect #select der Künstlerinnen Eva Paulitsch und Uta Weyrich in Kooperation mit Kristof Gavrielides genauer zu untersuchen. *André Epp* unternimmt letztlich den Versuch, anhand der Aufführungspraxis der Heavy-Metal Bands Heaven Shall Burn und System of a Down implizite pädagogische Prozesse mithilfe der Bildungstheorie Wilhelm von Humboldts zu analysieren und zu diskutieren.

Die Beiträge des dritten Teils – *Ästhetische Gegenstände – Bergende Dechiffrierungen* – widmen sich schließlich konkreten ästhetischen Objekten und deren pädagogischer Analyse. *Robert Pfützner* visiert mittels seines Aufsatzes eine kritische Betrachtung der reaktionären Stadtgestaltung in Potsdam an, um davon ausgehend bildungstheoretisch die Rolle des öffentlichen Raums verteidigend zu diskutieren. *Carolin Krahl* blickt ebenso mit einer differenzierten und kritischen Analysebrille auf die formale wie inhaltliche Thematisierung von Pädagogik innerhalb der zweiten OFF Biennale Budapest von 2017 und problematisiert zusätzlich in ihrem Text das durchaus ambivalente Verhältnis dieser Kunstausstellung zum ungarischen Nationalismus. *Ole Hilbrich* und *Anne Otzen* betreten in ihrem Beitrag ähnliche Pfade, wie sie Sauerbrey bei seiner Untersuchung des Buches als pädagogisches Medium einschlägt; mit einem anderen theoretischen Ansatz richten beide jedoch ihren Blick auf ein konkretes Beispiel – eine Textstelle aus dem Roman Purple Hibiscus der nigerianischen Schriftstellerin

Chimamanda Ngozi Adichie – und weben dieses in ihre Ausführungen zu Hannah Arendts Vorstellung zu einem ethischen und nicht-totalitären Zusammenleben ein. *Juliane Noack Napoles* untersucht in ihrem Text die verborgenen pädagogischen Implikationen einer Wurstverpackung für Kinder und stellt damit heraus, welche Zielgruppen und beabsichtigte Wirkungen – gleichsam unter warenästhetischen wie ökonomischen Aspekten – hier anvisiert werden. Und letztlich diskutiert *Iris Laner* – ähnlich wie Förster – versteckte pädagogische Vorgänge im sogenannten post-edukativen Theater; ihre Analyse hingegen widmet sich der Performance „Confirmation" des britischen Theatermachers und Performers Chris Thorpe und der Theaterinstallation „Cellar Door" von Thomas Bo Nilsson.

Und somit ist allen Beiträgen dieses Bandes auch gemein, dass sie in ihren je unterschiedlichen methodischen und theoretischen Zugängen Forschungsgegenstände in das Zentrum ihrer Betrachtungen gestellt haben, die zumeist von andern Disziplinen bevorzugt werden. Dass sich damit der Rahmen der erziehungswissenschaftlichen Forschung keinesfalls als unscharf gestaltet, sollte anhand der Beiträge deutlich werden: In ihnen kreisen ausnahmslos alle Beobachtungen, Dechiffrierungen, Reflexionen, Kritiken und Darstellungen um explizit pädagogische Fragestellungen. Freilich ist dabei auch – wie oben schon erwähnt – der Desideratcharakter einzelner Beiträge nicht zu übersehen. Und es bleibt zu hoffen, dass die verschiedenen Perspektiven, die innerhalb dieser Einleitung und den verschiedenen Beiträgen zu dem Theorem einer Pädagogik im Verborgenen entwickelt worden sind, weiteren Untersuchungen dienlich sein mögen; und umgekehrt: dass jene durch diese ebenso weiter beforscht werden könnten.[7]

Zu danken ist daher zuallererst allen Beitragenden dieses Bandes. Ohne die Vielzahl der eingereichten und spannenden Themen und die gute Zusammenarbeit mit allen Beteiligten wäre dieser Band so nicht entstanden. Ein großer Dank gilt hier ferner besonders Malte Brinkmann, dessen Unterstützung zu dieser Publikation ihr Zustandekommen erst ermöglicht hat. Ebenso sei hier Stefanie Laux

---

[7]Gerade die Forderung nach dem letztgenannten Punkt lässt sich bspw. dadurch hervorheben, dass bei einer Großzahl der Beiträge – die sich in allen drei benannten Teilen des Bandes wiederfinden – die operative Pädagogik Klaus Pranges zur Zeigestruktur der Erziehung eine nicht zu unterschätzende Rolle spielt. Sicher bietet es sich an, diesen Weg der Theorie zu gehen; zumal es naheliegend erscheint, sich die zumeist visuell-ästhetischen Gegenstände oder Praktiken über den Begriff des Zeigens zu erschließen. Doch zu fragen bleibt, ob nicht nur der Begriff selbst – und seine Verbindung zum Lernen – einer ausführlichen Diskussion bedarf, sondern ob auch auf theoretischem Terrain andere Begriffen hilfreich sein könnten, um Gegenstände wie Malerei, Fotografie, Architektur oder Literatur usw. adäquater pädagogisch lesbar zu machen.

vom Springer VS Verlag für ihre Geduld und ihre ebenfalls gute Zusammenarbeit gedankt. Zahlreiche weitere Personen haben wichtige Impulse für die Entstehung und die Bearbeitung des Bandes gestiftet; und das auch oftmals ohne die direkte Absicht, zielführend eine solche Publikation zu produzieren. Dank gilt also auch – mit der Gefahr, dass einzelne weitere Personen noch im Verborgenen des Gedächtnisses des Autors schlummern: Songs for Pneumonia, Sebastian Engelmann, Jakob Hayner, Claus Bach, Karsten Kenklies, Anna Schubert und Friederike Förster.

Literatur

Biller, M. (2017). Triumph des Brüllens. In ders., *Hundert Zeilen Hass* (S. 325–328). Hamburg: Hoffmann und Campe.
Böhme, G. (2016). *Ästhetischer Kapitalismus*. Berlin: Suhrkamp.
Bundeszentrale für politische Bildung (2018). Dossier zur kulturellen Bildung. http://www.bpb.de/gesellschaft/kultur/kulturelle-bildung/. Zugegriffen: 30. August 2018.
Bundesregierung (2018). Staatsministerin für Kultur und Medien Monika Grütters. Kulturhaushalt 2018. https://www.bundesregierung.de/Webs/Breg/DE/Bundesregierung/BeauftragtefuerKulturundMedien/staatsministerAmt/haushalt/_node.html. Zugegriffen: 11. September 2018.
Dietrich, C., Krinninger, D., & Schubert, V. (2012). *Einführung in die ästhetische Bildung*. Weinheim: Beltz.
Düttmann, A. G. (2017). *Was ist Gegenwartskunst? Zur politischen Ideologie*. Paderborn: Konstanz University Press.
Eberfeld, R., & Krankenhagen, S. (2017). Einleitung. In dies. (Hrsg.), *Ästhetische Praxis als Gegenstand und Methode kulturwissenschaftlicher Forschung* (S. 7–26). Paderborn: Wilhelm Fink.
Hagener, M., & Hediger, V. (Hrsg.) (2015). *Medienkultur und Bildung. Ästhetische Erziehung im Zeitalter digitaler Netzwerke*. Frankfurt a. M./New York: Campus.
Kauppert, M. (2016). Ästhetische Praxis. In ders. & H. Eberl (Hrsg.), *Ästhetische Praxis* (S. 3–34). Wiesbaden: Springer VS.
Koerrenz, R., & Winkler, M. (2013). Allgemeine Pädagogik. In dies., *Pädagogik. Eine Einführung in Stichworten* (S. 41–55). Paderborn: Schöningh.
Manske, A. (2015). *Kapitalistische Geister in der Kultur- und Kreativwirtschaft. Kreative zwischen wirtschaftlichem Zwang und künstlerischem Drang*. Bielefeld: transcript.
Marchart, O. (2013). *Die Prekarisierungsgesellschaft. Prekäre Proteste. Politik und Ökonomie im Zeichen der Prekarisierung*. Bielefeld: transcript.
Menke, C., & Rebentisch, J. (Hrsg.) (2011). *Kreation und Depression. Freiheit im gegenwärtigen Kapitalismus*. Berlin: Kadmos.
Mersch, D. (2015). *Epistemologien des Ästhetischen*. Zürich: diaphanes.
Nachtwey, O. (2016). *Die Abstiegsgesellschaft. Über das Aufbegehren in der regressiven Moderne*. Berlin: Suhrkamp.
Rancière, J. (2015a). Der emanzipierte Zuschauer. In ders., *Der emanzipierte Zuschauer* (S. 11–34). Wien: Passagen.

Rancière, J. (2015b). Die Paradoxa der politischen Kunst. In ders., *Der emanzipierte Zuschauer* (S. 63–100). Wien: Passagen.
Rebentisch, J. (2003). *Ästhetik der Installation*. Frankfurt a. M.: Suhrkamp.
Rebentisch, J. (2013). *Theorien der Gegenwartskunst*. Hamburg: Junius.
Reckwitz, A. (2012). *Die Erfindung der Kreativität. Zum Prozess gesellschaftlicher Ästhetisierung*. Berlin: Suhrkamp.
Reckwitz, A. (2017). *Die Gesellschaft der Singularitäten: Zum Strukturwandel der Moderne*. Berlin: Suhrkamp.
Schiller, F. (2008). Briefe an den Prinzen Friedrich Christian von Schleswig-Holstein-Sonderburg-Augustenburg. In K. L. Berghahn (Hrsg.), *Über die ästhetische Erziehung des Menschen in einer Reihe von Briefen* (S. 125–192). Stuttgart: Reclam.
Stegemann, B. (2017). *Das Gespenst des Populismus. Ein Essay zur politischen Dramaturgie*. Berlin: Verlag Theater der Zeit.
Strauß, S. (2017). Künstler, emanzipiert euch! *Frankfurter Allgemeine Zeitung*, 16.12.2017.
Unsichtbares Komitee (2018). *Jetzt*. Hamburg: Edition Nautilus.
Zirfas, J. (Hrsg.) (2015). *Arenen der ästhetischen Bildung. Zeiten und Räume kultureller Kämpfe*. Bielefeld: transcript.

Teil I
Pädagogik, Ästhetik und Theorie – Verborgene Konstellationen

Das Pädagogische im Schatten der ästhetischen Differenz

Carlos Willatt

Einleitung

Ich gehe der folgenden These nach: Von der Verborgenheit pädagogischer Strukturen in ästhetischen Erfahrungen, Praktiken, Objekten, Theorien oder Diskursen zu sprechen, ist erst unter Rekurs auf *ein* bestimmtes Konzept des spezifisch Ästhetischen möglich geworden. Dieses Konzept geht auf die Ästhetik Immanuel Kants (1724–1804) zurück und bestimmt das Ästhetische in strikter Abgrenzung zu anderen Bereichen. So aufgestellt hat diese These mindestens zwei zentrale Implikationen für das Verhältnis von Ästhetischem[1] und Pädagogischem.[2] Eine solche Abgrenzung

---

[1] Das Ästhetische ist zunächst von der Ästhetik als Disziplin zu unterscheiden. Traditionell umfasst die Ästhetik philosophische Ästhetik einerseits, die sich mit allgemeinen Fragen der Aisthesis und der sinnlichen Erfahrung beschäftigt und die Kunstphilosophie andererseits, die sich insbesondere mit Kunstwerken und Kunstformen auseinandersetzt. In diesem Beitrag bediene ich mich der Terminologie der philosophischen Ästhetik, um eine Perspektive auf das Ästhetische jenseits des disziplinären Rahmens zu eröffnen.

[2] Man könnte das Pädagogische im Kontext bestimmter Praxen beschreiben, die unterschiedlich aber zugleich aufeinander bezogen sind. Diesbezüglich macht die „pädagogische Differenz" (Prange 2012) auf die Differenz zwischen Erziehen und Lernen/Bildung aufmerksam. Der Umstand, dass die Frage nach dem genuin Pädagogischen im Zuge der Entgrenzung des Pädagogischen (vgl. Lüders et al. 2010) nicht eindeutig zu beantworten ist und notwendigerweise umstritten bleiben muss (vgl. Schäfer und Thompson 2013), bedeutet noch nicht, dass sie sinnlos ist. Im Gegenteil: Diese Entgrenzung stellt die Pädagogik bzw. Erziehungswissenschaft als Disziplin *erneut* vor ihre Begründungsproblematik, die eine eigene Problemgeschichte aufweist (vgl. Benner 2015) und die im besten Fall produktiv gewendet werden kann.

C. Willatt (✉)
Humboldt-Universität zu Berlin, Berlin, Deutschland
E-Mail: carlos.willatt@hu-berlin.de

ist erstens ein relativ neues und modernes Phänomen. D. h., dass die Etablierung des Ästhetischen als autonomer bzw. eigenständiger Bereich[3] in einer bestimmten Zeit und unter bestimmten Bedingungen zustande kommt.[4] Dies erregt zweitens den Verdacht, dass es Konzepte des Ästhetischen geben könnte, die das Verhältnis von Ästhetischem und Pädagogischem anders verstehen, und zwar nicht in Form einer strikten Abgrenzung. Dass dieser Verdacht jedoch immer wieder für unbegründet oder falsch gehalten wird, zeigt sich besonders deutlich in der Beharrlichkeit, mit der ästhetische Praktiken, Theorien und Diskurse ihren pädagogischen Gehalt leugnen. Gleiches gilt auch für pädagogische Praktiken, Theorien und Diskurse, die ihren nicht-autonomen bzw. zweckmäßigen Charakter betonen, um sich vom ästhetischen Bereich distanzieren zu können. Gerade in dieser einseitigen Betonung des Nicht-Autonomen und Zweckmäßigen tritt das Pädagogische in den Schatten des Ästhetischen: Dabei wird dem Ästhetischen die Exklusivität des Autonomen und Zweckfreien zugesprochen.

Aus diesem Grund scheint es mir notwendig, das hier sehr knapp nachgezeichnete Konzept des spezifisch Ästhetischen zu problematisieren. Dies erfordert eine kritische Auseinandersetzung mit der philosophischen Ästhetik kantischer Provenienz und insbesondere mit der sog. *ästhetischen Differenz*. Diese Differenz stellt die Frage nach dem spezifisch Ästhetischen. Sie bezeichnet den „Unterschied von Ästhetischem und Nichtästhetischem" (Menke 1988, S. 19). Problematisch an dieser Differenz ist nicht der Umstand, dass sie nach dem spezifisch Ästhetischen fragt, sondern vielmehr das Konzept des Ästhetischen, an das sie oftmals gebunden ist: das Ästhetische als ein Bereich, der in strikter Abgrenzung gegenüber anderen Bereichen festgelegt wird. Die Fixierung auf dieses Konzept ist Ausdruck einer paradigmatischen Denkweise, die sich im sog. *Autonomie-Paradigma* artikuliert (vgl. Bertram 2014a, b). Dieses Paradigma, das die ästhetische Autonomie auf der Grundlage einer solchen Abgrenzung proklamiert, durchzieht implizit oder explizit und in sehr unterschiedlichen Varianten die Traditionslinie von Kant, Schiller und Herbart über die Reformpädagogik bis hin zu den aktuellen Diskursen zur ästhetischen und kulturellen Bildung (vgl. Bamford 2006; Dietrich et al. 2013; Ehrenspeck 1999; Fuchs und Koch 2010; Herbart 1804/1982; Kant 1790/1974; Liebau 2015; Schiller 1795/2000; Weiß 2017). Damit verbunden ist die virulent gewordene Skep-

---

[3]Etymologisch kommt das Wort Autonomie vom Griechischen αὐτονομία und meint etwa ‚Selbst-Gesetzgebung'.
[4]Die Frage nach dem Verhältnis von ästhetischen und pädagogischen Phänomenen ist jedoch nicht neu. Sie taucht nicht erst mit der Entstehung der modernen Disziplinen Ästhetik und Pädagogik auf. Spätestens seit der griechischen Antike werden Fragen der Wahrnehmung, des Schönen, der Kunst und der Erziehung miteinander in Verbindung gebracht (vgl. Zirfas et al. 2009).

sis gegenüber der Möglichkeit einer Verbindung von Ästhetischem und Pädagogischem (vgl. Mollenhauer 1988, 1990). Vor diesem Hintergrund stellt sich die Frage, inwiefern eine Abkehr von diesem Paradigma sinnvoll ist, um implizite pädagogische Strukturen in ästhetischen Erfahrungen, Praktiken, Objekten, Theorien oder Diskursen sichtbar werden zu lassen.

Um dieser Frage nachzugehen, möchte ich zunächst die ästhetische Differenz in ihrer kantischen Prägung im Zusammenhang mit der Entstehung des Autonomie-Paradigmas und der Entstehung der Disziplin Ästhetik im 18. Jahrhundert knapp darstellen (Abschn. 1). Anschließend möchte ich diese Setzung der ästhetischen Differenz einer Kritik unterziehen und systematisch nach möglichen Varianten derselben fragen. Hierfür nehme ich drei Thesen über das Ästhetische (Superiorität, Subalternität und Integrativität) in den Blick und versuche sie an einigen Positionen im ästhetischen und pädagogischen Diskurs zu verdeutlichen (Abschn. 2). Schließlich greife ich die Frage nach der Abkehr vom Autonomie-Paradigma auf (Abschn. 3). Ziel ist es zu zeigen, dass eine Relativierung der ästhetischen Autonomie das Verhältnis von Ästhetischem und Pädagogischem neu justieren kann, und zwar in einer nicht-dualistischen Perspektive.

1 Die Setzung einer Differenz im 18. Jahrhundert

Im Folgenden werde ich die ästhetische Differenz in ihrer kantischen Prägung im Zusammenhang mit der Entstehung des Autonomie-Paradigmas und der Entstehung der Disziplin Ästhetik im 18. Jahrhundert knapp darstellen.[5] Von diesem Konzept werde ich mich im nächsten Abschnitt abgrenzen (2). Die ästhetische Differenz – als Frage nach dem spezifisch Ästhetischen verstanden – versetzt uns in den Problemkreis, der sich um die Bestimmung jeder *differentia specifica* bildet. Was ist damit gemeint? In der westlichen Denktradition bezeichnet die spezifische Differenz den „Unterschied von Arten derselben Gattung" (Muck 1972, S. 235). Man denke z. B. an Aristoteles' Bestimmung des Menschen als ζῷον λόγον ἔχον: Der Mensch als Lebewesen unterscheide sich von anderen Lebewesen dadurch, dass er über Vernunft verfüge, d. h., dass der Mensch ohne Vernunft kein Mensch wäre.[6] Vernunft sei, so Aristoteles, eben das, was das Spezifikum des Menschen ausmacht. Abs-

---

[5] Diese Darstellung erhebt keinen Anspruch auf Vollständigkeit. Sie legt vielmehr den Fokus auf die ästhetische Differenz in ihrer kantischen Prägung.
[6] Für eine grundlegende Kritik an der sog. ‚anthropologischen Differenz' vgl. Heidegger (2000).

trakt gesagt bezeichnet die spezifische Differenz also eine Eigenschaft, die einem Gegenstand vermeintlich ‚wesentlich' zukommt. Woher weiß man aber, dass eine bestimmte Eigenschaft etwas Wesentliches ist? Warum diese und nicht jene Eigenschaft? Wie ist eine spezifische Differenz als Setzung überhaupt begründet? Auf das Ästhetische zugespitzt übertragen: Sind ästhetische Autonomie und Zweckfreiheit als Spezifikum des Ästhetischen nicht etwa beliebig? Dass die Beantwortung dieser Frage Schwierigkeiten bereitet, möchte ich im Folgenden am Beispiel von Praktiken genauer zeigen, die oftmals als ästhetisch qualifiziert werden. Diese Praktiken drängen das Ästhetische stets an seine Grenzen, wobei jede Setzung der Differenz zwischen Ästhetischem und Nichtästhetischem auf den ersten Blick fragwürdig erscheinen mag.

Entgegen dem Verdacht, dass die Grenzziehung durch die ästhetische Differenz beliebig ist, muss zunächst gesagt werden: Die Setzung der Autonomie und Zweckfreiheit des Ästhetischen weist durchaus einen „richtigen Kern" auf (Bertram 2014b, S. 24). Dieser Kern kommt in der Frage nach dem spezifisch Ästhetischen zum Ausdruck. Davon zeugen ästhetische Praktiken – und darunter *vor allem* die künstlerischen[7] –, die sich im Zuge des Säkularisierungsprozesses in Europa entwickelt haben. So deutet Theodor W. Adorno (1903–1969) die Etablierung der autonomen Kunst mit Blick auf ihr „Bewegungsgesetz", welches das „Formgesetz" der Kunst selbst sei (Adorno 2012, S. 12).[8] Dabei bestimmt sich Kunst „im Verhältnis zu dem, was sie nicht ist" (ebd.). Gerade in und durch diese Bewegung des Sich-ins-Verhältnis-Setzens zum Anderen, die sich nicht zuletzt technischen Entwicklungen verdankt (vgl. Benjamin 1991), gewinnen ästhetische

---

[7]Nicht alle ästhetischen Praktiken sind zwingend auch künstlerischer Art. Die Praktiken des Essens und Trinkens sind z. B. ästhetisch, nicht aber zwingend künstlerisch, es sei denn, dass Kunst im weitesten Sinne als „Kunstfertigkeit" oder „Können" verstanden wird (vgl. Tatarkiewicz 2003, S. 29).

[8]Das Formgesetz, das wohl die zentrale ästhetische Kategorie in Adornos Ästhetik ist (vgl. Adorno 2012, S. 18), besagt, „dass jedes Kunstwerk aus sich heraus bestimmt, wie es angelegt ist und was innerhalb seiner Relevanz hat" (Bertram 2014b, S. 118). Adornos Fixierung auf den *formalen Charakter* des Kunstwerks birgt allerdings die Gefahr, die Heterogenität des Sinnlich-Materiellen „durch die synthetische Tätigkeit der Form oder des Geistes" zu verkennen und zu eliminieren (Welsch 1996, S. 125). Der Rekurs auf eine „ästhetische Einheit", die „dem Heterogenen Gerechtigkeit widerfahren" lasse (Adorno 2012, S. 285), markiert Welsch zufolge eher eine selbstkritische Wendung in Adornos eigener Entwicklung (vgl. Welsch 1996, S. 126).

und künstlerische Objekte allmählich an Eigenständigkeit.⁹ Moderne künstlerische Praktiken¹⁰ beginnen sich von sonstigen menschlichen Praktiken abzugrenzen, indem sie sich von repräsentativen, wissenschaftlichen, religiösen, moralischen, politischen oder pädagogischen Bindungen und Vorgaben lösen. Damit werden Prozesse der *Autonomisierung und Ausdifferenzierung des Ästhetischen* initiiert.¹¹

Prozesse der Autonomisierung und Ausdifferenzierung ästhetischer Praktiken sind ferner mit einer analogen Entwicklung der Theorie verbunden. Die Entstehung der Ästhetik als wissenschaftliche Disziplin im 18. Jahrhundert lässt sich als der Versuch verstehen, den autonomen Charakter ästhetischer und künstlerischer Erfahrungen, Praktiken und Objekte *epistemologisch* zu begründen. Einer der prominenten Begründer der Ästhetik ist der deutsche Philosoph Alexander Gottlieb Baumgarten (1714–1762). In seinem Werk *Aesthetica* (1750) bestimmt Baumgarten Ästhetik als Wissenschaft von der sinnlichen Erkenntnis (scientia cognitionis sensitivae) und unterscheidet sie von der Logik als Wissenschaft

---

⁹Den Prozess, in dem diese Eigenständigkeit sich konstituiert, bringt Benjamin mit seinem Begriff des „Ausstellungswerts" auf den Punkt: „Wie nämlich in der Urzeit das Kunstwerk durch das absolute Gewicht, das auf seinem Kultwert lag, in erster Linie zu einem Instrument der Magie wurde, das man als Kunstwerk gewissermaßen erst später erkannte, so wird heute das Kunstwerk durch das absolute Gewicht, das auf seinem Ausstellungswert liegt, zu einem Gebilde mit ganz neuen Funktionen, von denen die uns bewußte, die künstlerische, als diejenige sich abhebt, die man später als eine beiläufige erkennen mag" (Benjamin 1991, S. 484). Basierend auf Benjamins Einsicht behauptet Adorno, dass die „Definition dessen, was Kunst sei, […] allemal von dem vorgezeichnet [ist; C. W.], was sie einmal war, legitimiert sich aber nur an dem, wozu sie geworden ist, offen zu dem, was sie werden will und vielleicht werden kann" (Adorno 2012, S. 11 f.).

¹⁰Dazu zählen u. a. Bildhauerei, Malerei, Architektur, Musik, Dichtung, Theater und Tanz (vgl. Tatarkiewicz 2003, S. 34 ff.).

¹¹Es soll hier nicht unerwähnt bleiben, dass Prozesse der Autonomisierung und Ausdifferenzierung in vielen anderen Bereichen – man denke z. B. an die Frage nach dem genuin Pädagogischen im Sinne einer Allgemeinen Pädagogik (vgl. Benner 2015) – zu finden sind. Im ästhetischen Bereich spielen sich diese Prozesse hauptsächlich auf zwei miteinander verbundenen Ebenen ab, nämlich auf einer *institutionellen* und einer *kunstinternen* Ebene. Während die erste sich auf die Loslösung ästhetischer und künstlerischer Praktiken von institutionellen Bindungen und Vorgaben – Kirche, Staat, Gesellschaft, Partei usw. – bezieht, bezeichnet die zweite die zunehmende Emanzipation der Kunst von ihrer Funktionalisierung als ‚Abbild' der Wirklichkeit (vgl. Einfalt 2000, S. 434 f.).

von der diskursiven Erkenntnis (vgl. Baumgarten 1750/2007, S. 10).[12] Während die logische Erkenntnis klar und deutlich (cognitio distincta) ist, ist die sinnliche Erkenntnis zwar klar aber *undeutlich bzw. verworren*.[13] Trotz aller Unterschiede stehen beide Erkenntnisformen in einem komplementären Verhältnis. Die sinnliche Erkenntnis ist daher mehr als nur ein ‚Anteil' oder eine ‚Vorstufe' zum Kognitiven. Sie bringt eine „ästhetische Wahrheit" (veritas aesthetica) zum Ausdruck (ebd., S. 403 ff.). Mit der Anerkennung einer ästhetischen Erkenntnisform versucht Baumgarten das spezifisch Ästhetische zu würdigen.[14]

Noch entscheidender für die Setzung der ästhetischen Differenz ist Kants Beitrag zum ästhetischen Diskurs. Kant gilt wohl als ‚Vater' des Autonomie-Paradigmas (vgl. Bertram 2014a, S. 110). Auch er versucht das spezifisch Ästhetische auf epistemologischer Ebene zu begreifen, ohne jedoch eine ästhetische Disziplin zu begründen. Der systematische Weg, den Kant für diese Bestimmung nimmt, ist vielmehr die Analyse von Urteilsformen, die unterschiedlichen menschlichen Erfahrungen und Praktiken entspringen. Hierfür kommt die *Urteilskraft* in den Blick. Darunter versteht Kant „das Vermögen unter Regeln zu *subsumieren*, d. i. zu unterscheiden, ob etwas unter einer gegebenen Regel (casus datae legis) stehe, oder nicht" (Kant 1781/1966, S. 209; Herv. i. O.). Mit anderen Worten: Die Urteilskraft ist die Fähigkeit, das Besondere unter dem Allgemeinen zu subsumieren.[15]

---

[12]Im § 1 der *Aesthetica* führt Baumgarten vier zusätzliche Definitionen dieser ‚neuen' Wissenschaft ein. So lässt sich Ästhetik auch wie folgt verstehen: als 1) Theorie der freien und schönen Künste (theoria liberalium artium), 2) Erkenntnislehre und Logik der unteren oder sinnlichen Erkenntniskräfte (gnoseologia inferior), 3) Lehre und Kunst des schönen oder ästhetischen Denkens (ars pulcre cogitandi) und 4) Lehre und Kunst des vernunftanalogen Denkens (ars analogi rationis) (vgl. Baumgarten 1750/2007, S. 10).

[13]Bei der Gegenüberstellung von Logik (gnoseologia superior) und Ästhetik (gnoseologia inferior) folgt Baumgarten Wolffs Trennung von oberen und unteren menschlichen Vermögen, versucht aber zugleich mit Leibniz – und gegen Wolff – Sinnlichkeit und Vernunft zu vereinigen, indem er beide Vermögen als komplementär bestimmt (vgl. Naumann-Beyer 2003, S. 555).

[14]Baumgartens epistemologische Würdigung des ästhetischen Bereichs erweist sich im Kontext der westlichen Denktradition eher als eine ‚Wiederentdeckung'. Bereits bei Aristoteles ist die Analyse einer sinnlichen Erkenntnisform zu finden, die über die Sinnlichkeit als bloße Bedingung menschlichen Erkennens hinausgeht (vgl. Aristoteles 2011).

[15]Die Urteilskraft hat eine bestimmte Funktion in Kants epistemologischem Ansatz. Kant unterscheidet zwischen „oberen" bzw. „intellektuellen" und „unteren" bzw. „sinnlichen" Erkenntnisvermögen: Zu den ersten gehören Verstand, Urteilskraft und Vernunft, zu den letzteren Sinnlichkeit, die aus Sinn und Einbildungskraft besteht (Kant 1790/1974, S. 15, 1796/1983, S. 54). Die Erkenntnis ist entweder theoretischer oder praktischer Art und kann nur im Zusammenspiel beider Erkenntnisvermögen generiert werden. Gerade darauf verweist Kants berühmtes Diktum: „Gedanken ohne Inhalte sind leer, Anschauungen ohne Begriffe sind blind" (Kant 1781/1966, S. 120).

Wenn das Allgemeine gegeben ist, spricht Kant von einer *bestimmenden Urteilskraft*. Man denke an ein Beispiel: Ein Arzt verfügt über ein medizinisches Wissen etwa in Form von Begriffen, Regeln, Gesetzen, Prinzipien oder Richtlinien, das er *zweckmäßig* in einem bestimmten Fall anwenden muss. Dabei muss er darüber entscheiden können, was die richtige Behandlung ist, damit der Patient gesund wird. Mit dieser Entscheidung fällt der Arzt im Grunde ein Urteil: Er muss auf verfügbares Wissen rekurrieren, um etwas in der Welt *erkennen* zu können. Die bestimmende Urteilskraft ermöglicht also eine Erkenntnis der Welt, indem sie das bekannte Allgemeine mit dem besonderen Fall in Verbindung bringt. Diese Urteilsform wird daher als „Erkenntnisurteil" bezeichnet (Kant 1790/1974, S. 122). Wenn hingegen das Allgemeine nicht gegeben ist, muss dieses erst gesucht werden. Dabei handelt es sich um eine *reflektierende Urteilskraft*: Ausgehend von einem Besonderen sucht man ein Allgemeines, das von vornherein nicht vorhanden ist. Exemplarisch für diese Urteilsform ist das Geschmacksurteil. Denken wir z. B. an die Erfahrung des Musikhörens: Ich höre ein Musikstück und will ein Urteil fällen – ob es mir gefällt oder nicht. Da hier nur das Besondere gegeben ist (das konkrete Musikstück), muss ich erst für mein Geschmacksurteil ein passendes Allgemeines (Begriff, Regel, Gesetz, Prinzip, Richtlinie) suchen.

Kant spezifiziert das Geschmacksurteil mit Blick auf die Gefühle der Lust und Unlust, mit denen menschliche Erfahrungen, Praktiken und Objekte verbunden sein können (vgl. ebd.).[16] Im Normalfall äußert sich die Lust oder das Wohlgefallen an einem Gegenstand entweder als subjektive Neigungen oder als objektive Eigenschaften des Gegenstandes. Kant zufolge ist das Wohlgefallen am Schönen jedoch weder subjektiv noch objektiv. Das Geschmacksurteil ‚X ist schön' ist vielmehr ein subjektiv-allgemeines Urteil: *subjektiv* als Ausdruck des im Subjekt ausgelösten Gefühls der Lust; *allgemein* im Sinne eines Urteils, das eine über die Subjektivität hinausgehende Allgemeingültigkeit beansprucht. Diese subjektive Allgemeinheit ist gerade nicht mit einem Allgemeinen (Begriff, Regel, Gesetz, Prinzip, Richtlinie) zu verwechseln. Sie verweist auf das Gefühl der Lust, das – wie Kant sagt – das „*freie[]*

---

[16] Kant geht davon aus, dass menschliche Praktiken wesentlich an Interessen gebunden sind. In der *Analytik des Schönen* unterscheidet er hauptsächlich zwei Formen des Interesses, nämlich das Interesse der Sinne am Angenehmen und das Interesse der Vernunft am Guten (vgl. Kant 1790/1974, S. 115 ff.). Diese Unterscheidung entspricht jeweils den Begriffen von sinnlicher Natur und übersinnlicher Freiheit, die für Kants Einteilung der Philosophie in theoretische und praktische leitend sind. Daher ist die Lust bzw. das „Wohlgefallen" im Normalfall immer *interessiert*, sei es als *Wohlgefallen am Angenehmen* oder *Wohlgefallen am Guten*, da wir es „mit der Vorstellung der Existenz eines Gegenstandes verbinden" (ebd., S. 116). Demgegenüber ist das *interesselose Wohlgefallen* „indifferent in Ansehung des Daseins eines Gegenstandes" (ebd., S. 122).

Spiel[] der Erkenntnisvermögen"[17] bewirkt und das auch bei anderen Menschen vorausgesetzt werden kann (Kant 1790/1974, S. 132; Herv. i. O.). Die Erkenntnisvermögen werden im Umgang mit schönen Gegenständen zwar tätig, ohne aber Erkenntnis im strikten Sinne zu generieren. Im Unterschied zu einem Erkenntnisurteil mündet das Zusammenspiel der Erkenntnisvermögen hier weder in theoretische noch in praktische Begriffe. Es bleibt als Suchbewegung *unbestimmt* und *reflexiv*. Was dabei zum Vorschein kommt, ist lediglich eine „Erkenntnis überhaupt" (ebd.): eine Erkenntnis darüber, dass die menschliche Erkenntnisfähigkeit funktioniert (vgl. Bertram 2014b, S. 67).

So setzt Kant die ästhetische Differenz auf paradigmatische Weise. Der ästhetische Bereich wird in strikter Abgrenzung gegenüber anderen Bereichen spezifiziert. Während alltägliche Erfahrungen, Praktiken und Objekte zweckmäßig, interessiert und bestimmt sind, sind ästhetische Erfahrungen, Praktiken und Objekte zweckfrei, uninteressiert und unbestimmt; während erstere Erkenntnisse über die Welt liefern, bringen letztere hingegen keine hervor. Das Ästhetische gewinnt bei Kant so viel an Autonomie, dass es sich letztlich anderen Bereichen verschließt.

2 Varianten der ästhetischen Differenz als Frage nach dem spezifisch Ästhetischen

An dieser Stelle möchte ich mich von Kants Ansatz und damit von dem an ihm orientierten Konzept des spezifisch Ästhetischen abgrenzen. Auch wenn ich die Feststellung einer gewissen Autonomie bei ästhetischen und künstlerischen Praktiken für richtig halte, scheint es mir, dass Kants Setzung der ästhetischen Differenz zu sehr einschränkt. Die Setzung der ästhetischen Differenz à la Kant ist im Grunde einseitig. Sie unterstellt zunächst eine Einheit des Ästhetischen, die eigentlich nicht gegeben ist. Kant bringt unterschiedliche Erfahrungen, Praktiken und Objekte unter *eine einzige formale Einheit,* welche in der Struktur des reinen Geschmacksurteils dargestellt wird.[18] Damit ist die konkrete sinnlich-materielle Existenz der Objekte

---

[17]Damit meint Kant das Zusammenspiel von Einbildungskraft und Verstand.

[18]Das Primat des ‚reinen Geschmacksurteils' in Kants Systematik zeigt sich deutlich in der Unterscheidung zwischen Natur- und Kunstschönheiten. Dazu Kant: „Eine Naturschönheit ist ein *schönes* Ding; Die Kunstschönheit ist eine *schöne Vorstellung* von einem Dinge" (Kant 1790/1974, S. 246; Herv. i. O.). Während die erste sich jeglichem Zweck und Begriff entzieht, setzt die zweite notwendigerweise Zweck und Begriff dessen voraus, was das vorzustellende Ding sein soll (vgl. ebd., S. 247). Daher kommt das reine Geschmacksurteil nur der Erfahrung des Naturschönen zu, welche folglich zum Modell ästhetischer Erfahrung erhoben wird.

in Raum und Zeit dem ästhetischen Wohlgefallen schlicht gleichgültig (vgl. Kant 1790/1974, S. 122). Zugespitzt formuliert: Der *(Zweck)Zusammenhang*[19], in den ästhetische Erfahrungen, Praktiken und Objekte eingebettet sind, ist Kant zufolge irrelevant. Genau dies, so meine These, ist aber nicht der Fall. Sowohl die Pluralität des Sinnlich-Materiellen als auch der Bezug zu anderen bzw. außerästhetischen Bereichen – z. B. zum pädagogischen Bereich – sind erst in einem solchen Zusammenhang möglich.[20] Aus diesem Grund kann die Autonomie und Zweckfreiheit des Ästhetischen – zumindest wie Kant sie versteht – nicht mehr umstandslos akzeptiert werden. Die sinnlich-materielle Pluralität und der Bezug zu anderen Bereichen erweisen sich vielmehr als *konstitutiv* für ästhetische Phänomene.[21]

Dies heißt jedoch noch nicht, dass die These der ästhetischen Autonomie völlig zu verwerfen wäre (siehe Teil 3 dieses Beitrags). Im Folgenden geht es mir nun darum, nach Varianten der ästhetischen Differenz zu fragen, welche Kants Konzept des spezifisch Ästhetischen als strikt abgegrenzter Bereich relativieren. Am Beispiel ästhetischer und pädagogischer Positionen möchte ich systematisch in einem knappen Überblick zeigen, dass das Verhältnis von Ästhetischem und Pädagogischem sehr unterschiedlich aussehen kann, je nachdem, wie die ästhetische Differenz zwischen Ästhetischem und Nichtästhetischem gefasst wird. Hierfür werde ich das an Kant orientierte Konzept des spezifisch Ästhetischen als Bezugspunkt der Varianten noch einmal vorstellen (a). Dann werde ich die Varianten in drei Thesen über das Ästhetische darlegen: die These der ästhetischen Superiorität (b), der Subalternität (c) und der Integrativität (d).[22]

Ad (a): Das an Kant orientierte Konzept des spezifisch Ästhetischen hat nach wie vor einen großen Einfluss auf den pädagogischen Diskurs. Dies zeigt sich deutlich in der Tradition der ästhetischen Erziehung und Bildung. Seit dem 18. Jahrhundert artikulieren sich pädagogische Positionen entweder dagegen oder

---

[19]Dieser Zusammenhang setzt zudem ein leiblich situiertes Wahrnehmen voraus, das für jeglichen Umgang mit Objekten der Welt unentbehrlich ist (vgl. Merleau-Ponty 1966).

[20]Die Pluralität des Sinnlich-Materiellen kommt in den unterschiedlichen ästhetischen und künstlerischen Erfahrungen, Praktiken und Objekten zum Ausdruck. Die Materialität eines Musikstückes ist z. B. anders als jene einer Speise. Sowohl die Produktions- und Rezeptionspraktiken dieser Objekte als auch deren Bezug zu anderen Praktiken lassen sich nicht einfach einheitlich fassen.

[21]Ob das Sinnlich-Materielle bei allen ästhetischen Phänomenen in gleicher Weise *thematisch* wird, ist allerdings umstritten. Bei einigen Werken der Konzeptkunst sei z. B. das Sinnlich-Materielle nur Anlass, nicht aber Thema der künstlerischen Reflexion (vgl. Feige 2011).

[22]Ich übernehme diese Thesen – wenngleich in modifizierter Form – von Bernd Kleimanns Analyse des ästhetischen Diskurses (vgl. Kleimann 2002, S. 11 ff.).

dafür. Im Anschluss an Kant wendet sich z. B. Friedrich Schiller (1759–1805) in seinen Briefen *Über die ästhetische Erziehung des Menschen* (1795) gegen eine didaktische und moralische Instrumentalisierung des Ästhetischen.[23] Ästhetische Erfahrungen, Praktiken und Objekte gehören Schiller zufolge dem zweckfreien Bereich des „ästhetischen Scheins" an und sind daher von zweckmäßigen Bereichen scharf zu trennen, denn letztere geben „dem Gemüth eine bestimmte Tendenz" (Schiller 1795/2000, S. 89).[24] Im 20. Jahrhundert setzt Klaus Mollenhauer (1928–1998) Kants und Schillers strikte Abgrenzung des Ästhetischen fort. Seine Fixierung auf die ästhetische Differenz à la Kant äußert sich in der Skepsis gegenüber der möglichen Verbindung von Ästhetischem und Pädagogischem. So zweifelt Mollenhauer an, dass das Ästhetische „in die pädagogische Kiste"[25] passt (Mollenhauer 1990, S. 484). Dass sein Verständnis des spezifisch Ästhetischen stark kantisch geprägt ist, zeigt sich auch eindeutig in seinen empirisch-qualitativen Forschungen zur ästhetischen Erfahrung von Kindern. Dort bestimmt Mollenhauer die ästhetische Erfahrung als Erfahrung eines „Bruch[s] mit den pragmatischen Kontexten des Alltags" (Mollenhauer 1996, S. 21).

Ad (b): Eine Akzentuierung des an Kant orientieren Konzeptes des spezifisch Ästhetischen über Kant hinaus kann dazu führen, die These der *Superiorität des Ästhetischen* aufzustellen. Darin wird das Ästhetische insofern als

---

[23]Obwohl Schiller als Anhänger von Kants Konzept des spezifisch Ästhetischen gelten kann, gibt es durchaus Indizien dafür, dass er davon nicht ganz überzeugt war. Sein ästhetischer Ansatz erweist sich vielmehr als höchst ambivalent. Diese Ambivalenz kann z. B. mit der Frage nach dem Ort des Ästhetischen im Zusammenhang menschlicher Erfahrungen und Praktiken verdeutlicht werden. Wenn Schillers Ansatz der ästhetischen Erziehung bzw. Bildung teleologisch als ‚Programm' der moralischen Entwicklung des Menschen gelesen wird, bleibt unklar, ob ästhetische Erfahrungen und Praktiken nur ein Durchgangsstadium – wie etwa bei Herbart – oder selbst ein Endstadium dieser Entwicklung darstellen (vgl. Schiller 1795/2000, S. 90, 123). Aufgrund dieser Ambivalenz bezeichne ich Schiller hier als Vertreter sowohl des Autonomie-Paradigmas kantischer Prägung als auch der Integrativitätsthese.

[24]An anderer Stelle der Briefe fragt Schiller: „*In wie weit darf Schein in der moralischen Welt seyn?* [..] *in so weit es ästhetischer Schein ist,* d. h. Schein, der weder Realität vertreten will, noch von derselben vertreten zu werden braucht" (Schiller 1795/2000, S. 112; Herv. i. O.). Unter ‚Realität' versteht Schiller – Kant folgend – eine mit Zwecken und Interessen kontaminierte Realität.

[25]Mollenhauer fragt nach dem Ort des Ästhetischen in pädagogischen Entwürfen im praktischen und theoretischen Sinne. Mit dem Ausdruck „pädagogische Kiste" meint er beides. In skeptischer Perspektive konstatiert er, dass sich das Ästhetische weder in die pädagogische Institution Schule noch in eine Theorie der Allgemeinen Pädagogik problemlos einfügen lasse. Wenn das geschieht, werde dem Ästhetischen sein autonomer Status einfach abgesprochen.

überlegen gesehen, als es einen privilegierten Zugang zur Welt darstellt. Ästhetische Erfahrungen, Praktiken und Objekte sind nicht nur strikt von anderen Erfahrungen, Praktiken und Objekten abzugrenzen, sondern liefern zugleich Einsichten in die Welt, die in keinem anderen Bereich zu erreichen sind. Aus dieser Perspektive erscheinen andere Bereiche, die allein auf die Gewinnung theoretischer oder praktischer Erkenntnisse fixiert sind, als *defizitär*. Diese Bereiche vernachlässigen den prozessualen Charakter der Welterfahrung, wobei zentrale Dimensionen derselben aus dem Blick geraten.[26] Hans-Georg Gadamers (1900–2002) Entwurf einer *hermeneutischen Erfahrung* (vgl. Gadamer 1990), dessen Einfluss auf die pädagogische Theoriebildung unverkennbar ist (vgl. exemplarisch Buck 1989), stützt sich auf die These der ästhetischen Superiorität.[27] Erstaunlicherweise ist diese These auch bei John Dewey (1859–1952) zu finden, wenngleich in einer modifizierten Form.[28] Dewey zufolge sind ästhetische Erfahrungen dazu imstande, Einsichten in die Beschaffenheit von Erfahrung überhaupt zu eröffnen: „To esthetic experience, then, the philosopher must go to unterstand what experience is" (Dewey 2005, S. 286). Damit lehnt Dewey die strikte Abgrenzung des Ästhetischen ab und erhebt zugleich die ästhetische Erfahrung als *erfüllte Erfahrung*[29] zum Prototyp aller Erfahrung, wobei seine Position paradoxerweise in die Nähe einer Auflösung des spezifisch Ästhetischen

---

[26]Eine dieser Dimensionen ist die *Negativität,* die sowohl für hermeneutische (vgl. Gadamer 1990, S. 359) als auch für nicht-hermeneutische (vgl. Adorno 2012; Menke 1988) Theorien des Ästhetischen leitend ist.

[27]Gadamer fragt nicht nur nach dem spezifisch Ästhetischen, sondern bestimmt die Überlegenheit desselben zugleich in Bezug auf die Erfahrung der Wahrheit: „Daß an einem Kunstwerk Wahrheit erfahren wird, die uns auf keinem anderen Wege erreichbar ist, macht die philosophische Bedeutung der Kunst aus" (Gadamer 1990, S. 2). Demgegenüber wären die modernen Naturwissenschaften als defizitäre Bereiche zu bezeichnen, denn sie betrachten die Erfahrung nur „auf ihr Resultat hin" (ebd., S. 358).

[28]In *Art as Experience* wendet sich Dewey offenbar gegen eine Abgrenzung des Ästhetischen à la Kant: „It is to indicate that *theories* which isolate art and its appreciation by placing them in a realm of their own, disconnected from other modes of experiencing, are not inherent in the subject-matter but arise because specifiable extraneous conditions. […] Nevertheless, the influence of these conditions is not confined to theory […] it deeply affects the practice of living" (Dewey 2005, S. 9; Herv. i. O.).

[29]Dewey bezeichnet „Erfüllung" *(fulfillment)* als Grundmerkmal von Erfahrung: „Because experience is the fulfillment of an organism in its struggles and achievements in a world of things, it is art in germ. Even in its rudimentary forms, it contains the promise of that delightful perception which is esthetic experience" (Dewey 2005, S. 19).

rückt. Denn jede Erfahrung muss letztendlich ästhetisch sein, um als Erfahrung im emphatischen Sinne qualifiziert werden zu können. Die Krönung der ästhetischen Superiorität zeigt sich gerade darin, dass das Ästhetische als prototypisch und fundamental erscheint. Auf diese Weise schlägt die radikale Akzentuierung der Superiorität in die Auflösung der ästhetischen Differenz um. Wenn alles ästhetisch wird, dann ist am Ende nichts ästhetisch. Die ästhetische Autonomie wird überflüssig. Bei dieser Variante der Superioritätsthese geht es also um eine *Entgrenzung des Ästhetischen*.[30] Ganz prägnant bringt Friedrich Nietzsche (1844–1900) diese Entgrenzung auf den Punkt: „nur als *ästhetisches Phänomen* ist das Dasein und die Welt ewig *gerechtfertigt*" (Nietzsche 1872/2012, S. 47; Herv. i. O.). Damit betreibt Nietzsche im Grunde eine *epistemologische Ästhetisierung* (vgl. Bubner 1989, S. 139; Welsch 1996, S. 52): Wissen, Wahrheit und Wirklichkeit weisen nunmehr den Status des Scheinbaren, Unbestimmten und Vorläufigen auf, der sonst nur dem Ästhetischen eingeräumt wird. Das spezifisch Ästhetische verschwindet.

Ad (c): Das Gegenteil der ästhetischen Superiorität lässt sich mit der These der *Subalternität* formulieren, die besagt, dass das Ästhetische anderen Bereichen untergeordnet ist. Dabei wird das Ästhetische ausschließlich als Mittel zum Zweck gedacht, wodurch die ästhetische Autonomie völlig verloren geht. Interessanterweise ist diese These nicht nur im vorsäkularen, sondern auch im säkularisierten, modernen Zeitalter zu finden. Im ersten Fall ist Platons Erziehungsentwurf in der *Politeia* zu nennen. Platon zufolge müssen diejenigen ästhetischen Erfahrungen, Praktiken und Objekte, welche der staatlichen Moralerziehung nicht dienen, aus der Polis vertrieben werden (vgl. Platon 2015, S. 449).[31] Die platonische Verbindung von Ästhetischem und Moralischen kulminiert im Gedanken der *Kalokagathia* (καλοκαγαθία): Was schön ist, soll zugleich gut sein. Das Schöne steht

---

[30]Auf der Ebene der ästhetischen Theorie kommt die Entgrenzung des Ästhetischen im Neologismus *Aisthetik* zum Ausdruck. Dieser resultiert aus der Kombination vom Griechischen αἴσθησις (Wahrnehmung, Empfindung) und Ästhetik und thematisiert „Wahrnehmungen *aller* Art, sinnenhafte[] ebenso wie geistige[], alltägliche[] wie sublime[], lebensweltliche[] wie künstlerische[]" (Welsch 2010, S. 9 f.; Herv. i. O.).

[31]Besonders betroffen von Platons Vertreibung ist die erzählende bzw. epische Dichtung – z. B. die Darstellungen der Götter bei Hesiod und Homer – als nachahmende Kunst, die im Kanon der hellenischen Erziehung verankert war. Da diese Dichtung Platon zufolge bloßes Abbild der Wirklichkeit ist, birgt sie die Gefahr, Unwahrheiten zu vermitteln und damit die Jugend zu verderben. Demgegenüber wertet Platon insbesondere die Musik (dorische und phrygische Melodien) und Gymnastik als Mittel der Moralerziehung auf, denn sie bewirken eine „edle Haltung" und stärken zudem jene Tugenden (Besonnenheit, Tapferkeit, Freimut, Hochherzigkeit usw.), die für das Leben in der Polis zentral sind (Platon 2015, S. 178 ff.).

also im Dienst des Guten. Als zweites Beispiel aus säkularisierten Gesellschaften kann Johann Friedrich Herbarts (1776–1841) Funktionalisierung des Ästhetischen im Rahmen seines erziehungs- und bildungstheoretischen Ansatzes erwähnt werden. Bei Herbart stellt das Ästhetische das unentbehrliche Mittel zur rationalen Erziehung dar, welche letztlich eine moralische ist (vgl. Herbart 1804/1982, S. 105). Das Ästhetische hat – folgt man Herbart – einen *propädeutischen Charakter:* „Und noch vor der Forschung nach den Gesetzen bedarf es der scharfen *Auffassung des Gegebenen.* Es bedarf überhaupt der Aufmerksamkeit, der Hingebung an das Vorliegende" (ebd., S. 120; Herv. i. O.). Mit anderen Worten: Ästhetische Erziehung bedeutet für Herbart vor allem eine „Kultivierung der Wahrnehmung" (Prange 2010, S. 131), die moralische Erziehung erst möglich und verbindlich machen kann.

Ad (d): Die These der *Integrativität* scheibt dem Ästhetischen das Potenzial zu, unterschiedliche Bereiche miteinander zu vereinbaren. Der Kern dieser These ist bereits bei Schillers ambivalentem Ansatz zu finden. Ob der ästhetische Schein bloß Schein bleiben soll, ist eine Frage, die Schiller nicht klar beantwortet. Denn schon früh erkennt er die Inkonsistenzen der modernen Gesellschaft und entwirft quasi das Prinzip der *Dialektik der Aufklärung* (vgl. Horkheimer und Adorno 2009): Barbarei ist lediglich die Kehrseite geistiger und materieller Fortschritte.[32] Vor diesem Hintergrund ermöglichen ästhetische Erfahrungen, Praktiken und Objekte Momente, in denen „das Ideal der Gleichheit" erfüllt werden könne (Schiller 1795/2000, S. 123). Ästhetische Erziehung bzw. Bildung ist Schiller zufolge die Voraussetzung für „alle Verbesserung im Politischen" (ebd., S. 33). Sie könnte das *integrieren,* was sonst getrennt, zerrissen und nicht gleichwertig erscheint: Sinnlichkeit und Verstand, Natur und Freiheit, Individuum und Gesellschaft.[33] Reformpädagogische und musische Varianten der Integrativitätsthese berufen sich weiterhin auf Schillers Verbesserungsanspruch, wenngleich auf eine unkritische Weise. Sie erheben das Ästhetische zum Heilmittel gegen die Exzesse moderner Rationalisierungs- und Modernisierungsprozesse (vgl. Franke 2000, S. 718 ff.).

---

[32]Ein solches Prinzip kreist um das Grundproblem der Freiheit – zumindest bei Schiller – im politischen und ästhetischen Sinne. Schillers *ästhetische Briefe* lassen sich als doppelte Antwort auf dieses Problem interpretieren: als Antwort auf das politische Problem der Freiheit vor dem Hintergrund der Französischen Revolution bzw. der Ereignisse der jakobinischen Schreckensherrschaft (1793–1794) einerseits, und auf das ästhetische Problem der Freiheit in Kants praktischer Philosophie.

[33]Schillers Anthropologie geht von einem dualistischen Menschenbild aus, das durch zwei konträre und in Spannung stehende Grundtriebe bestimmt wird: Stoff- und Formtrieb. Der sog. *Spieltrieb,* so Schillers These, könnte beide integrieren und harmonisieren (vgl. Schiller 1795/2000, S. 56 ff.).

Rückblickend auf die unterschiedlichen Thesen stellt sich heraus: Eine Bestimmung der ästhetischen Differenz kann wohl von einer *strikten* Abgrenzung des Ästhetischen absehen. Die ästhetische Differenz als Frage nach dem spezifisch Ästhetischen ist nicht zwingend mit Kant zu beantworten. Unklar bleibt jedoch die Frage, inwiefern die Rede von ästhetischer Autonomie noch sinnvoll ist. Auf diese Frage möchte ich im Folgenden eingehen.

3 Ein anderes Verständnis von ästhetischer Autonomie?

Die Varianten der ästhetischen Differenz als Varianten des spezifisch Ästhetischen zeigen, dass eine Abkehr vom Autonomie-Paradigma sinnvoll ist. Dieses Paradigma schränkt zu sehr ein, indem es auf eine strikte Abgrenzung des Ästhetischen gegenüber anderen Bereichen fixiert bleibt. Das Verhältnis von Ästhetischem und Pädagogischem kann daher auch ohne Rekurs auf dieses Paradigma gedacht werden. Somit wird die Einbettung des Ästhetischen in pädagogische Zweckzusammenhänge sichtbar. Ist aber eine solche Abkehr nicht etwa eine Verkennung jener Autonomie, die für moderne ästhetische und künstlerische Praktiken charakteristisch ist? Denn bei dieser ästhetischen Autonomie handelt es sich um eine Autonomie, die in Erfahrungen und Praktiken im Umgang mit ästhetischen Objekten ins Spiel kommt. Wie oben gezeigt weist die ästhetische Differenz à la Kant einen richtigen Kern auf, indem sie als Frage nach dem spezifisch Ästhetischen gewendet wird. Sie versucht gewissermaßen, dieser ästhetischen Autonomie theoretisch gerecht zu werden. Dies gelingt ihr aber nicht, da sie das Ästhetische bloß formal bestimmt. Trotzdem ist aus meiner Sicht eine Abkehr vom Autonomie-Paradigma – wie z. B. die These der Superiorität in ihrer radikalen Variante und die These der Subalternität jeweils suggerieren – keine Lösung, denn sie leugnet *jede Form* von ästhetischer Autonomie. Welchen Status hat dann die ästhetische Autonomie?

Im Zusammenhang mit anderen Bereichen reklamiert die ästhetische Autonomie ihr Existenzrecht. Da sie keine Eigenschaft, die ästhetischen Erfahrungen, Praktiken, Objekten, Theorien oder Diskursen wesentlich zukommt, sondern eher ein Moment des Ästhetischen ist, hat sie einen *unsicheren* Status. Sie konstituiert sich erst in dem konkreten Zusammenhang, in welchen auch immer Erfahrungen, Praktiken, Objekte, Theorien oder Diskurse eingebettet sein können. Hier kann von einer *relationalen Autonomie* gesprochen werden. Relational ist diese Autonomie insofern, als sie sich im Verhältnis zu der Zweckmäßigkeit konstituiert, auf welcher sie beruht. Sie ist nicht gegeben, kann sich aber nur in Zweckzusammenhängen konstituieren. Die Zweckmäßigkeit ist also nicht etwas Außerästhetisches, sondern vielmehr etwas, das *alle* Bereiche – einschließlich des Ästhetischen – ausmacht und verbindet. Die ästhetische Autonomie als relationale Autonomie hat sozusagen einen ‚Zwitterstatus'. Sie entsteht im Zwischen von zweckmäßigen und zweckfreien Momenten und erschöpft sich in keinem von beiden. Ein Konzept des spezifisch Ästhetischen, das die Relationalität der ästhetischen Autonomie verkennt, versperrt den Zugang zum pädagogischen Gehalt ästhetischer Phänomene.

4 Fazit

Ausgangspunkt dieser Überlegungen war die Annahme, dass es etwas spezifisch Ästhetisches gibt. Davon zeugen auf besondere Weise Prozesse der Autonomisierung und Ausdifferenzierung ästhetischer bzw. künstlerischer Praktiken. Auf diese Spezifizität macht die ästhetische Differenz als Frage nach dem spezifisch Ästhetischen aufmerksam. Da diese Differenz aber keine Eigenschaft ist, die quasi *von Natur aus* dem Ästhetischen entspricht, ist es nicht gleichgültig, wie man sie begründet. Die philosophische Ästhetik in der Nachfolge von Kant ist gerade mit dem Problem konfrontiert, das spezifisch Ästhetische begrifflich zu machen. Davon hängt es ab, wie man auch das Verhältnis von Ästhetischem und Pädagogischem betrachtet. In diesem Sinne erweist sich die Fixierung auf das an Kant orientierte Konzept des spezifisch Ästhetischen im ästhetischen und pädagogischen Diskurs als problematisch. Denn dieses Konzept führt dazu, Ästhetisches und Pädagogisches einseitig als strikt abgegrenzte Bereiche zu sehen, wobei der pädagogische Gehalt des Ästhetischen ausgeblendet wird. Gerade unter diesen Bedingungen gewinnt die These von der Verborgenheit des Pädagogischen an Plausibilität.

Mit der Relativierung dieser strikten Abgrenzung können zwar implizite pädagogische Strukturen in ästhetischen Praktiken sichtbar werden. Es stellt sich aber sogleich die Frage: Was ist das Kriterium der Sichtbarkeit solcher Strukturen? Die Antwort auf diese Frage ist entscheidend für eine konsequente Kritik an der ästhetischen Differenz à la Kant. Denn wenn das Pädagogische ausschließlich unter der Chiffre des Zweckmäßigen sichtbar werden kann, dann bleibt die ästhetische Differenz kantischer Provenienz in ihrer Gültigkeit intakt. Das Zweckmäßige wird wiederum dem Pädagogischen, nicht aber dem Ästhetischen zugesprochen. Eine konsequente Kritik an dieser Differenz muss hingegen der Einsicht Rechnung tragen, dass *alle* Bereiche in gewisser Weise zweckmäßige und zweckfreie Momente einschließen. Dagegen könnte man allerdings einwenden, dass damit Ästhetisches und Pädagogisches gleichgesetzt werden.

Dies ist aber nicht der Fall. Im Gegenteil: Aufgrund ihres gemeinsamen praktischen Bodens lassen sich diese Bereiche sogar genauer unterscheiden. So wird die ästhetische Differenz nicht mehr abstrakt in einer strikten Abgrenzung ein für alle Mal festgelegt, sondern *konkret* hinsichtlich der Pluralität des Sinnlich-Materiellen und *offen* im Verhältnis zu den jeweiligen Bereichen immer wieder neu *verhandelt*. Die ästhetische Autonomie als relationale Autonomie stellt eben die Instanz dieser Verhandlung dar. Daher gilt es zunächst zu sehen, wie das Ästhetische in jedem spezifischen Wahrnehmungs- und Erfahrungsvollzug im Umgang mit ästhetischen Objekten zum Vorschein kommt. Die Setzung der ästhetischen Differenz entscheidet letzten Endes über die Sichtbarkeit bzw. Unsichtbarkeit des pädagogischen Gehalts im Ästhetischen.

Literatur

Adorno, T. W. (2012). *Ästhetische Theorie*. Frankfurt a. M.: Suhrkamp.
Aristoteles (2011). *Über die Seele*. Stuttgart: Reclam.
Bamford, A. (2006). *The Wow Factor: Global Research Compendium on the Impact of the Arts in Education*. Münster: Waxmann.
Baumgarten, A. (2007 [1750]). *Ästhetik*. Hamburg: Felix Meiner.
Benjamin, W. (1991). Das Kunstwerk im Zeitalter seiner technischen Reproduzierbarkeit (dritte Fassung). In R. Tiedemann & H. Schweppenhäuser (Hrsg.), *Gesammelte Schriften*, Bd. I/2. (S. 471–508). Frankfurt a. M.: Suhrkamp.
Benner, D. (2015). *Allgemeine Pädagogik. Eine systematisch-problemgeschichtliche Einführung in die Grundstruktur pädagogischen Denkens und Handelns*. Weinheim/München: Beltz Juventa.
Bertram, G. (2014a). Das Autonomie-Paradigma und seine Kritik. In A. Sakoparnig, A. Wolfsteiner & J. Bohm (Hrsg.), *Paradigmenwechsel: Wandel in den Künsten und Wissenschaften* (S. 105–118). Berlin und Boston: de Gruyter.
Bertram, G. (2014b). *Kunst als menschliche Praxis. Eine Ästhetik*. Frankfurt a. M.: Suhrkamp.
Bubner, R. (1989). *Ästhetische Erfahrung*. Frankfurt a. M.: Suhrkamp.
Buck, G. (1989). *Lernen und Erfahrung – Epagogik. Zum Begriff der didaktischen Induktion*. Darmstadt: Wissenschaftliche Buchgesellschaft.
Dewey, J. (2005). *Art as Experience*. New York: Pinguin Books.
Dietrich, C., Krinninger, D., & Schubert, V. (2013). *Einführung in die Ästhetische Bildung*. Weinheim: Beltz Juventa.
Ehrenspeck, Y. (1999). *Versprechungen des Ästhetischen*. Opladen: Leske + Budrich.
Einfalt, M. (2000). Autonomie. In K. Barck, M. Fontius, D. Schlenstedt, B. Steinwachs & F. Wolfzettel (Hrsg.), *Ästhetische Grundbegriffe. Historisches Wörterbuch in sieben Bänden*, Bd. 1 (S. 431–479). Stuttgart: J. B. Metzler Verlag.
Feige, D. (2011). Zum Verhältnis von Kunsttheorie und allgemeiner Ästhetik. Sinnlichkeit als konstitutive Dimension der Kunst? *Zeitschrift für Ästhetik und Allgemeine Kunstwissenschaft, 56*, S. 123–143.

Franke, U. (2000). Bildung/Erziehung, ästhetische. In K. Barck, M. Fontius, D. Schlenstedt, B. Steinwachs & F. Wolfzettel (Hrsg.), *Ästhetische Grundbegriffe. Historisches Wörterbuch in sieben Bänden*, Bd. 1 (S. 696–727). Stuttgart: J. B. Metzler Verlag.
Fuchs, B., & Koch, L. (Hrsg.) (2010). *Ästhetik und Bildung*. Würzburg: Ergon Verlag.
Gadamer, H. G. (1990). *Hermeneutik I. Wahrheit und Methode: Grundzüge einer philosophischen Hermeneutik*. Tübingen: Mohr Siebeck.
Heidegger, M. (2000). *Über den Humanismus*. Frankfurt a. M.: Vittorio Klostermann.
Herbart, J. F. (1982 [1804]). Über die ästhetische Darstellung der Welt als das Hauptgeschäft der Erziehung. In W. Asmus (Hrsg.), *Pädagogische Schriften*, Bd. 1: Kleinere pädagogische Schriften (S. 105–121). Stuttgart: Klett-Cotta.
Horkheimer, M., & Adorno, T. (2009). *Dialektik der Aufklärung. Philosophische Fragmente* (18. Aufl.). Frankfurt a. M.: Fischer.
Kant, I. (1966 [1781]). *Kritik der reinen Vernunft*. Stuttgart: Reclam.
Kant, I. (1974 [1790]). *Kritik der Urteilskraft*. Frankfurt a. M.: Suhrkamp.
Kant, I. (1983 [1796]). *Anthropologie in pragmatischer Hinsicht*. Stuttgart: Reclam.
Kleimann, B. (2002). *Das ästhetische Weltverhältnis. Eine Untersuchung zu den grundlegenden Dimensionen des Ästhetischen*. München: Fink.
Liebau, E. (2015). Kulturelle Bildung in Zeiten der Globalisierung. In T. Braun & M. Fuchs (Hrsg.), *Theorien der Kulturpädagogik* (S. 102–113). Weinheim: Beltz Juventa.
Lüders, C., Kade, J. & Hornstein, W. (2010). Entgrenzung des Pädagogischen. In H. H. Krüger & H. Helsper (Hrsg.), *Einführung in Grundbegriffe und Grundfragen der Erziehungswissenschaft* (S. 223–232). Opladen & Farmington Hills: Barbara Budrich.
Menke, C. (1988). *Die Souveränität der Kunst. Ästhetische Erfahrung nach Adorno und Derrida*. Frankfurt a. M.: Athenäum Verlag.
Merleau-Ponty, M. (1966). *Phänomenologie der Wahrnehmung*. Berlin: Walter De Gruyter & Co.
Mollenhauer, K. (1988). Ist ästhetische Bildung möglich? *Zeitschrift für Pädagogik, 34* (4), S. 443–461.
Mollenhauer, K. (1990). Ästhetische Bildung zwischen Kritik und Selbstgewissheit. *Zeitschrift für Pädagogik, 36* (4), S. 481–494.
Mollenhauer, K. (1996). *Grundfragen ästhetischer Bildung. Theoretische und empirische Befunde zur ästhetischen Erfahrung von Kindern*. Weinheim: Juventa.
Muck, O. (1972). Differenz. In J. Ritter, K. Gründer & G. Gabriel (Hrsg.), *Historisches Wörterbuch der Philosophie*, Bd. 2 (S. 235–236). Basel: Schwabe.
Naumann-Beyer, W. (2003). Sinnlichkeit. In K. Barck, M. Fontius, D. Schlenstedt, B. Steinwachs & F. Wolfzettel (Hrsg.), *Ästhetische Grundbegriffe. Historisches Wörterbuch in sieben Bänden*, Bd. 5 (S. 534–577). Stuttgart: J. B. Metzler Verlag.
Nietzsche, F. (2012 [1872]): Die Geburt der Tragödie aus dem Geiste der Musik. In G. Colli & M. Montinari (Hrsg.), *Kritische Studienausgabe in 15 Bänden*, Bd. 1 (S. 9-156). München: Deutscher Taschenbuch Verlag.
Platon (2015). *Der Staat (Politeia)*. Stuttgart: Reclam.
Prange, K. (2010). Das Ethos der Form. Anmerkungen zu Herbarts „Ästhetische Darstellung der Welt als das Hauptgeschäft der Erziehung". In L. Koch & B. Fuchs (Hrsg.), *Ästhetik und Bildung* (S. 127–136). Würzburg: Ergon-Verlag.
Prange, K. (2012). *Die Zeigestruktur der Erziehung. Grundriss der operativen Pädagogik*. Paderborn: Schöningh.

Schäfer, A., & Thompson, C. (2013). Pädagogisierung – eine Einleitung. In A. Schäfer & C. Thompson (Hrsg.), *Pädagogisierung* (S. 7–25). Halle-Wittenberg: Martin-Luther-Universität.

Schiller, F. (2000 [1795]). *Über die ästhetische Erziehung des Menschen.* Stuttgart: Reclam.

Tatarkiewicz, W. (2003). *Geschichte der sechs Begriffe.* Frankfurt a. M.: Suhrkamp.

Weiß, G. (Hrsg.) (2017). *Kulturelle Bildung – Bildende Kultur. Schnittmengen von Bildung, Architektur und Kunst.* Bielefeld: transcript.

Welsch, W. (1996). *Grenzgänge der Ästhetik.* Stuttgart: Reclam.

Welsch, W. (2010). *Ästhetisches Denken.* Stuttgart: Reclam.

Zirfas, J., Klepacki, L., Bilstein, J., & Liebau, E. (2009). *Geschichte der Ästhetischen Bildung.* Bd. 1. Paderborn: Schöningh.

Das Buch als pädagogisches Medium ästhetischer Empfindung? Versuche zu einer erziehungstheoretischen Analyse

Ulf Sauerbrey

1 Hinführung zum Thema

Praktische Pädagogik wird im Alltagsverständnis nicht selten auf ein Geschehen reduziert, das zwischen zwei oder mehreren Personen stattfindet, die in ihren erziehenden und/oder bildenden Tätigkeiten unmittelbar beobachtbar sind. Erziehungstheoretisch betrachtet ist diese perspektivische Engführung allerdings problematisch. Der konkrete Vollzug pädagogischen Geschehens findet sich, sofern Erziehung bisubjektiv als Vermitteln und Aneignen bzw. als Zeigen und Lernen gedacht wird (vgl. Sünkel 2011; Prange 2012a), auch in Lesesituationen, die auf den ersten Blick kein offensichtliches ‚pädagogisches Verhältnis' zwischen zwei Subjekten darstellen, da Menschen hier nicht unmittelbar miteinander interagieren. Allzu schnell wird jedoch übersehen, dass Buchinhalte, die als gegenständliche Position die Lesesituation des einen Subjekts bedingen, immer von einem weiteren Subjekt produziert worden sind, sodass dieses eine in Form der Schriftsprache medial dokumentierte Tätigkeit ins Lesegeschehen einbringt. Vor dem Hintergrund dieses besonderen Tätigkeitskomplexes in einer Lesesituation soll im vorliegenden Beitrag die theoretische Frage gestellt werden, wann und wie im Falle des Lesens von Literatur – hier: Sachbücher und Romane – eine ‚Pädagogik im Verborgenen' stattfindet. Dabei sollen zugleich einige Verhältnisbestimmungen zwischen Ästhetik und Pädagogik in den Blick genommen werden, ohne die die besonderen Lesesituationen, in denen das ästhetische Empfinden affiziert wird, nebulös blieben.

U. Sauerbrey (✉)
Universität Erfurt, Erfurt, Deutschland
E-Mail: ulf.sauerbrey@uni-erfurt.de

© Springer Fachmedien Wiesbaden GmbH, ein Teil von Springer Nature 2019
C. Bach (Hrsg.), *Pädagogik im Verborgenen*,
https://doi.org/10.1007/978-3-658-21891-1_3

Zunächst aber muss der Irrtum über die Unmittelbarkeit pädagogischer Situationen aufgeklärt werden, der wahrscheinlich dafür sorgt, dass wir pädagogisches Geschehen manchmal nicht als solches zu erkennen vermögen (Kap. 2). Dem folgt eine kleine Phänomenologie des Vermittelns und Aneignens durch das Medium Buch (Kap. 3). Das Vorhaben fußt dabei begrifflich (in einem weiten Sinn) auf praxistheoretischen (vgl. Rückriem und Schürmann 2012, S. 8 f.; Leontjew 1977, 2012) sowie erziehungstheoretischen Ansätzen (vgl. Sünkel 2011) und bedient sich des erkenntnisgenerierenden Verfahrens des phänomenologischen Variierens (vgl. Brinkmann 2017). Die daraus hervorgehende Beschreibung und Analyse wird anhand von zwei exemplarisch ausgewählten Lesesituationen – u. a. mit einem Sachbuch und mit einem Roman – begleitet, um pädagogisches Geschehen, das durch das Buch in einer besonderen Weise medial bedingt wird, kenntlich zu machen. Im Anschluss werden Möglichkeiten des ästhetischen Empfindens bei der durch ein Buch vermittelten Aneignung beleuchtet (Kap. 4). Dabei wird gezeigt, dass die Entscheidung darüber, ob das Buchlesen zur Erfahrung über die Buchinhalte *und* die eigene Sinnlichkeit wird, vom lesenden Subjekt und der Affektivität seiner ästhetischen Empfindung gegenüber dem Gelesenen bestimmt wird. Eine Zusammenfassung samt Forschungsausblicken schließt die Untersuchung ab (Kap. 5).

2 Der Irrtum über die Unmittelbarkeit pädagogischer Situationen oder warum wir Pädagogik oft nicht sehen – ein begriffsgeschichtlicher Abriss

Die Geschichte des Erziehungsbegriffs ist eine, in der zu Beginn vor allem Alltagsideen über die zum jeweiligen historischen Zeitpunkt bekannten Erziehungsformen und -ziele versammelt wurden. Dadurch wurden Erziehungsbegriffe vorrangig aus normativen Perspektiven bestimmt, die keinesfalls einen allgemeinen Erziehungsbegriff abzubilden vermochten. Erziehung war gewissermaßen das, was sie in der jeweiligen Zeit zu leisten hatte und wie sie gestaltet wurde. Damals wie heute herrscht in Bezug auf die Begriffsbedeutung der Erziehung nicht selten Uneinigkeit (vgl. Winkler 1995). Die Tatsächlichkeit der Erziehung bzw. das Geschehen im sich ereignenden Vollzug wurde nur selten auf einer allgemeinen Ebene thematisiert und häufig wurde dabei der Tatbestand Erziehung mit dem Erziehen durch ein Subjekt gleichgesetzt. Dass aber, damit Erziehung zwischen zwei Subjekten stattfindet, auch ein Lernen aufseiten eines anderen Subjekts geschehen muss, bemerkten die Autorinnen und Autoren – wenn überhaupt – nur randständig. Das Lernen (als immer und überall gegebene anthropologische Voraussetzung und Notwendigkeit eines Vermittlungsaktes – vgl. Prange 2012a) wurde in den zahlreichen – und noch immer recht einschlägig rezipierten – Bestimmungen des Erziehungsbegriffs insofern übersehen, als dass die Tätigkeit desjenigen, der im Erziehungsgeschehen und durch dieses lernt, meist unter- oder gänzlich unbestimmt blieb. Besonders deutlich, aber auch überraschend, ist dies mit Blick auf Wilhelm Diltheys (1833–1911) Erziehungsbegriff am Ausgang des 19. Jahrhunderts: „Unter Erziehung verstehen wir die planmäßige Tätigkeit, durch welche die Erwachsenen das Seelenleben von Heranwachsenden bilden" (Dilthey 1924, zuerst 1888, S. 69). Erziehung galt Dilthey somit als Tätigkeit Erwachsener, durch die Heranwachsende *gebildet* würden. Dieser einseitige Erziehungsbegriff – da er die Erziehung ausschließlich als eine Tätigkeit bestimmte – kulminierte seinem Prinzip nach paradoxerweise gerade in der viel zitierten Definition der Erziehung von Wolfgang Brezinka, der die Geisteswissenschaftliche Pädagogik eigentlich explizit zu überwinden versuchte:

> Unter Erziehung werden soziale Handlungen verstanden, durch die Menschen versuchen, das Gefüge der psychischen Dispositionen anderer Menschen mit psychischen und (oder) sozialkulturellen Mitteln dauerhaft zu verbessern oder seine als wertvoll beurteilten Komponenten zu erhalten oder die Entstehung von Dispositionen, die als schlecht bewertet werden, zu verhüten (Brezinka 1978, S. 45).

Wenngleich hier nun nicht mehr von Erwachsenen und Heranwachsenden, sondern von ‚Menschen' und ‚anderen Menschen' die Rede war, so blieb die bei Dilthey vorhandene Monosubjektivität der Erziehung auch bei Brezinka erhalten. Die Tätigkeit der ‚anderen Menschen', deren psychisches Dispositionsgefüge durch Erziehung verbessert, erhalten oder verhütet werde, bildete keinen Bestandteil dieser Begriffsbestimmung. In der Auseinandersetzung mit Brezinkas Erziehungsbegriff (vgl. u. a. Sünkel 2011; Heid 1994; Gudjons 2008, S. 185 ff.) wurde das Erkenntnisinteresse innerhalb der Erziehungswissenschaft seitdem wieder zunehmend auf das lernende Subjekt gerichtet. Die Einsicht, dass ohne ein tatsächlich stattfindendes Lernen jede erzieherische Bemühung schlichtweg ‚ins Leere' laufen muss, führte dazu, dass etwa Hermann Giesecke – streng genommen unter Rückgriff auf eine Grundidee von Werner Loch (1928–2010) (vgl. 1968) – praktische Pädagoginnen und Pädagogen als ‚professionelle Lernhelfer' verstand: „Unsere Ausgangsdefinition, daß ‚Lernen ermöglichen' das Ziel professionellen Handelns sei, bestimmt den Partner nicht als Objekt pädagogischer Bemühungen – gar noch mit normativen Ansprüchen – sondern als Subjekt seines Lebens, seiner ‚Bildung' und seiner Persönlichkeitsentfaltung" (Giesecke 1989, S. 28). Erziehung, hier in seiner Variante als ‚professionelles' Handeln gekennzeichnet, bestehe somit aus den beiden Tätigkeiten zweier Subjekte: dem *Lernen* und dem *Beim-Lernen-Helfen*. Für ‚unprofessionelle' Erziehung kann diese allgemeine Aussage gleichermaßen gelten.

Eine solche auf die Bisubjektivität der Erziehung abzielende Grundidee wurde in der Folge weiter expliziert und bildet einen zentralen Ausgangspunkt im gegenwärtigen Stand erziehungstheoretischer Forschung, wie sie u. a. durch die Analysen von Klaus Prange, Gabriele Strobel-Eisele und Wolfgang Sünkel repräsentiert wird: Prange arbeitet in seiner Operativen Pädagogik heraus, dass und wie „das Erziehen" – in seiner Grundform bei ihm auch Zeigen genannt – „auf das Lernen angewiesen" (Prange 2012a, S. 83) sei. Die Idee zweier unterschiedlicher Operationen in der pädagogischen Interaktion findet sich auch in den „Formen des pädagogischen Handelns" von Prange und Strobel-Eisele (vgl. 2015), die die bislang recht „verschiedenen Versionen einer Bestimmung des pädagogischen Handelns nebeneinander" gestellt haben und dabei zu dem Schluss kommen, dass diese Versionen keineswegs ein „klares und einigermaßen stimmiges Bild davon vermitteln, was Erzieher von Beruf verbindlich können sollten" (ebd., S. 33) oder – anders formuliert – was diese schlichtweg tun. Die „variable[n] Topikkataloge von Operationen, Wissenselementen und Aufgaben" (ebd.), die als Erwartungen üblicherweise an Erzieherinnen und Erzieher gestellt werden, seien mit Blick auf den Kern des pädagogischen Handelns unbefriedigend, da sich ein solcher aus den verwendeten Begriffen keineswegs herleiten ließe. Prange und Strobel-Eisele arbeiten daher eine Systematik der Formen pädagogischen Handelns heraus, in denen diese auf wenige elementare und komplexe Handlungsformen reduziert werden. Grundform des pädagogischen Handelns bleibt dabei das Zeigen, das dem ohnehin unvermeidlichen Lernen im pädagogischen Geschehen zur Seite gestellt wird (vgl. ebd.). Ein solch bisubjektives Prinzip vertrat schließlich auch Wolfgang Sünkel (1934–2011) in seiner 2011 (kurz vor seinem Tod veröffentlichten) allgemeinen Erziehungstheorie, in der er das Vermitteln und das Aneignen als die beiden zentralen Teiltätigkeiten des Erziehungsgeschehens konzipiert hat. Vermittelt und angeeignet werden können demnach alle immateriellen bzw. kulturellen (bei Sünkel: ‚nichtgenetischen') Artefakte, also „Kenntnisse, Fertigkeiten und Motive" (Sünkel 2011, S. 63). Diese Artefakte, die durch die Tätigkeit des Aneignens von einem Subjekt mit der vermittelnden Hilfe eines anderen Subjekts verinnerlicht werden, bilden wiederum Voraussetzungen (Dispositionen) für weitere Situationen vermittelter Aneignung. Erziehung ist nach Sünkel daher die „vermittelte Aneignung nicht-genetischer Tätigkeitsdispositionen" (ebd.). Eine Trennung der beiden Teiltätigkeiten im Erziehungsgeschehen sei praktisch unmöglich, da dieses sonst schlichtweg nicht stattfände: „Vermittlung ohne Aneignung ist folgenlos,

Aneignung ohne Vermittlung leer. […] Um Erziehung handelt es sich also immer dann, wenn, und immer dort, wo nicht-genetische Tätigkeitsdispositionen vermittelt und angeeignet werden" (Sünkel 1996, S. 283). Das bei Sünkel ‚Vermitteln' genannte Tun bildet somit die Teiltätigkeit des Erziehungsgeschehens, die in älteren pädagogischen Theorien mit Erziehung insgesamt meist gleichgesetzt wurde. Die Teiltätigkeit des Aneignens hingegen richtet sich auf das, was mithilfe der Vermittlung verinnerlicht wird. In diesem Sinne steht Sünkels Aneignungsbegriff – ohne dass dies von ihm explizit ausgewiesen wurde – nah an der sogenannten kulturhistorischen Schule, die u. a. durch die Psychologen Wygotski, Lurija und Leontjew vertreten wurde (vgl. Sauerbrey 2017). Alexei N. Leontjew (1903–1979) verstand in seiner Tätigkeitstheorie Aneignung als „Interiorisation" (Leontjew 2012, S. 90). Objekt einer solchen Praktik der Aneignung bilden dabei immer die „Vergegenständlichungen anderer Menschen" (Wieland 2010, S. 65), denn es sei nach Leontjew „nur eine künstliche Konstruktion", sich vorzustellen, dass ein Mensch „der ihn umgebenden Welt ganz allein gegenüberstünde […]. Unter normalen Bedingungen werden die Beziehungen des Menschen zu seiner gegenständlichen Umwelt *stets* durch sein Verhältnis zu anderen Menschen, zur Gesellschaft vermittelt" (Leontjew 1977, S. 284, Hervorhebung i. O.; vgl. auch Leontjew 2012).

Auch im vorliegenden Beitrag wird im Anschluss an diese Theorien von einer bisubjektiven Grundstruktur des Erziehungsgeschehens ausgegangen (vgl. Sünkel 2011, S. 29, 90). Erziehung besitzt demnach immer und an allen denkbaren Orten zwei Seiten, „die ohne einander nicht bestehen und erfolgreich sein können, weil sie wechselweise aufeinander angewiesen sind" (Sünkel 2011, S. 29). Sie ist immer in komplexe Gemengelagen eingebunden und bildet als Vollzugsgeschehen keine Tätigkeit, die allein von einem Subjekt ausgehen kann. „Es sind immer zwei" (Sünkel 2011, S. 29) – oder genauer – „mindestens zwei" beteiligte Akteure (Ellinger und Hechler 2013, S. 13), die miteinander interagieren müssen, damit Erziehung überhaupt stattfindet: „Beim einen, dem Zögling oder dem Schüler, geht es um eine Entwicklung vom (noch) Nicht-Können zum Können, vom (noch) Nicht-Wissen zum Wissen und von (noch) Nicht-Wollen zum Wollen. Der andere, der Erzieher oder Lehrer, kennt die Themen, verfügt über die Fertigkeiten und/oder weiß um die Willenseinstellungen" (ebd.). Durch diese Asymmetrie in Bezug auf Wissen, Können oder Willenseinstellungen – bzw. „Kenntnisse, Fertigkeiten und Motive" (Sünkel 2011, S. 63) – ist die notwendige Voraussetzung für einen interaktiven Austausch gegeben, den wir als Erziehung bezeichnen.

Die weit verbreitete und sachlich kaum von der Hand zu weisende Idee, dass Erziehung aus kommunikativem bzw. interaktivem Handeln besteht (vgl. etwa Gudjons 2008, S. 193 f.), suggeriert dabei auf den ersten Blick einen unmittelbaren Austausch zweier Subjekte. Legt man dieses enge Verständnis als konstitutiven

Faktor jeder Erziehungssituation zugrunde, so täuscht dies als Prämisse jedoch leicht über die ebenso geschehenden Aneignungs- und Vermittlungsakte durch Medien hinweg! Interaktivität bzw. Interpersonalität wird meist vorschnell als Unmittelbarkeit pädagogischen Geschehens verstanden, die sich in der direkten Kommunikation als Gespräch zwischen einem Menschen, der etwas vermittelt bzw. zeigt, und einem, der sich etwas aneignet bzw. lernt, spiegelt. In den letzten Jahrzehnten wurden jedoch in der theoretisch-reflexiven erziehungswissenschaftlichen Forschung mannigfaltige Formen der indirekten Erziehung herausgearbeitet (vgl. ebd., S. 194 f.). In der Pädagogik der frühen Kindheit etwa hat eine dieser Idee entsprechende „Didaktik der indirekten Erziehung" (Liegle 2013, S. 141) inzwischen einen festen Platz, denn erstens können Erzieherinnen und Erzieher greifbares Material bewusst selbst so schaffen, dass Intentionen in die Gegenstände (Spielmittel, Zeichnungen, Bilderbücher etc.) für Kleinkinder hineingearbeitet werden. Und zweitens können sie eine potenzielle Erziehungssituation des Kleinkindes vorbereiten, indem sie ein bereits bestehendes Material auswählen und dem Kind zum Lernen zur Verfügung stellen (vgl. Sauerbrey 2018, S. 190 ff.). Das Arrangieren gilt daher als eine zentrale Form des frühpädagogischen und in der sozialen Arbeit mit Jugendlichen erfolgenden Handelns (vgl. Lindner 2014). Vor allem im Kontext der Frühpädagogik fällt es nicht schwer, sich solche Situationen vorzustellen, haben wir doch mit Maria Montessoris (1870–1952) Konzept einer ‚vorbereiteten Umgebung', mit Friedrich Fröbels (1782–1852) System aus ‚Spiel- und Beschäftigungsmitteln' oder mit der reggianischen Idee des Raumes als ‚drittem Erzieher' (vgl. Knauf 2017) Denkvorlagen, die heute sogar als ‚klassisch' für die Pädagogik gelten.

Eine Erziehung durch Dinge und Räume liegt bei Kleinkindern keineswegs fern. Übertragen wir dieses Prinzip jedoch auf Menschen, die älter sind, insbesondere auf Erwachsene, so entsteht ein gewisses Unbehagen. Erwachsene gelten gemeinhin als selbstständig – in ihrem Falle von arrangierter Erziehung bzw. von Erziehung überhaupt zu sprechen, wird von einigen Erziehungswissenschaftlerinnen und -wissenschaftlern abgelehnt (vgl. etwa Giesecke 1989). Bestimmt man Erziehung jedoch – wie wir es oben getan haben – als vermittelte Aneignung bzw. als Zusammenhang von Zeigen und Lernen, so findet sich strukturlogisch kein treffendes Argument gegen die Annahme, dass auch Erwachsene als sich etwas aneignende Subjekte in Erziehungssituationen eintreten, in denen sie von anderen Subjekten etwas durch ein Arrangement vermittelt bekommen – denken wir doch nur an Situationen im Museum, in der Volkshochschule, in der Meisterlehre oder eben auch beim Lesen eines Sachbuchs oder Romans. Auch Erwachsene können der anthropologischen Tatsache, dass sie lernen und dass sie in einer kulturellen Umwelt vermittelnden Subjekten und ihnen noch unbekannten Vermittlungsobjekten begegnen, nicht entgehen.

Erwachsene lernen zwar nicht gleichermaßen wie Kleinkinder, aber sie lernen dennoch hin und wieder von anderen, was sie noch nicht wissen, noch nicht können oder noch nicht wollen.

Im Folgenden will ich von diesen Vorüberlegungen ausgehend auf Situationen vermittelter Aneignung durch Bücher eingehen, indem ich entsprechende Situationen phänomenologisch variiere.[1]

3 Eine kleine Phänomenologie des Vermittelns und Aneignens durch das Medium Buch

Erziehung wurde bis an diese Stelle mit Sünkel als vermittelte Aneignung immaterieller Artefakte, die aus bestimmten Kenntnissen, Fertigkeiten und Motiven bestehen können, bestimmt. Solche Artefakte bestehen, insbesondere in modernen Kulturen, nicht bloß ‚in den Köpfen' ihrer Mitglieder, sondern sie liegen in einer kulturellen Wirklichkeit auch in Form beschrifteter und/oder bebilderter Bücher vor. Ich will die mehr oder minder verborgene Pädagogik in dieser kulturellen Errungenschaft im Folgenden am Beispiel eines Sachbuchs und eines Romans verdeutlichen und mithilfe einer phänomenologischen Variation zeigen, wie Situationen des Vermittelns und Aneignens durch das Medium Buch prinzipiell beschrieben werden können.[2] Sowohl das Sachbuch als auch der Roman enthalten ein bestimmtes Wissen, das sich Leserinnen und Leser aneignen können. Im Sachbuch ist es in der Regel ein Wissen über als real gekennzeichnete Sachverhalte (z. B. Wissen über giftige Pflanzen). Das Sachbuch, besonders aber eines seiner gegenwärtig auf dem Buchmarkt verbreiteten Subgenres – der Ratgeber – ist dabei eine durchaus geeignete Textgattung, um auch Fertigkeiten zu

---

[1]Dass ich mich dabei möglicherweise etwas zu technisch der Phänomenologie bediene, sei mir von den Vertreterinnen und Vertretern dieser philosophischen ‚Schule' verziehen. Der vorliegende Beitrag stellt keinesfalls eine vollständige Phänomenologie dar, sondern lehnt sich bewusst nur in Teilen an die in dieser Schule entwickelten erkenntnisgenerierenden Verfahrensschritte an.

[2]Begrifflich stütze ich mich dabei auf Sünkels Begriffe des Vermittelns und Aneignens. Prinzipiell wären auch Pranges Begriffe Zeigen und Lernen verwendbar. Allerdings ist „Pranges operative Theorie des Zeigens einem konventionellen (autonomen) Subjektverständnis und damit einem traditionellen Intentionalitäts- und einem (abbildtheoretischen) Repräsentationsmodell verpflichtet" und dies würde bei einer zu engen Anlehnung an seine Ideen „die Medialität und die Performativität des Zeigens" (Brinkmann 2015, S. 52) im Erziehungsgeschehen unberücksichtigt lassen.

vermitteln (z. B. Techniken des Nähens, der Säuglingspflege oder des Umgangs mit digitalen Medien).[3] Im Roman hingegen wird zwar durchaus häufig Wissen angesprochen, doch ist die Darstellung eher fiktiv. Dennoch ist es durchaus denkbar, dass diese Textgattung auch Motive, also Willenseinstellungen, thematisiert. Romane spielen in ihrer fiktiven Handlung nicht selten auf das Gewissen, die Moral oder andere letztlich ethische Fragen an, um die ihre Geschichten kreisen. Außerdem enthält jede Geschichte Handlungen, die Menschen noch nicht kennen, wenn sie ein Buch noch nicht gelesen haben. Sowohl Sachbücher als auch Romane tragen also bestimmte Wissensformen in sich.

Stellen wir uns nun im Folgenden vor, dass wir ein Sachbuch oder einen Roman lesen. Und erinnern wir uns, dass wir – anthropologisch bedingt – lernende Wesen sind. Wir können der Aneignung der beim Lesen rezeptiv wahrgenommenen Eindrücke also nicht entkommen. Die Tätigkeit des Lesens in Kombination mit der unumgänglichen Tatsache des Lernens, machen die Aneignung bestimmter Kenntnisse, Fertigkeiten und Motive beim Leseakt schlichtweg unausweichlich, auch wenn die Verständnisse des Gelesenen bei verschiedenen Menschen durchaus unterschiedlich sind. Ähnlich verhält es sich übrigens auch mit Gesagtem oder anderweitig Gezeigtem. Wichtig ist hier aber zunächst nicht, welche konkreten Inhalte des Gelesenen oder Gesagten angeeignet werden, sondern allein, dass etwas beim Lesen und durch dieses angeeignet wird. Lesen wir aber nun ein Buch und eignen uns damit unweigerlich bestimmte Aspekte des Geschriebenen an, so lernen wir – erziehungstheoretisch gedacht – nicht das, was das Buch uns zeigt. Das Buch ist schließlich kein Subjekt, sondern ein Medium, das von mindestens einem Subjekt geschaffen wurde. Wir lernen somit etwas, das der Autor oder die Autorin in das Buch hineingearbeitet hat. Das Buch ist Informationsträger und der Verfasser bzw. die Verfasserin hat die Information produziert. Erziehen Menschen andere Menschen also mittels Büchern?

Einwand! Ist dieses Geschehen nicht doch bloß Selbsterziehung oder (Selbst-) Bildung durch Leserinnen und Leser? ‚Bilden' wir uns denn nicht selbst, wenn wir ein Buch lesen? Hierzu soll mittels des Verfahrens mehrerer „Weglassprobe[n]" (Prange 2012b, S. 74) ein Gedankenexperiment erfolgen, in dem auf mögliche Vermittlungs- und Aneignungssituationen geblickt wird. Phänomenologie als erkenntnisgenerierendes Verfahren ist hierzu geeignet, denn sie ermöglicht es,

---

[3]Markus Höffer-Mehlmer bezeichnet Elternratgeber als „technologische Sachbücher", die sich mit Rat zur Erziehung an Eltern bzw. Familien wenden (Höffer-Mehlmer 2003, S. 7; ähnlich: Schmid 2011, S. 18). Im Sinne eines Wissen und Techniken vermittelnden Sachbuchs lässt sich eine Definition des Ratgebers insgesamt verallgemeinern.

„die Erscheinungsweise der Gegenstände zum Thema zu machen" (Stenger 2015, S. 61). „Mit den Operationen der phänomenologische[n] Reduktion, Deskription und Variation soll das sichtbar werden, was sich zeigt: das Phänomen" (Brinkmann 2015, S. 37). Ausgehend von der Grundhaltung, dass es „Gegenstände" – wie etwa die Erziehung – nicht „an sich gibt, sondern dass sie jeweilig erscheinen" (Stenger 2015, S. 62), wird daher auch im Folgenden „im fiktionalen Modus" (Brinkmann 2015, S. 39) nach möglichen Erscheinungsweisen von Vermittlungs- und Aneignungssituationen gesucht, indem diese variiert werden. „Durch Variation können dann invariante Merkmale, Typen, Schemata durch Vergleich ermittelt werden" (ebd., S. 40). Dass dieser Versuch auf der Annahme einer allgemeinen Erziehungstheorie fußt, widerspricht der phänomenologischen Haltung in diesem Kontext im Übrigen nicht, denn „variieren lassen sich prinzipiell theoretische und subjektive Perspektiven" (Brinkmann 2015, S. 40). Ziel ist es hier nicht, Erziehung als Gesamtphänomen auf einer allgemeinen Ebene zu beschreiben, sondern vielmehr mithilfe phänomenologischer Verfahrensschritte einige ihrer möglichen Erscheinungsweisen zu rekonstruieren.

1. *Fiktion:* Nehmen wir zunächst an, es findet eine Elternberatung im Jugendamt statt. Thema der Beratung ist das ‚richtige' Reagieren der Eltern auf ‚Trotzreaktionen' des Kleinkindes. Die Sozialpädagogin aus dem Jugendamt vermittelt den Eltern entsprechendes Wissen über die Autonomieentwicklung des Kleinkindes, gibt Ratschläge zu geeigneten Fertigkeiten im Umgang mit dem Nachwuchs und zeigt Möglichkeiten zur die Familie entlastenden Alltagsgestaltung auf. Wir können annehmen, dass die Eltern in dieser Situation die sich etwas aneignenden Subjekte sind. Das Medium der Botschaft der Sozialpädagogin ist das im gemeinsamen Beisammensein gesprochene Wort. Kommt die Botschaft auch nur irgendwie bei den Eltern an, wird sie also rezipiert, lässt sich mit Sünkel vom Geschehen *Erziehung* sprechen.[4] In der von uns gedachten Situation wird etwas vermittelt und angeeignet.
2. *Fiktion:* Nun stellen wir uns die Situation einmal in einer telefonischen Variante vor: die gleichen Subjekte, das gleiche Thema, also – erziehungstheoretisch gesehen – das gleiche Geschehen; aber mit dem Unterschied, dass das gesprochene Wort nun durch eine Kabelverbindung übertragen wird.

---

[4]Ich spreche hier in Anlehnung an Sünkel (2011) von Erziehung, auch wenn die gegenwärtige Erwachsenenbildung – sowohl als wissenschaftliche Subdisziplin, wie auch als professionelles Handlungsfeld – dies eher ungern tut, wohl da Erziehung meist mit Macht, Hierarchien und anderen unangenehmen Kategorien verbunden wird.

Das Telefon tritt nun als situatives Medium hinzu. Doch auch hier geschieht, wenngleich ohne eine visuell sichtbare Anwesenheit der Sozialpädagogin, Erziehung in Sinne einer vermittelten Aneignung. Auch hier wird Gesagtes vermittelt und angeeignet.

3. *Fiktion:* Nun denken wir uns die Situation noch einmal in textlicher Form: gleiche Subjekte, gleicher Themeninhalt, wieder Vermittlung und Aneignung. Aber: das Medium ist nun ein Brief, den die Sozialpädagogin – vielleicht aus Altruismus oder aus Sorge um das Kindeswohl – extra für diese eine Familie verfasst hat.[5] Auch hier findet, nun in Textform, vermittelte Aneignung von Kenntnissen statt, sofern der Brief tatsächlich von den Eltern gelesen wird und seine Inhalte in irgendeiner Form angeeignet werden.

Vermittelte Aneignung kann somit unzweifelhaft in verschiedenen medialen Formen auftreten. Die Sprache im Vermittlungsakt kann lautsprachlich oder schriftsprachlich geäußert werden. Warum also soll die vermittelte Aneignung von Kenntnissen, Fertigkeiten oder Motiven aus einem Sachbuch – *4. Fiktion* – folglich keine Erziehung sein? Strukturlogisch betrachtet sind die allgemeinen Merkmale vermittelter Aneignung nichtgenetischer Tätigkeitsdispositionen (Sünkel 2011, S. 63) bzw. der Differenzeinheit von Zeigen und Lernen eines Themas (vgl. Prange 2007, S. 22; Prange 2012a) gegeben, sofern das Vermitteln nicht – wie im Alltagsverständnis – als unmittelbare Zeige- oder Blickgeste, sondern vielmehr allgemein als Akt einer Informationsvermittlung verstanden wird, ganz gleich in welcher Form und in welchem zeitlichen Zusammenhang dieser dann auf die Aneignung durch ein Subjekt trifft. Autorinnen und Autoren von Sachbüchern arrangieren Wissen im Medium des Buches sogar meist intentional, um dieses zu vermitteln bzw. damit Leserinnen und Leser es sich aneignen können. Die Autorinnen und Autoren könnten uns einen solchen Inhalt auch in unmittelbarer Anwesenheit erzählen, diesen uns auf der Leipziger Buchmesse vorlesen oder uns in einem Youtube-Film vortragen. In all diesen Varianten möglicher Vermittlungs- und Aneignungssituationen ändern sich vorrangig die das Wissen transportierenden Medien, also die Bedingungen von Vermittlung und Aneignung, sowie die Zeitpunkte des Auftretens von Vermittlung und Aneignung, nicht aber die allgemeinen Tätigkeitsstrukturen und die Tatsache, dass es grundlegende Inhalte und Tätigkeiten in diesen jeweiligen Erziehungsgeschehen gibt!

---

[5]Im Bereich der Familienbildung bzw. der Elternberatung sind solche ‚niedrigschwelligen' Angebote heute keinesfalls selten.

Strukturell durchaus gleich, aber wiederum in einer anderen medialen Gestalt könnten sich Vermittlungs- und Aneignungssituationen auch in Form eines Romans – *5. Fiktion* – zeigen. Hierzu soll exemplarisch auf den populären und vielfach verkauften Roman ‚Drachenläufer' des afghanisch-amerikanischen Schriftstellers Khaled Hosseini (2003) geblickt werden – eine Fiktion, die sich vor allem aus meinen eigenen Leseerfahrungen speist: Die Romanhandlung dreht sich vor allem um eine Kindheit in Afghanistan, um Freundschaft, Erinnerung und Scham. Beim Lesen der Geschichte bin ich – trotz guter sozialgeografischer Kenntnisse und eines großen Interesses an verschiedenen Kulturen – in eine bis dahin für mich weitgehend fremde Welt eingetaucht, in der ich durch das im Roman von Hosseini Geschriebene die verschiedenen Lebensformen von Menschen in Afghanistan näher kennengelernt habe. Dass die Geschichte Hosseinis zu einem Großteil um die Kindheitserfahrungen des fiktionalen Charakters Amir kreist, führte beim Lesen an vielen Stellen zu Erinnerungen an meine eigene Kindheit und – trotz kultureller Unterschiede – zu Identifikationen mit den geschilderten Gefühlslagen und Erlebnissen Amirs. Das Lesen des Romans bedeutete mir somit weitaus mehr als das Lesen eines Sachbuchs, die Geschichte ‚ging näher', da ich mir nicht nur das Gelesene aneignete, sondern da diese Erfahrungen für mich selbst thematisch wurden. Dass beim Lesen eines Romans in einer bestimmten Erlebensweise also eine Aneignung von Wissenselementen stattfinden kann, ergibt sich aus der schlichten Tatsache, dass Subjekte nach dem Lesen wenigstens einige Elemente der Romanhandlung berichten können, die in ihrer Erinnerung geblieben sind. Man kann nicht eine Geschichte beim Lesen erleben und dabei nichts lernen. Und diese Erfahrung lässt zunächst prinzipiell den gleichen Schluss zu wie im Falle der 3. und 4. Fiktion, also der Erziehungssituation bedingt durch den Brief und das Sachbuch: Wissen wird durch ein Subjekt medial vermittelt und die Vermittlung entfaltet dann eine pädagogische Wirkung, wenn ein anderes Subjekt sich die vermittelten Inhalte auch tatsächlich aneignet. Das Buch ist also Träger eines Inhalts, allerdings ist seine spezifische mediale Form keineswegs zwingend notwendig für das Zustandekommen einer solchen Situation vermittelter Aneignung. Denkbar wäre im Falle des hier in Anspruch genommenen Romans auch, sich ‚Drachenläufer' als Graphic Novel mit Illustrationen von Fabio Celoni und Mirka Andolfo (2011) anzusehen. Wir hätten uns aber auch ‚The Kite Runner' in dem nach dem Buch verfilmten US-amerikanischen Filmdrama aus dem Jahr 2007 – verfilmt nach dem Drehbuch von David Benioff und unter der Regie Marc Forsters – ansehen können. Der Roman wurde darüber hinaus von Matthew Spangler auch für die Bühne adaptiert – er feierte seine Premiere unter der Regie von David Ira Goldstein auf der Bühne der Arizona Theatre Company im September 2009 und wurde später auch im Londoner Playhouse Theatre aufgeführt. In all diesen medialen Formen kann vermittelte Aneignung stattfinden. Die ästhetische Bedeutung einer solchen Pädagogik im Verborgenen wird in Kap. 4 noch einmal gesondert thematisiert.

Die bis an diese Stelle durchgeführten Weglassproben haben gezeigt „was sich bei beliebiger Variation der Umstände vernünftigerweise nicht leugnen lässt" (Prange 2012b, S. 74): Die vermittelte Aneignung von Wissen, Können und Willenseinstellungen kann medialisiert in Form eines Buches geschehen – und zwar sowohl in Sachbuch- wie auch in Romanform – und sicher auch in anderen denkbaren Textsorten. Theoretisch lässt sich dies fassen, sobald Vermittlungsakte als *inkorporiert* verstanden werden. „Um intentionale Inkorporationen handelt es sich dann, wenn bestimmte Tätigkeitsdispositionen, deren Aneignung gewünscht wird oder gesollt ist, zum Zweck ihrer Aneignung in Geräte oder Sachen hineingearbeitet werden" (Sünkel 2011, S. 58 f.). Eine Vermittlungstätigkeit ist allerdings durchaus auch ohne Intentionen des etwas vermittelnden Subjekts denkbar (vgl. Sünkel 2008): Ob ich jemandem durch die Produktion einer Sache (z. B. ein Buch) etwas zu vermitteln beabsichtige oder nicht, ist insofern für das pädagogische Geschehen an sich irrelevant, als dass für den tatsächlichen Vollzug von vermittelter Aneignung vor allem das thematische Interesse und die entsprechende Aneignungstätigkeit aufseiten des lernenden Subjekts notwendig ist. Die pädagogische Interaktion zwischen vermittelnden und aneignenden Subjekten kann zeitlich außerdem einen geringen oder großen zeitlichen Abstand in Bezug auf das jeweilige Auftreten eines Vermittlungsakts und eines Aneignungsakts aufweisen. Gerade in dieser zeitlichen Ungleichheit des Auftretens der Teiltätigkeiten der Erziehung gründet wahrscheinlich der Umstand, dass solche pädagogischen Situationen meist verborgen bleiben und so in der Regel nicht für Erziehung gehalten werden. Erziehungstheoretisch ist diese Haltung jedoch im wahrsten Sinne des Wortes haltlos. Es ist geradezu das Merkmal einer Lesesituation mit einem Buch, dass in dieser eine zeitlich verzögerte Bisubjektivität von Vermittlung und Aneignung aufgrund von inkorporierten Vermittlungsakten auftritt.

4 Ästhetische Empfindung in der vermittelten Aneignung – sich affizieren lassen vom Inhalt des Buches

Den Argumentationsgang nun an einer Stelle stehen zu lassen, an der verschiedene Textsorten als potenziell etwas vermittelnde Medien beschrieben wurden, wäre vor dem Hintergrund der ästhetischen Erfahrungsweisen, die oben hinsichtlich des Leseerlebnisses eines Romans geschildert wurden, zu oberflächlich. Zwar empfinden sowohl beim Lesen des Sachbuchs als auch beim Lesen des Romans Menschen etwas vermittelt durch ihre Sinne. Aber ist es nicht wahrscheinlich, dass die Rezeptionsformen der Hinweise und Techniken aus einem Ratgeberbuch aufseiten eines sich die Inhalte aneignenden Subjekts andere sind als bei einem Subjekt, das sich Kenntnisse über den Verlauf einer Geschichte aus einem Roman aneignet? Bieten unterschiedliche Textsorten somit nicht auch unterschiedliche Bedingungen des Lesens und dabei auch verschiedene Weisen der ästhetischen Empfindung? Ist das Sachbuch nicht doch eher geeignet für die ‚alltägliche' bzw. ‚nüchterne' Sinnesempfindung und der Roman eher für eine ästhetische? In einem guten Roman versinkt man, aber im Sachbuch…?

Zurück zum Anfang der theoretischen Reflexion: Was sagt uns der Forschungsstand zu den Grundlagen der Ästhetik im pädagogischen Geschehen? Ästhetisches Empfinden und die im menschlichen Alltag übliche Sinnesempfindung sind zunächst zweierlei Paar Schuhe. Diese und jene unterscheiden sich dadurch, dass im ästhetischen Empfinden „das Sinnliche selbst thematisch wird. Es entsteht eine Aufmerksamkeit auf das Gehörte, das Gesehene oder das Gelesene, Empfundene selbst, statt allein auf das, was es bedeutet" (Dietrich et al. 2013, S. 19). Im Falle von Büchern werden diese damit potenziell – und in einem Diktum Rousseaus – zu „Gegenständen, die uns affizieren" und die im Kontext ästhetischer Erfahrung eben eine „Erziehung durch die Dinge" (Rousseau 1963/1762, S. 109) hervorzubringen vermögen. Aus erziehungstheoretischer Perspektive ließe sich ergänzend feststellen, dass Bücher nicht nur zu Gegenständen werden, die uns affizieren, sondern zu Medien, die immaterielle Gegenstände enthalten, die beim lesenden Subjekt in einer Weise zu Empfindungen führen, die diese selbst zum Gegenstand der Erfahrung werden lässt: „Meine Sinne werden mir, in ästhetischer Einstellung, über die auch sonst meine Tätigkeit ununterbrochen begleitenden oder stimulierenden Wahrnehmungsvorgänge hinaus, thematisch" (Dietrich et al. 2013, S. 16). Während die übliche Sinnesempfindung beim Lernen das Gelernte zum Gegenstand hat, tritt beim ästhetisch empfundenen Lernen die eigene Affiziertheit als thematischer Gegenstand der Wahrnehmung hinzu.

Mirjam Nast hat außerdem herausgearbeitet, dass Lesen nicht etwa das subjektive ‚Versinken' in einen Text bedeutet: „Entgegen seiner oberflächlichen Anmutung als scheinbar stillgestellter, beinahe zeitenthobener Zustand, bezieht Lesen immer auch die physische Aktivität der Lesenden mit ein, ebenso wie deren Situiertheit in einer bestimmten Umgebung und ihre Beziehung zur Materialität des Lesestoffs" (Nast 2017, S. 35).

Wie wir Lesen und welche konkrete Rolle dabei die ästhetische Leiblichkeit einnimmt, ist aber nicht vom Text, den wir lesen, und von den Umständen der Lesesituation zu trennen. Motive, Interessen und Gefühle der lesenden Person spielen dabei außerdem eine gewichtige Rolle, denn es ist durchaus denkbar, dass der eine Mensch sich eher vom Roman ‚fesseln' lässt, der andere aber eher vom Sachbuch oder einem Ratgeber! Bestimmte Textsorten mögen zwar die Wahrscheinlichkeit des Auftretens ästhetischer Erfahrung erhöhen, in der Textsorte allein liegt jedoch keineswegs allein begründet, wer durch einen Text welche Empfindungen tatsächlich zu erfahren vermag. Manche Menschen finden Romane schlichtweg langweilig, lassen sich aber durch ein populärwissenschaftliches Sachbuch von Steven Hawking regelrecht fesseln.

5 Zusammenfassung und Ausblicke

Erziehungstheoretisch lässt sich begründen, dass Sachbücher ‚erziehen', sofern sie denn tatsächlich gelesen werden und dabei auch Inhalte aus dem Buch angeeignet werden. Der grundlegende Unterschied zwischen Erziehung im unmittelbaren Beisammensein einerseits und in der Form des Mediums Buch andererseits liegt vor allem in der Zeit des prozessualen Auftretens der Vermittlungs- und Aneignungstätigkeit. In der Variante des unmittelbaren Beisammenseins laufen Vermitteln und Aneignen zeitlich nahezu direkt ineinander. Im Falle des Buches liegt zwischen der Vermittlungstätigkeit des Autors bzw. der Autorin einerseits und dem tatsächlichen Aneignen von Buchinhalten durch ein anderes Subjekt andererseits eine gewisse Zeit – unter Umständen sind es sogar Jahrzehnte oder Jahrhunderte. Erst durch das lesende Aneignen entfaltet die Vermittlungstätigkeit aber schließlich ihr Einwirkungspotenzial, das durch Kenntnisse, Fertigkeiten und/oder Motive in einem literarisch arrangierten Artefakt vorliegt. Medialisierte Sprache ist somit immer ein dokumentierter potenzieller Vermittlungsakt. Die durch ein Subjekt in einem Medium mittels Schriftsprache inkorporierten Vermittlungsakte ‚schlummern' über einen bestimmten Zeitraum, bis sie tatsächlich auf den Aneignungsakt eines lesenden Subjekts treffen. Im Falle des Aneignens dessen, worauf diese Vermittlungsakte verweisen bzw. worüber geschrieben wurde, wird Erziehung tatsächlich zum Geschehen zwischen mindestens zwei Subjekten. Bleibt das Buch jedoch ungelesen, läuft alle in das Werk inkorporierte Vermittlungsarbeit ins Leere.

Eine besondere Komplexität birgt das materielle Artefakt ‚Buch' im Kontext ästhetischer Erfahrungen, da es immer, wenn seine Seiten aus Sicht des lesenden Subjekts mit etwas Verständlichem beschriftet sind, zugleich immaterielle Artefakte enthält und diese somit einerseits kulturell transportiert, andererseits aber auch sinnlich-thematische Auseinandersetzungen mit diesen ermöglicht, die über die bloße Aneignung hinausgehen. Eine Pädagogik im Medium des Ästhetischen geschieht – auch im Falle des Buchlesens – wahrscheinlich dann, wenn Dimensionen wie die Selbstaufmerksamkeit oder die Sprache die subjektive Empfindung anregen (vgl. Dietrich et al. 2013, S. 27). Möglicherweise spielt auch die sensuelle Erfahrung des materiellen Artefakts ‚Buch', das beim Lesen in den Händen gehalten wird und dessen Einband und Seiten spürbar sind, eine Rolle. Dies müsste allerdings in einer eher anthropologisch oder tätigkeiten- bzw. praktikentheoretisch angelegten Studie, in der die Positionierung und die Funktion des Körpers bzw. der Körperlichkeit beim Buchlesen herauszuarbeiten sind (vgl. Hirschauer 2004), gesondert untersucht werden.

Die Bearbeitung der hier skizzierten grundlagentheoretischen Frage nach der pädagogisch-ästhetischen Bedeutung des Buchs ist bedeutsam für die Erziehungs- und Bildungstheorie im Allgemeinen sowie für eine pädagogische Ästhetik im Besonderen. Darüber hinaus lässt sich die Untersuchung auch als ein Beitrag zum Verhältnis von verborgener Pädagogik und Medien lesen. In der medienpädagogischen Taxonomie Wolfgang Ruges fiele das Buch im erziehungstheoretischen Sinne einerseits in den eher technischen Bereich einer „Pädagogik mit Medien" (Ruge 2014, S. 189), in dem Medien als Lehrmittel gelten, mit deren Hilfe etwas vermittelt werden kann. Für Bücher, die bei der Kenntnisvermittlung ästhetische Empfindungen wecken, fallen die hier vorgestellten Textsorten wie das Sachbuch oder der Roman aber zugleich auch in den Bereich einer „Pädagogik der Medien" (ebd., S. 198), in dem „Medien als Struktur mit eigener Medialität" (ebd., S. 203) gelten – eine Medialität, die im Kern bislang noch weitgehend ungeklärt ist und der wir uns vor dem Hintergrund des *„Prinzip[s] der Aktenförmigkeit"* (Wolff 2008, S. 502, Herv. i. O.) moderner Gesellschaften künftig eingehend widmen sollten.

Literatur

Brezinka, W. (1978). *Metatheorie der Erziehung*. München/Basel: Reinhardt.
Brinkmann, M. (2015). Phänomenologische Methodologie und Empirie in der Pädagogik. Ein systematischer Entwurf für die Rekonstruktion pädagogischer Erfahrungen. In M. Brinkmann, R. Kubac & S. S. Rödel (Hrsg.), *Pädagogische Erfahrung. Theoretische und empirische Perspektiven* (S. 33–59). Wiesbaden: Springer VS.
Brinkmann, M. (2017). Phänomenologische Erziehungswissenschaft. Ein systematischer Überblick von ihren Anfängen bis heute. In M. Brinkmann, M. F. Buck & S. S. Rödel (Hrsg.), *Pädagogik – Phänomenologie* (S. 17–46). Wiesbaden: Springer VS.
Celoni, F., & Andolfo, M. (2011). *Drachenläufer. Graphic Novel. Khaled Hosseini*. Berlin: Bloomsbury.
Dietrich, C., Krinninger, D., & Schubert, V. (2013). *Einführung in die Ästhetische Bildung*. Weinheim/Basel: Beltz Juventa.

Dilthey, W. (1924). Über die Möglichkeit einer allgemeingültigen pädagogischen Wissenschaft. In W. Dilthey: *Gesammelte Schriften*. Bd. VI. Leipzig/Berlin: Teubner.

Ellinger, S., & Hechler, O. (2013). Erziehung als pädagogischer Grundbegriff. In M. Brumlik, S. Ellinger, O. Hechler & K. Prange, *Theorie der praktischen Pädagogik. Grundlagen erzieherischen Sehens, Denkens und Handelns* (S. 64–95). Stuttgart: Kohlhammer.

Giesecke, H. (1989). *Pädagogik als Beruf. Grundformen pädagogischen Handelns*. Weinheim/München: Juventa.

Gudjons, H. (2008). *Pädagogisches Grundwissen. Überblick – Kompendium – Studienbuch*. Bad Heilbrunn: Klinkhardt.

Heid, H. (1994). Erziehung. In D. Lenzen (Hrsg.), *Erziehungswissenschaft. Ein Grundkurs* (S. 43–68). Reinbek bei Hamburg: Rowohlt.

Hirschauer, S. (2004). Praktiken und ihre Körper. Über materielle Partizipanden des Tuns. In K. Hörning & J. Reuter (Hrsg.), *Doing Culture. Neue Positionen zum Verhältnis von Kultur und sozialer Praxis* (S. 73–91). Bielefeld: transcript.

Höffer-Mehlmer, M. (2003). *Elternratgeber. Zur Geschichte eines Genres*. Baltmannsweiler: Schneider Verlag Hohengehren.

Hosseini, K. (2003). *Drachenläufer*. Aus dem Amerikan. übers. von Angelika Naujokat und Michael Windgassen. Berlin: Berlin Verlag.

Knauf, T. (2017). *Reggio*. Berlin: Cornelsen.

Leontjew, A.N. (1977). *Probleme der Entwicklung des Psychischen*. Frankfurt a. M.: Athenäum-Fischer.

Leontjew, A.N. (2012). *Tätigkeit, Bewusstsein, Persönlichkeit*. Berlin: Lehmanns Media.

Liegle, L. (2013). *Frühpädagogik. Erziehung und Bildung kleiner Kinder. Ein dialogischer Ansatz*. Stuttgart: Kohlhammer.

Lindner, W. (2014). *Arrangieren*. Stuttgart: Kohlhammer.

Loch, W. (1968). Enkulturation als anthropologischer Grundbegriff der Pädagogik. In: *Bildung und Erziehung 21*, S. 161–178.

Nast, M. (2017). *»Perry Rhodan« lesen: Zur Serialität der Lektürepraktiken einer Heftromanserie*. Bielefeld: transcript.

Prange, K. (2007). Reflexion als Funktion – der Übergangscharakter der Pädagogik. In V. Kraft (Hrsg.), *Zwischen Reflexion, Funktion und Leistung: Facetten der Erziehungswissenschaft* (S. 21–29). Bad Heilbrunn: Klinkhardt.

Prange, K. (2012a). *Die Zeigestruktur der Erziehung. Grundriss der operativen Pädagogik*. Paderborn: Schöningh.

Prange, K. (2012b). *Erziehung als Handwerk. Studien zur Zeigestruktur der Erziehung*. Paderborn: Schöningh.

Prange, K., & Strobel-Eisele, G. (2015). *Die Formen des pädagogischen Handelns. Eine Einführung*. Stuttgart: Kohlhammer.

Rousseau, J.-J. (1963 [1762]). *Emile oder über die Erziehung*. Stuttgart: Reclam.

Rückriem, G., & Schürmann, V. (2012). Editorial. In A.N. Leontjew, *Tätigkeit, Bewusstsein, Persönlichkeit* (S. 7–15). Berlin: Lehmanns Media.

Ruge, W.B. (2014). Pädagogik * Medien – Eine Suchanfrage. In W. Marotzki & N. Meder (Hrsg.), *Perspektiven der Medienbildung* (S. 187–207). Wiesbaden: Springer VS.

Sauerbrey, U. (2017). Aneignung. Vom schweigenden Ausdruck zum pädagogischen Grundbegriff? *Vierteljahrsschrift für wissenschaftliche Pädagogik 93*, 4, S. 526–544.

Sauerbrey, U. (2018). *Öffentliche Kleinkindererziehung. Eine Theorie.* Weinheim/Basel: Beltz Juventa.
Schmid, M. (2011). *Erziehungsratgeber und Erziehungswissenschaft. Zur Theorie-Praxis-Problematik populärpädagogischer Schriften.* Bad Heilbrunn: Klinkhardt.
Stenger, U. (2015). Phänomen Erziehen. Dimensionen und Dynamiken. In M. Brinkmann, R. Kubac & S. S. Rödel (Hrsg.), *Pädagogische Erfahrung. Theoretische und empirische Perspektiven* (S. 61–87). Wiesbaden: Springer VS.
Sünkel, W. (1996). Der pädagogische Generationenbegriff. Schleiermacher und die Folgen. In E. Liebau & C. Wulf (Hrsg.), *Generation. Versuche über eine pädagogisch-anthropologische Grundbedingung* (S. 195–204). Weinheim: Deutscher Studienverlag.
Sünkel, W. (2008). Protopädie und Pädeutik. Über eine notwendige Differenzierung im Erziehungsbegriff. In W. Marotzki & L. Wigger (Hrsg.), *Erziehungsdiskurse* (S. 15–28). Bad Heilbrunn: Klinkhardt.
Sünkel, W. (2011). *Erziehungsbegriff und Erziehungsverhältnis. Allgemeine Theorie der Erziehung.* Bd. 1. Weinheim/München: Juventa.
Wieland, N. (2010). *Die soziale Seite des Lernens. Positionsbestimmung von Schulsozialarbeit.* Wiesbaden: Springer VS.
Winkler, M. (1995). Erziehung. In H.-H. Krüger & W. Helsper (Hrsg.), *Einführung in Grundbegriffe und Grundfragen der Erziehungswissenschaft* (S. 53–69). Opladen: Leske+Budrich.
Wolff, S. (2008). Dokumenten- und Aktenanalyse. In U. Flick, E. von Kardorff & I. Steinke (Hrsg.), *Qualitative Forschung. Ein Handbuch* (S. 502–513). Reinbek bei Hamburg: Rowohlt.

Die Sichtbarkeit der *cultural lucidity* im Medium des *ontologischen Freaks*. Anmerkungen zu einer pädagogischen Theorie der Fotografie

Clemens Bach

> *Die Fotografie gestattet dem Fotografen, die Vorbereitung zu verbergen [Herv. i. O.], die er an der Szene, die er einfangen wird, vornimmt; […] Das methodische Interesse der Fotomontage liegt darin, daß sie unauffällig innerhalb der Denotationsebene auftritt; sie verwendet die besondere Glaubwürdigkeit der Fotografie, […] um eine in Wirklichkeit stark konnotierte Botschaft als bloß denotierte hinzustellen.*
> (Barthes 1990, S. 16 f.)

Einleitung

Wer etwas über die Fotografie im Allgemeinen zu schreiben versucht, bewegt sich nach ihrem nunmehr fast 180-jährigen Bestehen in einem äußerst reichhaltigen und vielgestaltigen Traditionszusammenhang. Wer wiederum denkt, etwas zur Theorie der Fotografie beizutragen, kommt daher nicht umhin, auf diejenigen Referenzen in unterschiedlicher Weise Bezug zu nehmen, aus denen das Schreiben über Fotografie seine bis heute immer wieder diskutierten und überlieferten Problemstellungen gewinnt. Und schließlich wird dem_derjenigen, der_die der Theoretisierung der Fotografie nachspürt und ihr mit einer kritischen Reflexion begegnet auffallen, dass das schriftliche Nachdenken über sie zumeist unsystematisch und essayistisch erfolgt; stellenweise wird es sogar von einem sentimentalen, mystifizierten oder mithin von einem ins Leere laufenden theoretischen und historisch aufgeblähten Gestus des naiv-stolzen Einfühlens in die

C. Bach (✉)
Berlin, Deutschland
E-Mail: clemens_bach@gmx.de

© Springer Fachmedien Wiesbaden GmbH, ein Teil von Springer Nature 2019
C. Bach (Hrsg.), *Pädagogik im Verborgenen,*
https://doi.org/10.1007/978-3-658-21891-1_4

Geschichte und die irgendwie als sonderbar und magisch geltende Unbestimmtheit eines fotografischen Sujets begleitet. *Schreiben über Fotografie,* wie auch der Titel der 2017 herausgegebenen Schriftenreihe *Fotogeschichte* (vgl. Siegel und Stiegler 2017) lautet, ist also keine einfache Sache. Ja, es droht beim Schreiben sogar die Gefahr, dass die dem Medium der Fotografie oft zugesprochene Eigenschaft der klaren und präzisen Präsentation eines Gedankens kaum derjenigen Form entspricht, die via schriftlicher Zeichen etwas zur Klärung der Fotografie beizutragen versucht. Für diese beiden Befunde – also den der aktiven wie passiven Bezugnahme auf eine vorausliegende Geschichte des Schreibens über Fotografie und den andererseits damit zuhauf verbundenen Schmock innerhalb der schriftlichen Rede zu dem 1839 erstmals der Öffentlichkeit vorgestellten technischen Medium – existiert ein hohes Maß an Veröffentlichungen, und es sei den Leser_innen der jeweiligen Schriften überlassen, in welche Kategorie die hier nur in einer groben Überblicksschau angeführten Publikationen einzuordnen sind.[1]

Im Allgemeinen ist also das Schreiben über die Theorie der Fotografie – trotz seiner als mindestens zahlreich zu bezeichnenden Gehversuche – einigen Schwierigkeiten ausgesetzt und nimmt selten die Form einer konzisen wie methodisch klar umrissenen Herangehensweise bezüglich ihres Gegenstandes an. Allerdings betrifft das im Speziellen einen bestimmten Verweisungszusammenhang umso mehr, der zudem kaum in der einschlägigen Diskussion um eine Theorie der Fotografie auftaucht. Die Rede ist von dem allgemeinen und theoretischen Verhältnis von Fotografie und Pädagogik, welches, wenn überhaupt, im Kanon der prominenteren Texte zur Reflexion des Mediums Fotografie zwar erkennbar ist, dennoch unausformuliert und eher als spärliche Randbemerkung die Motivlagen der verschiedenen Autor_innen kennzeichnet. Bereits in Susan Sontags (1933–2004) 1977 veröffentlichten Essays *In Platos Höhle* und *Die Bilderwelt* knüpft so zum Beispiel das von der Autorin theoretisch und historisch geäußerte Interesse gegenüber der Fotografie ideengeschichtlich an einen der grundlegendsten Texte der Pädagogik überhaupt an: dem Höhlengleichnis von Platon (vgl. Sontag 2010). Erfahrung, Erkenntnis, Wahrheit, Schein, Abbilder, Peripetie und Paideia – um nur einige Schlagwörter der Essays im Kontext der Fotografie und der damit thematisierten Alltagserfahrung zu nennen – rücken in den Fokus ihrer essayistischen Auseinandersetzung, die explizit aber keine Theorie der Bildung, Erziehung oder Pädagogik vorlegen und nicht einmal markieren

---

[1]Vgl. dazu Jäger (2016), Stiegler (2006, 2009), Kemp (2006, 2014), Siegel (2014), Starl (2012) und Wolf (2016).

will. Auch in den Fotografietheorien des 19. und 20. Jahrhunderts sowie der Gegenwart gelten die Reflexionen gegenüber der Fotografie weniger dem Nachdenken über allgemeintheoretische pädagogische Begriffsbestimmungen der Fotografie, als dem Abwägen verschiedener philosophischer, soziologischer, kunsthistorischer und medientheoretischer Kontextualisierungen, die sich an den Fragen und Problemkonstellationen von bspw. begrifflichen Gegensatzpaaren wie Inszenierung-Wirklichkeit, Kunst-Fotografie, Erinnerung-Fixierung, Natur-Technik, Soziales-Authentisches u. v. a. orientieren.[2] Sogar in der aktuellen theoriegeschichtlichen Darstellungen der Fotografie – die entweder allgemein archivierend und systematisierend oder an einem bestimmten Begriff ausgerichtet sind – fehlt jede Spur von einer Thematisierung oder gar von einer bloßen Erwähnung pädagogischer Begriffe und Theorieimplikationen.[3] Stöbert man weiterhin in einem der wohl bekanntesten Texte zur Fotografie – der *Kleinen Geschichte der Photographie* von Walter Benjamin (1892–1940) aus dem Jahr 1931 – um Hinweise für eine theoretische Annäherung an pädagogische Fragestellungen zu finden, so offenbart sich punktuell und äußerst rar gesät seine historische und theoretische Konstruktion der Fotografie als pädagogisch interessiert: hier wächst die Begeisterung gegenüber August Sanders (1876–1964) fotografischem Gesamtwerk mit der Forderung zusammen, die Ausbildung und Schärfung der „physiognomischen Auffassung" des rezipierenden Publikums zur „vitalen Notwendigkeit" werden zu lassen, die ihr Medium in der Fotografie als „Übungsatlas" wiederfindet (Benjamin 2007, S. 365). Solche eher im Vorbeigehen und vage problematisierten Verhältnisbestimmungen durchziehen – wenn überhaupt – nicht nur die hier als Exempel aufgeführten Essays, sondern auch – in einer betont grob anmutenden Überblicksschau – die meisten Texte zur Theorie der Fotografie.[4]

---

[2]Ein Blick in die Literatur zur Geschichte und Theorie der Fotografie gibt Aufschluss darüber, dass die hier konstruierten begrifflichen Gegenüberstellungen kaum oder auch nur annähernd den ganzen Diskursraum ausschöpfen. Der hier angerissene grobe Überblick speist sich aus Texten und Aufsätzen, die sich explizit dem Gegenstand Fotografie unter je unterschiedlichen Gesichtspunkten und Motiven annähern (vgl. dazu Wolf 2004, 2005; Kemp 2006; Geimer 2010; Stiegler 2010; Eberle 2017).

[3]Beispielhaft für die erste Kategorie vgl. Stiegler (2006) und Amelunxen und Kemp (1999–2000). Die zweite Kategorie betreffend, also die speziell punktuelle Ausrichtung an Begriffen wie das *Neue Sehen, Wesensmerkmale* und *Kritik* der Fotografie, vgl. bspw. Wick (1991), Starl (2012) und Kamenski (2012).

[4]Als weitere Beispiele für solch eine marginalisierte Verhältnisbestimmung von Fotografie und pädagogischem Begriffsvokabular vgl. bspw. Ivins (1999–2000), Flusser (1989) und Baudrillard (1994).

In der Reaktion der wissenschaftlichen Pädagogik auf die Fotografie wird andererseits ersichtlich, dass sich das Verhältnis von Pädagogik und Fotografie im Allgemeinen seit den letzten 30 Jahren immer stärker intensiviert hat. Im Besonderen wird diese Tendenz schon anhand von verschiedenen Schwerpunktsetzungen offenkundig: Medienpädagogik, Didaktikforschung, Erwachsenenbildung, pädagogisch-historische Quellenforschung, Qualitative Sozialforschung und interdisziplinär ausgerichtet Forschungsansätze sind sich meist darüber einig, die Fotografie als eine Quelle für empirisch-erziehungswissenschaftliche Forschung oder als ein Medium für praktisch-didaktische Handlungsentwürfe zu erklären.[5] Entweder wird die Fotografie zum Gegenstand der bildanalytischen Forschung in historischer oder hermeneutischer Absicht zum Zweck der Nachweisbarkeit von Erziehungsprozessen, -ideen und -konstruktionen erhoben, oder sie avanciert unter einer praxisorientierten Perspektive mit begriffsarmen Angaben zum Lernen, Selbstbewusstsein, zur Kreativität, Mündigkeit, Selbstreflexion oder Gegenkultur usw. zum Vehikel von didaktischen Empfehlungsschreiben für eine angeblich gelingende pädagogische Intervention. Vor allem diese zweite Ausrichtung – die oberflächlich betrachtet jene beispielhaft erwähnten pädagogischen Grundbegriffe in Zusammenhang mit einer theoretischen Fundierung der Fotografie für ihr Anliegen reklamiert – lässt bildungs- und erziehungstheoretisch einige Fragen bezüglich der systematischen Ankopplung der Fotografie weitgehend offen. Die Reflexion auf das theoretische Verhältnis von Pädagogik und Fotografie wird hier nicht nur zugunsten einer praxisorientierten Anwendbarkeit ästhetischer Bildungsversprechen und der empirischen sozialwissenschaftlichen Forschung eingegrenzt, sie scheint indes auch nur dort eine Rolle zu spielen, wo das Erziehungs- und Bildungsgeschehen traditionell seinen institutionellen und personellen Ort hat: in Schulen oder pädagogischen Kursen und Angeboten innerhalb von Galerien und Museen öffentlicher oder privater Träger sollen zumeist Kinder und Jugendliche in verschiedenen Weisen mit dem Medium Fotografie konfrontiert werden – und das mit je unterschiedlich formulierten Bildungs- oder Erziehungszielen. Alles, was außerhalb dieser klar umrissenen pädagogischen Konstellationen der Fotografie ihre pädagogische Bedeutung und Verwendung gibt, ist damit also ausgeschlossen und scheint keiner weiteren theoretischen Anstrengungen mehr bedürftig zu sein.

---

[5]Vgl. hierzu nur eine kleine Auswahl an Publikationen zu diesen Gegenstandsbereichen: Katz (1988), Wick (1992), Meisel (1995), Schmitt (1997), Pilarczyk (1998), Pilarczyk und Mietzner (2003, 2005), Hoffmann (2003), Röll (2005), Gruschka (2005), Priem (2006), Rösch et al. (2012) und Lieber (2013).

Blickt man schließlich dahingehend auf diejenigen Orte des Geschehens, in denen unter betont außer- oder nichtpädagogischen Rezeptionsbedingungen die unterschiedlichsten Arten von Fotografien präsentiert werden, ist festzustellen, dass hier – zumindest was ihre diskursive Rahmung betrifft – keineswegs der pädagogische Bestandteil von fotografischen Werken einen deutlichen Zuspruch erhält. Das Sprechen und Schreiben über das öffentliche Ausstellen von explizit künstlerischen Fotografien innerhalb von bspw. Galerien, Museen oder Festivals kommt so ganz ohne die Verwendung pädagogischer Terminologie aus; im entgegengesetzten Fall ist sogar zu beobachten, dass das Pädagogische als geradezu antithetische Figur zur Bestimmung der künstlerischen Bedeutung des Fotografischen schlechthin in Erscheinung tritt. Nimmt man dabei diejenigen Publikationsorgane in Augenschein, die sich aktuellen künstlerischen Positionen und ihren unterschiedlichen Präsentationsformen widmen, so verstärkt sich dieser zweifache Eindruck im besonderen Maße. So ist in der Märzausgabe von *Photography & Culture* oder in der Aprilausgabe des Magazins *Monopol* von 2018 zu den vielzähligen Besprechungen zu den Werken von Fotograf_innen kaum explizit pädagogisches Vokabular aufzufinden, mithin ist hier bspw. in Bezug auf die Arbeiten von Tobias Zielony eher die Rede von *Ambiguität*, dem *Zeigen* oder einer nicht moralisch intendierter *Vermittlung* (vgl. Hohmann 2018). Auch in der im Mai erschienenen Ausgabe der Zeitung für Fotografie *PHOTONEWS* wird bspw. gegenüber den Werken von Rafał Milach betont, diese seien in ihrer Art von Kunst *Fotografien des Widerstandes* (vgl. Colber 2018). Und sogar in der dem sogenannten „Fotografie-Festivalsommer 2018" gewidmeten Ausgabe des Kunstmagazins *art* bleibt das Nachdenken über pädagogische Absichten des fotografischen Mediums bis auf eine Ausnahme weitgehend unerwähnt. Hier ist dann exemplarisch in dem Artikel von Claudia Bodin zu den Arbeiten von Richard Mosse davon zu lesen, was das Schreiben und Nachdenken über das allgemeine Verhältnis von Fotografie und Pädagogik noch heute maßgeblich bestimmt und wohl auch bei der Verteidigung so manch anderer Kunstform oder ästhetischen Praxis aufgerufen wird: „Auf die Frage, ob seine Kunst stets in irgendeiner Form politisch sein muss, antwortet Mosse, dass sie auf keinen Fall didaktisch sein soll" (Bodin 2018, S. 42). Wohin man auch blickt, das Schreiben über Fotografie und Pädagogik scheint kein besonders inniges Verhältnis zu ihren Gegenständen zu besitzen.

Vielleicht hilft dabei ein genaueres Hinsehen. Das eingangs angeführte Zitat von Roland Barthes aus dem Jahr 1961 bezog sich in seiner Schrift *Die Fotografie als Botschaft* hauptsächlich auf die vermeintliche Naturhaftigkeit oder Objektivität von Pressefotografien, die mit ihrer scheinbaren Denotation die konnotierte Bedeutung und damit ihre Botschaft – via verschiedener technischer Eingriffe und kulturell-historischer Codierungen etwa – in Hinblick auf eine rezipierende Person zu verbergen wissen. Aktuell ruft diese Analyse wohl keinen großen Einspruch mehr hervor. Reichert man jedoch in einer sehr freien Anlehnung an Barthes dieses Modell mit den bisher skizzierten Beobachtungen an, so ließe sich zugespitzt behaupten: *Die Fotografie gestattet der fotografierenden Person diejenigen pädagogischen Absichten zu verbergen, die das Zustandekommen der jeweiligen Fotografie motiviert haben. Ihr methodisches Interesse liegt darin begründet, dass mit ihr unauffällig die Ebene der intendierten pädagogischen Einwirkung verschwindet; dieses Verfahren verleiht der als künstlerisch und unpädagogisch angepriesenen Fotografie eine bestimmte Glaubwürdigkeit, um eine in Wirklichkeit stark pädagogisch aufgeladene Botschaft als bloß künstlerisch hinzustellen.* Diese Umdeutung des Zitats ist nicht nur systematisch bzgl. Barthes' Semiologie äußerst gewagt, sondern dessen ungeachtet auch höchst voraussetzungsreich.

Der vorliegende Artikel macht es sich daher zur Aufgabe, die in dieser aufgestellten Behauptung enthaltenen theoretischen Grundzüge auszuführen und zu begründen. Geschrieben werden soll hier also über eine pädagogische Theorie der Fotografie, welche verdeutlichen sollte, dass das Nachdenken über Pädagogik und Fotografie nicht nur auf die Sphäre der empirischen und historischen Bildungsforschung und ihrer praktischen Umsetzung in klar umgrenzten institutionellen und personellen Konstellationen beschränkt bleibt. Dabei ist zusätzlich auch das Interesse von Belang, denen sich vermeintlich als fern jedweder pädagogischer Überlegungen begreifenden künstlerischen Praktiken und Reflexionen zur Fotografie – die den Nimbus ihrer scheinbaren über das Ästhetische beanspruchten pädagogischen Zweckfreiheit aufrufen – mindestens skeptisch zu begegnen. Dazu ist in drei Schritten vorzugehen. *Erstens* soll mittels einer theoretischen Annäherung über die Begriffe des *Zeigens,* der *Erziehung* und des *Lernens* zuallererst ein analytischer Zusammenhang konstruiert werden. Mit dessen Hilfe ist es *zweitens* möglich, über eine bildtheoretische Einbettung der Fotografie und anhand der Schriften eines bestimmten Autoren und Fotokünstlers auf einer inhaltlichen Ebene einen dezidiert bildungstheoretischen Aspekt herauszuschälen. Es wird sich zeigen, dass Fotografien als Bilder zudem als *ontologische Freaks* (vgl. Wiesing 2013) auszuweisen sind, die mittels einer pädagogischen Intention dazu imstande sind, etwas sehen lassen zu können. Auffällig ist, dass gerade namhafte Personen der Fotokunst und ihrer Kritik in ihrer Textproduktion zumeist implizit, in Teilen sogar explizit, auf allgemeine Schnittmengen zwischen Fotografie und Pädagogik verweisen; bspw. in den Schriften von John Berger (vgl. 2016) über Allan Sekula (vgl. 1982) und Stephen Shore (vgl. 2009) bis hin zu Lorne Carl Liesenfeld (vgl. 2014) ist dieser Befund augenfällig. Einer der prominentesten Vertreter, dessen nahezu gesamtes schriftliche Œuvre von pädagogischen Gedanken begleitet ist, ist der kanadische Fotograf Jeff Wall. Die Intention seiner Fotografien, eine sogenannte *cultural lucidity* bei den Betrachter_innen auszulösen, kann als Versuch angesehen werden, dem Fotografischen eine bildungstheoretische Dimension in kritischer Absicht zuzuspielen. Und letztlich soll *drittens* die formale Ebene der begrifflichen Konstruktion mir der inhaltlichen Akzentuierung Walls so miteinander verknüpft werden, dass in Grundzügen eine Skizze davon entsteht, was als pädagogische Theorie der Fotografie zu bezeichnen ist. Und gerade hier gilt es dann ausblickend zu diskutieren, inwiefern die in Anlehnung an Barthes aufgestellte Beobachtung des verborgenen intentionalen pädagogischen Bezugs von Fotografien etwas dazu beitragen kann, die Sichtbarkeit der *cultural lucidity* im Medium des *ontologischen Freaks* über die Formel einer *Pädagogik im Verborgenen* hinaus in weitere Diskussionen einzubinden. Indes gilt allerdings auch hier der anfangs erwähnte Hinweis: wer im Speziellen etwas über eine pädagogische Theorie der Fotografie zu schreiben versucht, sollte nicht den Fehler begehen, die dem Medium – zumindest bei Wall – zukommende Eigenschaft der Klarheit beim Formulieren der eignen Gedanken zu vernachlässigen. Zu nahe würde man dadurch in die Komplizenschaft mit dem geraten, was der Aufweis pädagogischer Absichten im Medium der Fotografie doch versucht zu problematisieren.

1 Die pädagogische Praxis des Zeigens

1.1 Zeigen ist das Sehen-Lassen von etwas Intendiertem

Der Begriff des Zeigens ist in den Geistes- und Sozialwissenschaften weitgehend unterrepräsentiert (vgl. Wiesing 2013, S. 9). Ganz anders verhält es sich mit der von Lambert Wiesing 2013 veröffentlichten Abhandlung über das Zeigen als menschliche Praxis des *Sehen-Lassens*. Wiesing stellt hier einen Begriff von Zeigen bereit, der, phänomenologisch inspiriert, nichts weniger behaupten will, als das Zeigen als eine menschliche Handlung *sui generis* auszuweisen. Um das Phänomen des Zeigens zu beschreiben sollte, nach Wiesing, immer wieder die Frage gestellt werden: „*Wer zeigt wem was womit?* [Herv. i. O.]" (ebd., S. 14.). Zeigen wäre dann die Praxis, in der Menschen sich untereinander etwas sehen lassen, und nicht etwas Beliebiges, sondern etwas Intendiertes. Die sich daraus ergebende Definition des Zeigens, „*Zeigen ist das Sehen-Lassen von etwas Intendiertem.* [Herv. i. O.]" (ebd., S. 21), ist für pädagogische Sachverhalte und deren anthropologische Reflexionen geradezu notwendig: Die Handlung zwischen Erziehungsobjekt (den zu Erziehenden) und -subjekt (den Erziehenden) sollten menschlich verfasst sein, damit überhaupt von Erziehung oder Bildung die Rede sein kann. Die Grundformel Wiesings trägt zu einem Verständnis des Zeigens bei, welches Verknüpfungen zu einer pädagogischen Auslegung zulässt. Welche Systematik steht dabei überhaupt hinter der Grundformel Wiesings?

Der Begriff des Zeigens ist durch zweierlei bedingt: Der Zeigende muss mit der Art des Zeigens etwas, d. h. etwas bestimmt Intendiertes, sehen lassen wollen, was von jemand Anderem, mittels der gelenkten Aufmerksamkeit auf dieses Etwas, auch wirklich gesehen wird: „Wer etwas zeigen will, möchte etwas für jemanden in Erscheinung treten lassen" (ebd., S. 21). Das Zustandekommen der Zeigehandlung ist also nicht nur von dem_derjenigen abhängig, der_die etwas intendiert sehen lässt, sondern auch von der Person, die das intendiert Gezeigte auch als das spezifische Etwas sieht. Der Definition *Zeigen ist das Sehen-Lassen von etwas Intendiertem* lässt sich also anfügen, dass das Intendierte auch vom Adressaten gesehen werden muss. Zeigen findet unter der bisherigen Bestimmung dementsprechend nicht statt, wenn etwas ohne Intention sehen gelassen oder etwas Intendiertes nicht sehen gelassen wird, sowie wenn der_diejenige, dem_der etwas gezeigt wird, das Etwas des Sehen-Lassens nicht sieht oder seine_ihre Aufmerksamkeit nicht genau darauf fällt. Sich selbst kann man zwar den anderen Zeigen, aber nicht sich selbst einen Apfel oder ein neues Buch, da man bereits das Etwas gesehen hat, sich also *angeschaut* und sich nicht zwischenmenschlich zeitlich vermittelt hat (vgl. ebd., S. 25 f.).[6] Die Vermittlung des Zeigens findet immer im Modus der *Konfrontation* oder des *Hinweisens* statt: „Beim Fall der Konfrontation bewegt der Zeigende das, was gezeigt werden soll, in den Blick desjenigen, dem etwas gezeigt werden soll; beim Fall des Hinweisens – man könnte auch von *Hinzeigen* [Herv. i. O.] sprechen – lenkt der Zeigende den Blick desjenigen, dem etwas gezeigt werden soll, auf das Gezeigte" (ebd., S. 23). Die Grundarten des Zeigens verweisen wieder auf die Konstellationen, in denen die Praxis der Zeigehandlung auftritt. Eine Handlung ist erst dann eine Zeigehandlung, wenn sich nach Wiesing auch die vier folgenden Fragen

---

[6]Durchaus könnte man auch davon ausgehen, dass der_diejenige, der_die sich in einem Spiegel betrachtet, sich selbst zeigen kann. Man zeigt sich etwa selbst in einem Spiegel das Zusammenspiel von einem neu erworbenem Hemd und dem eigenem Körper oder der Augen- und Haarfarbe etc., um das noch nicht gesehene Arrangement sich selbst Sehen zu lassen. Nur die Definition der Zeigehandlung als eine soziale wäre demnach imstande, die Praxis des *sich-selbst-etwas-zeigens* auszuschließen.

beantworten lassen: 1) Wer zeigt etwas? 2) Womit zeigt jemand? 3) Wem wird etwas gezeigt? 4) Was wird gezeigt? (vgl. ebd., S. 41).

Auf die methodische Formel gebracht „Wer zeigt wem was womit?" (ebd., S. 40), eruiert Wiesing die Struktur der Zeigehandlung am Beispiel des Bildes. Wer beschreiben will, was es bedeutet, dass Bilder etwas zeigen, muss vor allem klären, wer überhaupt das Subjekt der Zeigehandlung ist. Entgegen einer Bildmythologisierung und Anthropomorphisierung von Gegenständen – bspw. gegenüber dem Bild, der Kunst, dem Film, dem Schild, oder eben der Fotografie –, behauptet Wiesing, dass das Zeigen eine menschliche Handlung ist (vgl. ebd., S. 42 f.). Es sei ein Kategorienfehler anzunehmen, dass mit dem Satz *Das Bild zeigt Kinder* das grammatische Subjekt, also das Bild, und nicht etwa das menschliche Subjekt das Subjekt der Zeigehandlung wäre: „Mit einem Finger [oder Bild, Foto etc., C. B.] auf etwas zu zeigen, ist eine instrumentelle Praxis von Menschen – und nicht eine Eigenschaft von Fingern. […] Bilder können selbst nichts zeigen, weil Bilder nicht handeln können" (ebd., S. 44).[7]

Bilder, Finger, Fotos usw. zeigen also nicht, sondern ein menschliches Subjekt. Dieses Subjekt fällt nicht mit dem Produzenten des Bildes zusammen. Wären beide, Zeigesubjekt und Produzent, identisch, so würde man, abgrenzend zum Zeigen, von *Darstellung* sprechen (vgl. ebd., S. 45).[8] Das *Wer* der Zeigehandlung kann das Bild bspw. je nach Intention also unterschiedlich verwenden und ist nicht von der intendierten Motivation des Produzenten abhängig.

---

[7]Nur am Rande ist hier anzumerken, dass der von Wiesing in Anschlag gebrachte Rückgriff auf die Phänomenologie Husserls und Heideggers solcherlei anthropologische Grundbestimmungen ausschließen müsste: Das Sich-Zeigen des Phänomens *menschliche Praxis des Zeigens* – es zeigt sich selbst, ohne das etwas Hinter- oder Tiefgründiges dafür verantwortlich wäre – sei zu unterscheiden von den Erscheinungen, die durch wissenschaftliche, theologische und ideelle Modelle, Theorien oder Konstruktionen, die den Zugang zu *den Sachen selbst* versperren würden (vgl. ebd., S. 30 ff.). Unphänomenologisch sei demnach die Annahme, dass sich hinter den Phänomenen etwas verbergen würde; so etwa bei der Differenz von Erscheinung/Ding an sich, Idealität/Realität oder Schein/Sein. Doch gerade die Verschiebung auf die Differenz von Phänomen und Erscheinung fängt sich das gleiche Problem ein, welches die Phänomenologie im Verständnis mit Wiesing überwinden will: Um das Phänomen der *Praxis des Zeigens* als menschliche Handlung zu bestimmen, muss die spekulative Annahme getroffen werden, dass es sich bei den Zeigesubjekten um Menschen, also nicht um Tiere, Dinge, Götter, die Natur, den Kosmos etc. handelt. Dass *Bilder etwas zeigen* ist demzufolge die Erscheinung (Mythos, Schein etc.) des Phänomens – dem sich Zeigenden – der menschlichen Praxis des Zeigens, welches allerdings einer spekulativen und anthropologischen Setzung bedarf.

[8]Genauer gesagt müsste man nicht von dem Gegenteil des Zeigens, sondern von einem weiteren bestimmten Modus des Zeigens sprechen, etwa dem *darstellenden Zeigen*.

Das *Womit* der Zeigehandlung, in Wiesings Beispiel das Bild, ist das Werkzeug der instrumentellen Handlung der menschlichen Praxis des Zeigens: Etwas wird benutzt oder gemacht, damit jemand jemanden Etwas intendiert sehen lassen – zeigen – kann (vgl. ebd., S. 46). Die Funktion des Werkzeugs – oder mit Wiesing in Anlehnung an Heidegger zu sprechen, des *Zeigzeugs* – besteht genau darin (vgl. ebd., S. 46). Ein Bild oder ein Foto dient dazu, dass das Zeigesubjekt jemanden etwas Bestimmtes sehen lässt. Doch wie ist dieser Jemand, das *Wem* der methodischen Formel zu beschreiben?

Die Zeigehandlung muss, damit nach Wiesing der Begriff überhaupt an Schärfe gewinnt, nicht nur von Jemandem intendiert, sondern von dem_derjenigen, dem_ der Etwas intendiert sehen gelassen werden soll, auch nachvollziehbar sein: „Wer sich mittels eines Bildes etwas zeigen lässt, muss eine fremde Intention nachvollziehen und verstehen; er muss das Bild in einem Sinne verwenden, wie es gedacht war, dass es so verwendet wird" (ebd., S. 48). Und weiter heißt es: „Der Betrachter eines Bildes bekommt daher immer erst dann etwas gezeigt, wenn er etwas sieht und um die Intention weiß, dass jemand ihn dieses hat sehen lassen wollen" (ebd., S. 49). Die hier ausführlich zitierten Bedingungen für die Praxis des Zeigens in Hinblick auf den Adressaten deuten schon jetzt einige Unschärfen an, die auch bei der pädagogischen Wendung des Zeigebegriffs auftauchen könnten. Der erste Passus definiert das erfolgreiche Zustandekommen einer Zeigehandlung durch das Verstehen und Nachvollziehen der Intention der zeigenden Person. Aber nicht nur das: Es gilt nicht nur zu verstehen oder nachzuvollziehen, dass etwas (ein Bild, ein Foto etc.) absichtlich gezeigt wird, sondern auch das *Was,* also der Sinn der Verwendung – der intendierte Inhalt des Mediums – muss verstanden und sogar in diesem Sinne wiederum verwendet werden. Der zweite Passus schließt diese Bedingung aus. Hier geht es nur darum, dass, damit die Zeigehandlung überhaupt stattfindet, die adressierte Person weiß, dass ihr jemand ein Bild sehen lassen wollte, nicht aber, dass sie den durch das jeweilige Medium vermittelten spezifischen Inhalt versteht oder gar deckungsgleich zur Intention des Zeigenden nachvollzieht. Es scheint bei Wiesing unklar zu sein, wann die Zeigehandlung unter welcher Leistung des Adressaten überhaupt zustandekommt. Muss dieser formal das *Womit* der Zeigehandlung oder inhaltlich das *Was* des Zeigens mit der jeweiligen Intention nachvollziehen, wissen oder verstehen? Diese Frage bleibt bei Wiesing jedoch nicht ganz unbeantwortet.

Trotz der begrifflichen Unschärfe der Grundbedingungen des Gelingens der Zeigehandlung von der Seite des Adressaten aus, bildet das *Was* in der methodischen Formel *Wer zeigt wem was womit?* einen notwendigen Bestandteil wenn es darum geht, eine bestimmte Handlung als eine Zeigehandlung auszuweisen. Das *Was* des Zeigens könnte man so bestimmen: Gemeint ist der Inhalt der Zeigehandlung oder der Sinn der Verwendung eines bestimmten Mediums.

Auffällig war bis jetzt die in Wiesings Analyseformel nicht vorkommende Frage nach dem *Warum, Wozu* oder *Weshalb* der Zeigehandlung. Die Rede von der Intention innerhalb der Praxis des Zeigens sowie die in der Definition des Zeigens ausgesprochene Betonung auf das *Sehen-Lassen von etwas Intendiertem* lassen das Motiv, den Grund, das Interesse etc. des Zeigenden innerhalb Wiesings theoretischer Untersuchung überraschenderweise unberücksichtigt. Ein Blick auf die pädagogische Deutung der Zeigehandlung könnte diese Leerstelle jedoch ausfüllen.

1.2 Die Zeigestruktur der Erziehung und die pädagogische Differenz

„Wenn es das Zeigen nicht gibt, dann auch keine Erziehung; da es aber ersichtlich das gibt, was wir Erziehung nennen, gibt es auch das Zeigen in Hinsicht auf Lernen" (Prange 2005, S. 25). In seinem *Grundriss der operativen Pädagogik* verfolgt Klaus Prange das Ziel, den spezifischen Operationsmodi der Erziehung – also die Form ihrer Ausübung – als das Fundament für die Begriffsklärung der Erziehung zu erklären. Durch die Tätigkeit oder Operation des Erziehens, so die wissenschaftstheoretische These, wird der Disziplin Erziehungswissenschaft die Möglichkeit gegeben, dass, was mit Pädagogik, Erziehung usw. gemeint ist und damit begrifflich ausgesagt wird, reflexiv zu greifen (vgl. ebd., S. 20). Das vorangestellte Zitat ist in Pranges Grundriss die schon in der Einleitung des Buches formulierte Schlussform seiner Untersuchung der Zeigestruktur der Erziehung. Doch wie verhalten sich die Begriffe Zeigen, Erziehen und Lernen zueinander? Wenn die Verknüpfung von Wiesings Zeigebegriff mit der von Prange entwickelten Zeigestruktur der Erziehung gelingt, dann wäre der Begriff des Zeigens ein Instrument dafür, auch Fotografien theoretisch als pädagogisch zu bestimmen.

Eine prägnante Begriffsdarlegung und Verhältnisbestimmung der Termini *Zeigen – Lernen – Erziehen* findet sich in der gleichnamigen Veröffentlichung von Prange, die 2010 im Rahmen der in Jena stattgefunden Lietz-Lectures herausgegeben wurde. Schon in seinem ersten Vortrag verweist Prange auf die in dem *Grundriss der operativen Pädagogik* formulierte methodische Zugangsweise: Über die Form des Erziehens – die Operation, also das Zeigen – ist es möglich zu ermitteln, was Erziehung und Lernen überhaupt sind (vgl. Prange 2011, S. 21). Aber schon von Anfang an scheint für Prange festzustehen: Die Grundform des Erziehens ist das Zeigen und „überall wo erzogen wird, wird auch etwas gezeigt" (ebd., S. 21). Vorgreifend ordnet Prange die Begriffe Zeigen, Erziehen und Lernen um anschließend den Zeigebegriff speziell zu erörtern. Demnach besteht die pädagogische Differenz aus Erziehen und Lernen oder genauer: Wenn Zeigen die Grundform der Erziehung ist, dann lässt sich mit Prange sagen, dass Erziehung die Einheit der Differenz von Zeigen und Lernen ist, also die Einheit und die Beziehung zweier unterschiedlicher Operationen die entweder kommunikativ-sozial (Zeigen) oder individuell (Lernen) verfasst sind (vgl. ebd., S. 22 f.).

Mit dem Zeigen ist nach Prange in einem alltäglichen Verständnis auch erklären, vormachen, erzählen, warnen, üben, sagen usw. gemeint (vgl. ebd., S. 23). Die Gebärde des Zeigens sei über drei Aspekte definiert: Erstens ist sie ostensiv – sie zeigt etwas direkt für den Erwerb von Fertigkeiten – zweitens ist sie repräsentativ-darstellend – zur Ausbildung von Vorstellungen – und drittens beinhaltet sie einen Aufforderungscharakter (vgl. ebd., S. 23 f.). In allen drei Bestimmungen des Zeigens wird der pädagogische Charakter der Grundform der Erziehung erkennbar. Der Erwerb von Fähigkeiten, die Ausbildung von Vorstellungen und die Aufforderung zu etwas Bestimmtem verweisen auf den zweiten Teil der pädagogischen Differenz: das Lernen. Vorgreifend könnte man die von Prange formulierte Bedingung der pädagogischen Zeigehandlung schon als diese Seite der Erziehung interpretieren, die auch an die von Wiesing aufgestellte Notwendigkeit für das Zustandekommen der Praxis des Zeigens erinnert. Prange behauptet: „Wir handeln ausdrücklich pädagogisch, indem wir einem anderen etwas so zeigen, dass er oder sie es wieder zeigen kann" (ebd., S. 24). Doch dazu später mehr.

Die Bedingungen des Zeigens, die in Wiesings Analyseformel veranschlagt sind, finden sich, auch wenn unter anderen Begrifflichkeiten, in der Beantwortung der Frage Pranges wieder, wie das Zeigen denn eigentlich organisiert sei. Kurz zusammengefasst: Es handelt sich dabei um das soziale, thematische und zeitliche Moment des Zeigens (vgl. ebd., S. 24 ff.). Das Zeigen richtet sich von einem Subjekt ausgehend (Wer) an einen Adressaten (Wem), dem ein Thema oder Inhalt (Was) mittels eines Mediums (Womit) zu verstehen gegeben wird. Die soziale Dimension des Zeigens definiert das erste Element der Zeigestruktur. In pädagogischen Begriffen gesprochen bedeutet das, dass zu einem Erzieher (Subjekt) auch immer ein zu Erziehender (Objekt) gehört, damit überhaupt eine Handlung zu einer pädagogischen Zeigehandlung wird. Ein Thema oder das Worüber des Zeigens, dass jeweils gekonnt oder verstanden werden kann, ist wiederum die Bedingung für das Lernen, die die Zeigestruktur zu einer pädagogischen macht. Die Artikulation des Zeigens – gemeint ist die Verzeitigung des Zeigens – beschreibt eine strukturelle Eigenschaft: „Ich wähle ‚Artikulation' als allgemeinen Ausdruck dafür, dass das pädagogische Handeln immer schon zeitlich verfasst ist und genau deshalb dann auch ausdrücklich organisiert, inszeniert und auf die Reihe gebracht werden kann" (ebd., S. 26). Die drei Momente des

Zeigens bilden nach Prange den Kern jeder pädagogischen Zeigeoperation. Nicht ohne Grund problematisiert auch Prange die Konsequenzen, die sich aus dem bisher Dargelegten ergeben und auch für die pädagogische Erweiterung des Zeigebegriffs eine nicht unwichtige Rolle spielen: Wenn überall dort, wo erzogen wird, auch gezeigt wird, kann dann auch formal ohne das Zeigen erzogen werden? Und andererseits: Wenn pädagogische Handlungen grundsätzlich über das Zeigen zu definieren sind, existieren dann auch Zeigehandlungen, die nicht erziehen?

Die erste sich aus der Konsequenz der Zeigestruktur der Erziehung ergebende Frage ist schnell zu beantworten: Zwar ist das Lernen als Teil der pädagogischen Differenz ein individueller Prozess, d. h., dass Lernen also ohne Zeigen oder Erziehung stattfinden kann. Aber durch Pranges Beschreibung des Zeigens definiert sich der Begriff als Grundform des Erziehens selbst. Nicht nur die unterschiedlichsten pädagogischen Praktiken fallen in den Begriff – für Prange, wie eingangs erwähnt, besteht das Zeigen auch aus Sprache, Gegenständen, Bildern, Texten, Gesten, also aus dem Gesamtfundus aller kulturellen Überlieferungen –, auch die verschiedensten Adressaten sowie die Kontexte und Räume, die die drei Momente der Zeigeoperation erfüllen, rutschen in die Grundform der Erziehung. Nicht nur der Zeigestock, der Finger oder ein Bild erziehen innerhalb einer bestimmten Institution wie Unterricht, Schule oder Universität, sondern auch der Text auf einer Zigarettenpackung, der über die lebensbedrohlichen Folgen des Rauchens informiert und durch seinen direktiven und auffordernden Aspekt des Zeigens darauf aus ist, das Verhalten des Adressaten zu verändern (vgl. ebd., S. 31). Für Prange bildet der über das Zeigen definierte Erziehungsbegriff eine Oberkategorie, der bspw. die Elemente wie erzählen, zurechtweisen, arrangieren, ermahnen, moderieren und üben zuzuordnen sind. Mit dieser allgemeinen Begriffsbestimmung kann schwerlich mit Prange behauptet werden, dass Erziehung ohne den formalen Aspekt des Zeigens denkbar ist.[9] Solange die Bedingungen des Kerns der pädagogischen Zeigeoperation – definiert durch das soziale, thematische und verzeitigende Moment des Zeigens – erfüllt sind, wäre jeder Sachverhalt des Zeigens als ein pädagogischer zu interpretieren, der die drei Momente der pädagogischen Zeigehandlung beinhaltet und auf den zweiten Teil

---

[9]Das ist vor allem daran erkennbar, dass auch innerhalb der *Operativen Pädagogik* unter dem Begriff des Zeigens fast alle erdenklichen erzieherischen Praktiken subsumiert werden: Vormachen, erklären, erzählen, verbergen, hindeuten, ermahnen, appellieren, fordern, drohen, animieren, motivieren usw. stellen Arten des Erziehens, oder, mit Prange gesprochen, Elemente der erzieherischen Grundform – dem Zeigen – dar (vgl. Prange 2005, speziell S. 64–78). Im Vergleich zu dem Zeigebegriff Wiesings wird weiter unten diese Begriffsunschärfe nochmals diskutiert.

der pädagogischen Differenz – das Lernen – verweist. Doch bevor das Lernen eine genauere Konturierung erfährt, ist es angebracht zu fragen, ob es überhaupt Zeigeoperationen gibt, die nicht pädagogisch eingebettet sind. Was für Prange kein Problem darzustellen scheint, ist systematisch jedoch nicht gerade einfach zu begründen. Seine Gegenbeispiele zu einem Zeigen ohne erzieherische Semantik lauten folgendermaßen: „Auch Verkäufer zeigen ihre Waren, aber nicht, damit wir etwas lernen, sondern etwas kaufen; Artisten zeigen ihre Kunststücke, um uns zu unterhalten; die Monstranz ist zur Andacht da, als Vergegenwärtigung des Heiligen, aber nicht dazu, hinterher etwas zu wissen und können, was man vorher nicht konnte und wusste" (ebd., S. 28). Lernen, wissen und können stehen hier der Andacht, der Unterhaltung und dem Konsumieren gegenüber. Die erste Gruppe folgt nach Prange ausdrücklich erzieherischen Intentionen, die zweite tue dies nicht. Da auch bei dieser jedoch die drei Momente der pädagogischen Zeigeoperation aufzufinden sind – man denke etwa an den Artisten (Wer), der in einer inszenierten und zeitlich strukturierten Zeigeoperation (Womit/Verzeitigung) dem Adressaten (Wem/Sozial) unterhaltend die Beweglichkeit und Kunstfertigkeit seines Körpers (Was/Thema) vermitteln will – muss die Qualität des Pädagogischen der ersten Gruppe in einem anderen Bezug zu finden sein. Es ist wieder einmal das Lernen, auf welches das Zeigen direktiv gerichtet ist und somit der Zeigehandlung eine erzieherische Bedeutung zukommen lässt (vgl. ebd., S. 28). Auch wenn die erzieherische Wirkung ausbleibt, behält die auf das Lernen gerichtete Zeigehandlung ihre pädagogische Qualität (vgl. ebd., S. 28 f.). Das bedeutet, dass das Zeigen, welches nicht auf das Lernen gerichtet ist, auch nicht erzieht. Das problematische an dem Kriterium des Lernens ist die Unschärfe, mit der Prange unter der Zuhilfenahme der Einführung von Beispielen und ungenauen Differenzen den Begriff ausstattet. Der Hinweis auf einer Zigarettenschachtel – Rauchen sei tödlich – ist deshalb durch die Zeigeoperation erzieherisch, da mit einer bestimmten Intention eine *Verhaltensänderung* in Bezug auf das Rauchen evoziert werden soll. In den Gegenbeispielen zum erzieherischen Zeigen wird die Betonung auf das *Wissen* oder das *Können* gelegt. An anderer Stelle – wie oben aufgeführt – knüpft Prange das Zustandekommen der pädagogischen Zeigehandlung an die Notwendigkeit, dass das Gezeigte von dem_der Adressaten_in wiederholt gezeigt werden kann. Mal als *Verstehen* oder bspw. als Aufnehmen bezeichnet, verliert der Lernbegriff im Laufe der Untersuchung Pranges seine Konturen. Das führt dazu, dass die Gegenbeispiele Pranges hinfällig werden und somit dem proklamierten Unterschied von einfachen Zeigehandlungen und pädagogischen Zeigehandlungen kein eindeutiges Kriterium an die Seite gestellt ist. Das Zeigen von Waren, Bildern, Fotos, Kunst, Geschichten, Kunststücken, Texten usw. wäre, sobald die Kernbedingungen der

Zeigeoperation erfüllt sind, eine genuin pädagogische Handlung, da direktiv, repräsentativ und intentional eine bestimmte Absicht in Bezug auf den Adressaten das Zeigen begleitet. Prange lässt allerdings das Lernen – der zweite Kernbegriff der pädagogischen Differenz – nicht ganz so unbestimmt, wie es den Anschein haben mag.

„Der Begriff des Zeigens ist mit Bezug auf das vermutete, erwünschte oder befürchtete Lernen zu spezifizieren und hat erst daran seine Wahrheit" (Prange 2005, S. 78). Wie ist nun also der zweite Teil der pädagogischen Differenz zu denken? Innerhalb des Vortrages *Der anthropologische Aspekt der Erziehung: Das Lernen* versteht Prange das Lernen als eine Vorraussetzung, um den Zustand von Personen zu ändern (vgl. Prange 2011, S. 38). Das Lernen, so Prange, beseitigt die Differenz von Nichtkönnen und Können sowie von Unwissenheit und Wissen (vgl. ebd., S. 38). Weiterhin wird das Lernen als etwas bestimmt, das anthropologisch überhistorisch, individuell – also unvertretbar – und intransparent sei (vgl. ebd., S. 40). Ein Blick in die *Grundrisse der Operativen Pädagogik* gibt mehr Aufschluss über den Lernbegriff: Auch hier gelten die drei Bestimmungen der Unvertretbarkeit, der Unsichtbarkeit und der anthropologischen Gegebenheit. Das Lernen ist für Prange eine Mitgift der menschlichen Natur und ist zu allen Zeiten allen Menschen immer als Grundkonstante gegeben (vgl. Prange 2005, S. 88). Lernen, im Gegensatz zur Erziehung, sei immer individuell verfasst, d. h. nicht auf andere Menschen übertragbar und demnach nicht sozial vermittelt (vgl. ebd., S. 90). Wohl können Lernprozesse durch die Grundform der Erziehung – also durch das Zeigen – angeregt, stimuliert, motiviert usw. werden, aber das Lernen findet nicht immer aufgrund einer sozialen Vermittlung statt. Das Charakteristikum der Unsichtbarkeit lässt diese beiden ersten Bestimmungen allerdings als fragwürdig erscheinen: Das Lernen – wieder im Gegensatz zur Erziehung – ist empirisch nicht sichtbar, so wie bspw. die Geste des Zeigens sichtbar macht, dass ein durch die repräsentative Zeigehandlung vorgezeigtes Bild an eine adressierte Person gerichtet ist. Wenn das Lernen in diesem Sinne unsichtbar ist, dann stellt sich die Frage, inwiefern überhaupt Aussagen über das sogenannte Lernen – wie die unhintergehbare überhistorische Eigenschaft oder das Charakteristikum der Individualität – zu treffen sind. In Anlehnung an Luhmann spricht Prange zwar von dem Technologiedefizit der Erziehung – gemeint ist die Nichtkontrollierbarkeit von intendierten erzieherischen Lernzielen und damit auch die Unklarheit die den Begriff des Lernens umgibt –, das Lernen als Grundkonstante der praktischen und theoretischen Reflexion wird dabei aber immer stets gesetzt (vgl. Prange 2011, S. 44). Wie gestaltet sich nun der theoretische Unterbau des Lernens für die hier in Anschlag gebrachten Charakteristika?

Im Fahrwasser der von Immanuel Kant (1724–1804) in der *Kritik der reinen Vernunft* innerhalb der ersten Auflage gemachten Bemerkung, „,dass die Einbildungskraft ein notwendiges Ingredienz der Wahrnehmung selbst sei'" (zit. nach Prange 2005, S. 96), entwickelt Prange seine Definition des Lernens: Dieses bestehe wesentlich aus einer Wahrnehmung, die mittels der produktiven Einbildungskraft wiederum innerhalb und durch das Lernen selbstbestimmt bearbeitet wird (vgl. ebd., S. 96). Mit dieser rezeptiven und wesentlich menschlichen Wahrnehmung muss das Individuum, damit diese zum Lernen wird, auf eine spezifische Weise umgehen. Reflexiv wird dem Wahrgenommenen eine Bedeutung, ein Sinn, eine Intention, eine Ursache oder eine Urteil zugeordnet (vgl. ebd., S. 97). Diese reflexive Leistung bezüglich des Wahrgenommenen – gekennzeichnet durch die individuelle Positionierung gegenüber Personen, Dingen usw. – bezeichnet Prange als die genuin menschliche poetische Rezeptivität (vgl. ebd., S. 97).[10] Die Basis des Lernens ist dieses spezifische Wahrnehmen: „Sie [die Wahrnehmung, C. B.] ist *ästhetisch* im ursprünglichen Wortsinne und betrifft erstens das eigenleibliche Spüren, zweitens das Wahrnehmen des Fremden und drittens das weitergehende Wahrnehmen in beweglicher Initiative" (ebd., S. 101). Üben, Nach- oder Mitahmung, Identifikation usw. wären dann Bestandteile des Lernens, die an einem bestimmten Zeitpunkt des Lernprozesses auftreten.

Nach dem hier Referierten besteht eine erzieherische Zeigehandlung also nicht darin, dass das Gezeigte von der adressierten Person wieder gezeigt werden muss oder sich die Differenz von Nichtkönnen und Können oder von Nichtwissen und Wissen auflöst. Selbst das fertige Verstehen oder ein komplettes Aufnehmen von der Seite des Educandus muss nicht zu einer Zeigehandlung führen, die als pädagogische zu bezeichnen wäre. Damit durch die Folie der pädagogischen Differenz – Erziehung als die Einheit von Zeigen und Lernen – eine Zeigehandlung als eine pädagogische zu interpretieren ist, müssen die Ingredienzien des Zeigebegriffs und die anthropologischen Bedingungen des Lernens erfüllt sein. Allgemein könnte man von Lernen in der Hinsicht sprechen, als dass mit dem Begriff eine spezifisch-menschliche Wahrnehmung gemeint ist, in der reflexiv und selbstständig über Inhalte, Dinge und Personen im Modus der Veränderung nachgedacht – man denke an Sinn- und Bedeutungszuschreibungen oder Urteile – wird, und in einem zweiten Schritt diese möglicherweise auch in Handlungen

---

[10]Was übrigens nicht ausschließt, dass die Spontaneität – verstanden als selbst gewirkte Tätigkeit – ein Teil des Lernens ist. Doch Prange definiert primär das Lernen über die Wahrnehmung und nicht über die Handlung, auch wenn diese als Vermittlerin des Lernens bei ihm auftaucht (vgl. ebd., S. 94, 101).

übersetzbar wären. Die von Prange vorgebrachten Beispiele für nicht-pädagogische Zeigehandlungen erwiesen sich ja deshalb als erzieherisch ungültig, da sie nicht den zweiten Teil der pädagogischen Differenz – das Lernen – erfüllten. Der Überzeugung Pranges, dass das Zeigen von Waren, Kunststücken oder Monstranzen keine erzieherische Funktion erhält, ist nun entgegenzuhalten: Unter der Voraussetzung des herausgearbeiteten abstrakten Lernbegriffs findet Lernen – und damit auch das spezifisch pädagogische Zeigen –, als reflexives, also poetisch rezeptives Wahrnehmen, in der Zeigesituation des Feilbietens von Waren, des Unterhaltenwerdens durch den Artisten oder des Anpreisens des Heiligen in seiner Allgegenwart statt. Schließlich wäre nur negativ über den Lernbegriff zu bestimmen, wann eine Zeigehandlung keinen pädagogischen Anstrich bekommen würde: Ein Zeigen – ostensiv-direktiv, repräsentativ oder appelativ – bei dem das intentional, thematisch und verzeitigt dem Educandus Vorgesetzte nicht etwas Wahrgenommenes ist, dass durch Reflexion, Einbildungskraft, Urteile, Distanz, Sinn- und Bedeutungszuschreibungen, Kritik etc. vom Adressaten in irgendeiner Weise verändert wird, ist demnach schwerlich als eine Zeigehandlung zu bezeichnen, die als Teil der pädagogischen Differenz auftritt. Damit würde sie auch ihre pädagogische Markierung verlieren.

Die Frage nach dem *Wozu*, dem fehlenden Glied in der Methodenformel Wiesings, kann jetzt folgendermaßen beantwortet werden: Der Grund oder die Motivation der Praxis des Zeigens besteht – pädagogisch gewendet – aus einer erzieherischen Intention, die gezielt mittels einzelner oder verschiedener Zeigearten ein Thema zeitlich und sozial zum Zwecke des Lernens auf einen Adressaten hin organisiert. Damit eine Zeigehandlung auch pädagogisch ist, müssen Intention und Ergebnis am zeitlichen Ende der Zeigehandlung nicht zwingend identisch sein. Durch die Metapher des Technologiedefizits der Erziehung (in Anlehnung an Luhmann) wurde deutlich gemacht, dass die pädagogische Praxis des Zeigens auch dann gelingt, wenn das Gezeigte nicht unbedingt wieder gezeigt wird. Sogar der Inhalt, also das *Was* oder das Thema der Zeigestruktur, muss die Differenz von Können und Nichtkönnen sowie Wissen und Nichtwissen nicht notwendig aufheben. Bei Wiesing und Prange gelingt das Zeigen auf der anderen Seite nur dann, wenn der Adressat weiß, dass ihm etwas intendiert gezeigt worden ist. Entweder durch das Wissen um die intendierte Zeigehandlung (Wiesing) oder durch die Koppelung an das Lernen (Prange). Der Lernbegriff als Bestandteil der Erweiterung der Wiesingschen Definition von Zeigen um den pädagogischen Aspekt dieser menschlichen Handlung erweist sich dabei als ausschlaggebend: Erziehung, und damit ihre Grundform – das Zeigen –, findet dann statt, wenn intentional auf das Lernen, d. h. auf das poetisch rezeptive Wahrnehmen, sozial eingewirkt wird. Mit dieser abstrakten Bestimmung des Lernens ist allein das Urteil gegeben, wann eine Zeigehandlung pädagogisch ist und wann nicht. Ein Maßstab, der bspw. ein *mehr* oder *weniger* an Quantität oder ein erfolgreiches und misslingendes Lernen angeben könnte, ist damit nicht umrissen. Darauf kommt es in Hinblick auf den Begriff des Zeigens in pädagogisch-hermeneutischer Absicht aber auch nicht an. Das *Ob* des pädagogischen Zeigens steht zur Disposition, und nicht die Bewertungen, die Sollbestimmungen oder die ethischen Reflexionen der Zeigestruktur.[11] Als ergänzte Analyseformel trägt die Frage *Wer zeigt wem was womit, warum und wozu?* unter den anthropologischen, erziehungs- und lerntheoretischen Vorraussetzungen Pranges schließlich dazu bei, einen bestimmten Gegenstand – wie die Fotografie – erstens als pädagogisch auszulegen und zweitens über eine am Kontext ausgerichtete Interpretation diesen auch inhaltlich genauer zu befragen. Die *Zeigearten* der beiden Konzepte des Zeigens können dabei als annähernd deckungsgleich gelten: Der konfrontative und hinweisende Charakter auf der einen (Wiesing) und der ostensiv und repräsentativ-darstellende Modus des Zeigens auf der anderen (Prange) Seite beinhalten die zwei Momente der Zeigehandlung, die als ein Gemeinsames unter dem Begriffspaar *unmittelbar* (konfrontativ/ostensiv) – *mittelbar* (hinweisend/repräsentativ-darstellend) allgemein auszuweisen wären. Der Appellcharakter ist in beiden Angeboten aufzufinden. Es ist nun zu überprüfen, inwiefern gerade die Fotografie eine bestimmte Weise des pädagogischen Zeigens darstellen kann.

2 Die pädagogisch durchleuchtete Fotografie

2.1 Bildtheoretische Umwege

Gegen Ende des 20. Jahrhunderts konstatierte Victor Burgin mit dem Blick auf die Theoriegeschichte der Fotografie: „The essays in this book are contributions towards photography theory. I say ‚towards' rather than ‚to' as the theory does not yet exist; nevertheless, as these essays indicate, some of its components may already be identified" (Burgin 1982, S. 1). So etwas wie eine Theorie der Fotografie sei dem Verdacht ausgeliefert, ihren Gegenstand und ihre begriffliche Grundlage nicht zu besitzen. Damit komme ihr auch die Betitelung einer *Theorie* abhanden. An dieser Einschätzung hat sich wenig geändert, auch

---

[11]Wenngleich Prange bereits in den *Grundzügen der Operativen Pädagogik* und in den sich daraus ergebenden Untersuchungen solcherlei Ziele durchaus verfolgt (vgl. Prange 2010).

Florian Arndtz stellt in seiner *Philosophie der Fotografie* fest, dass die Theorie der Fotografie bisher ohne einen „konsequenten philosophischen Standpunkt" (Arndtz 2013, S. 7) ausgekommen sei. Peter Geimers Ansatz dagegen, dem Nachdenken über Fotografie – so sein Theorieverständnis – als Material sämtliche verschriftlichten Aussagen wie Essays, Notizen, Briefe etc. zu dem Themenkomplex Fotografie zuzuführen, hat dem Kriterium der Gegenstands- und Begriffssystematik abgeschworen (vgl. Geimer 2010, S. 11).[12] Ähnlich wie Geimer problematisiert auch Bernd Stiegler in seiner *Theoriegeschichte der Photographie* das Anliegen einer geschichtlichen Rekonstruktion der Fotografie: Es gehe nicht darum, *die* Fotografie und eine sich daran anschließende Begriffssystematik im Allgemeinen theoretisch zu bestimmen, der es etwa darum ginge, einen überhistorischen Wesensbegriff der Fotografie zu entdecken und zu verteidigen (vgl. Stiegler, S. 9).[13] Gesammelte und historisch kontextualisierte Theorieangebote zur Fotografie – wenngleich das, was als *theoretisch* veranschlagt wird meist mit *nachdenken* oder *thematisieren* übersetzbar ist – legen den Blick auf die Diskurse frei, die sich um den allgemeinen Bereich der Fotografie anhäufen. Es werden Konstellationen und mögliche Begriffsverschiebungen erforscht und nicht etwa abstrakte Theorieentwürfe proklamiert. Eben dieser Anspruch auf eine allgemein-theoretische Fassung der Fotografie findet sich nicht nur bei Burgin oder Arndtz, sondern auch in denen in der Einleitung exemplarisch angeführten Texten zur Fotografietheorie. Gegenwärtige theoretische Diskussionen zur Fotografie, wie die von Geimer oder Stiegler, sind hingegen als ideengeschichtlich oder zusammentragend zu charakterisieren, und bieten kaum einen Referenzboden für einen Begriff der Fotografie, der es erlauben könnte, die Bedeutung der Fotografie mit einer pädagogischen Semantik auszustatten. Die in der Einleitung angeführten Beispiele für eine erziehungswissenschaftliche Thematisierung der Fotografie haben das zusätzlich besonders deutlich gemacht. Wie also vorgehen?

In Anschluss an die Überlegungen Wiesings zum Zeigen und der pädagogischen Begriffsverschiebung des Zeigetheorems nach Prange ist danach zu fragen, *wie*

---

[12]„Das Nachdenken über Eigenarten der Fotografie muss auch nicht zwangsläufig in systematischen Abhandlungen erfolgen, sondern kann eher beiläufig in Essays, Tagebuchnotizen oder Briefen seinen Ausdruck finden" (Geimer 2010, S. 11).

[13]Teils verdeckt wird bspw. bei Geimer allerdings ein Motiv für die ideengeschichtliche Rekonstruktion der Fotografie eingeführt, welches stark an der von ihm abgelehnten Wesensbestimmung der Fotografie ausgerichtet ist: „Man kann auch ohne den Glauben an ein überzeitliches Wesen der Fotografie an der Möglichkeit einer Beschreibung ihrer spezifischen Eigenschaften festhalten – etwa der Differenz, die sie *(nicht nur historisch)* [Hervorhebung, C. B.] von anderen Künsten und Medien trennt" (Geimer 2010, S. 12).

Fotografien überhaupt zeigen. Die erste Fokussierung auf *die* Fotografien erweist sich aus den oben angeschnittenen Punkten deshalb als problematisch, da eine allgemeine Theorie der Fotografie nicht zur Verfügung zu stehen scheint. Fragt man allerdings ergänzend danach, was Fotografien *auch noch* sind, dann wird man zu der trivialen Antwort kommen, dass Fotografien wie Malereien in erster Linie *Bilder* sind. Mit Bildern kann also gezeigt, d. h., mit Prange und Wiesing gesprochen, intendiert sehen gelassen – also erzogen – werden. Was ist also nun ein *Bild?*

Wiesing grenzt den für ihn wichtigen Charakter des Bildes – das Phantomhafte – von dem des Illusionären ab. Eine Illusion sei, so wie das nicht-illusionäre Fiktum des Bildes, ein Wirklichkeitsbewusstsein von etwas, was nicht wirklich existiert (vgl. Wiesing 2013, S. 56). Der Phantombegriff, der den ontologischen Status des Bildobjekts näher beleuchten soll, wurde von Husserl eingeführt und erst in Günther Anders' (1902–1992) erstem Band der *Antiquiertheit des Menschen* von 1956 als zentrale Kategorie für die Bildtheorie relevant (vgl. ebd., S. 68). Wiesing interpretiert Anders' *phantomhafte* Wendung des Bildes so um, dass das bildliche Zeigen als ein Akt der visuellen Konfrontation zu verstehen ist (vgl. ebd., S. 69). Der paradoxe Charakter des Bildes tritt in den Vordergrund: Bilder zeigen etwas Anwesendes, was aber nicht anwesend ist. Sagbar wäre auch: Das Bild zeigt etwas Nicht-Reales das anwesend ist, aber nicht etwas Reales, das anwesend ist. Oder, mit Wiesing formuliert: „Das heißt: Das Bild konfrontiert den Menschen mit einem ontologischen Freak: einem *Phantom*" (ebd., S. 96). Ein *ontologischer Freak* besteht aus einer sichtbaren Entität, deren Anwesenheit aber nicht darüber hinwegtäuschen sollte, dass das sichtbar Anwesende tatsächlich real als Gegenstand oder Person, d. h. physisch, anwesend ist. Das Bildobjekt, also das sichtbar Anwesende, ist dabei von dem Bildträger, also dem physischen Medium des Objekts, getrennt zu betrachten. Das Fotopapier oder die Leinwand als Bildträger, auf denen bspw. das Bildobjekt *Jeff Wall mit Zeigestock* zu sehen ist, ist nicht identisch mit dem abwesenden aber sichtbaren Inhalt der Darstellung. Bilder, als Einheit der Differenz von Bildträger und Bildobjekt, so ließe sich jetzt sagen, werden durch den phantomhaften Charakter auf der Ebene des Bildobjektes ausgezeichnet, der die Sichtbarkeit von etwas Intendiert-sehen-gelassenem unabhängig von dem physischen Original – dem Real-wirklichen – zur Anwesenheit bringt. Wenn Fotografien also auch Bilder sind, was unterscheidet sie dann von andern Bilderarten?

Dazu gibt Wiesing in seiner Beschreibung über das *Zeigen von Ursachen mit Wirkungen* eine anfänglich recht allgemeine Auskunft:

> Denn keineswegs bei jedem Bild, das zum Zeigen verwendet wird, sondern nur bei der Nutzung eines fotografischen Bildes zum Zeigen hat man es in der Regel mit einer Zeige-Handlung zu tun, bei der es zu einem Zusammenspiel von Verursachung und Bezugnahme kommt. Fotografien werden zumeist zum Zeigen der Dinge

verwendet, die selbst an der Entstehung der Fotografie kausal beteiligt waren. […] Denn es dürfte unstrittig sein: Der Eiffelturm [als Beispiel für die Aussage, dass das Foto den Eiffelturm zeigt, C. B.] war eine Ursache, die dafür verantwortlich ist, das es das fotografische Bild in der vorliegenden Form gibt (ebd., S. 193).

Die Eigenschaft, die die Fotografie im Gegensatz zu anderen Bildern – etwa der Malerei – erhält, wird durch die physische Ursache bestimmt, die an der Entstehung des fotografischen Bildes auch beteiligt war. Und nicht nur das: Die physische Ursache der Entstehung ist durch die Fotografie auch sichtbar. Die Gegenstände, die auf einer Fotografie sichtbar sind, waren auch dafür verantwortlich, dass auf einer Fotografie nun genau diese Dinge zu sehen sind. Fotografien, so könnte man mit Wiesing behaupten, sind diejenigen Bilder, die Spuren von vergangenen Ursachen, die für das fotografische Bild konstitutiv waren, sehen lassen können. Doch welche Ursachen sind überhaupt gemeint?

In der von Wiesing aufgerollten Debatte über den fotografietheoretischen Umgang mit den Spuren der Ursachen wird besonders deutlich, dass der Fotografie meistens eine Qualität zugerechnet wird, die sie als *natürliches, selbstständiges* und *übermenschliches* auszuweisen versucht. Oliver R. Scholz und Martin Seel stehen dabei für Wiesing als die Verteidiger einer Fotomythologie auf der Anklagebank: Beide Autoren gehen davon aus, dass die sichtbare Ursache der Fotografie als Spur ein natürliches Zeichen sei, welches ohne menschliches Hinzutun von sich aus und quasi natürlich-kausal auf der Fotografie sich selbst zeigen würde (vgl. ebd., S. 198). Das bedeutet, dass nicht etwa Menschen die Spur auf einer Fotografie zu solch einer überhaupt erst gemacht haben, sondern dass ein anderes Subjekt – man denke an die Natur oder die physikalische Welt in ihrer Totalität – für das zu Sehende verantwortlich ist. Dingmagie und Fotomythologie wären hier die fototheoretischen Konsequenzen. Entgegen dieser Position betont Wiesing einmal mehr den anthropologischen Charakter der Praxis des Zeigens: Kausale Ursachen wie Licht, Schatten, Personen, Gegenstände usw. sind nicht die Gründe für das Zeigen von Fotografien, sie können von Menschen aber zu Gründen gemacht werden, damit mit ihnen Etwas intendiert sehen gelassen werden kann (vgl. ebd., S. 200). Spuren, definiert als die auf der Fotografie sichtbaren physikalischen Ursachen, sind deshalb keine natürlichen Zeichen, da sie als *Zeichen* eine soziale und semantische Funktion erfüllen, die von Menschen interpretierbar und erzeugbar ist; kurz: Sie existieren nur durch menschlich-kulturelle Deutungspraxen und Bedeutungsproduktionen (vgl. ebd., S. 201).

Eine Spur, in der Wiesingschen Interpretation mit *Zeichen* gleichgesetzt, unterscheidet sich also von einer *Wirkung* insofern, als dass diese eine natürliche Eigenschaft und jene eine von Menschen hinzugefügte Semantik besitzt. Eine Wirkung von einem Etwas kann als ein Zeichen für eine Ursache, eine bloße Wirkung aber nur als Eigenschaft von diesem Etwas auftreten (vgl. ebd., S. 202). Für die Definition des Spurbegriff bedeutet das: „Ein Ding ist dann und zwar genau dann eine Spur von etwas, wenn dieses Ding erstens eine physikalische Wirkung von diesem Etwas ist und wenn zweitens jemand dieses Ding als Zeichen für die Ursache dieser Wirkung nimmt" (ebd., S. 202). Es scheint doch nicht so zu sein, dass die Begriffe Zeichen und Spur das gleiche bedeuten. Eine Spur, kontra der Wiesingschen Behauptung, ist nicht diametral zum Wirkungsbegriff zu verorten, sondern sie markiert das Zusammenfallen von Wirkung und Zeichen. Dazu ein Beispiel: Man könnte bezüglich eines qualmenden Lagerfeuers sagen, dass der Qualm eine Wirkung oder eine Spur des Feuers sei.[14] Mit der ersten Aussage wird behauptet, dass das Feuer die Eigenschaft besitzt, Qualm zu erzeugen. Die zweite Aussage deckt auf, so Wiesing, das jemand die Wirkung des Feuers als Zeichen für eine Ursache verwendet. Das bedeutet, bezogen auf das Beispiel des qualmenden Lagerfeuers, dass der Qualm als Zeichen für die alleinige Ursache *Feuer* verwendet wird. Über kulturell-soziale Deutungspraxen entwickelt sich nach Wiesing also der Qualm dazu, Zeichen der Ursache von Feuer zu sein. Auf der anderen Seite verweist die Wirkung des Feuers nicht auf eine Ursache, diese wird erst aus ihr gemacht. Die Ursache einer bestimmten Sache ist durch die fließenden Ursache-Wirkungs-Ketten, die sich um diese Sache legen, kausal nicht zu fixieren (vgl. ebd., S. 203). Es ist zwar möglich die Meta-Ursache über verschiedene Begriffe wie Urknall, Schicksal, Gott, Kosmos, Magma, Leerstelle und solcherlei Theoriespielereien zu erklären, aber was ursprünglich zu dem qualmenden Feuer geführt hat, kann in der physikalischen Welt zwar analysiert – Nässe, Gewitterschlag, fauliges Holz, eine seit fünf Jahren andauernde moosflächige Überwucherung des Holzes usw. –, aber nicht bis in die unendliche Ursache-Wirkungsrelation hinein verfolgt werden. Dazu Wiesing: „Es gibt keine Ursache, die bestimmt, welche der vielen wirkenden und notwendigen Ursachen bei einer Spur als Bedeutung verwendet werden soll" (ebd., S. 203). Die Fotografie nun lässt die Spur – als die Einheit von natürlichen Wirkungen und bedeutungsgebenden Zeichen – sehen, d. h. mit ihr wird die ausgewählte Ursache ihres eigenen Zustandekommens gezeigt und damit Bedeutung generiert. Nicht alle Ursachen werden dabei auch sehen gelassen: Man denke an den Fotoapparat selbst, den Film, den Chip, das Stativ und natürlich die raum-zeitlichen Ereignisse vor der Fixierung durch die Kamera. Die Verwendung von Fotografien, als eine

---

[14]Bei diesem von Wiesing angeführten Beispiel fängt der Spurbegriff noch nicht die Einheit der Differenz von Wirkung und Zeichen, sondern die Gegenbedeutung zum Wirkungsbegriff ein.

spezifische Art des bildhaften Zeigens, wird über die Kategorie der Ursachenauswahl transzendental insoweit gefasst, als dass der „Bedeutungswille" (ebd., S. 205) – also der Akt der Auswahl und die Festlegung von Ursachen, die intendiert sehen gelassen werden sollen – der fotografierenden Person und des_der Verwenders_in der Fotografie zur Bedingung der Möglichkeit für diesen Akt des Zeigens avanciert.

Der Begriff der Fotografie in einer bildtheoretischen Lesart wäre nun so zu definieren: Als *Bild,* also als *ontologischer Freak,* der die Sichtbarkeit von etwas besitzt was aber nicht anwesend ist und durch seine eigene Darstellung diesen Widerstreit auch zusätzlich visualisiert, besitzt die Fotografie den Charakter des Phantoms, indem sie wie andere Bilder – bestehend aus Bildobjekt und Bildträger – eine Entität, die nicht anwesend ist, sehen lassen kann. Im Unterschied zu anderen Bildern zeigt die Fotografie ihre eigenen Konstitutionsbedingungen: Die Dinge, die an der Entstehung der Fotografie beteiligt waren, sind selbst zu kausalen Ursachen dadurch erklärt worden, da sie vom Bedeutungswillen der fotografierenden Person oder des_der Verwenders_in der Fotografie als Spur von einer bestimmten getroffenen Auswahl von Ursachen interpretiert wurden. Das auf der Fotografie Sichtbare hat sich nicht natürlich oder selbstständig gezeigt, sondern wurde aufgrund einer konkreten Wahl – durch Aus- und Einschließungen von Ursachen – sichtbar gemacht. Mit der Fotografie lassen sich nur die Dinge als Spur zeigen, die durch das Aussehen der Fotografie beschreibbar sind und durch das Medium vermittelt am physikalischen Entstehungsprozess beteiligt waren.[15] Die Bedeutung, die Denotation, die Spur, das Sichtbare, das Ausgewählte oder das intendiert Sehen-Gelassene sind dabei aber immer die Ergebnisse einer menschlichen und kulturell geprägten Praxis und nicht etwa Resultate von sich selbst in die Fotografie eingeschlichenen menschlichen Seelensplittern oder dingmagischen Verselbstständigungen. Die empirische Realität ist dabei die

---

[15]Hierzu eine kleine Nebenbemerkung: Man könnte einwenden, dass der elektronische bzw. physikalisch-chemische Prozess der Fotoerzeugung auf einem Film oder einem Chip zwar die Wiesingsche Fassung der Fotografie besitzt, bei Bildmanipulation oder -bearbeitung via den einschlägigen sowie professionellen Computerprogrammen würde die Definition der Fotografie allerdings fragwürdig werden, da den Fotografien der digitalen Bearbeitung oder Verfremdung nicht mehr der Spurcharakter der physikalischen Ursache anhaftet. Allerdings bezieht sich die digitale Transformation ja auf ein bereits Gegebenes, das fotografisch fixiert wurde und damit den physikalischen Prozess durchlief. Ein Foto, das vollständig aus künstlich generierten Pixeln zusammengesetzt ist und demnach keine Spur des sichtbaren Dings zeigen kann, ist somit kein Foto in dem Sinn, als dass das auf dem Bild zu Sehende nicht kausal an der eigenen Sichtbarkeit beteiligt war.

Grundlage für die vielen ausgewählten Ursachen, die die Sichtbarkeit eines Dings oder einer Person auf einer Fotografie erzeugen sollen. Ohne die Abbildung einer Referenz – eine reale Sache, eine reale Person – die in der Vergangenheit liegt und dieses Vergangene durch den ontologischen Freak – das Bild – sichtbar macht, würde es kein fotografisches Bild geben.

2.2 Fotografie und die *cultural lucidity* bei Jeff Wall

Aber wie können nun die bisherigen allgemeinen Begriffsbestimmungen des Zeigens und der Fotografie etwas Inhaltliches zu der theoretischen Konturierung einer pädagogischen Theorie der Fotografie beitragen? Formal betrachtet können indes die Überlegungen zu beiden Begriffen jedweder Fotografie mittels interpretatorischer Bemühungen einen pädagogischen Charakter verleihen. Wie in der Einleitung bereits angesprochen wurde, gilt das Interesse dieses Aufsatzes jedoch der künstlerischen Fotografie und ihrer jeweiligen verborgenen pädagogischen Struktur. Die Reflexionen des Fotografen Jeff Wall bieten dahingehend eine geeignete Quelle, um die hier formal in Grundzügen entworfenen Aspekte zu einer pädagogischen Theorie der Fotografie mit einem spezifischen Inhalt auszustatten, oder, um auf der Ebene des bisher Dargestellten zu bleiben, das *Was* und *Wozu* der pädagogischen Zeigehandlung mittels der künstlerischen Fotografie an einem konkreten Beispiel näher zu bestimmen.

Jeff Wall – 1946 in Vancouver geboren, 1964 bis 1970 Student der Kunstgeschichte an der University of British Columbia – erhielt seinen ersten Lehrauftrag am Nova Scotia College of Art and Design in Halifax. Nach seiner fast zwei Jahrzehnte andauernden Tätigkeit als Kunst-Professor an der Simon Fraser University (1976–1987) und der University of British Columbia (1987–1999) wurde er der Nachfolger von Bernd Becher an der Kunstakademie Düsseldorf – allerdings nur für die Dauer eines einzigen Tages.[16] Die Begriffe, die das Œuvre Walls charakterisieren könnten und die in den einschlägigen Publikationen zu seiner Fotografie bis heute immer wieder zu finden sind, lauten – je nach der Gewichtung des interpretatorischen Fokus – Cinematographie, Kunstgeschichte, Inszenierung, Erzählung, Tableau.[17]

---

[16] Zur biografischen und werkhistorischen Einführung Walls vgl. bspw. Walter (2002), Bischoff und Wagner (2010) und Hauser (2005).

[17] Vgl. bspw. Belting (2009), Chevrier (1997) und Lauter (2001).

Auf der Suche nach einem Begriff von Fotografie, den Wall auch auf seine eigenen Arbeiten anlegen würde, wird man schnell der metaphernreichen Sprache gewahr, die in den Essays und Interviews von und mit Wall der Fotografie ein genaueres Verständnis zuführen will. In einer der wenigen präzisen Aussagen zur Differenzbestimmung der Fotografie im Gegensatz zu anderen Künsten behauptet Wall in dem erstmals 1995 erschienenen Essay *„Marks of Indifference": Aspects of Photography in, or as, Conceptual Art:*

> Photgraphy cannot find alternatives to depiction, as could the other fine arts. It is in the physical nature of the medium to depict things. In order to praticipate in the kind of reflexivity made mandatory for modernist art, photography can put into play only its own necessary condition of being a depiction-which-constitutes-an-object (Wall 2007a, S. 144).

Die physikalische Notwendigkeit der Fotografie begründe sich durch ihre sogenannte Natur des eigenen Mediums: die Abbildung. Die Fotografie ist daran gebunden Dinge abzubilden, und zwar durch den physikalischen Vorgang ihrer Entstehung. Eine Fotografie im Verständnis von Wall vermittelt aber nicht einfach ein Abbild, sie vermittelt eine bestimmte Erfahrung mithilfe der Abbildung: „A photograph therefore shows its subject by means of showing what experienced is like; in that sense it provides ‚an experience of experience', and it defines this as the significance of depiction" (ebd., S. 167). Wenn eine Fotografie eine Erfahrung der Erfahrung zur Verfügung stellt, dann bedeutet das, dass die in der Vergangenheit gemachte Erfahrung von *Etwas* durch eine Abbildung – eine Fotografie – in der Gegenwart wieder und vielleicht anders erfahrbar ist. Dem fotografierten Gegenstand wurde eine Erfahrung zugeordnet, auf die durch das Abbild zurückgegriffen werden kann. Der Abbildcharakter der Fotografie setzt sich demnach aus der physikalischen Wirkung des in der Vergangenheit fotografierten Dings und einer Bedeutungsstiftung zusammen, die wiederum durch eine spezifische Erfahrung dafür verantwortlich ist, dass überhaupt mit einem Foto etwas bestimmt Ausgewähltes zeigbar ist. In die bildtheoretische Sprache Wiesings übersetzt: Die Verwendung der Fotografie als Bild lässt nicht nur die Gegenstände sehen, die an ihren Produktionsbedingungen beteiligt waren, sondern sie zeigt eine bestimmte Auswahl von Ursachen, die, als Spuren verwendet und darum mit einer bestimmten kulturellen Bedeutung versehen, intendiert dem Adressaten der Zeigehandlung etwas vermitteln will.

Metaphorische Beschreibungen zu Walls Fotografiebegriff finden sich in den Essays *To the Spectator* von 1979, *Photography and Liquid Intelligence* von 1989 und *Frames of Reference* von 2003. Die ersten vier Sätze in *To the Spectator* lassen sich als programmatische Absichtserklärung bezüglich der eigenen fotografischen Arbeit lesen:

> Mir geht es in erster Linie um Inhalte, um eine am Gegenstand orientierte, thematische Kunst. Die von Neon hinterleuchteten Cibachrome-Lichtbilder, die ich habe anfertigen lassen, sind ein technisches System zur Vermittlung solcher Inhalte. Sinn, Bedeutung und Interpretationsmuster des jeweiligen Inhalts entstehen innerhalb der Struktur dieses Vermittlungssystems. Schon in der Produktion ist alles auf diese Art der Vermittlung ausgerichtet (Wall 2005a, S. 439).[18]

Wall versteht die Fotografie als formelle Ausrichtung an den zu zeigenden, zu vermittelnden oder zu liefernden Inhalten, die durch die Produktion des Bildes eine spezifische Bedeutung und einen genauen Sinn erhalten haben. Es sieht so aus, als ob nichts dem Zufall überlassen werden soll. Dafür spricht auch die eigene von Wall retrospektiv eingeführte Bezeichnung seiner eigenen Fotografie aus den 70er und 80er Jahren als *cinematografische Fotografie*. In *Frames of Reference* verknüpft Wall die Vollzugsweise des *Cinematografischen* mit den Techniken der Produktion von bewegten Bildern (vgl. Wall 2005b, S. 447). Darsteller, Methoden, Geräte, Stile und verschiedene Themen wurden arrangiert und willentlich in die Produktion der Fotografie mit einbezogen (vgl. ebd., S. 449). Das Verhältnis zwischen Eingriff und Nicht-Kontrolle tritt auch sinnbildlich in *Photography and Liquid Intelligence* in der Gegenüberstellung von *flüssiger Intelligenz* und *trockenem Charakter der Fotografie* auf: Jene – der archaische Charakter des Wassers – steht symbolisch für das Vergangene, die Natur oder allgemein die Zeit, dieser als Platzhalter für die mechanisch-optische Eigenschaft der Fotografie (vgl. Wall 2005c, S. 442). Mittels der Apparatur – zusammengesetzt aus Blenden, Linsen, Film etc. – wird das zeitlich Fließende *eingeglast,* also als geronnene, so könnte man interpretieren, willentlich inszenierte Erfahrung fixiert und damit trocken gelegt. Oder, wieder bildtheoretisch gewendet: Aus der Unendlichkeit aller möglichen Ursache-Wirkungs-Ketten werden die Dinge an einem bestimmten Zeitpunkt ausgewählt, die mit einer bestimmten Bedeutung versehen – als Spur – den Inhalt des zu Zeigenden markieren.

Es stellt sich die Frage, welche inhaltliche Stoßrichtung Wall nun der zu vermittelnden und spezifisch durch die Fotografie konstruierten Erfahrung gibt. In einem Interview mit der Kuratorin Els Barents von 1986 reagiert Wall auf die

---

[18]In dem erstmals in englischer Sprache veröffentlichtem Essay ist nicht die Rede von *mediation (vermitteln),* sondern von *delivery (liefern).* Für eine spätere pädagogische Lesart können solche Bedeutungsverschiebungen zu nicht unwichtigen Verzerrungen führen.

Frage nach dem optimistischen Gehalt innerhalb seiner Fotografie mit der Entgegnung, dass das Thema seiner Arbeit nicht etwa die Bebilderung einer glücklich ausgebildeten menschlichen Identität sei, sondern die in-Szene-Setzung der hässlichen, unfreien, regressiven und entwürdigenden gesellschaftlichen Bedingungen der Existenz von Subjektivität (vgl. Barents und Wall 2007, S. 195 ff.). Mit der Bezugnahme auf Theodor W. Adorno (1903–1969) und Walter Benjamin (1892–1940) ordnet Wall seinen Fotografien thematisch einen genauen Schwerpunkt zu: „Benjamin talks about the ‚ruins of the bourgeoisie'. To me, the figure of the lower middle-class and working-class man, woman, or child is the most precise image of this ruin. [...] It's very possible to use this image of a ruined class as consolation and reenforcement, [...]" (ebd., S. 198). Allerdings steckt, wie der letzte Satz andeutet, in der Inszenierung der Fotografien mehr als nur die Darstellung des gesellschaftlichen Untergangs und die Vermittlung der Erfahrung von Unfreiheit. Mithilfe der Metapher des *Narbengewebes* wird bei Wall ein Motiv sichtbar, das – vor allem in der expliziten Referenz auf Adorno und Benjamin – als dialektisches zu bezeichnen ist: „The effects of capitalism are like scar tissue which has encrusted a living body. This living body retains the possibility to become something else, although it will have to become that carrying its scars and wounds along with it. These scars are enlightenment. The image has to express that, too" (ebd., S. 198). Der Gegensatz zwischen der sichtbaren Vernarbung des Körpers durch den Kapitalismus und der darin aufbewahrten Möglichkeit des Anderswerdens des lebendigen Körpers verleiht den Narben – und damit dem Medium ihrer Abbildung – eine aufklärende Funktion. Die Fotografie spielt dabei die Rolle desjenigen Mediums, dessen mechanische Qualität das abgebildete Ding oder die abgebildete Person in seiner Rest-Identität einfangen kann (vgl. ebd., S. 199). Die abgebildete Person ist diese Person zwar nicht, da sie das Ergebnis einer schauspielerischen Leistung ist – zudem ist sie künstlich in Szene gesetzt –, aber, so die These Walls, geben die mechanische Gebundenheit der Fotografie an ihren abgebildeten Gegenstand und das Rollenspiel der zu sehenden Person sehr wohl eine realistische Auskunft über die Verfassung von Menschen innerhalb der gesellschaftlichen Verhältnisse; nur eben als Spur. Diese Spur konserviert neben der bildtheoretischen Diskussion zur Fotografie nach Wall auch den Bezug zu einer der Haupterfahrungen der modernen Kunst: die Auflösung der menschlichen Identität (vgl. ebd., S. 199). Aus dieser sehr freien theoretischen Zuspitzung destilliert Wall in Rückbezug auf die moderne Kunst des 18. und 19. Jahrhunderts auch das Motiv seiner fotografischen Produktion: „And the reason I want to do this is to represent both the surface of damaged life, and its opposite, the possibility of another life, one which will come out of this one as its negation." (ebd., S. 199). Der ambivalente

Charakter des auf der Fotografie abgebildeten Sujets beinhaltet also zum einen die Repräsentation des Schadens, der Unfreiheit und der Vernarbung der Menschen im Kapitalismus und zum anderen die Möglichkeit des anderen Lebens durch die Negation des vordergründigen Niedergangs. Was hier in Verbindung mit der Referenz auf die von Wall ausgewählten Kunsttraditionen und Theoretiker nur sehr allgemeintheoretisch ins Spiel gebracht wird, kehrt unter bildungstheoretischen Aspekten in dem Essay *Unity and Fragmentation in Manet* wieder.

Der erstmals 1984 veröffentlichte Essay ist als eine Ansammlung von Ideen zu verstehen, die sich um den französischen Maler Édouard Manet (1832–1883) und dessen initierte historische Veränderung des Konzepts der Bildeinheit versammeln. Einige der Reflexionen betreffen, implizit und explizit, auch die eigenen fotografischen Arbeiten Walls. Durch die in diesem Essay direkt zitierten Textstellen aus dem *Kapital* von Karl Marx (1818–1883) und der von G. W. F. Hegel (1770–1831) verfassten *Phänomenologie des Geistes* verschränkt Wall theoretisch die gesellschaftlich-historische Entwicklung des Kapitalismus mit den Ausdrucksformen und Bildsujets von Manet bis hin zur künstlerischen Aufgabe der Fotografie. Dem Terminus der *reinen Bildung* kommt, in Anlehnung an Hegel, dabei insofern eine wichtige Rolle zu, da in der Darstellung der Arbeiten Manets – es darf schon hier vermutet werden: ebenso in den Fotografien Walls – der durch den Begriff eingefangene verkehrte Bewusstseinszustand zum Ausdruck kommt. Grundsätzlich, so Wall, sei die Malerei durch die Bezugnahme auf das Darzustellende – meist ein menschlicher Körper – durch zweierlei Operationen zu fassen: *Gemalt* wird der Körper oder das Andere im Modus der sinnlichen Nachzeichnung durch den eigenen Körper des Malers – die *Berührung* – und dargestellt wird er mittels eines Mechanismus – der *Projektion* –, der als modernes Thema mit dem Begriff der Perspektive schon bei Piero della Francesca als Wesensmerkmal der Malerei bestimmt wurde (vgl. Wall 2008, S. 237 f.). Mittels der Darstellung oder Projektion, so Wall, verschwinde – vor allem auch durch die Entwicklung von technischen, ökonomischen, sozialen und politischen Modernisierungsprozessen – die von der Malerei berührte, in den Metaphern Walls ausgedrückte erotische, autoritäre, harmonische und ideelle Referenz auf das Bildsujet (vgl. ebd., S. 240). Wall bestreitet nicht, dass der Malerei diese historisch und technologisch bedingte Disharmonie zwischen Berührung und Projektion oder Einheit und Fragmentierung schon immer innewohnte, nur sind eben diese Bedingungen von den Veränderungen geprägt, die im 18. und 19. Jahrhundert einen verstärkten Einfluss nicht nur auf die Malerei, sondern viel allumfassender auch auf das soziale Leben in Europa ausübten (vgl. ebd., S. 240). Mit einem Zitat aus dem fünften Abschnitt des zwölften Kapitels des *Kapitals* versucht Wall den Charakter der kapitalistischen Arbeitsteilung und damit die sozialen Verhältnisse in Europa in der Mitte des 19. Jahrhunderts zu umreißen:

> Während die einfache Kooperation die Arbeitsweise der einzelnen im großen und ganzen unverändert läßt, revolutioniert die Manufaktur sie von Grund aus und ergreift die individuelle Arbeitskraft an ihrer Wurzel. Sie verkrüppelt den Arbeiter in eine Abnormität, indem sie sein Detailgeschick treibhausmäßig fördert durch Unterdrückung einer Welt von produktiven Trieben und Anlagen, wie man in den La-Plata-Staaten ein ganzes Tier abschlachtet, um sein Fell oder seinen Talg zu erbeuten. Die besondren Teilarbeiten werden nicht nur unter verschiedne Individuen verteilt, sondern das Individuum selbst wird geteilt, in das automatische Triebwerk einer Teilarbeit verwandelt und die abgeschmackte Fabel des Menenius Agrippa verwirklicht, die einen Menschen als bloßes Fragment seines eigenen Körpers darstellt (Marx 1972, S. 381 f.).

Mit dieser längeren Überlegung Marxens zum kapitalistischen Charakter der Manufaktur fixiert Wall das Moment der menschenunwürdigen Grundbedingungen, die aus dem einzelnen Individuum unter Ausschluss seiner produktiven Anlagen und Triebe ein spezialisiertes und fragmentarisch ausgebildetes Arbeitsinstrument formt. Im Gegensatz zu einer Bildkonzeption, die an den Motiven des klassischen Ideals der menschlich-irdischen Vollkommenheit oder deren Hauptreferenzepoche – das antike Griechenland kreierte den Begriff *kalokagathia* – interessiert ist, bringt für Wall Manet etwas in Erscheinung, das den dargestellten Körper nicht als eine Vermengung der harmonischen Ganzheit einer abgebildeten Person mit der Perspektive und den verschiedenen Gestaltungsmitteln begreift (vgl. Wall 2008, S. 242). Mit der Fragmentierung des menschlichen Wesens innerhalb der kapitalistischen Gesellschaft fungiert das einzelne Individuum unter der Maßgabe der Mehrwertakkumulation als Besitzer der eigenen Arbeitskraft, die wiederum innerhalb der gegebenen Arbeitsteilung stupide auf die Spitze getrieben wird und damit zur Vernichtung des arbeitenden Subjekts selbst beiträgt. Solche Gedanken etwa könnte Wall bildlich vor Augen haben, wenn er Manets Malerei deutet:

> For nineteenth-century modernism, exemplified by Manet, the fragmentation of the ideal of integrity and the harmoniousness of the body and ist space – and so of the conditions for spatial represantation – is not something imposed from outside the regime of the picture, from ‚industry' or ‚mass media'. It emerges from within the historically law-governed concept of the picture itself (Wall 2007b, S. 81).

Die Malerei reagiere also, quasi gesetzmäßig, jedenfalls nach Wall bei Manet, auf die jeweils stattfindenden historischen Gegebenheiten und gebe den fragmentarischen Menschen im Verhältnis zu seiner Umgebung der Anschauung preis. Nicht mehr nur die technische Seite der Malerei, die Darstellung oder die Projektion, sondern auch die *einfühlende* Seite des Mahlprozesses ist schon durch die spezifische historische Erfahrung der Anwesenheit von Fragmentierung „as classicism of estrangement" (ebd., S. 81) zu lesen. Beide Produktionsoperationen der Malerei bei Manet, das *Malen* und das *Darstellen,* sind in der Wall'schen Interpretation von einer Entfremdungserfahrung gegenüber eines beobachteten Körpers oder einer Person beeinflusst, die in der Darstellung des Widerspruchs von Ganzheitlichkeit und Fragmentierung, Harmonie und Zerstörung oder von Menschlichkeit und den zur Ware werdenden Individuen erkennbar wird.[19]

Genau an dieser Stelle bringt Wall die *Phänomenologie* Hegels ins Spiel. Die im Bild erkennbare Fragmentierung des Individuums und der nach Wall zum Ausdruck kommende Schmerz des Menschen werden nicht im Sinne der Darstellung einer Erlösung oder irdischen Vervollkommnung aufgehoben. „Das zerrissene Bewußtsein", welches nach Wall in den Bildern Manets als weltgeschichtlicher Schmerz erscheint, „aber ist das Bewußtsein der Verkehrung, und zwar der absoluten Verkehrung; [...] Der Inhalt der Rede des Geistes von und über sich selbst ist also die Verkehrung aller Begriffe und Realitäten, der allgemeine Betrug seiner selbst und der anderen; und die Schamlosigkeit, diesen Betrug zu sagen, ist eben darum die größte Wahrheit" (Hegel 1986, S. 386 f.). Wall identifiziert dieses zerrissene Bewusstsein in einer sehr freien Interpretation mit der von Hegel kritisierten Form einer *reinen Bildung* und unterstellt dieser wiederum einen nicht-reflexiven Umgang mit der eigenen Entfremdung (vgl. Wall 2008, S. 244). Entfremdung und Verkehrung betreffen in der Hegelschen Terminologie die Begriffe *Wirklichkeit* und *Gedanke.*[20] Wall liest in diese Kategorien, gemünzt

---

[19]Wie schon weiter oben bemerkt, bezieht sich Wall in seinen Interviews und Essays meist implizit auf einen Kanon an theoretischer Literatur, der sich aus den Werken von Adorno, Guy Debord, Kracauer, Benjamin, Marx, Benjamin H. D. Buchloh, oder, wie im Folgenden sichtbar wird, Hegel, zusammensetzt. Explizit verweist Wall an dieser Stelle auf die Schrift *Das Ornament der Masse* von Siegfried Kracauer. Die sich daraus ergebende Sprache, die in den hier gesammelten Widersprüchen ihren Niederschlag findet, ist systematisch – und das sollte nochmals betont werden – von Wall nicht unterfüttert. Auch die Schlagwörter *Kapitalismus, Individuum, Arbeitskraft, Vernichtung, Fragmentierung* usw. sind als Theoreme nicht ausgearbeitet. Allerdings ist weniger die Prüfung der Gültigkeit der Argumente und Begriffe Walls Gegenstand der Auslegung, sondern zuallererst die Verhältnisbestimmung von Fotografie und pädagogischen Reflexionen in der Textproduktion Walls.

[20]Dazu die von Wall selbst angegeben Stelle in der *Phänomenologie des Geistes:* „Es ist also hier der seiner in seiner Wahrheit und seines Begriffes bewußte Geist dieser realen Welt der Bildung vorhanden. Er ist diese absolute und allgemeine Verkehrung und Entfremdung der Wirklichkeit und des Gedankens; die *reine Bildung*" (Hegel 1986, S. 385).

auf Manet, die schon erwähnten allgemein-gesellschaftlichen Widersprüche hinein: Der Gedanke von Freiheit, Harmonie und Menschlichkeit gerät in den scharfen Kontrast zu der Wirklichkeit von Elend, Unterdrückung, Fragmentierung und Unfreiheit. Den Bewusstseinsmodus der Verkennung, Verkehrung und damit der Entfremdung dieses Widerspruchs meint Wall in dem Hegelschen Terminus der *reinen Bildung* wiederzufinden. In der von Wall verwendeten Übersetzung der *Phänomenologie* von J. B. Baillie aus dem Jahr 1966 ist das Wort *reine Bildung* allerdings mit dem englischen Ausdruck *pure culture* aufgenommen worden. Das ist nicht unbedeutend: Der Darstellung einer „ersatz unity" (Wall 2007b, S. 82), einer In-Szene-Setzung der *pure culture*, die noch die Salon-Malerei des 19. Jahrhunderts charakterisierte, setzt Wall die Arbeiten Manets entgegen, auf denen das zerrissene Bewusstsein des Widerspruchs von Gedanke und Wirklichkeit – freilich in der Wallschen Lesart – noch zur Erscheinung gebracht wird (vgl. ebd., S. 82). Hier schluckt die deutsche Übersetzung des Essays das Gegenmodel Walls zur *reinen Bildung:*

> Die Entfremdung, die im Erleben des Bildes erfahren wird, ist zu unserer orthodoxen Formel der kulturellen Klarheit geworden. Kulturelle Klarheit, im Beispiel Manets, wurzelt in einem historischen Prozeß, in dem das ehemalige Konzept von der Harmonie und Einheit des Körpers und seines Raumes von der Gesellschaft zerstört worden ist und vom Künstler in einem ‚ruinierten' Zustand wieder eingesetzt wird, in einem symbolischen Zustand, in dem seine historische geleugnete oder überholte Eigenschaft und Bedeutung wahrnehmbar werden (Wall 2008, S. 245).

Die sogenannte kulturelle Klarheit, die gerade in der englischen Orginalfassung des Essays als *cultural lucidity* für Wall die Alternative zu Hegels *pure culture* darzustellen scheint, beschreibt einen Bewusstseinsmodus, der sich der Verkehrung von Gedanke und Wirklichkeit bewusst ist – hier der Zerstörung der Einheit von Raum und Körper durch die Gesellschaft – und eben diese Erfahrung symbolisch wahrnehmbar zur Darstellung bringt. Das Erkennen des Widerspruchs, von der Seite des_der Künstlers_in wie von der Seite der zuschauenden Person aus, könnte mit der Wall'schen Ergänzung, Umdeutung und vollkommenen Missachtung der Hegelschen Systematik als ein Bewusstsein ausgelegt werden, dass im Gegensatz zur *pure culture* – der reinen Bildung – die beiden Seiten des Gegensatzes bewusst in Erfahrung und zum Ausdruck bringen kann. Als Bewusstseinsmodus gekennzeichnet wäre es also möglich, die *cultural lucidity,* die ja als Alternativmodel zu Hegels *reiner Bildung* gedacht ist, mit *klarer Bildung* zu übersetzten. Semantisch ist diese Wendung zwar naheliegend, begrifflich jedoch äußerst problematisch, da in der englischen Übersetzung der *Phänomenologie* von 1966 der Begriff *Bildung* mit *Culture* (Kultur) gleichgesetzt wurde. Wall selbst hatte dementsprechend vermutlich keine Kenntnisnahme von diesem traditionsreichen Begriff und somit auch keine bildungstheoretische Konzeption einer *klaren Bildung* intendiert. Jedoch wird durch die Auslegung des Essays deutlich, dass die Begriffe *Bildung* und *Kultur,* sowohl bei Hegel selbst als auch in der Wallschen Lesart, einen Bewusstseinsmodus des künstlerischen oder rezipierenden Subjekts markieren, der die Differenz von Wirklichkeit und Gedanke erfahren, wahrnehmen, erkennen und auf diese auch handelnd reagieren kann.

Es stellt sich zuletzt noch die Frage, was diese essayistische Theoretisierung der Malerei Manets mit den eigenen fotografischen Arbeiten Walls zu tun hat? Zwei kleine, fast nebensächlich erscheinende Auskünfte innerhalb des Essays geben darauf eine Antwort. Manets Arbeiten im 19. Jahrhundert werden von Wall als *kritisch* in Bezug auf die harmonisierende Salon-Malerei und das Aufzeigen der Widersprüche innerhalb der von Marx beschriebenen Stufe des Kapitalismus betitelt. „The painting of modern life" (Wall 2007b, S. 82) besitzt für Wall, vor allem in Bezug auf die Bewusstmachung der *pure culture* des gegenwärtigen Kapitalismus und dessen Bildkonzepte, immer noch eine aktuelle Qualität. Andererseits besitzt für Wall die Fotografie eine Eigenschaft, die als technische Fortführung der Malerei die eigene Mechanisierung zur Präsenz bringt: „Photography reveals its own technical presence within the concept of the picture, and so it reveals the historically new meaning of the mechanized interior of the great spiritual art of painting itself" (ebd., S. 78). Die Präsenz des eigenen Mediums, die zusätzlich durch den stark inszenierten Charakter der Fotografien von Wall in den Vordergrund rückt, reflektiert auf einer technischen Ebene als Analogie, so könnte abschließend behauptet werden, den fragmentarischen, unfreien und isolierten Status des Menschen in einer spezifischen Entwicklungsstufe des Kapitalismus – die nicht geglückte Versöhnung von Individuum und Gesellschaft.

3 Fotografien als *ontologische Freaks* der *cultural lucidity* oder: Spuren einer pädagogischen Theorie der Fotografie

Auf den Punkt gebracht ergibt sich nun für eine pädagogische Theorie der Fotografie in Anlehnung an Wiesing, Prange und Wall folgendes: Bildtheoretisch sind Fotografien Bilder – *ontologische Freaks,* die etwas real Absentem auf einem Bildträger zur Präsenz verhelfen –, auf denen die eigenen physischen Konditionsbedingungen und damit die durch die menschliche Praxis des Zeigens ausgewählten Ursachen als Spuren sichtbar sind. Bei Wiesing und Wall verweist die

Fotografie in ihrer Eigenart auf etwas in der Vergangenheit real Existierendes, das durch den physischen Abbildungsprozess an der Entstehung der Fotografie beteiligt war und auch wiederum auf ihr sichtbar ist. Als Spur, Abbild oder das die flüssige Zeit Trockenlegende können mithilfe der Fotografie durch Aus- und Einschließungen verschiedene Wirkungen mit einer Bedeutung versehen werden, die jemanden aus einem bestimmten Grund gezeigt werden sollen. Der Zeigebegriff in seiner pädagogischen Kennzeichnung wäre schon hier in der Lage, Fotografien, in der Ordnung von Sender bzw. Verwender und Adressat, als pädagogisch zu identifizieren. Gekoppelt an die von Prange entwickelten Konzepte zum Lernen und zur Erziehung ist es möglich, der Fotografie durch ihr Wirkungsbestreben auf einen Adressaten hin eine pädagogische Funktion zuzuspielen. Der Bedeutungswille des_der Fotografen_in oder des_der Verwenders_in der Fotografie wählt, in Hinblick auf einen erwünschten Effekt der bei der adressierten Person ausgelöst werden soll, bestimmte Wirkungen aus, die innerhalb eines bestimmten kulturellen Bezugsrahmens etwas intendiert sehen lassen.

Speziell die Texte zu den Fotografien Walls gewähren noch einen zusätzlichen Einblick in die pädagogische Bedeutung der Fotografie. Als graduell hoch inszenierte Fotografien verfolgen die Arbeiten Walls ein explizit pädagogisches Ziel. Zugunsten des Inhalts, der eine bestimmte gesellschaftliche Erfahrung vermitteln will, inszeniert Wall *mit* und *vor* der Kamera das Bildmotiv. Die Fotografie habe den Auftrag, auf einer entwickelten Stufe der Technologie die Malerei ablösend, die gesellschaftliche Wirklichkeit im Kontrast mit ihrer Entgegensetzung – dem Gedanken, dem Ideal – inszeniert in Erscheinung treten zu lassen. Die Erfahrung, die auf einer Fotografie sehen gelassen wird, spielt sich in der Wallschen Auslegung Hegels in einem Bewusstseinsmodus ab, der im Gegensatz zur Verkehrung und Entfremdung der Differenz von Wirklichkeit und Gedanke die Fragmentierung des Subjekts in der jeweiligen historisch-gesellschaftlichen Entwicklung des Kapitalismus erkennt. Die produzierende oder verwendende Person der Fotografie, die diese Reflexionsleistung – die *cultural lucidity*, oder, vorsichtig formuliert: die *klare Bildung* – vollzogen hat, vermittelt mithilfe der Fotografie und ihrem Spurcharakter diese Erfahrung an eine andere adressierte Person, die genau den gleichen Bewusstseinsprozess durchlaufen soll. Aus der Bewusstmachung des abgebildeten Widerspruchs zwischen Individuum und Gesellschaft, so lässt sich schlussfolgern, soll beim betrachtenden Subjekt ein Erkenntnisprozess entspringen, der, im Modus der *cultural lucidity,* mit Walls Worten den Blick für etwas *Anderes,* ein Versprechen auf Glück freiräumen könnte: „The glimpse of something ‚other' which your experience in art is always a glimpse of something better because experiencing art is, as Stendahl said, the experience of a ‚promesse de bonheur', a promise of happiness" (Barents und Wall 2007, S. 201).

Für eine pädagogische Theorie der Fotografie ergeben sich nun die folgenden vier Grundbestimmungen: 1) die Ebene des *Verweisungszusammenhangs* der Fotografie, 2) die *anthropologische Fundierung* des Erziehungsgeschehens, 3) der Aspekt der *selektiven Leistung des Erziehungssubjekts* und 4) der *Lernprozess des Erziehungsobjekts*.

Der *Verweisungszusammenhang* der Begriffe Zeigen und Fotografie bildet die Grundlage für die theoretische Formulierung einer pädagogischen Theorie der Fotografie. Dem Gegenstand wurde sich hier nur sehr selektiv genähert. Das bedeutet, dass andere Theoriebausteine, die bspw. mit den Begriffen *Raum, Zeit, Darstellung, Repräsentation* oder *Spiegelung* zu greifen wären, nicht auf ihre Relevanz und damit auf ihren pädagogischen Gehalt hin untersucht worden sind. Als Resultat bleibt dem hier vorgeschlagenen theoretischen Konstruktionsversuch nur der Verweisungszusammenhang übrig, der sich aus den ausgewählten und präsentierten Theoriesträngen ergibt und der theoretischen Bemühung einer Vermittlung von Pädagogik und Fotografie nur die Andeutung einer ausgearbeiteten Theorie verleiht. Eben jener Zusammenhang besteht allgemein formuliert aus den aufeinander verweisenden Bedingungen die erfüllt sein müssen, damit die Behauptung, dass *mit Fotografien erzogen wird,* auch plausibel ist. Basal lautet der Zusammenhang wir folgt: Mit Fotografien wird, im Modus des *Womit* der pädagogischen Praxis des Zeigens, erzogen. Ohne das Zeigen gibt es keine Erziehung und ohne die Erziehung ist eine Fotografie auch nicht pädagogisch zu verwenden. Im Fall der Fotografie ist das Gezeigte ein Bild, das als *ontologischer Freak* etwas real Absentem auf einem Bildträger zur Präsenz verhilft und wiederum durch den physisch-wirkungskausalen Charakter des Abgebildeten eine mit Bedeutung ausgestattete Ursache als Spur sichtbar macht.

In beiden Begriffen, die in Ausrichtung auf die These der erzieherischen Verwendung der Fotografie nun untrennbar miteinander vermittelt sind, ist einer der grundlegensten Gedanken einer jeden Reflexion über Pädagogik aufzuspüren: die *anthropologische Fundierung* des Erziehungsgeschehens. Nicht Tiere, Dinge, Götter, Geister, Bilder, Fotografien, Zeiten oder Räume erziehen und werden erzogen, sondern explizit Menschen. Im Gegenzug zu den Apologeten einer Bildmythologisierung und Dingmagie fundiert Wiesing den Zeigebegriff somit anthropologisch und weist das Zeigen als eine konkret zwischenmenschliche Praxis aus. Fotografien, Bilder, Finger, Räume usw. zeigen deshalb jemandem nicht Etwas, da sie nicht intendiert etwas sehen lassen wollen. Und das gilt auch umgekehrt: Ein Mensch kann einem Nicht-Menschen nichts zeigen, weil die soziale Praxis des Zeigens auf mindestens zwei Menschen angewiesen ist. Etwas muss mit einem menschlichen Bedeutungswillen sehen gelassen werden, damit ein anderes menschliches Individuum das Gezeigte als Gezeigtes wahrnehmen und verstehen kann. Mit der über Prange ausgebauten und pädagogisch gewendeten Praxis des Zeigens verhält es sich nicht anders. Für sie tritt die Grundform des Erziehens, das Zeigen, als ein Phänomen zwischenmenschlicher Interaktion auf, die immer ein Erziehungssubjekt und ein Erziehungsobjekt benötigt. Dieses besitzt die Fähigkeit zu lernen, jenes die Eigenschaft etwas intentional Willentliches zum Zweck der Einwirkung auf das Objekt zu initiieren. Wenn nun behauptet wird, dass *Fotografien erziehen,* dann liegt durch den vereinfachten Gebrauch dieser Formel ein Kategoriefehler vor, der das grammatische Subjekt mit der handelnden Person verwechselt. Fotografien als Bilder – also das *Womit* des Zeigens innerhalb einer menschlich konstruierten Struktur – erziehen also, da sie erstens von Menschen dazu verwendet und gemacht werden und zweitens in dem sozialen und pädagogischen Verhältnis von Objekt und Subjekt mit einer bestimmten Intention ausgestattet sind um einen anderen Menschen etwas sehen und damit lernen zu lassen. Näher betrachtet bilden genau das Erziehungssubjekt und das Erziehungsobjekt in diesem sozialen Verhältnis die konkreten Anschlussstellen für eine pädagogische Auslegung der Fotografie.

Zum Aspekt der *selektiven Leistung des Erziehungssubjekts* ist zu sagen, dass die Intention, einen anderen Menschen mithilfe der Zeige-Struktur der Erziehung zum Lernen zu verhelfen, in Kombination mit der Fotografie den Anfang einer pädagogischen Situation markiert. Jedes Auswählen und Inszenieren, oder kurz, Selektieren von Seiten der erziehenden Person aus, möchte, soweit der Absichts- und Appellcharakter der betreffenden Handlung auch als solcher expliziert werden kann, eine Veränderung der Erfahrung und der Wahrnehmung bewirken um damit den Lernprozess der adressierten Person zu beeinflussen. Der Anfang für eine pädagogische Situation muss genau von einer Intention ausgehen, die durch den Willen des Erziehungssubjekts bestimmt ist und mittels des Einsatzes von räumlichen und zeigenden Arrangements auch handelnd umgesetzt wird. Liegen diese Bestimmungen nicht vor, dann ist entweder handelnd etwas ohne Absicht in Bezug auf das Lernen einer anderen Person einfach nur in die Tat umgesetzt worden, oder die Intention, der Bedeutungswille und der Gedanke der Selektion sind unartikuliert geblieben. Man könnte zu beiden Fällen anmerken: Gedanken ohne pädagogische Handlungen und Handlungen ohne pädagogische Gedanken sind nicht pädagogisch. Einschränkend ist ergänzend zu behaupten: Die Fotografie ist also nur dann *erzieherisch* verwendbar, wenn mit ihr durch die Auswahl der zu zeigenden Spuren in einer intentional strukturierten Artikulation bei einem Adressaten Lernprozesse initiiert werden sollen. Der bildungstheoretische Aspekt der Fotografie, also der ohne soziale Vermittlung stattfindende Prozess der eigenen Auseinandersetzung mit der Welt, wäre, so müsste perspektivisch diskutiert werden, nicht von dieser Definition betroffen. Der pädagogische Aspekt der Fotografie, verstanden unter der hier geführten Begriffsreflexion, ist in diesem Sinne ein erziehungstheoretischer Sachverhalt, der sich immer, in Abgrenzung zu einem noch zu beforschenden Verhältnis der Fotografie zu dem Begriff der *Bildung,* über das Verhältnis von Subjekt und Objekt definiert.

So wie dieses Verhältnis seinen Anfang von der Seite des Subjekts nimmt, so bedarf die pädagogische Situation überhaupt für ihr Zustandekommen des *lernenden Objekts.* Mit Prange wurde gezeigt, dass die Fotografie, wenn sie erzieherisch verwendet werden soll, in der pädagogischen Praxis des Zeigens etwas erzeugen muss, was bei dem Erziehungsobjekt einen Lernprozess auslöst. Sein Theorieangebot formuliert einen so allgemeinen Lernbegriff, dass, wenn die bis hierhin formulierten Bedingungen erfüllt wären, mit Fotografien kaum etwas anderes getan werden kann, als mit ihnen zu erziehen. Zur Erinnerung: Pranges Bestimmung des Lernens – das poetisch rezeptive Wahrnehmen – als Bestandteil der pädagogischen Differenz erwies sich in der oben geführten Diskussion als Einfallstor für alle möglichen Arten des pädagogischen Zeigens. Wenn mit der Zigarettenschachtel, der Monstranz, dem Schaufenster usw. formal, also zeigend, erzogen wird, dann tun das offensichtlich Fotografien ausdrücklich auch. Folgt man der Einschränkung Wiesings, dass nur das gezeigt werden kann, was auch sehbar ist, so ist die Fotografie bildtheoretisch dennoch von einem Bedeutungswillen, einer menschlich-sozialen Handlung und der Kenntnisnahme des Adressaten gegenüber dem Gezeigten abhängig und somit als pädagogische Praxis zu identifizieren.

Die herausgearbeiteten vier Grundbestimmungen für eine pädagogische Theorie der Fotografie könnten den Eindruck einer komprimierten und systematischen Theoriekonstruktion erwecken. Dass dem nicht so ist, sollten noch drei Reflexionen zu dem hier Zusammengetragenen veranschaulichen. Auch wenn das Verständnis Walls von einer *klaren Bildung* extrahiert werden konnte, so verbleibt der mögliche bildungstheoretische Moment einer pädagogischen Theorie der Fotografie in dem Bereich der Mutmaßung. Von *Bildung* in einem systematischen Sinn lässt sich retrospektiv kaum etwas erhellendes aussagen. Eine bildungstheoretische Ergänzung der hier umrissenen pädagogischen Theorie der Fotografie steht noch weiterhin aus. Das liegt, und das wäre der zweite Gedanke zu dem problematischen Charakter der vorliegenden Theorie, u. a. auch an einem sehr großzügig gefassten Lernbegriff. Zum einen wäre sogar denkbar, den bei Prange größtenteils als individuell bestimmten Begriff des Lernens als Bildung zu interpretieren; nur fehlen dann genauere Reflexionen zu denen mit einer sehr opaken Eigenschaft ausgestatteten Begriffen Urteil, Rezeptivität, Einbildungskraft, Kritik oder Selbst. Zum anderen geben der Lernbegriff und sein sich aus der Negation ergebendes Gegenstück nur sehr unbefriedigende Auskünfte darüber ab, welche

Qualität das Lernen überhaupt besitzt. Das betrifft aber auch die Verkopplung mit dem Fotografiebegriff. Bildtheoretisch mag die Differenz zwischen Fotografien und anderen Bildern zwar plausibel erscheinen, doch eine genauere semantische Beschreibung eines fotografischen Lernens, oder eben noch eine zu eruierende fotografischen Bildung, bleibt eine weiterhin noch ausstehende Aufgabe.

Wie ist nun abschließend mit der in der Einleitung pädagogisch umformulierten Beobachtung Barthes zur Struktur des Verborgenen innerhalb des Fotografischen umzugehen? Einerseits ist zu konstatieren, dass, nach den hier diskutierten Autoren, keineswegs von einer im Verborgenen stattfindenden pädagogischen Absichtserklärung der Fotografie die Rede sein kann. Dies ist aber vor allem ein Resultat der Bemühung, hier ansatzweise eine pädagogische Theorie der Fotografie zu entwerfen. Anderseits zeigt gerade dieses Ergebnis auch die pädagogischen Bezüge auf, die an das Fotografische – wie in der Einleitung erwähnt – entweder unter der Zuhilfenahme einer das Pädagogische vermeindenden Sprache implizit trotzdem herangetragen, oder von ihm angeblich ferngehalten werden sollen. In beiden Fällen ist die Konstruktion einer pädagogischen Theorie der Fotografie dazu in der Lage, dort pädagogische Intentionen aufzuspüren, wo sie nicht gesehen werden oder versucht wird, sich mit dem Nimbus der Ästhetik gegen sie zu immunisieren. Freilich kann die Dechiffrierung des verborgenen pädagogischen Bezugs der Fotografie in zwei grundsätzlich unterschiedliche Richtungen verlaufen. Sie ist dazu befähigt, denen vermeintlich als neutral, wertfrei oder absichtslos geltenden fotografisch-künstlerischen Produkten ihre tendenziöse Absichtsstruktur vorzuhalten; mithin sich mit ihrer Hilfe zu politischen und gesellschaftlichen Erziehungsabsichten kritisch zu verhalten. Auf der anderen Seite: Wer so einmal bspw. die Fotografien Walls als pädagogisches Sehen-Lassen der *cultural lucidity* im Medium des *ontologischen Freaks* erkannt hat, wird sich schwerlich ihrer gewünschten Wirkung überlassen können. Und es wäre doch hier der Gewinn einer Pädagogik im Verborgenen, sich ihrer nicht vollständig zu vergewissern um das mit aller Klarheit besser sehen zu lernen, was seiner Veränderung zu einem Besseren noch immer harrt.

Literatur

von Amelunxen, H., & Kemp, W. (Hrsg.) (1999–2000). *Theorie der Fotografie. Band I-IV*. München: Schirmer/Mosel.

Arndtz, F. (2013). *Philosophie der Fotografie*. München: Wilhelm Fink.

Barents, E., & Wall, J. (2007). Typology, Luminiscence, Freedom: Selections from a Conversation between Jeff Wall and Els Barents. In P. Galassi (Hrsg.), *Jeff Wall. Selected Essays and Interviews* (S. 185–201). New York: Museum of Modern Art.

Barthes, R. (1990). Die Fotografie als Botschaft. In ders., *Der entgegenkommende und der stumpfe Sinn, Kritische Essays* (S. 11–27). Frankfurt a. M.: Suhrkamp.

Baudrillard, J. (1994/1999–2000). Das perfekte Verbrechen. In W. Kemp (Hrsg.) (1999-2000), *Theorie der Fotografie. Band III* (S. 256–260). München: Schirmer/Mosel.

Belting, H. (2009). *Der Blick hinter Duchamps Tür: Kunst und Perspektive bei Duchamp, Sugimoto, Jeff Wall*. Köln: Walter König.

Benjamin, W. (2007). Kleine Geschichte der Photographie. In H. Böhme & Y. Ehrenspeck (Hrsg.), *Aura und Reflexion. Schriften zur Kunsttheorie und Ästhetik* (S. 353–377). Frankfurt a. M.: Suhrkamp.

Berger, J. (2016). *Der Augenblick der Fotografie. Essays*. München: Carl Hanser.

Bischoff, U., & Wagner, M. (Hrsg.) (2010). *Jeff Wall: Transit*. München: Schirmer/Mosel.

Bodin, C. (2018). Wärmebilder einer kalten Welt. *art. Das Kunstmagazin, Mai 2018*, (S. 34–44). Hamburg: Gruner+Jahr.

Burgin, V. (1982). *Thinking Photography*. London: Palgrave Macmillan.

Chevrier, J.-F. (1997). Spiel, Drama, Rätsel und die dunkle Seite einer Glücksverheißung. In H. Friedel (Hrsg.), *Jeff Wall: Space and Vision* (S. 13–32). München: Schirmer/Mosel.

Colber, J. M. (2018). Fotografie als Widerstand: Rafał Milach. *Photonews. Zeitung für Fotografie, Mai 2018*, S. 14–15.

Eberle, T. (Hrsg.) (2017). *Fotografie und Gesellschaft. Phänomenologische und Wissenssoziologische Perspektiven*. Bielefeld: transcript.

Flusser, V. (2000). Fotografieren als Lebenseinstellung. In H. von Amelunxen (Hrsg.), *Theorie der Fotografie. Band IV* (S. 84–88). München: Schirmer/Mosel.

Geimer, P. (2010). *Theorien der Fotografie zur Einführung*. Hamburg: Junius.

Gruschka, A. (Hrsg.) (2005). *Fotografische Erkundungen zur Pädagogik*. Wetzlar: Büchse der Pandora.

Hauser, S. E. (2005). Bibliography. In T. Vischer & H. Naef (Hrsg.), *Jeff Wall. Catalogue Raisonné. 1978–2004* (S. 457–475). Göttingen: Steidl.

Hegel, G. W. F. (1986[1807]). *Phänomenologie des Geistes*. Frankfurt a. M.: Suhrkamp.

Hoffmann, B. (2003). *Medienpädagogik*. Paderborn: Schöningh.

Hohmann, S. (2018). Tobias Zielony. *Monopol. Magazin für Kunst und Leben, Ausgabe April 2018*.

Ivins, W. M. (1999-2000). Neue Botschaften und neue Sehweisen. In W. Kemp (Hrsg.), *Theorie der Fotografie. Band III* (S. 95–100). München: Schirmer/Mosel.

Jäger, G (2016). *Abstrakte, konkrete und generative Fotografie. Gesammelte Schriften*. Paderborn: Verlag Wilhelm Fink.

Kamenski, A. (2012). *Theoretisierung der Photographie. Konstitutive Wesensmerkmale des Photographischen Bildes anhand der Theorien von Walter Benjamin, Roland Barthes und Charles Peirce*. Marburg: Tectum.

Katz, H. (Hrsg.) (1988). *Momentaufnahmen zur Fotografie in der Erwachsenenbildung*. Frankfurt a. M.: Pädagogische Arbeitsstelle, Deutscher Volkshochschulverband.

Kemp, W. (2006). *Foto-Essays: zur Geschichte und Theorie der Fotografie*. München: Schirmer/Mosel.

Kemp, W. (2014). *Geschichte der Fotografie: Von Daguerre bis Gursky*. München: C. H. Beck.

Lauter, R. (Hrsg.) (2001). *Jeff Wall: Figures & Places: Ausgewählte Werke von 1978 bis 2000*. München: Prestel.

Lieber, G. (2013). *Lehren und Lernen mit Bildern. Ein Handbuch zur Bilddidaktik*. Baltmannsweiler: Schneider Hohengehren.
Liesenfeld, L. C. (2014). *Die stille Gegenwart der Fotografie*. Würzburg: Königshausen & Neumann.
Marx, Karl (1972[1867]). *Das Kapital. Kritik der politischen Ökonomie*. Berlin: Dietz.
Meisel, K. (Hrsg.) (1995). *Fotografie und Erwachsenenbildung. Dokumentation, Literatur*. Frankfurt a. M.: Deutsches Institut für Erwachsenenbildung.
Pilarczyk, U. (1998). Die Bildungsbewegung im Medium der Fotografie. In S. Hellekamps (Hrsg.), *Ästhetik und Bildung. Das Selbst im Medium von Musik, Bildender Kunst, Literatur und Fotografie* (S. 129–144). Weinheim: Deutscher Studienverlag.
Pilarczyk, U., & Mietzner, U. (2003). Methoden der Fotografieanalyse. In Y. Ehrenspeck & B. Schäffer (Hrsg.), *Film- und Fotoanalyse in der Erziehungswissenschaft. Ein Handbuch* (S. 19–36). Opladen: Leske/Budrich.
Pilarczyk, U., & Mietzner, U. (2005). *Das reflektierte Bild. Seriell-ikonografische Fotoanalyse in den Erziehungs- und Sozialwissenschaften*. Bad Heilbrunn: Klinkhardt.
Prange, K. (2005). *Die Zeigestruktur der Erziehung. Grundriss der operativen Pädagogik*. Paderborn: Schöningh.
Prange, K. (2010). *Die Ethik der Pädagogik. Zur Normativität erzieherischen Handelns*. Paderborn: Schöningh.
Prange, K. (2011). *Zeigen – Lernen – Erziehen*. Jena: IKS Garamond.
Priem, K. (2006). Fotografie als Befragung: zur Wahrnehmung erziehungsbedürftiger Kinder. In M. Baader, S. Meike et al. (Hrsg.), *Bildungsgeschichten. Geschlecht, Religion und Pädagogik in der Moderne* (S. 11–24). Köln: Böhlau.
Röll, F. J. (2005). Fotografie. In J. Hüther & B. Schorb (Hrsg.), *Grundbegriffe Medienpädagogik* (S. 99–105). München: kopaed.
Rösch, E. et al. (Hrsg.) (2012). *Medienpädagogik Praxis Handbuch: Grundlagen, Anregungen und Konzepte für aktive Medienarbeit*. München: kopaed.
Schmitt, H. (Hrsg.) (1997). *Bilder als Quellen der Erziehungsgeschichte*. Bad Heilbrunn: Klinkhardt.
Sekula, A. (1982). On the Invention of Photographic Meaning. In V. Burgin (Hrsg.), *Thingking Photography* (S. 84–109). London: Palgrave Macmillan.
Shore, S. (2009). *Das Wesen der Fotografie: Ein Elementarbuch*. Berlin: Phaidon.
Siegel, S., & Stiegler, B. (Hrsg.) (2017). *Schreiben über Fotografie. Fotogeschichte: Beiträge zur Geschichte und Ästhetik der Fotografie*. Kromsdorf: Jonas Verlag für Kunst und Literatur.
Siegel, S. (2014). *Belichtungen. Zur fotografischen Gegenwart*. Paderborn: Verlag Wilhelm Fink.
Sontag, S. (2010). *Über Fotografie*. Frankfurt a. M.: S. Fischer.
Starl, T. (2012). *Kritik der Fotografie*. Marburg: Jonas.
Stiegler, B. (2006). *Theoriegeschichte der Photographie*. München: Fink.
Stiegler, B. (2009). *Montagen des Realen. Photographie als Reflexionsmedium und Kulturtechnik*. Paderborn: Verlag Wilhelm Fink.
Stiegler, B. (Hrsg.) (2010). *Texte zur Theorie der Fotografie*. Stuttgart: Reclam.
Wall, J. (2005a). To the Spectator (An den Betrachter). In T. Vischer & H. Naef (Hrsg.), *Jeff Wall. Catalogue Raisonné. 1978–2004* (S. 439–441). Göttingen: Steidl.

Wall, J. (2005b). Frames of Reference (Bezugsrahmen). In T. Vischer & H. Naef (Hrsg.), *Jeff Wall. Catalogue Raisonné. 1978–2004* (S. 446–450). Göttingen: Steidl.

Wall, J. (2005c). Photography and Liquid Intelligence (Fotografie und flüssige Intelligenz). In T. Vischer & H. Naef (Hrsg.), *Jeff Wall. Catalogue Raisonné. 1978–2004* (S. 442–443). Göttingen: Steidl.

Wall, Jeff (2007a). „Marks of Indifference": Aspects of Photography in, or as, Conceptual Art. In P. Galassi (Hrsg.), *Jeff Wall. Selected Essays and Interviews* (S. 143–168). New York: Museum of Modern Art.

Wall, Jeff (2007b). Unity and Fragmentation in Manet. In P. Galassi (Hrsg.), *Jeff Wall. Selected Essays and Interviews* (S. 77–83). New York: Museum of Modern Art.

Wall, J. (2008). Einheit und Fragmentierung bei Manet. In G. Stemmrich (Hrsg), *Jeff Wall. Szenarien im Bildraum der Wirklichkeit. Essays und Interviews* (S. 235–248). Hamburg: Fundus.

Walter, C. (2002). *Bilder Erzählen! Positionen inszenierter Fotografie: Eileen Cowin, Jeff Wall, Cindy Sherman, Anna Gaskell, Sharon Lockhart, Tracey Moffatt, Sam Taylor-Wood.* Weimar: Verlag und Datenbank für Geisteswissenschaften.

Wick, R. K. (1991). *Das neue Sehen: von der Fotografie am Bauhaus zur subjektiven Fotografie.* München: Klinkhardt/Biermann.

Wick, R. K. (Hrsg.) (1992). *Fotografie und ästhetische Erziehung.* München: Klinkhardt/Biermann.

Wiesing, L. (2013): *Sehen lassen. Die Praxis des Zeigens.* Berlin: Suhrkamp.

Wolf, H. (Hrsg.) (2004). *Diskurse der Fotografie.* Frankfurt a. M.: Suhrkamp.

Wolf, H. (Hrsg.) (2005). *Paradigma Fotografie.* Frankfurt a. M.: Suhrkamp.

Wolf, H. (2016). *Zeigen und/oder Beweisen? Die Fotografie als Kulturtechnik und Medium des Wissens.* Berlin: De Gruyter.

It's More Fun To Compute? Karl Bartos zur Dialektik von Digitalisierung und Kreativität am Beispiel der Band „Kraftwerk"

Malte Brinkmann

Einleitung

Die Düsseldorfer Band Kraftwerk gilt als Pionier der populären elektronischen Musik. Sie hat das erste voll digitalisierte Album produziert und hatte insbesondere in den 70er und 80er Jahren eine Reihe von Hits, die für die Popkultur und besonders für die elektronische Musik, für Rap, Techno und Elektropop stil- und genreprägend waren. Karl Bartos gehörte bis zu seinem Ausscheiden 1990 zum klassischen Line-Up der Band. Er beschreibt in seiner 2017 erschienenen Autobiografie seine Erfahrungen bei Kraftwerk als Musiker und elektronischer Schlagzeuger (vgl. Bartos 2017). Dieses Werk wirft nicht nur sehr interessante Perspektiven auf die Geschichte von Kraftwerk, einer Band, die sich bewusst jeglichem Showrummel und Rockgebaren entzieht und mit ihrem Roboter-Image einen transhumanen Stil pflegt. Bartos eröffnet in seinem Werk darüber hinaus eine Perspektive auf gemeinschaftliches, kreatives und lustvolles Improvisieren, Komponieren und Lernen unter Bedingungen zunehmend digitalisierter Abläufe und Prozesse.

In seinem Lebensbericht wird zum einen die pädagogische Perspektive auf Lernen und Unterrichten im Bereich ästhetischer und kultureller Bildung herausgestellt: Karl Bartos ist ausgebildeter Schlagzeuger mit Konzertexamen und hat eine langjährige Praxis als Instrumentallehrer vorzuweisen. Diese Aspekte werden ausführlich und ohne jedes, im künstlerischen Betrieb oftmals nur im Verborgenen oder gar mit Verachtung formulierten, Ressentiment vorgetragen und ausgeführt. Verborgen ist in dieser Autobiografie nicht das Pädagogische, sondern

M. Brinkmann (✉)
Humboldt-Universität zu Berlin, Berlin, Deutschland
E-Mail: malte.brinkmann@hu-berlin.de

vielmehr das spannungsreiche Verhältnis von Digitalisierung und künstlerischer Kreativität sowie dessen Relevanz für die Pädagogik bzw. für eine Theorie der kulturellen Bildung unter Bedingungen von Digitalisierung. Meine Lektüre konzentriert sich im Folgenden auf die Schnittstellen von kulturell-kreativem Schaffen und Digitalisierung. Ich behaupte, dass sowohl Kreative und Künstler bzw. Künstlerinnen als auch Pädagogen bzw. Pädagoginnen von Karl Bartos' Lebenserfahrung lernen können. Bartos' These lautet: Die Band Kraftwerk ist ca. ab 1981 – zu dem Zeitpunkt, an dem die serielle Technik des Samplings und ein voll digitalisiertes Studio den Produktionsprozess beherrschen – nicht mehr kreativ (vgl. Bartos 2017, S. 419, 447): Digitalisierung als Sequenzialisierung der Abläufe und die damit einhergehende Kybernetisierung von Prozessen wirken sich negativ auf die auf Improvisation und Montage basierende Kreativität der Band aus. Sie kann deshalb nicht mehr an die alten innovativen Phasen und Erfolge anknüpfen und wird zunehmend zur rückwärtsgewandten Verwalterin ihres eigenen Erbes, das sie nunmehr in immer neuen Kompilationen und Remixes vermarktet (vgl. Reynolds 2014) und damit sich selbst musealisiert (vgl. Diederichsen 2012). Digitalisierung und Kreativität stehen in einem Spannungsverhältnis zueinander, das mit Karl Bartos aus dem Verborgenen gehoben und für pädagogische Reflexionen und Programme fruchtbar gemacht werden kann.

Ich werde im Folgenden zunächst einen kurzen Überblick zum erziehungswissenschaftlichen Diskurs zur Digitalisierung und zur kulturellen Bildung bzw. ästhetischen Kreativität geben. In einem zweiten Teil werde ich entlang der Autobiografie Karl Bartos' das kreative Schaffen der Band Kraftwerk in drei Perspektiven beschreiben: Zunächst a) aus der Perspektive der Könnerschaft und der Kompetenz, dann b) aus der Perspektive der leiblichen Erfahrung im Komponieren und Improvisieren elektronischer Musik und schließlich c) aus der Perspektive der Sozialität kreativer Schaffensprozesse der Band und ihrer Mitglieder. Bartos schildert die sozialen Bedingungen für kreatives Schaffen einer Band als Antwortprozess, in dem Einfälle aufgegriffen, gewendet, arrangiert und collagiert werden. Abschließend werde ich drittens mögliche Folgen für die Digitalisierung von kreativen Prozessen kritisch aufweisen und für pädagogische Fragestellungen fruchtbar machen.[1]

---

[1] Die Lektüre der Autobiografie wäre auch unter der Perspektive von Bildung und Bildungserfahrungen sehr lohnenswert. Karl Bartos stammt aus einem bildungsfernen Milieu, aus dem er sich über einige biografische Krisenerfahrungen in die Künstlerszene der Düsseldorfer Akademie und dann in die Avantgarde der elektronischen Musik emporgearbeitet und -geübt hat. Dieser beeindruckende Lebensverlauf soll im Folgenden nicht weiter ausgeführt werden, könnte aber im Sinne von „Grenzgängen" durchaus interessant sein (vgl. Koller und Rieger-Ladich 2005).

1 Leerstellen: Kreativität und Digitalisierung

In der lebensweltlichen Praxis von Kindern und Jugendlichen finden fast auf jedem Smartphone, Tablet bzw. jedem Laptop Musik-Programme wie „Magix Music Maker", „Garage Band" oder „Logic Pro"[2] immer größere Verbreitung. Musik kann so mit einfachen Mitteln selbst gesampelt, gemixt und „gemacht" werden. Digitalisierung scheint damit einen neuen Zugang zur musikalischen Kreativität und vielleicht sogar zur ästhetischen Bildung jenseits kulturnormativer Pfade aufzuzeigen. Sowohl die bildungspolitischen Programme als auch die erziehungswissenschaftliche Reflexion schenken dem Verhältnis von ästhetisch-kultureller Bildung bzw. Kreativität und Digitalisierung wenig Aufmerksamkeit. Auch fehlen theoretische und empirische Untersuchungen dazu.

Nicht nur die Kultusministerkonferenz hat eine neue Strategie – „Bildung in der digitalen Welt" (KMK 2016) –, sondern auch der Aktionsrat Bildung (VBW 2018) hat soeben „digitale Souveränität als übergeordnetes Ziel digitaler Bildung" ausgerufen. Im erziehungswissenschaftlichen Diskurs zur Digitalisierung schwanken die Positionen zwischen den Polen entschiedener Ablehnung (vgl. Lankau 2017; Spitzer 2016) und Euphorie (vgl. Süss 2017). Die medienpädagogische Reflexion greift die technische Transformation aktuell nur in sehr begrenztem Umfang auf. Sie beschränkt sich nach wie vor auf Fragen des Kompetenzerwerbs im Sinne einer Medienerziehung und Mediengestaltung (vgl. Anders 2018; vgl. auch Potter 2011; Groeben 2002).

Im Diskurs zur kulturellen bzw. ästhetischen Bildung wird Digitalisierung vornehmlich im Sinne einer gesellschaftlichen und ökonomischen Flexibilisierung kreativer Selbstunternehmer diskutiert (vgl. UNESCO 2006). Es besteht also ein Reflexionsdefizit hinsichtlich des Verhältnisses von Digitalisierung und Kreativität bzw. ästhetischer Bildung in den Erziehungswissenschaften, in der Medienpädagogik und im Bereich der kulturellen Bildung (vgl. Jörissen 2016).

Digitalisierung lässt sich als ein historisches und gesellschaftliches Transformationsgeschehen beschreiben, das auf Prozessen der Zählbarkeit, Verrechenbarkeit (vgl. Jörissen 2016) und der Kybernetisierung (vgl. Karcher 2015) beruht. Es geht also nicht nur um Software und Hardware. Digitalisierung betrifft auch „die (sozial geteilten) Vorstellungen darüber, was es zu berechnen und zu formalisieren gilt" (Aller et al. 2017, S. 13). Die Digitalisierung tangiert damit allgemeine Fragen der

---

[2]Apple (https://www.apple.com/de/logic-pro/) wirbt mit dem Slogan: „Logic Pro X – Mehr Power in der Produktion. Mehr Kreativität in deiner Musik".

Gesellschaft, des Sozialen und der Bildung. Wenn Bildung in einfachster Bestimmung die Veränderung, Transformation oder Transposition des Mensch-Welt-Verhältnisses meint, werden mit der Digitalisierung auch Vorstellungen von Bildung in den Transformationsprozess hineingezogen.

Angesichts der aktuellen Herausforderungen in diesem Gebiet müssten die medienpädagogischen und ästhetisch-kulturellen Konzepte aktualisiert und ggf. transformiert und hinsichtlich ihres spannungsreichen Verhältnisses zur Kreativität unter Bedingungen digitaler Lebensumwelten erweitert werden. Dazu ist es nötig, das Verhältnis zwischen Digitalisierung und Bildung grundlagentheoretisch mit Blick auf Lernen, Erziehung und Unterricht zu justieren, zu reflektieren und für erziehungswissenschaftliche Felder und Bereiche zu differenzieren (vgl. Walgenbach und Buck 2019). Die hier vorgetragenen Gedanken sollen dazu einen Beitrag leisten.

2 Gelingensbedingungen kreativer Prozesse

a) Können und Könnerschaft

Als Bartos 1975 bei Kraftwerk einstieg, war die Band von Florian Schneider-Esleben und Ralf Hütter schon international bekannt. Nach Anfängen in der experimentellen Musik hatte die Band 1973 das Album „Autobahn" veröffentlicht – das erste Album des Elektropop. Es folgten danach – mit Karl Bartos im klassischen Line-Up – Hits wie „(Wir sind die) Roboter", „Das Modell" aus dem Album „Mensch – Maschine" sowie das Album „Computerwelt"[3] – Meilensteine für die Entwicklung des Techno, Elektro und des Hiphop. Kraftwerk hat sich mit dem Roboter- und Androiden-Image konsequent abgegrenzt vom Rock'n'Roll-Gehabe und den musikalischen Rhythm-Blues-Strukturen. Ihr musikalischer Stil favorisiert neo-romantische, europäische Melodien und einen emotionslosen, entpersonalisierten Sprechgesang, der mit Soundeffekten á la musique concrète, einer Ästhetik der dreißiger Jahre und einem technikaffinen italienischen Futurismus und russischen Konstruktivismus kombiniert wird.

Der musikalische Minimalismus dieser Avantgarde-Band des Elektropop und ihr offen zur Schau getragener Dilettantismus sowie die scheinbare Anti-Virtuosität eines Do-it-yourself-Images am Synthesizer (das sich gegen die damals vorherrschende

---

[3]Aus diesem stammt derjenige Song, der diesem Beitrag den Titel gegeben hat. Bartos berichtet, dass dieser damals auf Flipperautomaten angezeigt und dann von Kraftwerk übernommen wurde.

Virtuosität des Art-Rock ebenso richtete wie gegen die Virtuosität klassischer Musiker) lässt die Könnerschaft ihrer Protagonisten im Verborgenen. Florian Schneider-Esleben und Ralf Hütter hatten in ihrem behüteten Elternhaus für einige Zeit Instrumentalunterricht erhalten. Florian spielte Flöte, Ralf Klavier. Einzig Karl Bartos war professioneller Musiker und am Düsseldorfer Konservatorium ausgebildeter Perkussionist. Alle drei waren mit dem Stil und der Ästhetik der Moderne sowie mit den Praktiken des Musizierens, Komponierens und Improvisierens bestens vertraut. Die Vertrautheit mit der europäischen avantgardistischen Moderne ist bei Schneider-Esleben und Hütter auch sozial konnotiert. Schneider-Esleben stammt z. B. aus einer angesehenen Düsseldorfer Architektenfamilie mit Sommerhaus an der Côte d'Azur, Hütter studierte Architektur, allerdings ohne Abschluss. Sie pflegten nach außen einen dandyhaften Lebensstil mit Golfschlägern im eigenen Mercedes, in dem die berühmten nächtlichen Soundrides der Band stattfanden.

Im Unterschied zu Karl Bartos distanzierten sich beide sehr deutlich von der klassischen Musik und dem damit verbundenen Spielen nach Noten (vgl. Koch 2017). Den zelebrierten Dilettantismus und die damit verbundene Suche nach einem neuen „radikalen" Ausdruck beschreibt Conny Planck, einer der einflussreichsten Produzenten einer heterogenen Musikrichtung, die später den Namen „Krautrock" erhielt, so:

> In Düsseldorf, in einem Keller in der Altstadt, fand ich dann eine Gruppe, die ‚Organisation' hieß, hauptsächlich bestehend aus Ralf Hütter und Florian Schneider. Sie musizierten ungemein eigenständig. Es war rhythmisch, popmusik-ähnlich, aber eben neu. [… Sie spielten auf] Orgeln von Farfisa und Hammond, elektrische Flöten, die über Effektgeräte moduliert, verechoed und verzerrt wurden. Jede Klangquelle war in irgendeiner Form manipuliert. […] Es war in uns allen der Wille vorhanden, alles zu verkurbeln, zu verbiegen, und dem Instrument seine ursprüngliche Natur zu nehmen, um neue Ausdrucksformen zu finden. Wir waren eigentlich sehr inspiriert von Velvet Underground, die ich als wirklich neuen Impuls verstanden habe. Das Wichtigste an dieser Gruppe war aber, dass Leute zusammenkamen, die ein Instrument gar nicht so richtig beherrschten, aber im Ausdruck sehr deutlich, sehr kraftvoll waren. Ich habe dabei entdeckt, dass man, ohne ein Instrument spielen zu können, sich damit ausdrücken kann. Das fand ich (später) bei der Gruppe Kraftwerk wieder, die aber sehr eigen vorging in ihrer Gestaltung[4] (Planck 1986).

Während also Karl Bartos den Weg der klassischen Ausbildung ging, wählten Schneider-Esleben und Hütter den anarchischen Weg. Letztere hatten auch keine

---

[4]Für die Informationen zu den biografischen und musikgeschichtlichen Hintergründen danke ich Karl Bartos.

materiellen Probleme und konnten es sich leisten, ganz auf ihre Kreativität und Radikalität zu setzen.[5]

Allerdings: der anarchische Anspruch auf Ausdruck und die Ablehnung traditioneller Vorstellungen von Musikern und Virtuosität, die sich – dem späteren Punk nahe – ebenso gegen klassische Musik wie gegen die damaligen Hippies, den Prog Rock und später den Glam Rock richteten, bedeutet nicht, dass die beiden Kraftwerk-Gründer nicht mit ihrem Metier, der elektronischen Musik und ihren Apparaten, vertraut gewesen wären. Sie besaßen beide schon früh Synthesizer, experimentierten mit unterschiedlichen Maschinen in unterschiedlichen Besetzungen (vgl. Amend 2017) und setzten ihren Ehrgeiz darin, die (analogen) Geräte zu manipulieren und ihren Sound zu verändern. Sie waren auf ihrem Gebiet nicht nur Pioniere – sie waren auch Kenner und Könner – mit einem Können, das sie sich in einer langen, andauernden und intensiven Beschäftigung, also mit Übung, mit ihrem Metier und den Maschinen erworben haben. So haben sie die materialen Grundlagen ihrer Musik – die Instrumente, Apparate und Synthesizer – virtuos beherrschen, umbauen und arrangieren gelernt.

Ihr Können als handwerkliche Voraussetzung für Meisterschaft ist aus kultursoziologischer und kulturanthropologischer Perspektive von Richard Sennett in seiner groß angelegten Studie zum Handwerk hervorgehoben worden (vgl. Sennett 2008). Gekonntes und artistisches Hantieren mit Kultur-Dingen setzt eine leibliche Einheit von Sensorik und Motorik voraus. Diese wird durch Praxis und durch Übung erworben, liegt meist implizit vor und kann durch praktische Wiederholung, das heißt durch Übung, kultiviert und perfektioniert werden (vgl. Brinkmann 2012). Dieses nicht-technisch und nicht-mechanische Handwerken ist Grundlage und Voraussetzung, so Sennett, sowohl industrieller Fertigungstechniken als auch des kulturell arbeitenden Umgangs damit. In einer anderen Perspektive zeigt Peter Sloterdijk, dass dieses Können sowohl eine Kultivierung des Natürlichen als auch eine Naturalisierung des Geistigen bedeutet (vgl. Sloterdijk 2009). Die artistischen „Anthropotechniken" der Moderne entstammen „impliziten Übungen" und führen zu einer „Arbeit an der Vertikalität" (ebd., S. 238) des Besser-Könnens und Besser-Werdens, das heißt der Transformation

---

[5]Es gab innerhalb der Band unterschiedliche soziale Herkünfte – hier die bürgerlich-sozialisierten Schneider-Esleben und Hütter, dort den Sohn aus einfachen Verhältnissen mit Migrationshintergrund des Vaters. Ralf und Florian verstanden sich als Musikunternehmer mit Angestellten. Karl Bartos beschreibt eindrücklich die hierarchische Struktur innerhalb der Band Kraftwerk, die sich in sehr unterschiedlichem Zugang zu den Rechten für Vermarktung und Erlöse manifestierten.

in der modernen Kunst und der Kultur. Karl Bartos weist also auf eine verborgene und gern vernachlässigte Grundlage artistischen Könnens und künstlerischer Kreativität hin. Er bricht das „Schweigen der Könner" (Neuweg 2006), indem er auf die impliziten und expliziten Übungen und Spiralen als Voraussetzungen kreativen Schaffens und erfolgreichen Musizierens hinweist (vgl. Brinkmann 2012).

Dieses handwerkliche Können gilt als Voraussetzung für schöpferische Tätigkeiten und ästhetische Bildung. Es liegt als „ästhetische Alphabetisierung" (Mollenhauer 1990) ästhetischem Schaffen als unabdingbare Voraussetzung zugrunde. Aus pädagogischer Perspektive ist also der Aufbau dieses Könnens in Form von Übungen wichtig – als eine Gelingensbedingung für mögliche künftige kreative Könnerschaft (vgl. Brinkmann 2013).

Kraftwerk experimentierte wie andere Bands der frühen 70er Jahre (Silver Apples, Pink Floyd, Tangerine Dream, Brian Eno und David Bowie) mit elektronischen (analogen) Synthesizern. Und Kraftwerk baute im Kling-Klang-Studio in der Düsseldorfer Mintropstraße stetig seinen elektronischen Maschinen-Park aus. Es wurden immer die neuesten und besten Geräte angeschafft. Die exponentielle Entwicklung in diesem Bereich erzeugte, so Bartos, einen Druck, immer up to date zu sein. Dahinter stand die Illusion, mittels besserer technischer Geräte auch bessere Musik erzeugen zu können (vgl. ebd., S. 450). Das Studio wurde mehrmals mit langen Bau- und Installationsunterbrechungen umgebaut – die Musik geriet „in die Warteschleife" (ebd., S. 455). Die Technik wurde konsequent digitalisiert, zunächst mit Midi-fähigen Synclavieren und Keyboards (wie dem DX7 von 1985; vgl. ebd., S. 429), dann mit vernetzten IBM-PCs und Vocodern (ab 1987), wie sie heute zur Standardausrüstung von Mainstream-Akteuren gehören. Die technisch sehr komplexen und anspruchsvollen Systeme im Kling-Klang-Studio verlangten zunehmend nach Spezialisten, technischen Hilfskräften und Administratoren (vgl. ebd., S. 451, 459 f.). „Das waren eher bürokratische Tätigkeiten […]. Für das Synclavier mit allen seinen Herausforderungen brauchte Kraftwerk einen Administrator" (ebd., S. 452). Diese Administratoren und Technikexperten hatten mit dem Musizieren und Komponieren keinen Kontakt: Eine Expertisierung als Ausdifferenzierung und Spezialisierung der Tätigkeiten fand statt, die sich vom professionellen Kerngeschäft der Band immer mehr entfernte und – wie Bartos überzeugend darstellt – dieses immer mehr unterminierte.

Festzuhalten bleibt zunächst: Das minimalistische Image der Band verbirgt einerseits gekonnt das ästhetisch-musikalische Können ihrer Protagonisten, das auf Herkunft, Ausbildung und permanenter Übung sowie auf „Weiterbildung" beruht und die Aufgeschlossenheit und den permanenten Anschluss an technische Innovationen im Bereich elektronischer Musikinstrumente einschließt. Die

Könnerschaft von Kraftwerk liegt also gleichermaßen in ihrem musikalischen und in ihrem technischen Können zu musizieren, und die entsprechenden elektronischen Apparate zu bedienen, umzubauen und zu vernetzen (vgl. ebd., S. 125 f.). Andererseits erfolgt mit zunehmender Digitalisierung eine Expertisierung des Musizierens und damit eine Entkopplung von administrativen, technischen und künstlerischen Arbeiten. Diese Ausdifferenzierung und die Trennung der Tätigkeiten hat zur Folge, dass erstens die Praxis des Musizierens nicht mehr in der tätigen Einheit von Sensorik und Motorik in allen Bereichen stattfindet (vgl. b), und dass zweitens Können ausgelagert und expertisiert wird, sodass der Prozess des Musizierens, Improvisierens und Komponierens verändert wird. Kreatives Komponieren kann infolge der Expertisierung nicht mehr in zeitlicher und personeller Einheit vollzogen werden. Für Kraftwerk bedeutete das, dass es nicht mehr stattfand. Vor allem wird durch die Arbeitsteilung und die Aufteilung in administrative und produktive Tätigkeiten das professionelle Können der Band als soziale Gruppe, die innovative „Verbundenheit von musikalischer Arbeit und kulturellem Bewusstsein" (ebd., S. 479), in der Praxis des Musizierens und Komponierens beschädigt (vgl. c).

b) Das Körperliche im Digitalen

Eine weitere Gelingensbedingung für kreatives Schaffen mit elektronischen Apparaten ist die körperlich-haptische und körperliche-kinästhetische Arbeit damit. Das mag zunächst in einem Beitrag zu Kraftwerk überraschen, gibt die Band doch mit der Mensch-Maschine-Programmatik das Ziel aus, menschlich-körperliche Arbeit durch Automaten zu ersetzen. Ab 1978 präsentierten sie sich die Mitglieder als lebende Roboter, die gleichsam entpersonalisiert vor drei Schaltpulten und einem umgearbeiteten elektronischen Perkussions-Multipad agieren – das Gegenteil des Schlagerstars und des Rock'n'Roll-Heros und deren (lächerlichen) Posen. Zum Mensch-Maschine-Image trägt auch die Tatsache bei, dass auf Plattencovern, Auftritten und auf Fotos die Bandmitglieder durch Puppen ersetzt werden. Die Zuschauer sind sich nicht sicher: Handelt es sich um die wirklichen Menschen oder um Androiden? Aktuell tritt die Band in unterschiedlichen Zusammensetzungen ohne Schneider-Esleben als statische, emotionslose und ausdrucksarme Statuen mit Laptop und Midi- Controllern vor gigantischen multimedialen Videoinstallationen auf, die die Künstler als Gesamtkunstwerk verstehen (vgl. Diederichsen 2012). Der Körper wird aus der elektronischen Musik verabschiedet.

Bartos zeigt im Gegenzug zum Mensch-Maschine-Image der Band, dass die Praxis des Musizierens auf leibliche Voraussetzungen verwiesen bleibt. Das Handwerkliche und Körperliche des Musizierens und Komponierens lässt sich, so Bartos, nicht kybernetisch kompensieren oder gar ersetzen. Mit besseren Maschinen, die im Laufe der 70er und 80er Jahre zuerst noch linear, dann explosionsartig auf den Markt kamen, lässt sich keine „bessere" Musik machen (vgl. Bartos 2017, S. 450). Bartos beschreibt eindrücklich, wie die in den 70er Jahren noch analogen Geräte haptische und akustische Qualitäten aufwiesen, die die Handhabung aisthetisch strukturierten. So etwa der Synthanorma Sequenzer, der vom Berliner Hajo Wiechers für Tangerine Dream entwickelt wurde oder der Moog-Synthesizer, den Pink Floyd verwendete (vgl. ebd., S. 207 ff.). Kraftwerk hat vornehmlich ein Gerät mit dem merkwürdigen Namen Triggersumme, ein weiterer Synthesizer von Wiechers, verwendet (vgl. ebd., S. 330). Die Triggersumme war ein Musikautomat, mit dem Audiosignale getriggert wurden, in diesem Fall elektronische Schlaginstrumente. Sie funktionierte als eine Eingabe-Matrix: Mit ihr ließen sich zwei Takte (zwei mal Sechzehntelnoten = 16 Positionen pro Takt) mechanisch reversibel einstellen und loopen, wobei „für jede der 16 Takt-Positionen [...] ein Schalter in Rot, Orange, Gelb, Weiß, Blau" existierte (ebd.). Praktisch geschieht das, indem Schalter umgelegt werden, Dioden in verschiedenen Farben die Veränderung anzeigen und dies jeweils mit einem Signal akustisch dargestellt wird. „Das war wirklich neu, weil sich jetzt die Rhythmen in einem laufenden Loop von Hand manipulieren ließen. Vorne liefen die Leuchtdioden die 16 Schritte durch" (ebd.). Für die Musiker ist dabei das „haptische und motorische Feedback" (ebd., S. 457) von und mit der Maschine entscheidend. Dieses entspricht, so Bartos, einem „natürlichen Zugang zum Klang" (ebd., S. 452) – man kann auch sagen, einem leiblich-körperlichen Zugang zum Musizieren als Praxis.[6]

Karl Bartos weist auf die kulturell-ästhetischen Hintergründe der Automatisierung und Kybernetisierung sowie auf die leiblichen Grundvoraussetzungen und Grundlagen kreativen Schaffens hin. Er stellt die Ästhetik Kraftwerks in den Kontext der langen Geschichte der menschlichen Automaten und Androiden in der künstlerischen Moderne (vgl. ebd., S. 207).[7]

Die aisthetischen, d. h. wahrnehmungsbezogenen, Fundamente ästhetisch-kreativen Schaffens werden im Diskurs der ästhetischen Bildung seit den Anfängen der Antike immer wieder betont und hervorgehoben. Schon Aristoteles zeigt, dass künstlerische Tätigkeiten auf Wahrnehmung (aisthesis) basieren. Diese

---

[6]Für die Hinweise zu den technischen Details der Triggersumme danke ich Karl Bartos.
[7]Auch in der Pädagogik hat die kritische Reflexion über „Menschen im Spiegel ihrer Maschinen" (Meyer-Drawe 1996) sowie über eine zunehmende Kybernetisierung (vgl. Karcher 2015) eine lange Tradition.

ist auf Einzelnes, auf Dinge gerichtet und dabei immer sowohl aktiv als auch passiv, sowohl hervorbringend als auch empfangend (vgl. Aristoteles 2011, S. 82 ff.). Wahrnehmen ist also ein „Sich-Einstellen-auf-Dinge" (Lipps 1977, S. 78). Die Sinne verkörpern dabei verschiedene Modalitäten der Wahrnehmung. Helmuth Plessner macht deutlich, dass das Zusammenspiel der Sinne eine weitere Grundlage für die Ästhetik darstellt. Die Ästhesiologie der Sinne als eine Ästhesiologie des Leibes gründet in der „akusto-motorischen Einheit" (Plessner 2003, S. 345) im Hören und Lautieren. Diese akusto-motorische Einheit ermöglicht das Sprechen und Musizieren. Es ist das aisthetische Fundament der Musik. Es liegt ihr zugrunde, weil wir im musikalischen Ausdruck zugleich passiv empfinden und uns aktiv ausdrücken, uns verkörpern, wie Plessner sagt. Die expressive kreative Verkörperung in der Musik gründet sich wiederum in der aisthetischen Struktur der Laute, ihrer Eindringlichkeit in die Körper, in ihrer Voluminosität (was mehr ist als nur Lautstärke) und in ihrer Rhythmizität (der Gliederung der Laute in der Zeit). Musik als Kunst in der Zeit findet in diesen ästhesiologischen und sprachlichen Grundlagen ihre besondere expressiv-kreative Funktion: „Wir empfinden Klänge und machen sie" (ebd., S. 350).

Im Sinne Plessners lassen sich Bartos' Beschreibungen der haptischen, akustischen und sinnlichen Grundlagen des Musizierens mit elektronischen Apparaten ästhesiologisch deuten. Sie sind ggf. die unverzichtbaren Voraussetzungen im verkörperten Sich-Ausdrücken und Empfinden, mit dem aktiv-passiv der eindringlichen voluminösen und rhythmisierenden Struktur der Laute „entsprochen" wird.

Mit dem Aufkommen der volldigitalen Synthesizer bzw. dem Synclavier auf Basis der Midi-Technik (eines Vernetzungs- und Datenstandards) gehen diese leiblichen, haptischen und akustischen Qualitäten verloren. Musikmachen wird zu einer kybernetisch strukturierten Praxis – zum Programmieren serieller Codes. Und genau darin verliert die Band ihre kreativen Potenziale. Bartos zeigt damit nicht nur die Bedeutung leiblicher Aspekte des kreativen Schaffens auf, die im Prozess des Musizierens bedeutsam sind. Er zeigt auch, dass eine Kybernetisierung der Praxis des Musizierens negativ auf ihre kreativen Gelingensbedingungen zurückwirkt.

c) Die soziale Dialektik des Digitalen

Die wichtigste und bedeutendste Gelingensbedingung kreativen Schaffens ist – Karl Bartos zufolge – das gemeinschaftliche, zweckfreie und kreative Improvisieren und Komponieren in den „Writing Sessions" der Band. Für Bartos ist es „das Wertvollste, was wir zu meiner Zeit bei Kraftwerk zustande brachten. Im Grunde war unsere Zusammenarbeit eine permanente Unterhaltung, in der wir unsere Gedanken entlang der Musik übersetzen" (Bartos 2017., S. 305). Dies geschah in

Form von „Improvisationen, in denen wir aus dem Moment heraus Musik polyphon gestalteten, das Komponieren in der Gruppe, die Erfindung dieser ungezählten musikalischen *Tableaux vivants*" (ebd., S. 307). Diese Gedanken, Einfälle und Tableaux hat Bartos dann in seinem bereitliegenden Notizbuch festgehalten. Diese klassische Technik der Notation ist wichtig – nicht nur um spontane Einfälle zu fixieren (vgl. ebd., S. 327) –; mit der Notation bringt der Komponist die Zeitlichkeit der Töne in ein lineares, grafisches System. Das ist die Voraussetzung dafür, dass die musikalischen Gedanken später aufgegriffen, arrangiert und anders montiert und vergegenwärtigt werden können. Die Vergegenwärtigung ist hier ein Akt des Schaffens, der künstlerischen Produktion – und keiner der Speicherung, Verwaltung und Administration.

In diesen Momenten des zweckfreien Improvisierens und Komponierens – in den „Writing Sessions" – entsteht eine kreative Situation, in der auf Zufälle (technische Modulationen zum Beispiel) und Einfälle (Melodien oder Rhythmuspatterns) des einen durch andere geantwortet wird. So entstehen musikalische Versatzstücke, die fortwährend neu arrangiert und collagiert werden, bis ganze Songs daraus entspringen. Die Atmosphäre dieser Situation wird von Bartos als heiter, aufgeräumt, humorvoll und entspannt beschrieben (vgl. ebd., S. 479), also als eine Stimmung der Enthobenheit von Zwecken und Zwängen, in der sich eine Versunkenheit in den Austausch- und Antwortprozess der „Teamwork-Kompositionen" (ebd.) entwickelt.

Diese sozial-kreative „Kompositionstechnik" ändert sich im Zuge der Digitalisierung „durch das Sampling immer mehr in Richtung Montage [...]. Schon lange hatten wir aufgehört, miteinander zu musizieren. Wir hatten vergessen, dass genauso unsere Musik entstanden war" (ebd., S. 419). Damit war nicht nur der „Flow" (ebd., S. 448) im „freien Improvisieren" (ebd., S. 446) abhandengekommen. Viel entscheidender war, so Bartos, dass mit der Sampling-Technik die „konkreten Klänge" und ihre technische Erzeugung und Montage, aber nicht mehr „die Idee der Musik" und ihre „Gestaltung" in den Vordergrund gerieten (ebd., S. 447).

> Unser musikalischer Ausdruck, der einst von Polyphonie geprägt war, wandelte sich zu einer Form der aneinandergereihten Events, die mehr mit dem seriellen System als mit der originären Idee unserer Musik gemein hatten. War nicht einmal unser Leitgedanke gewesen, die Technik zu musikalisieren? Jetzt fühlte es sich für mich streckenweise so an, als hätte die Technik unsere Gedanken absorbiert (ebd., S. 447).

Die Absorption durch die Technik im Zuge der Digitalisierung unterminiert also – so Bartos – kreatives Schaffen als soziales Antwortgeschehen, in dem Gedanken, Gefühle, Atmosphären gemeinschaftlich in Musik übertragen werden. Es bleibt ein Erzeugen und Montieren von Sounds ohne strukturierendes Prinzip und ohne kreative Rahmung. Die innovative „Verbundenheit von musikalischer Arbeit und kulturellem Bewusstsein" (ebd., S. 479) und – so kann man anfügen – von künstlerischem Können und künstlerischem Schaffen geht verloren. Die Band Kraftwerk bleibt seitdem, so Bartos, ohne kreative Idee und innovatives Potenzial. Konsequent konzentriert sich die Band seitdem auf Retrospektiven (Wiederveröffentlichungen in Box-Sets, Deluxe-Editionen) und Reenactments. Heutzutage tritt die Band in einer anderen Zusammensetzung vornehmlich in Museen und Kunstgalerien auf, passend zum längst verflogenen avantgardistischen Anspruch der Band und ihrer jetzigen Tendenz zur Musealisierung des eigenen Werks als bildende Kunst.

3 Schluss

Technik, auch digitale Technik und ihr Gebrauch, ist nicht ohne Effekte zu haben – das ist eine alte Einsicht, die unterschiedliche Zugänge techniktheoretisch und technikkritisch artikuliert haben (vgl. Heidegger 1996; Horkheimer und Adorno 1988). Der Lebensbericht von Karl Bartos zeigt eine dreifache Ambivalenz hinsichtlich der Auswirkungen digitaler Verfahren auf die kreative künstlerische Arbeit.

Durch die zunehmende Technisierung wird *erstens* eine Expertisierung, das heißt eine Ausdifferenzierung der Tätigkeiten, vollzogen. Administrative, technische und künstlerische Arbeiten werden getrennt. Künstlerisches Können und künstlerische Kreativität wird mittels Sampling-Verfahren zunehmend durch Montage ohne kreative Gedanken ersetzt. Kreative Prozesse werden so kybernetischen umformatiert. Sie werden zu einer Angelegenheit der Verwaltung und Administration.

Darüber hinaus wird *zweitens* die leibliche akusto-motorische Arbeit des künstlerischen Schaffens im Zuge der sequenziellen synthetischen Digitalisierung der Synthesizer von einem kybernetischen Arrangement abgelöst. Die haptischen, akustischen und visuellen Wechselwirkungen mit den materialen, dinghaften Voraussetzungen, das heißt mit den „Instrumenten", die eine weitere wichtige Gelingensbedingung für Kreativität darstellen, können aber so nicht ersetzt werden. Damit wird sowohl das aisthetische als auch das akusto-motorische Fundament der Praxis des Musizierens verlassen. In der kybernetischen Rückkopplung verschwinden die leiblichen und aisthetischen Grundlagen der Kreativität und Ästhetik.

Schließlich zerstört – *drittens* – die Digitalisierung als Serialisierung und Kybernetisierung die sozial-kreativen Gelingensbedingungen in der Gruppe. Musizieren, Improvisieren und Komponieren im Kollektiv basieren auf einem Antwortgeschehen, in dem Zufälle und Einfälle aufgegriffen, verändert und zurückgegeben werden. Diese kreativen Situationen in zweckfreier, ungezwungener und gelöster Atmosphäre sind eine der wichtigsten Gelingensbedingungen für kreatives Schaffen in der Popmusik. Auch sie können durch Administration, Simulation oder Feedback von Maschinen nicht ersetzt werden.

Digitalisierung im Bereich der Popmusik als Sequenzialisierung von Abläufen und Kybernetisierung von Prozessen führt zu einem Verlust von Kreativität. Bezogen auf das Pädagogische: Lernen und soziales Lernen wird seiner produktiven Potenziale beraubt und auf Reproduktion beschränkt. Für das oben angesprochene spannungsreiche, aber wenig reflektierte Verhältnis von ästhetischer und digitaler Bildung ließen sich von Karl Bartos in den drei ausgeführten Bereichen wertvolle Anregungen holen. Eine Reflexion der Dialektik des Digitalen im Bereich künstlerischer Kreativität unter Bedingungen von Sequenzialisierung, Serialisierung und Kybernetisierung kann die Grenzen und die unbeabsichtigten, negativen Effekte einer naiven und emphatisch betriebenen Digitalisierung deutlich machen. Könnerschaft, Leiblichkeit und Sozialität scheinen auch in der digitalisierten Umgebung Bereiche zu bezeichnen, die zu einem gelingenden kreativen Schaffensprozess unverzichtbar hinzugehören. Eine Pädagogik, die sich ästhetischer und digitaler Bildung verschreibt und hier Kreativität fördern möchte, hätte also gerade professionelle, leibliche und soziale Handlungsbereiche als Grenzen der Digitalisierung zu benennen. Karl Bartos' „Pädagogik im Verborgenen" lässt sich als eine Warnung und ein Aufruf lesen, die Ambivalenzen einer technisierten Digitalisierung im Bereich künstlerischer Kreativität in den Blick zu nehmen. Eine Pädagogik, die sich auf das Verhältnis von Bildung, Digitalisierung und Kreativität besinnt, wäre gut beraten, dieses Reflexionsangebot eines erfahrenen und erfolgreichen Musikers zu beachten.

Literatur

Aller, H., Asmussen, M., & Richter, C. (2017): Digitalität und Selbst. Einleitung. In dies. (Hrsg.), *Digitalität und Selbst. Interdisziplinäre Perspektiven auf Subjektivierungs- und Bildungsprozesse* (S. 9–26). Bielefeld: transcript.

Amend, Chr. (2017): Und plötzlich standen wir im elektronischen Garten. Zeitmagazin Nr. 21/2017.

Anders, P. (2018) (in Vorbereitung). Visuelle und digitale Medien. Ein Forschungsüberblick. In J. Boelmann (Hrsg.), *Forschungsfelder der Deutschdidaktik*, Bd. 3 der Reihe Empirische Forschung in der Deutschdidaktik.

Aristoteles (2011). *Über die Seele. Griechisch/Deutsch*. Stuttgart: Reclam.

Bartos, K. (2017). *Der Klang der Maschine. Autobiographie*. Köln: Bastei-Lübbe.

Brinkmann, M. (2012). *Pädagogische Übung. Praxis und Theorie einer elementaren Lernform*. Paderborn: Schöningh.

Brinkmann, M. (2013). Wiederkehr der Übung. Übungstheoretische Anmerkungen zu einem praktischen und theoretischen Desiderat im Kunstunterricht. In J. Krautz & H. Sowa (Hrsg.), *Kunst+Unterricht, Lernen – Üben – Können*, H. 369/370, (S. 72-77). Seelze: Friedrich.

Diederichsen, D. (2012). Kraftwerk in New York. Pop will in den Kunsttempel. In Zeit Online. 12. April 2012. https://www.tagesspiegel.de/kultur/pop/acht-auftritte-im-moma-kraftwerk-museum-statt-markt/6489762.html. Zugegriffen: 8. Juni 2018.

Groeben, N. (2002). Anforderung an die theoretische Konzeptualisierung von Medienkompetenz. In N. Groeben & B. Hurrelmann (Hrsg.), *Medienkompetenz. Voraussetzungen, Dimensionen, Funktionen* (S. 11–22). Weinheim: Beltz-Juventa.

Heidegger, M. (1996). *Die Technik und die Kehre*. Stuttgart: Klostermann.

Horkheimer, M., & Adorno T. W. (1988). *Dialektik der Aufklärung*. Frankfurt a. M.: Fischer.

Jörissen, B. (2016): „,Digitale Bildung' und die Genealogie digitaler Kultur: historiographische Skizzen". In K. Rumler, B. Döbeli-Honegger, H. Moser & H. Niesyto, Medienbildung und informatorische Bildung – Quo vadis? *MedienPädagogik 25, (26. Oktober), 26–40*. https://doi.org/10.21240/mpaed/25/2016.10.26.x.

Karcher, M. (2015). Automatisch, kybernetisch und ent-demokratisiert. In S. Krause & I. M. Breinbauer (Hrsg.), *Im Raum der Gründe. Einsätze theoretischer Erziehungswissenschaft IV* (S. 267–281). Würzburg: Königshausen & Neumann.

Koch, A. (2017): Kraftwerk-Chef Ralf Hütter im Interview: „Ich höre die Stille und die Welt". *Musikexpress 8/2017*.

Koller, H.-C., & Rieger-Ladich, M. (Hrsg.) (2005). *Grenzgänge: Pädagogische Lektüren zeitgenössischer Romane*. Bielefeld: transcript.

Kultusministerkonferenz, Sekretariat (2016). Bildung in der digitalen Welt. Strategie der Kultusministerkonferenz. https://www.kmk.org/fileadmin/Dateien/pdf/PresseUndAktuelles/2016/Bildung_digitale_Welt_Webversion.pdf. Zugegriffen: 8. Juni 2018.

Lankau, R. (2017). *Kein Mensch lernt digital. Über den sinnvollen Einsatz neuer Medien im Unterricht*. Weinheim: Beltz.

Lipps, H. (1977). Das Empfinden. In ders., *Die menschliche Natur*, 3 Bd. [1941/1977] (S. 76-88). Frankfurt a. M.: Klostermann.

Meyer-Drawe, K. (1996). *Menschen im Spiegel ihrer Maschinen*. München: Fink.

Mollenhauer, K. (1990). Ästhetische Bildung zwischen Kritik und Selbstgewissheit. *Zeitschrift für Pädagogik* 36 (4), S. 481–494.

Neuweg, G. H. (2006). *Das Schweigen der Könner*. Linz: Trauner.

Österreichische UNESCO-Kommission (2006). Leitfaden für Kulturelle Bildung. https://www.unesco.at/fileadmin/Redaktion/Publikationen/Publikations-Dokumente/2006_Leitfarden_Kulturelle_Bildung.pdf. Zugegriffen: 8. Juni 2018.

Planck, C. (1986): Alles verkurbeln und verbiegen. In *Soundcheck* 18. 12. 1986.

Plessner, H. (2003). Anthropologie der Sinne. In G. Dux (Hrsg.), *Gesammelte Werke, Bd. 3, Anthropologie der Sinne* (S. 317–395). Frankfurt a. M.: Suhrkamp.

Potter, W. J. (2011). *Media Literacy*. Los Angeles: Sage.

Reynolds, S. (2014). *Retromania: Warum Pop nicht von seiner Vergangenheit lassen kann.* Mainz: Ventil.

Sennett, R. (2008). *Handwerk*. Berlin: Berlin-Verlag.

Sloterdijk, P. (2009). *Du musst Dein Leben ändern!* Frankfurt a. M.: Suhrkamp.

Spitzer, M. (2016). Digitalisierung und schulische Bildung. Anhörung durch Enquetekommission „Kein Kind zurücklassen – Rahmenbedingungen, Chancen und Zukunft schulischer Bildung in Hessen", Thema „Digitalisierung"; hessischer Landtag, 14.10.2016. https://web.archive.org/web/20171120085828/http://www.lehrerverband.de/Digital-Prof.Dr.M.Spitzer.pdf. Zugegriffen: 20. November 2017.

Süss, D. (2017). Mediensozialisation: Aufwachsen in medialisierten Lebenswelten. In D. Süss, C. Lampert & C. Trültzsch-Wijnen (Hrsg.), *Medienpädagogik* (S. 33–60). Wiesbaden: Springer VS.

VBW – Vereinigung der Bayerischen Wirtschaft e. V. (Hrsg.) (2018). *Digitale Souveränität und Bildung. Gutachten des Aktionsrats Bildung.* Münster: Waxmann.

Walgenbach, K., & Buck M.-F. (2019) (in Vorbereitung). Einleitung in den Themenschwerpunkt: Digitalisierung der Bildung. *Zeitschrift für Pädagogik,* 65 (3).

Smart Things. Über Design und Bildung

Jörg Zirfas

Einleitung

Der Aufsatz geht in fünf Schritten der Frage nach, wie durch das Design von Dingen Menschen gebildet werden (können). Ausgehend von vier prominenten Vertretern der pädagogischen Moderne, Wilhelm von Humboldt, Alfred Lichtwark, John Dewey und Martinus Langeveld soll zunächst auf die Bedeutung der alltäglichen Dinge für die Bildung eingegangen werden. In einem zweiten Schritt sollen die Ästhetik von Konsumgütern und deren Bildungsmöglichkeiten mit den Überlegungen von Wolfgang Ullrich analysiert werden. In einem nächsten Schritt geht es mit Donald Norman um *future things,* die Menschen auf ihre besondere Art und Weise zu bilden in der Lage sind. Dann wird ein kritischer Blick auf die Pädagogik des Verborgenen der Dinge geworfen und abschließend werden ihre ästhetischen Erfahrungsmöglichkeiten skizziert.

Unter „Design" wird hier ganz allgemein das kreative, ästhetische In-Formbringen der Dinge mit den Zwecken individueller und sozialer Bedürfnisbefriedigung und Begehrenserzeugung verstanden. Design ist einerseits mit realem Produzieren, mit Formen und Funktionen, dann mit symbolischen Verweisen und Werten und drittens auch mit Imaginärem und Fiktivem in Verbindung zu bringen. Das Design zielt im Kern auf eine ästhetische Formgebung, die prinzipiell alle herstellbaren Güter unter funktionalistischer Perspektive betrifft (vgl. Feige 2018).

Unter „Ding" soll ein sinnliches, körperlich Gegebenes verstanden werden, wobei hier die Artefakte, d. h. (Konsum-)Güter und Technologien im Mittelpunkt stehen, sodass als „Dinge" Alltagsgegenstände, ihre Ästhetik und ihr Design in

---

J. Zirfas (✉)
Universität zu Köln, Köln, Deutschland
E-Mail: joerg.zirfas@uni-koeln.de

den Blick kommen.[1] „Smart things" sind eine besondere Klasse von Dingen, deren Design vor allem mit „Kommunikation" einhergeht.

Unter „Bildung" werden die Prozesse und Resultate derjenigen reflexiven und performativen Praxen verstanden, die mit der Transformation grundlegender Dispositionen des Selbst-, Sozial- und Weltverhältnisses des Menschen verknüpft sind. Bildung zielt dabei einerseits theoretisch auf die Verbesserung von *Reflexivität*, auf Verstehen, Interpretieren, Distanzieren und Kritisieren und andererseits praktisch auf die Erweiterung von *Partizipation,* auf Kultivierung, Entfaltung und Verantwortung (vgl. Zirfas 2011). Bildung wird hier auf die intensive Auseinandersetzung mit einem Gegenstand, d. h. auf die Materialität von Bildungsereignissen und -prozessen bezogen (vgl. Meyer-Drawe 1999) und die pädagogische „Verborgenheit" der Dinge mit ihren transzendenten Implikationen in Verbindung gebracht. Bildung bezieht sich hierbei nicht nur auf die kognitive, rationale Auseinandersetzung mit (technischen) Dingen aller Art, sondern auch, und – vor allem – auf die sinnliche Wahrnehmung und den praktischen Umgang mit ihnen (vgl. Zirfas und Klepacki 2013). Die Dinge sind nämlich primär Wahrnehmungs- und dann erst Handlungs- oder Imaginationsdinge, denn sie fallen ins Auge oder ins Ohr, sie bewirken Anziehung oder Abwehr, verlocken oder bedrohen uns. Bildung lässt sich daher als ein Prozess verstehen, der in der fundamentalen Auseinandersetzung mit der Sinnlichkeit, der Reflexivität und der Praxis der Dinge besteht (vgl. Nohl 2011; Nohl und Wulf 2013; Thompson et al. 2017). Sinnlichkeit, Reflexivität und Dinge stehen im Aufbau des selbstbezogenen Verstehens, Strukturierens und Handelns in einem komplexen Relationsverhältnis: Es gibt wohl keine Form dieser Aktivitäten, die nicht auch einen dinglichen und künstlichen Charakter hat, wie es umgekehrt wohl keine Dinge gibt, die sich nicht auch durch spezifische Formen ihres Verstehens, Begreifens und Umgehens auszeichnen. Bezogen auf die Sinnlichkeit: So *wie* die Sinne die Welt wahrnehmen, sind sie auf Dinge und Kultur bezogen, indem sie in ihrem Bezug auf etwas Acht geben, dieses zur Erscheinung bringen, es erkennen und stilisieren. Und: *Je* nach

---

[1]Zu bedenken ist zum einen die unterschiedliche Begrifflichkeit des Dinges (Gegenstand, (Spiel-)Zeug, Material, Artefakt, (Übergangs-)Objekt, Realität, Wirklichkeit, Sache etc.) – oder in aktueller Form: Hybride, Quasi-Objekte, Grenzobjekte, epistemische Dinge (vgl. Roßler 2008) – und ihre pädagogischen Konsequenzen (vgl. zu den Charakteristika der postmodernen Dinge: Konkretheit, Pluralität, Heterogenität, Prozessualität, Netzwerkartigkeit, Problematizität: ebd., S. 101 ff.). Zum anderen ist in ontogenetischer Perspektive der Frage nachzugehen, ob es nicht einen (konstituierenden) Zusammenhang zwischen den frühkindlichen leiblichen Bildungsprozessen auf der einen und der Erfahrung der Dinge als leibliche Subjekt-Objekte auf der anderen Seite gibt (vgl. Stieve 2008, S. 39, 232 ff.).

dinglichem oder artifiziellem Bezugspunkt der Sinne ergeben sich unterschiedliche Formen der Wahrnehmung, Erfahrung und Stilisierung, ja unterschiedliche Formen der Welt und des Subjekts. Die Dinge und die Sinne befinden sich in einem performativen, symbolischen und sinnlichen Wechselspiel (vgl. Waldenfels 2010), das ein enormes Bildungspotenzial beinhaltet. Die Dinge partizipieren an unserer Emotionalität und Leiblichkeit, so dass man von „Dingleiben" und „Leibdingen" sprechen kann (ebd., S. 353; vgl. Waldenfels 2004).

1 Bildung durch die Dinge

Die hier im Folgenden sehr kurz dargestellten Thesen von Humboldt, Lichtwark und Dewey – die man um viele andere Theorien etwa vom Bauhaus oder von Andy Warhol, Gernot Böhme und Konrad Paul Liessmann ergänzen könnte – sollen zunächst nur plausibel machen, dass den Dingen ein Bildungswert zugeschrieben werden kann.

Bei Wilhelm von Humboldt (1767–1835) heißt es unmissverständlich, dass der Mensch sich nur nach Maßgabe der physischen Dinge entwickelt, die ihn umgeben: „Umstände und Ereignisse, die auf dem ersten Anblick seinem Inneren völlig heterogen sind, Klima, Boden, Lebensunterhalt, äußere Einrichtungen u. s. f. bringen in ihm neue, und oft die feinsten und höchsten moralischen Erscheinungen hervor" (Humboldt 1985, S. 40). Eine hier implizierte These lautet, dass sowohl die natürlichen als auch die künstlichen Dinge den Selbst-, Anderen- und Weltbezug des Menschen mit prägen. Im Umgang mit den Dingen lernt der Mensch einen spezifischen Umgang mit sich, den anderen und der Welt, d. h. die von den Dingen nahegelegte Verwendungsweise wird von den Menschen in Form der Mimesis in ihr eigenes Wahrnehmungs-, Beurteilungs- und Handlungsrepertoire übernommen.

Folgt man dieser Perspektive von Humboldt, so finden sich Menschen immer schon in einer Welt von Dingen vor, sie sind in dingliche Sachverhalte involviert. Insofern erscheinen die Dinge auch pädagogisch von Belang: Sie wirken an der Bildung von Subjektivität und Identität ebenso mit, wie an der Entwicklung von Intersubjektivität und Sozialität oder an den Veränderungen in den Beziehungen zur Welt als Gesamtzusammenhang von Dingen und Sachverhalten. Dabei müsste man Dinge natürlich in unterschiedliche Klassen differenzieren: belebte und unbelebte, natürliche und künstliche, alltägliche und nicht-alltägliche, sinnliche und übersinnliche, persönliche und unpersönliche, pädagogische und nicht-pädagogische etc. Von ihnen allen ist zu vermuten, dass sie ihre je eigenen unterschiedlichen Inszenierungs- und Bildungsmöglichkeiten mit sich bringen – je nach Art der kognitiven, emotionalen oder auch volitiven Beziehung, die die Menschen zu ihnen haben.[2]

Auch Alfred Lichtwark (1852–1914) weist in seinen ästhetischen und pädagogischen Überlegungen auf die große Bedeutung der Dinge für die individuelle Ausbildung der Sinnlichkeiten, aber auch für die kollektive (nationale) Geschmacksbildung hin. Verfolgt man seine programmatischen Schriften zur Kunst als Erziehung, so stellt man fest, dass es nicht um eine Ausbildung in den einzelnen Künsten, sondern um eine ästhetische Gestaltung des Lebens insgesamt geht, d. h. um eine durchgehende moralische, wertaufgeladene Ästhetisierung des Menschen und seiner Umwelt. Die ästhetisch-kulturelle Bildung wird dabei zum Experimentierfeld für eine Nation, die ihre Qualitäten in sozialer, politischer, ökonomischer und moralischer Hinsicht angemessen darstellen soll. Lichtwark möchte schon biographisch früh, d. h. in den ersten Lebensjahren, das Gefühl für Formen und Farben[3], den Genuss und den Geschmack, das Stil- und Modeempfinden auf allen sinnlichen Ebenen herstellen – wobei ihm vor allem die mangelhafte Sehkultur als eine besondere Herausforderung erscheint (vgl. Lichtwark 1902).

Die Ästhetisierung des Alltags ist bei Lichtwark buchstäblich zu nehmen: Gärten und Blumen sind ebenso zu kultivieren, wie die Kleidung und die Inneneinrichtung; ein ästhetischer Geschmack ist sowohl an großen Kunstwerken zu entwickeln als auch an banalen Alltagsgegenständen wie Haustüren und Fenstern, an Amateurphotographien, an „Blumen und Blättern des Löwenzahns" oder an der „ästhetische[n] Wirkung des Heringssalates" (Lichtwark 1991, S. 72, 62). Und auch die Krawatte gilt ihm als „Erzieher" (Lichtwark, zit. n. Präffcke 1986, S. 137). Vor allem ist die Ästhetisierung persönlich und körperlich zu verstehen; es gilt, einen ästhetisch-nationalen und körperlichen Habitus zu erzeugen, der sich etwa von einem proletarischen Habitus strikt abgrenzt.

---

[2]So lassen sich mit Blick auf Bildung folgende Zugänge unterscheiden: zwischen der *Herstellung* von Dingen als kreatives und experimentelles Handeln, das *Machen* mit Dingen, als deutender und praktischer Umgang mit Gegenständen, und das *Mitmachen* der Dinge als „Kommunikation" der Dinge (Computer, Navigationsgerät etc.) mit den Menschen (vgl. Rammert 2008, S. 344).

[3]Die Farbenerziehung muss in den ersten Lebensjahren beginnen, wird dann in der Schule – im Zeichen- und Malunterricht, in der Biologie, Zoologie und Kunstgeschichte – und im Studium der Natur, vor allem der Blumen, fortgesetzt und im Museum abgeschlossen (vgl. Lichtwark 1902, S. 29 f., 38, 45).

John Dewey (1859–1952) wiederum verdeutlicht, dass die ästhetischen Erfahrungen der Kunst nur aus der Erfahrung im Umgang mit den alltäglichen Dingen heraus verständlich gemacht werden können. Seine Idee, Kunst *als* Erfahrung zu verstehen (vgl. Dewey 1980) zielt darauf ab, Gegenstände der Kunst so wahrzunehmen, wie Dinge und Situationen in allen anderen Lebensbereichen.

> Daß der Ursprung der Kunst in der menschlichen Erfahrung liegt, wird jedem klar, der beobachtet, wie die Zuschauermenge von den spannungsgeladenen, graziösen Bewegungen des Ballspielers mitgerissen wird; der bemerkt, mit wieviel Freude die Hausfrau ihre Blumen pflegt und mit welcher Hingabe ihr Gatte das kleine Fleckchen Rasen vor dem Haus instand hält; der das Behagen dessen mitempfindet, der ein Holzfeuer im Kamin anfacht und dabei die hochschießenden Flammen und die zerfallene Glut betrachtet (ebd., S. 11).

Wie diese Erfahrungen nur von ihrer lebensweltlichen Seite erläutert werden, so auch die Erfahrungen mit Kunst; diese können dann als eine Überhöhung der lebensweltlichen Erfahrungen interpretiert werden. Während im lebensweltlichen Alltag häufig keine Zeit und kein Raum bleibt für geordnete Erfahrungen, bilden anhand der Kunst gewonnene ästhetische Erfahrungen Möglichkeiten des Bewusstwerdens von Harmonie, Einheit, Klarheit und Vollständigkeit. Damit verbunden sind Individualität, Intensität und Emotionalität (vgl. ebd., S. 228, 267). Kurz: Der Mensch geht in der rhythmischen Harmonie ästhetischer Erfahrung ganz auf. Ästhetische Bildung ist emotionale Intensivierung mit Hilfe der Kunst. „In dem Maße, in dem Erfahrung eine Erfahrung *ist,* bedeutet sie erhöhte Vitalität. [...] [Sie bedeutet, J. Z.] den aktiven und aufgeweckten Umgang mit der Welt. Auf ihrem Höhepunkt bedeutet sie die vollständige gegenseitige Durchdringung des Ich und der Welt der Dinge und Ereignisse" (ebd., S. 28; vgl. S. 291). Nach Dewey kann man sich zwei Welten vorstellen, die eine ästhetische Bildung unmöglich machen: Zum einen eine Welt des „beständigen Wandels", in der die Veränderungen nicht akkumuliert, vereinheitlicht und integriert werden können und zum anderen eine abgeschlossene Welt ohne Entwicklungen, in der bereits alles vollständig vorhanden ist (ebd., S. 25).

Martinus Langeveld (1905–1989) weist ebenso auf die Möglichkeit der Bildung durch die Dinge hin. Hierzu gibt er ein instruktives Beispiel (vgl. 1955, S. 73 f.), in dem er vom Appellcharakter einer Schachtel schreibt, womit Langeveld meint, dass die Schachtel den Menschen auffordert, etwas hineinzutun. Hier interessiert (zunächst) nicht dieser Appellcharakter, sondern der Hinweis darauf, dass die Schachtel den Menschen auf etwas anderes hinweisen kann, nämlich die Leere (die entsteht, wenn das letzte Bonbon aus der Schachtel genommen wurde). Dinge, so könnte man in performativer Begrifflichkeit formulieren, verweisen nicht nur auf sich selbst, sondern auch auf nicht-dingliche, ja nicht existente Entitäten. „Es handelt sich hier", so Langeveld (ebd., S. 74), „um eine Möglichkeit der Dingwelt überhaupt – die der Leere – welche uns *an* diesem Dinge aufgeht, ohne eine *Eigenschaft* dieses Dinges zu sein." Dinge können Abwesendes anwesend machen, können Latentes manifestieren oder Repräsentationen präsentieren. Insofern präsentieren Dinge etwa immer auch eine Geschichte wie eine Zukunft, sind sie zugleich Gedächtnis und Antizipation. Die Dinge verweisen auf eine Möglichkeitswelt von Referenzen, sie etablieren Verweisungszusammenhänge mit anderen realen, aber auch mit virtuellen Sachverhalten. Die Dinge gehen nie vollständig in der Wahrnehmung auf; der „Rücken der Dinge" bleibt – nicht nur für Kinder – unsichtbar. Insofern sind Dinge immer *Möglichkeitsdinge*. Bei Langeveld (ebd., S. 83) heißt es in anthropomorphisierender Diktion dazu: „Es zeigt sich, daß sich die Dinge unserer Welt nicht nur nicht zurückziehen in eine Welt an sich, sondern daß sie im Gegenteil ganz unserer Seele angehören. Ja, daß sie [...] unsere Seelen tatsächlich bewohnen und bevölkern. Daß sie zugleich Produkt unserer Sinngebungsarbeit und autonome Bürger einer Welt der offenen Sinnlosigkeit bleiben." Und so können durch eine Verfremdung des Blicks – in dem z. B. versucht wird, die Dinge zum ersten Male zu sehen – auch ungeahnte Aspekte der Sachen zum Vorschein kommen. Und betrachten wir die Dinge in ihren Virtualitäten, so ergibt sich der merkwürdige Sachverhalt, dass wir diese Möglichkeiten oftmals ernster nehmen als die phänomenalen Wirklichkeiten (vgl. Böhme 2001, S. 164). Paradox formuliert könnte man vielleicht sagen, dass in der Oberfläche der Dinge ihre Tiefe verborgen ist. Diese These möchte ich nun mit Blick auf alltägliche Dinge wie Lebensmittel und technische Dinge erläutern.

2   Die Bedeutung des Designs

Um in einem ersten Zugang die Bedeutung des Designs als ästhetischer Formgebung funktionaler Dinge näher zu charakterisieren, gehe ich in diesem Abschnitt auf Konsumprodukte ein. Hierbei lässt sich mit Wolfgang Ullrich zwischen *Gebrauchs-* und *Fiktionswert* von Konsumprodukten unterscheiden.[4] Diese „weisen als Teil eines Lebensstils oder Zeitgeists über sich hinaus, mit ihnen werden gezielt Assoziationen geweckt. Damit aber bieten sie Inszenierungen von Emotionen, Handlungen, Situationen und gehören in die Welt des Fiktionalen [...].

---

[4]Vgl. zum Doppelcharakter der Dinge, d. h. ihre stoffliche Materialität und Eigenart einerseits sowie ihr ideeller, zeichenhafter Charakter andererseits: Bosch 2011.

Sie sind – auf welchem Niveau auch immer – genauso eine Leistung der Einbildungskraft wie der Plot eines Films oder eine Romanfigur" (Ullrich 2013, S. 10). Das Design der Waren vermittelt auf symbolischer und imaginärer Ebene – durch Signifikationen wie Texte und Bilder auf den Produkten, aber auch durch deren Formen und Farben – Geschmacks- und Wunschwelten, die weit über das Produkt hinaus und tief in die Phantasie- und Gefühlswelt des Konsumenten hineinreichen (können).[5] So kann man im Bereich der Lebensmittel seit den fünfziger Jahren des letzten Jahrhunderts feststellen, dass das (Werbe-)Design für Nahrungsmittel immer stärker darauf abhebt, dass diese schmackhaft seien oder den Geschmack verfeinern würden. Überspitzt formuliert: Der Geschmack wandert in die Verpackung und der Verbraucher genießt das Design, nicht das Produkt. Die Verpackung kann signalisieren, dass man den natürlichen Wert hinter dem kulturellen verschwinden lassen möchte. Hier steckt die Transzendenz im Design, denn die Verpackung veredelt den fehlenden Luxus des notwendigen Lebensmittels. Auf der anderen Seite signalisiert aber die Verpackung auch einen zusätzlichen Aufwand, den man im Sinne der Konsumenten betrieben hat. Und schließlich ersetzt das Design zusehends den Inhalt und den Wert der Gegenstände, und es verweist zugleich auf etwas, das sich primär der Wahrnehmung entzieht (vgl. Burghardt und Zirfas 2016).

Eine Verpackung macht zunächst neugierig auf das Unverpackte, dient der Überraschung, denn sie steigert die Spannung beim Auspacken. Die Verpackung ist mit einer Transzendenz im Hinblick auf die Phantasie, auf das in ihr enthaltene Produkt und auch auf den Käufer aufgeladen. Mit der Verpackung zielt man auf ein Produkt mit Geschichte, das Lebensfreude und Lustgewinn verspricht. Verpackungen erzählen uns Märchen von glücklichen Zeiten, von „Holzofen-Pizzen", „Omas Gemüseeintopf" und „Pommerscher Gutsleberwurst". Insofern wurde in den letzten Jahrzehnten immer intensiver in das Verpackungsdesign investiert. Es geht dabei um den Aufbau eines Images und die Erhöhung des vermuteten Produktwertes. Aber es geht dabei auch um Wiedererkennung, um den Erlebnischarakter und die Wahrnehmungslenkung.

Die Verpackung avanciert zur einzigen Funktionsbestimmung der Ware, welche ein absatzförderndes Erscheinungsbild inszenieren soll. Nach der Arbeitswerttheorie von Karl Marx (1818–1883) werden, in Analogie zur Verselbstständigung

---

[5]In diese Richtung argumentiert auch Böhme (1995, S. 58 f.): „Das eigentlich ästhetische relevante Materialdesign ist das Oberflächendesign. Es folgt einer Ökonomie […] [in der es, J. Z.] um Verkaufbarkeit, Kundenwünsche und die ästhetische Produktion von Lebensformen" geht.

des Tauschwertes gegenüber dem Gebrauchswert, die Lebensmittel im Supermarkt nicht mehr zum Verzehr, sondern zum bloßen Verkauf hergestellt. Wolfgang Fritz Haug beschreibt die Strategie des zum Verkauf notwendig getätigten „Gebrauchswertversprechen" qua Verpackung als „Warenästhetik", in der das Sinnliche zum Träger einer ökonomischen Funktion wird (Haug 1971, S. 17). Daher liefert die Aufmachung der Ware dem Käufer „pausenlos die Ideologie des Glücks" mit, sie bietet eine „stets glänzendere und dünnere Außenhaut, die immer mehr verspricht und immer weniger hält" (ebd., S. 41). Kurz: Nachdem Inhalt und Aufmachung zugunsten letzterer auseinandergetreten sind, fungiert die Ästhetik der Produkte als unterstellte *promesse du bonheur*.[6] „Schein wird für den Vollzug des Kaufakts so wichtig – und faktisch wichtiger – als Sein. Was nur etwas ist, aber nicht nach ‚Sein' aussieht, wird nicht gekauft. Was etwas zu sein scheint, wird wohl gekauft" (ebd., S. 17). Konsumiert wird demnach nur noch das Design, nicht der Inhalt.

Dabei erscheint das Design wie ein Bild, das nicht mehr der „Spiegel der Wirklichkeit", sondern „der Kern des Realen" ist (Baudrillard 1995, S. 95). Die Verpackung erlaubt im strengen Sinne keine Transzendenz, weil sie bereits die „virtuelle Realität" des Realen darstellt. Das Design ist die Transzendenz, die nicht den Dingen „vorausliegt", sondern nur in ihrer äußersten Immanenz zu haben ist. Durchaus auf der Höhe der konstruktivistischen Zeit legen uns die Verpackungen nahe zu glauben, dass nichts realer erscheint als die Erwartung von Realität. Es ist vor allem die Phantasie des Konsumenten, die man auf den Geschmack bringt.

Die Werbung auf der Verpackung versucht mithin, nahezu identische Lebensmittel mit magischen Kräften zu versehen, wenn etwa die Dosenmilch zur „Bärenmarke" oder zum „Glücksklee" wird. Marken haben dabei in der Postmoderne oftmals keine Eindeutigkeit mehr, sondern werden mit unterschiedlichsten – teilweise widersprüchlichen – Wertvorstellungen aufgeladen. Jenes Sowohl-als-Auch oder Entweder-Oder führt zu einer *Auratisierung* der Lebensmittel, wenn etwa Kaffee zugleich Anregung und Entspannung, Joghurt natürliche Aromastoffe oder die Konfitüre Tradition und Extra verspricht. Lebensmittel erhalten so eine paradoxe Essenz, eine „Paradessenz" (ein Neologismus aus Paradoxie und Essenz, vgl. Shaker 2002, S. 101 ff.) oder eine „Polyessenz". Damit werden die Wirkvorstellungen nicht mit dem Produkt, sondern mit der Marke, dem Namen und dem Design in Verbindung gebracht und eine Idealität der

---

[6] „Der Schein, auf den man hereinfällt, ist wie ein Spiegel, in dem die Sehnsucht sich erblickt und für objektiv hält" (ebd., S. 64).

Marke etabliert, die auf physiologischer Ebene ebenso wenig nachgewiesen werden kann, wie auch die Differenz zu anderen Produkten. Die Verpackung erzeugt somit eine Fülle von Mythen und Legenden, die sie mit immer neuen Lebensbereichen, Situationen und Phantasien in Verbindung bringt.

Laut Ullrich können (Lebensmittel-)Produkte in Bezug auf ihre Fiktionswerte daher mit Kunstwerken verglichen und hinsichtlich ästhetischer und gesellschaftspolitischer Aspekte analysiert werden. „Dabei geht es nicht darum, Parfüms, Elektrogeräte oder Küchenzubehör mit Architektur, Romanen und Theateraufführungen gleichzusetzen und damit pauschal aufzuwerten. Vielmehr genügt es, sie nicht gleich als Form des Betrugs abzuqualifizieren" (Ullrich 2013, S. 11). Man kann in dieser Argumentationslinie so weit gehen zu sagen, dass die „Zweckmäßigkeit ohne Zweck", die Kant (1982, § 17) noch für die Bestimmung der Schönheit in Anspruch genommen hatte, mittlerweile in das Design eingegangen ist. Die Fiktionswerte des Designs regen die produktive Einbildungskraft des Betrachtenden an, der dadurch in einen „Schwebezustand" gerät (Ullrich 2006, S. 43): „Der Konsument wird davon motiviert, aber nicht eingeschränkt" (ebd., S. 42). Diese Initiation könnte der Beginn eines kulturell-ästhetischen Bildungsprozesses sein (vgl. Ullrich 2015).

3 Future things

Donald Arthur Norman nennt Dinge, die immer intensiver mit dem Menschen kommunizieren, wie z. B. Waschmaschinen, Kaffeeautomaten und Navigationsgeräte, *future things:* „What if the everyday objects around us came to life? What if they could sense our presence, our focus of attention, and our actions, and could respond with relevant informations, suggestions and actions?' Would you like that?" (Norman 2007, S. 156). Die *future things* beginnen den Menschen zu performen, zu inszenieren, was durchaus buchstäblich gemeint ist, denn, so kann man über den Zauberspiegel der Zukunft lesen: „*Mirror, mirror on the wall, does this clothing match at all?* [Herv. i. O.] The mirror of tomorrow will do things Snow White's mirror never even dreamed of: share your image with loved ones, sending it to cell phones and computers for them to critique. The modern magical mirror will do more than answer questions or show you off to others. It will change your image" (ebd., S. 165).

Man kann davon ausgehen, dass die technischen Dinge der Zukunft so designt werden, dass ihre Smartheit – die Rede ist von *smart machines, smart homes* oder *smart enviroments* – in Form von weitreichenden Wahrnehmungs-, Wissens-, Verarbeitungs-, und Kommunikationskapazitäten durchaus in der Lage sein werden, "to support our activities, complements our skills, and adds to our pleasure, convenience and accomplishments" (ebd., S. 134). Und man kann wohl auch prognostizieren, dass ihre „implizite Kommunikation" mit den Menschen in der Zukunft stärker über natürliche Geräusche, einfache Signale und kontextsensible Displays verläuft (ebd., S. 147). Ihre Auswirkungen auf den Menschen kann man zur Zeit allerdings kaum abschätzen.

Sind Dinge „smart", dann signalisieren sie vor allem Technologie, Effizienz, Effektivität, Fortschritt, Nachhaltigkeit und Vernetzung – das trifft auf Smartphones genauso zu wie auf Smart Cities. Das „Smarte" steht für die Verbesserung von Wohn- und Lebensqualität, für Sicherheit und Freiheit auf der Basis von vernetzten und fernsteuerbaren Geräten sowie von automatisierbaren Abläufen. Diese „Dinge" haben aufgrund ihrer eigenen technischen Logik die Möglichkeit, Daten aufzunehmen, zu speichern, wiederzugeben, sie untereinander zu verbinden und sie schließlich weiterzugeben. Smart things schließen die Welt der realen Dinge mit der digitalen Welt zusammen. In der Konsequenz folgen sie der (religiösen) Vision einer totalen Vernetzungslogik. Alles ist mit allem verbunden und jede Information oder jede Verbindung kann jederzeit und an jedem Ort aufgegriffen und bearbeitet werden. Smart things sind „kinderleicht" zu bedienen und funktionieren „automatisch" über eine eigene digitale Logik, über Sensorik und Kommunikationsfähigkeiten. Smart things sind wohl die Dinge, die nicht nur die Pädagogik in den nächsten Jahren intensiv beschäftigen werden, stellen sie doch aufgrund ihres kommunikativ-vernetzten funktionalen Designs eine Vielzahl an pädagogischen, anthropologischen, politischen, sozialen etc. Fragen. Wird das Internet der Dinge das Internet der Menschen verdrängen? Wird die Fülle an Daten, die die billig und effizient vernetzen Dinge liefern, irgendwann bedeutsamer als die humanen Daten? Auf jeden Fall wird sie größer, denn es gibt mehr Dinge als Menschen (vgl. Blume 2018). Vielleicht sollte man sich in diesem Zusammenhang vergegenwärtigen, dass das Prädikat „smart" sowohl tüchtig, klug, elegant und pfiffig, aber auch gewieft, besserwisserisch und gerissen bedeuten kann.[7]

In jüngster Zeit haben diese smarten Dinge nicht nur in den Wissenschaften, sondern vor allem im Alltag der Menschen an Aufmerksamkeit gewonnen. Kaum eine Maschine oder ein Gerät, das nicht mit dem Menschen kommuniziert und ihn auffordert, ja zwingt, den technischen Bitten und Befehlen nachzukommen.

---

[7]Zur Erinnerung: Das in den frühen 90er Jahren entwickelte Auto mit dem Namen „Smart", das sich vor allem ökonomisch, ökologisch und ästhetisch „rechnen" sollte, verdankt seinen Namen einem Akronym aus *Swatch*, *Mercedes* und *Art*.

Der allseitig konstatierte Appellcharakter der Dinge, der i. d. R. eher als latent konstatiert, denn manifest nachgewiesen wurde (vgl. Werner 1998; Stieve 2008, S. 213 ff., 247 ff.; Elschenbroich 2010, S. 76 f.), wird nunmehr erfahrbar, weil die romantische Verzauberung heute am MIT gestaltet wird (vgl. Macho 2011, S. 238 ff.). Und die postmoderne Verzauberung bringt Dinge hervor, die einen spielerisch-funktionalen Charakter haben und dennoch für unsere Sicherheit und Bequemlichkeit und für die Schnelligkeit und Genauigkeit von technischen Abläufen sorgen (vgl. Sprenger und Engemann 2015).

Die „future" oder „smart things" – die in einigen ökonomischen Branchen schon nicht mehr zur Zukunft, sondern zur Gegenwart gehören – verraten den Menschen, welche Schuhe sie tragen sollen, welche Farben ihnen stehen, oder ob sie ihren Haarschnitt ändern müssen. Sie beobachten die Menschen beim Essen, Lesen, Fernsehen oder beim Sex; sie bestehen auf bestimmten Handlungen seitens ihrer Benutzer und sie offerieren ihnen gleichsam bestimmte Praktiken. Es ist zu vermuten, dass die Dienstleistungen der Dinge in einem komplexen Zusammenhang mit den Wissenschaftlern, Technikern, Künstlern, Werbeagenturen, Kommunikations- und Eventmanagern stehen werden. „Perhaps your refrigerator will compare its contents with that of your neighbour's refrigerators and recommend foods. Entertainment systems will compare music and video preferences, and your television set will compare the shows you watch with those watched by your neighbours" (Norman 2007, S. 158).

Wie die (technischen) Dinge schon jetzt in den Bereichen des Internets, der Finanzwirtschaft, der Medizin oder des Verkehrs Aufgaben der Kontingenz- und Risikobewältigung, der Information und Kommunikation übernehmen, so werden sie in Zukunft wohl noch stärker das Leben der Menschen und dessen Selbstbeziehung und Identität performen. „Will we reach the day of duelling intelligences: Your refrigerator enticing you to eat while your scale insists you shouldn't" (ebd., S. 171). Und auch die Aufgabe der Kritik könnte dann an die Dinge übergegangen sein, die etwa den Kauf von Schuhen dann verweigern, wenn sie der Meinung sind, dass der Besitzer genug davon habe.

Man kann diese Perspektive einen technischen Animismus nennen. Diese Entwicklung wird sich mit nanotechnologischen Errungenschaften wohl noch intensivieren.[8] Damit kann das existenzphilosophische Problem, dass die Welt stumm

---

[8]Zu vermuten ist auch, dass sich der Dingcharakter der Dinge durch die neuen digitalen Smarttechnologien ändern wird. Während in der abendländischen Geschichte das Ding „quasi in sich verschlossen gedacht wurde" (Böhme 1995, S. 166), gewinnt es durch die neuen Implantations- und Vernetzungstechniken eine potenziell totale Offenheit. Die Verborgenheit der Dinge steht damit ebenso auf dem Spiel wie der *homo absconditus* (vgl. Zirfas 2018). Andererseits „verschwinden" die grundlegenden Techniken sozusagen in den

bleibt und keine Antworten bietet, wohl endgültig *ad acta* gelegt werden – jedenfalls so lange, wie es Energie gibt und *Alexa* und *Siri* zu uns sprechen. Allerdings sollte man auch hier die Befürchtungen nicht zu weit treiben und etwa direkt von einer Verdinglichung der Menschen oder einer Vermenschlichung der Dinge sprechen.

Zwar ist die Frage der Selbstbestimmung zentral an die Perspektive der Selbstbildung verwiesen, und Selbsterkenntnis ist in hohem Maße durch die Auseinandersetzung mit den Dingen zu gewinnen[9], doch es ist auch phänomenologisch nicht eindeutig klärbar, ob das Subjekt in diesen dinglichen Kontexten als fremdbestimmtes und erleidendes, oder lediglich als aufgefordertes, antwortendes und selbstbestimmendes verstanden werden muss. Wie weit seine Sinnlichkeit und Wahrnehmung, sein Selbstverhältnis und seine Selbstbestimmung durch diese smarten future things geprägt werden, ist eine durchaus offene Frage.[10]

Vielleicht ist es ja gerade dieser nicht eindeutige Zustand, sich Dinge zu Eigen zu machen, von denen man gleichzeitig wieder abhängig wird, sich also zugleich als Initiator und Instrument zu erfahren, was zur Selbsterkenntnis und zum Selbstbewusstsein führt. Der Mensch designt die Dinge, die wiederum den Menschen performen. Gilt dann nicht nur Bildung *durch* Design, sondern Bildung *als* Design? Deutlich aber ist, dass Menschen – selbst nach einer Sozialisation durch die Dinge – durchaus in der Lage sind, ihr Leben auch ohne Dinge selbst zu regulieren – was z. B. Versuche mit dem *shared space* verdeutlichen, d. h. mit Verkehrssystemen, die nicht mehr durch Schilder und Signale, sondern „nur" durch das Verhalten der Verkehrsteilnehmer reguliert werden. Und auch jetzt schon folgen die Menschen nicht immer den Designansprüchen, benutzen

---

Dingen; die modernen Technologien sind so mit dem Alltag verwoben, dass wir sie nicht mehr wahrnehmen (vgl. Blume 2018). Schließlich: Smarte Technologien lassen die Grenzen zwischen Dingen bzw. Personen und Technologien verschwimmen, indem sie prinzipiell jedes Ding zu einem der „Informatik der Herrschaft" (Lobe 2017) unterworfenen Kommunikationsmedium machen (vgl. Sprenger und Engemann 2015).

[9]Vgl. Horkheimer (1985, S. 416): „Gebildet wird man nicht durch das, was man ‚aus sich selber macht', sondern einzig in der Hingabe an die Sache, in der intellektuellen Arbeit sowohl wie in der ihrer selbst bewußten Praxis. […] Wer nicht aus sich herausgehen, sich an ein Anderes, Objektives ganz und gar verlieren und arbeitend doch darin sich erhalten kann, ist nicht gebildet."

[10]*Future things* bieten auch eine Professionalisierung der pädagogischen Zukunft: „A robot could very well interact with a child, offering educational benefits as well" (Norman 2007, S. 163). Es erscheint interessant, dass die pädagogischen Technologien der Zukunft (Roboter) sich z. Zt. sowohl auf unterrichtliche wie auch auf sozialpädagogische Tätigkeiten bzw. auf Kinder und alte Menschen zu konzentrieren scheinen (vgl. Strassmann 2012).

Dinge anders als vorgesehen. Die Erforschungen zum sog. nicht intentionalen Design (NID) machen deutlich, dass die Menschen die Dinge multifunktional gebrauchen oder auch missbrauchen (vgl. Brandes et al. 2008).

4   Kritik des Designs

Es gibt eine kleine Skizze von Theodor W. Adorno (1986, S. 42 f.) mit dem Titel *Nicht anklopfen,* die uns einen ersten Anhaltspunkt für die Kritik am Design bieten kann. Dort heißt es:

> Die Technisierung macht einstweilen die Gesten präzis und roh und damit die Menschen. Sie treibt aus den Gebärden alles Zögern aus, allen Bedacht, alle Gesittung. Sie unterstellt sie den unversöhnlichen, gleichsam geschichtslosen Anforderungen der Dinge. So wird etwa verlernt, leise, behutsam und doch fest eine Tür zu schließen. […] Man wird dem neuen Menschentyp nicht gerecht ohne das Bewußtsein davon, was ihm unablässig, bis in die geheimsten Innervationen hinein, von den Dingen der Umwelt widerfährt. […] In den Bewegungen, welche die Maschinen von den sie Bedienenden verlangen, liegt schon das Gewaltsame, Zuschlagende, stoßweis Unaufhörliche der faschistischen Mißhandlungen. Am Absterben der Erfahrung trägt Schuld nicht zum letzten, daß die Dinge unterm Gesetz der reinen Zweckmäßigkeit eine Form annehmen, die den Umgang mit ihnen auf bloße Handhabung beschränkt, ohne einen Überschuß, sei's an Freiheit des Verhaltens, sei's an Selbstständigkeit des Dinges zu dulden, der als Erfahrungskern überlebt, weil er nicht verzehrt wird vom Augenblick der Aktion.

Was Adorno in seinen kritischen Bemerkungen zur Geschichts-, Erfahrungs-, Taktund Reflexionslosigkeit im Zusammenhang mit den modernen Errungenschaften der Technik anspricht, betrifft vor allem die sachlich-funktionale Seite der Dinge. Die Vermutung einer Mimesis liegt nahe: Wenn die den Menschen umgebenden Dinge einen reinen Funktionalismus *(form follows function)* fordern, übt sich im Umgang mit ihnen ein funktionalistisches Verhalten ein, das quasi differenzlos auf alle Entitäten in der Welt – Menschen, Tiere, Dinge – übertragen wird.[11]

---

[11] Interessant erscheint hier der Hinweis von Selle (vgl. 1997, S. 211), dass mit der modernen Miniatisierung der Dinge ein Verlust ihrer Körperlichkeit einhergeht, da man diese vielfach kaum noch spüren könne. Denkt man an dieser Stelle die Korrespondenz zwischen Dingen und Menschen weiter, so könnte der Verlust der Körperlichkeit der Dinge, d. h. ihre Entmaterialisierung, Abstraktivität und Rationalisierung, wenn nicht zu einem Verlust, dann aber zu einer wesentlich veränderten Form des Eigenleiberfahrens führen. Liessmann (vgl. 2010, S. 15 ff.) verweist darauf, dass die moderne Konsumentenhaltung daraus resultiert, dass man den Dingen ihre Herstellung nicht mehr ansieht. Noch weitergehender formuliert: Nicht nur die Ent-Materialisierung der Dinge, sondern auch ihre Automatisierung und Digitalisierung reduziert den Menschen auf einen Konsumenten und *User.*

Damit wird Bildung, die ja nach Adornos (1973, S. 169) bekannter Sentenz „nichts anderes [ist] als Kultur nach der Seite ihrer subjektiven Zueignung", in einen technologisch-instrumentellen Sinne affiziert, so dass die „Bildung auf Kosten ihres Wahrheitsgehaltes und ihrer lebendigen Beziehung zu lebendigen Subjekten" (ebd., S. 176) aufgehoben ist. Indem sie dem Individuum nur noch ein smartes Minimum abverlangt, um ihre Gratifikation zu erlangen, vereint sich Bildung mit dem kollektiven Narzissmus des Verfügens und sich Gefügigmachens, der sich die Welt nach Maßgabe der Dinge unterwirft. Die dem technischen Funktionalismus verpflichtete Bildung ist daher „geistig prätentiös und barbarisch anti-intellektuell in eins" (ebd., S. 189), weil der Geist selbst vom Technikcharakter der Dinge ergriffen worden ist. Dabei geht der technische Funktionswert der Dinge eine enge Verbindung mit dem ökonomischen Tauschwert ein; während die Wahrnehmung zunehmend technisch vermittelter wird. Die Materialität der Dinge wird auf einen alles beherrschenden technologischen Funktionalismus reduziert, der ihre sinnlichen Erfahrungsmöglichkeiten auf einen reibungslosen Umgang mit ihnen fixiert. Daher führt funktionalistisches Design zur Spezialisierung, Vorstrukturierung und Durchorganisierung der Wirklichkeit, die mit einem Erfahrungsverlust des Individuums einhergeht. Die Abstrahierung und Standardisierung der Sinnlichkeit wird durch den konkreten Gebrauch der Dinge verinnerlicht und durch diesen wiederum unbewusst als „natürlich" erlebt. D. h., dass das Design eine „unsichtbare Komponente hat" (Burckhardt 2010), die mit den praktischen Selbst- und Weltbezügen, die dem Design inhärent sind, verbunden ist. Im Kern findet sich hier eine Kritik des Funktionalismus des Designs, was sich etwa am Beispiel von Waffen und Werbung sehr plausibel darstellen lässt (vgl. Feige 2018, S. 205). Umgekehrt wirkt Design als Design dann emanzipatorisch, wenn es eine Debatte um die Legitimität der Funktionen der Gegenstände bzw. die Art und Weise ihrer Verfolgungen eröffnet (vgl. ebd., S. 217).

Folgt man hier nicht (in Gänze) Adornos kultur- und bildungskritischer Lesart, die zu Recht auf das strukturelle Gewaltpotential des Funktionalismus und Rationalismus – auch der smart things – verweist, so stellt sich die Frage, ob der Erfahrungs- und Bildungsraum zwischen den Menschen und den Dingen nicht insgesamt offener und weniger funktionalistisch und deterministisch gedacht werden muss. Während die Konsequenz der Überlegungen mit Adorno wohl bei dem Postulat enden würde, dass Bildung am smarten Design ihr kulturindustrielles Ende findet, führen Ullrichs Gedanken zum Funktionswert der Dinge zunächst zu einer sozialkritischen Lesart und dann zu einer dialektischen Bildungsfigur.

Diesen Funktionswert untersucht Ullrich z. B. in Bezug auf Produkte aus dem Bio-Supermarkt, dem Eine-Welt-Laden sowie den sogenannten LOHAS-Produkten *(Lifestyle of Health and Sustainability)*. Sein Argument ist, dass derartige Produkte dazu verwendet werden können, sich gewissermaßen ein gutes Gewissen zu kaufen (vgl. Ullrich 2013, S. 127). Dabei seien es vor allem materiell wohlhabende Konsumentinnen und Konsumenten, die sich mit dem Kauf dieser Produkte einen *Gewissens-Wohlstand* erwerben könnten. Eine Gefahr sieht er darin, dass derartige Gewissenskonsumenten dazu neigen würden, sich als *Moralkonsumenten* zu inszenieren und „jeden für schuldig zu erklären, der nicht die besten Lebensmittel zu sich nimmt" (ebd., S. 137). Lebensmittel könnten so zur Verschärfung sozialer Differenzen sowie zur Herausbildung einer neuen Drei-Klassengesellschaft beitragen. In Analogie zum Bildungsbürgertum beobachtet Ullrich den Aufstieg eines moralisierenden *Konsumbürgertums,* das sich sowohl von den *Konsumignoranten* als auch von einem übermäßig konsumierenden *Geldadel* abgrenzt. Da ein rigoros-selbstgerechtes Distanzierungsverhalten eines gewissensstolzen Konsumbürgertums auch Gegenbewegungen provozieren könnte, sei gerade durch dieses Verhalten etwa eine gesamtgesellschaftliche Entwicklung in Richtung Nachhaltigkeit in Gefahr (vgl. Knobloch und Zirfas 2016).

Im Sinne einer Konsumdialektik bewirkt die Moralisierung der Märkte (vgl. Stehr 2007) eine gegen jegliche Kommerzialisierung von Sinn und Moral gerichtete Bewegung von fanatisierten Konsumprotestanten und Konsumoklasten, die wiederum alle Errungenschaften der Konsumkultur zunichte zu machen droht. Ullrich sieht durch diese antibürgerliche Konsumfeindschaft sogar einen Zivilisationsbruch am Horizont (vgl. Ullrich 2013, S. 147 ff.). Daher sollten die Konsumbürger „beachten, dass Konsumprodukte nicht nur ihnen starke Gefühle, wie beispielsweise ein gutes Gewissen, bescheren können, sondern dass sie insgesamt wirkungsmächtig genug sind, um zum Auslöser und Gegenstand der nächsten revolutionären Bewegung zu werden" (ebd., S. 149). In dieser würden Konsumprodukte wohl nicht ihren Gebrauchswert, aber wahrscheinlich ihre sozialen und therapeutischen Leistungen verlieren, auf jeden Fall aber ihre interpretierenden und ordnenden Funktionen einbüßen.

5 Ästhetische Bildung

Hinsichtlich einer im Konsum begründeten warenästhetischen Erziehung bzw. Bildung hält Ullrich es für notwendig, das konkrete Produktdesign zu analysieren, um derart über Bildungsmöglichkeiten und -grenzen aufzuklären. Markenprodukte sind laut Ullrich vielleicht sogar bessere, im Sinne von demokratischeren Bildungsgegenständen. Will man den Anspruch an einen ästhetischen Bildungsprozess verwirklichen, so soll dieser nicht mehr exklusiv in der Auseinandersetzung mit der Kunst, sondern kann auch an Alltags- und Konsumgütern erfolgen. Viele Konsumentinnen und Konsumenten sind heute bereits in der Lage, Markenprodukte zu fiktionalisieren, sie zu verehren und mit Wünschen und Phantasien aufzuladen und sich zugleich auch von ihnen markenkritisch zu distanzieren, ihre Inszenierung zu durchschauen und diese spielerisch und ironisch zu unterlaufen. In Anlehnung an Ullrich kann ein derartiges Zugleich von Devotion und Negation, von gläubiger, ja religiöser Bejahung und skeptischer Distanzierung, die mit Kritik, Ironie und Subversion einhergeht, als Resultat eines gelungenen Bildungsprozesses gelten (vgl. Knobloch und Schütte 2016). Bildung am oder durch das Design ist in diesem Sinne ein Zusammenspiel von fetischhafter Bewunderung und kritischer Aufklärung, von spielerischer Begeisterung und skeptisch-kommentierender (ökonomischer, sozialer, politischer etc.) Entgeisterung. Solche Bildungsbewegungen zielen nicht auf eine Identität mit sich selbst, sondern münden gerade umgekehrt in eine Infragestellung bestehender Wahrnehmungs- und Deutungsweisen von Selbst und Welt (vgl. Schütte 2017).

Dieses Zusammenspiel lässt sich bildungstheoretisch für alle Gegenstände, resp. auch für die smart things in Anschlag bringen. Auch diese haben neben den „reinen" Funktionswerten für die Bewältigung und Gestaltung des Alltags[12] durchaus ihre Fiktionswerte. Und auch sie genießen gelegentlich eine Faszination, die einer religiösen Verehrung recht nahe kommt, und zugleich eine Kritik, die auf Überwachung, Manipulation und Kontrolle zielt. Auch ihnen ist eine Gefahr inhärent, die sich etwa mit Böhme (vgl. 1995, S. 64) darin sehen lässt, dass die ästhetisch designten smart things ein Begehren in Gang setzen, bei dem es keine Sättigung gibt. „Es geht um die Inszenierung der Waren und die Selbstinszenierung des Menschen" (ebd., S. 65), es geht um die Ästhetisierung der Lebenswelt und um die Steigerung der Lebensqualität von Personen. Das Design enthält das Versprechen einer besseren Zukunft – in einer Welt, in der die existentiellen Bedürfnisse schon befriedigt sind und nur das stetig entfachte Begehren die kapitalistische Ökonomie in Gang hält.

Denkt man an dieser Stelle die Überlegungen von Ullrich weiter, so kann man an die smart things nicht nur die alltagspraktische Frage stellen, was man mit ihnen tun kann (bzw. was sie mit uns tun können), sondern auch die ästhetische Frage, was sie uns bedeuten (können). Bildungsprozesse können in dieser Perspektive zwischen Funktion und Bedeutung bzw. Fiktion angesiedelt werden. In diesem Sinne würden smart things nicht als Konsum- oder Gebrauchsgegenstände,

---

[12]Die Gruppe von Dingen, die nur einen Design- bzw. Emotions- und Fiktionswert hat, ist die Gruppe, die man gemeinhin „Nippes" nennt.

sondern als ästhetische Objekte (analog zu Kunstwerken) in den Blick gerückt. Indem wir Alltagsgegenstände „transzendieren" oder indem wir das „Gewöhnliche verklären" (Danto 1991), konfrontieren wir das Design mit einer Logik, die über die Funktionalität hinausreicht.[13] Wir versuchen nicht zu erklären, wie die smart things uns den Alltag bewältigen oder gestalten helfen, sondern welche Sinndimensionen wir über die Funktionalität der Technik hinaus mit ihnen verbinden. In dieser Perspektive geht es pädagogisch nicht mehr darum, angesichts der Dematerialisierung der Welt und der Virtualisierung der Gegenstände (vgl. Flusser 1993) auf kompensatorische Bemühungen zu setzen, die Unmittelbarkeit und Authentizität der Dinge in Primärerfahrungen wieder erlebbar zu machen, sondern darum, die Differenz zwischen Funktionalität und Ästhetik als einen Ausgangspunkt von Bildungs- und Sozialisationsprozessen zu betrachten. Verstehen wir Dinge analog zu Kunstwerken, so siedeln wir sie in einem Widerspruch an: Denn Kunstwerke sind Erscheinungen, die sich selbst als Erscheinungen hinterfragen: „Ästhetischer Schein, mit anderen Worten, besteht in Erscheinungen, die in einem *durchschauten Widerspruch* zum tatsächlichen Sosein von Gegenständen wahrgenommen und willkommen geheißen werden" (Seel 2000, S. 106). Anders formuliert wird man in der ästhetischen Wahrnehmung mit dem Widerspruch konfrontiert, dass eine phänomenale (bzw. phänomenologische) Betrachtungsweise mit einer hermeneutischen konfligiert.

Dieser Widerspruch macht wiederum ästhetische Erfahrungen bzw. ästhetische Bildungsprozesse möglich. Dem Unscheinbaren der Dinge (vgl. Soentgen 1997) bildungstheoretisch auf die Spur zu kommen bedeutet dann, smart things als ästhetisch gestaltete, irreduzible Geformtheiten zu betrachten, um an ihnen *ästhetische* Erfahrungen machen zu können.[14] Eine solche Erfahrung lässt sich als *Metawahrnehmung* verstehen, d. h. als eine Wahrnehmung der eigenen Wahrnehmungen bzw. der eigenen Wahrnehmungsmuster (vgl. Seel 2004). Die mit der Metawahrnehmung verknüpfte Selbstzweckhaftigkeit verweist darauf, dass es in

---

[13]Eine weitere Bildungsperspektive ist mit der Nichtfunktionalität von smart things verknüpft (vgl. Kaabi-Linke 2013). In einem anthropologischen Sinn ist der Mensch zum „Objekthirten" (Günther Anders) der Technik geworden, der nur noch bei technischen Störfällen gebraucht wird. Liessmann (2010, S. 19) spricht in diesem Zusammenhang von einer „Ästhetik der Menschenleere".

[14]Gegenstände des Designs lassen sich von Natur- und Kunstgegenständen wie folgt differenzieren: Designgegenstände erfüllen praktische Funktionen der Welterschließung, Kunstgegenstände die Funktion der Reflexion eigensinniger Formgebungen und die Naturdinge haben die Funktion der offenen Funktionalisierbarkeit (vgl. Feige 2018).

ihr nicht um genuin theoretisch-explikative, noch um genuin pragmatisch-poietische Anstrengungen, sondern um eine in einer gleichschwebenden Aufmerksamkeit gewonnenen sinnlichen Konstellation von sich wechselseitig ins Spiel bringenden Erscheinungsqualitäten von Ich, Welt und Wahrnehmung geht: Die Metawahrnehmung der ästhetischen Erfahrung ist die Entlastung vom Sinn (der Sinne), denn sie spielt mit ihm (vgl. Zirfas 2015). In der ästhetischen Bildung der designten Dinge ginge es nicht darum, diese zu erkennen oder zu erklären, sondern ihr Erleben zu reflektieren. Es geht um eine ästhetische Bildung, die die Gegenstände als ästhetische Gegenstände des Erscheinens versteht (vgl. Seel 2000).

Bildungspraktisch geht es um folgende Fragen: Wie sehen, hören, ertasten (riechen und schmecken) wir die Dinge? In welchen metaphorischen und symbolischen Zusammenhängen nehmen wir sie wahr? Welches Verhältnis haben wir zu ihnen und was ist uns daran bedeutsam? Welche Erinnerungen und Erwartungen verknüpfen wir mit ihnen? Welche Emotionen lösen sie aus und welche Imaginationen setzen sie frei?

In ästhetischen Erfahrungen steht der Mensch in einem intensiveren Austausch mit sich und den Dingen. Mit der ästhetischen Erfahrung ist ein bestimmter Ereignischarakter verknüpft, da sich in ihr neue Bedeutsamkeiten bilden. Hierbei geht es nicht um Gewohnheitserfahrungen, sondern um Erfahrungen einer Andersartigkeit bzw. um ein *Anderswerden* der Erfahrung: Man sieht plötzlich mit anderen Augen, hört mit anderen Ohren (vgl. Küpper und Menke 2003). Zum Beispiel: Was bedeutet das Berühren eines Touchscreens eines internetfähigen Geräts? Geht es hier um das Gefühl, Menschen könnten Daten physisch verändern? Stimmt in diesem Kontext der Slogan „Touching is the new seeing" (Apple)? Welche Art von Gegenwart und Räumlichkeit erlebt der User, wenn sich seine Realität mit der des Datenraumes im Internet verschränkt? Welche Imaginationen gehen mit der Synästhesie des Touchscreens einher? Welche Veränderungen seiner Sinnlichkeit und Körperlichkeit erleben Menschen mit den taktilen Interfaces? Wird „Welt" durch die Touchscreens nur noch als „Bild" erfahren?

Wer Dinge, resp. smart things, ästhetisch betrachtet, und dabei ihr phänomenales Erscheinen mit ihrem ästhetischen Schein in Verbindung bringt, wird mit der Veränderbarkeit und der Konstruktivität seiner Wahrnehmungen konfrontiert. Auch hierin steckt kritisches Potenzial, Dinge anders einschätzen und bewerten zu können. In diesem Sinne kann die ästhetische Erfahrung bzw. Bildung auch als kritisches Korrektiv oder Regulativ von Formen und Prozessen der smart things fungieren. Denn sie befähigt im Blick auf die Dinge zu neuen Grenzziehungen und Relativierungen, zur Kritik und Ironie, aber auch zur Selbstvergewisserung und Selbstgestaltung – und nicht zuletzt zum Experimentieren und zur Lebenskunst im Umgang mit den Dingen.

Schlussbemerkungen
Das Verborgene der Dinge, resp. der smart things, lässt sich – wie in diesem Artikel geschehen – anhand einer Kritik ihres Funktionalismus oder anhand ihrer ästhetischen Erfahrungsmöglichkeiten herausarbeiten. Darüber hinaus gäbe es – mit Blick auf die Geschichte der Pädagogik – auch noch eine Reihe anderer, sehr vielversprechender, und ohne Anspruch auf Vollständigkeit hier kurz skizzierter Ansätze, um der Verborgenheit der Dinge auf die Spur zu kommen. Lerntheoretisch lässt sich an Sokrates (bzw. Platon) anschließen, der Lernen als Wiedererinnerung und Aktualisierung des längst gewussten Wissens (im Umgang mit den Dingen) verstand; oder auch an Aristoteles, der das zunächst und zumeist Erfahrene und Gewusste (einzelner Gegenstände) in Richtung eines metaphysisch-grundlegenden Wissens weiterführen wollte, das der Sache nach dem Erfahrenen und Gewussten vorgängig ist (Strukturen und Systematiken der Gegenstände); schon bei Aristoteles vorliegend und dann in der christlichen Philosophie, etwa bei Thomas von Aquin, ausbuchstabiert, lässt sich von Akt und Potenz bzw. *energeia* und *dynamis* der Dinge sprechen und die Frage stellen, welche Form der dinglichen Aktualisierung für die optimale Entwicklung des Menschen unumgänglich ist.

Kant macht mit seiner Rede vom „Ding an sich" darauf aufmerksam, dass wir ein vom erkennenden Subjekt unabhängiges, „wahres" Sein der Dinge nur postulieren, aber nicht erkennen können; mit Hegel und seiner dialektischen Theorie des Selbst- und Weltbewusstseins, in der das Bekannte lediglich das noch nicht Erkannte, mithin das schweigend Erkannte ist, werden die Dinge mithilfe eines antithetischen Prüfverfahrens auf ein vollständigeres, ja „absolutes Wissen" hin bewegt; phänomenologisch ist der Zugang von Husserl bahnbrechend, die Dinge in ihrer anschaulichen Selbstgegebenheit, deren Sein von Wesensgesetzlichkeiten geregelt ist, in einer Analyse der intuitiven Evidenz zu erfassen; wissenschaftstheoretisch ist an die Theorie des „impliziten Wissens" von Polanyi zu erinnern, die eine wissenschaftliche Entwicklung (der Dinge) voraussahnt und diese konsequent verfolgt; habitustheoretisch lässt sich mit Bourdieu vermerken, dass die Wahrnehmungs-, Denk-, Urteils- und Handlungsmuster auch im Bezug auf die alltäglichen Dinge und die Kunstgegenstände eine stillschweigende, sozusagen ‚natürliche' Grammatik des sozialen Lebens bilden; im psychoanalytischen Sinn schließlich rückt das latente, vorbewusste, aber auch unbewusste Wissen und Können der Dinge in den Blick, das nicht nur das (Noch-)Nichtgewusste und -gekonnte, sondern auch dasjenige Wissen und Können bezeichnet, das der

Mensch nicht wissen und können will und das dennoch seine Wirkungen etwa in Fehlleistungen und Symptomen, in alltäglichen Interaktionen, in Ahnungen und Träumen entfaltet.

Literatur

Adorno, Th. W. (1973). Theorie der Halbbildung. In ders., *Sociologica 2. Reden und Vorträge*. 3. Aufl. (S. 168–192). Frankfurt a. M.: Suhrkamp.
Adorno, Th. W. (1986). *Minima Moralia*. Frankfurt a. M.: Suhrkamp.
Baudrillard, J. (1995). Illusion, Desillusion, Ästhetik. In S. Iglhaut, F. Rötzer & E. Schweeger (Hrsg.), *Illusion und Simulation. Begegnungen mit der Realität* (S. 90–101). Ostfildern: Hatje Cantz.
Blume, G. (2018). Der Zauberer. *Die Zeit, Nr. 4* vom 18.01.2018, S. 34.
Böhme, G. (1995). *Atmosphäre*. Frankfurt a. M.: Suhrkamp.
Böhme, G. (2001). Das Ding. In ders., *Aisthetik. Vorlesungen zur Ästhetik als allgemeine Wahrnehmungslehre* (S. 159–172). München: Fink.
Bosch, A. (2011). *Konsum und Exklusion. Eine Kultursoziologie der Dinge*. Bielefeld: transcript.
Brandes, U., Stich, S., & Wender, M. (2008). *Design durch Gebrauch: Die alltägliche Metamorphose der Dinge* (Board of International Research in Design). Basel/Boston/Berlin: Birkhauser.
Burckhardt, L. (2010). Design ist unsichtbar. In K. T. Edelmann & G. Terstiege (Hrsg.), *Gestaltung denken. Grundlagentexte zu Design und Architektur* (S. 211–217). Basel: Birkhäuser.
Burghardt, D., & Zirfas, J. (2016). Halbbildung im Supermarkt. Zur Kritik an der kulinarischen Entmündigung. In B. Althans & J. Bilstein (Hrsg.), *Essen – Bildung – Konsum. Pädagogisch-anthropologische Perspektiven* (S. 245–266). Wiesbaden: Springer VS.
Dewey, J. (1980). *Kunst als Erfahrung*. Frankfurt a. M.: Suhrkamp.
Danto, A. C. (1991). *Die Verklärung des Gewöhnlichen. Eine Philosophie der Kunst*. Frankfurt a. M.: Suhrkamp.
Elschenbroich, D. (2010). *Die Dinge: Expeditionen zu den Gegenständen des täglichen Lebens*. München: Kunstmann.
Feige, D. M. (2018). *Design. Eine philosophische Analyse*. Berlin: Suhrkamp.
Flusser, V. (1993). *Dinge und Undinge. Phänomenologische Skizzen*. München/Wien: Hanser.
Haug, W. F. (1971). *Kritik der Warenästhetik*. Frankfurt a. M.: Suhrkamp.
Horkheimer, M. (1985). Begriff der Bildung (1952). In ders., *Gesammelte Schriften Band 8: Vorträge und Aufzeichnungen 1949-1973* (S. 409–419). Frankfurt a. M.: Fischer.
Humboldt, W. von (1985). Plan einer vergleichenden Anthropologie (1795). In ders.: *Bildung und Sprache*. Hrsg. v. C. Menze (S. 29–58). Paderborn: Schöningh.
Kaabi-Linke, T. (2013). Technik im Ausnahmezustand: Wenn Dinge widerspenstig werden. In A.-M. Nohl & Ch. Wulf (Hrsg.), *Zeitschrift für Erziehungswissenschaft 16. Beiheft: Mensch und Ding. Die Materialität pädagogischer Prozesse* (S. 267–285). Wiesbaden: Springer VS.
Kant, I. (1982). *Kritik der Urteilskraft*. Hrsg. v. W. Weischedel. Frankfurt a. M.: Suhrkamp.

Knobloch, P., & Schütte, A. (2017). Konsumästhetik und Bildung. Grundzüge konsumästhetischer Bildungsprozesse. In C. Thompson, R. Casale & N. Ricken, (Hrsg.), *Die Sache(n) der Bildung* (S. 87–103). Paderborn: Schöningh.

Knobloch, P., & Zirfas, J. (2016). Die Kultur des Konsums und die ästhetische Bildung. In T. Braun & M. Fuchs (Hrsg.), *Die Kulturschule und kulturelle Schulentwicklung. Grundlagen, Analysen und Kritik.* Band 2: Zur ästhetischen Dimension von Schule (S. 170–183). Weinheim/Basel: Beltz Juventa.

Küpper, J., & Menke, C. (Hrsg.) (2003). *Dimensionen ästhetischer Erfahrung.* Frankfurt a. M.: Suhrkamp.

Thompson, C., Casale, R., & Ricken, N. (Hrsg.) (2017): *Die Sache(n) der Bildung.* Paderborn: Schöningh.

Langeveld, M. (1955). Das Ding in der Welt des Kindes. In: *Zeitschrift für Pädagogik,* 1, S. 69–83.

Lichtwark, A. (1902). *Die Grundlagen der künstlerischen Bildung. Zweiter Band: Die Erziehung des Farbensinns.* Berlin: Bruno Cassirer.

Lichtwark, A. (1991). *Erziehung des Auges.* Ausgewählte Schriften. Hrsg. v. E. Schaar. Frankfurt a. M.: Fischer.

Liessmann, K. (2010). *Das Universum der Dinge. Zur Ästhetik des Alltäglichen.* Wien: Zsolnay.

Lobe, A. (2017). Die Informatik der Herrschaft. *Die Zeit, Nr. 1* vom 27.12.2017, S. 46.

Macho, T. (2011). *Vorbilder.* München: Fink.

Meyer-Drawe, K. (1999). Herausforderung durch die Dinge. Das andere im Bildungsprozess. *Zeitschrift für Pädagogik,* 45(3), S. 329–342.

Nohl, A.-M. (2011). *Pädagogik der Dinge.* Bad Heilbrunn: Klinkhardt.

Nohl, A.-M., & Wulf, C. (Hrsg.) (2013): *Zeitschrift für Erziehungswissenschaft,* 16. Beiheft: Mensch und Ding. Die Materialität pädagogischer Prozesse. Wiesbaden: Springer VS

Norman, D. A. (2007). *The Design of Future Things.* New York: Basic Books.

Präffcke, H. (1986). *Der Kunstbegriff Alfred Lichtwarks.* Hildesheim/Zürich/New York: Georg Olms.

Rammert, W. (2008). Technographie trifft Theorie. Forschungsperspektiven einer Soziologie der Technik. In H. Kalthoff, S. Hirschauer & G. Lindemann (Hrsg.), *Theoretische Empirie. Zur Relevanz qualitativer Forschung* (S. 341–367). Frankfurt a. M.: Suhrkamp.

Roßler, G. (2008). Kleine Galerie neuer Dingbegriffe: Hybriden, Quasi-Objekte, Grenzobjekte, epistemische Objekte. In G. Kneer, M. Schroer & E. Schüttpelz (Hrsg.), *Bruno Latours Kollektive* (S. 76–107). Frankfurt a. M.: Suhrkamp.

Schütte, A. (2017). Bildung im Supermarkt. Eine pädagogische Lektüre von David Wagners Roman „4 Äpfel". In G. Weiß (Hrsg.), *Kulturelle Bildung – Bildende Kultur. Schnittmengen von Bildung, Architektur und Kunst* (S. 369–382). Bielefeld: transcript.

Seel, M. (2000). *Ästhetik des Erscheinens.* München/Wien: Hanser.

Seel, M. (2004). Über die Reichweite ästhetischer Erfahrung – Fünf Thesen. In G. Mattenklott (Hrsg.), *Ästhetische Erfahrung im Zeichen der Entgrenzung der Künste* (S. 73–82). Hamburg: Felix Meiner.

Selle, G. (1997). *Siebensachen. Ein Buch über die Dinge.* Frankfurt a. M.: Campus.

Shaker, A. (2002). *Der letzte Schrei.* Reinbek: Rowohlt.

Soentgen, J. (1997). *Das Unscheinbare. Phänomenologische Beschreibungen von Stoffen, Dingen und fraktalen Gebilden.* Berlin: Akademie.

Sprenger, F., & Engemann, C. (Hrsg.) (2015). *Internet der Dinge. Über smarte Objekte, intelligente Umgebungen und die technische Durchdringung der Welt*. Bielefeld: transcript.
Stehr, N. (2007). *Die Moralisierung der Märkte. Eine Gesellschaftstheorie*. Frankfurt a. M.: Suhrkamp.
Stieve, C. (2008). *Von den Dingen lernen. Die Gegenstände unserer Kindheit*. München: Fink.
Strassmann, B. (2012). Die Roboter kommen. *Die Zeit, Nr. 4* vom 19.01.2012, S. 29–30.
Ullrich, W. (2006). *Habenwollen. Wie funktioniert die Konsumkultur?* Frankfurt a. M.: Fischer.
Ullrich, W. (2013). *Alles nur Konsum. Kritik der warenästhetischen Erziehung*. Berlin: Wagenbach.
Ullrich, W. (2015). Konsum als Design. Auf: https://ideenfreiheit.files.wordpress.com/2015/09/konsum-als-design.pdf. Zugegriffen: 30. August 2018.
Waldenfels, B. (2004). *Phänomenologie der Aufmerksamkeit*. Frankfurt a. M: Suhrkamp.
Waldenfels, B. (2010). *Sinne und Künste im Wechselspiel. Modi ästhetischer Erfahrung*. Frankfurt a. M.: Suhrkamp.
Werner, J. (Hrsg.) (1998). *Vom Geheimnis der alltäglichen Dinge*. Frankfurt a. M.: Insel.
Zirfas, J. (2011). Bildung. In J. Kade, W. Helsper, C. Lüders, B. Egloff, F.-O. Radtke & W. Thole (Hrsg.), *Pädagogisches Wissen. Erziehungswissenschaft in Grundbegriffen* (S. 13–19). Stuttgart: Kohlhammer.
Zirfas, J. & Klepacki, L. (2013). Die Performativität der Dinge. Pädagogische Reflexionen über Bildung und Design. In A.-M. Nohl & C. Wulf (Hrsg.), *Zeitschrift für Erziehungswissenschaft*, 16. Beiheft: Mensch und Ding. Die Materialität pädagogischer Prozesse (S. 43–57). Wiesbaden: Springer VS.
Zirfas, J. (2015). Grenzen und Tragweite der ästhetischen Erfahrung. Perspektiven für Psychoanalyse und Psychotherapie. In G. Gödde, W. Pohlmann & J. Zirfas (Hrsg.), *Ästhetik der Behandlung. Beziehungs-, Gestaltungs- und Lebenskunst im psychotherapeutischen Prozess* (S. 55–73). Gießen: Psychosozial Verlag.
Zirfas, J. (2018). Pädagogische Schädelbasislektionen. Die Technisierung des Gehirns und ihre erziehungswissenschaftlichen Konsequenzen. In J. Bilstein & M. Winzen (Hrsg.), *Technik – Pädagogik und Anthropologie*. Wiesbaden: Springer VS (im Erscheinen).

Pädagogische Implikationen des zeitgenössischen Theaters. Oder: Die Angst vor dem Zeigefinger

Friederike Förster

Einleitung

Über die Verbindung des Theaters und der Pädagogik wird in der Theaterwelt kaum gesprochen. Selbst wenn über die Wirkungen einer Inszenierung diskutiert wird, vermeidet man es, über einen pädagogischen, gar erzieherischen Zweck zu sprechen. Das führt oft so weit, dass eine abwertende Kritik besonders heftig vorgetragen wird, wenn ein Theaterstück belehrend wirke. Schultheater ist ein Schimpfwort, welches Gänsehaut erzeugt; der Zeigefinger auf der Bühne ist um jeden Preis zu vermeiden. Und doch sind sich alle darüber einig, dass ein Theaterereignis mindestens eine Aussage haben oder eine Erfahrung ermöglichen sollte. Wie jedoch die Formen und Inhalte des Theaters in der gegenwärtigen Zeit der Postmoderne und des Neoliberalismus auszusehen haben, darüber wird seit Jahren kontrovers gestritten. Gegenstand der Diskussion ist die ästhetische Erfahrung im Theater, wozu sie dient und durch welche Mittel sie hervorgerufen werden soll. Die ästhetische Erfahrung als eine pädagogische Situation mit einem bestimmten (ideologischen) Ziel und einer entsprechenden Methodik zu analysieren, findet nicht statt. Viel eher begreift sich dieser Streit, der sich einerseits als Realismusdebatte äußert und sich andererseits zwischen neueren Theorien des Ästhetischen in Bezug auf das Performative und die Postdramatik abspielt, als ein ästhetisch-theoretischer Diskurs, welcher Theaterpraktiker*innen entweder scheinbar nicht tangiert oder sie mehr verwirrt als ihnen zu helfen. Die Theaterautorin Kathrin Röggla hat es treffend formuliert:

F. Förster (✉)
Berlin, Deutschland
E-Mail: friederike-foerster@gmx.de

In dieser mehr schlecht als recht geführten Debatte zwischen dem neuen Realismus und der Postdramatik fühle ich mich zunehmend unwohl. Mein Problem ist, das mir der Ort des Theaters nicht mehr ganz klar ist [...]. Ich kann ja noch nicht einmal mehr zwischen Fiktion und Realem unterscheiden [...], das durchdringt sich heute bzw. löst sich begrifflich auf in seiner jeweils konkreten Einspannung (Röggla 2017, S. 38).

Der theoretische Diskurs verläuft u. a. entlang der Begriffe Mimesis und Repräsentation bzw. Performativität und Präsenz, die sich mehr und mehr zu verschiedenen Theaterformen entwickeln, welche sich in der Praxis wiederum schwer voneinander unterscheiden lassen.

Die Entwicklung der Differenzen begann bereits in den 60er Jahren durch die sogenannte *performative Wende,* welche das Schauspiel-Stadttheater um Aktionskunst, Happenings, postdramatisches Theater und Performance Art erweitert hat (vgl. Fischer-Lichte 2004, S. 22 ff.). Diese Form des Theaters beansprucht eine ganz eigene ästhetische Erfahrung, welche auf einen bestimmten gesellschaftlichen Zweck abzielt. Bspw. spricht Hans-Thies Lehmann in seinem Buch *Postdramatisches Theater* dem neuen Theater die theatrale „Realisierung von Freiheit – Freiheit von Unterordnung unter Hierarchien, Freiheit vom Zwang zur Vollendung, Freiheit von Kohärenzforderung" (2005, S. 141) zu. Mit dem Aufkommen der neuen Formen des Theaters und deren theoretischen Reflexionen wie dem *Postdramatischen Theater* oder der *Ästhetik des Performativen* von Erika Fischer-Lichte, wurde jedoch auch ein Vorwurf an das klassische Theater bzw. das sogenannte *repräsentative Theater* laut: dieses sei Illusionsbildung, totalitär und wiederhole die Darstellung regulierender Prinzipien (vgl. ebd., S. 21 f.). Dieser Vorwurf wird implizit durch den Regisseur Heiner Goebbels wohl am prägnantesten umschrieben: „Endlich niemand auf der Bühne, der mir sagt, was ich denken soll" (2012, S. 20).[1] Ein Ausspruch, der sich bedenkenlos der Angst vor dem Zeigefinger zuordnen lässt.

In den letzten Jahren entstand jedoch eine neue, dazu entgegengesetzte Position um den Begriff des Realismus, hauptsächlich vertreten durch Bernd Stegemann und seine Bücher *Kritik des Theaters* und *Lob des Realismus.* Seiner Meinung nach beherbergt das repräsentative bzw. mimetische Spiel der Schauspielenden die Möglichkeit, Widersprüche in der Gesellschaft verstehbar zu machen; anders als das von ihm so bezeichnete neue *postmoderne Theater,* welches sich in Selbstreferentialität und Paradoxien verliere (vgl. Stegemann 2013, S. 11) und dadurch

---

[1]Vgl. außerdem Fischer-Lichte (2004, S. 26 oder auch S. 255 ff.) und Lehmann (2005, S. 20 ff.).

die Kritikunfähigkeit postmoderner Subjekte evoziere (vgl. ebd., S. 29). Mit dieser Kritik wurde der Streit offensichtlich. War er bis dahin wohl viel eher als eine Legitimationsdebatte des neuen Theaters zu verstehen – um das Anrecht auf Fördermittel und Spielstätten zu sichern –, wurde es nun eindeutig ein Streit um die ästhetische Erfahrung im Theater und dessen Zweck in der Gesellschaft.[2]

Dass es sich bei dem Streit um eine pädagogische Debatte über die erzieherischen Ziele des Theaters handeln könnte, mag niemandem so recht dabei auffallen. Allerdings lässt sich schwerlich negieren, dass das Theater u. a. eine pädagogische Funktion besitzt. Manchmal wird in den theoretischen Reflexionen sogar von *Lernen* gesprochen, wie, eher durch Zufall, bei Dirk Baecker, welcher in seinem Buch *Wozu Theater?* erst leicht polemisch davon spricht, das sich jede Kunst „erzieherisch einsetzen" (Baecker 2013, S. 93) ließe, um satzwendend sehr ernst folgendes zu beschreiben:

> Die Kunst verändert das Handeln ihrer Betrachter, und sei es auch nur dadurch, dass diese, anspruchsvoll genug, mit ihrem eigenen Erleben konfrontiert und so aus der Verankerung in einem allzu selbstverständlichen Handeln herausgelöst werden. Danach wird man anders Handeln (ebd.).

Die hier angesprochene Veränderung des Handelns trifft den Kern des Lernens.[3] Doch wird diese Veränderung des Handelns weder als pädagogisch begriffen noch werden Konsequenzen daraus gezogen. Viel öfter findet man stattdessen Formulierungen, welche jeden Hauch von Pädagogik negieren. So schreibt Lehmann bspw.:

---

[2]Fernab der hier besprochenen These sollte man wissen, dass sich die Formen des Performativen und der Performance Art eher in der Freien Szene wiederfinden lassen, d. h. die dazugehörigen Produktionsmöglichkeiten sind einerseits oftmals enthierarchisiert und andererseits immer wieder von Fördergeldern abhängig. Das repräsentative Theater lässt sich hingegen viel häufiger an Stadt- und Staatstheater auffinden, welche staatlich subventioniert sind und somit auf den dazugehörigen technischen Apparat etc. zurückgreifen können, dafür aber auch oft starre Hierarchien und Strukturen in Kauf nehmen. Es wäre durchaus sehr interessant, diesen Streit unter theaterwirtschaftlichen Gesichtspunkten zu betrachten und zu überprüfen, ob er sich am Ende nicht auch als Streit um Finanzierungsmöglichkeiten entpuppt.

[3]An dieser Stelle sei nur kurz angerissen (mehr dazu s. u.): Lernen gestalte sich nach Michael Winkler u. a. als eine Veränderung der Aktionsformen eines Systems (vgl. 2006, S. 85).

[…] die Frage nach dem Zuschauer [ist] das A und O des Theaters […] Wie es das Theater schaffen kann, in einer Medienwelt Position, Situation, Erfahrungsmöglichkeiten des Zuschauers zu befragen und weiterzuentwickeln […] nicht zuletzt, um Themen der Gesellschaft (wieder) wohlgemerkt in künstlerischer, nicht belehrender Weise zu artikulieren […] (Lehmann 2005, Vorwort).

Bei Fischer-Lichte wird der Widerspruch zwischen einem Zweck des Theaters und der Leugnung, dass absichtsvoll auf die Zuschauer eingewirkt werden soll, noch deutlicher:

> In ihr [der Aufführung, F. F.] geht es, wie verborgen auch immer, um die Aushandlung oder Festlegung von Positionen und Beziehungen und damit um Machtverhältnisse. In der Aufführung sind Ästhetisches und Soziales bzw. Politisches untrennbar miteinander verknüpft (Fischer-Lichte 2004, S. 68.).

Einige Seiten später heißt es bei ihr hingegen: „Aber keineswegs lässt sich die Aufführung als Ausdruck eines vorgegebenen Sinns oder einer Intention begreifen" (ebd., S. 81).

Nur in den seltensten Fällen werden die gewünschten ästhetischen Erfahrungen als das Ziel strukturierter Bildungs- oder Erziehungsprozesse reflektiert.[4] Wobei natürlich jedes Theaterstück Absichten verfolgt; diese aber pädagogisch zu reflektieren, käme einer Entzauberung des Theaters gleich, einer Reduzierung der Kunst auf ihre pädagogische Funktion (vgl. Baecker 2013, S. 7).

Zumindest ein Versuch dieser Entzauberung wird die folgende Analyse sein. Denn eine pädagogische Reflexion der theoretischen Debatten zwischen performativem und realistischem Theater wird einige Streitpunkte genauer treffen, vielleicht sogar schärfer kritisierbar machen. Die Differenzen über eine gelungene ästhetische Erfahrung des*r Zuschauer*innen werden sich demnach als ein Streit um die pädagogischen Ziele einer Theaterkunst in der heutigen Gesellschaft herausstellen. Inwiefern diese Ziele und die damit verbundenen Wirkungsmechanismen des Theaters legitimierbar sind, wird sich zeigen müssen. Doch um das Pädagogische an diesem Streit über die verschiedenen Ästhetiken zu verstehen, muss dieser in einem ersten Teil dargestellt werden. Dabei wird der Versuch unternommen, die jeweiligen Positionen zu skizzieren.

---

[4]Bernd Stegemann bespricht zumindest den Bildungsvorgangs des Selbstbewusstseins bei Hegel als die Grundlage seiner Theatertheorie (vgl. Stegemann 2013, S. 72). Zusätzlich erkennt auch Goebbels die Ausbildung der Fern-Sinne als ein Vorhaben des Theaters an (vgl. 2012, S. 28).

Erst danach kann in einem zweiten Teil eine pädagogische Lesart stattfinden, welche die fehlende pädagogische Reflexion eingehender betrachten wird, um somit deutlich machen zu können, inwiefern das Theater sich in seinen verborgenen – oft unbewussten – Pädagogiken verfangen hat.

Zum Schluss werden die daraus folgenden Kritikmöglichkeiten diskutiert. Hierbei soll deutlich werden, dass auch das Theater ein Theorie-Praxis-Problem hat. Zudem soll der Versuch unternommen werden, daraus Implikationen für eine Theaterpraxis abzuleiten.

Zu erwähnen bleibt, dass die folgenden Betrachtungen sich hauptsächlich auf das Verhältnis zwischen dem inszenierten Theaterereignis, also der Aufführung, deren Produzent*innen und dem Publikum beziehen. Die Produzent*innen sind dabei alle am Prozess der Inszenierung beteiligten Personen, also Schauspieler*innen, Performer*innen, Regisseur*innen, Dramaturg*innen, Techniker*innen etc. Inwiefern bei der Erarbeitung eines Theaterereignisses entsprechende Abläufe und Strukturen ebenfalls pädagogische Prozesse tangieren, kann hier nur offen zur Diskussion gestellt werden.

1 Darstellung der zeitgenössischen Theaterdebatten

Das Theater, welches seine Wurzeln im antiken Griechenland hat (gr. *theatron, thea*: Schau, anschauen), wurde lange Zeit mit dem Begriff des Theatralischen verstanden; so sind „Handlungen einzelner Personen oder Gruppen, die [...] im Hinblick auf Zuschauer ausgeführt werden" (Trebeß 2006, S. 382) theatralisch. Diese offene Definition – denn danach kann so gut wie alles theatralisch sein – entstammt den Riten der antiken Griechen, in welchen sich der Akt der Aufführung noch nicht eindeutig in Schauspieler*innen und Zuschauer*innen aufteilen ließ. Mit der Integration einer architektonischen Anlage, des Theaters, erhielt das Theatralische erst später auch einen spezifischen Ort (ebd., S. 382 f.). Doch dieser ist nicht nur auf das Bauwerk des Theaters beschränkt, sondern kann auch jeder andere Ort sein, sofern dort etwas für Andere aufgeführt wird. Das bedeutet aber auch, dass überall und jederzeit jemand etwas aufführen kann. Man könnte so weit gehen zu sagen, dass dies eine Eigenart des menschlichen Miteinanders wäre, vor allem in der Postmoderne.[5] Der Versuch einer vorerst

---

[5]Vgl. hierzu die exemplarisch herangezogenen Arbeiten von Willems und Jurga (1989) und Read (2012).

abschließenden Definition fördert dabei folgendes zutage: Theater/Performance ist die Aufführung einer Handlung für jemand anderen, unter der Bedingung eines bestimmten Ortes und einer bestimmten Zeit, mit dem Ziel, dass die*er Zuschauer*in dieser vorgeführten Handlung auch zuschauen kann. Analog dazu kann wohl folgendes ebenso angedeutet werden: Eine pädagogische Handlung ist ein Zeigen von etwas für jemand anderen, innerhalb eines bestimmtes Ortes und einer zeitlichen Begrenzung, damit diese*r das Gezeigte sieht und etwas lernt.[6] So weit ein erster Ausblick auf die Parallelen von Theater und Pädagogik.

Wenn Theater nun wirklich überall stattfinden kann, sobald jemand einen theatralen Ort und eine Zeit bestimmt – und das auch ohne das Mitwissen der Zuschauer*innen –, verwischen die Grenzen zwischen Theater und Leben tatsächlich immer mehr, zum Beispiel bei Formen wie der des *Unsichtbaren Theaters* von Augusto Boal (1931–2009). Das Verwischen der Grenzen ist wiederum auch eines der Merkmale der Postmoderne, welche hier nicht als selbstverständlicher Begriff vorausgesetzt wird: Sie schließt durch ihre eigene Bezeichnung ein Verhältnis zur Moderne – womit die Epoche ab dem 18. Jahrhundert gemeint ist (vgl. Gessmann 2009, S. 496) – mit ein, ohne in einer einfachen Erweiterung/Überschreitung dieser verstanden werden zu können. Ausgehend von einer ästhetischen Bewegung (Stichwort Readymade) hielt sie Einzug in die Sozial- und Geisteswissenschaften. Durch Jean-François Lyotards (1924–1998) Absage an die *großen Erzählungen*, also dem Verlust der Kraft verschiedenster Letztbegründungen bis hin zu deren vollständiger Negation, wird das Paradox dieser Zeit deutlich. So erweist sich auch die Diskussion, ob die Postmoderne eine Epochenbezeichnung sei, als sogenannter performativer Widerspruch, da das Denken einer historischen Abfolge von Epochen eben genau so eine Letztbegründung wäre. Im Leben der Menschen werden die Tendenzen der fehlenden Sicherheiten durch Letztbegründungen immer spürbarer, was durch eine Gleichzeitigkeit von Kontingenz noch verstärkt wird. So stellt der Verfall zur Beliebigkeit einen der vielen Kritikpunkte an der Postmoderne dar; die Konsequenz daraus sei u. a. die Unmöglichkeit ethischer Entscheidungen. Doch genau diese Entscheidungen können durch die positiven Effekte der Postmoderne nun immer wieder neu verhandelt werden und obliegen so keiner unangebrachten Dauerhaftigkeit mehr (vgl. Riese und Magister 2000, S. 1 ff.).

Der Streit des Theaters spielt sich genau entlang dieser Widersprüche der Postmoderne ab. Die Analyse wird die wichtigsten Positionen dieses Streites innerhalb

---

[6]Bei der hier angedeuteten Definition sei auf Klaus Prange und seinen Begriff des Zeigens verwiesen (vgl. Prange 2011), auch wenn sich die folgende Analyse, wie sich zeigen wird, auf die Begriffsdefinitionen der *Kritik der Pädagogik* von Michael Winkler beziehen wird.

dieses Kontextes aufzeigen.[7] Um nicht zu umfassend die verschiedenen Bereiche zu beschreiben, soll lediglich auf die Äußerungen zum Verhältnis von Gesellschaft und Theater/Kunst, dem daraus folgenden Zweck des Theaters und auf die ästhetische Erfahrung und deren Herstellung, also der Art und Weise wie die ästhetische Erfahrung beim Publikum ausgelöst werden soll, eingegangen werden.

1.1 Realismus

Auch wenn man einwenden kann, dass die sogenannte Realismusdebatte eine Reaktion auf die Postdramatik ist, rekurriert sie mit dem Begriff des Realismus doch auf eine sehr viel ältere Form des Theaters[8] und es lohnt sich, die Erneuerung dieses Begriffs – angeführt durch Bernd Stegemann – zuerst und danach die Theorien des performativen und postdramatischen Theaters zu analysieren. Eine Kritik an der Postmoderne und dem Kapitalismus in seiner neoliberalen Form kann dabei nicht ausbleiben, da sie das Fundament der Annäherung an eine neue realistische Kunst darstellt.

Stegemann diagnostiziert das Problem der Postmoderne in den Widersprüchen ihrer analytischen Werkzeuge, welche ihre eigene Kritik am Kapitalismus und seinen neoliberalen Strukturen zum Scheitern verurteile und sogar den Gegenstand der Kritik in seiner Machtbefugnis über den Menschen vorantreibe (vgl. Stegemann 2013, S. 15): Bei dem Auseinandertreten von Signifikant und Signifikat[9] trete die Differenz zwischen beiden hervor und würde verhandelbar werden; zum Beispiel wären Geschlechterverhältnisse in ihrer Konstruktion innerhalb der Gesellschaft erkennbar und könnten so umgreifender diskutiert werden.[10] Ein Paradox der Postmoderne sei es, dass das Auseinandertreten eben auch soweit voranschreite, dass der Bezug zwischen Signifikant und Signifikat komplett verloren gehe und somit jede Erkenntnis und jede Meinung durch diese

---

[7]Dabei werde ich weniger auf Tanz-, Figuren- und Objekttheater oder klassischere Formen wie die Oper eingehen. Jedoch spielen all diese Formen mit ihren verschiedenen Mitteln oft auch in den hier behandelten Formen der Performance bzw. des Schauspieltheaters eine zunehmend wichtige Rolle.
[8]Die Realismus- und Formalismusdebatte der 30er Jahre lässt sich sehr gut bei Bernd Stegemanns *Lob des Realismus* nachvollziehen (vgl. 2015, S 21–82).
[9]Gemeint ist die Differenz zwischen Bezeichnung und Bezeichnetem.
[10]Gender- und Queer-Studies sind nur ein Beispiel für die Vorteile, die durch die dekonstruktivistischen Denkströmungen entstanden sind, auch wenn Stegemann sie als Beispiel für seine Kritik wählt.

bezugslose Differenz angezweifelt und die Formulierung von allgemeingültigen Entscheidungen scheinbar unmöglich werde. Damit meint Stegemann genau die Bezugslosigkeit, welche das Erkennen von gesellschaftlichen Widersprüchen und deren Aufhebung unmöglich mache; die Dekonstruktion sei demnach die passende Denkstruktur eines neoliberalen Kapitalismus (vgl. ebd., S. 20). Dem entgegen favorisiert Stegemann die Dialektik, denn die Arbeit daran als auch die der „negativen Dialektik Adornos […] kreist um die Frage nach der Welt, die schlechter ist, als sie sein müsste" (ebd., S. 68). Nur durch das widersprüchliche Denken könnten die Widersprüche der Gesellschaft und die des Subjekts erkannt werden. Neben Stegemann sammeln sich zahlreiche Theatertheoretiker*innen und -praktiker*innen, welche seine Kritik am neoliberalen Kapitalismus teilen: Der Kapitalismus stelle sich oftmals als eine Zersplitterung vieler einzelner Systeme dar und wäre somit undurchschaubar, obwohl er gerade die Einheit von spekulativem Finanzwesen und Produktion sei (vgl. Ginder 2017, S. 31). Gleichzeitig könne die Einheit des Individuums nicht mehr hergestellt werden, da es durch die Dekonstruktion seiner selbst in immer weitere Paradoxien getrieben würde. Innerhalb der postmodernen Dekonstruktion aller Zeichen „erfolgt eine Zersplitterung der Wahrnehmung […], die als beschleunigte Entfremdung durch die Verschleierung gesellschaftlicher Widersprüche erfahren wird" (Stegemann 2013, S. 27). Dies führe gleichzeitig zu weiteren Widersprüchen: private Beziehungen, wie z. B. die Ehe, würden ohne ihre Gebundenheit an ökonomische Verhältnisse wahrgenommen und als „Nukleus für die gesamten Ungerechtigkeiten in dieser Welt" (Ostermeier 2016, S. 26) angesehen werden. Oder aber auch, dass man sich möglichst kreativ und authentisch im eigenen Job wiederfinden solle, um somit die Arbeit nicht mehr als Entfremdung, sondern als Äußerung der eigenen Authentizität wahrzunehmen (vgl. Stegemann 2013, S. 86; Engler 2017). So leben wir in einer Welt, in der die Widersprüche die Entfremdung immer weiter vorantreiben, die Entfremdung aber bis zur Perfektion verschleiert wird und Probleme viel eher durch das Verschulden des Individuums erklärt werden.

Die gemeinsame Antwort, um die Zusammenhänge des Kapitalismus in der Postmoderne wieder erkennbar machen zu können, ist eine realistische Kunst oder ein Theater des Realismus, denn in „einer realistischen Kunst werden die Widersprüche der Gesellschaft und der Mensch anders anschaubar gemacht, als es die Realität von sich aus gestattet. Nur wenn das Kunstwerk, seine Umwelt und ihre Betrachter in einem solchem Verhältnis zueinander stehen, dass aufgrund der künstlerischen Formung die Umwelt neu verstehbar würde, handelt es sich um Realismus" (Stegemann 2015, S. 12). Bei diesem Anspruch an die Kunst vergisst Stegemann jedoch nicht, dass diese in ihrem Verhältnis zur Gesellschaft selbst in einem Widerspruch steht, da die Kunst selbst Teil der zu erkennenden

Welt ist. Wie kann sie als Teil der darzustellenden Welt diese tatsächlich erkennbar machen?

> Sie [die Kunst, F. F.] ist Teil der Realität und doch das ganz andere. Sie wird mit den Sinnen wahrgenommen und doch wächst das sinnliche Vermögen durch das künstlerische Erlebnis über sich hinaus zu einer neuen Form der Wahrheit. Die Emergenz der Kunst ist Selbsttranszendenz des Rezipienten und Selbstaufhebung des stofflichen Charakters des Kunstwerks. Man nannte es ‚freies Spiel der Gemütsvermögen', ‚je ne sais quoi' oder das ‚Nicht-Identische'. [...] Das Nicht-Identische in der Kunst, das unaufhebbare Selbstwidersprüchliche von Stoff und Form ermöglicht eine andere Dimension von Realität [...] (Stegemann 2013, S. 60).

Bevor genauer erläutert wird, was die hier angesprochene Qualität der Kunst bzw. die spezifisch ästhetische Erfahrung des Realismus bedeutet, ist eine Betrachtung des Kunstphilosophen und Kunstkritikers Boris Groys wichtig, weil dieser beschreibt, warum Kunst etwas schafft, was anderen Mitteln der Weltbeschreibung versagt bleibt: „Die Unzufriedenheit mit der Realität, sofern sie sich nicht in gewalttätigen Protesten oder revolutionären Aktionen manifestiert, bleibt verborgen – und daher stets unter dem Verdacht der Fiktionalität" (Groys 2017, S. 117). Erst wenn man die Fiktionalität der Unzufriedenheit in einer Bühnenfiktion darstellt, kann der von Stegemann beschriebene Prozess der Wahrheitsgenerierung einsetzen. Das hierfür verwendete künstlerische Mittel ist die Mimesis als die Arbeit des Verhältnisses zwischen Nachahmung, Darstellung und Ausdruck.

> In der Mimesis hingegen ist die Arbeit an der Hervorbringung eines Bildes der Welt ebenso anschaubar wie die Perspektive, aus der die Welt zu einer erkennbaren Realität werden kann. Die *Nachahmung* ermöglicht die Freude an der Wiedererkennung, die *Darstellung* fügt dem Wiedererkannten die Dimension des sinnlichen Verstehens hinzu und im *Ausdruck* findet sich die Perspektive desjenigen, der die Arbeit der Mimesis vollzieht [Herv. i. O.] (Stegemann 2013, S. 95).

Ein dialektisches Verhältnis würde also zuerst zwischen dem Nachgeahmten und dem darin Dargestellten erzeugt werden. Beim Beobachten der Nachahmung könne in der Art und Weise der Darstellung des Nachgeahmten das eigentlich darin Dargestellte erkannt werden. Dieser Vorgang komplementiere sich durch den Ausdruck, welcher „die Intention der mimetischen Tätigkeit" (ebd., S. 98) formuliert. Damit meint Stegemann weniger die Intention des*r Darstellers*in in Bezug auf das Dargestellte, sondern vielmehr die Vermittlung eines situativen Erlebens, welches durch ein oftmals emotionales Verhalten für die Umwelt sinnlich geformt wird. Der Ausdruck bietet dem Subjekt die Möglichkeit, zwischen dem Erleben und Wollen Äußerungsformen zu finden. Der Ausdruck bedient sich der mimetischen Mittel der Nachahmung und der Darstellung, um unterschiedliche Perspektiven aufzuzeigen. Wird zum Beispiel innerhalb einer Beziehungssituation auf der Bühne scheinbar sehr natürlich geweint, glaubt man, dass die*er Spieler*in tatsächlich von dem Vorgang auf der Bühne ergriffen ist; nun kann der Ausdruck verschiedenes betonen. Werden bei dem Weinen bspw. nur geringfügig Mittel der Nachahmung gewählt, wie Augenreiben und Schluchzen, womöglich noch mit einem Kontrollblick der weinenden Person, wird betont, dass mit dem Weinen auch Intentionen verfolgt werden, dass es also ein soziales Handeln ist. Genau darin sieht Stegemann das Potenzial der Mimesis, welche schon durch Aristoteles ihre dramatischen Grundregeln durch Praxis und Mythos erhalten hat: Die Realität des sozialen Handelns (Praxis) könne durch die Mimesis nachgeahmt, erweitert und in einem „Zusammenhang aller Einzelhandlungen zu einer Geschichte" (ebd., S. 101) (Mythos) (ab-)gebildet werden. Aber eben nicht, um die Praxis einfach zu imitieren, sondern durch die mimetische Erweiterung, welche in der Differenz zwischen Nachahmung und Darstellung und dem dazugehörigen Ausdruck ihre Erweiterung erhält und diese auch sinnlich erfahrbar mache.

In dieser mimetischen Bewegung sieht der Theaterkritiker Jakob Hayner die „Einheit der Widersprüche und ihrer Bewegung im Drama" (2017, S. 148) und betont die Wichtigkeit des Begriffs des Scheins, durch welchen Fiktionalität erst ermöglicht würde:

> Der ästhetische Zentralbegriff dieser Einheit ist der des Scheins. Der Schein ist das Moment der Freiheit in der Fiktion, das über die Wirklichkeit hinausweist. In dieser Situation wird ein ästhetischer Schein produziert. Dieser Schein erlaubt die Eigenbewegung von Material, die Möglichkeit von Dialektik in der Kunst. Die innere Spannung des Kunstwerks ermöglicht, dass sich das Werk zur Gesellschaft in Spannung setzt. […] Die Selbsttranszendierung des Stofflichen in der Kunst garantiert ihren utopischen Charakter. Das Nicht-Identische der Kunst besteht in der Herstellung von Transzendenz durch ästhetischen Schein (ebd., S. 148 f.).

Zusammenfassend kann man dies als Verweis auf den Schiller'schen Glauben an die *Freiheit in der Erscheinung* als das grundlegende Moment der Mimesis erkennen (vgl. Schiller 1971, S. 18; Schiller 2000, S. 106 ff.). Durch die Nachahmung einer Realität – welche in ihrer Darstellung sowohl scheinhaft ist als auch in dieser den Schein aufzuzeigen weiß – entsteht eine Beschreibung der Welt, die es nur der Kunst ermöglicht, auf ein Weiteres, auf etwas Utopisches zu verweisen.[11] Genau darin liegt das Nicht-Identische der Kunst zur Realität, welches nur durch eine Bezogenheit auf die Realität deutlich werden kann; und darin zeigt sich zugleich auch der Genuss einer realistischen Kunst und die in ihr angelegte ästhetische Erfahrung.

1.2 Postdramatik und das Performative

In den Theorien der Postdramatik und des Performativen lassen sich ebenfalls Beschreibungen der Gegenwart finden, auch wenn diese nicht auf eine dialektische Analyse der ökonomischen und gesellschaftlichen Zusammenhänge rekurrieren. Vielmehr verharren sie in einer einfachen Deskription, aus welcher sich durchaus das Problem ergibt, ein Verhältnis zwischen Kunst und Gesellschaft fundiert erklären zu können.

Fischer-Lichte postuliert für ihre *Ästhetik des Performativen* den Zweck einer „Wiederverzauberung der Welt" (2004, S. 360). Als Begründung hierfür nennt sie zwei Bewegungen, welche durch die Aufklärung entstanden seien. Einerseits hätte die Aufklärung zwar das religiöse Weltbild mit seinem „Zauber, welcher der Welt innewohnte, da sie als von Gott geschaffen galt" (ebd.) durch einen Rationalismus abgeschafft. Doch andererseits bewirke gerade dieser Rationalismus bzw. das Aufkommen der modernen Wissenschaften einen neuen Zauber unserer Gegenwart:

> Denn es sind die modernen Wissenschaften und durch sie ermöglichte kulturelle, technologische und gesellschaftliche Entwicklungen, die ihn [den Zauber F. F.] entfesselt haben. Zunehmend vermitteln sie die Überzeugung, dass die Welt in der Tat von unsichtbaren Kräften durchzogen ist, die auf uns einwirken, ohne dass wir sie sehen oder zu hören vermöchten, obwohl wir ihre Auswirkungen körperlich spüren können; dass in der Natur und in der Gesellschaft Emergenzen auftreten, die sich jeglicher Intentionalität, Planung und Vorausberechnung entziehen; […] dass Gesellschaften – vor allem im Zuge der Globalisierung – so komplex geworden sind, dass sich über die Auswirkungen geplanter Änderungen kaum verlässliche Aussagen machen lassen, dennoch aber gehandelt werden muss; dass das Ich […] keineswegs Herr im eigenen Haus ist, dass vielmehr […] Entscheidungen längst gefallen sind, ehe sie bewusst werden […]. Der Mensch vermag die ‚unsichtbaren Kräfte', welche die Welt durchwirken, letztendlich nicht in seine Gewalt zu bringen. Auch wenn er sie zu beherrschen und zu bestimmen sucht, wird er sich immer zugleich von ihnen beherrschen und bestimmen lassen müssen (ebd., S. 360 f.).

---

[11]Vgl. dazu auch Thomas Ostermeier: „Wir sind dazu aufgerufen eine Utopie zu zeigen oder zu entwerfen" (2016, S. 25).

Fischer-Lichte gelingt es, den voranschreitenden Rationalismus in seiner umgreifenden Macht zu treffen und zudem noch festzustellen, dass er eben nicht zwangsläufig zu mehr Verständnis führt, sondern mit ihm ein ‚Zauber' einhergeht, in diesem Fall der des magischen Unverständnisses.[12] Ihre Schlüsse aus dieser Erkenntnis sind nicht, dass die Form des gegenwärtigen Rationalismus zur Verschleierung anderer Interessen zweckdienlich ist, sondern dass die Erkenntnisse über die Welt und den Menschen so weit vorangeschritten seien, dass man die Welt und sich Selbst nicht mehr überschauen könne. Der Mensch könne nur an die Erkenntnis glauben, dass er zwar herrschen kann, aber mindestens gleichermaßen beherrscht sei. Der Weg zu diesem Glauben erscheint als ein zauberhafter.

Eine ähnliche Beschreibung findet sich auch bei Hans-Thies Lehmann, welcher wiederum die Rolle des Politischen und der ökonomisch-politischen Machtverhältnisse als immer undurchdringlicher wahrnimmt. Dabei stellt er fest, dass „sogar die politische Führungselite kaum mehr wirkliche Macht über die ökonomisch-politischen Prozesse besitzt" (2005, S. 449). Eine klassische politische Funktion scheine das Theater daher nicht mehr ausüben zu können, da sich der politische Konflikt der Anschauung und damit der Repräsentation entziehe (vgl. ebd., S. 449 f.).[13] Doch ebenso wie Stegemann konstatiert Lehmann ein Problem des Zeichenprozesses: Signifikat und Signifikant divergieren immer weiter auseinander, und somit auch die darin verhandelte Referenz und die Situation in der diese entstehe. Die Verantwortung hierfür spricht er den Medien zu, welche Sache und Bezeichnung immer mehr zur reinen Information umwandeln würden; dadurch gehe die Situation der Bezeichnung, welche Sender und Empfänger innerhalb eines verantwortungsvollen Sprachgeflechtes verbinde, immer mehr verloren (vgl. ebd., S. 468). Goebbels bringt dieses Problem sehr anschaulich auf den Punkt:

---

[12]Auch wenn man sich an die *Dialektik der Aufklärung* von Adorno und Horkheimer erinnert fühlen könnte (vgl. Adorno und Horkheimer 1969, S. 9 ff.), betont Fischer-Lichte eindeutig, dass Erkenntnisse über die Welt, welche auf dichotomischen Begriffspaare (Aufklärung und Mythos) beruhen, stark zu bezweifeln seien, da sie ein „Entweder-Oder" und nicht ein „Sowohl-als-auch" zur Folge haben (vgl. Fischer-Lichte 2004, S. 304.). Dass sie selbst dies mit den Begriffen des Rationalismus und Zaubers zur Beschreibung der Welt verwendet, übersieht sie dabei gekonnt.

[13]Zu bemerken ist, dass genau an dieser Stelle Stegemann einsetzt und meint, dass es die Aufgabe des Theaters ist, den sich der Anschauung entziehenden Konflikt wieder sichtbar zu machen.

> Das ‚entdeckende' Sehen und das ‚entdeckende' Hören sind zwei Fähigkeiten, die wir durchaus verlieren, weil alles, was uns in der medialen Präsenz umgibt, immer fokussiert, frontal und quasi totalitär zubereitet auf uns einstürzt [...] (2012, S. 65).

Das ist insgesamt eine durchaus düstere Weltbeschreibung: Die Menge an Rationalisierungsprozessen, welche wie Magie erscheinen und so undurchdringlich wie ihre Resultate sind, vergrößert sich permanent. Zudem klaffen die Machtverhältnisse zwischen Ökonomie und scheinbaren Machthaber*innen immer weiter auseinander und auch das Politische wird undurchschaubarer. Bis hin zu einer Welt der Medien, welche die Situation zwischen Sender und Empfänger weiter zerrüttet. Eine Kunst des Performativen bzw. Postdramatischen bezieht sich jedoch auf die problembehaftete Welt. Einerseits durch das Herbeiführen verschiedener Wahrnehmungsordnungen und andererseits durch die Auslösung sogenannter *liminaler* Erfahrungen – also von Schwellenerfahrungen, bspw. des Wechsels zwischen der Position des*r Zuschauers*in und der Position des*r Akteurs*in –, welche zur „Wiederverzauberung der Welt" führen sollen (Fischer-Lichte 2004, S. 305 ff.).

In *Postdramtisches Theater* bietet Lehmann dem Theater und seiner verlorenen politischen Funktion insofern einen Ausweg, sofern sich das Theater auf eine „*Wahrnehmungspolitik, die zugleich eine Ästhetik der Ver-antwortung* heißen könnte [Herv. i. O.]" (Lehmann 2005, S. 471), konzentriert und demnach nicht politische Inhalte thematisiert, sondern politische Formen zum Inhalt macht. In dieser Ästhetik „kann es die beunruhigende wechselseitige *Implikation von Akteuren und Zuschauern in der theatralen Bilderzeugung* [Herv. i. O.] in den Mittelpunkt rücken und so den zerrissenen Faden zwischen Wahrnehmung und eigener Erfahrung sichtbar werden lassen" (ebd.). Dies geschehe in erster Linie durch die Herstellung referenzloser Bilder (vgl. ebd., S. 469) und dem „*Aussetzen* [Herv. i. O.] der Bezeichnungsfunktion" (ebd., S. 459), da nur so Macht-Ordnungen nicht reproduziert würden, sondern Neues und Chaos in die Wahrnehmung eingebracht werden könne. Den genaueren Vorgang dahinter beschreibt Fischer-Lichte jedoch etwas präziser, was mit einer Ergänzung des Zweckes des performativen Theaters und seiner ästhetischen Erfahrung einhergeht:

> Eine Ästhetik des Performativen zielt auf diese Kunst der Grenzüberschreitung. Sie arbeitet unablässig daran, [...] den Begriff der Grenze zu redefinieren. Während bisher das Trennende, die Abschottung, die prinzipielle Differenz als die ihn bestimmenden Aspekte im Vordergrund standen, macht eine Ästhetik des Performativen den Aspekt der Überschreitung und des Übergangs stark. [...] Vielmehr geht es ihr um die Überwindung starrer Gegensätze, um ihre Überführung in dynamische Differenzierungen. Insofern [...] liegt es nahe, das Projekt einer Ästhetik des Performativen, welche eben solche dichotomischen Begriffspaare kollabieren lässt und statt mit einem Entweder-oder mit einem Sowohl-als-auch argumentiert, als einen Versuch der Wiederverzauberung der Welt zu begreifen [...] (2004, S. 356 f.).

Diese Schwellenerfahrung des Sowohl-als-auch bezeichnet sie als Liminalität. Nur diese ermögliche es, die verbindenden Elemente der Welt zu erfahren, da eine Schwelle etwas sei, das man übertreten könne, auch um sich und anderes neu hervorbringen zu können. So soll die Grenze, die als Hindernis wahrgenommen werde, zu einer verbindenden Schwelle umgedeutet werden (vgl. ebd., S. 357 f.), auch um damit befreiende Erfahrungen von Verstehensleistungen zu ermöglichen (vgl. ebd., S. 325). Die gewünschte Verzauberung entstehe aus Selbstreferentialität, wodurch sich Menschen und Dinge in ihrer „Eigenbedeutung" enthüllen würden (vgl. S. 325). Die Selbstreferentialität ist als das Zusammenfallen von Signifikat und Signifikant zu verstehen, denn nur so könne man Dinge und Menschen wieder als das wahrnehmen, was sie auch sind; zudem wäre es dadurch möglich, gegen die auseinanderklaffende Differenz von Signifikant und Signifikat anzukommen (vgl. ebd., S. 245). Zusammenfassend ist es das Ziel dieser beiden Theoretiker*innen, Menschen und Dinge wieder als sie selbst anschaulich zu machen, ihre Präsenz zu fördern und andererseits den Zuschauer*innen eine Schwellenerfahrung zu ermöglichen, welche wieder verbindende Situationen und Neues ermöglichen soll. Erst durch die genauere Betrachtung der Herstellung dieser liminalen Erfahrungen bzw. der Selbstreferentialität, werden die ästhetische Erfahrung und ihre gesellschaftlichen Konsequenzen nachvollziehbar.

Konstituierend für jede Aufführung ist die Ko-Präsenz von Akteur*innen und Zuschauer*innen, welche gemeinsam die theatrale Situation bestimmen (vgl. ebd., S. 47). Fischer-Lichte benennt die sogenannte „feedback-Schleife", welche recht treffend als Begriff für das Verhältnis zwischen Performer*innen, Schauspieler*innen (Akteur*innen) und Publikum (Zuschauer*innen) dient, da unter diesem die gegenseitige Einflussnahme auf die Aufführung subsumiert wird – Fischer-Lichte nennt es ein autopoietisches System (vgl. ebd., S. 61). Die Reaktionen des Publikums auf das Dargebotene könnten die Virtuosität, das Spiel und den Ablauf einer Aufführung zu einem Erfolg oder zu einer absoluten Katastrophe machen; man denke nur an das ansteckende Lachen des Publikums, das auch Spieler*innen zum Lachen bringen kann. Der größte Unterschied zwischen performativem Theater und Realismus liegt eventuell genau in diesem Verhältnis zur feedback-Schleife. Performatives Theater macht dieses Verhältnis viel häufiger selbst zum Gegenstand des Theaterereignisses im Gegensatz zum Theater des Realismus, welches dieses Verhältnis für die Darstellung von Themen nutzt.

Selbst wenn die feedback-Schleife nicht Thema eines performativen oder postdramatischen Theaterereignisses ist, so wird die Bewusstmachung dieser Ko-Präsenz verstärkt. Dies geschieht mit verschiedenen Strategien. Eine der wichtigsten Strategien ist die der performativen Akte. Damit sind alle Sprech- und Handlungsakte auf der Bühne gemeint, die wirklichkeitskonstituierend sind, wie zum Beispiel ein Spieler, der Zwiebeln schneidet und dabei weinen muss statt das Weinen zu (er-)spielen. Da in diesem Fall die Tränen lediglich eine Reaktion auf den Zwiebeldunst sind, ereignen sie sich in ihrer Eigenbedeutung und nicht als Zeichen für Trauer (vgl. bspw. Goebbels 2012, S. 135 ff.). Durch performative Akte könnten Dinge und Menschen als das erscheinen was sie sind, sie könnten sich ereignen und auf sich selbst verweisen und in dieser Emergenz erhielten sie ihre Bedeutung bzw. Identität (vgl. Fischer-Lichte 2004, S. 246).[14] Da aber Performance und postdramatisches Theater ebenso auch Bilder erzeugen, die auf anderes verweisen, unterscheidet Fischer-Lichte zwei Ordnungen der Wahrnehmung. Einerseits die Ordnung der Präsenz, in welcher das phänomenale Sein in die Wahrnehmung der Rezipient*innen dränge und andererseits die Ordnung der Repräsentation, in welcher z. B. der weinende Spieler Zeichen für eine Figur sein könnte. Der*ie jeweils einzelne Zuschauer*in erfährt in Aufführungen immer beides, doch der entscheidende Punkt ist, dass er*sie zwischen beiden Ordnungen hin und her wechselt.

> Wenn innerhalb einer Aufführung die Wahrnehmung immer wieder umspringt und der Zuschauer entsprechend häufig zwischen zwei Wahrnehmungsordnungen versetzt wird, so wird zunehmend der Unterschied zwischen beiden unwichtiger und die Aufmerksamkeit des Wahrnehmenden fokussiert statt dessen die Übergänge, die Störung der Stabilität, den Zustand der Instabilität sowie die Herstellung einer neuen Stabilität. […] Dabei wird er sich zunehmend bewusst, dass er nicht Herr des Übergangs ist. Zwar kann er immer wieder intentional versuchen, seine Wahrnehmung neu ‚einzustellen' – auf die Ordnung der Präsenz oder auf die Ordnung der Repräsentation. Ihm wird jedoch sehr bald bewusst werden, dass das Umspringen ohne Absicht geschieht, dass er also, ohne es zu wollen oder es verhindern zu können, in einen Zustand zwischen den Ordnungen gerät. Er erfährt in diesem Moment seine eigene Wahrnehmung als emergent, als seinem Willen und seiner Kontrolle entzogen, als ihm nicht vollkommen frei verfügbar, zugleich aber als bewusst vollzogen (ebd., S. 258).

Dieser Vorgang ist es, welchen Fischer-Lichte als eine liminale Erfahrung bezeichnet. Denn die*er Zuschauer*in würde auf der Schwelle zwischen beiden Wahrnehmungsordnungen verweilen und sich als wahrnehmenden Teil eines

---

[14] Lehmann beschreibt diese und andere Strategien ebenfalls, jedoch gelingt es Fischer-Lichte diese Prozesse auch systematisch darzustellen. Sie ordnet verschiedene Strategien um die performativen Akte herum an. Die drei wichtigsten seien hier nur kurz genannt: 1. Rollenwechsel zwischen Akteur*innen und Zuschauer*innen (z. B. immersives Theater), 2. Bildung von Gemeinschaften zwischen beiden und 3. verschiedene Modi der wechselseitigen Berührung (z. B. Öffentlich/Privat) (vgl. ebd. S. 58 ff.).

Ereignisses erkennen. Außerdem könne er*sie feststellen, dass er*sie mittels der feedback-Schleife (fremd-)bestimmt wird, aber ebenso mitbestimmen kann (vgl. ebd., S. 305). Abschließend könnte man sagen, dass damit die ästhetische Erfahrung genau den Eindruck gegenüber der Gegenwart, den Fischer-Lichte beschreibt, wiederholt; die Verzauberung findet tatsächlich statt. Oder, wie Lehmann es am Ende in *Postdramatisches Theater* zusammenfasst:

> Gerade diese Wirklichkeit des Theaters, dass es mit jener Grenze spielen kann, prädestiniert es zu Akten und Aktionen, in denen nicht eine ‚ethische' Wirklichkeit oder gar ethische These formuliert wird, sondern eine Situation entsteht, in welcher der Zuschauer mit der abgründigen Angst, der Scham, auch dem Aufsteigen der Aggressivität konfrontiert wird (2005, S. 473).

Es drängt sich bei dieser Form der Kunst, welche sich nicht als das Andere zur Realität verhält, sondern als eine Bewusstmachung und Wiederholung derselben erscheint, durchaus die Frage auf, was genau damit verfolgt wird? Worin zeichnet sich das Neue bei einem Schwellenübertritt aus?

2   Die Verbindung von Pädagogik und Theater – Ist die Theaterdebatte eine pädagogische Debatte?

Als Grundlage für die Behauptung, dass das Theater ein zutiefst pädagogisches Geschehen darstellt, ohne sich dessen bewusst zu sein, soll die allgemeine pädagogische Theorie von Michael Winkler herangezogen werden. In seiner *Kritik der Pädagogik* setzt er das Erziehungs- und Bildungsgeschehen in ein kritisches Verhältnis zur Postmoderne. Er übernimmt somit auch die ideologiekritische Perspektive Wolfgang Klafkis – also die der notwendigen „*Untersuchung von Normen und Zielen in der Erziehung* [Herv. i. O.]" (Klafki 2001, S. 128). Winkler nimmt eine Kritik der Postmoderne vor, wonach die Auflösung der Grenzen und eine aufkommende Pluralität eine geschützte Entwicklung der Subjektivität im Erziehungsgeschehen zunehmend erschwere. Außerdem bedient er sich einem Vokabular, welches stark an Fischer-Lichte erinnert. Winkler spricht von den Akteur*innen der Erziehung – *Erzieher* und *Zögling*[15] – welche performativ in

---

[15] Der veraltete und durchaus schwierige Ausdruck des Zöglings wird – alternativ wäre auch von dem *zu Erziehenden* zu sprechen – aufgrund der Verwendung durch Winkler hier vorgezogen. Zudem sei an dieser Stelle bemerkt, dass der Zögling nicht nur ein Kind oder Jugendlicher ist, sondern allgemein ein Mensch, auf den sich pädagogische Handlungen richten. Damit umfasst der Ausdruck Zögling also auch Erwachsene.

eine Situation eingeschlossen seien (vgl. Winkler 2006, S. 123). Dies heißt nichts anderes, als das *Erzieher* und *Zögling* gleichsam die Situation der pädagogischen Praxis erst generieren und herstellen. Gegenstand dieser gemeinsamen Situation ist der sogenannte *dritte Faktor*.

2.1 Pädagogische Grundbegriffe nach Michael Winkler

Der Kern der allgemeinen Theorie Winklers besteht aus zwei miteinander verknüpften triadischen Strukturen: Die erste Trias ergibt sich aus dem Verhältnis von Natur und Geist und dem menschlichen freien Wesen mit der Potenz zur Subjektivität:

> Das Problem der Erziehung zeichnet aus, dass in ihm und durch es eine triadische Struktur und eine Differenzmöglichkeit entsteht. Sie wird durch Natur auf der einen Seite, Gesellschaft, Kultur und Geist auf der anderen Seite bestimmt und bringt aus sich heraus ein Drittes, nämlich eine Entwicklung zu einem Eigenen, das sich selbst bestimmt [...], das aber unbedingt, insofern frei zur Selbstbestimmung ist. [...] die Differenz von Natur und Geist, deren Widerspruch, hebt sich auf in einem Bildungsgeschehen, das in ihr möglich wird, aus dem heraus oder in welchen sich dann Subjektivität als Potenz zeigt (ebd., S. 65).

Dieser als Struktur auftretenden Trias liegt die Bildung des Menschen als Subjektivität zugrunde und ist durch Offenheit zur Freiheit gekennzeichnet. Die Struktur befinde sich gleichzeitig jedoch in einem Prozess, welcher der Veränderung und Dynamik der Glieder der Trias unterliege. Winkler nennt dies eine Autopoiesis im strengen Sinne (vgl. ebd. S. 65).

Für Winkler stellt diese Trias die Grundlegung der zweiten dar, die Trias der pädagogischen Situation: Diese spanne sich zwischen dem *Erzieher* und dem *Zögling* und ihrer gemeinsamen Beschäftigung mit dem dritten Faktor, dem anzueignenden Gegenstand auf (vgl. Winkler 2006, S. 130). Zwei Subjekte beschäftigen sich mit etwas Drittem, meist das zu Erlernende, und befinden sich auch hier in einer autopoietischen Situation. Mit dieser Theorie einer Trias, in welcher der Zögling als handelndes und mitbestimmendes Subjekt postuliert wird, hat sich die Pädagogik von einem Verständnis entfernt, in welchem der Erzieher das Subjekt und der Zögling ein Objekt ist, auf welches sich alle Handlungen des Erziehers richten (vgl. Sünkel 2013, S. 10).[16] Für ein Verständnis der

---

[16] Die Nähe der beiden Theorien von Winkler und Sünkel weist Ulf Sauerbrey an den Begriffen Vermittlung und Aneignung nach (vgl. Sauerbrey 2013, S. 103 f.).

Prozesse innerhalb der Triaden und ihrem Zusammenhang von Erziehung und Bildung, stellen die Begriffe *Vermittlung* und *Aneignung* zentrale Punkte dar:

> *Vermittlung* stellt [...] ein fundamentales *Prinzip* der Organisation menschlicher Entwicklung dar [...]. Sie steht in enger Beziehung zu *Bildung* [...] **Bildung bedeutet also durch Vermittlung bedingte Entwicklung, die wiederum auf Bildung zielt** – wobei sich das Vermittlungsgeschehen als Aneignung zeigt, zu welcher hin Vermittlung initiiert war. [...] Bildung vollzieht sich als voraussetzungsvolle Bildung zu einem Ich, das in der Aneignung sich ausspricht und sich feststellt, um sich wieder von sich selbst zu lösen, weil es sich selbst überschreitet [Herv. i. O.] (Winkler 2006, S. 82).

Vermittlung wäre dabei vor allem dem Erzieher zuzuordnen, welcher den dritten Faktor dem aneignenden Zögling dadurch zugänglich mache. Doch der Erzieher trete erst zu einer in der ersten Trias bereits vorhandenen Vermittlung hinzu, um die pädagogische Praxis (die zweite Trias) zu organisieren (vgl. ebd., S. 143). Das Zitat lässt sich nun besser verstehen: Vermittlung ist ein Prozess, der innerhalb der ersten Trias von Natur, Geist und des sich bildenden Subjekts zwischen diesen drei Faktoren tätig ist und somit die Bildung als auch die später hinzutretende Erziehung überhaupt erst ermöglicht. Wichtig wird diese Erkenntnis, wenn Erziehung und Bildung in den Kontext von Gesellschaft und Kultur gesetzt werden. Denn anhand der Vermittlung der ersten Trias nehmen Gesellschaft und Kultur ihren entscheidenden Anteil an der pädagogischen Praxis.

Aneignung wiederum ist, wie aus dem Zitat erkennbar wird, die Sichtbarkeit der Vermittlung und findet auf der Seite des Zöglings statt. Dieser ist es, welcher sich den dritten Faktor vermittelt – meist durch den Erzieher – aneignet. Die Aneignung selbst ist auf den „Prozess der Weltaneignung" gerichtet, d. h. in ihr entsteht eine „subjektive Repräsentation von Gesellschaft und Kultur"; der Zögling entwickelt also eine „innere Relation von Individuum und Welt" (ebd., S. 86 f.). Die Rolle des Lernens ist dabei offensichtlich: Lernen ist eine vermittelte Aneignung von Gesellschaft und Kultur. Winkler begreift das Lernen als „zunächst jede Veränderung eines Systems [...], mit welchem dieses auf äußere Reize reagiert und seinen Zustand, seine Konzepte wie Aktionsformen dauerhaft [...] verändert" (ebd., S. 85).[17] Oder anders formuliert: Im Prozess der Aneignung lernt der Zögling Reize zu verarbeiten und sie in seine Relation zur Welt einzubetten bzw. die Relation neu zu bestimmen und sein Handeln danach zu verändern.

---

[17]Schon hier sei an den eingangs zitierten Gedanken Dirk Baeckers erinnert.

Spätestens an dieser Stelle müssen die Begriffe der Bildung und Erziehung genauer untersucht werden. Bildung meint bei Winkler die Herausbildung eines eigenen Ichs, welches sich selbst aussprechen und feststellen kann. Dafür bedarf der Zögling einer vermittelten Aneignung, denn durch diese „konstruiert sich Subjektivität" (ebd., S. 82). Das dieses Ich sich immer wieder von sich selbst lösen und überschreiten müsse, wie Winkler es formuliert, mag an der Tätigkeit der Aneignung und dem Lernen selbst liegen. Dies fordere zu einer immer neuen Konstitution des eigenen Ichs heraus.

Die Erziehung und ihre pädagogische Struktur setzt mit dem Auftritt des Erziehenden ein. Die Schwierigkeit liegt nun darin zu bestimmen, worin sich eine Vermittlung des dritten Faktors durch den Erzieher und die dazugehörige Aneignung durch den Zögling, die pädagogische Situation, von anderen Vermittlungs- und Aneignungsprozessen oder schlicht von anderen Situationen unterscheidet.

> Endlich liegt ein entscheidendes Merkmal der Organisation von Erziehung darin, dass sie in ihrer Struktur *exklusiv* für alle Beteiligten, besonders aber für das sich entwickelnde Subjekt organisiert wird. [...] In dieser (vielleicht nur illusionierten) Exklusivität der Bereitstellung einer pädagogischen Praxis wie der Bereitstellung der Beteiligten, für diese und nur für diese Person bereit zu sein, entsteht die Besonderheit, in der die Differenz der Pädagogik zugänglich wird [...] (ebd., S. 132).

Die Besonderheit der Erziehung liegt demnach darin, dass der Erzieher eine Situation organisiert, in der sich der Zögling den durch den Erzieher vermittelten dritten Faktor aneignen kann. Dadurch kann sich der Zögling innerhalb der Erziehung bilden.

Man könnte behaupten, dass diese Theorie der Erziehung auf einem Verständnis der Moderne basieren würde. Der dritte Faktor stelle ein Objekt dar, an dem sich das Subjekt zu einer Subjektivität bilden kann und von dem es sich emanzipieren könnte. Doch auch die Pädagogik steht vor der Herausforderung einer postmodernen Gesellschaft und Kultur, in welcher ein solcher Subjektivierungsvorgang nicht mehr möglich sei (vgl. ebd., S. 197 ff.). Das Problem bestehe im postmodernen Subjekt selbst. Sollte es sich in der Moderne an der Gesellschaft und Kultur überhaupt erst zu einem Subjekt bilden und sich individualisieren, wird dieser Prozess in der Postmoderne von Anfang an in es selbst hineingelegt:

> Individuen [...] müssen nicht im Aneignungsprozess an sich arbeiten und sich an den Objekten der Welt und den mit ihnen befassten Personen abarbeiten, um sich selbst zu individualisieren und zu identifizieren. Sie sind dies schon, wenigstens der Form nach [...] Die Zwänge verschieben sich [...], so dass die Beziehungen zwischen den Subjekten von diesen reflektiert werden müssen, wie diese sich auch stärker in ihrer

Sozialität begreifen müssen; genauer: die individuellen Subjekte sind nicht nur zu Reflexionsleistungen gegenüber einer dynamischen und komplexen Welt gezwungen, um sich ihrer selbst zu vergewissern, sondern müssen sich, sozial zur Individualität gezwungen, reflexiv, unter Bezug auf die Ideen des Sozialen und der Gemeinschaft selbst sozialisieren. Das verlangt Selbstbeobachtung, eine Tendenz zum Narzissmus, dann auch Selbststilisierung, um vielleicht noch anderen aufzufallen (ebd., S. 103 f.).

Auf die erste Trias bezogen bedeutet dies in der Konsequenz, dass in der propädeutischen Vermittlung eine Störung vorliegt, da ein klar auszumachendes gesellschaftliches Objekt, ein Gegenstand der Kritik oder eine Letztbegründung nicht mehr vorliegt. Der dritte Faktor ist in die sich bildenden Subjekte hinein verlagert worden. Dies hat zur Folge, dass die aneignenden Subjekte gezwungen sind, dieses Dritte reflexiv zu verobjektivieren und ebenso auch das Verhältnis zu anderen Individuen. Die eigene Wahrnehmung von sich und des Verhältnisses zu anderen Menschen wird das Objekt der Subjektivierung. Die so neu entstandene Sozialisation „übersetzt die Dynamik des Sozialen und Kulturellen in eine Performativität des Einzelnen, der so nie mehr bei sich sein kann" (ebd., S. 252). Die paradoxale Konsequenz davon ist, dass bei dem Zwang zur Subjektivität diese indes verloren geht. So ist auch das von Winkler angestrebte Ziel der Pädagogik, dass das Subjekt sein eigenes Selbst gegenüber der Kultur und Gesellschaft bewahren kann, um diese mitzugestalten, einem hohen Risiko ausgesetzt (vgl. ebd. S. 107).

2.2 Eine pädagogische Analyse des zeitgenössischen Theaterdiskurses

Nun mag es hier nicht darum gehen, ob Theater im Detail immer pädagogisch ist und was dann vor allem eigentlich noch Theaterkunst sei. Eine Verbindung scheint jedoch außer Frage zu stehen, wenn man sich des Begriffs der Performativität bedient und feststellt, dass sowohl theatrale Aufführungen als auch die pädagogische Praxis durch Ko-Subjekte, Künstler*innen und Zuschauer*innen sowie durch Erziehende und Zöglinge in einer autopoietischen Situation etwas Drittes verhandeln und so erst die Aufführung als auch die pädagogische Praxis hervorbringen. Viel spannender erscheint die Frage, ob Theatermacher*innen auch erziehen und so den vermittelten Aneignungsprozess der Bildung organisieren?

Goebbels schreibt bspw. über die Ausbildung der Angewandten Theaterwissenschaft an der Justus-Liebig-Universität Gießen, dass das Organisieren des

Bühnen- und Wahrnehmungsgeschehens elementarer Bestandteil der Regieaufgabe sei, damit die Studierenden als auch das Publikum das genaue Hinschauen und Hinhören lernen könnten (vgl. Goebbels 2012, S. 158). Selbst Fischer-Lichte beschreibt die Herausforderungen bei der Manipulation der autopoietischen feedback-Schleife (vgl. Fischer-Lichte, S. 61 f. und S. 73). Ihre Beschreibungen des Rollenwechsels erinnern zudem stark an eine Unterrichtssituation:

> Die Künstler entmächtigen sich in ihm [dem Rollenwechsel, F. F.] selbst als alleinige Schöpfer der Aufführung; sie erklären sich bereit, die Autorschaft und Definitionsmacht – wenn auch im unterschiedlichen Ausmaß – mit den Zuschauern zu teilen. Dies gelingt jedoch nur durch einen Akt der Selbstermächtigung und der Entmächtigung der Zuschauer: Die Künstler ermächtigen sich, dem Zuschauer neue Verhaltensweisen aufzuzwingen oder sie gar in Krisen zu stürzen, und entziehen diesen so die Position des distanzierten, über dem Geschehen stehenden Beobachters (ebd., S. 80).

Dass Inszenierungsprozesse als das Organisieren bestimmter Aneignungsprozesse stattfinden, sollte nun deutlich geworden sein – zumindest auf der Seite des performativen und postdramatischen Theaters. Stegemann verankert den Begriff der Bildung schon in seinen theoretischen Grundlagen, wenn er auf Hegel verweist und er von der Entstehung des Selbstbildes des Menschen anhand des Verhältnisses seines Wollens in der Welt schreibt (vgl. 2013, S. 72). Außerdem kann man die Herstellungsprozesse eines mimetischen Spiels durchaus auch als Organisationsprozesse der Erziehung verstehen.

Doch wenn man nun annimmt, dass das Theater schon in seiner strukturellen Beschaffenheit der Aufführungssituation per se pädagogische Elemente mit sich führt, was ist dann der sogenannte dritte Faktor? Und unterscheiden sich Realismus und postdramatisches und performatives Theater dann noch voneinander? Bisher ist deutlich geworden, dass der Realismus als höchstes Ziel das Erkennen und Verstehen der gesellschaftlichen Zusammenhänge durch ein mimetisches Spiel beabsichtigt und performatives Theater die Probleme der Bezeichnungsprozesse und die der Wirkmächtigkeit des Individuums in den Macht-Ordnungen erkennen lassen möchte, indem die Zuschauer*innen auf der Schwelle zwischen den Wahrnehmungsordnungen verweilen und diese immer wieder überschreiten. Doch wozu?

Stegemann äußert sich, mit Verweis auf Jacques Rancière, über seine Hoffnungen und Ziele sehr genau:

> Die Details des Lebens bekommen in der Ordnung der Fiktion ein zweites Leben, das die verdrängten Wünsche und Hoffnungen hinter der blinden Oberfläche hervortreten lässt. Die Erinnerung an die eigenen Träume findet über das Wiedererkennen des Eigenen in der Fiktion seinen Zugang zum Betrachter. ‚Wirklichkeitseffekt ist ein Gleichheitseffekt.' Über ihn begreifen sich die Zuschauer als zugehörig und einander verwandt. Durch die wechselseitige Wahrnehmung in der gemeinsam geteilten Welt der Fiktion erkennen die Zuschauenden sich selbst als Teil einer Gesellschaft wieder. Sie sind nicht mehr allein mit ihren Ängsten und Wünschen […]. Aufklärung und Solidarität entstehen aus dem Erlebnis einer gemeinsamen Wahrnehmung des Vertrauten und der gemeinsamen Erkenntnis, wie viel Ungedachtes darin liegt. Erst die Erfahrung der eigenen Schwäche und ihre Aufgehobenheit in der doppelten Gemeinschaft der fiktionalen Ordnung und der des Publikums macht das realistische Theater zu einem Ort, an dem Solidarität entstehen kann (2013, S. 97).

Es ist die Idee der Solidarität des Publikums, welche sich im Optimalfall auch über den Theaterabend hinaus bewegt, welche das erzieherische Ziel des realistischen Theaters darstellt. Dazu dient die Freiheit der Fiktion innerhalb der entsprechenden ästhetischen Erfahrung; nicht um sich ganz besonders frei zu fühlen, sondern um sich mit dem restlichen Publikum zu solidarisieren.

Lehmanns Wunsch nach der Konfrontation des Menschen mit seinen Ängsten und Abgründen, wird durch Fischer-Lichte in ihrer Formulierung des Ziels der ästhetischen Erfahrung im performativen Theater aufgefangen:

> Der Mensch bedarf […], in seiner Abständigkeit von sich selbst der Schwelle, die es zu überschreiten gilt, wenn er sich selbst als einen anderen (wieder)finden will. Als mit Bewusstsein begabter lebender Organismus […], kann er nur er selbst werden, wenn er sich permanent neu hervorbringt, sich ständig verwandelt, immer wieder Schwellen überschreitet, wie die Aufführung es ihm ermöglicht, ja, ihm abfordert. Die Aufführung ist in dieser Hinsicht […], sowohl als das Leben selbst als auch als sein Modell zu begreifen […] (2004, S. 359).

Damit fordert sie nichts Geringeres, als die Erkenntnis des Menschen über sich selbst durch vermittelte Bildungsprozesse. Das Theater wird hier zur Schule des Lebens, da es nicht nur Möglichkeiten des Probierens der Selbstwerdung durch seinen Modellcharakter bietet, sondern das Leben selbst ereignet sich an diesem Ort. Die Grenze zwischen Kunst und Leben, Kunst und Gesellschaft wird durch solch einen Vorgang erkennbar liquide.

Die zwei Positionen sind nun folgendermaßen voneinander zu unterscheiden: wo die einen Erkenntnisse über die Welt, in der wir leben, vermitteln wollen – zum Zwecke der Solidarisierung –, wollen die anderen auf die permanente Distanz des Menschen von sich selbst verweisen, um ihn dadurch das sein zu lassen, was er ist. Die eine Bewegung ist nach außen zu anderen Menschen gewendet, die andere nach innen zum eigenen Selbst.

3 Schluss

Die zwei Theorieströmungen befinden sich nun seit Jahren in einem Streit um eine angebrachte Ästhetik des Theaters, da beide behaupten, sie würden die einzig richtige Antwort auf die gesellschaftliche Gegenwart in ihrer Kunst darstellen. Doch erscheinen die Positionen nach einer pädagogischen Analyse viel mehr als die zwei Bewegungen, welche notwendig sind, um sich in der Gegenwart zu bilden. Das Ziel der Pädagogik nach Winkler – ein Selbst zu generieren, das der Gesellschaft standhält und diese mitgestaltet – wäre durch eine Kombination beider Theorien möglich, so könnte man meinen. In der Theaterpraxis wird dies auch häufig genug gemacht. Mit dem Regisseur Jan Philipp Gloger sei nur ein Beispiel von Vielen zitiert: „Für mich als Theatermacher ist eine Durchdringung von identifikatorischem Spiel einerseits und performativen Elementen andererseits sogar so etwas wie der Kern meiner Arbeit" (2017, S. 16). Doch muss darauf aufmerksam gemacht werden, was durch das Zitat von Klafki nur ganz kurz angedeutet wurde: Neben den Zielen, müssten auch die Normen untersucht werden. Oder anders formuliert: Welche Ziele werden in welcher Gesellschaft verfolgt?

Aufgezeigt wurden zwei Theorien, die ihr Verhältnis zur Gesellschaft nicht verschiedener ausgestalten könnten. Die Anhänger*innen des Realismus kritisieren den Kapitalismus und die daraus entstehende Gesellschaft und verfolgen eine Stärkung der Gemeinschaft der Menschen untereinander, die in einer gemeinsamen Theatererfahrung ihre Ängste überwinden sollen, um außerhalb des Theaters handelnd ihre Umwelt zu gestalten. Die Vertreter*innen des Postdramatischen und Performativen wiederum beziehen keine Verbindungen zwischen Wirtschafts- und Gesellschaftssystem in ihre Überlegungen mit ein. Sie beschreiben die Wirklichkeit als eine durchrationalisierte Welt, in der verbindende Beziehungen im Bezeichnungsprozess verloren gehen, sodass eigentlich niemand mehr versteht, was er selbst noch wie diese Welt um uns herum strukturiert ist. Aber im Theater, welches als Modell dient, kann eine Selbsterkenntnis stattfinden; obwohl dabei paradoxerweise auf Verstehensprozesse verzichtet werden kann. Unabhängig davon, ob man die Ansichten dieser Vertreter*innen über die Welt teilt, wird der Widerspruch zwischen beschriebener Gesellschaft (Norm) und die theatrale Reaktion darauf (Ziel) offensichtlich.

Unabhängig von den Widersprüchlichkeiten der Theorien hat sich gezeigt, dass beide von pädagogischen Strukturen durchzogen sind. So sehr sich die Theatertheoretiker*innen – vor allem die Vertreter*innen des performativen und postdramatischen Theaters – darum bemühen ihre intentionalen Absichten zu verbergen, so sehr sollte deutlich geworden sein, dass Theater eben nicht nur ein Ort der Bildung ist, sondern vor allem auch einer der Erziehung. Selbst wenn Stegemann auf das Bildungsgeschehen nach Hegel eingeht und dieses auch eingesteht, zeigt er nicht auf, dass er sich deutlich erhofft, die Menschen zur Solidarität erziehen zu können; und zwar zu einer Solidarität, die außerhalb des Theaters stattfinden soll. Und der Wechsel zwischen den Wahrnehmungsordnungen und das Verweilen auf der Schwelle dazwischen, ist verwandt mit den Subjektivierungsprozessen, die Winkler als das Problem der Postmoderne beschreibt. Man könnte soweit gehen zu behaupten, dass Fischer-Lichte einen Erziehungsvorgang beschreibt, der als Antwort auf Winklers Bedenken gedeutet werden könnte, wie sich selbstbewusste Subjekte in der Postmoderne noch bilden könnten.

Nun stellt sich durchaus die Frage, warum eine so offensichtliche Verbindung zwischen Pädagogik und Theater von den jeweiligen Vertreter*innen der Strömungen nicht wahrgenommen wird. Ist sie ihnen nicht bewusst? Allein bei Stegemann lässt sich das bezweifeln. Und auch Fischer-Lichte oder Dirk Baecker bemühen sich erkennbar darum, die Intentionalität von Aufführungen zu verbergen. Doch warum ist die Angst vor dem Zeigefinger auf der Bühne so groß? Muss die Autonomie der Kunst so sehr verteidigt werden? Auf jeden Fall müsste man das Theater anders legitimieren, wenn gesellschaftlich offenbar würde, dass es erzieherisch tätig ist und ganz bestimmte Ziele verfolgt. Allerdings könnte auf beiden Seiten, also auch auf der Seite der*ie Zuschauer*innen, der Kunstgenuss verringert werden, wenn es offen ausgesprochen werden würde, dass man ins Theater geht, um sich erzieherisch beeinflussen zu lassen. Vielleicht lebt das Theater davon, dass es sich bei seiner Verbindung zur Pädagogik um ein offenes Geheimnis handelt; das Spiel mit dieser Verborgenheit generiert vielleicht gerade das Spiel von Aufführungen.

Doch dabei handelt es sich um das Spiel als Praxis, das Spiel der Theorie ist ein anderes. Es drängt sich durchaus die Frage auf, ob auch die Theatertheorie die Verbindung zur Pädagogik verbergen sollte. Ein weniger widersinniger Streit könnte entstehen, wenn man die entsprechenden Implikationen nicht ignorieren müsste. An dieser Stelle offenbart sich auch im Theater ein Theorie-Praxis-Problem. Denn wie Gloger versuchen Praktiker*innen Impulse aus beiden Theorien zu verwenden. Oft genug werden die beschriebenen Mittel ohne Reflexion auf ihre Theorie – oder gar ihre pädagogischen Implikationen – verwendet. Ebenso wie die Erziehenden und Lehrenden vergisst man, dass man gerade Theorie in der Praxis anwendet, jene in ihrer Fundierung vielleicht auf ganz andere Punkte abzielt, als man selbst in der konkreten Situation vermuten würde. Für eine Bewusstmachung dessen sowohl im Publikum als auch bei den Theatermacher*innen soll die hier durchgeführte Analyse dienlich sein. An dieser Stelle sei abschließend jedoch erwähnt – nicht zuletzt um die Kunst nicht gänzlich an die Pädagogik zu verraten – dass es die Praxis des Theatermachens selbst ist, die oft scheinbar wenig mit Pädagogik und Theorie zu tun hat. Damit sei vor allem der Probenprozess gemeint. Dieser ist mehr von spontaner Fantasie, Zufällen, Selbstvergessenheit, Inspiration und unbewussten Gefühlen – dem Spiel – bestimmt, als es allen Beteiligten bewusst und manchmal recht sein dürfte. Ob nun im Spiel oder im einfachen Machen, man begeht Abzweigungen und Umwege, die einem nur mit Glück, oft genug auch Unglück, auf die vorausgegangenen Überlegungen zurückbringen. Auch wenn man dabei wohl selten unintentional handelt, so scheint es manchmal wichtig zu sein, das eigene intentionale Handeln vor sich selbst zu verbergen. Darin äußert sich wohl vielleicht der Punkt, dass die Kunst ein Anderes zur Gesellschaft darstellt. Trotz dieser spielerischen Momente, sollte die Verbindung von Kunst und Gesellschaft und die Rolle der Kunst in der Gesellschaft nicht vergessen werden. Und Theatermacher*innen sollten sich immer wieder bewusst machen, dass sie mit bestimmten Intentionen Auffführungsabläufe und Wahrnehmungen planen und organisieren. Wozu und warum sie dies tun, sollten sie dabei nie vergessen.

Literatur

Adorno, T. W., & Horkheimer, M. (1969). *Dialektik der Aufklärung*. Frankfurt a. M.: Fischer.
Baecker, D. (2013). *Wozu Theater?* Berlin: Theater der Zeit.
Engler, W. (2017). *Authentizität. Von Exzentrikern, Dealern und Spielverderbern*. Berlin: Theater der Zeit.
Fischer-Lichte, E. (2004). *Ästhetik des Performativen*. Frankfurt a. M.: Suhrkamp.
Gessmann, M. (Hrsg.) (2009). *Philosophisches Wörterbuch*. Stuttgart: Körner.
Ginder, J. (2017). Realismus nach 2008. *Theater der Zeit, Heft 2*, S. 31–33.
Gloger, J. P. (2017). Experten für Spiel und Wirklichkeit. Warum die Diskussion „Schauspieltheater versus Performance" falsche Fronten schafft. *Theater der Zeit, Heft 2*, S. 16–17.
Groys, B. (2017). Für den Neuen Realismus oder die Rückkehr der Seele. In N. Gronemeyer & B. Stegemann (Hrsg.), *Lob des Realismus. Die Debatte* (S. 113–121). Berlin: Theater der Zeit.
Goebbels, H. (2012), *Ästhetik der Abwesenheit. Texte zum Theater*. Berlin: Theater der Zeit.
Hayner, J. (2017). Nichts als Schein. Bemerkungen zum Begriff des Realismus. In N. Gronemeyer & B. Stegemann (Hrsg.), *Lob des Realismus. Die Debatte* (S. 144–151). Berlin: Theater der Zeit
Klafki, W. (2001). Hermeneutische Verfahren in der Erziehungswissenschaft. In C. Rittelmeyer et al., *Einführung in die pädagogische Hermeneutik* (S. 125–148). Darmstadt: Wissenschaftliche Buchgesellschaft.
Lehmann, H.-T. (2005). *Postdramatisches Theater*. Frankfurt a. M.: Verlag der Autoren.
Read, A. (2012). Über Aufführung überhaupt und die Aufführung des Menschen. Bemerkungen über das Theater vor der Identitätstheorie. In A. Cziral et al. (Hrsg.), *Die Aufführung. Diskurs – Macht – Analyse* (S. 49–68). München: Wilhelm Fink.

Riese, U. & Magister, K. H. (2000). Postmoderne/postmodern. In K. Barck et al. (Hrsg.), *Ästhetische Grundbegriffe Band 5* (S. 1–39). Stuttgart/Weimar: Metzler.

Röggla, K. (2017). Negativer Realismus. In N. Gronemeyer & B. Stegemann (Hrsg.), *Lob des Realismus. Die Debatte* (S. 33–41). Berlin: Theater der Zeit.

Sauerbrey, U. (2013). Vermittlung und Aneignung. Zur Klärung erziehungswissenschaftlicher Begriffe. In J. Brachmann et al. (Hrsg.), *Kritik der Erziehung. Der Sinn der Pädagogik* (S. 103–112). Bad Heilbrunn: Klinkhardt.

Schiller, F. (1971). *Kallias oder über die Schönheit. Über Anmut und Würde.* Stuttgart: Reclam.

Schiller, F. (2000 [1795]). *Über die ästhetische Erziehung des Menschen.* Stuttgart: Reclam.

Stegemann, B. (2013). *Kritik des Theaters.* Berlin: Theater der Zeit.

Stegemann, B. (2015). *Lob des Realismus.* Berlin: Theater der Zeit.

Sünkel, W. (2013). *Erziehungsbegriff und Erziehungsverhältnis. Allgemeine Theorie der Erziehung.* Weinheim/Basel: Beltz Juventa.

Trebeß, A. (Hrsg.) (2006). *Metzler Lexikon. Ästhetik. Kunst, Medien, Design und Alltag.* Stuttgart/Weimar: Metzler.

Ostermeier, T. (2016). Wir Ichlinge. Wie das Theater als vorpolitischer Raum der Vereinzelung im Neoliberalismus entgegenwirken kann. Thomas Ostermeier im Gespräch mit Wolfgang Engler. *Theater der Zeit, Heft 2,* S. 24–28.

Prange, K. (2011). Zeigen – Lernen – Erziehen. In K. Kenklies (Hrsg.), *Klaus Prange. Zeigen – Lernen – Erziehen* (S. 21–61). Jena: Garamond.

Willems, H. & Jurga, M. (Hrsg.) (1989). *Inszenierungsgesellschaft.* Opladen/Wiesbaden: Westdeutscher Verlag.

Winkler, M. (2006). *Kritik der Pädagogik. Der Sinn der Erziehung.* Stuttgart: Kohlhammer.

Teil II
Ästhetische Praktiken – Entbergende Reflexionen

Forest Bathing – Eine pädagogische Wanderung durch den Wald

Sebastian Engelmann

Der Wald. Ein in Kunst und Literatur immer wieder aufgerufener Gegenstand. Der Poet William Wordsworth (1770–1850) – einer der bekanntesten Vertreter der englischen Romantik – schreibt hierzu: *Das Erlebnis eines Frühlingswaldes kann dich mehr über den Menschen lehren, über Moral, das Böse und das Gute, als alle Weisen.* Und auch der deutsche Autor Franz Kafka (1883–1924) spricht dem Wald eine Tiefe zu, die beeindruckt: *In den Wäldern sind Dinge/über die nachzudenken,/man jahrelang im Moos liegen könnte.* Weniger lyrisch fasst es der Entdecker Thor Heyerdahl (1914–2002). Pragmatisch merkt er an: *Das Schicksal von Mensch und Wald ist heute enger verbunden als jemals zuvor. Heute können nicht einmal die Wälder ohne den Menschen überleben, aber sicher die Menschen auch ohne die Wälder nicht.*

Der Wald beschäftigt die Menschen – sowohl als Quelle des Lernens bei Wordsworth, als mystisches Gegenüber, das zum Andenken anregt bei Kafka oder auch als untrennbar mit dem Menschen verbundener und in Abhängigkeit stehender Schicksalsgenosse bei Heyerdahl. Auch aktuelle neurowissenschaftliche Forschungen haben sich dem Wald zugewendet – und zwar mit der Fragestellung, was denn nun genau geschieht, wenn Mensch und Wald sich näherkommen. Die neusten neurowissenschaftlichen Forschungen zu einem in Deutschland bisher nahezu unbekannten Phänomen haben ergeben, dass die Praxis des „In-den-Wald-Gehens", im Englischen *Forest Bathing*, im Japanischen shinrin-yoku (森林浴) genannt, sich nachweislich positiv auf die Gesundheit des Menschen auswirkt (vgl. Li 2009, 2018). Klinische Untersuchungen belegen diese Ergebnisse durch kontrollierte Vergleichsstudien (vgl. Morita et al. 2007). Die Ergebnisse der

S. Engelmann (✉)
Universität Tübingen, Tübingen, Deutschland
E-Mail: sebastian.engelmann@uni-tuebingen.de

© Springer Fachmedien Wiesbaden GmbH, ein Teil von Springer Nature 2019
C. Bach (Hrsg.), *Pädagogik im Verborgenen,*
https://doi.org/10.1007/978-3-658-21891-1_8

Studien weisen darauf hin, dass Forest Bathing sich anbietet, Stress bei Personen zu reduzieren, die ebendiesem aufgrund von Umweltfaktoren oder Arbeitsbedingungen ausgeliefert sind.

Kurz: Der Waldspaziergang und das gute Gefühl danach – also die bei Wordsworth, Kafka und Heyerdahl unterschiedlich ausgestalteten, kaum rationalisierten Verhältnisse zum Wald – sind nun verwissenschaftlicht. Nach dem Spaziergang durch den Wald ist der Blutdruck gesenkt, die Stimmung erhöht, die Heilung von Krankheiten und Verletzungen wird beschleunigt und auch der Schlaf verbessert sich. All das, so argumentieren die Studien, sei durch die *Wahrnehmung* des Waldes bedingt, seiner Farben, seiner Geräusche und seiner Gerüche. Aufgrund der nun vorhandenen Möglichkeit der Aufschlüsselung von vormals undifferenzierten positiven Auswirkungen des Waldes in verschiedene Input- und Outputfaktoren votieren die Studien dafür, den Waldspaziergang als therapeutische Maßnahme einzusetzen – gestresste Großstädter_innen ab in die Wälder!

Der Wald selbst ist – abseits von Randbemerkungen und einer generellen Mythisierung – ein wenig behandeltes Thema in der Pädagogik. Außer waldpädagogischen Beiträgen, die sich weniger auf die pädagogische Funktion des Waldes selbst beziehen als auf erfahrungsbezogene Methoden im nicht näher definierten Containerraum Wald, liegen keine bekannten bildungsphilosophischen Auseinandersetzungen mit dem Wald als solchem vor. Nichtsdestotrotz sind Pflanzenmetaphern und generelle Diskussionen um die Bedeutung der „Natur" allzeit präsent. Sie durchziehen beispielsweise die reformpädagogische Diskussion des beginnenden 20. Jahrhunderts. Vom Wandervogel bis zur Landerziehungsheimbewegung wird der Wald als Sehnsuchtsraum aufgerufen und steht stellvertretend für eine unberührte, gar wilde, Natur. All dies soll aber hier lediglich am Rande Thema sein; weitere vertiefende Auseinandersetzungen mit dem Thema Wald aus pädagogischer Perspektive stehen weiterhin aus. So würde es sich anbieten, den verschiedenen Bezugnahmen auf den Wald in den zentralen Texten der Jugendbewegung und der historischen Reformpädagogik nachzugehen. An dieser Stelle sollte der Hinweis darauf genügen, dass der Wald den Menschen – und auch die Pädagogik – beschäftigt.

In diesem Beitrag möchte ich mich anhand des Phänomens Forest Bathing dem Wald selbst zuwenden und mich in sein Unterholz begeben. Hierbei muss von Anfang an klar sein, dass das Phänomen weder vollständig erschlossen werden, noch eine abschließende Einordnung in die theoretischen Diskussionen der Pädagogik erfolgen kann. Anhand einer vom Phänomen ausgehenden Betrachtung des Forest Bathings möchte ich bescheiden nach pädagogischen Mechanismen in ebendieser Praxis fragen. Die These, die ich in diesem Beitrag plausibilisieren und kritisch wenden werde, ist, *dass in der therapeutisch-funktionalen Praxis des*

Forest Bathings der Wald implizit als pädagogisch relevante Struktur in den Blick kommt, die durch Wahrnehmungsimpulse das menschliche Lernen steuert.[1]

Dafür werde ich 1) zunächst eine Beschreibung des Phänomens Forest Bathing anhand der aktuellen wissenschaftlichen Literatur vornehmen. Im Anschluss daran werde ich 2) ein begriffliches Instrumentarium entwickeln, um aufzuzeigen, dass die ästhetische Praxis des Forest Bathings auch abseits der therapeutisch-funktionalen Nutzung als pädagogische Praxis verstanden werden kann. Hauptbezugspunkt dafür ist die Anthropologische Pädagogik Otto Friedrich Bollnows (1903–1991) (vgl. 2013). Nachweisen möchte ich in der Auseinandersetzung mit Bollnows Überlegungen zum Wandern, dass der Gang in den Wald ein Bedürfnis des Menschen tangiert, dessen Erfüllung durch gesellschaftliche Umstände aktuell erschwert wird. Ruhe, Beständigkeit und Naturerfahrung sind Bedürfnisse – so die hier entwickelte und keineswegs allgemeingültige Lesart – die heute in vielen Fällen nur noch mit Einschränkungen erfüllt werden können. Mit Bollnow gedacht wird das menschliche Verhältnis zur Welt verkompliziert; der Mensch leidet an der zunehmenden Komplexität der Welt und der Entfremdung. Mit diesem theoretischen Instrumentarium möchte ich die ästhetische Praxis des In-den-Wald-Gehens pädagogisch deuten. All diese Überlegungen werde ich abschließend 3) kritisch diskutieren, da die Praxis des Forest Bathings aufgrund der noch näher auszuführenden Aneignung durch Psychologie und Wellnessindustrie problematische Konsequenzen zeitigt. Und auch die romantisierende *back-to-nature* Idee, die mit der Praxis des Waldbadens assoziiert ist, kommt nicht ohne normative Bezüge aus, die kritisch zu betrachten sind. In der Analyse des Forest Bathings wird *zum einen* deutlich werden, dass die zunehmende Thematisierung von Forest Bathing als Bedürfnis nach Bodenständigkeit, Gelassenheit und Natur gedeutet werden kann. Sie wird als Reaktion auf aktuelle gesellschaftliche und ökologische Veränderungen erkennbar (vgl. Latour 2017; Reckwitz 2017), mit denen sich auch die Pädagogik als Wissenschaft der *gesellschaftlichen* Bildungs- und Erziehungsverhältnisse auseinanderzusetzen hat. *Zum anderen* werde ich herausarbeiten, dass es sich bei dem „neuen Wellness-Trend" (Teufel 2017; Meeri 2016) Forest Bathing um eine potenzielle Optimierungspraxis handelt, die schnell Gefahr läuft, zur Leistungssteigerung

---

[1]Diese These wendet sich kritisch gegen die zunehmend einsetzende Therapeutisierungslogik in der Sozialen Arbeit und Sozialpädagogik. Aber auch in der Psychologie dominieren aktuell solche Modelle. Die Grundannahme, die hier nicht weiter ausgeführt werden muss, da sie als Prämisse gesetzt wird, ist die der Therapeutisierung gesellschaftlicher Verhältnisse (vgl. Anhorn und Balzereit 2016; Anhorn 2016).

genutzt zu werden. Bevor all dies nachvollziehbar wird, gilt es nun zunächst, das bisher nur schemenhaft konturierte Forest Bathing begrifflich zu schärfen, um ein umfassendes Bild des Phänomens zu zeichnen. Begeben wir uns also in den Wald der Neurowissenschaftler_innen, der sich sowohl in Japan als auch in Süddeutschland befindet.

1 Forest Bathing – Eine Annäherung

Forest Bathing entwickelt sich neuerdings zum Hype in der Naturtherapie. Spannend ist hierbei, dass sich die Diskussionen im Ursprungsland (Japan) der neurowissenschaftlichen Erforschung der Waldtherapie – und die dort stattfindenden Forschungsbemühungen – noch nicht vollständig auf die deutschsprachige Diskussion übertragen haben. Statt einer vertieften Diskussion der Forschungsergebnisse spielt sich die Auseinandersetzung in Deutschland und Österreich auf News-Seiten (vgl. Teufel 2017) oder den Websites von an Naturschutz interessierten Organisationen ab (vgl. Bucher 2017). Hier wird das Phänomen zwar erwähnt, weiterführende Recherchen verweisen jedoch nur auf andere, englischsprachige Artikel (vgl. Meeri 2016), die unkritisch übernommen bzw. übersetzt wurden. Hier hält man beispielsweise fest:

> In der Schweiz und in Deutschland ist der Trend noch nicht sehr verbreitet. Hierzulande weiss (sic!) man die positiven Effekte von Wald und Bäumen jedoch ebenso zu schätzen: Yogastunden oder Meditationen im Wald sowie Ausbildungen in diese Richtung erweitern das Standartwellnessangebot (sic!) (Bucher 2017, S. 1).

Was diese vereinzelten Positionen eint, ist, dass sie alle *Forest Bathing als bewusste Wahrnehmung des Waldes über einen begrenzten Zeitraum während simultaner Bewegung durch den Wald* verstehen. Sie schließen – eher indirekt als direkt – an die kanonische Definition von Forest Bathing im asiatischen Raum an. Forest Bathing

> is a traditional Japanese practice of immersing oneself in nature by mindfully using all five senses. During the 1980s, SY [Shinrin-Yoku, S. E.] surfaced in Japan as a pivotal part of preventive health care and healing in Japanese medicine (Hansen et al. 2017, S. 1).

Zugleich verweisen die aktuellen Bezugnahmen im populären Diskurs darauf, dass die japanischen Studien – wobei es auch weitere, beispielsweise chinesische und südkoreanische Beiträge gibt – den positiven Einfluss des Forest Bathings auf die menschliche Gesundheit *beweisen*.

Diesen Erkenntnissen entsprechend – auf die ich gleich noch genauer eingehen werde – ist es auch nicht verwunderlich, dass an der Universität München Waldthereapeut_innen ausgebildet werden sollen. Die Ausbildung für Waldtherapeut_innen schließt an die Erkenntnisse aus der japanischen Forschung an, deren Ergebnisse wie folgt zusammengefasst werden:

> In Fernost setzt man schon lange eine Erkenntnis um, die auch hierzulande langsam ankommt: dass der Wald zwar keine Wunder vollbringen kann, bewusstes Gehen durch den Wald aber etwas Wunderbares ist für die Gesundheit. Ihren Ursprung hat die Waldtherapie im Shinrin Yoku, dem sogenannten Waldbaden. Das japanische Ministerium für Landwirtschaft, Forstwirtschaft und Fischerei prägte den Begriff im Jahr 1982, gemeint ist das Eintauchen in die Stille und Unberührtheit eines Waldes (Hoben 2017, S. 1).

Und die Universität München differenziert auf ihrer Seite auch genauer aus, was sie unter Waldtherapie versteht:

> Die Waldtherapie ist ein Element der Klimatherapie, welches gezielt für präventive und therapeutische, aber auch rehabilitative Zwecke eingesetzt werden kann. Dazu gibt es eine Vielzahl internationaler Studien, welche die gesundheitsfördernden Aspekte auf Körper und Psyche dokumentieren (LS Public Health und Versorgungsforschung 2017, S. 1).

An anderer Stelle wird Forest Bathing ebenfalls als therapeutisches Allheilmittel dargestellt, das in zahlreichen – auch ausdrücklich pädagogischen – Kontexten Anwendung finden kann:

> Waldtherapie und Forest Bathing als Naturtherapie kann in verschiedenen Arbeitsfeldern und Berufen, wie Kinder- und Jugendarbeit, Erwachsenenbildung und Lebenshilfe, in Psychotherapie (hier nur mit Approbation oder HPG-Erlaubnis), Rehabilitation mit Suchtkranken usw. in Therapieeinrichtungen oder freier Praxis eingesetzt werden. Waldtherapie und Forest Bathing bietet damit eine wirksame Ergänzung oder Alternative zu den herkömmlichen Strategien verbaler Therapieformen (Petzold und Ellerbrock 2017, S. 1)

Und auch die Handlungen, die für eine erfolgreiche Waldtherapie zu realisieren sind, werden genauer ausformuliert. Deutlich wird, dass die Wahrnehmung des Waldes die zentrale Position in der Waldtherapie einnimmt:

> Es werden dabei körperliche Aktivitäten und die aktive Anleitung zur Förderung multisensorischer Erlebnisse durch aus- bzw. weitergebildete Fachkräfte eingesetzt, um die mannigfaltigen positiven Wirkungen des Waldes therapeutisch zu nutzen (ebd., S. 2).

Begründet ist die spezifische Wirksamkeit des Waldes über den subsumtionslogischen Begriff des „Walderlebens", der in verschiedenen Kontexten – von der Waldtherapie bis zum Waldkindergarten – auftaucht und ein diverses Phänomen vermeintlich zu beschreiben vermag. Das Walderleben basiert auf der Annahme, dass der Mensch als Wesen mit verschiedensten Sinnen dazu in der Lage ist, verschiedene Sinnesreize wahrzunehmen. Weiter noch wird davon ausgegangen, dass die Deprivation von Reizformen negative Auswirkungen auf den Menschen hat:

> Fehlen ihm dauerhaft die Möglichkeiten dazu, wird seine Gesundheit beeinträchtigt und es können sich Störungen und Krankheiten einstellen. Der Wald bietet hier ein großes heilendes und gesundheitsförderndes Potential durch ideale Möglichkeiten der Beruhigung und der Stimulierung aller Sinne, denn Menschen brauchen sowohl Anregung als auch Entspannung. Der Wald stellt beides in optimaler Weise bereit (ebd.).

An anderer Stelle werden mit Bezug auf die zugrunde liegende Forschung Spezifika der Waldtherapie herausgearbeitet. Hierbei werden genauer als oben die wahrnehmbaren Impulse des Waldes angesprochen. Positiv wirken laut den Wissenschaftler_innen der LMU und ihrer Zusammenfassung der japanischen und südkoreanischen Studien die Lichtverhältnisse des Waldes (Dämmerlicht), der Geruch des Waldes (Holz und Erde), „seltene, ungewohnte Geräusche wie Vogelstimmen, das Rascheln der Blätter oder das Plätschern eines Baches" (LS Public Health und Versorgungsforschung 2017, S. 1), das Gefühl der Rinde von Bäumen oder auch das „Probieren von Beeren" (ebd.). So werde der Mensch durch den Wald holistisch „angesprochen" (ebd.), all seine Sinne werden beansprucht. Gesundheitsfördernd sei das Waldbaden aufgrund der geringeren Luftschadstoffe und der damit verbundenen Entlastung der Atemwege, der höheren Luftfeuchtigkeit, einer niedrigeren Lufttemperatur – die sowohl die körperliche Leistungsfähigkeit steigere als auch abhärte –, der Verbesserung der Stimmung durch die Lichtverhältnisse und die dadurch vermittelte Geborgenheit und den positiven Einfluss von Pflanzen, Bäumen, Holz, des Waldbodens, generell der „Ästhetik des Waldes" (ebd.) auf die Psyche. Diese in der deutschsprachigen Literatur angeführten Resultate des Forest Bathings sind im Vergleich zu den international beschriebenen korrelierten Wirkungen noch bescheiden. In diesen tritt das Forest Bathing als unbegrenzt wirksame Maßnahme der Menschenverbeserung auf. Zusätzlich zu den physischen Reaktionen sollen laut internationalen Studien sogar Depressionen und Stimmungsschwankungen abgebaut sowie Hyperaktivität und Aufmerksamkeitsdefizit durch Waldbaden behandelt werden können. Zudem sei es möglich, ein Gefühl des Staunens, welches Dankbarkeit und Selbstlosigkeit befördere, durch Waldbaden hervorzurufen (vgl. Hansen et al. 2017, S. 2; Williams 2016, S. 229).

Kann dies alles tatsächlich nur mit einem Spaziergang durch den Wald erreicht werden? Die Vertreter_innen des Forest Bathings gehen durch die Verwendung des Begriffs der *Ästhetik des Waldes* sogar noch weiter und machen diese für die Hervorbringung der ausgeführten positiven Wirkungen verantwortlich. Der Wald wird so zur Quelle von allerlei in der Leistungsgesellschaft positiv konnotierten Handlungsweisen – er führt durch Sinnesreize dazu, dass Menschen sich entspannen, altruistischer handeln, nicht in Depressionen verfallen und somit optimiert werden.

Um all dies zu erreichen, bedarf es jedoch einer besonderen Art des Waldes: „Um dies [positive Effekte, S. E.] zu gewährleisten, sollten geeignete Kurwälder ausgewählt werden, da nicht jeder Wald per se einen entspannenden Effekt erzielt (beispielsweise ein dunkler Wald)" (LS Public Health und Versorgungsforschung 2017, S. 1.). Der Wald muss besonderen Gütekriterien genügen, um seine positive Wirkung auf den Menschen entfalten zu können – die Suche nach diesen Gütekriterien ist aktuell auch das Anliegen der zahlreichen im asiatischen Raum realisierten Studien (vgl. Tsunetsugu et al. 2010). Insbesondere aktuellere internationale Publikationen wenden sich dabei noch weiter von den Fragen der spezifischen Ästhetik des Waldes ab; sie fragen nicht mehr nach den Wahrnehmungspraktiken, der generellen Bedeutung von Wahrnehmung und Natur, sondern fassen nur noch Studien zusammen, die ihre Grundlagen nicht mehr hinterfragen. Dementsprechend kartografieren sie die Forschung zu zahlreichen Einzelstudien und konstatieren, dass

> Human health benefits associated with the immersion in nature continue to be currently researched. Longitudinal research, conducted worldwide, is needed to produce new evidence of the relationships associated with Shinrin-Yoku and clinical therapeutic effects. Nature therapy as a health-promotion method and potential universal health model is implicated for the reduction of reported modern-day ‚stressstate' and ‚technostress' (Hansen et al. 2017, S. 1).

Für die Forschung scheint es bewiesen zu sein, dass der Waldspaziergang in seiner bewussten, aus Japan importierten Form, positive Wirkung entfaltet. Freilich nur, wenn der Wald den Gütekriterien der Forscher_innen entspricht. Der Wald rückt so in den Mittelpunkt der Betrachtung. Er wird nutzbar gemacht und in seiner Wirkung genauer beleuchtet. Zweierlei kann hieran beobachtet werden. Erstens wird ersichtlich, wie ein zuvor nur marginal und wenig rational behandeltes Phänomen plötzlich durch den wissenschaftlichen Zugriff pädagogisiert wird. Diese Pädagogisierung zeichnet sich im Falle des Forest Bathings zweitens dadurch aus, dass der Wald durch Waldtherapeut_innen und Wissenschaftler_innen genutzt wird, um eine spezifische Art der Lernsteuerung zu realisieren, das heißt, um pädagogisches Handeln zu ermöglichen.

Der Wald selbst wurde in seinem Verhältnis zum Menschen aber noch nicht genauer in den Blick genommen. Natürlich, der Wald kann von Menschen wahrgenommen werden. Die verschiedenen Sinneseindrücke haben positive Einflüsse auf die bio-physische Kreatur Mensch.[2] Durch mehr Wissen über diese Einflüsse können sie gesteuert und befördert werden. Aber was genau ist die pädagogische Rolle des Waldes abseits des Reiz-Reaktions-Schemas? Was vermittelt der Wald noch? Liegt im Wald noch etwas Anderes verborgen, dass für pädagogisches Denken von Relevanz ist?

2 Eine Wanderung durch den Wald mit Otto F. Bollnow

Eine Möglichkeit, sich der Verbindung von Mensch und Wald in pädagogischer Hinsicht zuzuwenden, bietet die anthropologische Betrachtungsweise Otto Friedrich Bollnows. Der Wald wird durch diese Betrachtungsweise in einer weiteren Dimension pädagogisch relevant. Abseits der oben ausgeführten Funktion des Waldes als Medium der menschlichen Lern- und damit intendierten Leistungssteigerung durch Beeinflussung von Psyche und Physis, wird er als Raum ausgewiesen, der existenzieller Bestandteil des menschlichen Wesens sein kann. So werden die Wanderung durch den Wald und die damit verbundene besondere Art der Wahrnehmung des Waldes in einer spezifischen Beziehung zum menschlichen Wesen hervorgehoben.

Bereits in einem seiner frühen Texte – *Das Wesen der Stimmungen* – etabliert Bollnow die anthropologische Betrachtungsweise für und in der Pädagogik – sie wird mir hier ebenfalls als Betrachtungsweise dienen (vgl. Bollnow 2009). Diese Denkweise zeichnet sich dadurch aus, dass stets neue Fragerichtungen und Gegenstände der Betrachtung möglich werden. Das Prinzip der offenen Frage ist die Grundkonstante des Werks von Bollnow, in dem – einen wertschätzenden

---

[2] Wird der Mensch bspw. mit Samantha Frost als „biocultural creature" (Frost 2016) verstanden, ist eine komplexe Anthropologie eingeführt, welche auch eine tiefergehende Deutung von ästhetischen Praktiken wie dem Waldbaden aus naturwissenschaftlich informierter Perspektive ermöglicht. Dieser Strang der Diskussion, der sich im Spannungsfeld der Science and Technology Studies und der Neuen Materialismen abspielt, wird hier nun aber nicht weiter verfolgt werden.

Umgang mit den Texten vorausgesetzt – „nie nach dem einen, endgültig zu fixierendem Wesen des Menschen gefragt wird, sondern in immer neuen Ansätzen das Befragte letztlich offen und unergründlich bleibt" (Bollnow 2009, S. XVI). Dies klingt nun sehr dunkel, esoterisch und schwer. Hierfür wurde Bollnow beispielsweise von Theodor W. Adorno (1903–1969) in dessen Werk *Jargon der Eigentlichkeit: Zur deutschen Ideologie* kritisiert. Bollnows Ausführungen seien losgelöst von der Lebensrealität in einer industrialisierten Gesellschaft, würden sich in einem verklärenden Jargon und einer überzogenen Seinsgläubigkeit verfangen (vgl. Adorno 1964, S. 24). Obgleich ich dieser Kritik zustimme, möchte ich an dieser Stelle nicht weiter auf sie eingehen, sondern mir die Überlegungen Bollnows – und später auch Heideggers – kritisch und eklektisch aneignen, um das Phänomen Forest Bathing auf eine weitere Art pädagogisch auszudeuten.[3]

Was bedeutet nun die eben zitierte Formulierung genau? Was versteht Bollnow unter der anthropologischen Betrachtungsweise in der Pädagogik? Zunächst hält Bollnow für die philosophische Anthropologie fest, dass diese

> nur dadurch zu einer verläßlichen Grundlegung kommen [kann], daß sie diese Zufälligkeit des Ausgangspunkts bewußt ausschaltet und in einem gleichsam empirischen Verfahren grundsätzlich jede einzelne Erscheinung des menschlichen Lebens, die sich darbietet, in gleicher Weise ernst nimmt (Bollnow 2009, S. 9).

Alle Phänomene, also auch menschliche Verhaltensweisen, sind – so Bollnows Position – zunächst einer genauen Betrachtung wert. Denn sie alle beinhalten potenzielle Antworten darauf, was der Mensch in seiner offenen Unabschließbarkeit sein kann. Einzelanalysen von Phänomenen wie dem Forest Bathing werden auf diese Art relevant und tragen zum Verständnis des Menschen bei. Die stillschweigende Voraussetzung für diese Art des Vorgehens ist, „daß der Mensch in seiner inneren Gliederung ein sinnvoll zusammenhängendes Gebilde ist, in dem alles was an ihm vorkommt, eine einsehbare Bedeutung für das Ganze hat" (Bollnow 2009, S. 9). Zugegeben, das klingt nun statisch, fast essenzialistisch. Auf die Zerrissenheit des Menschen und die Brüche, welche in der Selbstbetrachtung ersichtlich werden, hat bereits mit dem Beginn der Moderne Michel de Montaigne (1533–1592) in seinen berühmten Essais hingewiesen. Das ausgerufene Ganze bei Bollnow ist jedoch nicht so einheitlich, wie es auf den ersten Blick erscheint. Denn für Bollnow ist die Annahme eines Gesamtzusammenhangs

---

[3]Eine gute Zusammenfassung der Kritik Adornos an Bollnow und der Existenzphilosophie findet sich in den Büchern von Koerrenz (vgl. 2004, 2017).

Mensch lediglich „konstruktiv-hypothetisch", ein „versuchsweise angesetzter Leitfaden der Interpretation" (ebd.). Auf Grundlage dieser Annahme sind zahlreiche Studien zu Einzelphänomenen möglich, die Aufschluss darüber geben können, wie und ob sich die Arbeitshypothese der anthropologischen Pädagogik bewährt:

> Mit jeder einzelnen neu untersuchten Erscheinung verwandelt sich das Verständnis des Menschen im Ganzen. Darum hat auch jede einzelne Erscheinung einen unersetzbaren Wert, weil durch die Untersuchung jeder einzelnen das Wissen vom Wesen des Ganzen vermehrt und verwandelt wird (ebd., S. 10).

Phänomene sollten laut Bollnow nicht unvermittelt, sondern indirekt erschlossen werden. Der Weg zur Erkenntnis erfolgt über „den fixierten Ausdruck" (ebd.), das bedeutet, über die Betrachtung von Literatur. Die unmittelbare Selbstbeobachtung in Situationen, wie sie bei Montaigne in literarischer Form geronnen ist, wird so umgangen. Die Beobachtungen selbst werden beobachtet, verglichen und systematisiert. Auf diese Art kann auch die Praxis des Forest Bathings in den Zusammenhang der Arbeitshypothese der anthropologischen Pädagogik eingeordnet werden.

Die anthropologische Pädagogik – im Gegensatz zur pädagogischen Anthropologie[4] – macht es laut Bollnow erst möglich, die Frage nach der Verortung des Forest Bathings „im Ganzen des menschlichen Lebenszusammenhangs [zu] stellen" (Bollnow 2013, S. 31). Hierbei hat die anthropologische Pädagogik nicht den Anspruch, ein ab- und ausschließendes System zu erzeugen: „Die anthropologische Betrachtungsweise hat als solche keine systembildende Funktion" (ebd., S. 164).

Aber dennoch geht sie der oben erwähnten Arbeitshypothese folgend davon aus, dass die Analyse von Einzelphänomene dazu führen kann, dass mehr über den Menschen zutage gefördert wird. Forest Bathing wird – um die oben bereits entwickelte Arbeitsdefinition, die sich auf den Kern der Praxis bezieht, erneut aufzugreifen – als *bewusste Wahrnehmung des Waldes über einen begrenzten Zeitraum während simultaner Bewegung durch den Wald* auf den Begriff

---

[4]Die pädagogische Anthropologie – so die Lesart Bollnows – interpretiert anthropologische Erkenntnisse für die Pädagogik. Der gegensätzliche Fall liegt bei der anthropologischen Pädagogik Bollnows vor, die versucht, die Pädagogik ausgehend vom Menschen her zu denken. Zur Differenzierung hilft ein genauerer Blick in den hier verwendeten Text von Bollnow (vgl. 2013) und in die Beiträge im Handbuch *Pädagogische Anthropologie* (vgl. Wulf und Zirfas 2014). Gerade die Beiträge des Handbuchs verdeutlichen, dass die systematische Trennung Bollnows heute nicht unbedingt aufrechterhalten werden kann.

gebracht. Der Mensch bewegt sich also durch den Raum und nimmt ihn wahr; der Raum wird so zu einem erlebten Raum: „Die Bezeichnung ‚erlebter Raum' kann also leicht als gleichbedeutend mit ‚Erlebnis des Raums' im Sinn einer nur psychischen Gegebenheit verstanden werden" (Bollnow 2011, S. 7). Der erlebte Raum ist als die Gesamtheit der Sinneseindrücke und ihrer Verarbeitung durch den Menschen zu fassen. Die Wahrnehmung des Waldes als ästhetische Praxis ist an dieser Stelle das systematische Bindeglied zwischen Mensch und Raum. Hierbei ist der Raum aber „kein neutrales gleichbleibendes Medium, sondern in den entgegengesetzt wirkenden Lebensbezügen erfüllt von Bedeutungen, und diese wechseln wiederum je nach den verschiedenen Orten und Gegenden des Raums" (Bollnow 2011, S. 7).

Wälder sind, wie oben bereits erwähnt, unterschiedlich. Ein lichter Laubholzwald mit hellgrünem Blätterwerk wirkt anders, als ein dichter Tannenwald. Er riecht anders, fühlt sich anders an und auch die Lichteinflüsse unterscheiden sich. Dementsprechend wirkt ein Laubwald anders als ein Tannenwald und wird von den Individuen auch anders rezipiert. Aufgrund der Wahrnehmungsleistung ist er „kein vom Subjekt abgelöster Gegenstand" (ebd., S. 8). Und weiter ist der Mensch als Subjekt nur aufgrund des Raums, den er erlebt und in dem er sich zwingend zu verorten hat. Leben ist das, „was es ist, nur in bezug auf einen Raum […], daß es den Raum braucht, um sich darin entfalten zu können" (ebd., S. 9); und dieser Aussage wird hier zugestimmt.

Bis zu diesem Punkt sollte deutlich geworden sein, dass Forest Bathing als Phänomen hauptsächlich über die Wahrnehmung des Waldes konstituiert wird – diese kann aufgrund der unterschiedlichen Merkmale des Waldes differieren. Aber auch jeder individuelle Mensch nimmt den Wald auf unterschiedliche Arten wahr, erlebt den Raum Wald anders.[5] Zusätzlich zur statischen Wahrnehmung unterschiedlicher Qualitäten des Waldes tritt beim Forest Bathing also mindestens noch eine weitere, individuell-räumliche Dimension hinzu: die Bewegung durch den Wald. Diese findet nicht in Form eines beherzten Sprints oder einem Marsch, sondern in Form eines auf den ersten Blick als Spaziergang erscheinenden Schreitens durch den Wald statt. Der Spaziergang als Praxis der Erbauung und Unterhaltung unterscheidet sich aber vom Forest Bathing. Obwohl eine genauere

---

[5]Bollnow erarbeitet diese Idee in *Das Wesen der Stimmungen*. Die existenzphilosophische Idee einer *Gestimmtheit* des Menschen und die damit verbundenen unterschiedlichen Möglichkeiten und Vermögen der Wahrnehmung sollen an dieser Stelle aber nicht weiter verfolgt werden, da gerade diese Ideen Bollnows von Adorno kritisiert wurden.

Analyse mit Bezugnahme auf die Promenadologie[6] sicherlich zielführend wäre, folge ich hier weiter Bollnows Betrachtung des Phänomens. Im Zusammenhang mit dem Spaziergang thematisiert Bollnow das Wandern; und dieser Begriff passt wohl eher auf die Beschreibung des Forest Bathings als allgemeine Praxis, die noch nicht der funktionalen Logik des therapeutischen Dispositivs untergeordnet ist. Deutlicher wird dieser Punkt unter Zuhilfenahme der begrifflichen Überlegungen Bollnows: „Unter Wandern versteht man [...] eine zu Fuß ausgeführte gemächliche, nicht von Eile getriebene und nicht durch einen äußeren Zweck veranlaßte, größere zusammenhängende Bewegung von einem Ort zum anderen" (Bollnow 2011, S. 83). Bollnow formuliert diese Überlegungen zum Wandern in seinem Buch *Mensch und Raum* aus dem Jahr 1963. Das Phänomen des *Wanderns* ist für ihn als Praxis nicht beliebig. Es beinhaltet dem Prinzip der offenen Frage entsprechend einen überzeitlichen Kern, der jedoch in verschiedenen historisch-kulturellen Zusammenhängen auf verschiedene Arten hervortritt. Die wohl dominanteste Ausprägung des Wanderns ist noch gar nicht so alt. Bollnow bezieht sich in seinem Verständnis des Wanderns auf die Romantik und die Wandervogelbewegung des 20. Jahrhunderts:

> Nicht zu allen Zeiten sind die Menschen im heutigen Sinne gewandert. [...] Das Wandern im heutigen Sinn, das Wandern um seiner selbst willen, ist erst ein Ergebnis der modernen Kulturkritik. Die Romantik hat es zuerst entdeckt und erst im ‚Wandervogel' des beginnenden 20. Jahrhunderts ist das Wandern geradezu zur Lebensform entwickelt worden (Bollnow 2011, S. 84).

Der hier von Bollnow erwähnte Wandervogel war ein Ausläufer der Jugendbewegung des beginnenden 20. Jahrhundert: „Die sich seit 1896/97 zunehmend stärker strukturierende und ausbreitende Wandervogel-Bewegung war zunächst nichts anderes als ein instinktiver Ausbruch aus der Erwachsenenwelt und ihrer Eintönig- und Geschäftigkeit" (Koerrenz et al. 2017, S. 197). Im Wandervogel kulminierten all die romantischen Vorstellungen der Reise und der Selbstbildung auf einer solchen, wie sie beispielsweise in Joseph von Eichendorffs (1788–1857)

---

[6]Unter Promenadologie wird die von Lucius Burckhardt begründete interdisziplinäre Forschungsrichtung verstanden, die sich im Feld von Architekturtheorie, Planungswissenschaft, Kulturwissenschaft und Soziologie entfaltet hat. Auch diese strebt ein konzentriertes Sehen und Wahrnehmen an – anders als die hier entwickelte Perspektive. Nichtsdestotrotz ist für eine vertiefende Auseinandersetzung mit Forest Bathing ein genauerer Blick in die Literatur der Promenadologie hilfreich (vgl. bspw. Burckhardt 2006, 2012).

Aus dem Leben eines Taugenichts von 1826 aufscheinen.[7] Dieser Idee der Flucht aus der sich zunehmend industrialisierenden Welt entsprechend war es die Grundidee des Wandervogels, so der Gründer Ferdinand Vetter, „Schönes zu schauen" (Vetter, zit. n. Koerrenz et al. 2017, S. 198). Das, was als schön verstanden wurde, stand im Gegensatz zur technisierten Welt der Berufstätigkeit, des zweckgerichteten Arbeitens und der Profitgenerierung. Dementsprechend ziehen sich die Wanderer_innen „von den großen Routen des Verkehrs zurück" (Bollnow 2011, S. 84). Es zieht sie in abgelegene und nicht von Menschen urban gemachte Gegenden – oder zumindest auf seltener begangene und nicht unbedingt leicht zu beschreitende Wege. Statt auf „Zeug zum Gehen", um Martin Heidegger (1889–1976) zu bemühen, also der Fortbewegung auf einer Straße, die eben nur zur schnellen und zielgerichteten Fortbewegung von Ort a zu Ort b gebaut wurde, sind Wanderpfade nicht begradigt und zugerichtet. Sie sind nicht von der Landschaft getrennt, sondern *in* der Landschaft, die wiederum als erlebter Raum zu verstehen ist. Maßgeblich ist dieses besondere Verhältnis zwischen Mensch und Raum beim Wandern auf die „Haltung des Wanderers" (ebd., S. 85) zurückzuführen. Laut Bollnow ist diese bestimmt über die Ziellosigkeit: „Der Wanderer wandert nicht um ein bestimmtes Ziel auf dem schnellsten Weg zu erreichen, sondern er wandert um des Wanderns willen" (ebd., S. 85). Dies unterscheidet Wanderer_innen auch von Spaziergänger_innen, deren Fortbewegungspraxis eng mit bürgerlichen Sichtbarkeitsregimen verbunden ist.[8] Dadurch, dass Wanderer_innen auf ihrer Bewegung durch den Raum kein Ziel haben, tritt ein weiteres Element zur Haltung der Wanderer_innen hinzu: „Mit der Ziellosigkeit verbindet sich das zweite: Der Wanderer hat keine Eile. Er bleibt stehen, wo eine Aussicht oder ein Anblick ihn erfreut, immer zur stillen Betrachtung geneigt" (ebd., S. 85).

Das zweckfreie Wandern ist für Bollnow dahin gehend relevant für die offene Frage der anthropologischen Pädagogik, da die Menschen sich überhaupt auf diese Art bewegen *wollen*. Seine Deutung des Wanderns ist, dass das Wandern einen zweckfreien Ausbruch aus dem Alltag darstellt: „Es ist die Befreiung von den Mühen und Sorgen des Alltags, der Gegensatz zwischen der geregelten zweckhaften Arbeit des Alltags und dem sorgenfreien unbeschwerten Wandern" (ebd., S. 86). Und damit ist das Wandern eine Realisierung des Bedürfnisses des

---

[7]Die Wanderung unterscheidet sich jedoch von der Bildungsreise, die stets mit dem Ziel der Bildung verbunden ist. Ausführungen zu Bildungsreisen finden sich unter anderem in Kenklies (vgl. 2015), Koerrenz (vgl. 2015) und auch bei Blichmann und Engelmann (vgl. 2017).

[8]Die genaue Unterscheidung wurde an anderer Stelle von Gudrun König ausgeführt (vgl. 1996).

Menschen nach einem Ausbruch aus dem Alltag und der damit verbundenen Entfremdung – so Bollnow. Er geht sogar noch weiter und hält fest, dass sich im Wandern ein menschliches Bedürfnis nach Natur offenbart, nach einer Partizipation an den Kräften der Natur: „So wie der Antäus der griechischen Sage in der Berührung mit der Mutter Erde immer neue Kraft gewinnt, so verjüngt sich der Mensch im Wandern" (ebd., S. 91).[9] Dies bedeutet, dass der Mensch auf einer Wanderung neue Energie schöpft, sich verjüngt, und in einen verstärkten Kontakt mit der Natur tritt. Für Bollnow ist diese Verbindung der Kontakt zum *Lebensgrund,* der das menschliche Leben stützt und damit auch durchwirkt:

> Indem der Mensch aus dem differenzierten und spezialisierten und darum weitgehend veräußerlichten Dasein seines Berufslebens in diesen noch undifferenzierten aber (noch) lebendigen Grund zurückkehrt wird er nicht nur selber verjüngt, sondern gewinnt auch zur Welt ein neues, innigeres Verhältnis, und die im technischen Zeugzusammenhang erstarrten Dinge offenbaren sich wieder in ihrem eignen Leben (ebd., S. 92).

Auf diese Art wird das Wandern als menschliche Reaktion auf gesellschaftliche Umstände ausgewiesen. Die Reaktion wird als Teil der konstruktiv-hypothetischen Annahme über die Natur des Menschen verstanden und kann wie folgt zusammengefasst werden: Menschen wandern, um mit der Natur in Kontakt zu kommen, sich der gesellschaftlichen veräußerlichten Umstände zu entziehen und die erstarrten Dinge wieder in ihrer Lebendigkeit zu erfahren. Das Wandern ist – um es noch weiter zusammenzufassen – eine Reaktion, die auf das menschliche Bedürfnis nach Verjüngung durch Naturerfahrung erfolgt. Das Wandern ist aber kein Dauerzustand. Es geht Bollnow in seiner Analyse des Wanderns nicht darum, einen ewig wandernden Menschen auszurufen, sondern darum,

> die Polarität zwischen den beiden Möglichkeiten und innerhalb der Polarität das oft verkannte Recht der Muße zu sehen, die eben nicht nur Entspannung und Erholung ist, sondern Wesenserfüllung des Menschen in seinem tieferen Sinn (ebd., S. 93).

Er weist durch die Beschreibung des Wanderns auf die potenzielle Bedeutung der Praxis für den Menschen hin. *Zum einen* ist das Wandern als Bedürfnis des Menschen zu verstehen, als Bedürfnis nach Ausbruch und zweckfreier Betätigung.

---

[9] Der Antäus ist nicht ohne Grund der Namenspatron des Antaios-Verlags (gegründet 2000), der in jüngster Zeit wohl hauptsächlich für die Verbreitung neurechter Publikationen bekannt geworden ist.

Zum anderen ist es auch so zu verstehen, dass sich erst in der zweckfreien Tätigkeit des Wanderns die Muße einen Weg bahnt. Muße – das heißt eine Gelegenheit, ein Freiraum – ist jedoch das, was dem modernen Menschen nach Bollnow fehlt, was jedoch zu seinem Wesenskern hinzugehört.

Die Idee einer zweckfreien Tätigkeit wird auch in der Meßkircher Rede von Martin Heidegger thematisiert; Heidegger spricht dabei von der Gelassenheit in konkreter Situation. Sowohl Heidegger als auch Bollnow weisen darauf hin, dass die Gelassenheit in zweckfreier Tätigkeit in ihrer Zeit nur schwer möglich sei.[10] Denn die präferierte Position des Menschen in Raum und Welt ist durch die im Namen der Rationalität vorangetriebene Technisierung in Gefahr. Es droht der Verlust der Bodenständigkeit:

> Die Bodenständigkeit des heutigen Menschen ist im Innersten bedroht. Mehr noch: Der Verlust der Bodenständigkeit ist nicht nur durch äußere Umstände und Schicksale verursacht, auch beruht er nicht nur auf der Nachlässigkeit und oberflächlichen Lebensart des Menschen (Heidegger 2014, S. 16).

Stattdessen sei es der bereits erwähnte technisch-rationale Geist des Zeitalters, der zu einer Verunmöglichung der Verortung führt. Für Heidegger „droht im anbrechenden Atomzeitalter eine weit größere Gefahr [als die Atombombe, S. E.] – gerade dann, wenn die Gefahr eines dritten Weltkrieges beseitigt ist" (ebd., S. 24). Die „im Atomzeitalter anrollende Revolution der Technik [könnte] den Menschen auf eine Weise fesseln, behexen, blenden und verblenden [...], daß eines Tages das rechnende Denken als das einzige in Geltung und Übung bliebe" (ebd., S. 24–25). Durch dieses Denken, das in Form einer Verwissenschaftlichung auch die Disziplin der Pädagogik durchzieht, wird der Mensch in seinen verschiedenen Lebensbezügen geopfert. Bodenständigkeit hat hier nichts „mit einer Blut-und-Boden-Ideologie noch mit einer falsch verstandenen Verklärung des Ländlichen oder einer Flucht ins Provinzielle (im Gegensatz zum Städtischen) zu tun [...], sondern umgekehrt den Menschen dazu ermahnt, nicht vor der eigenen konkreten Situation zu fliehen" (Zaborwoski 2014, S. 81). Das Verbleiben in der Situation zeichnet sich durch das von Bollnow als Haltung der Wanderer_innen

---

[10]Zugegebenermaßen fällt es heute schwer, überhaupt eine Tätigkeit ohne Zweck zu imaginieren. Da Bollnow und Heidegger beide von asiatischer Philosophie und Zen beeinflusst waren, ist es aber wohl eher unser eigenes, westeuropäisches Denken (und Handeln), das uns den Zugang zu einem zweckfreien Denken verwehrt. Dieses Problem kann in diesem Text nicht aufgelöst werden – es bleibt als Anstoß zum eigenen Denken und als Irritation bestehen.

beschriebene Denken aus, das nichts bewirkt: „Es kann nicht angewandt und in die Tat umgesetzt werden. Es erlaubt nicht, die Wirklichkeit zu begreifen, in den Griff zu bekommen und möglicherweise auch zu beherrschen" (Zaborowski 2014, S. 81). Auch wenn ein derartig gestaltetes Denken nicht anerzogen oder pädagogisch direkt erzeugt werden kann, ist es aus der Perspektive Bollnows von pädagogischer Relevanz. Wenn angenommen wird, dass von der Analyse der Einzelphänomene auf die Bedürfnisse der offenen Natur des Menschen zurückgeschlossen werden kann, dann ist das Wandern der Ausdruck der Bedürfnisse nach Muße, Ausbruch aus Alltag und der Öffnung des Denkens. Die – ebenfalls pädagogische – Konsequenz dieser Überlegungen ist für Bollnow nun aber nicht, dass Wanderungen mit ebendiesem Ziel zu etablieren seien. Stattdessen sei in pädagogischen Settings darauf zu achten, dass sie auch dieser Facette der angenommenen Natur des Menschen Rechnung tragen, das heißt, auf die Passung von Voraussetzungen und pädagogischem Handeln zu achten, die durch die genaue Betrachtung des offenen menschlichen Wesens ersichtlich werden kann. Steuern oder gar erzeugen kann aber selbst ein derart abgestimmtes pädagogisches Handeln diese Situationen nicht.

3   Wollen alle in den Wald?

Meine Ausführungen zum Phänomen Forest Bathing haben bis jetzt zwei konträre Perspektiven dargestellt. *Auf der einen Seite* steht die therapeutisch-funktionale Praxis des Forest Bathings, wie sie im ersten Teilkapitel aufgearbeitet wurde. In der Aufschlüsselung von Wald in seine einzelnen Einflussfaktoren zielt sie darauf ab, die Einflussfaktoren zu isolieren und in ihrer gesteuerten Einflussnahme auf den Menschen zu optimieren. Zugleich strebt sie an, die Einflüsse des Waldes auf den Menschen nutzbar zu machen, um positive Effekte zu erzielen und um die Leistungsfähigkeit und das Wohlbefinden zu steigern. *Auf der anderen Seite* stehen die Überlegungen von Bollnow zum Menschen in Bewegung durch den Raum. Der Mensch wird bei ihm als wahrnehmendes aber inhaltlich unbestimmtes Wesen begriffen. Die Handlungen des Menschen sind jedoch auf eine stets anzunehmende Natur zurückzuführen. Dementsprechend ist der Gang in den Wald dem Menschen ein Bedürfnis, da er so zu dem kommt, was Bollnow als Verjüngung fasst. Der Wald als im Wandern erlebter Raum ermöglicht es dem Menschen sich zweckfrei und nicht zielorientiert zu bewegen um so einen Zustand der Muße zu erreichen. Nun ist es aber so, dass beide skizzierten Positionen kritisch zu betrachten sind. Die oben bereits angeführte Kritik Adornos an Heidegger, Bollnow und der Existenz- sowie Lebensphilosophie ist immer dort angebracht, wo der Wald zum dunklen und verklärenden Motiv wird.[11] Dies geschieht beispielsweise in dem bekannten Essay des umstrittenen Autors Ernst Jünger mit dem Titel *Der Waldgang,* der 1951 publiziert wurde. In diesem entwickelt er die Figur des Waldgängers:

> Der Waldgänger steht in Opposition zum Mainstream, zu Gegenwart und Zivilisation, zu den herrschenden Mächten der Politik, Wissenschaft und Technik. Er ist es, der sich abwendet, der sich – metaphorisch – in den Wald zurückzieht, als ‚Einzigster', als Elite und Vorhut einer neuen Zeit, auf die er wartet, während er sich im geheimen Bund mit anderen Waldgängern zum Widerstand rüstet. Waldgänger träumen, so Jünger, von einer ‚künftigen Epoche', in der ‚die Tyrannis von Parteien und fremden Eroberern' überwunden ist und ‚in gesunden Völkern' sich ‚die elementare Freiheit' wieder Bahn bricht. Der Widerstand des Waldgängers sei ‚absolut', er kenne ‚keinen Pardon' (Ullrich 2017, S. 1).

Aufgenommen werden die Ideen Jüngers und auch Heideggers heute beispielsweise in der identitären Szene, die sich mit den vermeintlich germanischen Idealen schmückt und eine plumpe Zivilisationskritik nutzend den nationalen Widerstand ausruft. Aber der Wald ist nicht nur in diesem Zusammenhang der Szene der Neuen Rechten ein Sehnsuchtsraum.[12] Auch in anderen Bereichen der Gesellschaft, die wohl eher dem links-alternativen oder gar unpolitischen Milieu zuzuordnen sind, entwickelt sich das naturnahe Wandern als neue Lebenseinstellung. Diese Einstellung durchmischt sich mit dem Bedürfnis nach Komplexitätsreduktion und Einsamkeit, Minimalismus und ressourcenschonendem Leben. Zeitschriften wie das Outdoor-Magazin *Walden* zelebrieren mit Begriffen wie

---

[11]Für den Hinweis auf diese Diskussionslinie danke ich Clemens Bach.

[12]Aber auch hier erlebt die verklärende und mythisierende Variante des Waldes als *große Liebe der Deutschen* ein Revival, welches infolge der Proteste im Hambacher Forst im September 2018 in einem Text auf der Seite des neurechten Jugendmagazins *Blaue Narzisse* zu entdecken ist. Hier schreibt Christian Schumacher in seinem Beitrag *Die Deutschen und ihr Wald – eine große Liebe* davon, dass die Proteste im Hambacher Forst folgendes gezeigt hätten: „Die Deutschen verbindet wohl mehr mit dem Wald als andere Völker. Zumindest ist es nicht bekannt, dass andere Nationen so derart den Wald lieben. Nicht umsonst galt der ‚Deutsche Wald' in der Romantik als maßgebliche Metapher einer Sehnsucht" (Schumacher 2018). Es überrascht kaum, dass der Autor dann neben der Beschwörung der Liebe und in der romantischen Haltung der Deutschen zum Wald auch andere angeblich unverrückbare Wesenheiten erkennt: „Was wir Deutschen neben dem Wald aber mindestens ebenso sehr lieben wie den Wald, ist Ordnung und Effizienz" (vgl. ebd.). Dies alles gehört unweigerlich zum Assoziationsraum, der mit der Sprache über den Wald aktuell aufgerufen wird und muss an anderer Stelle weitere Beachtung finden.

Abenteuer, Unterwegs-Sein und Wildheit eine Abkehr vom Mainstream – und doch sind beide Bezugnahmen auf den Wald nur vermeintlich „besonders" und abseits des Mainstreams. Denn beide – wenngleich unterschiedliche – Facetten der Bezugnahme belegen, dass der Wald, stellvertretend für die Natur, aktuell für viele Menschen ein Sehnsuchtsort ist. Dass dies tatsächlich der Fall ist und es den Menschen förmlich in den Wald treibt, belegen auch recht drastische Berichte über das Forest Bathing selbst wie der von Selena Hoy.

Wie oben ausgeführt, ist ein essenzieller Bestandteil des Forest Bathings, der sowohl Bollnow als auch aktuelle Überlegungen eint, die *Ruhe,* in der vollends entspannt *wahrgenommen* wird. Forest Bathing gestaltet sich aber aktuell als touristisch vorangetriebenes Massenphänomen – es entbehrt seiner Grundlagen und entfernt sich damit sowohl von der idealtypischen Vorstellung einer *Waldtherapie,* als auch von den Vorstellungen einer *Wanderung durch den Wald* bei Bollnow. Die fehlende Passung von theoretischen Vorüberlegungen und praktischer Umsetzung wird dort deutlich, wo eine Autorin sich im Selbstversuch in eine ausgewählte Route zur Entspannung begibt: „Everything I'd heard about forest bathing suggested that the point of it was the serenity you get from it – but this place was so busy it was stressing me out" (Hoy 2017, S. 1). Hoy beschreibt eindrücklich, wie die als zweckfreie Wanderung durch den Wald gedachte Tätigkeit zu einer regelrechten Belastung wird:

> I was standing in a press of people, shuffling along at the pace of a just-wakened sloth. Around me was bamboo, several storeys high and greenish blue – a beautiful sight that I was struggling to enjoy, in between the busloads of crowds and the stuttering pace (Hoy 2017, S. 1).

Statt der entspannten Einsamkeit im durchaus als attraktiv wahrgenommenen Bambuswald wird die Autorin von anderen Menschen davon abgehalten, ihr Bedürfnis nach ungestörter Naturerfahrung zu realisieren. Statt der intendierten positiven Auswirkungen auf Psyche und Physis, oder gar dem Erscheinen der Muße, empfindet die Autorin negativ:

> Every few seconds, someone would stop to take a selfie, cleverly framing the rest of us out, and so we continued, tortuously slow, trudging in fits and starts through the copse of bamboo. I couldn't get away from them, nor they from me, and I felt my blood pressure rising as another selfie stick threatened to whack me in the face the moment I looked up at the greenery instead of down at the path in front of me (Hoy 2017, S. 1).

Die prinzipiell positiv wirkende Umgebung des Waldes wird durch die anderen Menschen – die offenbar ebenfalls nach *ungestörter* Walderfahrung streben – gestört. Sie wird sogar verunmöglicht. Denn zwischen die Praxis des Forest

Bathings stellen sich blockierend andere Praktiken, die in der technisierten Gesellschaft dominant sind: Selbstdarstellung, Kommunikation und Erlebniskonsum. All diese Faktoren sprechen gegen die Möglichkeit einer Walderfahrung – sowohl im Sinne des Forest Bathings als auch im Sinne der Wanderung durch den Wald bei Bollnow. Ist das aber nun in jedem Fall so? Diese Frage werde ich an dieser Stelle nicht abschließend beantworten können. Als vorläufiges Ergebnis der Untersuchungen bleibt festzuhalten, dass auch die unscheinbare Praxis des Forest Bathing als ein Phänomen beschrieben werden kann, das in einen politischen, einen gesellschaftlichen und in einen pädagogischen Diskurs einzuordnen ist. Forest Bathing oszilliert in seinen verschiedenen Bezugspunkten und ist abseits der hier gemachten Versuche als diskursiv situiertes Phänomen noch immer schwer greifbar – fast so wie die diffusen Lichtverhältnisse des Waldes selbst. Im Unterholz des Waldes verbirgt sich also noch einiges, was es aus bildungstheoretischer Perspektive zu erschließen gilt.

4 Die (weiterhin) verborgene Pädagogik des Waldes

Die einfache These, die ich in diesem Beitrag plausibilisiert habe, ist, dass in der therapeutisch-funktionalen Praxis des Forest Bathings der Wald implizit als pädagogisch relevante Struktur in den Blick kommt, die durch Wahrnehmungsimpulse das menschliche Lernen steuert. Es ist deutlich geworden, dass mit dem Eintreten der zunehmend verwissenschaftlichten Praxis des Forest Bathings – konträr zum In-den-Wald-gehen bei Bollnow – der Wald als Ganzes in zahlreiche individuelle Faktoren und Datenpunkte aufgegliedert wird. Das Vorgehen der eingangs angeführten Studien bestätigt dies. Alle Studien versuchen, das Walderleben in unterschiedliche Variablen aufzulösen und die Einflüsse der einzelnen Variablen zu messen. Auf diese Weise ist es nicht mehr die ganzheitliche Wahrnehmung des Waldes an sich, die als positiv verstanden wird, sondern die Wahrnehmung einzelner Sinneseindrücke für sich. Der Geruch, die Lichtverhältnisse, die Luft; all diese Einzelaspekte der Waldwahrnehmung werden in ihrer vermeintlichen Wirkmächtigkeit auf den menschlichen Organismus – ebenfalls aufgeschlüsselt in verschiedene Faktoren – untersucht. So kommt es dazu, dass „der" Wald in seine ergründbaren Einzelteile zerfällt, die sich in Korrelationen mit den Einzelteilen des datafizierten Menschen wiederfinden. Diese Einzelteile entfalten in der durch die Psychologie dominierten Diskussion um das Forest Bathing spezifische Wirkungen. Durch den quantifizierenden wissenschaftlichen Zugang werden die

Wirkungen messbar gemacht.[13] Nichts erscheint in dieser therapeutisch-funktionalen Logik naheliegender, als die Einflüsse des Waldes nutzbar zu machen und den Menschen weiter zu optimieren, in seinem Lernen zu steuern und mit grundsätzlich melioristischer Intention auf ihn einzuwirken. Durch die Bestätigung der eingangs aufgestellten These kommt in der Auseinandersetzung mit Forest Bathing ein viel diskutiertes Thema in den Blick: die Pädagogisierung von vorher nicht pädagogisch erschlossenen Bereichen zur Leistungssteigerung. Der Zugriff von therapeutisch-funktionalem Denken auf die vormals noch nicht ausweislich als „nützlich" beschriebene Praxis der Bewegung durch den Wald und die Kritik an ebendieser, offenbart die doppelte Bedeutung des Forest Bathings für die Lernsteuerung des Menschen. Zum einen wird – wie soeben erneut herausgestellt – der den Menschen umgebende Raum in individualisierte Wahrnehmungsimpulse aufgelöst. Die Wahrnehmungsimpulse werden durch wissenschaftliche Betrachtung evaluiert, geordnet und standardisiert. Die Etablierung von Kurwäldern und wissenschaftlich bearbeiteten Routen für den Waldspaziergang, auf denen genau die „richtigen" Einflüsse wirken, sind Ausdruck dieser Entwicklung. Auf diese Art wird der vorher noch im Verborgenen liegende positive und ermöglichende Einfluss des Waldes in das grelle Licht der wissenschaftlichen Betrachtung gezerrt. Die verborgenen Einflüsse des Waldes, die durchaus gängigen Verständnissen von Pädagogik entsprechen, werden so sichtbar gemacht. Sie werden genutzt, um das Lernen des Menschen zu beeinflussen. Zum anderen erschließt sich in der Kritik der Praxis des Forest Bathings aus der Perspektive der anthropologischen Pädagogik eine zweite Bedeutung des Waldes für die Pädagogik – und diese ist für bildungsphilosophisch interessierte Arbeiten weitaus interessanter. Neben den rationalisierten Einflüssen des Waldes wirkt dieser noch anders auf den Menschen. Mit Bollnow konnte darauf hingewiesen werden, dass die Bewegung durch den Wald einen eigenen Raum erzeugt, in dem Muße möglich ist. Das Denken Bollnows über den Wald entzieht sich dem Zugriff der Rationalisierung. Es bleibt verborgen und nicht technifizierbar. Eben diesen Überlegungen gilt es, in weiteren (bildungsphilosophischen) Arbeiten nachzugehen, um ein umfassenderes Bild der im Wald verborgenen Pädagogik zu zeichnen – dies kann an dieser Stelle aber nicht geleistet werden, sondern wird auf einen späteren Zeitpunkt verschoben werden müssen.

---

[13]Auch auf das Verhältnis von Messung und Ergebnis bzw. dem Prozess der Ergebniskonstruktion durch die Praxis der Messung selbst werde ich hier nicht eingehen. Dieser Punkt ist ein Hauptargument der sogenannten *Science and Technology Studies*, dass gegen die Objektivität von wissenschaftlichen Argumenten angeführt wird – denn auch sie sind letztlich Praxis, oftmals auch noch vermittelt über Gerätschaften.

Literatur

Adorno, T. W. (1964). *Jargon der Eigentlichkeit. Zur deutschen Ideologie.* Frankfurt a. M.: Suhrkamp.

Anhorn, R. (2016). Die »Arbeit am Sozialen« als »Arbeit am Selbst« – Herrschaft, Soziale Arbeit und die therapeutische Regierungsweise im Neo-Liberalismus: Einführende Skizze eines Theorie- und Forschungsprogramms. In R. Anhorn, & M. Balzereit (Hrsg.), *Handbuch Therapeutisierung der Sozialen Arbeit* (S. 3–203). Wiesbaden: Springer VS.

Anhorn, R., & Balzereit, M. (Hrsg.) (2016). *Handbuch Therapeutisierung der Sozialen Arbeit.* Wiesbaden: Springer VS.

Blichmann, A., & Engelmann, S. (2017). Bildung – Kultur – Schule. Reisen mit und nach Hermann Lietz. In G. Weiß (Hrsg.), *Kulturelle Bildung – Bildende Kultur. Schnittmengen von Bildung, Architektur und Kunst* (S. 301–312.). Bielefeld: transcript.

Bollnow, O. F. (2009). *Das Wesen der Stimmungen. Schriften Band I.* Würzburg: Königshausen & Neumann.

Bollnow, O. F. (2011). *Mensch und Raum. Schriften Band VI.* Würzburg: Königshausen & Neumann.

Bollnow, O. F. (2013). *Anthropologische Pädagogik Schriften Band VII.* Würzburg: Königshausen & Neumann.

Bucher, M. (2017). ‚Forest Bathing' Der bewusste Waldspaziergang als Therapie. https://www.umweltnetz-schweiz.ch/themen/gesundheit/2553-‚forest-bathing'-der-bewusste-waldspaziergang-als-therapie.html. Zugegriffen: 24. März 2019.

Burckhardt, L. (2006). *Warum ist Landschaft schön? Die Spaziergangswissenschaft.* Berlin: Martin Schmitz.

Burckhardt, L. (2012). *Design ist unsichtbar: Entwurf, Gesellschaft und Pädagogik.* Berlin: Martin Schmitz.

Frost, S. (2016). *Biocultural Creatures. Towards a New Theory of the Human.* Durham: Duke University Press.

Hansen, M. M., Jones, R., & Tocchini, K. (2017). Shinrin-yoku (forest bathing) and nature therapy: a state-of-the-art review. *International journal of environmental research and public health,* 14(8), S. 851.

Heidegger, M. (2014). *Gelassenheit. Heideggers Meßkircher Rede von 1955.* München: Karl Alber.

Hoben, A. (2017). Wissenschaftler an der LMU wollen zukünftig Waldtherapeuten ausbilden. http://www.sueddeutsche.de/muenchen/gesundheit-wissenschaftler-an-der-lmu-wollen-kuenftig-waldtherapeuten-ausbilden-1.3734577. Zugegriffen: 24. März 2019.

Hoy, S. (2017). Forest Bathing: The Japanese Roots of the Latest Wellness Therapy. https://www.independent.co.uk/travel/asia/forest-bathing-japan-bamboo-forest-arashiyama-how-to-get-there-instagram-spot-yakushima-kamikochi-a8124286.html. Zugegriffen: 24. März 2019.

Kenklies, K. (2015). Entfremdung und Einwohnung. Reisen mit Matsuo Bashô zwischen Europa und Japan. In R. Koerrenz (Hrsg.), *Globale Bildung auf Reisen. Das Bildungsjahr an der Hermann-Lietz-Schule Schloss Bieberstein* (S. 23–38). Paderborn: Schöningh.

Koerrenz, R. (2004). *Otto Friedrich Bollnow. Ein pädagogisches Porträt.* Weinheim/Basel: Beltz.

Koerrenz, R. (Hrsg.) (2015). *Globale Bildung auf Reisen. Das Bildungsjahr an der Hermann-Lietz-Schule Schloss Bieberstein.* Paderborn: Schöningh.

Koerrenz, R. (2017). *Existentialism and Education. An Introduction to Otto Friedrich Bollnow*. Palgrave: London.

Koerrenz, R., Kauhaus, H., Kenklies, K., & Schwarzkopf, M. (2017). *Geschichte der Pädagogik*. Paderborn: Schöningh.

König, G. M. (1996). *Die Kulturgeschichte des Spaziergangs: Spuren einer bürgerlichen Praktik 1780–1850*. Wien: Böhlau.

Latour, B. (2017). *Kampf um Gaia. Acht Vorträge über das neue Klimaregime*. Berlin: Suhrkamp.

Lehrstuhl Public Health und Versorgungsforschung (2017). Information zur Waldtherapie Infoblatt. http://ihrs.ibe.med.uni-muenchen.de/klimatologie/waldtherapie/waldtherapie-lmu-info-2017.pdf. Zugegriffen 14. April 2018.

Meeri, K. (2016). ‚Forest bathing' is latest fitness trend to hit U.S. — ‚Where yoga was 30 years ago'. https://www.washingtonpost.com/news/to-yourhealth/wp/2016/05/17/forest-bathing-is-latest-fitness-trend-to-hit-u-s-where-yoga-was-30-years-ago/?utm_term=.abf035740d4f. Zugegriffen 15. April 2018.

Morita, E et al. (2007). Psychological effects of forest environments on healthy adults: Shinrin-yoku (forest-air bathing, walking) as a possible method of stress reduction. *Public Health*. 121, S. 54–63.

Petzold, H., & Ellerbrock, B. (2017). Curriculum Waldtherapie (Waldmedizin – Forest Medicine – Forest Bathing) und Gesundheitsberatung im Integrativen Verfahren ®. https://www.eag-fpi.com/wpcontent/uploads/2014/12/Curriculum-Wald-Stand-01-11-2017.pdf. Zugegriffen: 22. April 2018.

Li, Q. (2009). Effect of forest bathing trips on human immune function. *Environ Health Prev Med* 15(1), S. 7–19.

Li, Q. (2018). *Shinrin-Yoku: The Art and Science of Forest Bathing*. London: Penguin.

Reckwitz, A. (2017). *Die Gesellschaft der Singularitäten. Zum Strukturwandel der Moderne*. Berlin: Suhrkamp.

Schumacher, C. (2018). Die Deutschen und ihr Wald – eine große Liebe. https://www.blauenarzisse.de/die-deutschen-und-ihr-wald-eine-grosse-liebe/. Zugegriffen: 02. November 2018.

Teufel, I. (2017). Neuer Wellness-Trend nutzt die heilsame Kraft des Waldes. https://kurier.at/wissen/wellnesstrend-forest-bathing-nuetzt-die-heilsamekraft-der-waldes/280.219.066. Zugegriffen: 14. April 2018.

Tsunetsugu, Y., Park, B. J., & Miyazaki, Y. (2010). Trends in research related to "Shinrin-yoku"(taking in the forest atmosphere or forest bathing) in Japan. *Environmental health and preventive medicine*, 15(1), 27–37.

Ullrich, W. (2017). Die Wiederkehr der Schönheit. Über einige unangenehme Begegnungen. http://www.pop-zeitschrift.de/2017/11/07/die-wiederkehr-der-schoenheit-ueber-einige-unangenehme-begegnungenvon-wolfgang-ullrich07-11-2017/. Zugegriffen: 24. April 2018.

Williams, F. (2016). This is your brain on nature. https://www.nationalgeographic.com/magazine/2016/01/call-to-wild/. Zugegriffen: 27. Juli 2018.

Wulf, C., & Zirfas, J. (Hrsg.) (2014): *Handbuch Pädagogische Anthropologie*. Wiesbaden: Springer VS.

Zaborowski, H. (2014). Unterwegs zur Gelassenheit. Überlegungen zur Bedeutung von Heideggers Denken. In Heidegger, M., *Gelassenheit. Heideggers Meßkircher Rede von 1955* (S. 71–104.). München: Karl Alber.

Science meets art. Zu den Spielarten performativer Sozialforschung

Irene Leser

1 Performative Sozialforschung: Arts-Informed, Arts-Based, Artistic Research

> *Everybody's hair tells a story,*
> *and in all of our stories culture is performed,*
> *and the political becomes personal and pedagogical.*
> (Denzin 2003, S. 23)

Seit der Philosoph Richard Rorty (1931–2007) 1967 den „linguistic turn" (Rorty 1967) ausrief, der der Wissenschaft seit Anfang des 20. Jahrhunderts eine verstärkte Hinwendung zur Sprache attestierte, galt in der qualitativen Sozialforschung „[d]ie Welt als Text" (Kraimer und Garz 1994). Beobachtungen und Interviews wurden (und werden) in Texte überführt, um sie einer Analyse zugänglich zu machen. Oft werden die Inhalte, die Art des Sprechens und/oder die Art des miteinander Interagierens auf der Grundlage von Texten analysiert. Selten wurde und wird in der Analyse auf Bilder, Audio- und Videodaten zurückgegriffen. Seit (spätestens) dem Ende des 20. Jahrhunderts lässt sich eine Verschiebung im analytischen Zugriff auf die soziale Welt ablesen. (1992) verkündete der Literatur- und Kunstwissenschaftler W. J. Thomas Mitchell den „pictoral turn", (1994) der Philosoph und

---

Für seine kritische, wohlwollende und konstruktive Lektüre des Textes danke ich Matthias Alke.

I. Leser (✉)
Humboldt-Universität zu Berlin, Berlin, Deutschland
E-Mail: irene.leser@hu-berlin.de

Kunsthistoriker Gottfried Boehm den „iconic turn". Beide forderten dazu auf, nicht nur Texte, sondern auch Bilder zu analysieren. (1993) proklamierte der Medienwissenschaftler Klaus Sachs-Hombach den „visual turn". Und so schließt Christine Moritz 25 Jahre später, dass nicht nur Bilder, sondern auch Videos, Filme und andere bewegte Audio-Visualitäten „Einzug in die Wissenschaftswelt [nehmen; I. L.] und [.] bewährte qualitative Forschungstraditionen gehörig um[krempeln; I. L.]" (Moritz 2018, S. 4). Im Zuge der Weiterentwicklung qualitativer Sozialforschung ist es dann auch kaum verwunderlich, dass spätestens 2008 mit der Herausgabe der Sonderausgabe „Performative Sozialforschung" in der Online-Zeitschrift *Forum Qualitative Sozialforschung* (FQS) der „performative turn" verkündet wurde (vgl. u. a. Yallop et al. 2008; Roberts 2008).[1] Denn nicht nur Bilder oder Videos halten mittlerweile Einzug in die Wissenschaftswelt, auch Gedichte, Songtexte, Tanz und Theaterstücke oder Ausstellungsformate verändern den Blick auf die zu Untersuchenden oder an der Forschung Beteiligten und das Verständnis von Wissenschaft. Die Erkundung performativer Forschungspraktiken befindet sich jedoch erst in der Anfangsphase. Die meisten Reflexionen darüber sind in den letzten drei Jahrzehnten (vgl. Gergen und Gergen 2010, S. 358), im deutschsprachigen Raum in den letzten zehn Jahren erschienen.

Der Begriff der performativen Sozialforschung[2] beinhaltet unterschiedliche Ansätze und Varianten. Unterschieden werden kann zwischen Arts-Informed (vgl. Rolling 2013), Arts-Based (vgl. Barone und Eisner 2012); Artistic Research (vgl. Borgdorff 2012). Entweder kommen Elemente performativer Sozialforschung bei der Art der Untersuchungsdurchführung oder bei der Vermittlung von Untersuchungsergebnissen zum Einsatz.

Ziel der *Arts-Informed Research* (AIR) ist es, unter Einsatz bestimmter ästhetischer und künstlerischer Mittel die Ergebnisse qualitativer Sozialforschung zu vermitteln.

> Bei der AIR sind die ästhetisch-künstlerischen den wissenschaftlichen Zwecken [.] untergeordnet; ästhetisch-künstlerische Tätigkeit hat hier den Status einer Methode, die mit dem Ziel wissenschaftlicher Erkenntnis eingesetzt wird (Schreier 2017, Abs. 22).

---

[1] Der Begriff des Performativen stammt von John Langshaw Austin (1911–1960), dem Begründer der Sprechakttheorie. In seinem Buch *How to do Things with Words* beschreibt er, wie „Äußerungen über die Vermittlung von Inhalten hinaus mannigfaltige soziale Funktionen erfüllen." (Gergen und Gergen 2010, S. 358).

[2] Der Begriff der „Performativen Sozialforschung" wurde wohl 2001 erstmals von Norman Denzin in den Wissenschaftsdiskurs eingebracht (vgl. Mey 2018b, S. 2).

Arts-Based Research (ABR) wiederum versucht mit künstlerischen Mitteln über die limitierende Beschränkung der altbewährten wissenschaftlichen Diskursformen hinauszugehen, um Bedeutungen auszudrücken, die sonst unaussprechlich wären (vgl. Barone und Eisner 2012, S. 1; Schreier 2017, Abs. 13):

> ABR [.] ist definiert als Forschung und Erkenntnis *vermittels* ästhetisch-künstlerischer Tätigkeit. […] Ziel ist es nicht, diskursives, verallgemeinerbares Wissen zu generieren, das in propositionaler Form darstellbar ist. Bei der ABR geht es vielmehr um die Erzeugung nicht-diskursiven Wissens, um das Eröffnen von Möglichkeiten einer alternativen Weltsicht, wobei Kunst gleichzeitig als System der Produktion, der Kommunikation und der kritischen Reflexion fungiert (Schreier 2017, Abs. 22).

Parallel dazu hat sich Schreier zufolge aus den Kunsthochschulen heraus die *Artistic Research* (AR) entwickelt. Hier wird Forschung als Ausübung künstlerischer Tätigkeit verstanden,

> die prä-reflexives, nicht-konzeptuelles Wissen generiert. […] Ein Unterschied zur ABR besteht im Stellenwert des Kunstwerks selbst, der in *Artistic Research* höher anzusetzen ist – was angesichts des Ursprungs in den (bildenden) Künsten auch nicht verwundert (Schreier 2017, Abs. 23).

Ziel dieses Artikels ist es, exemplarisch in die verschiedenen Spielarten performativer Sozialforschung einzuführen und danach zu fragen, welche pädagogischen Strukturen, d. h. welche auf Lernen oder Bildung zielenden Elemente in ihnen stecken. Lernen wird dabei, im Sinne Käte Meyer-Drawes, als das „Lernen von *etwas* durch *jemanden* bzw. durch *etwas*" verstanden (Meyer-Drawe 2008, S. 187).

> Lernen, als ein ‚erfahrungsabhängige[r] Entwicklungsprozess' (Singer 1992, S. 98) […] meint vor allem einen Vollzug, eine Aktivität. […] Lernen beginnt mit einem Aufmerken, einem Aufwachen aus dem Schlummer des Gewohnten (Meyer-Drawe 2008, S. 192 f.).

Lernen bedeutet für das Subjekt mit all seinen Sinnen Erfahrungen zu machen, sich einem neuen Horizont zu öffnen, seine selbstverständlich gewordene Wahrnehmungswelt zur Disposition zu stellen (vgl. Meyer-Drawe 2008, S. 194, 213 f.).

Bildung wird in diesem Sinne als das (vorläufige) Ergebnis eines Lernprozesses verstanden. Es ist das angeeignete Wissen, die gemachte Erfahrung, die wir durch die „Hinwendung zu Fremdem, noch Unbekanntem" erlangen (Benner 1990, S. 117). Es ist also das Ergebnis der reflektierenden „Einverwandlung der Welt durch das Individuum" (Hörster 2012, S. 48), so „daß wir uns selbst fremd werden und Neues lernen" (Benner 1990, S. 117).

Zu fragen ist also, was eigentlich mit den in und an der performativen Sozialforschung Beteiligten passiert. Was lernen sie? Wie und inwieweit bzw. wodurch werden sie gebildet? Darüber hinaus soll thematisiert werden, was performative Sozialforschung aus einer künstlerischen und wissenschaftlichen Perspektive leisten kann und wo sie an ihre Grenzen stößt.

Im Folgenden wird zunächst auf textbasierte Varianten performativer Sozialforschung eingegangen (Abs. 2.1), hiernach auf Formen, die sich dem Medium der Inszenierung bedienen (Abs. 2.2). In einem dritten Schritt werden visuelle Darstellungsformate vorgestellt (Abs. 2.3), im vierten Ausstellungsformate (Abs. 2.4).[3] Im darauffolgenden Kapitel wird reflektiert, wer in der performativen Sozialforschung eigentlich wie angesprochen wird, welche Aktivierungspotenziale für angesprochene und mitwirkende Subjekte darin stecken und welche Wirkungen sie erzielt (Kap. 3). In einem nächsten Kapitel werden die (impliziten) pädagogischen Strukturen, die in der performativen Sozialforschung liegen, aufgedeckt (Kap. 4). In einem abschließenden Kapitel werden die Möglichkeiten und Grenzen performativer Sozialforschung diskutiert und der Schwerpunkt darauf gelegt, was es für Forschende, an Forschung Beteiligte und die Ergebnisse Rezipierende bedeutet, wenn Kunst und Wissenschaft miteinander in einen Dialog treten (Kap. 5).

2 Zu den Spielarten performativer Sozialforschung

In der performativen Sozialforschung, die im Allgemeinen als Dialog zwischen Kunst und Wissenschaft beschrieben werden kann (vgl. Mey 2018b, S. 2), lassen sich unterschiedliche Variationen der Darstellung und Ausgestaltung finden. Eine erste Variante ist die Verquickung literarischer und wissenschaftlicher Stilelemente, wie sie sich in der **Autoethnografie, Fiktion und Poetik** wiederfinden lassen (Abs. 2.1). Stärker in den Themenkomplex der Inszenierung fallen Varianten der **akustischen, musikalischen, tanzenden und theatralen** Sozialforschung (Abs. 2.2). **Visuelle Darstellungsformate** bedienen sich ästhetischer Elemente der Fotografie und des Films (Abs. 2.3), **Ausstellungen** öffentlichkeitswirksamer Formate der (musealen) Präsentation (Abs. 2.4). Der Rückgriff auf die diversen Kunstformen kann hierbei sehr unterschiedlich ausfallen. Sie können von eher „traditionell" bis hin zu sehr „experimentell" reichen. Auch die Art des Austauschs

---

[3]Die verschiedenen Beispiele performativer Sozialforschung wurden vor dem Hintergrund eigener Interessen und Präferenzen gewählt. Viele der aufgeführten Projekte werden aus einer persönlichen, subjektiven und standortgebundenen Perspektive beleuchtet.

zwischen Künstler/inne/n und Wissenschaftler/inne/n variiert von Fall zu Fall (vgl. Mey 2018b, S. 5).

2.1 Textbasierte Varianten (Autoethnografie, Fiktion, Poetik)

Beginnen wir in der Vorstellung textbasierter Varianten performativer Sozialforschung mit der *Autoethnografie*, die eine Variante der Arts-Informed Research ist:

> Autoethnografie ist ein Forschungsansatz, der sich darum bemüht, persönliche Erfahrungen *(auto)* zu beschreiben und systematisch zu analysieren *(grafie)*, um kulturelle Erfahrungen zu verstehen. Er stellt kanonische Gepflogenheiten, Forschung zu betreiben und zu präsentieren, infrage und behandelt Forschung als einen politischen und sozialen Akt (Ellis et al. 2010, S. 345).

Als Vorläufer autoethnografischer Arbeiten können die Tagebuchaufzeichnungen von Bronisław Malinowski (1884–1942) (vgl. Malinowski 1967) bezeichnet werden. Mit der Veröffentlichung sorgte Malinowski, wie es Clifford Geertz (1926–2006) beschreibt, in der Ethnologie für einen regelrechten Skandal:

> Anscheinend waren die meisten Leute am heftigsten darüber erschüttert, daß Malinowski [der Begründer der Feldforschung; I. L.] – milde ausgedrückt – keineswegs so ein durch und durch netter Kerl war. Er konnte recht grobe Dinge über die Leute, bei denen er lebte, sagen und sich dabei recht grob ausdrücken; die meiste Zeit wünschte er sich nichts anderes, als anderswo zu sein, und bot das Bild eines so unangenehmen Zeitgenossen, wie man sich ihn nur vorstellen kann (Geertz 1977, S. 289).

Malinowski war der erste Feldforscher, der im Sinne autoethnografischen Arbeitens über sich und seine Erlebnisse und Erfahrungen im von ihm erforschten Feld schrieb.[4] Weitere Ethnografen folgten. Erinnert sei an Loïc Wacquants Beschreibungen über die Kunst des Boxens. Während seiner Promotion tauchte Wacquant für mehrere Jahre in die Szene eines Box-Clubs in der South Side

---

[4] Dabei ist natürlich zu beachten, dass die Tagebuchaufzeichnungen von Malinowski erst nach seinem Tod von seiner Ehefrau veröffentlicht wurden. Sicherlich wurden die Tagebucheinträge nicht für ein breiteres Publikum verfasst. Diese Texte schrieb er im Gegensatz zu vielen anderen (z. B. *Argonauts of the Western Pacific* (1922) oder *Das Geschlechtsleben der Wilden in Nordwest-Melanesien* (1928)) nicht für andere Leser/innen, sondern für sich.

von Chicago ein, trainierte im Gym, sprach mit den Boxern und Boxclubleitern und stieg durch stetiges Training in die Amateurliga auf. Mit den Mitteln beobachtender Teilnahme[5] erschloss er sich nicht nur die soziale, sondern auch die sinnliche Logik eines Sports, der v. a. im sogenannten schwarzen Ghetto Zuspruch fand und findet (vgl. Wacquant 2003). Er schrieb nicht nur über „die Anderen", sondern auch über sich und seine Wahrnehmung der Welt des Boxens.

Vor kurzer Zeit sorgte Didier Eribon mit seinem Buch *Rückkehr nach Reims* (französische Erstausgabe 2009) für Aufsehen. Der Text gilt schon heute als eine „Art Schlüsselwerk zum Verständnis der gesellschaftlichen Gegenwart" (N. N. Schaubühne 2018).[6] In dem Buch beschreibt Eribon im Sinne einer autobiografischen Rückschau – und im Verweis auf soziologische Theorien von Bourdieu, Foucault, Baldwin, Butler u. a. – über das sich verändernde Verhältnis zu seinem Herkunftsmilieu. Eribon selbst stammt aus einer armen nordfranzösischen Arbeiterfamilie. Seine Mutter arbeitete als Putzfrau, der Vater als Fabrikarbeiter. Als Eribon seine Homosexualität entdeckte, wurde er in seinem Herkunftsmilieu geschmäht. Er studierte Philosophie, zunächst in Reims, später in Paris, arbeitete als Journalist, schrieb und übersetzte Bücher im Bereich der Soziologie, erhielt eine Anstellung als Hochschullehrer an der Universität Amiens und gilt heute als

---

Die von ihm zur Veröffentlichung freigegebenen Texte waren – wie Geertz schreibt – eher im Stile des „Feldforscher[s] als Chamäleon, das sich perfekt auf seine exotische Umgebung einstellt – ein wandelndes Wunder an Einfühlungsvermögen, Takt, Geduld und Kosmopolitismus" (Geertz 1977, S. 289) komponiert. Jedoch sorgten die Veröffentlichungen seiner Tagebücher für eine breite Diskussion innerhalb der Ethnologie und der Ethnografie. Intensiv diskutiert wurde und wird darüber, inwieweit Ethnograf/inn/en tatsächlich neutral und sachlich über ihnen fremde Völker schreiben (können) oder inwieweit sie ihren Untersuchungsgegenständen nicht kulturelle Eigenschaften, Denkweisen und Praktiken zuschreiben (vgl. Kalthoff 2006).

[5]Im Gegensatz zur teilnehmenden Beobachtung, in der sich der/die Forschende stärker zurücknimmt und sich mehr auf die Beobachtung statt die Teilnahme konzentriert, sind beobachtende Teilnehmer/innen stärker in die von ihnen untersuchte Lebenswelt eingebunden. Sie nehmen in erster Linie am Geschehen teil (machen sich – bildlich gesprochen – die Hände ebenso schmutzig, wie die Akteure) und versuchen hierbei soweit wie möglich zu beobachten (vgl. Hitzler und Gothe 2015, S. 11).

[6]Am 24. September 2017 wurde an der Schaubühne Berlin unter der Regie von Thomas Ostermeier eine Bühnenfassung der Autoethnografie von Eribon uraufgeführt (vgl. https://www.schaubuehne.de/de/produktionen/rueckkehr-nach-reims-2.html/ID_Vorstellung=3041). Schon an diesem kleinen Beispiel wird deutlich, wie sehr verschiedene Spielarten performativer Sozialforschung ihren Weg in verschiedene Künste finden und einem breiteren – als dem ausschließlich wissenschaftlichen – Publikum zugänglich gemacht werden.

einer der wichtigsten Intellektuellen Frankreichs. Die Grundlage seiner Autobiografie ist die eigene literarisch und wissenschaftlich aufgearbeitete Beschreibung seines Lebens (vgl. Eribon 2016), in der er nicht nur über sich und den Bruch mit bzw. die Entfremdung von seiner Herkunft(sfamilie) schreibt, sondern auch versucht zu verstehen, warum die Unter- und Arbeiterschicht Frankreichs heute eher den Front National statt die Kommunistische Partei wählt.

Eine letzte Spielart autoethnografischen Schreibens, auf die hier verwiesen werden soll, ist die von Pascale Hugues. In ihrem Buch *Ruhige Straße in guter Wohnlage: Die Geschichte meiner Nachbarn* (2013) beschreibt die in Frankreich geborene Autorin die Geschichte der Straße, in der sie in Berlin wohnt. Sie verwebt in ihrer Autoethnografie in Archiven gefundene Materialien mit Erzählungen, Erinnerungen, Fotografien ihrer selbst und ihrer Nachbarn. Auf diese Weise beschreibt sie, wie sich die Straße von 1900 bis heute gewandelt hat, wie sich das Leben in der Straße in der Weimarer Zeit, während des Nationalsozialismus, in den Aufbaujahren nach dem 2. Weltkrieg, den wilden Westberliner 60er, 70er und 80er Jahren und in der Nachwendezeit gestaltete. Am Beispiel einer einzigen Straße, ihrer Wohnstraße, analysiert sie die deutsche (Mentalitäts-)Geschichte.

Deutlich wird, dass sich autoethnografisches Schreiben vom tradierten ethnografischen Schreiben unterscheidet. In den Autoethnografien rücken die Autor/inn/en und ihre Beziehungen zu den Forschungsteilnehmer/inne/n stärker in den Mittelpunkt. Die Autor/inn/en schreiben über sich, ihre Lernerfahrungen und ihr Ergriffensein, also darüber, wie die Begegnung mit der Welt an ihrem „Selbst-, Welt- und Fremdverständnis rüttelt", die „Gewohnheiten des Denkens und Wahrnehmens aus den Fugen" geraten (Meyer-Drawe 2008, S. 200). Sie schreiben darüber, wie sich ihnen durch die Reflexion, das Nach-Denken über die im (Forschungs-)Feld gemachten Erfahrungen neue Horizonte eröffnen, sich ihre selbstverständlich gewordene Wahrnehmungswelt verändert und zur Disposition gestellt wird (vgl. Meyer-Drawe 2008, S. 214). Zuweilen verschiebt sich im Vergleich zu klassischen Ethnografien der für ethnografisches Schreiben gesetzte Fokus der Generalisierbarkeit; weg von den Beforschten, hin zu den Leser/innen. Die Generalisierbarkeit der Texte kann Carolyn Ellis, Tony E. Adams und Arthur P. Bochner zufolge von den Leser/inne/n auf die Probe gestellt werden, indem diese reflektieren,

> ob eine Geschichte an eigene Erfahrungen oder an die Erfahrung von anderen Menschen, die sie kennen, anschließt. Die Generalisierbarkeit ist auch abhängig davon, ob es gelingt, unbekannte kulturelle Prozesse so zu beleuchten, dass Leser/innen darüber nachdenken, inwiefern Leben einander ähnlich und verschieden sind und spüren, dass sie Neues über unbekannte Menschen oder Leben erfahren haben (Ellis et al. 2010, S. 352).

Für ihre eher ästhetische und bildliche Art des Schreibens, ihre emotional und zuweilen therapeutische Schreibweise werden Autoethnograf/inn/en von traditionellen Ethnograf/inn/en recht häufig kritisiert. Autoethnograf/inn/en würden

> zu wenig Feldforschung betreiben, zu wenige Mitglieder einer Kultur beobachten oder nicht genug Zeit mit (fremden) Menschen verbringen. Stattdessen werde auf persönliche Erfahrung zurückgegriffen, es würden ‚verzerrte' Daten verwendet und Autoethnograf/innen seien ‚Nabelschau' betreibende, von sich selbst eingenommene Narzisst/innen, die die wissenschaftlichen Pflichten des Hypothetisierens, Analysierens und Theoretisierens nicht erfüllten (Ellis et al. 2010, S. 352).

Denn Autoethnograf/inn/en geht es eben in erster Linie nicht um die Verwissenschaftlichung ihrer Feldforschung. Ihnen geht es um eine systematische (Selbst-) Reflexion, um die Niederschrift ihrer gemachten Lernerfahrungen, darum, gerade darüber – und eben nicht über eine verobjektivierte Beschreibung – kulturelle Erfahrungen zu verstehen.

Noch weniger Überschneidungen mit der traditionellen qualitativen Sozialforschung haben die Spielarten der *Social Fictions,* die dem Bereich der Arts-Based Research zuzuordnen sind. Hauptvertreterin dieses Stils ist Patricia Leavy, die in ihren Romanen *Low-Fat Love* (2011), *Blue* (2015a) oder *American Circumstance* (2016)[7] ihre v. a. mittels Interviews gewonnenen Untersuchungsergebnisse in eine narrativ-fiktionalisierte Form übersetzte (vgl. Schreier 2017, Abs. 14; Mey 2018b, S. 6). In ihrem Roman *Low-Fat Love* schreibt Leavy z. B. über drei angestellte Redakteurinnen bei der New York Press und wie diese in einer männerdominierten Arbeitswelt ihre Identität als Frauen finden und verteidigen. In *Blue* geht es um drei Mitbewohner und ihre Identitätsentwicklung in den Jahren nach dem Studium. *American Circumstance* erzählt die Geschichte einer Tochter eines erfolgreichen Bankiers mit großer politischer Macht und bietet einen Einblick in die Welt der Reichen, Mächtigen und Privilegierten. Die Texte möchten zum Erfahrung machenden vergnügten Lesen einladen, sind aber auch so geschrieben, dass sie in Seminaren, die sich mit den Themen der Sozialstrukturanalyse amerikanischer Kultur, Erzählung oder kreativem Schreiben befassen, eingesetzt werden könnten.

Noch größeren Spielraum für Interpretationen bietet die Aufarbeitung von Untersuchungsergebnissen mit den Mitteln der *Poetik* (vgl. hierzu u. a. die

---

[7]Weitere Bücher aus dem Bereich der Social Fiction finden sich über die Homepage von Sense publishers (vgl. https://www.sensepublishers.com/catalogs/bookseries/social-fictions-series).

Reflexionen von Chawla 2008 oder Dekel 2008). Im Verfahren der *Poetic Transcription*[8] werden z. B. auf der Grundlage einer thematischen Analyse einzelne Worte und Teilsätze aus Interviewtranskripten extrahiert und zu einem Gedicht zusammengefügt (vgl. Schreier 2017, Abs. 15). Eine andere Variante ist die der *Found Poems* (vgl. Reilly 2013), bei dem die Interviewtranskripte an die Untersuchten gegeben werden, damit diese daraus Gedichte erstellen. Der Prozess dient Schreier zufolge „zugleich der Validitätsprüfung im Sinne des *Member Checking*, der Partizipation der Teilnehmer/innen und der Vermittlung der Untersuchungsergebnisse im Sinne der AIR" (Schreier 2017, Abs. 15). Performative Sozialforschung, die also mit den Mitteln der Poetik arbeitet geht es weniger darum, feststehende Erkenntnisse aufbereitet zu präsentieren, sondern darum, dass der/die Rezipient/in sich ein eigenes Bild über die Interpretation der Gedichte macht.

Im Vergleich zu tradierten Wissenschaftstexten zeigt sich, dass die jeweiligen Publikationsstrategien textbasierter Varianten performativer Sozialforschung wesentlich deutungsoffener sind und stärker auf das interpretative Geschick ihrer Rezipient/innen setzen. Die soziale Welt wird in den Texten und Gedichten nicht als vom Forschenden verobjektivierte „Wahrheit" präsentiert, sondern als emotional aufgeladener, einprägsamer, ästhetisch formulierter Text, der dem/der Leser/in die Möglichkeit gibt, eigene Deutungen zu entwickeln und damit bildende Erfahrung zu machen.

2.2 Inszenierung (Audio, Musik, Tanz, Theater)

Gehen wir über zu Varianten performativer Sozialforschung, die einen starken inszenatorischen Charakter aufweisen. Begonnen wird mit auf Akustik setzenden Profilen, wie das Format des Art-Walkings oder die Übersetzung von Forschungsergebnissen in Songtexte. Im Anschluss daran wird ein Blick auf die Spielarten performativer Sozialforschung geworfen, die sich der Forschungspraxis des Tanzes, der Bewegung und des Theaters bedienen.

---

[8]Ein interessanter Artikel, der in die Spielart der Poetic transcription einführt, ist der 2017 von Fiona Smart und Daphne Loads veröffentlichte. In ihm wird einerseits der Ansatz beschrieben, wie Transkripte in Gedichte übersetzt werden, andererseits wird aber auch davon berichtet, wie eine Gruppe junger Kolleginnen zusammenkam, um ihre Geschichten ihrer frühen akademischen Karriere auszutauschen und in Gedichte zu überführen (vgl. Smart und Loards 2017).

Andrew Brown, ein Vertreter des in die Artistic Research-Methoden einzuordnenden *Soundwalks,* setzt in seinen Arbeiten auf räumliche Bricolagen, in denen er das Lokale mit dem Fokus auf das Akustische zum Klingen zu bringt. In verschiedenen Städten, wie Berlin, South Wingfield oder Belgrad, nimmt er seine Stadtspaziergänge mittels Audioaufnahmegerät auf und stellt sie seinen Rezipient/inn/en zur Verfügung. Die von Brown angefertigten Aufnahmen im Ohr bieten dem/der Hörer/in die Möglichkeit akustisch durch eine „gelebte" und visuell durch eine gerade in Erscheinung tretende Welt zu laufen. Hierdurch kann er/sie sich mit seiner Umwelt auf eine neue Art und Weise ins Verhältnis setzen. Die gehörten und visuell wahrgenommenen Erfahrungen gehen durch das Arrangement neu miteinander kombiniert ineinander über. Der/die Hörer/in kann sich und seine/ihre Umwelt relational in einem neuen Verhältnis wahrnehmen (vgl. van Manen 1990, 2011). Auf einem von mir selbst in Berlin praktizierten Spaziergang, zwischen Zoologischem Garten, Hansa Viertel und Tiergarten, konnte ich dieser Erfahrung auf die Spur kommen. Während des Spaziergangs hatte ich Browns festgelegte und auf einem Stadtplan eingezeichnete Route in der Hand und seinen aufgenommenen Soundwalk im Ohr. Auf einem unbelebten Spielplatz hörte ich über die Audioaufnahme z. B. spielende Kinderstimmen; an einer Seitenstraße ein Autorauschen, ohne, dass ein Auto vorbeifuhr. Brown schaffte es, dass ich mich durch den fremden Sound im Ohr anders mit meiner Umwelt auseinandersetzte (vgl. Brown 2017).

Andere Formen der mit Akustik spielenden performativen Sozialforschung sind die Überführung von Interview- oder Analysetexte in *Songtexte.* Die „Schwerpunkte der performativen Sozialforschung richten sich hierbei auf das Hören von Musik als einen anderen – auch leiblichen – Zugang sowie auf die Möglichkeiten von Komposition und Improvisation" (Mey 2018b, S. 8 ff.). So nutzen z. B. David Carless und Kitrina Douglas innerhalb ihrer auf Arts-Based Research setzenden Forschungs- und Bildungspraxis die Methode des Songwritings als alternative Form, Erkenntnisse über die soziale Welt zu gewinnen und zu kommunizieren. Sie schließen, dass der Ansatz neuartige Möglichkeiten bietet, den narrativen Methoden der Sozialwissenschaft zu entsprechen. Auch Carless und Douglas setzen in ihrer Arbeit verstärkt auf die Reaktionen des Publikums. Sie gehen davon aus, dass ihr Ansatz u. a. stärkere emotionale Wirkung und mehr persönliche Reflexionen seitens der Rezipient/inn/en generiere, als tradierte Formen wissenschaftlicher Kommunikation (vgl. Carless und Douglas 2011).

Weitere, mit Akustik arbeitende Varianten performativer Sozialforschung sind jene, die sich dem Bereich des *Tanzes* und der *Bewegung* widmen. In Projekten, die sich den Mitteln des Tanzes bedienen, wird der „Körper als Ort der Erfahrung konzipiert und genutzt" (Schreier 2017, Abs. 24). Es geht darum, kinetische oder kinästhetische Ausdrucksweisen zu verwenden, um erfahrungsgebundenes und verkörpertes, d. h. dem menschlichen Körper inkorporiertes Wissen (vgl. Renger et al. 2016) zu generieren oder zum Ausdruck zu bringen. Im Tanz bzw. der Bewegung wird der Körper als intersubjektiv hervorgebrachtes Resonanz- und Vibrationsfeld angesehen, um hieran Stil- oder Bewegungsanalysen bzw. szenische Beschreibungen von Körperbildern zu diskutieren und zu reflektieren (vgl. Engel 2007). Das in den Körper inkorporierte Wissen wird durch den tänzerischen Ausdruck und die daran anschließende Diskussion zum Gegenstand der Reflexion. Ein einschlägiges Beispiel hierfür bietet der Artistic Researcher Jack Migdalek (vgl. 2015), der in seinem Projekt den Tanz zur Untersuchung von Geschlechtsnormen nutzte. Zusammen mit anderen Teilnehmer/inne/n bewegte sich Migdalek zu von ihm zusammengestellter Musik und versuchte sich der durch die Musik evozierten Bewegungen zu widersetzen. Zu eher maskuliner Musik bewegte er sich eher feminin, zu eher femininer Musik eher maskulin: „Dabei beobachtete er seine eigene Reaktion und achtete vor allem darauf, an welchen Stellen er begann, sich unwohl zu fühlen. Migdaleks Körper fungierte hier als fein gestimmtes Instrument der Datenerhebung" (Schreier 2017, Abs. 24). Jene Varianten performativer Sozialforschung setzt bei ihrer Zielgruppe – anders als z. B. die Autoethnografie – stärker auf einen Explorations- statt einen Rezeptionscharakter. Ihnen geht es darum, mitzumachen, mitzuschwingen, sich in sinnlicher Form mit einem Gegenstand auseinander zu setzen und ihn als Grundlage für (neue) Erfahrungen zu nutzen (vgl. Meyer-Drawe 2008, S. 194).

Eher sprachlich inszenatorischen und aufführenden Charakter hat die Spielart des *Science Slams*[9], einer Variante der Arts-Based Research. Hierbei treten ähnlich wie beim Format des Poetry-Slams mehrere Kontrahent/inn/en gegeneinander an, um wissenschaftliche Themen bzw. Ergebnisse in einer vorgegebenen Zeit auf unterhaltsame Art und Weise einem breiteren Publikum vorzustellen. Am Ende des Programms sind die Zuschauer/innen gefordert zu entscheiden, wer es am besten gemacht hat und als Sieger aus dem „Tunier" hervorgeht. Wie auch der Science Slam bieten performative Variationen, die auf (Elemente des) *Theater*(s) setzen, die Möglichkeit, direkte sprachliche wie auch körperliche Bezüge auf die Erarbeitung bzw. Präsentation von Forschungsergebnissen zu nehmen.

Das Theater selbst ist eine Inszenierungskunst (vgl. Lehmann 1992, S. 951), in der der Basisdefinition von Eric Bentley entsprechend A (d. h. ein/e oder mehrere

---

[9]U. a. wurde die Langen Nacht der Wissenschaft 2018 in Berlin mit dem Format des Science Slams eröffnet (vgl. https://www.langenachtderwissenschaften.de/).

Darsteller/innen) B (einen Text/ein Stück) spielt und C (das Publikum) dabei zusieht (vgl. Bentley 1964, S. 150). Arthur Schopenhauer (1788–1860) zufolge abstrahiert das Theater von der Wirklichkeit, verkürzt sie, stellt sie zeichenhaft und in Andeutung dar. Im besten Fall zeigt es das Leben, Handlungsweisen und gesellschaftliche Gebilde in einer eindeutigeren Art und Weise, als es die Wirklichkeit tut (vgl. Schopenhauer 2003, S. 467). In seiner verkörpernden, darstellenden Form fremder und eigener, theatral aufgearbeiteter Rollen, kann die Theaterarbeit eine das Subjekt bildende Auseinandersetzung mit der eigenen Identität, dem sozialen Umfeld, gesellschaftlichen Umständen einerseits für den/die Darsteller/in und andererseits für das Publikum befördern.

Um einen Theaterabend zur Aufführung zu bringen, bedarf es Jürgen Weintz zufolge eines langen Erarbeitungs- und Erkenntnisprozesses, in dem der/die einzelne Darsteller/in eine ihm/ihr (vorgegebene) Rolle auf eine sinnlich-vernünftige Art und Weise mit Leben füllen muss. Die Darsteller/innen haben den Auftrag, sich in die Rolle des/der literarischen Anderen zu versetzen, sich in die vorgegebenen Figuren und Handlungen einzufühlen, die Rolle (im Zusammenspiel mit anderen) auf der Bühne zu verkörpern und letztendlich einem Publikum zu präsentieren. Am Abend der Aufführung ist Theater dann ein sozialer, bilateraler Prozess zwischen den Spieler/inne/n und dem Publikum (vgl. Weintz 1998, S. 135). Theaterabende entfalten sich laut Julius Bab (1880–1955) „erst in der vielschichtigen Interaktion zwischen Spielern und Zuschauern" (Bab 1974, S. 113). Das Publikum wird von den Geschehnissen auf der Bühne entweder angesprochen oder nicht, kann mitlachen, mitweinen oder mitfühlen. Die Zuschauer/innen nehmen die szenischen Informationen wahr; werden sie vom Stück – sei es durch Staunen, Wundern, Stutzen, Irritation, Verwirrung oder auch Begeisterung – angesprochen, perzipieren sie das Stück, strukturieren und verstehen es (auf ihre Weise), legen es aus und verleiben ihm (im Idealfall) ihren erlebten ästhetischen Erfahrungshorizont ein. Diese Reaktionen haben wiederum Rückwirkung auf das Spielgeschehen, werden von den Darsteller/inne/n registriert und umgesetzt, sodass Jan Mukařovský (1891–1975) schlussfolgert, dass „die Schauspieler bei ihrer Aufführung von der gespürten Aufmerksamkeit des Publikums, seiner Stimmung beim Spiel usw. getragen oder umgekehrt gehemmt werden" (Mukařovský 2003, S. 98).

Nun gibt es natürlich verschiedene Aufführungsformate. Innerhalb der performativen Sozialforschung kann zwischen Formen des Ethnodramas und Ethnotheatres (einschließlich der Unterformen des Theaters der Unterdrückten und des Recherche- bzw. Authentizitätstheaters u. v. m.) unterschieden werden.

Das *Ethnodrama* beinhaltet „die Aufarbeitung von im Forschungsprozess gewonnenen Daten in Form eines Skripts" (Schreier 2017, Abs. 16), lässt sich also eher in die Variante der Arts-Informed Research einordnen.

Beim *Ethnotheatre,* eine Variante des Arts-Based Reseach, wird das Datenmaterial soweit bearbeitet, dass es zur Aufführung kommt. Die Aufführung selbst steht dann

> wiederum in engem Zusammenhang mit den Begriffen der Performativität und des *Embodiment[s]* [.], der Verkörperung, Körperlichkeit, Leiblichkeit. [.] Das *Ethnotheatre* kombiniert beides, Performanz und *Embodyment*, und in dieser Hinsicht ist es mit anderen performativen Formen wie etwa dem Tanz vergleichbar. Spezifisch für das *Ethnotheatre* ist, dass diese Merkmale mit dem Wort bzw. dem Script kombiniert werden (Schreier 2017, Abs. 16–17).

So nutzt Johnny Saldana (vgl. 2011) das Ethnotheatre z. B. zur Vermittlung von Ergebnissen qualitativ-sozialwissenschaftlicher Untersuchungen. Hierbei bindet er das Verfassen des Skripts eng an den Forschungsprozess an, indem er z. B. zur Erstellung des Skripts In-vivo-Kodierungen von Interviewtranskripten nutzt oder durch die Präsentation unterschiedlicher Charaktere auf der Bühne verschiedene Perspektiven auf einen Gegenstand präsentiert (vgl. Saldana 2011, auch Schreier 2017, Abs. 17).

Augusto Boal (1931–2009) (vgl. 1985), Norman Denzin (vgl. 2003) oder Joe Norris (vgl. 2009) nutzen bei der Erstellung des Skripts und der Inszenierung verstärkt die Kooperation zwischen Forschenden und Teilnehmer/inne/n, um die Möglichkeit des Empowerments zu stärken, d. h. den Teilnehmenden mehr Mitspracherecht zu geben (vgl. Schreier 2017, Abs. 18). Auch werden im Rahmen des Ethnotheatres von verschiedenen Vertreter/inne/n des Genres gerne sogenannte *Postperformance Sessions* genutzt. In ihnen haben die Zuschauer/innen die Gelegenheit, „ihre Eindrücke und Reaktionen auf das Stück zu diskutieren. Zugleich stellen diese Sessions auch eine zusätzliche Datenquelle für das Thema und für die Rezeption des Stücks dar" (Schreier 2017, Abs. 18).

Eine weitere Variante ist das *Theater der Unterdrückten,* eine von Augusto Boal (1931–2009) entwickelte Methodenreihe. Bárbara Santos zufolge – einer engen, Boal lange Jahre begleitenden Kollegin – ist das „Theater der Unterdrückten [.] eine ästhetische Methode zur Transformation von Realität". Pädagogisch gesprochen können Teilnehmer/innen und Zuschauer/innen durch das Mitwirken am Stück lernen, sich bilden. Theatergruppen „bringen Fragen zu Herausforderungen des gesellschaftlichen Lebens auf die Bühne, um Dialoge über Veränderungen und die Überwindung von Unterdrückung anzuregen".[10] So wird z. B. im von Boal

---

[10]Zitate (vgl. http://www.kuringa.org/de/kuringa2.html).

begründeten *Forumtheater* ein Konflikt in einer oder mehreren Szenen brennpunktartig inszeniert, die Zuschauer/innen werden von einem/r auf der Bühne stehenden Moderator/in aufgefordert,

> Lösungs- und Handlungsvorschläge für den dargestellten Konflikt auszuprobieren. Dafür kommen sie auf die Bühne und zeigen spontan, wie sie mit der Situation umgehen würden. Die Schauspieler agieren weiterhin als Gegenspieler. Sie fordern die Zuschauer heraus, sich dem Konflikt zu stellen, nicht aufzugeben, sondern nach immer neuen Handlungsalternativen zu suchen. Die Gegenspieler dürfen nicht ausgetauscht werden. Eine Probe für das Leben also. Das Publikum erfährt die möglichen Wirkungen der jeweils vorgestellten Idee. Neue Ideen werden geboren und neue Sichtweisen tun sich auf. Am Ende haben die Zuschauer ein ganzes Spektrum an Handlungsmöglichkeiten gesehen und ausprobiert (Wilckens 2011).

Weitere Modifikationen theatraler Inszenierungen lassen sich im sogenannten *Recherche- bzw. Authentizitätstheater* finden. Das Recherche- bzw. Authentizitätstheater gilt als Äquivalent des Ethnotheatre innerhalb der Artistic Research (vgl. Schreier 2017, Abs. 24). In beiden Varianten geht es darum, aktuelle gesellschaftliche Problemlagen auf der Bühne zu thematisieren und unter Umständen dadurch Lernprozesse anzuregen.

> Unter dem Label Rimini Protokoll fingen sie [die deutschen Theaterbühnen; I. L.] etwa um die Jahrtausendwende an, statt Schauspielern sogenannte ‚Experten des Alltags' auf die Bühne zu bitten. […] [Diese ‚Darsteller ihrer selbst'; I. L.] erzählen […] stets unter thematisch klar abgesteckten und dramaturgisch durchdachten Aspekten – aus ihrem Leben. Die Arbeiten sind so konzipiert, dass möglichst viele – und kontroverse – Perspektiven auf das jeweilige Sujet zur Sprache kommen (Wahl 2011, S. 255).

Oft wird hierbei mit Obdachlosen, (ehemaligen) Häftlingen, Arbeitslosen, Migrant/inn/en, psychisch Kranken, Menschen mit Behinderung, Alten u. a. gearbeitet (vgl. Engler 2017). Dabei macht sich das Theater häufig „zum Anwalt gesellschaftlich ausgegrenzter Gruppen, indem es literarische Figuren mit realen Betroffenen besetzt" (Wahl 2011, S. 256) oder deren Biografie bzw. Ausschnitte aus ihrer Biografie theatral bearbeitet und die Rollen durch jenen Personenkreis besetzt auf die Bühne bringt.

Ein in den letzten Jahren besonders herausstechendes Beispiel performativer Sozialforschung, das sich dem sogenannten Recherchetheater bediente, war das zwischen 2007 und 2010 rund um Heinz Bude praktizierte Projekt „ÜberLeben im Umbruch". In dem Projekt haben sich Geistes- und Sozialwissenschaftler/innen, Ethnologen, Theaterschaffende sowie Performancekünstler/innen zusammengetan, um die durch die Wendeprozesse veränderte gesellschaftliche Struktur in Wittenberge, einer Stadt zwischen Berlin und Hamburg, zu untersuchen. Die Forscher/innen und Künstler/innen haben die Bewohner/innen Wittenberges nicht nur beobachtet. Sie haben mit ihnen gesprochen, sind mit ihnen in einen Dialog getreten, haben Fotos gemacht, aus ihrer Recherche u. a. Theaterstücke entwickelt und diese in Wittenberge wie auch am Gorki Theater in Berlin aufgeführt. Ziel des Projekts war es u. a., einen öffentlichen Kommunikationsprozess über die Situation in der Stadt in Gang zu bringen (vgl. Dietzsch 2011, S. 198). Es ging darum,

> Wissenschaft nicht nur im Sinne von Ergebnispublikation öffentlich zu machen, sondern sie auch explizit öffentlich – also potenziell für alle in der Stadt sichtbar und für eine größere Öffentlichkeit auf überregionaler Ebenen medial vernehmbar – zu praktizieren (Dietzsch 2011, S. 198).

Heinz Bude erklärt, dass es dabei den Theaterschaffenden gelang, konstruktive Konflikte „in einer bestimmten Überzeichnungen [zu] zeigen" (Bude und Engler 2011, S. 122). Gleichzeitig markiert er, dass die Soziologie (als eine Teildisziplin der Wissenschaft) „die Realität grundsätzlich anders [befrage und gestalte; I. L.] als ein Stückeschreiber, ein Regisseur oder ein Schauspieler" (Bude und Engler 2011, S. 123). Theaterschaffende brauchen, wie es der damalige Rektor der Hochschule für Schauspielkunst ‚Ernst Busch' Wolfgang Engler sagt, „Auffälliges, Spektakuläres, klassische Konflikte und Interaktionen, die den Erwartungen des Theaters entsprechen" (Bude und Engler 2011, S. 123–125). Diese können sie dann inszeniert auf die Bühne bringen und das Publikum dazu anregen, darüber nachzudenken, ggf. für sie Neues in Erfahrung zu bringen.

Deutlich wird, dass es auch unter der Perspektive inszenatorischer performativer Sozialforschung unterschiedliche Spielarten gibt, angefangen beim Soundwalk, über die Verwendung von Songtexten, Tanzprojekten, Science Slam bis hin zu den vielfältigen Varianten des Theaters gibt. Günter Mey zufolge ist die „Kollaboration aller Beteiligten […] dann am intensivsten, wenn die Erarbeitung und Aufführung strikt partizipativ ausgerichtet sind" (Mey 2018b, S. 11), aber auch bei weniger partizipativ ausgerichteten Projekten können sich vielschichtige Lernprozesse – sei es bei den (Kunst-)Schaffenden oder auch bei den Rezipient/inn/en – ergeben. Denn die (Kunst-)Schaffenden können einerseits durch die für sie neuartige Zusammenarbeit mit Beforschten, Einheimischen oder sozialen Subgruppen und der Erarbeitung von Soundwalks, Songtexten, Tanzprojekten oder Stücken zu Lernenden einer ihnen unbekannten Lebenswelt werden. Durch die Aufführung werden sie dann zu Zeigenden, Vermittelnden, die den Rezipient/inn/en womöglich neue Erfahrungswelten eröffnen.

2.3 Visuelle Darstellungsformate (Foto, Film)

Neben textbasierten oder inszenatorischen Darstellungsarten existieren im breiten Spektrum performativer Sozialforschung auch visuelle Darstellungsformate, die Foto- und Filmarbeiten einbeziehen bzw. zum Gegenstand oder Ergebnis ihrer Recherchen machen. In Folge des „Visual Turns" kann man auch in der qualitativen Sozialforschung mittlerweile von einem regelrechten Boom im Einsatz von Video-/Filmdaten sprechen (vgl. Mey 2018b, S. 11).

Fotografien werden überwiegend als partizipative Elemente in Studien genutzt, in denen Beforschte die Fotografien erstellen (vgl. Mey 2018b, S. 14; Kolb 2008; Leser 2017; Schratz 2016). Fotografien werden im Sinne der Arts-Informed Research als sogenannte *Photovoices* gesehen, bei denen die Beforschten ihre Perspektive (auf einen Ausschnitt) aus ihrer Welt dokumentieren und Forschenden zur Analyse zur Verfügung stellen (vgl. Wang und Burries 1997; Leavy 2015b, S. 234 f.), den Forschenden also einen neuen Blick auf eine (ihnen) fremde Welt ermöglichen.

Neben v. a. auf Fotografien setzenden Forschungsprojekten gibt es zahlreiche Strategien, die sich dem Medium des *Videos* bedienen. Hierbei fertigen Forschende im Sinne des Arts-Informed Researchs überwiegend Videos an, um darüber Dokumente zu erzeugen, „die alltägliche und außeralltägliche Ereignisse und Handlungsabläufe [.] erfassen, die dann analysiert werden" (Mey 2018b, S. 12; vgl. Moritz und Corsten 2018; Hietzge 2018). Manche Forschende bedienen sich dem Format des Videos, um u. a. Lehrfilme bzw. Interviews mit Forschenden für die Methodenausbildung zu generieren (vgl. hierzu das Videoprojekt von Faißt und Zäuner 2018[11]).

Wenige Forschende nutzen das Medium der Videografie, um unter dem Paradigma des Arts-Based Research kamera-ethnografische Studien durchzuführen. Die bekannteste Forscherin dieses Zweigs ist Bina Elisabeth Mohn, die u. a. in Kindertagesstätten der räumlichen und zeitlichen Gestaltung von Übergängen der Kinder (von der Familie in die Kita, von einer Kita-Aktivität in eine andere) nachging (vgl. Mohn und Bollig 2016), die Kita- und Schulkinder beim Essen (vgl. Mohn und Althans 2014) oder Grundschulkinder im individualisierten Unterricht (vgl. Mohn und Breidenstein 2013) videografierte und daraus Dokumentarfilme erstellte, die einem breiteren Publikum präsentiert werden

---

[11]In dem Videoprojekt wurden 60 Clips zusammengestellt, in denen Doktorand/inn/en und Professor/inn/en über ihre Forschungserfahrung erzählen und Anregungen zur eigenen Forschung geben (vgl. https://quasus.ph-freiburg.de/2018/04/17/wie-forschen-anderen-videoprojekt-mit-forscherinnen-an-der-ph/).

können, sodass diese sich, geleitet durch die Kameraführung und den Schnitt, ein eigenes Bild von den sie interessierenden Themenfeldern machen können.

Darüber hinaus gibt es ganz verschiedene Versuche, bei denen die Ergebnisse von Forschung in Filmen präsentiert werden und „damit Wissenschaft (Forschende) und Film (Regisseur/innen, Filmautor/innen) in einen Dialog" (Mey 2018b, S. 12) gebracht werden. „Die Spanne reicht von Spielfilmen über Dokumentarfilme bis zu Features; neben Bewegtbildern werden auch Stilbilder für die Ergebnisgenerierung und -präsentation genutzt" (Mey 2018b, S. 12). Die verschiedenen Varianten visueller Darstellungsformate haben dann entweder einen illustrierenden Charakter – setzen also weniger auf Lernen als auf bildende Erfahrung – oder haben einen den/die Rezipienten/in aufklärenden und damit bildenden Zweck.

2.4 Ausstellungsformate

Neben textbasierten, auf Inszenierungen setzenden und visuellen Darstellungsformaten lassen sich innerhalb der performativen Sozialforschung auch Projekte finden, die sich in Form von Ausstellungsformaten präsentieren, in denen z. B. Fotos, Gemälde, Artefakte, Skulpturen, Film, Sounds und/oder Installationen einem breiteren Publikum gezeigt werden:

> Museen sollen aus dieser Perspektive Orte sein, an denen gelernt, entdeckt und konstruiert werden kann – wenn es gelingt, dass die eigene Erfahrung mithilfe der Themen und Objekte der Ausstellung erweitert und hinterfragt werden können. Es geht nunmehr nicht mehr länger um das ‚Public Understanding of Science', bei dem wissenschaftliche Ergebnisse in Form von Fakten und Produkten präsentiert werden, vielmehr soll – im Sinne eines ‚Public Understanding of (Current) Research' – ein Verständnis für eine sich im Prozess befindliche Forschung geschaffen werden (Mey 2018b, S. 16).

U. a. wird in verschiedenen Universitätsstädten jährlich eine „Lange Nacht der Wissenschaft" veranstaltet, in der mit Vorträgen, Workshops, Mitmachaktionen, Exponaten und Experimenten bei Erwachsenen und Kindern das Interesse an Wissenschaft geweckt und vertieft werden soll.[12] Die Lange Nacht der Wissenschaft – bei der die Rezipient/inn/en zahlreiche lernende Erfahrungen machen können – ist am ehesten in den Bereich der Arts-Based Research zu verorten.

---

[12]Beispielhaft sei auf die Lange Nacht der Wissenschaften in Berlin und Potsdam hingewiesen, die 2018 zum 17. Mal veranstaltet wurde und jährlich auf große Resonanz stößt (vgl. https://www.langenachtderwissenschaften.de/).

Darüber hinaus gibt es Formate, die einen stärker musealen Charakter in sich tragen.[13] Beispielhaft sei hier auf die Ausstellung „Jugendkultur in Stendal: 1950–1990" (Mey 2018a) verwiesen. Sie lässt sich an der Schnittstelle zwischen Arts-Based Research und Artistic Research einordnen. Der Schwerpunkt der Ausstellung wurde am Beispiel Stendals auf Themen der in der DDR gehörten Musik, getragenen Kleidung und auf Treffpunkte der Jugendkultur gelegt.

Der Museumsleiterin Gabriele Bark zufolge bieten die Artefakte der Ausstellung, wie auch die über Video aufgezeichneten und im Rahmen der Ausstellung gezeigten Interviewausschnitte den Besucher/inne/n die Möglichkeit, mehr über die eigene Stadtgeschichte und die erzählte und präsentierte Geschichte der DDR zu erfahren. Die Ausstellung lebe von Begegnungen und Gesprächen mit den Besucher/inne/n, sie generiere unterschiedliche Sichtweisen z. T. getrübter Erinnerungen an die Jugend in der DDR und trägt damit ebenfalls zu möglichen Bildungsprozessen ihrer Rezipient/inn/en bei.

3 Adressierung, Aktivierungspotenzial, Wirksamkeit performativer Sozialforschung

Nach der Vorstellung der verschiedenen Spielarten performativer Sozialforschung lässt sich nun natürlich fragen, was das Besondere daran ist, wer adressiert wird, welches Aktivierungspotenzial darin steckt und welche Effekte bzw. welche Wirksamkeit sich Wissenschaftler/innen in der Nutzung performativer Varianten versprechen.

Festzuhalten bleibt, dass die performative Sozialforschung in ihren verschiedenen Varianten auf einen Dialog zwischen Kunst und Wissenschaft setzt und darum bemüht ist, ein breiteres Publikum als das ausschließlich wissenschaftliche anzusprechen. Entweder nutzt sie ästhetisch-künstlerische Mittel in der Untersuchungsdurchführung und/oder in der -vermittlung wissenschaftlicher Erkenntnisse. Sofern sie auf performative Mittel in der *Untersuchungsdurchführung* setzt, nutzt sie einen anderen als den tradierten wissenschaftlichen Weg der Erkenntnisgewinnung. Nicht die häufig im Wissenschaftsdiskurs benannten Prinzipien der Neutralität und Wert(urteils)freiheit stehen im Zentrum, sondern eine über die limitierten wissenschaftlichen Diskursformen hinausgehende, auf ästhetisch-künstlerische Mittel setzende, häufig interessengeleitete und wertgebundene Forschung. Im Sinne einer

---

[13]Die lange Nacht der Wissenschaft orientiert sich an der erfolgreichen Langen Nacht der Museen, die es seit 1997 in Berlin, und später in anderen Städten gab und gibt (vgl. https://www.lange-nacht-der-museen.de/de/).

sozialkritischen, feministischen, postkolonialen oder phänomenologischen Perspektive wird – ähnlich wie in der partizipativen Forschung – „ein besonderer Nachdruck auf Subjektivität, Erleben, biografische Erfahrung und individuelle Sichtweisen" bei den Beforschten und Mitforschenden gelegt (Bergold und Thomas 2010, S. 334). Stärker als in der tradierten Wissenschaft wird auf prä-reflexives, nicht-diskursives und nicht-konzeptionelles Wissen gesetzt, das die Möglichkeit für alternative Weltsichten bietet. Darüber hinaus geht es in verschiedenen Verfahren darum, nicht wissenschaftlich arbeitende Mitwirkende in den Forschungsprozess einzubeziehen, was dazu führt, dass Forschende ihre Dominanzrolle gegenüber diesen aufgeben müss(t)en (vgl. Bergold und Thomas 2010, S. 334). Das kann natürlich auch dazu führen, dass es zwischen den verschiedenen Parteien ein größeres Verlangen an „Mitbestimmung bei der Themensetzung", und eine größere „Konkurrenz von Autoritätsansprüchen auf das ‚richtige Wissen'" geben kann (Dietzsch 2011, S. 204). Denn zu fragen ist, wer denn eigentlich die Deutungshoheit und das passende Durchsetzungsvermögen hat, bzw. welche Formen kooperativer Mitsprache gefunden werden können um Interpretationsergebnisse zu gewinnen, die über den kleinsten Nenner an Gemeinsamkeiten hinausgehen.

Werden performative Mittel bei der *Vermittlung wissenschaftlicher Erkenntnisse* eingesetzt, kann dies entweder im Sinne einer *Präsentation* oder im Sinne einer *Diskussion* sein. Bedient sich die performative Sozialforschung dem Mittel der ästhetisch-künstlerischen *Präsentation,* setzt sie in der Regel auf ein breiteres – nicht nur ausschließlich wissenschaftliches – Publikum und hofft damit andere Erfahrungen bei den Rezipient/inn/en zu evozieren als es in tradierten Präsentationsformen (die bekanntlich in Form eines wissenschaftlichen Vortrags, Artikels oder einer Buchpublikation daherkommen) der Fall ist. In einigen Spielarten kann das natürlich auch zu einer verzerrten Präsentation der Daten führen, wie es Denzin in seinem Buch *Performance Ethnography* (vgl. 2003) mahnend anführt:

> A writer […], curator, or sensationalist […] stages performances for the voyeur's gaze, perhaps telling stories about an abusive, hurtful other. This is ‚the Wild Kingdom approach to performance that grows out of a fascination with the exotic, primitive, culturally remote … the Noble Savage'. These [..] make problematic the question, How far into the other's world can the performer and the audience go? Of course, one person can never know the mind of another person; we know others only by their performances. We can know only our own minds, and sometimes we don't know those very well. This means that the [writer/]performer must always respect the differences between him- or herself and the other that define the other's world (Denzin 2003, S. 55).

Gleichzeitig kann die performative Sozialforschung Ergebnisse deutungsoffener präsentieren und damit womöglich neue Interpretationen beim Publikum evozieren. Forschung bzw. deren Ergebnispräsentation bietet in diesem Sinne einen größeren Spielraum für Interpretationen, was gleichzeitig bedeutet, dass sie stärker auf das interpretative Geschick ihrer Rezipient/inn/en setzt. Das kann beim Publikum dann – ähnlich wie bei der Präsentation wissenschaftlicher Ergebnisse in tradierter Form – natürlich auch zu Kritik an den (vorläufigen) Ergebnissen oder der Art der Präsentation führen. So war es z. B. bei der Ergebnispräsentation der soziologischen Studie *Middletown* von Robert Staughton Lynd (1892–1970) und Helen Merrell Lynd (1886–1982) in den frühen 1920er Jahren, z. T. auch in der Präsentation der Ergebnisse *ÜberLeben im Umbruch* aus Wittenberge. Als Lynd und Lynd den Einwohner/inne/n ihre Ergebnisse in Muncie (Indiana) vorstellten, kritisierten die Anwohner/innen nahezu jeden Aspekt der Studie,

> angefangen bei der Akkuratheit einzelner Beschreibungen, über das allumfassende Bild der Stadt, bis hin zur Brauchbarkeit der sozialwissenschaftlichen Methoden. Ihre Auseinandersetzungen mit den Lynds und den überregionalen Medien über die Repräsentation des Eigenen machte die Spannung zwischen lokalen Verständnissen und denen der [damals] sich im Aufbruch befindenden massenmedialen Gesellschaft deutlich, in der die Menschen die moderne Kultur sowohl durch Lesen als auch aus der Erfahrung kannten (Igo, Übersetzung Dietzsch 2011, S. 204).

Bei der Präsentation der Ergebnisse sträubten sich einige der Anwohner/innen also der ihnen gebotenen Interpretation. Ihre eigene Welt wurde ihnen als eine sie befremdende Interpretation geliefert, war abweichend vom Gewohnten und Gängigen, sorgte für Irritationen, unterbrach den „Fluss des Selbstverständlichen" (Meyer-Drawe 2008, S. 202), trug damit aber auch die Chance in sich, Lernanregungen zu bieten, was natürlich heißt, dass sich die Anwohner/innen für die ihnen fremde Interpretation öffnen müss(t)en, sie versuchen müss(t)en, es mit der eigenen Interpretationsfolie in Vergleich zu setzen, zu reflektieren, warum – vielleicht auch begründet – die präsentierte Interpretation eine andere als die aus dem Alltag gewohnte ist.

Performative Forschung kann darüber hinaus auch partizipative *Diskussionsräume* schaffen, in denen die Ergebnisse nicht als gesetzte „Wahrheit", sondern als verhandelbare Erkenntnisse präsentiert und diskutiert werden. Diese Spielart ist dann *mehr* als die vorher erwähnten. Sie setzt auf ein von- und miteinander Lernen, sie setzt auf Partizipation. In der Schaffung von Diskussionsräumen wird im Idealfall mehr evoziert als ein ausschließliches Einfühlungsvermögen. Partizipation setzt auf Kritisierbarkeit (der bisherigen Ergebnisse), auf Empowerment und einen kritischen Dialog (vgl. Denzin 2003, S. 55):

shared emotional experiences are created, and in these moments of sharing, critical cultural awareness is awakened. […] It understands cultural criticism to be a form of empowerment that begins in that ethical moment when individuals are led into the troubling spaces occupied by others. In the moment of coperformance, lives are joined and struggle beginns a new (Denzin 2003, S. 56).

Deutlich wird also, dass die performative Sozialforschung einen breiteren Adressat/inn/enkreis anspricht und ansprechen will als die tradierte Wissenschaft. Sie setzt auf ein größeres Aktivierungspotenzial der Beteiligten und Rezipient/inn/en und hofft auf ein öffentliches Verständnis der (im Entstehen begriffenen) Untersuchungsdurchführung und Ergebnispräsentation.[14]

4 Zu den (impliziten) pädagogischen Strukturen performativer Sozialforschung

Kommen wir in einem nächsten Schritt zur Reflexion der in der performativen Sozialforschung liegenden (impliziten) pädagogischen Strukturen, die eng mit der Frage zusammenhängen, wie sich in der performativen Sozialforschung mit Welt auseinandergesetzt wird und was jene Wissenschaftsform eigentlich bezweckt oder bezwecken will.

Festgehalten werden kann, dass sich die performative Sozialforschung – auch wenn sie sich in ihrer Selbstbeschreibung als Dialog zwischen Kunst und Wissenschaft versteht und (mögliche) pädagogische Inhalte bisher größtenteils ausblendete – in ihren unterschiedlichen Variationen verschiedener (pädagogischer) Mittel der Aufmerksamkeitserzeugung bedient. Sie

reichen vom themenbezogenen Zeigen über mediale Visualisierungen und gekonnte sprachliche oder nonverbale Selbstdarstellungen [..] bis zu eher instrumentellen Strategien der Inszenierung von Animationen, die sich am Unterhaltungsspektakel, am Marktgeschrei und an den neuen Formen der Eventkultur orientieren (Kade 2010, S. 91).

---

[14]Skeptisch könnte man nun natürlich fragen, wie groß das Verbreitungspotenzial performativer Sozialforschung eigentlich ist. Dem statistischen Bundesamt zufolge lesen gerade einmal 22,5 % der deutschen Bevölkerung täglich oder mehrmals wöchentlich ein Buch. Ein minimaler Anteil davon wird Autoethnografien, performative Fiktion oder Poetik lesen. 2,5 % aller Deutschen gehen regelmäßig ins Theater, die Oper oder das Schauspielhaus, 27 % gelegentlich, 40,6 % hingegen nie. Ein Museum, eine Galerie oder eine Kunstausstellung besuchen ähnlich viele: 2,3 % gehen regelmäßig ins Museum, eine Galerie oder Kunstausstellung, 29,3 % gelegentlich, 38,5 % nie (vgl. de.statista.com).

Sie reichen also von stillen und leisen, subtil aufzeigenden Vermittlungsformen des Zeigens bis hin zu lauten, marktschreierischen, reißerischen Ausdrucksformen. Je nach Zeigemodus[15] werden sie den der performativen Sozialforschung beiwohnenden oder rezipierenden Akteuren unterschiedliches vermitteln und zu unterschiedlichen Auseinandersetzungen führen.

Im Idealfall kann die performative Sozialforschung – ganz im Sinne des sich bildenden Subjekts (vgl. Kade et al. 2007, S. 96) – zur Auseinandersetzung mit der eigenen Identität, dem sozialen Umfeld und gesellschaftlichen Umständen beitragen, die Beteiligten und Rezipient/inn/en dazu animieren, sich mit sich selbst und ihrer Umwelt in ein reflektiertes Verhältnis zu setzen:

> Performance art pedagogy reflexivly critiques those cultural practises that reproduce oppression. At the performative level, this pedagogy locates performances wihin these repressive practices, creating discourses that make the struggles of democracy more visible. In their performances, artists, teachers, students, and other cultural workers ‚invoke their personal memories and histories. … they engage in storytelling'. […] They ‚remember, misremember, interpret and passionately revisit … [the] past and [the] present', and in so doing they invoke a ‚continuum of past performance, a history … juxtaposed … with existential experiences'. Through their coperformances, cultural workers critique and evaluate culture, turning history back in upon itself, creating possibilities for new historical ideas, new images, new subjectivities, new cultural practices […]. These performances join transnational and postcolonial narratives with storytelling about personal problems exerienced at the local level. These interventions represent pedagogy done in the public interest, democratic art for by and of the people (Denzin 2003, S. 23).

Performative Sozialforschung setzt – pädagogisch gewendet – darauf, in der Auseinandersetzung mit dem Text, dem Sound, der Inszenierung, dem Bild, dem Film oder der Ausstellung kontroverse oder für die/den Einzelne/n neue Perspektiven auf einen Gegenstand zu ermöglichen, eigene Erfahrungen mithilfe der Themen und Objekte zu erweitern und zu hinterfragen. Performative Sozialforschung setzt

---

[15]Die Ausdrucksformen der Zeigegesten performativer Sozialforschung unterscheiden sich zuweilen von denen unterrichtlichen Zeigens. Brinkmann und Rödel differieren hier auf Grundlage ihrer phänomenologischen Unterrichtsvideografie zwischen dem Typus des appellativen Zeigens (Einfordern von Aufmerksamkeit), des Hinzeigens (Lenkung der Aufmerksamkeit in einem bestimmte Richtung), des Vorzeigens (Präsentieren eines Gegenstandes), des Aufzeigens (Fokussierung der Aufmerksamkeit auf ein Detail → Verstehen), des Vormachens (Zeigen als Ausführen einer bestimmten Handlung/Praktik), des Sich-zeigens (sich als jemand bestimmtes zeigen) und des sokratischen Zeigens (Unwissenheit, Probleme oder Lehrstellen aufzeigen) (vgl. Brinkmann und Rödel 2018, S. 540).

in manchen ihrer Spielarten (wie dem des Theaters der Unterdrückten oder im Authentizitätstheater) auf Emanzipation, Empowerment und Selbstermächtigung (Unterdrückter). Alle Variationen setzen auf Lernen durch bildende Erfahrung, d. h. darauf, mit allen Sinnen – mal den einen, mal den anderen in den Vordergrund gerückt – in ein neues welt- und selbstreflektiertes Verhältnis zu treten. Das Paradoxe daran ist natürlich, dass es der performativen Sozialforschung vordergründig gerade nicht um Lernen und Bildung geht, denn ihr primäres Ziel ist es nicht, pädagogische Lernarrangements zu schaffen, sondern Wissenschaft und Kunst zu verbinden. Trotz dessen ist es den verschiedenen Varianten performativer Sozialforschung inhärent, ästhetische Erfahrungen bei den an der Forschung Beteiligten und Rezipient/inn/en zu schaffen und ihre eigenen Kräfte in möglichst optimaler Weise entfalten zu können (vgl. Marotzki et al. 2006, S. 165). Durch die Verbindung von künstlerischen und wissenschaftlichen Stilelementen ist es möglich, bei den Beteiligten und Rezipient/inn/en einen Erfahrungsraum zu schaffen, der „tentative, experimentelle, umspielende, erprobende, innovative, Kategorien erfindende, kreative Erfahrungsverarbeitung" (Marotzki et al. 2006, S. 171) ermöglicht, im Idealfall ein Verständnis, Verantwortungsbereitschaft und Engagement für Unterdrückte entwickelt. Im Sinne Klafkis kann die Mitwirkung an oder die Rezeption von performativer Sozialforschung die Kritik-, Argumentations- und Empathiefähigkeit aller Beteiligten schulen (vgl. Marotzki et al. 2006, S. 168).

Gleichzeitig muss dabei festgehalten werden, dass die in den verschiedenen Varianten performativer Sozialforschung zu sammelnden künstlerisch-ästhetischen Erfahrungen oftmals offen und unbestimmt sind, häufig auch nichtintendierte Effekte (z. B. der Ablehnung, des Schams, der Rebellion) hervorrufen können. Den an performativer Sozialforschung Beteiligten werden keine eineindeutigen Ergebnisse präsentiert. Die Erarbeitungs- und Präsentationsformen sind deutungsoffen und bieten damit für die Beteiligten und/oder Rezipient/inn/en die Möglichkeit, neue Erfahrung und darauf aufbauend neues Wissen zu generieren. Von der pädagogischen Struktur her entspricht performative Sozialforschung also dem in der Erwachsenenbildung schon länger thematisierten Bild der „hybriden (Aneignungs-)Kultur". „Insgesamt zeigt sich eine Vielzahl unterschiedlichster pädagogisch uneindeutiger, vieldeutiger sozialer Realitäten" (Kade und Seittler 2001, S. 88). Die der performativen Sozialforschung inhärente „Gestalt des Pädagogischen" ist eben gerade nicht mehr, wie es noch in der Moderne typisch war, eine „vereindeutigende, auf dichte Integration und größtmögliche Einheit setzende synthetisch-harmonisierende pädagogische Denkform", sondern sie ist eine „mehrdeutige, auf lose Kopplung der verschiedenen Elemente bauende analytisch-kombinatorische pädagogische Denkform" (Kade und Seittler 2001, S. 89), die das Kennzeichen der reflexiven Moderne ist.

In der performativen Sozialforschung haben wir es seitens der an der Forschung Beteiligten oder sie Rezipierenden mit einer „Verselbstständigung der Aneignung" (Kade und Seittler 2001, S. 90) zu tun. Es geht um partikulare Erfahrungen, die sich das (lernende) Subjekt im Beiwohnen, Betrachten, Reflektieren oder Analysieren des Gezeigten situativ aneignet und in einer an das Subjekt gebundenen biografischen Eigentheorie verarbeitet (vgl. Kade et al. 2007, S. 27). Das in der performativen Sozialforschung angelegte Lernen kann mit dem Stichwort der „Entgrenzung des Pädagogischen" (Lüders et al. 2012) als diskret, unscheinbare, „hoch individualisiert, manchmal emotional und kognitiv fesselnd und in anderen Fällen weniger verpflichtend; selten vorhersehbar, aber kontinuierlich gegenwärtig" (Kade et al. 2007, S. 32) charakterisiert werden. Bei der performativen Sozialforschung geht es also um „selbstorganisiertes Lernen, das Lernen en passant, […] das mitlaufende Lernen, das autodidaktische Lernen jenseits der Institutionen" (Kade et al. 2007, S. 33), einer pädagogischen Lernform, die der des informellen Lernens entspricht. Wir haben es also bei der performativen Sozialforschung, ganz im Sinne der Entgrenzung des Pädagogischen, mit einem neuen „Markt von mehr oder weniger offenen und verdeckten Bildungs- und Kulturangeboten", mit „lebensweltlichen Vermittlungsformen" zu tun (Lüders et al. 2012, S. 227, 230). Für die im Forschungsprozess oder der Rezeption und Diskussion beiwohnenden und mitwirkenden Subjekte bedeutet dies gleichzeitig, dass sie die Angebote „weniger durch die Intentionen" der performative Sozialforschung Betreibenden als durch eigene „Interessen, Erfahrungen, Lebenslagen und Biographien" bestimmt wählen. Die Mitwirkenden und Rezipient/inn/en

> werden aufgrund einer solchen Entwicklung vermehrt zu Subjekten, die in ein selbstbewusstes Verhältnis zu [.] [den an Wissenschaft und Kunst orientierten, I. L.] Angeboten treten und sich diese nach individuellen Interessen autonom aneignen und nutzen (ebd., S. 229).

Performative Sozialforschung zielt (sofern es die Mitwirkenden und Rezipient/inn/en für sich zulassen) also auf Lernen als Erfahrung, dessen Ziel es ist, Bildungsmöglichkeiten zu schaffen. Das kann dann aber auch bei den Angesprochenen zur von Theodor W. Adorno (1903–1969) angemahnten Halbbildung statt Bildung führen, die sich durch

> die punktuelle, unverbundene, auswechselbare, ephemere Informiertheit [auszeichnet, I. L.], der schon anzumerken ist, daß sie im nächsten Augenblick [z. B. in der Begegnung neuer Texte, Stücke, Fotos, Filme oder Ausstellungsartefakten, Anm. I. L.] durch andere Informationen weggewischt wird (Adorno 1975, S. 88).

Zu fragen bleibt also, ob die verschiedenen Varianten performativer Sozialforschung bei den Teilnehmenden und Rezipierenden wirklich bildende Erfahrungen wecken oder ob sie sich dem nicht eher verwehren oder es für sie gar keine Möglichkeit gibt, etwas zu lernen oder neue Erfahrungen zu machen.

5 Möglichkeiten und Grenzen performativer Sozialforschung

Kommen wir zum Schluss noch zu den Möglichkeiten und Grenzen performativer Sozialforschung. Deutlich geworden sein sollte, dass es *die* performative Sozialforschung im Sinne einer eigenständigen Methode nicht gibt. Sie ist eher ein (neuer) Forschungsstil, eine (neue) Forschungsstrategie, bei der Wissenschaft und Kunst aufeinandertreffen und für ein breiteres Publikum sozialwissenschaftliche Fragen er- bzw. bearbeiten. In Abgrenzung zu herkömmlichen Verfahren qualitativer Sozialforschung geht es performative Sozialforschung Betreibenden darum, in einem ästhetischen Zugang der empirischen Wirklichkeit zu begegnen und sie durch die Anwendung und Nutzung ästhetischer Erfahrungen zu interpretieren.

Unter Nutzung künstlerisch-ästhetischer Stilelemente geht es den performative Sozialforschung Betreibenden darum, neue Erfahrungen zu ermöglichen und damit neues Wissen zu erzeugen und (zur Diskussion) (bereit) zu stellen. Dieses Wissen generiert sich jedoch aus unterschiedlichen Logiken der Wissensproduktion, wie sie für Kunst und Wissenschaft typisch sind (vgl. Dietzsch 2011, S. 201). In der Regel werden in der Performativen Sozialforschung Untersuchungsgegenstände künstlerisch um- oder gar überformt. Vor dem Hintergrund künstlerischer und unterhaltsamer Ausdrucksformen geraten manche fundierten Recherche-Ergebnisse zuweilen eher in den Hintergrund. Auch allgemeingültige Beobachtungen, die über den konkreten Untersuchungsgegenstand hinausweisen, sind in den performativen Beiträgen seltener als in der klassischen Wissensproduktion zu finden (vgl. Wahl 2011, S. 262). Denzin zufolge geht es innerhalb der performativen Sozialforschung stärker um lokale, personalisierte Themen (vgl. Denzin 2003, S. 21). Performative Sozialforschung „make the ‚political visible through [performative, I. L.] pedagogical practices that attempt to make a difference in the world rather than simply reflect it'" (Denzin 2003, S. 21 f.). Performative Sozialforschung setzt in der Regel auf Offenheit, auf die Generierung kontextgebundenen Wissens, ein In-Beziehung-Setzen zwischen Forscher/in und Beforschten bis hin zum Einbezug der Beforschten als Mitforscher/innen. Performative Sozialforschung setzt auf Reflexivität (vgl. Schreier 2017, Abs. 28). Ihr geht es häufig um prä-konzeptionelles und nicht-diskursives Wissen, um die Hervorbringung alternativer Sichtweisen. Das generierte Wissen ist durch Vorläufigkeit und Revidierbarkeit geprägt, es gilt in der Regel als nicht abgeschlossen bevor es innerhalb der (wissenschaftlichen) Community veröffentlicht wird. Die Rezeption ist

> konstitutiver Bestandteil des Forschungsprozesses und Kriterium für die Bewertung des Ergebnisses. Wenn das Kunstwerk nichts berührt, keine empathische Reaktion bei den Rezipient/innen bewirkt, nicht dazu führt, dass zumindest für einen Moment die Welt aus einem anderen Blickwinkel wahrgenommen wird, dann hat die ABR ihren Zweck verfehlt. ABR generiert non-diskursives Wissen nicht nur bei den Forschenden, sondern auch bei den Rezipient/innen. Die Dualität von Forschenden und Teilnehmenden wird in der ABR erweitert zur Trias von Forschenden, Teilnehmenden und Rezipient/innen – wobei einzelne Rollen allerdings auch zusammenfallen können. Daraus folgt dann der dritte Unterschied zwischen qualitativer Sozialforschung und ABR: Dass ABR stärker als qualitative Sozialforschung und paradigmatisch auf partizipatorische Formate, auf das Erreichen eines breiteren und nicht-akademischen Publikums und auf Veränderung gesellschaftlicher Wirklichkeit hin ausgerichtet ist (Schreier 2017, Abs. 29).

Aus der Perspektive der Kunst wird durch die v. a. dokumentarischen Arbeitsweisen „[a]uf Fiktionalisierung bzw. Dramatisierung [wie sie in künstlerischen Schaffensprozessen gang und gäbe sind; I. L.] [.] zugunsten realer Betroffener und ihrer jeweiligen Biografien gern verzichtet" (Wahl 2011, S. 254). Zuweilen wird die Freiheit der Kunst unterwandert und nicht alle im performativen Verfahren erarbeiteten Produkte können als künstlerisch wertvolle Werke betrachtet werden. Gelegentlich wirken die präsentierten Formate dann doch recht aussagelos, aufdringlich politisch-schick oder schlicht wie eine groß angelegte Veranstaltung in Sachen Assoziationsbillard. Auch besteht v. a. bei den Spielarten der Autoethnografie, Fiktion, Poetik und im Recherchetheater die Gefahr, dass die aufgearbeiteten Daten plattitüdenhafte, populistische oder stereotype Bilder generieren. Die künstlerische Freiheit wird zuweilen „von jedweder ‚Authentizitäts-' bzw. Repräsentationsverantwortung" enthoben. In manchen Spielarten zeigt sich eine erhöhte „Kitsch- und Klischeegefahr", eine Gefahr der „Mythenproduktion" oder der „Disneyfizierung" (Wahl 2011, S. 258 ff.).

Performative Sozialforschung wird also in der Regel

> entweder dafür kritisiert, zu künstlerisch und nicht wissenschaftlich oder zu wissenschaftlich und nicht genügend künstlerisch zu sein. […] Beide Kritiken positionieren Kunst und Wissenschaft in einem Widerspruchsverhältnis, ein Zustand, den Autoethnograf/innen [/performativ Forschende; I. L.] zu beheben versuchen bzw. sie bemühen sich darum, gerade diese Dichotomie von Wissenschaft und Kunst aufzulösen: Forschung kann strikt theoretisch und analytisch *und* emotional, persönlich und therapeutisch sein. Autoethnograf/innen [/performativ Forschende; I. L.]

schätzen auch die Möglichkeit und Notwendigkeit, Forschung auf plastische und ästhetische Art und Weise zu schreiben und darzustellen, ohne dass deshalb Belletristik zitiert werden muss oder eine Ausbildung in Literaturwissenschaft oder darstellender Kunst erforderlich wäre. Die wichtigsten Fragen für Autoethnograf/innen [/performativ Forschende; I. L.] sind: Wer liest [/sieht; I. L.] unsere Arbeiten, wie sind die Leser/innen [/Rezipient/innen; I. L.] davon betroffen und wie halten die Arbeiten das Gespräch/Diskurse in Gang? (Ellis et al. 2010, S. 352).

Performative Sozialforschung beinhaltet also die Möglichkeit, durch die Nutzung künstlerisch-ästhetischer Mittel alternative Formen von Wissen und Weltsicht zu generieren, die die Rezipient/inn/en berühren können (vgl. Schreier 2017, Abs. 26). Sie rüttelt „am Grundverständnis von Wissenschaft", stellt „wissenschaftliche und journalistische Arbeitsweisen infrage wie die im jeweiligen Feld ebenso vorhandenen wechselseitigen Bilder" (Dietzsch 2011, S. 205).

Literatur

Adorno, T. W. (1975). Theorie der Halbbildung. In ders.: *Gesellschaftstheorie und Kulturkritik* (S. 66–94). Frankfurt a. M.: Suhrkamp.
Bab, J. (1974). *Das Theater im Lichte der Soziologie.* Stuttgart: Enke.
Benner, D. (1990). *Wilhelm v. Humboldts Bildungstheorie. Eine problemgeschichtliche Studie zum Begründungszusammenhang neuzeitlicher Bildungsreform.* Weinheim/München: Juventa.
Barone, T., & Eisner, E. W. (2012). *Art-based research.* Los Angeles, CA: Sage.
Bentley, E. (1964). *The Life of Drama.* New York: Applause Theatre Book Publishers.
Bergold, J., & Thomas, S. (2010). Partizipative Forschung. In G. Mey & K. Mruck (Hrsg.), *Handbuch Qualitative Forschung in der Psychologie* (S. 333–344). Wiesbaden: Springer VS.
Boal, A. (1985). *Theatre of the oppressed.* New York: Theatre Communications Group.
Boehm, G. (1994). Die Wiederkehr der Bilder. In ders. (Hrsg.), *Was ist ein Bild?* (S. 11–38). München: Wilhelm Fink Verlag.
Bogdorff, H. (2012). The production of knowledge in artistic research. In M. Biggs & H. Karlssen (Hrsg.), *The Routledge companion to research in the arts* (S. 44–63). New York: Routledge.
Brinkmann, M., & Rödel, S. S. (2018). Pädagogisch-phänomenologische Videographie. Zeigen, Aufmerken, Interattentionalität. In C. Moritz & C. Corsten (Hrsg.). *Handbuch Qualitative Videoanalyse* (S. 521–547). Wiesbaden: Springer VS.
Brown, A. (2017). Soundwalking: Deep Listening and Spatio-Tempral Montage. *Humanities*, 69. http://www.mdpi.com/2076-0787/6/3/69/. Zugegriffen: 17. Juni 2018.
Bude, H., & Engler, W. (2011). Wer spricht? – Vergebliche Avantgarden und trotzige Größen. In H. Bude, T. Medicus & A. Willisch (Hrsg.), *ÜberLeben im Umbruch. Am Beispiel Wittenberge: Ansichten einer fragmentierten Gesellschaft* (S. 122–133). Hamburg: Hamburger Edition.

Carless, D., & Douglas, K. (2011). What's in a song? How songs contribute to the communication of social science research. *British Journal of Guidance & Councelling*, Vol 39 (5), S. 439–454.

Chawla, D. (2008). Poetic Arrivals and Departures: Bodying the Ethnographic Field in Verse [40 paragraphs]. *Forum Qualitative Sozialforschung/Forum: Qualitative Social Research*, *9*(2), Art. 24. http://nbn-resolving.de/urn:nbn:de:0114-fqs0802248. Zugegriffen: 25. Juni 2018.

Dekel, G. (2008). Wordless Silence of Poetic Mind: Outlining and Visualising Poetic Experiences through Artmaking [43 paragraphs]. *Forum Qualitative Sozialforschung/Forum: Qualitative Social Research*, *9*(2), Art. 26. http://nbn-resolving.de/urn:nbn:de:0114-fqs0802261. Zugegriffen: 25. Juni 2018.

Denzin, N. K. (2003). *Ethnography. Critical Pedagogy and the Politics of Culture.* Thousand Oaks: Sage.

Dietzsch, I. (2011). Öffentliche Wissenschaft. Positionssuche der Forschenden in der Stadt. In H. Bude, T. Medicus & A. Willisch (Hrsg.). *ÜberLeben im Umbruch. Am Beispiel Wittenberge: Ansichten einer fragmentierten Gesellschaft* (S. 198–206). Hamburg: Hamburger Edition.

Ellis, C., Adams, T. E., & Bochner A. P. (2010). Autoethnografie. In G. Mey & K. Mruck (Hrsg.), *Handbuch Qualitative Forschung in der Psychologie* (S. 345–357). Wiesbaden: Springer VS.

Engel, L. (2007). The Dance of the Now—Poetics of Everyday Human Movement [29 paragraphs]. *Forum Qualitative Sozialforschung/Forum: Qualitative Social Research*, *9*(2), Art. 35. http://nbnresolving.de/urn:nbn:de:0114-fqs0802355. Zugegriffen: 25. Juni 2018.

Engler, W. (2017). *Authentizität! Von Exzentrikern, Dealern und Spielverderbern.* Berlin: Theater der Zeit.

Eribon, D. (2016). *Rückkehr nach Reims.* Berlin: Suhrkamp.

Geertz, C. (1977). *Dichte Beschreibung. Beiträge zum Verstehen kultureller Systeme.* Frankfurt a. M.: Suhrkamp.

Gergen, M. M., & Gergen, K. J. (2010). Performative Sozialwissenschaft. In G. Mey & K. Mruck (Hrsg.), *Handbuch Qualitative Forschung in der Psychologie* (S. 358–366). Wiesbaden: Springer VS.

Hietzge, M. (Hrsg.). (2018). *Interdisziplinäre Videoanalyse. Rekonstruktionen einer Videosequenz aus unterschiedlichen Blickwinkeln.* Opladen u.a.: Barbara Budrich.

Hitzler, R., & Gothe, M. (2015): Zur Einleitung. Methodologisch-methodische Aspekte ethnographischer Forschungsprojekte. In R. Hitzler & M. Gothe (Hrsg.), *Ethnographische Erkundungen, Erlebniswelten.* (S. 9–16). Wiesbaden: Springer VS.

Hörster, R. (2012): Bildung. In H.-H. Krüger & W. Helsper (Hrsg.): *Einführung in Grundbegriffe und Grundfragen der Erziehungswissenschaft* (S. 45–55). Opladen/Farmington Hill: UTB.

Huges, P. (2013). *Ruhige Straße in guter Wohnlage. Die Geschichte meiner Nachbarn.* Reinbek: Rowohlt.

Kade, J. (2010). Aufmerksamkeitskommunikation. In S. Amos, W. Meseth & M. Proske (Hrsg.), *Öffentliche Erziehung revisited: Erziehung, Politik und Gesellschaft im Diskurs* (S. 75–99). Wiesbaden: Springer VS.

Kade, J., Nittel, D., & Seittler, W. (2007). *Einführung in die Erwachsenenbildung/Weiterbindung.* Stuttgart: Kohlhammer.

Kade, J., & Seittler, W. (2001). Uneindeutige Verhältnisse. Bildung – Umgang mit Wissen – pädagogische Wissensordnungen. Theoretischer Zugang und empirische Fälle. Erste Befunde, Impulspapier zum Kolloquium „Wissensordnungen. Zum Umgang mit Wissen in unterschiedlichen (pädagogischen/pädagogiknahmen/pädagogikfernen Kontexten", 22.-24.06.2001, Johann Wolfgang Goethe-Universität Frankfurt a. M..

Kalthoff, H. (2006). Beobachtung und Ethnographie. In R. Ayaß, R. & J. Bergmann (Hrsg.), *Qualitative Methoden der Medienforschung* (S. 146–182). Reinbek: rowohlts Enzyklopädie.

Kolb, B. (2008). Involving, sharing, analysing – Potential of the participatory photo interview. *Forum Qualitative Sozialforschung/Forum: Qualitative Social Research*, 9(3), Art. 12. https://doi.org/10.17169/fqs-9.3.1155/. Zugegriffen: 26. Juni 2018.

Kraimer, K., & Garz, D. (Hrsg.). (1994). *Die Welt als Text. Theorie, Kritik und Praxis der objektiven Hermeneutik.* Frankfurt a. M.: Suhrkamp.

Leavy, P. (2011). *Low-Fat Love*. Rotterdam: Sence Publishers.

Leavy, P. (2015a). *Blue*. Rotterdam: Sence Publishers.

Leavy, P. (2015b). *Method meets art*. New York. The Goilford Press.

Leavy, P. (2016). *American Circumstance*. Rotterdam: Sence Publishers.

Lehmann, H.-T. (1992). Theater. In M. Brauneck & G. Schneilin (Hrsg.), *Theaterlexikon, Begriffe und Epochen, Bühnen und Ensemble* (S. 950–952), Hamburg: rowohlts Enzyklopädie.

Leser, I. (2017). *Die Grundschule aus der Sicht von Kindern mit Migrationshintergrund. Eine Mehrebenenanalyse*. Weinheim/Basel: Beltz Juventa.

Lüders, C., Kade, J., & Hornstein, W. (2012). Entgrenzung des Pädagogischen. In H.-H. Krüger & W. Helsper (Hrsg.): *Einführung in Grundbegriffe und Grundfragen der Erziehungswissenschaft* (S. 223–232). Opladen/Farmington Hill: UTB.

Malinowski, B. (1922). *Argonauts of the Western Pacific. An Account of Native Enterprise and Adventure in the Archipelagoes of Melanesian New Guinea*. New York: Dutton.

Malinowski, B. (1928). Das Geschlechtsleben der Wilden in Nordwest-Melanesien. Liebe/Ehe und Familienleben bei den Eingeborenen der Trobriand-Inseln/Britisch-Neu-Guinea; eine ethnographische Darstellung. https://ia600602.us.archive.org/7/items/Malinowski_1928_Geschlechtsleben_der_Wilden_k/Malinowski_1928_Geschlechtsleben_der_Wilden_k.pdf/. Zugegriffen: 22. Juni 2018.

Malinowski, B. (1967). *A Diary in the Strict Sense of Termin*. Cambridge: University Press.

Marotzki, W., Nohl, A.-M., & Ortlepp, W. (2006). *Einführung in die Erziehungswissenschaft*. Opladen: Verlag Barbara Budrich.

Mey, G. (Hrsg.) (2018a). *Jugendkultur in Stendal. 1950–1990. Szenen aus der DDR. Portraits und Reflexionen*. Berlin: Hirnkost.

Mey, G. (2018b). Performative Sozialwissenschaft und psychologische Forschung. In G. Mey & K. Mruck (Hrsg.), *Handbuch Qualitative Forschung in der Psychologie, Springer Reference Psychologie* (S. 1–24). https://doi.org/10.1007/978-3-658-18387-5_29-1.

Meyer-Drawe, K. (2008). Lernen als Erfahrung. In dies., *Diskurse des Lernens*. München: Wilhelm Fink.

Migdalek, J. (2015). Dance as intervention: Disrupting gendered norms of embodiment. Critical Approaches to Arts-Based Research, 5 (1). http://www.unescomelb.org/volume-5-issue-1-1/2015/9/14/02-migdalek-dance-as-intervention-disrupting-gendered-norms-of-embodiment/. Zugegriffen: 25. Juni 2018.

Mitchell, W. J. T. (1992). The Pictorial Turn. In Artforum 1992, March, S. 89–94. dt. Übersetzung in C. Kravagna (Hrsg.) *Privileg Blick. Kritik der visuellen Kultur* (S. 15–40). Berlin: Id-Verlag.
Moritz, C. (2018). „Well, it depends ...": Die mannigfaltigen Formen der Videoanalyse in der Qualitativen Sozialforschung. Eine Annäherung. In Ch. Moritz & M. Corsten (Hrsg.), *Handbuch Qualitative Videoanalyse* (S. 3–37). Wiesbaden: Springer VS.
Moritz, C., & Corsten, M. (Hrsg.). (2018). *Handbuch Qualitative Videoanalyse*. Wiesbaden: Springer VS.
Mukařovský, J. (2003). Zum heutigen Stand einer Theorie des Theaters. In K. Lazarowicz & C. Balme (Hrsg.), *Texte zur Theorie des Theaters* (S. 87–99). Stuttgart: Reclams Universal-Bibliothek.
Norris, J. (2009). *Playbuilding as qualitative research: A participatory arts-based approach*. Walnut C., CA: Left Coast Press.
Reilly, R. (2013). Found poems, member checking and crises of representation. *Qualitative Report*, 18(30), S. 1–18. http://nsuworks.nova.edu/tqr/vol18/iss15/2/. Zugegriffen: 22. Juni 2018.
Renger, A.-B., Wolf, C., Bangen, J. O., & Hanky, H. (2016). Körperwissen. Transfer und Innovation. In A.-B. Renger & C. Wulf (Hrsg.), Körperwissen. Transfer und Innovation. (S. 13–19). *Paragrana. Internationale Zeitschrift für Historische Anthropologie*, 25, 1.
Roberts, B. (2008): Performative Social Science: A Consideration of Skills, Purpose and Context. [122 paragraphs]. *Forum Qualitative Sozialforschung/Forum: Qualitative Social Research*, 9(2), Art. 58, http://nbn-resolving.de/urn:nbn:de:0114-fqs0802588. Zugegriffen: 23. August 2018.
Rolling, J. H. (2013). *Arts-based research*. New York: Peter Lang.
Rorty, R. (1967). Introduction: „Metaphilosophical Difficulties of Linguistic Philosophy". In ders. (Hrsg.), *The Linguistic Turn. Essays in Philosophical Method* (S. 1–40). Chicago: The University of Chicago Press.
Sachs-Hombach, K. (1993). *Das Bild als kommunikatives Medium. Elemente einer allgemeinen Bildwissenschaft*. Köln: Herbert von Halem.
Saldana, J. (2011). *Ethnotheatre: Research from page to stage*. Walnut Creek: Left Coast Press.
Schopenhauer, A. (2003). Über das innere Wesen der Kunst. In K. Lazarowicz & C. Balme (Hrsg.), *Texte zur Theorie des Theaters* (S. 465–469). Stuttgart: Reclams Universal-Bibliothek.
Schratz, M. (2016). Das Lernen sichtbar machen. Festhalten der Vielschichtigkeit des Lernens durch fotografische Erkundungen. In *Lernchancen*, 112, S. 2–5.
Schreier, M. (2017). Kontexte qualitativer Sozialforschung: Arts-Based Research, Mixed Methods und Emergent Methods [58 Absätze]. *Forum Qualitative Sozialforschung/Forum: Qualitative Social Research*, 18(2), Art. 6. http://www.qualitative-research.net/index.php/fqs/article/view/2815/4095/. Zugegriffen: 12. Juni 2018.
Smart, F., & Loads, D. (2017). Poetic transcription with a twist: supporting early career academics through liminal spaces. *International Journal for academic development*, Vol. 22 (2), S. 134–143.
Van Manen, M. (1990). *Researching Lived Experience: Human Science for an Action Sensitive Pedagogy*. Albany: State University of New York Press.

Van Manen, M. (2011). Phenomenology Online. http://www.phenomenologyonline.com/inquiry/methods-procedures/reflective-methods/guided-existential-reflection/corporeal-reflection/. Zugegriffen: 22. Juni 2018.

Wacquant, L. (2003). *Leben für den Ring: Boxen im amerikanischen Ghetto*. Köln: Herbert von Ahlem Verlag.

Wahl, C. (2011): ÜberLeben im Theater. Von der Schwierigkeit, ‚soziale Realität' auf die Bühne zu bringen. In H. Bude, T. Medicus & A. Willisch (Hrsg.), *ÜberLeben im Umbruch. Am Beispiel Wittenberge: Ansichten einer fragmentierten Gesellschaft* (S. 254–264). Hamburg: Hamburger Edition.

Wang, C., & Burries, M. A. (1997). Photovoice: Concept, methodology, and use for participatory needs. *Health Education & Behavior*, 24 (3), S. 369–387.

Weintz, J. (1998). *Theaterpädagogik und Schauspielkunst. Ästhetische und psychosoziale Erfahrung durch Rollenarbeit*. Butzbach-Griedel: Schibri-Vlg.

Wilckens, F. (2011). Forumtheater. http://www.bpb.de/gesellschaft/bildung/kulturelle-bildung/60265/forumtheater?p=all/. Zugegriffen: 26. Juni 2018.

Yallop, G. J., Lopez de Vallejo, I., & Wright, P. R. (2008). Editorial: Overview of the Performative Social Science Special Issue [20 paragraphs]. *Forum Qualitative Sozialforschung/Forum: Qualitative Social Research*, 9(2), Art. 64. http://nbn-resolving.de/urn:nbn:de:0114-fqs0802649. Zugegriffen: 06. Juli 2018.

Filme

Arbeitswelten in der Grundschule. Praktiken der Individualisierung von Unterricht. (Deutschland 2013). Kamerafrau: Bina Elisabeth Mohn. Verfasser von ergänzendem Text: Georg Breidenstein. *DVD* Göttingen IVE 2013

Kinder als Grenzgänger. Übergangspraktiken im Betreuungsalltag. Eine kamera-ethnographische Studie (Deutschland 2016). Regie: Bina Elisabeth Mohn. Verfasserin von ergänzendem Text: Sabine Bollig. *DVD* Berlin 2014/2016.

MAHL_ZEIT. Essen im Übergang von KiTa und Schule (Deutschland 2014). Regie: Bina Elisabeth Mohn. Redaktion: Birgit Althans. *DVD* Göttingen IVE 2014.

Die implizite Pädagogik ästhetischer Praktiken – Mediale Ausrichtung am Beispiel des Handy-Videos

Ole Wollberg

Einleitung

Am Anfang dieses Beitrags steht die Installation *#collect #select* der Künstlerinnen Eva Paulitsch und Uta Weyrich in Kooperation mit Kristof Gavrielides[1]. Die Installation schafft ein Darstellungsformat für das langjährig angelegte Handy-Video-Archiv der Künstlerinnen und einen gestischen Zugang für Betrachter*innen. Diese besondere Betrachtungssituation wird im Folgenden als ästhetische Praktik beschrieben. Die inhaltliche Auseinandersetzung dieses Aufsatzes wird auf begrifflicher Ebene insbesondere zum Anlass genommen, Praktik von Praxis zu unterscheiden, einen Begriff „ästhetischer Praktiken" zu definieren und ihn von alltäglichen und künstlerischen Praktiken zu differenzieren. Auf dieser terminologischen Grundlage wird am Beispiel des zentralperspektivischen Blicks die konstitutive Rolle ästhetischer Praktiken für die Bildung des Subjekts beschrieben. Ausgehend von einer Ausrichtung des Blicks durch die Erfindung der Zentralperspektive[2] über eine Zuspitzung dieses Phänomens – z. B. durch

---

[1]Kristof Gavrielides ist verantwortlich für die technische Umsetzung von Visualisierung und Navigation der Installation sowie des online zugänglichen Video-Archivs der Künstlerinnen.
[2]Vgl. z. B. Pazzini (1992, 2015).

O. Wollberg (✉)
Universität Hamburg, Hamburg, Deutschland
E-Mail: ole.wollberg@uni-hamburg.de

Kameras mit digitalen Bildschirmen bis hin zu gegenwärtigen Vorfilterungen z. B. durch Smartphone-Effekte – soll das Handy-Video-Archiv als potenziell pädagogische Auseinandersetzung mit Blickgewohnheiten, deren Aufbruch und Reflexion betrachtet werden.

Bisher sind das Handy-Video[3] bzw. der Handyfilm in der Pädagogik hauptsächlich medien- oder kunstpädagogisch thematisiert worden. Eine Stoßrichtung der Medienpädagogik ist die Prävention (vgl. Klisma 2007, S. 61 ff.), die auch die Produktion und Rezeption von Videos einschließt. Die pädagogischen Anliegen sind hier die Sensibilisierung für Gefahren, die Entwicklung einer Medienkompetenz als reflektierter, angemessener Umgang u. a. mit den medialen Möglichkeiten des Videos. Ein anderer Schwerpunkt liegt eher in den Bereichen der Medientheorie und ästhetischen Bildung, wobei die Übergänge zur Kunstpädagogik fließend sind. Hier geht es stärker um Zugänge zu medienspezifischen Erfahrungen und Anwendungen (vgl. z. B. Küchmeister 2018). Die Medialität des Handy-Videos tritt dann als pädagogischer Lerngegenstand auf und ggf. als mediale Rahmung von Bildung und Erziehung. Hier knüpft die Position meines Beitrags an, indem sie zusätzlich die Medialität des Handy-Videos als an sich pädagogisch wirksame Struktur in den Blick nimmt. Diese Betrachtung bringt eine mediologische Komponente ins Spiel, nämlich die Frage nach der in den spezifischen Praktiken des Handy-Videos begründeten sozialen und kulturellen Wirkung jenes Massenmediums.

Dieser Beitrag fragt am Beispiel des Handy-Video-Archivs und seiner Darstellung in Form der Installation *#collect #select,* inwiefern der industriellen, künstlerischen oder kuratorischen Festlegung der medialen Bedingungen ästhetischer Praktiken generell ein pädagogisches Moment innewohnt. Pädagogik läge hier insofern im Verborgenen, als sie zum einen in der arrangierten Medialität nicht erwartet und zum anderen in deren Wirksamkeit im Vollzug ästhetischer Praktiken nicht explizit werden würde. Dies hängt wesentlich damit zusammen, dass sich die an diesem Prozess beteiligten Individuen (anders als z. B. in der Schule) nicht unbedingt begegnen. Vor diesem Hintergrund hinterfragt der Beitrag abschließend die Idee der pädagogischen Intentionalität. Ihr gegenüber steht die Vorstellung einer impliziten pädagogischen Struktur, ihrer Möglichkeiten und Grenzen, die am Beispiel der besagten Installation diskutiert werden.

---

[3]Sofern nicht anders angeführt, verwende ich „Handy" in diesem Beitrag synonym zu „Smartphone".

1 Der Ausgangspunkt: #collect #select

Die Künstlerinnen Eva Paulitsch und Uta Weyrich haben seit 2006 zehn Jahre lang Handy-Videos gesammelt, die sie chronologisch archivieren (vgl. Paulitsch und Weyrich 2017)[4]. Die Videos haben sie im öffentlichen Raum gesammelt, indem sie Passant*innen gefragt haben, ob sie ihnen ein Privatvideo (von ihren Handys) schenken würden. Einzige Voraussetzung war, dass die Spender*innen die Filme selbst gedreht haben sollten[5]. Aus den Videos entwickeln die Künstlerinnen „eigene und neue Erzählformate – narrative Strukturen, die von der unmittelbaren und authentischen Handschrift der Jugendlichen geprägt sind und unsere zeitgenössische Lebenswelt aus der Sichtweise der Digital Natives wiedergeben."[6] Der Begriff des Narrativs impliziert, dass erzählerische Intentionen der beiden Künstlerinnen die konkreten Darstellungsweisen ihrer Werke prägten. Dies beschränkt sich aber auf bestimmte Präsentationsformate, denen eine gezielte Auswahl und Anordnung von Videos zugrunde liegt. In diesem Beitrag möchte ich das vergleichsweise offene Format der Installation *#collect #select* in den Blick nehmen, das in einem Beitrag des SWR beschrieben wird als: „Kleine Filmchen wie ein großes bewegtes Mosaik. Der Betrachter zappt darin herum, wie durch Fernsehsender. Allein durch Gestensteuerung mit der Hand kann man einen Film auswählen und sich anschauen" (SWR Aktuell 2017). Auf diese Weise werden individuelle Zugänge möglich. Abb. 1 zeigt einen Besucher in Interaktion mit dieser Arbeit aus der Ausstellung *Urban Screen*[7].

Die Erzählungen, die sich in der hand- und letztlich blickgesteuerten Auswahl verketten, haben zwei Richtungen. Einerseits erzählt jedes Video seine Geschichte, zumindest auf inhaltlicher Ebene unberührt von subjektiven Rezeptionen. Insbesondere in der Masse bildet das Archiv ein „Zeitdokument – als Spiegelbild von gesellschaftlichen Entwicklungen, (Re)präsentationen des Alltags, einer Art Spurensicherung und Verortung der Gegenwart" (Paulitsch und Weyrich 2017). Andererseits legen Betrachter*innen einiges hinein, was die Erzählung zu ihrer eigenen

---

[4]Das digitale Archiv sowie die Installtion *#collect #select* sind in Zusammenarbeit mit Kristof Gavrielides entstanden, der maßgeblich für die technische Umsetzung der Arbeiten verantwortlich ist.
[5]Angaben zum Vorgehen laut Film-Beitrag des SWR (vgl. SWR Aktuell 2017).
[6]Zitat nach der Homepage des digitalen Handy-Video-Archivs (Paulitsch und Weyrich 2017).
[7]Ausstellung im Kunstverein Wilhelmshöhe, Ettlingen vom 29.04.2017 bis zum 04.06.2017.

Abb. 1 Gestensteuerung in der Installation *#collect #select*. (Still aus SWR Aktuell 2017, © SWR 2017)

macht, z. B. ihr persönliches Verhältnis zu den Audiovisualisierungen jenes „digitale[n] Gedächtnis[ses] einer jungen Generation" (SWR 2017). Für die konsekutive Auswahl der Videos spielen neben dem Zufall visuelle Assoziationen in Zusammenhang mit Geschmack, Vorlieben, Wünschen etc. eine Rolle. Die Auswahl des jeweils nächsten Videos kann als Antwort auf zuvor Gesehenes vollzogen werden. In jedem Fall steht sie auch unter dem Einfluss medienspezifischer Bild- und Blickgewohnheiten. Letzteren begegnen wir hier auf verschiedenen Ebenen: Sie manifestieren sich in den Videos, in ihrer Inszenierung durch die Künstlerinnen und in ihrer Handhabung durch die Betrachter*innen. In allen drei Fällen prägen jene Gewohnheiten ein Produkt, dessen jeweiligen Herstellungsprozess ich in diesem Beitrag als ästhetische Praktik beschreiben möchte. Bevor ich dazu komme und dann auch die pädagogische Dimension ästhetischer Praktiken in Produktion und Rezeption beleuchte, möchte ich im Folgenden den Begriff der *ästhetischen Praktik* definieren.

2 Terminologische Bestimmung der ästhetischen Praktik

In den Herstellungs-, Ausstellungs- und Betrachtungsprozessen der Handy-Videos aus dem Archiv von Paulitsch und Weyrich sehe ich implizite Strukturen mit potenzieller pädagogischer Wirksamkeit. Inwieweit hier von einer Intentionalität gesprochen werden kann, die der pädagogischen zumindest ähnelt, werde ich weiter unten erörtern. Entscheidend für diesen Abschnitt ist, dass die impliziten pädagogischen Potenziale des Handy-Video-Archivs und insbesondere der Installation *#collect #select* eng an die medienspezifischen Eigenschaften der ästhetischen Praktiken gekoppelt sind, die sich anhand dieser künstlerischen Arbeit beobachten lassen. Was aber sind ästhetische Praktiken? Um das näher einzugrenzen, möchte ich in diesem Abschnitt zum einen Praktik von Praxis unterscheiden, zum anderen alltägliche, ästhetische und künstlerische Praktiken[8] voneinander abgrenzen.

2.1 Praxis versus Praktik

Mir fällt auf, dass Praxis und Praktik mitunter synonym verwendet werden, zumeist mit *Praxis* im Singular und *Praktiken* als Pluralform. Um beide begrifflich zu trennen und schärfer zu konturieren, möchte ich auf die praxistheoretische Terminologie der Sozialwissenschaften zurückgreifen.

Praxis bezeichnet das kontinuierliche Geschehen im Vollzug einer Praktik. Dabei gibt es keine perfekte Wiederholung. Praxis ist die (immer wieder) einmalige Aufführung historisch und performativ wachsender Praktiken (vgl. Alkemeyer und Buschmann 2016, S. 1).

Die Zuschreibung einer *Praktik* bedeutet hingegen ein Handeln *als* etwas zu erkennen – als „eine typisierte Form des Sich-Verhaltens" (Reckwitz 2010, S. 189). Entscheidend ist hier die Beschreibbarkeit des äußerlich beobachtbaren Handelns[9], das sich zweckgebunden und abhängig von technischem und kulturellem Wandel auch verändern kann. So würden beispielsweise Beschreibungen des Zähneputzens im Verlaufe einiger Jahrtausende Menschheitsgeschichte je nach Zeitpunkt und Kultur unterschiedliche Werkzeuge und Handlungen beinhalten.[10]

---

[8]Wenige Sätze aus den Abschnitten „Ästhetische Praktiken" und „Künstlerische Praktiken" sind auch erschienen in: Wollberg (2018).

[9]Alkemeyer und Buschmann (2016, S. 1) beschreiben Praktiken als „typisierte, historisch und sozial formatierte und somit unterscheidbare Bündel verbaler und nonverbaler Aktivitäten". Die Möglichkeit der Unterscheidung impliziert Sichtbar- oder Darstellbarkeit und somit die Möglichkeit einer objektiven Beobachtung und Beschreibung.

[10]Vielen Dank für den Hinweis auf diese begriffliche Unterscheidung und für das Beispiel an Nadia Bader. In ihrer Dissertation erforscht sie Gestaltungsprozesse im Kunstunterricht. „Die daraus resultierenden empirischen Erkenntnisse bilden den Ausgang für eine Theoriebildung vor dem Hintergrund praxistheoretischer Konzepte" (Nadia Bader, persönliche Mitteilung, 10. September 2018). Ihre Arbeit mit dem Titel „Zeichnen – Reden – Zeigen" wird demnächst im kopaed Verlag erscheinen.

Beispiele für Praktiken wären bezogen auf die Arbeiten von Paulitsch und Weyrich: das Sammeln der Handy-Videos inklusive aller damit in Verbindung stehenden Handlungs- und Wahrnehmungsprozesse, wie die Akquise und Kommunikation mit den Spender*innen; das Sichten und Auswählen der Videos in Hinblick auf geplante Darstellungsformate oder innerhalb des Entstehungsprozesses einer künstlerischen Arbeit; das Ausstellen und damit kuratorische Entscheidungsprozesse in Abhängigkeit von medialen und formalen Bedingungen der Arbeiten etc.[11] Diese Beispiele umfassen z. T. Aspekte, die sich nicht in Form von sichtbaren Handlungen manifestieren. Das Nicht-Sichtbare kann im oben skizzierten Sinne der Sozialforschung nicht zur Beschreibung einer Praktik herangezogen werden. Zum Beispiel ästhetische Urteile oder Wahrnehmungs- und Reflexionsprozesse schlagen sich allenfalls mittelbar in beobachtbaren Handlungen nieder. Rekonstruktionen kausaler Zusammenhänge und Rückschlüsse auf womöglich unbewusstes handlungsleitendes Wissen sind hier weitgehend unmöglich. An dieser Stelle bewegt sich die Beschreibung einer Praktik in den Bereich des Spekulativen. Ich möchte diese Aspekte dennoch in der Theorie nicht ignorieren, da sie eine Praktik mit konstituieren und in der Praxis an ihrer performativen Entwicklung beteiligt sind.

Innerhalb identischer medialer Dispositive mit einer immer gleichen Zielformulierung bringen variierende Prozesse des Handelns und Wahrnehmens unterschiedliche Praxis hervor. Sie konturieren sich über Wiederholungen, gleichzeitig ist die Wiederholung Voraussetzung und stärkste Triebfeder von Veränderung, die nur in Relation zu Vorherigem bestehen kann. Hier spiele ich auf die performative Eigenschaft an, die Praktiken per se zur Weiterentwicklung und Modifikation treibt. Darauf möchte ich zurückkommen, wenn ich die Begriffe der alltäglichen, ästhetischen und künstlerischen Praktiken umreiße. Zunächst aber werde ich einen allgemeinen Begriff ausgehend von einer Theorie sozialer Praktiken darstellen.

2.2 Soziale Praktiken

Da sich das interpretatorische Anliegen meines Beitrags auf ästhetische Praktiken bezieht, möchte ich diesen Begriff präzisieren. Dazu werde ich ihn einerseits von alltäglichen, andererseits von künstlerischen Praktiken differenzieren. Dieser

---

[11]Hier deutet sich bereits an, dass künstlerische Praktiken in ihrer Singularität dem praxistheoretischen Anspruch der historischen Formatiertheit nur bedingt genügen. Im Gegenzug betonen sie stärker die Eigenschaft von „Praktiken als spielähnliche, emergente Phänomene" (Schmidt 2012, S. 44).

Unterscheidung nähere ich mich an, indem ich zunächst mit Andreas Reckwitz (vgl. 2003) ausführe, was alle drei als (soziale) Praktiken eint. In seinen Grundelementen einer Theorie sozialer Praktiken formuliert Reckwitz drei Grundannahmen. Die erste geht von einer „‚informelle[n]' Logik der Praxis und Verankerung des Sozialen im praktischen Wissen und ‚Können'" aus (ebd., S. 282). Diese Annahme bezieht sich nicht auf alle denkbaren, sondern auf soziale Praktiken. Sie stärkt die Praxeologie, also eben jenen Analyseansatz, der das Soziale im körperlichen Handeln situiert, als unentbehrliche Perspektive auf soziologische Forschung (vgl. ebd., S. 282 ff.). Sie ist nichtsdestoweniger im Kontext dieses Beitrags bereichernd, insofern sich der Gedanke jener Verankerung auf andere Praktiken übertragen lässt. Bezogen auf künstlerische Praktiken wäre dann das Künstlerische im dementsprechenden praktischen Wissen und Können verankert. Eine kategoriale Trennung ist hier allerdings schwierig, da Kunst und künstlerische Praktiken an sich auch in soziale Kontexte eingebettet sind. Dieser Aspekt ist entscheidend dafür, dass hinter künstlerischen und ästhetischen Praktiken überhaupt pädagogische Intentionen vermutet werden können.

Für diesen Abschnitt sind die zweite und dritte Annahme von besonderer Bedeutung. So hebt Reckwitz zweitens „eine ‚Materialität' sozialer Praktiken in ihrer Abhängigkeit von Körpern und Artefakten" (ebd., S. 282) hervor. Er führt aus, dass eine „Praktik – sei es eine der administrativen Verwaltung oder der künstlerischen Tätigkeit" – immer als ‚skillful performance' von kompetenten Körpern zu verstehen sei (ebd., S. 290). „Diese Körperlichkeit des Handelns und der Praktik", so Reckwitz weiter, „umfasst die beiden Aspekte der ‚Inkorporiertheit' von Wissen und der ‚Performativität' des Handelns" (ebd., S. 290). Unabhängig davon, wie sich genau das Verhältnis von sozialen zu anderen Praktiken (falls es völlig nicht-soziale Praktiken überhaupt gibt) beschreiben ließe, sind die beiden Aspekte der Inkorporiertheit und Performativität auf alle Praktiken übertragbar. Das gilt ebenso für die dritte Annahme, nämlich die eines „Spannungsfeld[es] von Routinisiertheit und systematisch begründbarer Unberechenbarkeit von Praktiken" (ebd., S. 280). Zu diesem Punkt führt Reckwitz aus, dass sich „die Praxis zwischen einer relativen ‚Geschlossenheit' der Wiederholung und einer relativen ‚Offenheit' für Misslingen, Neuinterpretation und Konflikthaftigkeit des alltäglichen Vollzugs" bewege (ebd., S. 294). An dieser Stelle hängt die dritte mit der zweiten Annahme insofern eng zusammen, als sich jene relative Offenheit wesentlich durch die performative Struktur von Praktiken begründen lässt. Momente wie Misslingen oder Neuinterpretation können als Konsequenz bzw. Antwort auf Abweichungen von Routinen verstanden werden, die sich nur in der performativen Ausübung einer Praktik ereignen können. Der performative Charakter begründet sich nicht nur im variantenreichen Spektrum

an individuellen Antwortmöglichkeiten, sondern auch in der „‚Logik der Praxis'
(Bourdieu), die diese Offenheit und Veränderbarkeit herbeiführt und den in der
Praxis situierten Akteur dazu zwingt (und es ihm ermöglicht), ebenso ‚skillfully'
wie im Routinemodus mit ihnen umzugehen" (ebd., S. 294). Die Modifikation
gehört demnach zur Praktik ebenso wie zum Praktizieren. Es ist daher schwierig, konkrete Modifikationen, so sie sich denn in einer präzisen Weise eingrenzen
lassen, dem handelnden Subjekt oder aber der involvierten medialen Umgebung
oder sogar, im Falle rezeptiver Praktiken, den Intentionen dritter zuzuweisen.
Allerdings – und das ist für die Argumentation dieses Beitrags essenziell – sehe
ich beschreibbare Unterschiede in Struktur und Wertigkeit der Performativität
zwischen verschiedenen Arten von Praktiken, auf die ich nun genauer eingehen
möchte.

2.3 Alltagspraktiken

Um künstlerische bzw. ästhetische Praktiken, die in mancher Hinsicht und
zumindest potenziell auch soziale sind, genauer definieren zu können, habe ich
mich dafür entschieden, beide von Alltags- oder alltäglichen Praktiken zu unterscheiden. Unter den alltäglichen fasse ich alle Praktiken zusammen, die funktional und zweckhaft im Dienste der Bewältigung des alltäglichen Lebens stehen.
Sie sind oder werden routinisiert, individuell standardisiert und unterliegen
Modifikationen ausschließlich in der Weise, in der ihre Eigenschaften (bzw. ein
technologischer Wandel) es erzwingen und ermöglichen (vgl. ebd., S. 294). Sie
zeichnen sich dadurch aus, dass diese immanenten Zwänge – abgesehen von
technologischen Sprüngen oder starken körperlichen Veränderungen eines Subjekts – Veränderungen herbeiführen, die nicht zu einem Kollaps oder Ersatz der
Praktik führen, sondern eher in fließende Übergänge integriert werden können.
Dazu zählen beispielsweise Praktiken aus den Bereichen Arbeit, Haushalt, Verwaltung, Versorgung, Kommunikation etc.

2.4 Ästhetische Praktiken

Diese Bereiche des alltäglichen Lebens bilden Schnittmengen, überdies ist in
allen von ihnen auch die Entwicklung ästhetischer Praktiken denkbar. Wörtlich
genommen ließe sich jede Praktik als ästhetische bezeichnen, da sie als Handlungs- und Wahrnehmungsprozess von den Sinnen nicht zu trennen ist. Ich möchte

aber dafür plädieren, in Abgrenzung zu Alltagspraktiken dann von ästhetischen Praktiken zu sprechen, wenn das Wahrnehmen der praktik-spezifischen Objekte, des eigenen Handelns und der Einflüsse sowie Einflussmöglichkeiten des Handelns einen intentionalen Charakter entfaltet, der über die notwendige, unbewusste sensorische Steuerung der Praktik hinausgeht. So können Alltagspraktiken in der Praxis jederzeit in ästhetische kippen. Das wäre dann der Fall, wenn ästhetische Qualitäten – sei es die der Objekte einer Praktik, eigener Bewegungsabläufe o. ä., die für den Prozess der Alltagspraktik irrelevant sein können, – in den Fokus der Wahrnehmung geraten und eine Antwort evozieren. Mit Waldenfels (vgl. 2010, S. 110 f.) lässt sich das als Doppelereignis aus *Pathos* (Auffallen, Widerfahrnis, Affektion) und *Response* (Aufmerken, Erwiderung, Antwort) beschreiben: „etwas fällt *mir* auf – *ich* merke auf [Herv. i. O.]" (ebd., S. 110). In der Folge kann die Aufmerksamkeit auf diesen – gemessen an der ursprünglichen Praktik – nicht-funktionalen ästhetischen Aspekt übergehen. Er wird zunächst zum Gegenstand der Beobachtung und veranlasst dann womöglich ein handelndes Anknüpfen daran, z. B. in Form einer absichtlichen Reproduktion eines zufällig bemerkten Phänomens. Spätestens wenn nun (unbewusst) ein ästhetischer Anspruch formuliert und verfolgt wird (vgl. Sabisch 2007, S. 233), hat das Subjekt die Alltagspraktik verlassen und findet sich wieder inmitten einer ästhetischen Praktik, die im Kern eine ganz andere ist. Sie mag noch die gleichen materiellen Objekte involvieren, zeichnet sich aber durch andere Handlungen oder zumindest andere Handlungsmotive, eine andere Medialität und vor allem durch eine andere Wahrnehmungsqualität aus. Denn sie ist keine funktional prüfende Wahrnehmung mehr, sondern eine – und hierin liegt der wesentliche Unterschied zu Alltagspraktiken –, die auch auf Bedingungen und Modi des Wahrnehmens selbst gerichtet ist.

Zur Veranschaulichung des geschilderten Prozesses möchte ich ein Beispiel heranziehen: Ich bediene mein Smartphone, lese möglicherweise Nachrichten, beantworte sie. Zwei essenzielle Bewegungen sind dabei Wischen und Tippen. Nach einer kurzen Weile der Inaktivität erlischt das Display. Auf seiner glatten, glänzenden Oberfläche fallen mir Spuren auf, die mein Daumen darauf hinterlassen hat. Sie trüben den Glanz. Ich wische das Display über mein Hosenbein, die Oberfläche glänzt wieder. Unverhofft fange ich an mit meinem rechten Daumen auf dem dunklen Display zu malen, indem meine schwingenden Bewegungen feine Schlieren hinterlassen. Nun richte ich meine Aufmerksamkeit auf diese Spuren, ihre Eigenschaften und alles, was sich darin beobachten lässt. Ich beginne das Format des Displays zu nutzen und schnelle Varianten von Kompositionen auszuprobieren. Immer wieder verwerfe ich die Versuche durch

Wegwischen oder Übermalen. Ich werde aufmerksam darauf, wie die Spuren das Licht brechen oder reflektieren, beginne daraufhin das Smartphone in der linken Hand leicht in unterschiedliche Richtungen zu neigen, verändere daraufhin die Linienführung, um mit diesen Effekten zu spielen, sie besser zu inszenieren usw. Dieser Vorgang hat nichts mehr mit der Praktik des Lesens und Schreibens zu tun, obwohl das Gerät das gleiche und die Bewegungen sehr ähnlich geblieben sind.

Anhand des Beispiels wird anschaulich, wie sich die in ihren Anfängen befindliche ästhetische Praktik im medialen Wechselspiel aus Objekt und Körper performativ fortschreibt, indem wahrnehmungsorientierte Kriterien und Ansprüche entwickelt werden. Ästhetische Praktiken unterliegen jener performativen Weiterentwicklung, weil sie per se zu selbstreferenziellen Darstellungen führen, in denen sich ihre Medialität und ihr Entstehungsprozess einschreiben; weil sie im Spiel mit Handlungs- und Wahrnehmungskonventionen auf dieselben aufmerksam machen (vgl. Sabisch et al. 2017, S. 80). Maßgeblich für die Klassifizierung als ästhetische Praktik im Wortgebrauch, den ich hier definiere, ist also ihre immanente Wahrnehmungs- bzw. Darstellungsbezogenheit.

Im Übrigen sind ästhetische Praktiken nicht nur als Derivate von Alltagspraktiken denkbar. Ebenso können sie ohne den Umweg eines unverhofften Abschweifens unmittelbar intendiert werden, zum Beispiel beim Sammeln von Muscheln am Strand. Dennoch: auch hier können sich nicht planbare Kriterien und Ansprüche etablieren. Künstler*innen arbeiten vermutlich am häufigsten mit gezielt initiierten ästhetischen Praktiken und sind zudem routiniert darin, mit Modifikationen umzugehen, sie u. U. sogar zu suchen und zu provozieren. Hierin besteht ein wichtiger Unterschied zur sozialen Praktik nach Reckwitz, der klarstellt, dass sich „diese relative ‚Offenheit' der Praxis für die Praxistheorie nicht aus vorgängigen, allgemeingültigen Eigenschaften ‚des Subjekts' […] ergibt, nicht aus einer subjektiven ‚Freiheit' und ‚Autonomie' ‚hinter' dem Sozialen der Praktiken und auch nicht aus einer subjektiven oder intersubjektiven ‚Reflexivität' oder einem individuellen ‚Eigeninteresse', die die Praktiken außer Kraft zu setzen vermögen" (2003, S. 294). Mein Begriff von ästhetischen Praktiken steht dazu zwar nicht in direktem Widerspruch, allerdings sehe ich bei ästhetisch Praktizierenden, insbesondere bei Künstler*innen durchaus eine stärkere Rolle des Subjekts und seiner Reflexivität. Ihre Praktiken basieren auf der Weiterentwicklung ihrer sinnlich wahrnehmbaren Darstellungen. Fraglich ist, inwiefern dieses performative Wechselspiel (s. o.) als reflexiv bezeichnet werden kann, zumal dabei auf unnachvollziehbare Weise unbewusste Prozesse das Geschehen bestimmen, ganz im Sinne eines *reflective practitioner* und dessen „feel for the stuff with which we are dealing" (Schön 1983, S. 49).

2.5 Künstlerische Praktiken

Zum Abschluss dieser begrifflichen Ausführungen möchte ich die Sonderstellung des künstlerischen Arbeitens betonen. Generell ist der Begriff der ästhetischen Praktiken offener als der der künstlerischen. Jede künstlerische Praktik entspricht (mindestens) einer ästhetischen, umfasst aber weitere Komponenten, wie z. B. die Berücksichtigung einer Kontextualisierung und deren Einfluss auf Darstellungsprozesse. Darüber hinaus nehmen weitere Bedingungen Einfluss auf die Ausprägung künstlerischer Praktiken, so z. B. der Kunstmarkt, persönliche Abhängigkeiten, Budget etc.

Ästhetische Praktiken unterliegen per se nicht dem Anspruch Kunst zu produzieren. Jemand kann nach ästhetischen Kriterien sammeln, sortieren, auf dem Smartphone wischen oder staubsaugen (z. B. mit den Klängen spielend auf unterschiedlichen Untergründen), ohne dass ihn oder sie das zur*m Künstler*in macht – weil die entsprechenden Kontextualisierungen fehlen (Ausstellungsabsicht, kuratorische Hintergedanken, soziale/öffentliche Wirkung, Werkzusammenhang etc.). Gleichwohl kann jede ästhetische Praktik eine künstlerische sein, sofern sie wie angedeutet kontextualisiert wird.

Es hat sich in diesem Abschnitt mehrfach angedeutet, dass eine Unterscheidung von Alltags-, ästhetischen und künstlerischen Praktiken nicht unbedingt über das äußerlich Sichtbare möglich ist. Diese Kategorisierung einer Praktik ist in erster Linie eine Zuschreibung. So sind je nach Kontextualisierung und Aufmerksamkeit unterschiedliche Lesarten einer Praktik, die an sich keine beobachtbaren Veränderungen aufweist, denkbar. Die Zuschreibung geht von der Wahrnehmung einer Praktik *als* jene Praktik aus.[12] Mit dieser terminologischen Grundlage möchte ich im Folgenden aufzeigen, inwieweit technische und mediale Rahmungen des Blicks die aus ihnen hervorgehenden ästhetischen Praktiken und die entsprechend praktizierenden Subjekte prägen können.

3 Die zentralperspektivische Ausrichtung des Blicks

Um der Frage nach einer impliziten Pädagogik des Handy-Videos näherzukommen, werde ich in diesem Abschnitt einen zeitlichen und medialen Sprung in die Vergangenheit machen. Das Selfie ist ein etabliertes Format sowohl in der

---

[12]Auch für diesen Hinweis danke ich Nadia Bader.

Handy-Fotografie als auch im Handy-Video der Gegenwart. Die Beliebtheit und extensive Produktion dieses Formats lässt sich auf vielfältige Faktoren zurückführen. Mich interessieren vor allem der mediale und der soziale Einfluss auf die Entwicklung dieses Phänomens, dessen Ursprünge etwas gröber betrachtet nicht erst in der Verbreitung des Smartphones liegen. Einen Anstoß der Fokussierung des Subjekts auf sich selbst als Individuum kann man schon um das Jahr 1425 in Filippo Brunelleschis (1377–1446) „Erfindung" der Zentralperspektive als abbildendes Darstellungsverfahren sehen. Am Beispiel der erstaunlichen Durchsetzungskraft und Persistenz des zentralperspektivischen Blicks lässt sich auch zeigen, dass es unzutreffend ist, das Mediale und das Soziale als einzelne Aspekte einer ästhetischen Praktik zu betrachten. Vielmehr wird hier nachvollziehbar, inwieweit mediale Bedingungen, Möglichkeiten und Verfügbarkeiten soziale Wirklichkeit und Wirksamkeit konstituieren.

3.1 Die Erfindung der Zentralperspektive

Brunelleschi entwickelte vor knapp 600 Jahren in Florenz ein Verfahren, das eine naturgemäße Abbildung ermöglichen sollte. Dazu war ein technischer Aufbau erforderlich, der eine präzise Anwendung erforderte, um zu der gewünschten Abbildung zu gelangen. Die Technik basiert im Wesentlichen auf der Festlegung eines Augenpunkts im Zentrum eines Spiegels, in dem sich außer dem Gesicht des Zeichners auch das Motiv spiegelt. Auf diesen Punkt bleibt das Auge fixiert, sodass auf dem Spiegel eine Vorzeichnung der wichtigsten Punkte in zentralperspektivisch korrekter Relation zueinander erstellt werden kann. Eine Übertragung dieses Aufrisses auf einen Bildträger bildet die Grundlage für die detaillierte Ausarbeitung, wiederum mithilfe des Spiegels und des festgelegten Augenpunkts.[13] Abb. 2 illustriert dieses Verfahren.

Karl-Josef Pazzini hat einen prägnanten Vergleich gefunden, um den Innovationsgrad dieses Abbildungsverfahrens zu verdeutlichen: „Masaccio produziert zusammen mit Brunelleschi in Santa Maria Novella in Florenz das erste erhaltene zentralperspektivische Bild, ein Fresko, das eine Kapelle simuliert und wohl ein Wahrnehmungsereignis war, das heutigen perfekten 3-D-Filmen, gesehen mit entsprechendem Helm und zusätzlichen Datenhandschuhen, vergleichbar wäre"

---

[13] Eine detaillierte Beschreibung des Verfahrens findet sich unter anderem bei Pazzini (vgl. 1992, S. 60 f.).

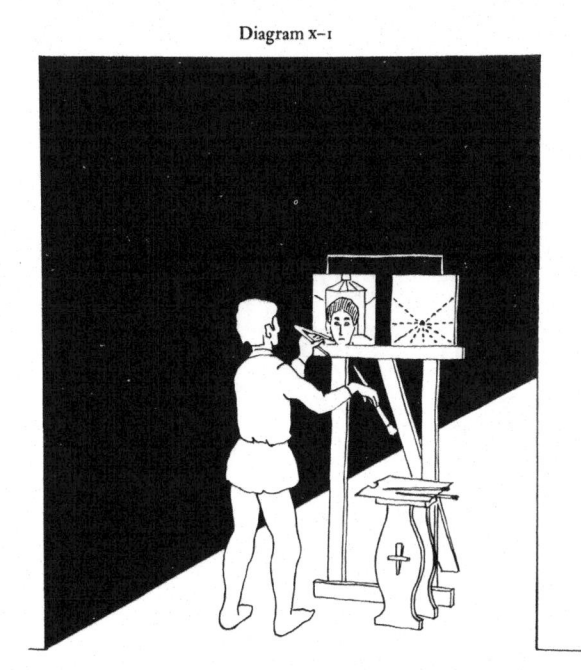

Die implizite Pädagogik ästhetischer Praktiken ... 235

Diagram x-1

Abb. 2 Setup des zentralperspektivischen Abbildungsverfahrens nach Brunelleschi. (Aus: Samuel Y. Edgerton 1976, S. 145, © S. Y. Edgerton 1976)

(Pazzini 2015, S. 294). Analog zu Helm und Handschuhen erforderte die Bildbetrachtung der zentralperspektivischen Darstellung ein Korsett technischer Rahmungen, die auch den betrachtenden Blick auf denselben Augenpunkt fixierten, um eine Verzerrung der Perspektive zu vermeiden.[14] Die Grafik in Abb. 3 zeigt einen Betrachter, der den Augenpunkt auf dem Spiegel fixiert und den Spiegel im passenden Abstand zum Bildträger hält.

Auf physischer Ebene gleichen der damit einhergehende körperliche Zwang und das dadurch zu sehen Gegebene einer Ausrichtung des Blicks, die durch das damalige Staunen über jenes Wahrnehmungsereignis getragen und womöglich

---

[14]Eine genaue Beschreibung des Betrachtungs-Setups findet sich ebenfalls bei Pazzini (vgl. 1992, S. 61 f.).

Diagram IX-1

Abb. 3 Darstellung des perspektivischen Betrachtungs-Setups nach Brunelleschi. (Aus: Samuel Y. Edgerton 1976, S. 126, © S. Y. Edgerton 1976)

verstärkt wurde. So ist die Kehrseite der zentralperspektivisch standardisierten Blickweisen und -möglichkeiten eine revolutionäre Stärkung des Subjekts. „Die Zentralperspektive schafft", laut Pazzini, „eine Identität, einen Standpunkt, von dem aus die Welt zu beobachten und zu vermessen sei" (ebd., S. 134). Hierin birgt die Zentralperspektive als Dispositiv[15] ein pädagogisches Moment, nämlich die Setzung eines Rahmens für Bildung[16] – in diesem historischen Fall hin zum individuellen Subjekt, das sich selbst als solches begreift und die Welt überhaupt mit eigenen Augen beobachten und vermessen *kann*. Dabei stellt Pazzini den „Blick in das eigene Auge", der in Brunelleschis Betrachtungstechnik unvermeidlich ist, heraus als „[…] das eine wichtige Moment: Über die Darstellung der äußeren Welt wird die Frage nach dem Vorgang der Abbildung im Inneren eingeleitet, der Vorgang der Abgrenzung von außen und innen selber" (Pazzini 1992, S. 62). Die Etablierung des zentralperspektivischen Blicks konstituiert das bürgerliche Subjekt, „das dem Objekt im Bewußtsein distanziert gegenübertritt" (ebd., S. 65). Hier lässt sich mit dem Archäologen Bernhard Schweitzer (1892–1966) anknüpfen, der feststellt: „Perspektive bedeutet Anpassung der Dinge an das Auge des Betrachters. Die Objekte im Bild erleiden einen Verlust an Eigengesetzlichkeit, und das Gesetz der Darstellung wandert von jenem zum aufnehmenden Subjekt. […] Der Mensch als Empfänger des Bildes verwandelt sich

---

[15]Den Begriff des Dispositivs verwende ich in diesem Beitrag in der offenen Form, in der ihn Agamben (vgl. 2008, S. 26) formuliert. Für ihn bezeichnet der Begriff des Dispositivs „[…] alles, was irgendwie dazu imstande ist, die Gesten, das Betragen, die Meinungen und Reden der Lebewesen zu ergreifen, zu lenken, zu bestimmen, zu hemmen, zu formen, […]" (zitiert nach Zahn 2017, S. 76).

[16]Karl-Josef Pazzini konturiert einen interdisziplinären Bildungsbegriff mindestens von drei Feldern aus: der Kunst, der Pädagogik, der Psychoanalyse. Die Unmöglichkeit, ihn mit wenigen Worten zu definieren, entspricht seiner prozesshaften Struktur. Bildung des Subjekts ist Bildung am Anderen, auch an einem stets im Wandel befindlichen imaginierten Ich *(moi)* als Anderes, das begehrt und nie erreicht wird. Mit den *einfallenden Bildern* nach der Theologie Meister Eckarts, kontextualisiert mit psychoanalytischen Denkfiguren und diversen Beispielen aus der bildenden (!) Kunst, begründet Pazzini *Bilder* als wesentliches Medium von *Bildung*. Zentral ist dabei die wiederkehrende Herstellung von Brüchen, Differenzen, *Ent-Bildung* und damit die Möglichkeit des Einfalls neuer Bilder, sodass das Begehren *(désir)* als treibende Kraft des sich bildenden Subjekts ebenso aufrechterhalten bleibt wie seine unerreichbaren Vorbilder (vgl. z. B. Pazzini 1992, 2010, 2015). Im Moment des Begehrens – eine Differenz, einen Bruch oder eine Krise zu überwinden – lässt sich mein Gebrauch des Bildungsbegriffs an die Theorie transformatorischer Bildungsprozesse nach Hans-Christoph Koller (vgl. 2012) anschließen. Diese Theorie basiert im Wesentlichen auf der Vorstellung von Bildung als Transformation von Selbst- und Weltverhältnissen, im Anschluss u. a. an Rainer Kokemohrs „Annäherung an eine Bildungsprozesstheorie" (vgl. Kokemohr 2007). Kokemohr spricht dann von Bildung, „wenn der Prozess der Be- oder Verarbeitung subsumtionsresistenter Erfahrung eine Veränderung von Grund legenden Figuren meines je gegeben Welt- und Selbstentwurfs einschließt" (ebd., S. 21).

in das neu eingegrenzte Individuum, auf das die Bildstruktur abzielt, weil erst in seinem Auge die Linien der Darstellung zu einem sinnvollen Ganzen werden" (Schweitzer 1953, S. 18)[17].

Schweitzer beschreibt hier nicht nur eine gewisse Standardisierung der subjektiven Bildbetrachtung, sondern auch eine Normierung der Zentralperspektive hin zu *der* Methode der naturgemäßen Abbildung. Rückblickend hat sich die Zentralperspektive im Status einer „symbolische[n] Form", so fasst Pazzini zusammen, also in „Prozesse[n] von Rationalisierung, Aufklärung, Mathematisierung oder Verwissenschaftlichung im öffentlichen Alltagsleben durchgesetzt" (Pazzini 1992, S. 66). Einen Hinweis dafür, dass die zentralperspektivische Abbildung keineswegs per se eine besondere Nähe zum natürlichen räumlichen Sehen aufweist, sondern vielmehr das Sehen und das Sichtbarwerden normiert und somit auch limitiert, bieten Untersuchungen über die Bildzusammensetzung des menschlichen (zweiäugigen) Sehens im Gehirn. So hat z. B. Franziska Meyer-Hillebrand (1885–1978) schon 1947 argumentiert, dass es eine Kombination aus der Erregung beider Netzhäute sei, welche die Tiefenempfindung produziere (vgl. 1947, S. 152)[18]. „Auf diesem Hintergrund sei es erstaunlich, wie bei der Zentralperspektive Tiefenwirkungen entstehen können. Sie entstünden assoziativ aus der Erfahrung heraus" (Pazzini 1992, S. 112). Hierin wird deutlich, dass die Ausrichtung des Blicks durch die zentralperspektivische Abbildung und Betrachtung zur erlernten Blickgewohnheit avanciert ist, sogar zu einer Blick-Erwartung.

Entscheidend im Kontext dieses Beitrags ist es, dass von der medialen Prägung der Art und Weise, in der wir auf die Dinge unserer Welt blicken, eine Kraft ausgeht, die im wörtlichen Sinne einer *Weltanschauung* das Subjekt und sein Verhältnis zur Welt konstituiert. Insofern tragen Bilder und die Techniken ihres Sichtbarwerdens oder -machens ein implizites bildendes Potenzial[19],

---

[17]Zitiert nach Pazzini (vgl. 1992, S. 63).

[18]Zitiert nach Pazzini (vgl. 1992, S. 112).

[19]Die mediale Normierung des Sehens ließe sich auch als *erzieherisches* Potenzial der zentralperspektivischen Darstellung und Betrachtung beschreiben, das lediglich eine Blickgewohnheit schürt und die Dimension von *Bildung* nicht erreicht. Dieser erzieherische Aspekt ist offensichtlich, dennoch möchte ich insofern von einem *bildenden* Potenzial sprechen, als dass die Zentralperspektive als Darstellungstechnik und im oben geschilderten Sinne als *symbolische Form* zur Veränderung von Selbst-Welt-Verhältnissen führen kann. In Anlehnung an eine Theorie transformatorischer Bildungsprozesse (vgl. z. B. Koller 2012) sehe ich dieses Potenzial in allen medialen Anwendungen, in deren Spezifik es liegt, das subjektive Verhältnis zum Selbst und zur Welt erfahrbar machen zu können. Damit geht die Möglichkeit einher, dieses Verhältnis zu öffnen, zu hinterfragen, aufzubrechen und zu erweitern oder neu zu ordnen.

das auf ebenso implizite Weise pädagogisch nutzbar gemacht werden kann. Ein Beispiel dafür werde ich in meiner interpretatorischen Betrachtung der Handy-Video-Arbeiten von Paulitsch und Weyrich ausführen. Zunächst aber will ich die Überlegungen über die Zentralperspektive auf digitale Medien der Gegenwart ausweiten und so die Idee einer pädagogischen Dimension medialer Ausrichtung weiter konturieren.

3.2 Fotografie und Video: von der Digitalkamera bis zum Smartphone

In ähnlicher Weise, wie es die seit über vier Jahrhunderten verbreitete Zentralperspektive tat, prägen mediale Bedingungen und Möglichkeiten auch in der Gegenwart den Blick und damit in oben beschriebener Weise das Subjekt. Als einen zweiten wichtigen Aspekt der Betrachtungssituation nach Brunelleschi (neben dem Blick in das eigene Auge) nennt Pazzini den „Vorgang der (fast) selbsttätigen [sic!] Abbildung der Umwelt [nämlich mittels eines Spiegels, O. W.], eines Automatismus, der in der Photographie gipfelt" (Pazzini 1992, S. 62). Auf medialer Ebene ging die Entwicklung bekanntlich weiter und hat dabei auch die Möglichkeiten und damit die Rolle des Subjekts in abbildenden und betrachtenden Prozessen sukzessive modifiziert.

So bieten die ersten Kameras mit einem Sucher die Möglichkeit, schon vor der ersten Belichtung einen Rahmen zu setzen, ihn ggf. zu verwerfen und auf diese Weise die Inszenierung zu optimieren.[20] In einem deutlich späteren Schritt wird der Blick durch den Sucher durch Bildschirme digitaler Fotoapparate überflüssig gemacht. Der Bildschirmrand als beweglicher Rahmen auf der Suche nach einem Bildausschnitt distanziert den Blick. Das Display als Interface (vgl. Zahn 2017, S. 77) verändert somit die Qualität des Abbildens, indem es neben dem *Wie* auch das *Was* beeinflusst. Wenn sich die medialen „Rahmen"-Bedingungen für die Auswahl eines Bildausschnitts verändern, verändert das auch die Kriterien des Suchens und damit das letztlich Gefundene im Abbild. Ein Nebeneffekt der glatten digitalen Bildschirme und ihrer Funktion als distanzierter Sucher ist, dass die Fotograf*innen sich darin spiegeln und durch den Bildschirmrand ebenso gerahmt werden wie das angezeigte Bild. Diese Erweiterung der Spiegelung des

---

[20]Zum Begriff des Rahmens und der Rahmung und dessen Bedeutung für Sichtbarkeit und Sichtbarmachung vgl. Mersch (2014, S. 25 f.).

eigenen Auges bei Brunelleschi könnte als Vorbote der Selfie-Kultur gedeutet werden. Hier ist die Spiegelung im Unterschied zu Brunelleschis Technik sogar ohne jegliche Funktion, vermutlich jedoch nicht ohne Wirkung. Was macht es mit (Alltags-)Fotograf*innen und dem Fotografieren, wenn die Motive immer (oder oft, je nach Lichtverhältnissen) mit dem eigenen Gesicht überlagert werden?

Mit dem Aufkommen der Handy-Kameras sind Fotoapparate immer und überall verfügbar, man trägt sie bei sich mit der Möglichkeit der alltäglichen (Selbst-) Dokumentation. Schließlich bringen Smartphones neben den noch viel besser spiegelnden Bildschirmen weitaus größere Speicherkapazitäten mit sich und erlauben so eine extensivere Nutzung der Kamera. Die technische Ausstattung dieser Geräte macht sie zudem zu sehr komfortablen, leicht zu bedienenden Medien, die das digitale Fotografieren und Filmen einer noch viel größeren Masse von Nutzer*innen zugänglich machen. Auf vielen Ebenen verlockt das Smartphone förmlich zu einer umfangreichen Nutzung. Software und Bedienoberfläche legen größten Wert auf eine möglichst intuitive Handhabung und die Ästhetik des Layouts. Das gilt auch (und ist in diesem Kontext besonders interessant) für die Visualisierungen der Foto- und Video-Archive. Selbst die Anhäufung einer großen Datenmasse bleibt hier scheinbar überschaubar, und navigierbar. Die Funktion der Selfie-Kamera ermöglicht einen unmittelbaren Abgleich und damit eine detaillierte Selbstinszenierung. Da ist er wieder: der Blick in das eigene Gesicht. Doch hier dient er dem vollkommen kontrollierten *Selbst*portrait, sei es in Foto oder Video. Nicht mehr wegzudenken ist die standardisierte Postproduktion. Mittels weniger Fingerbewegungen erfolgt eine Ästhetisierung und Prägung entsprechender visueller Ansprüche durch Anwendung eines globalen Kanons digitaler Fotofilter, die die gängigen Apps anbieten. Hier wird das Selbstportrait (wie jedes beliebige andere Motiv) in routinierter Regelhaftigkeit einem „dividuellen"[21] Massengeschmack angeglichen. In den unzähligen Wiederholungen solcher standardisierten Anwendungsmöglichkeiten liegt die ästhetische Macht des Smartphones. Massenhaft führen uns die bildzentrierten sozialen Netzwerke wie *Instagram* oder *Snapchat* vor, wie so ein Bild hinsichtlich Farbe, Licht und Kontrast „normalerweise" aussehe und machen es uns technisch sehr leicht, den Standard zu reproduzieren und so zu bestätigen. Neben diese formalen Parameter treten u. a. die Wahl der Motive, kompositorische Eingriffe, bestimmte Posen und Haltungen, die in Verbindung mit bestimmten Filtern z. B. Körper und

---

[21]Zum Begriff des „Dividuums" vgl. Manuel Zahn (2017, S. 78 f.) in Anlehnung an Michaela Ott (vgl. 2015).

Gesicht, Speisen oder Wohnräume etc. besonders vorteilhaft erscheinen lassen. *Genres* werden mit *Looks* verknüpft. Wird diese Verknüpfung nicht bedient, riskiert die Darstellung defizitär wahrgenommen zu werden.

In der Weise, in der sich mit Pazzini ein Zusammenhang zwischen zentralperspektivischem Blick und einer Stärkung des Subjekts denken lässt, ist auch ein Einfluss der gegenwärtigen medialen Dispositive auf individuelle und gesellschaftliche Strukturen und deren Verhältnis denkbar.[22] Insbesondere in Hinblick auf jugendliche Identifikation mit und über die eigenen digitalen Bildproduktionen in *Social Media* konstituieren die medialen Bedingungen des Weltanschauens und Selbstdarstellens soziale Wirklichkeit. In dieser konstitutiven Funktion begründet sich das pädagogische Potenzial[23] jener „ästhetischen Macht", die das Blicken auszurichten vermag. Inwieweit von einer impliziten Pädagogik des Handy-Videos die Rede sein kann, möchte ich anhand eines Beispiels erörtern, das ich im Folgenden genauer darstelle.

4 Ästhetische Praktiken in der Installation *#collect #select*

Vor dem Hintergrund der skizzierten Weise, in der Medien weit über ihre Inhalte hinaus wirksam sein können, möchte ich nun die ästhetischen Praktiken genauer betrachten, die eine wesentliche Rolle spielen für die Produktion und Rezeption der eingangs vorgestellten Arbeit. *#collect #select* ist der Name der interaktiven Installation der Künstlerinnen Paulitsch und Weyrich. In Kooperation mit Kristof Gavrielides haben sie ein Format geschaffen, in dem sämtliche Videos ihres Handy-Video-Archivs gleichzeitig auf ein 300 cm mal 70 cm großes Acrylglasdisplay projiziert werden. Die Videoprojektionen, jede ungefähr in der Größe einer Scheckkarte, laufen in Endlosschleife und können gestengesteuert einzeln vergrößert werden.

---

[22]Beispielhaft für die bildende Kraft zwischen Medium und Subjekt beschreibt Andrea Sabisch in Anknüpfung an Pazzini „wie Bilder uns ausrichten" (Sabisch 2017).

[23]Neben der impliziten erzieherischen Wirkung der Mediennutzung, die auch schon weiter oben angedeutet wurde, meint hier das pädagogische Potenzial entsprechend dem in Fußnote 16 skizzierten Bildungsbegriff die Möglichkeit, dass medienspezifische ästhetische Bedingungen sozialer Praxis die Darstellung, Wahrnehmung und Gestaltung von Selbst- und Weltverhältnissen mit konstituieren.

4.1 Filmen

In der interaktiven Installation treffen mehrere ästhetische Praktiken auf komplexe Weise aufeinander. Am Anfang stehen die filmischen Praktiken der Spender*innen. Sie sind – analog zu den Ausführungen über den zentralperspektivischen Blick – geprägt von den Blickgewohnheiten und ästhetischen Ansprüchen, die die Eigenschaften des Dispositivs begünstigen: Digitale, permanent verfügbare, alltäglich und massenhaft für das Smartphone-Display geschaffene Aufnahmen werden nicht an technischen und ästhetischen Maßstäben z. B. des Spielfilms gemessen. Vielmehr haben „selbstgedrehte ‚No Story Videos'" (Paulitsch und Weyrich 2017) einen Schnappschuss-Charakter und sind „für den Moment gemacht" (ebd.). Es ist auffällig, dass diese Art von Video im Unterschied zum Handy-Foto häufig nicht nachbearbeitet wird. Bildsprache und Anspruch der technischen Umsetzung pendeln sich ein zwischen Funktionalität und geringstmöglichem Aufwand. Die filmischen Praktiken sind zudem abhängig von der konkreten verwendeten Hardware, ihren technischen Möglichkeiten und Einschränkungen. Die Besonderheiten des Handy-Videos sind auch auf die Mobilität und permanente Einsatzbereitschaft der Geräte zurückzuführen. All diese Faktoren prägen eine Ästhetik, die durch die Masse sowohl der Produktion als auch der Rezeption einen medienspezifischen Standard konturiert. Den formalästhetischen Gemeinsamkeiten nach scheint in seiner praktischen Ausführung auch ein implizites Wissen[24] u. a. darüber manifest zu werden, *wie* zu filmen sei, z. B. welche Art von Motiv typischerweise wie in Szene gesetzt wird, sodass im Sinne etwaiger Darstellungsabsichten anschauliche Produkte entstehen.

4.2 Sammeln und zu sehen geben

Diese Praktiken der Filmenden wecken wiederum ein Interesse der Künstlerinnen. Sie sind ausschließlich mit Videos ausgestattet, die ihnen freiwillig für den Zweck des Archivs und der künstlerischen Arbeit zur Verfügung gestellt wurden. Die Installation *#collect #select* lässt zunächst keine ordnende oder narrative Intention erkennen, die über die Inhalte der Videos, die bloße Tatsache und eventuelle Effekte

---

[24]Der Begriff des impliziten Wissens wird hier verwendet in Anlehnung an Michael Polanyis Konzeptualisierung eines u. a. nicht-verbalisierbaren *tacit knowing* (vgl. u. a. Polanyi 1966), das spätestens mit Georg Hans Neuweg (vgl. 1999) Einzug in die erziehungswissenschaftliche Lehr- und Lerntheorie erhalten hat.

Abb. 4 Durch Gestensteuerung vergrößertes Video in der Installation *#collect #select*. (Still aus einem Dokuvideo der Installation im Ettlinger Kunstverein, © Paulitsch und Weyrich 2017)

ihrer versammelten Präsentation hinausgeht. Dennoch besteht in der Konzentration auf alltägliche Handy-Videos ein selektives Verfahren, dessen Inszenierung in Ausstellungen sich als ästhetische Praktik beschreiben lässt.

Paulitsch und Weyrich verwenden in dieser Arbeit die Videos nicht als Material für eine künstlerische Narration. Vielmehr gestalten sie ein multiples Schaufenster in „unsere zeitgenössische Lebenswelt aus der Sichtweise der Digital Natives" (Paulitsch und Weyrich 2017) und geben damit eine Struktur vor, innerhalb derer Betrachter*innen eigene visuelle Narrative entwickeln können. Die Künstlerinnen selbst beschreiben die Ausstellungssituation wie folgt:

> Betrat der Besucher den Ausstellungsraum, nahm er primär ein Lichtspiel von unterschiedlichen bunten Farben und sich bewegenden kleinen Flächen wahr, die sich mittig im Raum auf dem Acrylglasdisplay visualisierten. Beim genaueren Betrachten dieser kaleidoskopartigen Komposition ließen sich ‚en miniature' dennoch sehr gut auch die einzelnen Szenen erkennen. Am Boden war eine Markierung in einem Abstand von ca. 1,5 m zur Projektionsfläche angebracht. Von diesem Standpunkt aus konnte der Besucher über einen Gestensensor interaktiv in die Installation eingreifen, sprich über seine Handbewegungen sich selektiv den Inhalten annähern und individuell und interessenabhängig bestimmen, welche Videos er sich aus dem Archiv anschauen möchte. Diese konnte er bis zu projektionsflächen-

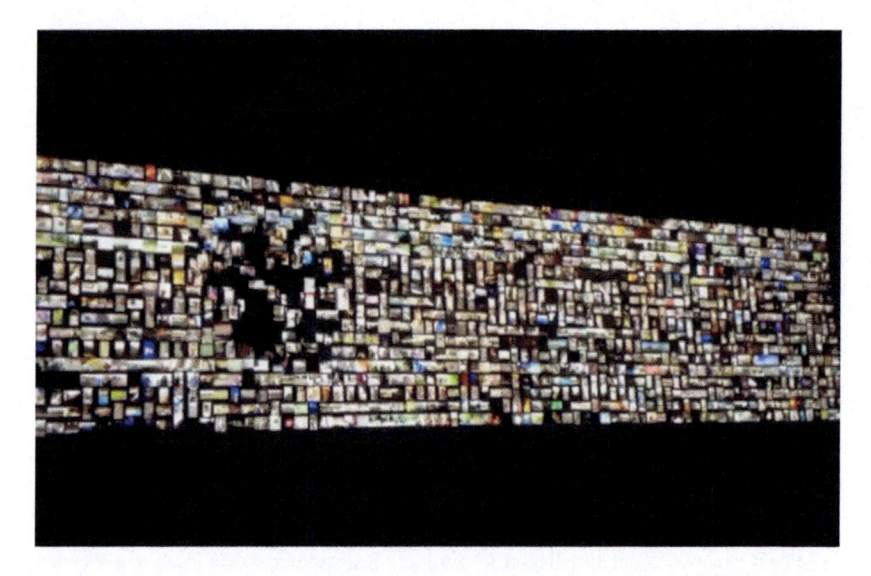

Abb. 5 Durch Gestensteuerung in Bewegung versetzte Video-Miniaturen (links). (Still aus einem Dokuvideo der Installation im Ettlinger Kunstverein, © Paulitsch und Weyrich 2017)

deckend zoomen: Wenn sich die Hand der Projektionsfläche näherte, wurde das Video größer, entfernte sich die Hand wieder von der Fläche, verkleinerte sich das Video. Bewegte sich die Hand stets im gleichen Abstand zur Projektionsfläche hin und her, kamen die einzelnen Videos insgesamt in Bewegung.[25]

Abb. 4 zeigt eine Vergrößerung durch die Annäherung der Hand, auf Abb. 5 ist zu sehen, wie die Miniaturen durch Entlanggleiten der Hand an ihrer aktuellen Position in Bewegung gesetzt werden.

In diesem Setting sind einige Faktoren dem Zufall überlassen, andere den Betrachter*innen. So liegen neben der Abspieldauer auch die Auswahl und Reihenfolge der aufgerufenen Videos buchstäblich in ihrer Hand. Worin aber besteht die ästhetische Praktik der Künstlerinnen?[26] Sie ist eigentlich ein Konglomerat aus Praktiken und beginnt mit dem Sammeln. Hier spielen zwar Wahrnehmungsprozesse

---

[25]Eva Paulitsch und Uta Weyrich (persönliche Mitteilung, 7. Juli 2018).
[26]Im Kontext ihrer künstlerischen Arbeit kann ihre *ästhetische* im Sinne der oben dargelegten Terminologie eine *künstlerische* Praktik genannt werden.

noch keine entscheidende Rolle, da die Künstlerinnen im Rahmen ihrer gesteckten Kriterien[27] unabhängig von audiovisuellen Qualitäten etwas nehmen, was ihnen geschenkt wird. Dennoch nimmt diese Art des Sammelns wesentlichen Einfluss darauf, was in der Sammlung sichtbar werden kann. Der nächste Schritt ist das Sichten.[28] Erst durch die umfassende Kenntnis aller Videos wissen Paulitsch und Weyrich, für welche Art der künstlerischen Weiterverarbeitung sich das Archiv eignet. So kann erst durch die Feststellung dessen, was die Menge der Videos zu zeigen vermag, ein Ausstellungsformat entwickelt werden, dessen Modi des Zeigens und Sehens Zugänge ermöglichen, die dem zu Zeigenden angemessen sind. Dabei lässt sich nur teilweise und annähernd antizipieren, was sich Betrachter*innen letztlich zeigt. Wenn andere subjektive Blicke (als die der Künstlerinnen) auf die Videos fallen – und das in einem Setting, das so erst am Ende einer künstlerischen Erarbeitung existiert – zeigt die Arbeit unweigerlich mehr oder anderes als das Intendierte oder das überhaupt Erwartbare. Dennoch lässt sich der künstlerische Eingriff zusammenfassen als ein *zu sehen Geben*. Ähnlich wie für die zentralperspektivischen Darstellungen nach Brunelleschi, bereiten Paulitsch und Weyrich einen (wenn auch nicht ganz so strengen) formalen und medialen Rahmen vor, innerhalb dessen die Installation interaktiv genutzt und erfahren werden kann. Dazu zählen neben der Entscheidung, alle Arbeiten gleichzeitig und in Endlosschleife zu projizieren, auch die Wahl der Gestensteuerung sowie der Gesten und die Bestimmung der Maße und Abstände.

Die Konzeption so eines Settings erfordert, damit es funktioniert, Erfahrung. Vorerfahrungen damit, welche konzeptionellen Entscheidungen zu welchen Effekten beigetragen haben, sind in künstlerischen Praktiken ebenso präsent wie beispielsweise rein technische Erfahrungen (vgl. Sabisch et al. 2017, S. 83 f.). Das verborgene pädagogische Moment dieser Arbeit ist in den künstlerischen Eingriffen zu suchen. Es lässt sich jedoch als pädagogisches nur in der

---

[27]Paulitsch und Weyrich suchen vorzugsweise *No Story Videos* von *Digital Natives*.

[28]Für die Präsentation des Archivs auf der Website (vgl. pw-video.com) schließen an das Sichten weitere Handlungsschritte an, die für *#collect #select* formatbedingt nicht notwendig sind. Online werden die Videos nämlich nicht in Endlosschleife abgespielt, sondern in einem Kachelnetz jeweils mit einem *Thumbnail* angezeigt. Dieses kleine Vorschaubild legen die Künstlerinnen für jedes einzelne Video fest. Es soll auf den ersten Blick einen visuellen Eindruck von dem vermitteln, was in dem Video zu erwarten ist. Die Auswahl eines repräsentativen *Thumbnails* erfordert einen visuellen Abgleich diverser Einzelbilder mit einem Gesamteindruck. Die Art und Weise, in der dieser Auswahlprozess in Anwendung auf immer neue Videos wiederholt wird, lässt sich als ästhetische Praktik beschreiben.

Zusammenschau der drei beteiligten praktischen Instanzen aus Filmenden, Künstlerinnen und Betrachter*innen beschreiben. Bevor ich also nach pädagogischen Potenzialen und Intentionen fragen kann, möchte auf die Praktik des Betrachtens schauen.

4.3 (Mehr) Sehen – gestisch-selektive Rezeption

In der Ausstellung begegnen schließlich Betrachter*innen der ungefilterten Menge von Videos in einem anderen Dispositiv als dem des alltäglichen Filmens mit dem Handy. Im oben beschriebenen Rahmen der Darstellung und im Kontext der Masse fallen nun andere Blicke auf das Material. Durch das geschaffene Dispositiv der Installation ermöglichen die Künstlerinnen nicht nur eine Transformation des Blicks, sondern zugleich wird eine neue ästhetische Praktik aufseiten der Betrachter*innen etabliert. Diese wird kontrastiert mit etablierten Praktiken des alltäglichen Aufnehmens und Betrachtens von Handy-Videos.

Der erste Eindruck einer „kaleidoskopartigen" Lichtprojektion weicht dem präziseren Erkennen vieler kleiner Videos, sobald der markierte Standpunkt vor der Projektionsfläche eingenommen wird. Das liegt zum einen an der kurzen Distanz. Sich zum anderen dem Zwang einer Markierung für die Betrachtung hinzugeben, schärft und bildet erst eine Aufmerksamkeit, die sich dem Wahrzunehmenden allmählich anpasst. Ist die Aufmerksamkeit einmal auf die Videoprojektionen gerichtet, beginnt eine Erkundung, in deren Fokus sich zunächst das Gröbste drängt: Mit was für einer Art von Video bekomme ich es hier zu tun? Dem ist sich nur über die Betrachtung mehrerer Videos anzunähern. Wie funktioniert die nahegelegte Gestensteuerung als einzige Möglichkeit, dieses Angebot vollumfänglich zu nutzen, also z. B. Einzelvideos auf ein flexibles Maß zu vergrößern und zu verkleinern? *Learning by doing* trifft das, was nun geschieht: In einer Schleife aus Wahrnehmen, Handeln, Wahrnehmen der Effekte des Handelns und daraufhin modifiziertem Handeln usf.[29] lernen[30] Betrachter*innen das

---

[29]Diese Idee ist angelehnt an Wolfgang Isers Konzeptualisierung eines Transfigurationsprozesses im Modus einer *Feed-forward-Feed-back-Schleife* (vgl. Iser 2002, S. 254).

[30]*Lernen* meint hier auch und vor allem *implizites* Lernen im Sinne des impliziten Wissens nach Polanyi (vgl. u. a. 1966), also ein nichtsprachliches, unbewusstes Lernen. Georg Hans Neuweg (1999) fasst in seinem Buch zur „lehr-lerntheoretischen Bedeutung der Erkenntnis- und Wissenstheorie Michael Polanyis" einige Positionen unter der Überschrift „Implizites Lernen" zusammen, darunter die Annahme nach Hayes und Broadbent (1988), dass das Subjekt im „impliziten oder nichtselektiven Lernmodus (U-Modus) […] die Ereignisse

Handling der interaktiven Präsentationsform. Mit zunehmender Inkorporierung[31] der für das mediale Setting notwendigen Bewegungsabläufe verschiebt sich die Aufmerksamkeit auf die Inhalte und das Bildliche der Projektionen. Es stellt sich allmählich das ein, was die wesentliche ästhetische Praktik der betrachtenden Bedienung oder Nutzung von *#collect #select* auszeichnet: ein Sichten von Video zu Video. Dieser Vorgang gliedert sich im Groben in zwei Elemente, nämlich das Anschauen einer Vergrößerung und den Übergang zum jeweils nächsten Video.

Die Vergrößerung ermöglicht zunächst Dinge zu sehen, die auf den kleinen Bildschirmen der üblichen Produktions- und Rezeptionsmedien (Smartphone, Tablet) eher nicht gesehen werden. So eröffnet das Format Möglichkeiten einer nicht nur formal, sondern auch inhaltlich anderen Anschauung. Die Selbstwahrnehmung in der Gestensteuerung begünstigt das Bewusstwerden der Entscheidung ein Video bis zu einem bestimmten Maß zu vergrößern oder wieder zu verkleinern. Das macht eigene inhaltliche oder visuelle Interessen, z. B. anhand einer Aufmerksamkeitsverschiebung auf hintergründige Bildinhalte oder -strukturen, erfahrbar. Die Verknüpfung aus Visualität und Körperlichkeit kennzeichnet diese ästhetische Praktik, in der eine Annäherung der eigenen Hand an ein Video einhergeht mit einer näheren Betrachtung. Offenbar werden dabei (unbewusst) Kriterien entwickelt, die dafür ausschlaggebend sind, ob und wie weit ein Bild vergrößert wird. Darin besteht ein blicksteuerndes Element, das im herkömmlichen Format des Handy-Videos nicht vorkommt. Weitere Kriterien legen fest, wie lange ein Video angeschaut wird. Auch hier gibt es einen wichtigen Unterschied zum alltäglichen Handy-Video. Dadurch, dass in der Installation alle Videos in Endlosschleife laufen, steigen Betrachter*innen hier i. d. R. nicht am Anfang eines Videos ein, sondern an einem beliebigen Zeitpunkt. Die Videos sind dadurch ggf. (zumindest im anteiligen ersten Durchlauf) in ihrer Dramaturgie

---

oder Merkmale im Problemfeld unselektiv und relativ passiv [registriert] und versucht, alle Kontingenzen zwischen ihnen zu speichern. Nach hinreichender Erfahrung verfüge es über eine große Zahl von Bedingungs-Handlungs-Verknüpfungen, die gute Performanzleistungen ermöglichen, aber kaum verbalisiert werden können" (Neuweg 1999, S. 29 f.). Nach Berry und Dinies (vgl. 1993, S. 2), fasst Neuweg zusammen, scheint eine Person beim impliziten Lernen „etwas zu lernen über die Struktur einer relativ komplexen Reizumgebung, ohne dies notwendigerweise zu beabsichtigen [...]" (ebd., S. 30).

[31]Der Begriff wird hier verwendet im Sinne vom *knowing-how* sozialer Praktiken als „Verhaltensroutinen, deren Wissen einerseits in den Körpern der handelnden Subjekte ‚inkorporiert' ist, die andererseits regelmäßig die Form von routinisierten Beziehungen zwischen Subjekten und von ihnen ‚verwendeten' materialen Artefakten annehmen" (Reckwitz 2003, S. 289).

beschnitten, indem tendenziell das Bildliche von narrativen Zusammenhängen entkoppelt wird.

Das zweite wichtige Element dieser rezeptiven Praktik besteht in den Übergängen zwischen den einzelnen betrachteten Videos (oder Ausschnitten daraus). Denkbar ist ein rein zufälliges, willkürliches Switchen von einem Video zum nächsten. Dem widerspricht u. a. die Beobachtung der Künstlerinnen, die das Vorgehen der Ausstellungsbesucher*innen als „sehr individuelles Durchscrollen"[32] beschreiben. Individualität lässt sich nicht im Zufall ausmachen. Sie ist in dieser Arbeit eher auf individuell unterschiedliche Vorlieben, Ansprüche, Aufmerksamkeitsökonomien, Körpermaße etc. zurückzuführen. Am Anfang eines Wechsels von einem Video zu einem anderen steht der Impuls, das aktuell Betrachtete nicht länger betrachten zu wollen. Es folgen Bewegungen. Das Video muss minimiert werden, d. h. die Hand entfernt sich etwas von der Projektionsfläche. Sie bewegt sich dann in einem ungefähr gleichbleibenden Abstand zur Fläche. Dabei werden die Kacheln in der Nähe der Hand in Bewegung versetzt. Dort entfliehen die kleinen Rechtecke in einem festgelegten Umkreis ihrem Raster und nehmen größere Abstände zueinander ein (vgl. Abb. 5). Dadurch wird es naheliegender und einfacher, sie als Einzelne zu betrachten. Sie ziehen eher die Aufmerksamkeit auf sich. Allein die Betrachter*innen bestimmen, wie lange sie mit ihrer Hand in dieser Weise über die Videos hinweggleiten. Die Distanzen, die dabei zurückgelegt werden können, sind durch das Acrylglasdisplay limitiert – mit wenigen Schritten kann das gesamte Archiv abgeschritten werden. Individuelle Arten, sich in diesem Rahmen zu bewegen, führen zu individuellen Video-Auswahlen. Doch neben diese physischen Aspekte treten bildliche. Ein möglicher Verknüpfungsmodus im konsekutiven Anschauen der Videos ist das visuelle Assoziieren.[33] Z. B. wird ein Video ausgewählt, weil es in der Miniatur visuell an ein vorheriges anknüpft[34]; oder aber es verspricht visuelle Vorlieben zu bedienen.

Entsprechend sind vielfältige Ausprägungen ästhetischer Praktiken in der Rezeption dieser Installation denkbar. Ihre wesentliche Gemeinsamkeit besteht in der Bedingung, dass die Installation auf immer gleiche, ihr eigene Weise mehr zu

---

[32]Eva Paulitsch (persönliche Mitteilung, 5. Juli 2018).

[33]Vielfältige interdisziplinäre Perspektiven auf das Motiv der visuellen Assoziation versammelt der Band „Visuelle Assoziationen", herausgegen von Andrea Sabisch und Manuel Zahn (2018).

[34]Und wird vielleicht schnell wieder verkleinert und nicht mehr verfolgt, weil sich die Assoziation in der Vergrößerung nicht bestätigt.

sehen gibt, als jedes Einzelvideo auf einem Handybildschirm es je könnte. Die Art des Anschauens steht auch damit in Zusammenhang, dass hier von Fremden etwas festgehalten wird, das als jenes Etwas nur in der hier ermöglichten massenhaften und schnell vergleichenden Schau gesehen werden kann und das, so Paulitsch, „uns auch über uns etwas sagt."[35] Daran knüpfen individuelle Narrationen der Betrachter*innen an. Den eigenen Umgang mit dem Material in diesem singulären Setting zu erfahren bietet die Möglichkeit, etwas über eigene Gewohnheiten, Geschmäcker, Begierden zu lernen und sich daran (neu) zu orientieren. Hierin liegt ein pädagogisches Potenzial dieser Installation, auf das ich im abschließenden Abschnitt genauer eingehen möchte.

5   Implizite Pädagogik des Medialen

Eine zentrale These dieses Beitrags ist, dass in der medialen Verfasstheit ästhetischer Praktiken der Anwendung von Massenmedien eine pädagogische Struktur angelegt ist. Diese Struktur ist insofern implizit, als sie wirksam werden kann, ohne eines klassischen pädagogischen Settings zu bedürfen und sich darin zu offenbaren. Die Künstlerinnen als Erschafferinnen der Installation sind im Moment der Rezeption abwesend. Dennoch sind ihre pädagogisch relevanten Entscheidungen im Ergebnis ihres medialen Arrangements präsent. Doch wie lässt sich diese pädagogische Struktur am Beispiel von *#collect #select* genauer beschreiben? Inwieweit agieren die Künstlerinnen pädagogisch? Wie gestaltet sich dann das Verhältnis zwischen Künstlerinnen und Medialität der Praktiken des Zeigens und Rezipierens? Diesen Fragen möchte ich abschließend nachgehen. Bevor ich aber die impliziten pädagogischen Strukturen der hier interpretierten Installation resümieren werde, möchte ich generell die Frage nach pädagogischer Intentionalität stellen.

5.1   Pädagogische Intentionalität?

Das weite Feld der Pädagogik als Theorie und Praxis von Erziehung und Bildung möchte ich für die Frage dieses Abschnitts etwas eingrenzen: Inwieweit kann die Praxis der Bildung intentional sein? Denken wir an pädagogisches Handeln

---

[35]Eva Paulitsch (persönliche Mitteilung, 5. Juli 2018).

mit dem Ziel, andere zu bilden, würden wir nicht genau das als seine Intention bezeichnen? Im Abschn. 3.1 habe ich mich bereits auf Koller (vgl. 2012) und die Theorie transformatorischer Bildungsprozesse bezogen. Im Sinne von Bildung als Transformation von Selbst- und Weltverhältnissen möchte ich wiederum mit Pazzini dafürhalten, dass pädagogisches Handeln keine linearkausalen Bildungseffekte herbeiführen kann (vgl. u. a. 2010, S. 12, 18). Es kann Bedingungen herstellen für eine höhere Wahrscheinlichkeit von Bildung (vgl. Pazzini 2015, S. 21). In dieser eingeschränkten Effektivität liegen auch die Grenzen der pädagogischen Intentionalität. Wir können uns also vornehmen, pädagogisch zu handeln und können auch genau festlegen, was wir dabei wie tun. Es entzieht sich allerdings der Kontrolle der pädagogisch Handelnden, ob und inwieweit durch ihr Handeln Bildungsprozesse initiiert, angestoßen, bestärkt oder gehemmt werden.

Darüber hinaus ist fraglich, inwieweit pädagogisches Handeln intentional sein muss, um *pädagogisch* genannt werden zu dürfen. Können Praktiken pädagogisch sein, die nicht die ausdrückliche Absicht zu bilden oder zu erziehen verfolgen? Diese Fragen stellen sich insbesondere hinsichtlich des eng verflochtenen Bündels von künstlerischen Praktiken aus sammeln und sichten, konzipieren und kuratieren, installieren und ausstellen. Selbst wenn die Künstlerinnen Paulitsch und Weyrich ihre Installation weder als pädagogische verstehen noch bewusst als solche intendiert haben, sind sie die pädagogisch Handelnden, sofern ihre Arbeit – was ich behaupte – pädagogisch wirksam sein kann. Es liegt in meiner Formulierung der *impliziten pädagogischen Struktur,* dass die Bildungsanlässe[36] und erzieherischen Aspekte[37] einer künstlerischen Arbeit mit der Gestaltung ihres spezifischen medialen Möglichkeitsraums für Erfahrungen einhergehen. Künstlerisches Arbeiten hat in dieser Perspektive insofern eine pädagogische Dimension, als seine Prozesse, Produkte und Rezeptionen solche Dispositive herstellen, in denen beispielsweise Betrachter*innen sich neue Sichtweisen aneignen können oder mit etablierten Blickgewohnheiten brechen. Hier liegen pädagogische

---

[36]Bildungsanlässe wären mit Kokemohr (vgl. 2007) oder Koller (vgl. 2012) gesprochen solche Erfahrungen, die einen Aufbruch etablierter Selbst- und Weltverhältnisse zu initiieren vermögen und in der Überwindung dieses Aufbruchs eine Veränderung, Erweiterung, Neuordnung anregen. Das wären z. B. Momente der Angst, Ungewissheit, Irritation, Fremdheit, vorübergehender Überforderung etc. Von Bildung zu sprechen sieht Kokemohr „dann als gerechtfertigt an, wenn der Prozess der Be- oder Verarbeitung subsumtionsresistenter Erfahrung eine Veränderung von Grund legenden Figuren meines je gegeben Welt- und Selbstentwurfs einschließt" (Kokemohr 2007, S. 21). Vgl. wie in Fußnote 16.

[37]Erzieherische Aspekte meinen jene, die in direktem Zusammenhang durch Inhalt und Modus des Zeigens ein Lernen, Erkennen, Verstehen bewirken (vgl. Prange 1996, S. 146).

Intentionen in dem Maße im Verborgenen, in dem die künstlerischen Intentionen pädagogische implizieren. Das schließt keineswegs aus, dass sich Künstler*innen im Rahmen künstlerischer Praxis bewusst vornehmen, pädagogische Kunst zu machen.

Auf dieser Grundlage möchte ich im folgenden Abschnitt zusammenfassen, inwieweit die Installation *#collect #select* pädagogische Strukturen aufweist.

5.2 Implizite pädagogische Strukturen in *#collect #select*

Ein Großteil der digitalisierten Menschheit, zumindest viele von denen, die sich per Geburtsjahr als *Digital Natives* qualifizieren, produziert Videos mit digitalen Endgeräten, inzwischen i. d. R. Smartphones. All diese Menschen üben ästhetische Praktiken aus, die in hohem Maße durch die spezifischen medialen Möglichkeiten geprägt und z. T. durch Vorgaben (wie z. B. Bildformate, Filter etc.) determiniert sind. Die beteiligten Hardware- und Softwarehersteller haben somit entscheidenden Einfluss auf konkrete Anwendungsweisen und – so habe ich argumentiert – z. T. auch auf scheinbar individuell und beliebig gewählte Inhalte des Filmens. Mit ihrem Handy-Video-Archiv haben die Künstlerinnen Eva Paulitsch und Uta Weyrich einen Rahmen geschaffen, der es ermöglicht, den einzelnen Erzeugnissen eines Massenmediums auch gleichzeitig als Masse zu begegnen. Durch die relative Anonymität der eigentlich privaten Videos und indem sie aus ihren individuellen alltäglichen Kontexten gelöst werden, können sie auf eine Weise gesehen werden, die unabhängig von Peergroups und Geschmäckern etwas von den Praktiken des Handy-Films erfahrbar macht, das dem Einzelnen in seiner privaten Nutzung verborgen bleibt. Das Spektrum an Motiven und Narrativen ermöglicht eine inhaltliche Verallgemeinerung der mobilen Videos einer Generation. Auf technischer Ebene kommt eine Fülle von Anwendungsmöglichkeiten zur Darstellung. In der Betrachtung von außen, die die Installation ermöglicht, überschreitet beides die jeweils individuelle Alltagserfahrung und bietet damit an, die eigene Praktik zu erkennen, zu verorten und vielleicht sogar zu beurteilen. Dieses andere Format, das u. a. die Möglichkeit der extremen Vergrößerung mit sich bringt, ergänzt dieses relative oder vergleichende Sehen um ein wirklich anderes Sehen.

Es ist wahrscheinlich, dass nichts oder wenig von diesen Brüchen mit etablierten ästhetischen Praktiken und von den beschrieben Meta-Perspektiven darauf ins Bewusstsein der Betrachter*innen rückt. In der Argumentationslinie meines Beitrags muss ich davon ausgehen, dass das jedoch die potenzielle Wirksamkeit dieser Rezeptions-Praktik nicht beeinträchtigt. Denn in *#collect #select* arbeiten Paulitsch und Weyrich auf ähnliche Weise wie Brunelleschi mit einem strengen medialen Korsett für die Betrachtung. Sie gestalten das mediale Setting mit der Intention, eine bestimmte Betrachtungssituation mit entsprechenden Möglichkeiten und Einschränkungen herzustellen. Diese Setzungen haben erzieherischen Charakter in der Weise, in der künstlerisches Arbeiten wie oben beschrieben erzieherische Intentionen implizieren kann. Hier wird, wie in Abschn. 4.3 ausgeführt, ein bestimmtes Spektrum an Blickmöglichkeiten angelegt und im gleichen Zuge werden unweigerlich andere Zugänge ausgeschlossen. Die durch das mediale Setting weitgehend determinierte ästhetische Praktik macht die Betrachter*innen zugleich, durch die gestische Navigation, zu aktiv Handelnden. Diese Konstellation birgt den pädagogischen Impuls zu einer individuellen Aneignung dieser andersartigen Schau auf mediale Phänomene. Konkret können implizite pädagogische Intentionen dieser künstlerischen Arbeit im Wesentlichen auf zwei Feldern wirksam werden: zum einen auf einer inhaltlich-bildlichen Ebene, indem Betrachter*innen zu eigenen Narrationen herausgefordert werden; zum anderen auf medial-formaler Ebene, indem ein neues Betrachtungs-Dispositiv gesetzt wird und im Kontrast zum gewohnten Dispositiv wiederum dessen Setzungsgewalt erfahrbar macht.

Allerdings haben Paulitsch und Weyrich, anders als im Beispiel der Zentralperspektive, kein neues Paradigma der Bildbetrachtung geschaffen, sondern ein singuläres Angebot, eine ansonsten unmögliche Perspektive einzunehmen. Individuelle Anwendungen der Video-Installation kontrastieren bzw. brechen mit Gewohnheiten. Alles zwischen unbewusster Registrierung einer Differenz und bewusster Reflexion ästhetischer Praktiken wäre in der Folge denkbar. Was dieser Perspektivwechsel tatsächlich in einzelnen Subjekten bewirkt, entzieht sich der Kontrolle der Künstlerinnen ebenso wie sich Bildung nicht pädagogisch kontrollieren lässt. Die größte Chance, überhaupt eine pädagogische Wirkung zu entfalten, besteht für die Künstler*innen darin, dass sich Betrachter*innen aufmerksam auf die Betrachtungssituation und ihre Praktik einlassen. Wollte man sichergehen, die angedeuteten pädagogischen Potenziale dieser oder anderer künstlerischer Arbeiten und ihrer entsprechend möglichen Rezeptions-Praktiken abzurufen, könnten auf der Basis dieses Beitrags kunstpädagogische Impulse anknüpfen. Das wäre dann explizite Pädagogik, die darauf fußt, die implizite zu erkennen und fruchtbar zu machen.

5.3 Gefahr der Zurichtung

Das Beispiel der zentralperspektivischen Abbildung und Betrachtung hat gezeigt, inwieweit mediale Rahmungen den Blick auszurichten vermögen und dadurch auch (mit) das Subjekt konstituieren. Vor diesem Hintergrund ist die Macht jener Medien und globalen Player, die unsere medialen Werkzeuge und Interfaces gestalten, nicht zu unterschätzen – umso weniger, wenn wir davon ausgehen, dass diese Macht mit dem unberechenbaren Potenzial pädagogischer (Bildungs-)Impulse vergleichbar ist. Angesichts der Vormachtstellung weniger Konzerne (Apple, Samsung etc.) und deren Software sowie der dominierenden bildbasierten sozialen Netzwerke (Facebook und seine Töchter) besteht die Gefahr, dass die besagte Ausrichtung in eine mediale *Zurichtung* kippt. Das buchstäbliche *Subjekt* standardisierter ästhetischer Praktiken wird zunehmd medialer Alternativen und letztlich auch seiner ästhetischen Reflexivität, seines Urteilsvermögens und der Möglichkeiten individueller Geschmacksbildung beraubt. Ein Gewinn und eine Hoffnung künstlerischer Arbeiten wie *#collect #select* liegt in der Begünstigung eines Meta-Blicks, der Zurichtungs-Gefahren und -Strategien erkennen kann oder zumindest unbewusst sensibilisiert für ästhetische Qualitäten jenseits des Standards.

Literatur

Agamben, G. (2008). *Was ist ein Dispositiv?* Berlin/Zürich: Diaphanes.
Alkemeyer, T., & Buschmann, N. (2016). Praktiken der Subjektivierung – Subjektivierung als Praxis. In H. Schäfer (Hrsg.), *Praxistheorie* (S. 115–136). Bielefeld: transcript.
Berry, D. C., & Broadbent, D. E. (1988). Interactive tasks and the implicit-explicit-distinction. *British Journal of Psychology* 79, S. 251–272.
Berry, D. C., & Dinies, Z. (1993). *Implicit Learning. Theoretical and Empirical Issues.* Hillsdale: Erlbaum.
Edgerton, S. Y. (1976). *The Renaissance Rediscovery of Linear Perspective.* New York u. a.: Harper & Row.
Iser, W. (2002). Mimesis und Performanz. In U. Wirth (Hrsg.), *Performanz. Zwischen Sprachphilosophie und Kulturwissenschaften* (S. 243–261). Frankfurt a. M.: Suhrkamp.
Klisma, A. (2007). *Prävention und Medienpädagogik. Entwicklung eines Modells der medienpädagogischen Präventionsarbeit.* Göttingen: Cuvillier.
Kokemohr, R. (2007). Bildung als Welt- und Selbstentwurf im Fremden. Annäherungen an eine Bildungsprozesstheorie. In H.-Ch. Koller, W. Marotzki & O. Sanders (Hrsg.), *Bildungsprozesse und Fremdheitserfahrung. Beiträge zu einer Theorie transformatorischer Bildungsprozesse* (S. 13–69). Bielefeld: transcript.
Koller, H.-Ch. (2012). *Bildung anders denken. Einführung in die Theorie transformatorischer Bildungsprozesse.* Stuttgart: Kohlhammer.

Küchmeister, K. (2018). Filmbildung in der Kunstpädagogik. Potenziale und Chancen von Handy, Smartphone und Tablet. In F. Rückert (Hrsg.), *Bewegte Welt // Bewegte Bilder. Bewegtbilder im kunst- und medienpädagogischen Kontext* (S. 217–228). München: kopaed.

Mayer-Hillebrand, F. (1947). Die Perspektive in psychologischer Betrachtung. *Wiener Zeitschrift für Philosophie, Psychologie, Pädagogik*. Bd. 1, Heft 2, S. 140–161.

Mersch, D. (2014). Sichtbarkeit/Sichtbarmachung. Was heißt »Denken im Visuellen«? In F. Goppelsröder & M. Beck (Hrsg.), *Sichtbarkeiten 2: Präsentifizieren. Zeigen zwischen Körper, Bild und Sprache* (S. 17–70). Berlin/Zürich: Diaphanes.

Neuweg, G. H. (1999). *Könnerschaft und implizites Wissen. Zur lehr-lerntheoretischen Bedeutung der Erkenntnis- und Wissenstheorie Michael Polanyis*. Münster: Waxmann.

Ott, M. (2015). *Dividuationen. Theorien der Teilhabe*. Berlin: b_books.

Paulitsch, E. & Weyrich, U. (2017). Handy-Video-Archiv. http://www.pw-video.com/#_about. Zugegriffen: 06. Oktober 2017.

Pazzini, K.-J. (1992). *Bilder und Bildung. Vom Bild zum Abbild bis zum Wiederauftauchen der Bilder*. Münster/Hamburg: Lit.

Pazzini, K.-J. (2010). Überschreitung des Individuums durch Lehre. Notizen zur Übertragung. In ders., M. Schuller & M. Wimmer (Hrsg.), *Lehren bildet? Vom Rätsel unserer Lehranstalten* (S. 309–327). Bielefeld: transcript.

Pazzini, K.-J. (2015). *Bildung vor Bildern. Kunst Pädagogik Psychoanalyse*. Bielefeld: transcript.

Polanyi, M. (1966). *The Tacit Dimension*. London: Routledge & Kegan Paul.

Prange, K. (1996). Übergänge. Zum Verhältnis von Erziehung und Lernen. In M. Borelli & J. Ruhloff (Hrsg.), *Deutsche Gegenwartspädagogik* (S. 136–147). Baltmannsweiler: Schneider.

Reckwitz, A. (2003). Grundelemente einer Theorie sozialer Praktiken. Eine sozialtheoretische Perspektive. *Zeitschrift für Soziologie*, Jg. 32, 4/2003, S. 282–301.

Reckwitz, A. (2010). Auf dem Weg zu einer kultursoziologischen Analytik zwischen Praxeologie und Poststrukturalismus. In M. Wohlrab-Sahr (Hrsg.), *Kultursoziologie. Paradigmen – Methoden – Fragestellungen* (S. 179–205). Wiesbaden: Springer VS.

Sabisch, A. (2007). *Inszenierung der Suche. Vom Sichtbarwerden ästhetischer Erfahrung im Tagebuch. Entwurf einer wissenschaftskritischen Grafieforschung*. Bielefeld: transcript.

Sabisch, A. (2017). Zwischen Bildern und Betrachter*innen. Wie Bilder uns ausrichten. In T. Meyer, A. Sabisch, O. Wollberg & M. Zahn (Hrsg.), *Übertrag. Kunst und Pädagogik im Anschluss an Karl-Josef Pazzini* (S. 102–111). München: kopaed.

Sabisch, A., Wollberg, O., & Zahn, M. (2017). Ästhetische Praxis und schweigendes Wissen. In A. Kraus, J. Budde, M. Hietzge, & C. Wulf (Hrsg.), *Handbuch Schweigendes Wissen. Erziehung, Bildung, Sozialisation und Lernen* (S. 79–91). Weinheim: Beltz Juventa.

Schmidt, R. (2012). *Soziologie der Praktiken: konzeptionelle Studien und empirische Analysen*. Berlin: Suhrkamp.

Schön, D. A. (1983). *The Reflective Practitioner. How Professionals think in Action*. New York: Basic Books.

Schweitzer, B. (1953). *Vom Sinn der Perspektive*. Tübingen: Max Niemeyer Verlag.

SWR Aktuell (2017). Private Handy-Videos werden zu Kunst. http://www.ardmediathek.de/tv/SWR-Aktuell-Baden-W%C3%BCrttemberg/Private-Handyvideos-werden-zu-Kunst/SWRBadenW%C3%BCrttemberg/Video?bcastId=254078&documentId=42484972. Zugegriffen: 06. Oktober 2017.

Waldenfels, B. (2010). *Sinne und Künste im Wechselspiel. Modi ästhetischer Erfahrung*. Berlin: Suhrkamp.
Wollberg, O. (2018 i. V.). Auf implizites Wissen setzen: zur Ungewissheit ästhetischer Praktiken. In I. Bähr, U. Gebhard, C. Krieger, B. Lübke, M. Pfeiffer, T. Regenbrecht, A. Sabisch & W. Sting (Hrsg.), *Irritation als Chance – Bildung fachdidaktisch denken*. Wiesbaden: Springer VS.
Zahn, M. (2017). Bildschirme. Medienökologische Perspektiven auf das (in)dividuelle Phantasma in der aktuellen Medienkultur. In T. Meyer, A. Sabisch, O. Wollberg & M. Zahn (Hrsg.), *Übertrag. Kunst und Pädagogik im Anschluss an Karl-Josef Pazzini* (S. 73–81). München: kopaed.

Bildung(sprozesse) inkognito? – Ästhetische Praktiken als Wechselwirkung zwischen Ich und Heavy Metal

André Epp

1 Einleitung

Diverse Studien (vgl. bspw. Hoffmann-Riem 1984; Riesman 1958; Waldschmidt 2004) verweisen darauf, dass Menschen im Alltag häufig unbedacht zu normativ aufgeladenen Aussagen tendieren und an Normalitätskonstruktionen festhalten. Diese Vorstellungen können gleichermaßen in alltagsweltlichen Diskursen über Pädagogik identifiziert werden: Man denke nur an Diskussionen, die aufgreifen, was gesellschaftlich als pädagogisch wertvoll anerkannt und angesehen ist oder was nicht, wie Bildungsorte auszusehen haben oder nicht usw. Dass gesellschaftliche Normalitätskonstruktionen Veränderungen und Transformationen unterliegen, kann aus historischer Perspektive mit unterschiedlichen Beispielen untermauert werden. Obwohl laut Dohmen (vgl. 2001) Bildungsprozesse in der Mehrzahl außerhalb formaler Bildungsinstitutionen stattfinden, wird das Klassenzimmer, der Vorlesungssaal und/oder der Seminarraum immer noch als ein allgemein anerkannter Ort angesehen, wo Bildungsprozesse praktisch werden.

Jedoch hat sich das Bild, in welchem Räume als Bildungsorte gesellschaftlich anerkannt sind, in den letzten 150 Jahren verändert. Die genannten Räume werden nicht mehr ausschließlich als Bildungsorte betrachtet, sondern aufgrund der gesellschaftlichen Pluralisierung (vgl. Beck 1986; Giddens 1990) haben sich auch Bildungsräume ausdifferenziert, wie die Begrifflichkeiten formale, informale und non-formale Bildung vergegenwärtigen. Inwiefern sich diese (vermeintlich)

A. Epp (✉)
Pädagogische Hochschule Karlsruhe, Karlsruhe, Deutschland
E-Mail: andre.epp@ph-karlsruhe.de

© Springer Fachmedien Wiesbaden GmbH, ein Teil von Springer Nature 2019
C. Bach (Hrsg.), *Pädagogik im Verborgenen*,
https://doi.org/10.1007/978-3-658-21891-1_11

"neuen" Orte bisher etabliert haben und in welchem Ausmaße sie als gesellschaftlich anerkannt gelten, ist orts- und (sub)kulturabhängig. Nichtsdestoweniger erfahren diese "neuen" Räume oder Orte eine erhöhte Aufmerksamkeit, wie im Besonderen für die kulturelle Bildung festgehalten werden kann, die fast schon wie ein Zauberelixier glorifiziert wird (vgl. Deutscher Bundestag 2007). Im Handbuch kulturelle Bildung (vgl. Bockhorst et al. 2012) werden unterschiedliche Orte wie Tanzschulen (vgl. Beyeler und Patrizi 2012), Kunstvereine, Museen (vgl. Kunz-Ott 2012; Hamann 2012), Jugendzentren, Theater (vgl. Bolwin 2012; Taube 2012), aber auch Konzerthäuser und Orchester (vgl. Mertens 2012) genannt. Insbesondere bei Letzteren handele es sich primär um Kulturinstitutionen und keine Bildungseinrichtungen, da ihr Kernauftrag ein anderer sei (vgl. ebd., S. 553): "Sie reproduzieren vielmehr in Spielzeiten (und nicht in Lehrplänen) gegliedert den Kanon der abendländischen Musikkultur mit einem Kernrepertoire vom 18. bis zum 20. Jh." (ebd.). Folglich besteht das Personal dieser Einrichtungen weniger aus Pädagog*innen als aus Künstler*innen. Nichtsdestoweniger haben Orchester und Konzerthäuser einen durchgreifenden Wandel erfahren, auf den hier nur in einer groben Skizze und verkürzt eingegangen werden kann (ausführlicher vgl. bspw. Mertens 2010). Ihre Aufgaben sind gegenwärtig nicht mehr auf das bloße Durchführen von Musikveranstaltungen reduziert, sondern sie werden zunehmend als Orte der Musik- und Kunstvermittlung, also als Bildungsorte angesehen (vgl. Mertens 2012, S. 553 ff.).

Dass der zentrale Musikkanon dieser Kulturinstitutionen als eine Form von Bildung aufgefasst wird, verdeutlichen nicht nur der ausschließliche Fokus auf diese Einrichtungen und der Ausbau von "Education-Aktivitäten" in diesen (vgl. ebd., S. 554). Augenscheinlich wird dies ebenso dadurch, dass Orte, an denen bspw. populäre Musik performt wird, nicht, oder, wenn überhaupt nur marginal, als Bildungsorte thematisiert werden. Diese sind nicht als Bildungsorte anerkannt, sondern eher als Orte des Vergnügens. Das wird auch im erwähnten Handbuch ersichtlich: Im Gegensatz zu Konzerthäusern und Orchestern finden alternative Konzertorte keine Erwähnung. Die (Bildungs-) Bedeutung, die den genannten Konzerthäusern und Orchestern bzw. der abendländischen Musikkultur (gesellschaftlich) beigemessen und zugesprochen wird, kann ebenfalls durch abstruse "Bildungseinrichtungen" wie mit der *Prenatal University Hayward* in Kalifornien unterstrichen werden. Diese propagiert, dass bereits Föten lernen und in der gleichen Weise wie bereits geborene Menschen gefördert werden können, obwohl ein Großteil dieser Angebote, wie die pränatale Beschallung von Embryos mit klassischer Musik – also eben jener abendländischen Musikkultur, der Bildungswirkungen zugesprochen werden – gar keine wissenschaftlich nachweisbaren Effekte haben (vgl. Parncutt 2015, S. 14 ff.). Neben diesem skurrilen Angebot stellt sich ebenso die Frage, warum gerade Bach, Mozart und

Co. eine Bildungswirkung zugespielt wird und nicht bspw. den virtuosen Soli von Heavy-Metal-Gitarrist*innen.

Die skizzierte gesellschaftliche Vorstellung, die mit dem Kanon der abendländischen Musik in Verbindung gebracht wird, steht im absoluten Kontrast zu jener, die mit der Musikrichtung Heavy Metal (vom Großteil der Gesellschaft) imaginiert wird: „Mit Heavy Metal werden größtenteils Personen mit langen Haaren, schwarzem Outfit, die Alkohol und Drogen konsumieren, sowie laute aggressiv-unästhetische Musik hören in Verbindung gebracht" (Epp 2011, S. 319). Weitere stereotype Beschreibungen und gesellschaftlich verbreitete Vorstellungen, die sich nicht nur im globalen Westen mit einer gewissen Widerständigkeit halten, sind u. a. folgende (vgl. u. a. Epp 2015a, 2016): Metalheads, also Heavy Metal Fans und Musiker*innen, seien Satanist*innen, die nicht nur den Teufel anbeten, sondern auch Tiere opfern und (Katzen-) Blut trinken. Die Allgegenwärtigkeit dieser Zuschreibungen lässt sich nicht nur anhand diverser Vorfälle – wie bspw. der Verhaftung von über 100 Metalheads, denen in den 1997er Jahren in Ägypten vorgeworfen wurde, die im vorherigen Satz beschriebenen Praktiken auszuüben – nachzeichnen (vgl. ebd., S. 325), sondern kann ebenso auf einer sprachlichen Ebene identifiziert werden. So werden beispielsweise Metalheads in Venezuela als „comegato" bezeichnet, also als jene, die Katzen essen würden.

Die grob umrissenen Ausführungen verdeutlichen, dass Heavy Metal im Gegensatz zum abendländischen Musikkanon nicht als pädagogisch wertvoll oder als ein Bildungsmedium aufgefasst wird – oder wie es Koller (vgl. 2009, S. 88) formuliert, als „pädagogisch wertvolle Nummer". Unterstrichen werden kann dies mit dem bildungspolitisch und journalistisch dramatisierten Fall des Death-Metal Musikers Thomas Gurrath. Aufgrund seiner Bandaktivitäten legte ihm die Schulleitung eines Stuttgarter Gymnasiums nahe, sein Referendariat zu kündigen. Laut einer Selbstaussage Gurraths habe er darüber hinaus vom Stuttgarter Regierungspräsidium die Auflage erhalten, dass er drei Jahre lang kein Death Metal mehr spielen dürfe und sich von seiner Band Debauchery distanzieren müsse. Egal wie man zu dem Fall Gurrath steht, eine vorurteilsfreie Auseinandersetzung fand nicht statt. Im Gegenteil, es dominierte die Inszenierung der klassischen Medialisierungsgüter: Skandalisierung, Sensationalisierung, Stereotypisierung und Moralisierung (vgl. Anastasiadis und Kleiner 2011, S. 393).

Dass Heavy Metal und die entsprechenden Konzerte im Kontrast zu den skizzierten Normalitätskonstruktionen dennoch als Orte verstanden werden können, an denen sich (informelle) Bildungsprozesse ereignen, wird im Folgenden mit Bezug auf das Bildungsverständnis von Wilhelm v. Humboldt (1767–1835) und anhand der Konzerte der Bands *Heaven Shall Burn* und *System of a Down* aufgezeigt. Neben den performativen Praxen von Heavy Metal wird ebenso thematisiert, inwiefern die Musikrichtung als eine Sprache im Sinne Humboldts gelten kann. Abschließend wird ein Resümee gezogen sowie eine Gegenposition zu den beiden Konzertbeispielen entfaltet, die den Charakter des Verborgenen der Bildung im Hinblick auf Heavy Metal Konzerte noch pointierter verdeutlicht.

2 Humboldts Bildungsverständnis

Der neuhumanistische Bildungsbegriff Humboldts ist sowohl mit seiner politischen Stellung als auch eng mit den damaligen historischen Entwicklungen verbunden. Von 1809 bis 1810 war Humboldt Leiter der Sektion des Kultus und des öffentlichen Unterrichts im preußischen Innenministerium. Er bekleidete also eine bildungspolitisch zentrale Stelle in der preußischen Regierung. Des Weiteren ereigneten sich weitreichende gesellschaftliche Veränderungsprozesse, wie etwa das Aufbrechen der Ständegesellschaft, die Aufhebung der Leibeigenschaft, die Einführung der Gewerbefreiheit (vgl. Koller 2009, S. 74), „die Verbesserung der allgemeinbildenden Schulen und die Einführung eines modernen Universitätswesens, an denen Humboldt maßgeblich beteiligt war" (ebd., S. 74).

Mit seinen bildungstheoretischen Ausführungen schließt Humboldt an die Tradition der Aufklärung an. Er versteht Bildung nicht als eine Unterwerfung an Anforderungen, die von außen (bspw. durch religiöse und politische Autoritäten oder gesellschaftliche und wirtschaftliche Anforderungen) an die Subjekte herangetragen werden. Sein Bezug zielt auf den Menschen selbst ab, auf sein Inneres. Er spricht von Kräften, die es zu entwickeln gilt: Also Anlagen und Potenziale über die der Mensch verfügt, die jedoch noch ausgebildet und entfaltet werden müssen. Diese innenwohnenden Möglichkeiten des einzelnen Menschen sollten möglichst umfassend, so hoch und weit wie möglich sowie in einem ausgewogenen Verhältnis zueinander verwirklicht werden: Humboldt selbst spricht von der *höchsten und proportionierlichsten Entfaltung zu einem Ganzen*. Die ausgewogene Bildung im Sinne Humboldts zielt auf die Entfaltung aller menschlichen Kräfte ab, „nicht nur des ‚Verstandes', sondern auch der ‚Einbildungskraft' oder Phantasie und auch der sinnlichen Anschauung bzw. Wahrnehmungsfähigkeit" (ebd., S. 77). Koller bezeichnet diese Sichtweise als einen „harmonischen Gesamteindruck" (ebd.), d. h., dass die einzelnen Anlagen des Menschen nicht isoliert und/oder in Konkurrenz zueinander entwickelt werden sollen, sondern in einem harmonischen Zusammenklang.

Des Weiteren spricht Humboldt von der menschlichen Vollkommenheit, jedoch ist er sich zugleich der „Verschiedenheit der Köpfe" (Humboldt 1960, S. 239) bewusst, die es zu berücksichtigen gilt – also die individuellen Voraussetzungen der einzelnen Subjekte. „Mannigfaltigkeit der Charaktere ist daher die erste Forderung, welche an die Menschheit ergeht, wenn wir uns sie als ein Ganzes zu höherer Vollkommenheit fortschreitend denken" (ebd., S. 417). Um dennoch einen Zustand der Vollkommenheit zu erreichen, müssen alle Individuen eine Berücksichtigung erfahren. Folglich ist das Erreichen dieser Beschaffenheit nicht individuell, sondern nur gesellschaftlich möglich (vgl. Koller 2009, S. 78 f.).

Entsprechend beschreibt Humboldt Bildung nicht ausschließlich als einen individuellen Vorgang, sondern ebenfalls als einen gesellschaftlichen, der auf die Vielfalt der Subjekte und ihre Interaktionen untereinander angewiesen ist. Die von Humboldt geforderte Entwicklung aller Kräfte lässt „sich allein durch die Verknüpfung unsres Ichs mit der Welt" (Humboldt 1960, S. 235) verwirklichen. Der Mensch benötigt also einen Gegenstand, der außerhalb seiner selbst liegt, an dem er sich abarbeiten kann. Humboldt bezeichnet diesen als Welt „und die Beziehung, in die der sich bildende Mensch zu dieser Welt treten soll, wird von ihm [Humboldt; A. E.] als ‚Wechselwirkung' zwischen Ich und Welt beschrieben" (Koller 2009, S. 80).

Die Wechselwirkungen sollen der Auffassung Humboldts nach allgemein, rege und frei sein (vgl. Humboldt 1960, S. 236). Die erste Bestimmung der Wechselwirkung besagt, dass eine umfassende Entwicklung aller Kräfte nur innerhalb einer abwechslungsreichen und vielseitigen Umgebung ermöglicht werden könne, in der möglichst alle Kräfte angeregt werden. Diesbezüglich spricht Humboldt davon, dass „nur die Welt [...] alle nur denkbare Mannigfaltigkeit" (ebd., S. 237) umfasst. „Gerade weil es Humboldt um die Entfaltung aller verschiedenen Kräfte des Menschen geht, ist Bildung auf die Wechselwirkung mit der Welt als Ganzer angewiesen [und es darf folglich] kein Bereich der Welt aus dieser Wechselwirkung ausgeschlossen werden" (Koller 2009, S. 84).

Unter einer regen Wechselwirkung fasst Humboldt sowohl die aktive Rolle und die Gestaltungspotenziale des Ichs als auch die der Welt. Jedoch wird mit dem Begriff der Welt nicht nur auf gegenständliche Aspekte und die materielle Umwelt referiert, sondern darunter versteht er sowohl andere Menschen, als auch von ihnen geschaffene kulturelle Objekte, wie Bücher, Schallplatten, Kunstwerke oder auch ästhetische Praktiken die hervorgebracht werden.

Da um 1800 die Freiheitsrechte und entsprechend der Zugang zur Welt noch im hohen Maße eingeschränkt waren, betont Humboldt die freie Wechselwirkung im Besonderen. Bereits damals forderte er bürgerliche Freiheitsrechte für die einzelnen Menschen ein. Entsprechend konzipierte er Schulformen, die eine Abstufung nach dem Alter und nicht nach der sozialen Herkunft vorsahen, da alle Menschen unabhängig von ihrer gesellschaftlichen Stellung einen freien Zugang zu Bildung erhalten sollten (vgl. ebd., S. 81 ff.).

Bezüglich der Wechselwirkung des Individuums mit der Welt schreibt Humboldt Sprachen eine besondere Bedeutung zu. Für ihn als Sprachforscher besitzt diese eine Vermittlerfunktion zwischen dem Ich und der Welt. In Bezug auf das menschliche Denken schreibt er Sprachen eine ganz besondere Funktion zu. Er beschreibt sie als „das bildende Organ" (Humboldt 1963, S. 426) des Denkens: Mit Sprache(n) werden also Gedanken hervorgebracht. Ferner bezeichnet Humboldt Sprachen als „Weltansicht" (ebd., S. 434), da seiner Auffassung nach jede Sprache eine eigene Ansicht der Welt umfasst, „die mit [dem] Lautsystem, Wortschatz und [der] Grammatik dieser Sprache untrennbar verbunden ist und die Vorstellungs- und Empfindungswelt ihrer Sprecher nachhaltig beeinflusst" (Koller 2009, S. 85).

Da sich Humboldt in seinen sprachphilosophischen Arbeiten mit einer Vielzahl unterschiedlicher Sprachen auseinandergesetzt hat, schreibt er nicht der Sprache als Weltansicht an sich Bedeutung zu, sondern im Plural – also der Diversität von Sprachen. Die Divergenzen der Sprachen, mit denen er sich beschäftigt hat, bringen infolgedessen eine Vielzahl und „Verschiedenheit der Weltansichten" (Humboldt 1963, S. 20) hervor, wie das nachfolgende Zitat verdeutlicht:

> Durch die Mannigfaltigkeit der Sprachen wächst unmittelbar für uns der Reichtum der Welt und der Mannigfaltigkeit dessen, was wir in ihr erkennen; es erweitern sich zugleich dadurch für uns der Umfang des Menschendaseyns, und neue Arten zu denken und empfinden stehen in bestimmten und wirklichen Charakteren vor uns da (Humboldt 1981, S. 111).

Die Vielfalt der Sprachen bereichert aus Humboldts Perspektive die Wechselwirkung von Ich und Welt, da das Ich sich mithilfe der Sprachen neue Weisen des Denkens und Empfindens erschließen kann (vgl. Koller 2009, S. 85 f.). Entsprechend wird die bisherige Weltansicht in der Auseinandersetzung mit einer fremden Sprache erweitert und bereichert. Dies verändert freilich das eigene Verhältnis zur Welt. Das Erlernen einer neuen Sprache fasst Humboldt als ein „Sich-Hineinspinnen" (Humboldt 1963, S. 24) in die damit verbundene Weltsicht auf. Unter Sprachen versteht Humboldt jedoch nicht nur Nationalsprachen wie Farsi oder Arabisch, sondern unterschiedliche Formen individueller, gruppenspezifischer Sprech- und Ausdrucksweisen. Folglich kann jeder Dialog mit anderen Menschen, „in dem sich ein Subjekt auf die fremde ‚Weltansicht' seines

Gegenübers einlässt und auf diese Weise seine eigene ‚Weltansicht' erweitert oder sogar überschreitet" (Koller 2009, S. 87), als Bildung im Sinne Humboldts aufgefasst werden.

3 Heavy Metal als Weltansicht und Sprache im Sinne Humboldts? – Zum Verhältnis von Sprache und Musik

Aufgrund des weiten Sprachverständnisses kann die kulturelle Pluralisierung mit ihren unterschiedlichen Wertorientierungen und Lebensformen als Verschiedenheit und Vielfalt sprachlicher Weltansichten im Sinne Humboldts aufgefasst werden. Entsprechend müssen bspw. Ausdrucksmittel von Subkulturen (vgl. Koller 2009, S. 88 f.), „zu denen neben eigenen Sprachstilen im engeren Sinne auch Kleidung, Musikgeschmack, [spezielle performative Praxen] und andere Mittel der Selbststilisierung gehören" (ebd., S. 89), ebenso eine Berücksichtigung erfahren.

Demzufolge muss nach dem humboldtschen Sprachverständnis auch Musik im Allgemeinen eine Berücksichtigung als Sprachform erhalten. Auch andere Autor*innen, die Musik nicht vor dem Hintergrund der bildungstheoretischen Ausführungen Humboldts betrachten, kommen zu dem Schluss, dass Musik grundsätzlich als eine Sprachform betrachtet und verstanden werden könnte, wie das nachfolgende Zitat verdeutlicht:

> Music is a fundamental channel of communication: it provides a means by which people can share emotions, intentions and meanings even though their spoken languages may be mutually incomprehensible. It can also provide a lifeline to human interaction for those whose special needs make other means of communication difficult (Hargreaves et al. 2002, S. 1).

Wird das Musikverständnis von Hargreaves et al. mit dem Sprachverständnis Humboldts verglichen, kristallisieren sich nicht nur Gemeinsamkeiten und erhebliche Überschneidungen, sondern auch Unterschiede heraus. Erstere bezeichnen Musik als einen Kommunikationskanal und -weg, den auch letzterer in Bezug auf Sprachen hervorhebt und ausführlich beschreibt. Beide verteidigen also die Ansicht, dass mit Sprache und Musik ein kommunikativer Austausch gestaltet werden kann, der es ermöglicht, sich auf die Weltansichten seines Gegenübers einzulassen. Mit diesen Medien können in zwischenmenschlichen Handlungen – also in Dialogen[1] (Interaktionen) – Vorstellungen, die jemand von sich und der Welt gemacht hat, ausgetauscht werden. Hargreaves et al. beschreiben dies als Empfindungen, Motive, Sinn und Intentionen, wobei Humboldt (1963, S. 20) hauptsächlich verallgemeinert den Begriff „Weltansichten" verwendet. Es muss jedoch eingeräumt werden, dass auch er gelegentlich von „neuen Arten zu denken und empfinden" (ebd., S. 111) spricht. Folglich werden erhebliche Überschneidungen deutlich, da beide von Empfindungen und Vorstellungen über sich und die Welt zu berichten wissen.

Entsprechend kann auch die Musik von Heavy Metal Bands und ihre Konzerte im Besonderen als eine (musikalische) Sprache im Sinne von Humboldt aufgefasst werden. In seiner musikwissenschaftlichen Analyse beschreibt Dietmar Elflein (vgl. 2010, S. 45 ff.) die Musik des Heavy Metals als eine sich selbstentwickelnde Sprache und Ausdrucksform. Zwar legt Elflein mit seiner Dissertation eine Beschreibung der musikalischen Sprache des Heavy Metals vor, jedoch bezieht er sich hauptsächlich auf den musikalischen Aufbau und insbesondere auf den rhythmischen und melodischen Verlauf der Gitarrenriffs (vgl. ebd., S. 304), also nur auf einen Teil der grammatikalischen Gesamtkonstruktion der Sprache des Heavy Metals. Nur am Rande erwähnt er, dass auch andere Elemente bzw. Ebenen, wie das musikalische Image und die Bühnenshow (vgl. ebd., S. 302) hinsichtlich der musikalischen Sprache eine Berücksichtigung erfahren müssen. Er hat somit eine Vorarbeit geleistet, die es weiter auszuarbeiten gilt.

Insgesamt: Mit der Musik können bestimmte Weltansichten ausgedrückt, transportiert und folglich angeeignet werden, sodass die eigene Weltansicht erweitert werden kann. Dies wird im folgenden Abschnitt mithilfe der ästhetisch performativen Praxis der Band Heaven Shall Burn und System of a Down verdeutlicht.

---

[1]Bezüglich Dialogen vertrete ich ein weites Verständnis, das nicht auf den klassischen Gebrauch zwischen zwei oder mehreren Menschen limitiert ist. Als Dialog verstehe ich auch ein Konzert, da insbesondere auf Heavy Metal Konzerten die Künstler*innen mit dem Publikum interagieren und das Publikum außerdem auf die Musik, beispielsweise in Form von bestimmten Tanzstilen, reagiert. Es ist nicht selten, dass die Band das Publikum dazu auffordert eine bestimmte Gestik, wie die Pommes-Gabel (das Abspreizen des Zeige- und Kleinen-Fingers), zu artikulieren. Im Gegensatz dazu reagiert aber auch die Band auf das Publikum, so z. B. wenn es lautstark eine Wall-of-Death oder andere Tanzpraktiken fordert, zu denen die Band auffordern solle. Entsprechend kann keineswegs von einem Monolog gesprochen werden, der m. E. eher in klassischen Konzertformen aufzufinden ist.

4 Heavy Metal Konzerte – Orte der Bildung oder des Exzesses?

Wie bereits in Abschn. 1 skizziert, wird Heavy Metal als eine „mehr oder weniger konsistente kulturelle Formation" (Heinisch 2011, S. 411) betrachtet. Ausgeblendet wird jedoch, dass sich Heavy Metal seit den 1970er Jahren, die als seine Anfangszeit gelten, in unterschiedliche Sub- und Subsubspielarten ausdifferenziert hat, die zwar alle unter dem Oberbegriff Heavy Metal subsumiert werden, die aber dennoch durch eigene Entwicklungslinien und einen eigenen Stil zu charakterisieren sind. Es kann also mitnichten von einem homogenen Phänomen gesprochen werden, da es sich um eine besonders ausdifferenzierte Musikrichtung handelt, d. h., dass es den Heavy Metal im Sinne eines einheitlichen Musikstils an sich schlicht und ergreifend nicht gibt. Aufgrund dieser Ausdifferenzierung kann das Feld des Heavy Metals hier nicht in seiner Gesamtheit thematisiert werden, sodass ich im Folgenden beispielhaft zwei Konzerte unterschiedlicher Bands und Subspielarten aufgreife. Im Fokus der beiden Fallbeispiele steht jeweils das Bühnenbild bzw. im Besonderen die verwendeten Videoinstallationen. Diese werden nun ausführlich beschrieben (Abschn. 4.1 und 4.2) und anschließend daraufhin ausgeleuchtet, inwiefern die Konzerte als Bildung(sorte) im Sinne Humboldts verstanden werden können (Abschn. 4.3).

4.1 Voice of the Voiceless: ethische Dimensionen im Circle Pit – Heaven Shall Burns Veto Tournee

Die Band Heaven Shall Burn wurde 1996 gegründet und thematisiert in ihren Lyrics seit Anbeginn Menschen- und Tierrechte. Es wird davon ausgegangen, dass die Themen, die sie in ihren Liedtexten verarbeiten, ihre Weltansicht ausdrücken und repräsentieren. Diese kommen nicht nur auf der klanglichen und textlichen Ebene zum Vorschein, sondern ebenso auf der visuellen, wie in diversen Musikvideos deutlich wird (vgl. Epp 2015b). Die ästhetische Praxis des Visuellen ist dabei nicht nur auf Musikvideos und/oder Coverartworks beschränkt, sondern betrifft ebenso das Erscheinungsbild der Band auf Konzerten, da beispielsweise auch ihr Bühnenbild entsprechend thematisch (aus)gestaltet ist, wie mittels des Beispiels des Konzertes, das am 3. November 2013 in Dresden im Rahmen der Veto-Tournee 2013 stattfand, nun im Folgenden beschrieben wird.

Charakteristisch für das Bühnenbild der genannten Tournee sind sechs große und rechteckige Bildschirme, die sich in die Höhe erstrecken. Sie wurden in einem gleichverteilten Abstand auf der Bühne positioniert. Die Videoprojektionen erfolgten sowohl auf allen Bildschirmen als auch auf ausgewählten. Für die Bespielung der Bildschirme ist dabei charakteristisch, dass nicht ein und dasselbe Bild auf allen sechs erscheint, sondern dass sich jeweils ein Bild über alle Bildschirme erstreckt. D. h., dass die Videoinstallation auf der Bühne in sechs verschiedene Bildabschnitte aufgeteilt wird; zusammen ergeben sie ein Ganzes.

Die folgenden Beschreibungen fokussieren sich im Besonderen auf die Eröffnung des Konzertes und die dort eingesetzten Visualisierungen. Bevor die Band die Bühne betritt, werden auf den Bildschirmen verschwommene Bilder visualisiert, die grobe Umrisse eines Bootes und Meeresszenen erkennen lassen. Abrupt erscheint auf allen Leinwänden das Sea Shepherd Logo. Nach einigen Sekunden ist lediglich auf dem dritten Bildschirm von links ein Gesicht einer Person erkennbar: Neben ihrem Namen und Wohnort den sie nennt, endet sie mit der Bekundung „I'm Sea Shepheard". Auf dem Bildschirm erscheint wieder das Sea Shepheard Logo und sieben weitere Personen stellen sich nach dem skizzierten Muster vor. Anschließend äußern sich zwei der Personen, die sich vorgestellt haben, wie folgt[2]:

> For so many years I have been really connected to hardcore, metal and punk music scene. And for me and several other people around here the music scene made us the person that we are today. We all left our homes a long time ago to become crew members of one of the Sea Shepherd ships, taking part of several campaigns to protect marine wild life, threatened by the cruelty of insanity of the human race. Sea Shepherd is a direct action organization network. Over thirty-five years has fought to protect those who not can protect themselves. We will simply start an operation for wildlife which is an attempt in our campaign to protect endangered whales form being illegally slaughtered. Last year we had our biggest success down in Antarctica. Saving over ninety percent of the whales these murderers had in their {unverständlich}. We are hoping that with your help this year there will be even a bigger success that we can put an end on this unnecessary bloodbath. There are a lot of people just like us aboard the ships and we are glad that we can still feel this connection to the music scene. Thanks to bands like Heaven Shall Burn and people like you that still believe that music can carry a message about a change. We are days away from once again putting a life on the line. We are days away from once again for hunt for hunters until the slaughter system disappears. So now have a blast with Heaven Shall Burn and support Sea Shepherd (Kames 2013).

---

[2]Da die Personen kontinuierlich ihre Sprecherrollen wechseln, wird aus darstellungstechnischen Gründen darauf verzichtet, diesen Wechsel und die jeweiligen Passagen der entsprechenden Subjekte zu kennzeichnen, sondern ihre Äußerungen werden lediglich in ihrer Gesamtheit wiedergegeben.

Anschließend erscheinen auf den Bildschirmen wieder verschwommene Meeresbilder, auf denen die Umrisse von Schiffen zu erkennen sind. Nach einiger Zeit verschwinden diese Bilder und das Sea Shepard Logo wird wiederum über die Videomonitore ausgestrahlt. Die Bühne wird in verschiedene bläulich-violette Töne getaucht. Die Band betritt die Bühne und sie beginnt das Lied *Hunters will be Hunted* von ihrem Album Veto zu spielen. Dazu erscheinen auf den Bildschirmen unterschiedliche Meeresmotive: Schiffe, die auf dem Meer in Bewegung sind, aber auch Wasser, das rötlich schimmert.

Mit der veranschaulichten Videosequenz verfolgen Heaven Shall Burn zwei Anliegen: Einerseits möchten sie ihr Publikum bezüglich der eher randständigen Thematik der Waljagd sensibilisieren und andererseits aufzeigen, dass die Personen aus den Videos, die sich der Heavy Metal, Hardcore und Punk Musikszenen zugehörig fühlen, ein besonderes Bewusstsein bezüglich der dargestellten Problematik aufweisen – es also quasi zur Musik dazugehört, sich mit diesen Geschehnissen kritisch auseinanderzusetzen und sich auch für die damit verbundenen Ideale einzusetzen. Des Weiteren wird durch die Videosequenz vermittelt, dass Sea Shepherd erfolgreich die Waljagd verhindern und auch das Publikum ein Teil dieses Erfolges sein kann bzw. es dabei helfen könnte, dass die Kampagne noch erfolgreicher wird. Wie jedoch diese Unterstützung konkret aussehen kann, wird offengelassen bzw. nur andeutungsweise aufgrund eines Statements ersichtlich, indem die Aktivist*innen erwähnen, dass sie ihren Wohnort verlassen haben, um sich auf den Sea Shepherd Schiffen für Tierrechte einzusetzen.

4.2 In Erinnerung rufen und Bewusstsein schaffen – System of a Downs Wake Up The Souls Tournee

Nachfolgend wird auf das Konzert von System of a Down, das die Band am 23. April 2015 anlässlich des 100-jährigen Gedenkens des armenischen Völkermordes kostenlos auf dem Platz der Republik in Jerewan – der Hauptstadt Armeniens – gespielt haben, Bezug genommen. Auch hier steht die Ästhetik des Bühnenbildes im Vordergrund, da ebenfalls System of a Down Videoeinspielungen benutzen, die im Zentrum der folgenden Betrachtungen stehen. Im Gegensatz zu Heaven Shall Burn greifen sie aber nur auf zwei große Leinwände zurück, die jeweils an den Bühnenseiten platziert sind.

Gegründet wurde die Band im Jahre 1994 von Musikern, die armenische Wurzeln aufweisen. Neben den Massenmedien oder der US-amerikanischen Politik thematisieren sie in ihren Liedtexten den armenischen Völkermord, der Anlass der „Wake Up The Souls" Tournee war, in deren Rahmen sie das Konzert in Jerewan spielten. Auch bezüglich dieses Beispiels wird davon ausgegangen, dass die Band – salopp gesagt – nicht über *irgendetwas* in ihren Liedtexten singt, sondern, dass sie Themen aufgreifen, denen sie eine besondere Bedeutung zuschreiben. Diese repräsentieren also dementsprechend ihre Weltansicht.

Das im Fokus stehende Konzert umfasst 40 Lieder und hat insgesamt eine Länge von ca. zweieinhalb Stunden, in denen drei Videoeinspielungen auf die Leinwände projiziert werden: Zu Beginn des Konzertes, nach ca. einer Stunde und nach ca. ein dreiviertel Stunden.

Eröffnet wird das Konzert mit einer ca. einminütigen Videosequenz, die den armenischen Genozid thematisiert. Als ästhetisches Mittel wird die Form einer Graphic Novel verwendet. Auf visueller Ebene werden Bilder aus unterschiedlichen Alltagssituationen gezeigt, die auf familiäre aber auch berufliche Kontexte verweisen. Zusätzlich zu den Bildern wird auf einer sprachlichen Ebene erwähnt, dass eine globale friedliche Bewegung existiert, die sich dafür einsetzt, das Phänomen Genozid zu beenden. Die globale friedliche Bewegung setzt sich für ein friedliches Miteinander aller auf der Welt ein. Diesen internationalen Bemühungen verschiedener Aktivist*innen haben sich auch engagierte Türk*innen angeschlossen, die den türkischen Staat dazu auffordern, den Genozid an den Armenier*innen, der durch Akteur*innen des Osmanischen Reiches begangen wurde, offiziell anzuerkennen. Aufgrund ihrer Aktivitäten sind sie jedoch der Gefahr ausgesetzt, vom türkischen Staat, der den Genozid an den Armenier*innen verleugnet, verurteilt und verfolgt zu werden. Als in der Videosequenz betont wird, „They are few but fearless" (Thrashmetal 2015), erscheint auf den Videobildschirmen ein Bild mit zwei Männern. Derjenige, der im Bildvordergrund zu sehen ist, wird mit erhobenem Zeigefinger abgebildet. Die andere Person befindet sich im Bildhintergrund und es wird der Anschein vermittelt, dass diese sich von den Ermahnungen nicht beeindrucken lässt. Das nachfolgende Bild zeigt Frauen und Männer, die protestieren und verschiedene Plakate mit der Aufschrift „1915: NEVER FORGOTTEN" und „RECOGNIZE THE GENOCIDE" (ebd.) in die Höhe halten. Anschließend wird ein Gerichtssaal gezeigt, in dem ausschließlich Silhouetten von Menschen zu erkennen sind. Aufgrund der Positionierung wird jedoch deutlich, dass es sich dabei um Richter*innen, die erhoben hinter einem Tisch sitzen, und Angeklagte, die in deutlich niedriger Position vor dem Tisch sitzen und stehen, handeln muss. Auf der sprachlichen Ebene wird die Frage aufgeworfen, wer denn unterstützt werden sollte: die engagierten Menschen, die sich für Gerechtigkeit und dafür, dass der Genozid an den Armener*innen anerkannt wird, einsetzen, oder der Staat, der diese Verbrechen zu verantworten hat und die Strategie verfolgt Erstere zum Schweigen zu bringen. „They have chosen, now it's time for us to choose, for the world to choose. Stand with these brave souls

seeking justice for genocidal crimes or side with the state that seeks to silence them" (ebd.).
Im Fokus der zweiten Videosequenz steht zwar der Holocaust, jedoch werden ebenso weitere Genozide, wie die in Ruanda, Kambodscha usw. thematisiert. Es wird vergegenwärtigt, dass Völkermorde immer noch ein gegenwärtiges Phänomen darstellen, das im Zuge der zeitweiligen Einstellung von Verfahren gegen Kriegsverbrecher, erstarkender Fremdenfeindlichkeit in Europa und anderen Teilen der Erde nicht in Vergessenheit geraten darf. Auf sprachlicher Ebene wird folgendes in der Videosequenz durch einen Sprecher artikuliert:

> On the eve of his 1939 invasion of Poland Adolf Hitler's silenced those who dared voice reservations about his genocidal plans by asking. Who now remembers the Armenians. Inspired by the example of openly committing mass murder within a community, he became the architect of a new genocide the Holocaust. Nazis Germanys evil campaign to rid Europe of Jews, {unverständlich} Gypsies, gays, the disabled and all those who do not fit in Hitler's twisted vision of a pure race. So the perpetrators of the Holocaust where defeated and punished and the crime itself given a name and an international truth the cycle of genocide survived the horrors of World War II and continues to this day. In Cambodia, East Timor, Ruanda, Darfur and too many other killing fields across the globe. Despite all the talk and all the treaties, the terror persists. In Africa, Asia, the Middle-East the world just stands back watching. Today a century after 1915, Turkey obstructs justice for the Armenian genocide. Neo-Nazis in Europe deny the Holocaust. Umar al-Bashir, the leader of Sudan, a mass-murder, indicted for genocide by the international criminal court travels the world in freedom. We can no longer sit back and watch these dreadful acts committed around the world. The time has come to wake up the souls (ebd.).

Genauso wie in der ersten Videosequenz, werden in der zweiten unterschiedliche Motive in Form von Graphic Novels als ästhetische Visualisierungsmittel eingesetzt. Neben Panzern und Soldaten werden ausgehungerte und erschöpfte Silhouetten, die durch Straßenzüge gefolgt von Soldaten mit Maschinenpistolen gehen, illustriert. Weiter werden Bilder von zerstörten Gebäuden, eine Vielzahl an Skeletten von Menschen, Neo-Naziversammlungen, Umar al-Bashir und diverse Exekutionen gezeigt.

In der dritten und letzten Videosequenz wird erörtert, dass hinsichtlich von Genoziden und Kriegsverbrechen ein Desinteresse der Weltbevölkerung auszumachen sei sowie auf politischer Ebene von einer Doppelmoral gesprochen werden könne, da Genozide trotz aller internationalen Verurteilungen und Abkommen zugelassen werden, sollten sie dem eigenen (staatlichen) Interesse dienen: „Genocide works, genocide works because the world turns away. Behind the mask of modern state lies all the talk of human rights and genocide preventions lies a tragic tolerance for genocide. Bi-standard states enable atrocities" (ebd.). Abschließend wird erwähnt, dass dieser Gleichgültigkeit von politisch Agierenden nur mithilfe des Engagements einer aufgeklärten Weltbevölkerung entgegengewirkt werden könne, die ihre Regierungen mit Nachdruck dazu auffordern, sich nicht nur offiziell gegen Genozide auszusprechen, sondern sich auch aktiv gegen Völkermorde einzusetzen, um solche Gräueltaten weltweit zu verhindern.

Im Gegensatz zu den vorherigen Videosequenzen werden in dieser keine Bilder mehr in Form von Graphic Novels verwendet. Es werden reale schwarzweiß Bilder gezeigt. Zwar sind die Bilder verschwommen, jedoch können u. a. Massengräber, Menschen die zwischen Einkaufshäusern unbekümmert aneinander vorbei gehen, verschiedene Politiker*innen, Kriegsgeräte wie Helikopter und Schiffe, Ölpipelines und entsprechende Fördergeräte, Gelddruckereien, Soldaten und protestierende Menschen identifiziert werden.

Sytem of a Down verfolgen mit ihrem Auftritt in Jerewan nicht nur ein Gedenken an die Gräueltaten des Genozides an den Armenier*innen, sondern sie möchten den Konzertbesuchenden ebenso aufzeigen, dass Rache keine Option ist, sondern nur in einem Kreislauf von Gewalt und Genoziden enden würde. Die Band betont, dass nur ein gemeinsames Engagement und ein Miteinander auf Augenhöhe zwischen Armenier*innen und Türk*innen dazu beitragen könnte, diesen Kreislauf zu durchbrechen: „to end the worldwide cycle of genocide and build a better future for Armenians and Turks" (ebd.).

Des Weiteren möchte sie verdeutlichen, dass von Genoziden nicht nur die Armenier*innen im Besonderen betroffen sind, sondern die Weltbevölkerung als Ganzes, da es im historischen Verlauf, trotz der Verurteilung der Täter*innen des Holocausts, diverser internationaler Verträge und Gespräche, immer wieder zu Völkermorden gekommen ist. Grundsätzlich dürfen Genozide nicht ignoriert werden, vielmehr sollten diejenigen, die sie verüben und anordnen, von der Weltgemeinschaft zur Rechenschaft gezogen werden. Entsprechend sollten auch Armenier*innen nicht nur den Genozid an den eigenen Vorfahren, Verwandten, Bekannten etc. verurteilen, sondern im Allgemeinen.

4.3 Die Sprache des Heavy Metals und ihre Ästhetik der Bühnenbilder als Träger von Weltansichten

Die beiden Fallbeispiele verdeutlichen, dass Heavy Metal Konzerte nicht nur als Orte des Exzesses fungieren, an denen getanzt und ausgiebig gefeiert wird, sondern ebenso einen Raum eröffnen, in dem Bands Themen, denen sie eine fundamentale Relevanz zuschreiben, kommunizieren und vortragen können. Darüber hinaus können sie ihre Weltansicht auf Konzerten nicht nur auf klanglicher und textlicher, sondern ebenso auf ästhetisch-performativer Ebene, wobei die Videoinstallationen nur *ein* Teil dieser sind, entfalten. Sowohl Heaven Shall Burn als auch System of a Down veranschaulichen ihre Weltansicht mithilfe der Ästhetik ihres Bühnenbildes, also den Videoeinspielungen, die sie für die genannten Konzerte nutzen. Diese setzen sie als ein zusätzliches und unterstützendes Sprachmittel ein, um die sinnliche Erfahrungen ihres Publikums anzuregen. Im Vergleich zu den ersten beiden Ebenen werden die Konzertbesuchenden durch letztere unmittelbarer angesprochen. Aufgrund der visuell-ästhetischen Unterstützung schält sich die Weltansicht insgesamt unverblümter und prägnanter heraus: Dadurch wird sie greifbarer und tritt im Vergleich zu vagen und impliziten Andeutungen und Metaphern auf textlicher oder klanglicher Ebene viel deutlicher aus dem Verborgenen hervor.

Da sowohl Heaven Shall Burn als auch System of a Down ein relativ eindeutiges Bühnenbild verwenden, das wenig Spielraum für missverständliche Betrachtungsweisen zulässt, wird das Publikum unmissverständlich dazu eingeladen, sich mit der Weltansicht der Bands auseinanderzusetzen. Die angesprochenen Themen, also die Weltansichten der Bands, können in Form einer Selbst-Bildung durch die Konzertbesuchenden weiterverfolgt werden. Humboldt bezeichnet dies als ein sich Hineinspinnen in Weltansichten (vgl. Humboldt 1963, S. 224), sodass die Möglichkeit besteht, die Grenzen der eigenen Weltansicht zu erweitern oder sogar zu überschreiten. Da die entfalteten Themen vorwiegend quer zu Alltagsthemen liegen, können entsprechend vorherrschende Deutungsmuster kritisch hinterfragt und veränderte hervorgebracht werden. Dies möchte ich im Folgenden mithilfe von je einem Gedankenexperiment zu den beiden Konzerten illustrieren.

Lassen sich Personen, die aufgrund des Genozides Rachegefühle gegenüber türkischen Mitbürger*innen hegen, auf die Weltansicht von System of a Down ein, könnte ihnen bewusst werden, dass Rache nicht zu einer Lösung der Problematik beiträgt, sondern immer nur wieder neue Gewalt(taten) auslöst, die die Band als „Cycle of genocide" bezeichnet. Mit dem Hineinspinnen in die Weltansicht von System of a Down können verschiedene Irritationen verbunden sein, die die Konzertbesuchenden aufgrund der „gelegten Spur" der ästhetischen Visualisierungen reflexiv bearbeiten können. Sie können sich die Frage stellen, warum die Band kein Rachegefühl gegenüber türkischen Mitbürger*innen artikuliert, obwohl sie selber Familienangehörige im Genozid verloren haben. Des Weiteren könnten Personen mit Rachegefühlen eine viel differenziertere Sichtweise auf den Gegenstand ausbilden und sich von eigenen Vorurteilen befreien und/oder diesen entgegenwirken, da ihnen vor Augen geführt wird, dass auch Türk*innen den Völkermord an den Armenier*innen verurteilen und sich dafür einsetzen, dass dieser vom türkischen Staat anerkannt wird. Insgesamt: In der Auseinandersetzung mit den ästhetischen Visualisierungen kann das eigene Rachegefühl entschärft oder gemildert werden.

Da System of a Down zum 100-jährigen Gedenken des Genozides an den Armenier*innen ein kostenloses Konzert spielen, ist es gar nicht so abwegig, dass an diesem Event auch Menschen teilnehmen, die bisher nicht oder nur geringfügig mit der Sprache der Band vertraut sind. Folglich ist das entfaltete Gedankenexperiment m. E. keineswegs wirklichkeitsfremd.

Ein ähnliches Szenario ist auch für das Heaven Shall Burn Konzert denkbar. Personen, die sich bisher nur für die Musik der Band interessiert haben, können durch das Bühnenbild angeregt werden, sich mit ethischen Aspekten im Umgang mit Tieren auseinanderzusetzen. Sie können sich fragen, was es mit der Videoeinspielung auf sich hat, warum die Band genau auf diese zurückgreift und was sie damit artikulieren möchte. Entsprechend kann auch das Publikum des Heaven Shall Burn Konzertes dazu angeregt werden, sich tiefergehender mit der entfalteten Thematik der Band auseinanderzusetzen, sodass die eigene Weltansicht mittels der Band erweitert werden kann.

Abschließend kann hinsichtlich der Beispiele festgehalten werden, dass die ästhetische Praxis der Bühnenbildgestaltung von Heaven Shall Burn und System of a Down – aus der Perspektive von Humboldts Bildungstheorie gesehen – als Auseinandersetzung mit einer anderen Sprache und der damit verbundenen Weltansicht zu verstehen und zu betrachten ist. Dass Musik als eine Sprache im Sinne Humboldts aufgefasst werden kann, wurde nicht nur in Abschn. 3 verdeutlicht, sondern wird ebenso in der Videosequenz von Heaven Shall Burn betont, in der es heißt: „music can carry a message about a change" (Kames 2013). Das Besondere an der musikalischen Sprache auf Konzerten sind jedoch die aktivierbaren unterschiedlichen Ebenen: Die klangliche, textliche und (ästhetisch) performative, wobei letztere mehrere Dimensionen aufweist (hier wurde nur *eine*, die Videoinstallationen angesprochen). Diese Ebenen erlauben nicht nur unterschiedliche Betonungen und Akzente, sondern sie können auch miteinander verbunden und kombiniert werden, sodass von einer Verdichtung der Weltansicht und dem Hervortreten verborgener Themen und Bedeutungen gesprochen werden kann.

5 Pädagogischer Heavy Metal oder Wechselwirkung zwischen Ich und Heavy Metal?

Sind Heavy Metal Konzerte also nun genuin pädagogisch, da sie Bildungsprozesse anregen? Kann somit von Bildungsorten sowie einer Wechselwirkung zwischen Ich und Heavy Metal gesprochen werden? Diese Fragen werden im

Folgenden aufgegriffen und es wird eine Gegenposition zu den ausführlich beschriebenen Konzerten entworfen, um klären zu können, inwiefern in Bezug auf Heavy Metal Konzerte von Bildungsorten gesprochen werden kann.

Beginnen wir mit der Wechselwirkung zwischen Ich und Heavy Metal. Zwar handelt es sich bei dem Phänomen Heavy Metal um einen ganz bestimmten Ausschnitt der Welt, jedoch kann hinsichtlich dessen nicht von einer Wechselwirkung zwischen Ich und Heavy Metal gesprochen werden. Wie in Abschn. 3 bereits angedeutet, werden zwar eine Vielzahl an Sub- oder auch Subsubgenres unter den Begriff Heavy Metal subsumiert, die sich jedoch nicht nur durch unterschiedliche Spielweisen, Stile und musikalische Ausdrucksformen voneinander unterscheiden, sondern dies betrifft ebenfalls ihre Haltung zur Welt. Insgesamt: Heavy Metal ist durch Pluralität gekennzeichnet, die ebenso in unterschiedlichen Weltansichten zum Ausdruck kommt, sodass es in Bezug auf Heavy Metal angemessen ist, weiterhin von einer Wechselwirkung von Ich und Welt zu sprechen.

In dieser Pluralität liegt auch die Schwäche der humboldtschen Bildungstheorie, die ebenfalls Koller (vgl. 2009, S. 92) moniert. Er kommt zu der Feststellung, „dass Pluralität unter den Bedingungen der heutigen Gesellschaft nicht mehr nur als friedliches Nebeneinander zu verstehen ist, sondern soweit geht, dass feste Regeln völlig verloren gehen können" (ebd., S. 92). Deutlich wird, dass Humboldts Bildungstheorie von einer normativen Betrachtungsweise der harmonischen Auffassung der Vielfalt von Sprachen geprägt ist, die in modernen Gesellschaften nicht mehr so gegeben ist.

Eben aufgrund der umrissenen Pluralität des Heavy Metals und dem Konfliktpotenzial das Koller bezüglich den bildungstheoretischen Ausführungen Humboldts hervorhebt, kann dieser sowie seine Konzertorte an sich nicht als ein Raum, der Bildung(sprozesse) zuwege bringt, aufgefasst werden. Sonst müssten ebenso Konzerte von NSBM[3]-Bands als Bildungsorte und -veranstaltungen aufgefasst werden, auf denen menschenverachtende Gedanken propagiert und verbreitet werden. Das sich Hineinspinnen in eine Weltansicht als Bildung aufzufassen, stößt somit in der Pluralität moderner Gesellschaften an seine Grenzen.

Ein weiteres Problem des humboldtschen Bildungsverständnisses zeigt sich darin, dass, zugespitzt und provokativ formuliert, jeder beliebige Ort an dem ein Individuum seine Weltansicht kundtut, zu einem potenziellen Bildungsort werden kann. Folglich kann auch die Sauna zu einem Bildungsort werden, wenn dort eine Person von einer anderen über Mieter*innenrechte aufgeklärt wird oder wenn sich Personen über das Aufwachsen in anderen Ländern austauschen und unterhalten.

---

[3]NSBM steht für Nationalsozialistischer Black Metal.

Obwohl auf Heavy Metal Konzerten (verborgene) Bildungsprozesse möglich sind, kann weder von einem pädagogischen Heavy Metal noch von einer Heavy Metal Pädagogik gesprochen werden. Inwiefern Heavy Metal Konzerte zu einem temporären Ort verborgener Pädagogik transformiert werden können, hängt insbesondere von den Bemühungen und des Engagements der Bands ab. Hinter der ästhetisch performativen Gestaltung ihres Auftretens, die ebenso das Bühnenbild umfasst, verbergen sich bestimmte Intentionen, Gedanken und (Ziel)Perspektiven, die die Bandmitglieder keinesfalls dem Zufall überlassen.

Entsprechend spielt die politische Ausrichtung der gewählten Fallbeispiele eine besondere Rolle. Im Gegensatz zum NSBM können Heaven Shall Burn und System of a Down auf dem gegenüberliegenden Pol hinsichtlich der politischen Orientierung angeordnet werden. Erstere Spielart zeichnet sich durch ein monolithisch geprägtes und geschlossenes Weltbild aus. Entsprechend messen sie der Vielfalt der Sprachen keine Bedeutung bei. Im Gegenteil, sie bedienen sich einer eindimensionalen Sprache. Die zuletzt genannten Bands jedoch sind sich der Vielfältigkeit der Weltansichten bewusst und erachten die diskursive Auseinandersetzung mit ihren unterschiedlichen Perspektiven als Bereicherung: So betonen sie beispielsweise zu keinem Zeitpunkt, dass ihr Publikum das Konzert verlassen müsse, sollten sie eine andere Perspektive auf den entfalteten Gegenstand haben, sondern sie lassen dies bewusst offen, da das Individuum selbst entscheiden solle. Dies wird insbesondere in der ersten Videosequenz auf dem Konzert von System of a Down deutlich, wo es abschließend heißt: „Stand with these brave souls seeking justice for genocidal crimes or side with the state that seeks to silence them" (Thrashmetal 2015).

Heavy Metal Konzerte können also unter bestimmten Bedingungen für einzelne Individuen einen Raum eröffnen, in dem Bildungsprozesse angeregt werden. Jedoch handelt es sich bei diesen Räumen nicht um Bildungsorte im genuinen Sinne, sondern nur um temporäre, sodass von einem verborgenen pädagogischen Potenzial gesprochen werden kann. Dass verborgene Bildungsprozesse auf Heavy Metal Konzerten auszumachen sind, dafür ist jedoch nicht alleinig die Subjektperspektive maßgeblich. Es können weitere Momente und Praktiken lokalisiert werden, die das Verborgene akzentuieren. Das in abschn. 4.3 beschriebene Spurenlegen der Bands kann als solch eine Praktik aufgefasst werden, da die Bands nur Hinweise im Sinne eines *aufmerksam machen* anbieten. Anstatt also den mahnenden Zeigefinger zu erheben, überlassen sie es den Individuen selbst, ob sie sich mit der angesprochenen Thematik weiter auseinandersetzen oder nicht. Entsprechend schält sich durch die Selbstbildung der Individuen, die sich mit den entfalteten Thematiken weiter auseinandersetzen können, das Moment des Verborgenen weiter heraus. Dass Bildungsprozesse auf den erwähnten Konzerten im Verborgenen liegen, hängt ebenfalls damit zusammen, dass diese nicht unmittelbar leibhaftig werden, sondern erst in der zunehmenden biografischen Verarbeitung und Durchdringung durch die Individuen selbst sowie der damit verbundenen zeitlichen Distanz wirksam werden. Des Weiteren ist das Verborgene ebenso durch die Themenwahl der Bands bedingt, da sie andere Bildungsinhalte als jene, die in der Schule usw. vermittelt werden, aufgreifen. Es handelt sich zwar um fundamentale, jedoch auch randständige Themen, die mit Ausnahme des Holocausts eher stiefmütterlich behandelt werden[4]. Bedingt durch die Pluralität des Heavy Metals, dem Event des Konzertes an sich sowie den Konzertorten – deren Kerngeschäft im Bereich der musikalischen Unterhaltung liegt und nicht darin, eine Bildungsumgebung bereitzustellen sowie einen Bildungskanon zu vermitteln – wird das Verborgene im Besonderen betont.

Zusammenfassend kann festgehalten werden, dass es in Bezug auf Heavy Metal Konzerte berechtigt ist, von verborgenen Bildungsprozessen zu sprechen. Jedoch lässt sich das verborgene pädagogische Potenzial nicht nur in der Ästhetik des Bühnenbildes, das hier in den Fokus gerückt wurde, entdecken, sondern ebenso in den „Bühnenansagen" der Bands zwischen den Liedern. Auch dort können bestimmte Themen angesprochen und Weltansichten (verborgen) artikuliert werden, wie das folgende Beispiel des Sängers Marcus Bischoff der Band Heaven Shall Burn abschließend verdeutlicht:

> Jetzt ist es Zeit jemand ganz besonderen zu danken: die die ganze Zeit hier vorne stehen, auch hier in den Circlepits dabei sind und immer wieder vernachlässigt werden und doch sind sie so wichtig. Und damit meine ich {betont} die Frauen auf Wacken. […] Wacken seid ihr bereit die Mädels zu ehren? (ThisIsRanma 2011).

Folglich muss zukünftig die Frage verfolgt werden, in welchen (weiteren) Essenzen das Verborgene zum Vorschein kommt und ob in den Intentionen, die die Bands mit ihrer ästhetischen Performance verfolgen, auch nicht intendierte Bezüge zum Ausdruck kommen.

---

[4]Inwiefern die entfalteten Themen der genannten Bands auf einer Makroebene Parallelen zu den Gedanken der Aufklärung aufweisen, an die die bildungstheoretischen Ausführungen Humboldts anschließen, kann hier nicht geklärt werden.

Literatur

Anastasiadis, M., & Kleiner, M. S. (2011). Politik der Härte! Bausteine einer Populärkulturgeschichte des politischen Heavy Metal. In R. Nohr & H. Schwaab (Hrsg.), *Metal Matters. Heavy Metal als Kultur und Welt* (S. 393–410). Münster: Lit Verlag.

Beck, U. (1986). *Risikogesellschaft. Auf dem Weg in eine andere Moderne*. Frankfurt a. M.: Suhrkamp.

Beyeler, M., & Patrizi, L. (2012). Tanz – Schule – Bildung. Überlegungen auf der Erfahrungsgrundlage eines Berliner Tanz-in-Schulen-Projekts. In H. Bockhorst, V.-I. Reinwand & W. Zacharias (Hrsg.), *Handbuch kulturelle Bildung* (S. 600–603). München: kopaed.

Bockhorst, H., Reinwand-Weiss, V.-I., & Zacharias, W. (2012). *Handbuch kulturelle Bildung*. München: kopaed.

Bolwin, R. (2012). Theater als Ort Kultureller Bildung. In H. Bockhorst, V.-I. Reinwand & W. Zacharias (Hrsg.), *Handbuch kulturelle Bildung* (S. 622–627). München: kopaed.

Deutscher Bundestag (2007): Schlussbericht der Enquete-Kommission „Kultur in Deutschland". dipbt.bundestag.de/dip21/btd/16/070/1607000.pdf. Zugegriffen: 08. August 2018.

Dohmen, G. (2001). *Das informelle Lernen. Die internationale Erschließung einer bisher vernachlässigten Grundform menschlichen Lernens für das lebenslange Lernen aller*. Bonn: BMBF.

Elflein, D. (2010). *Schwermetallanalysen: die musikalische Sprache des Heavy Metal*. Bielefeld: transcript.

Epp, A. (2011). Heavy Metal und Islam – ein Antagonismus? Zur Rezeption und Verbreitung des Heavy Metals in Staaten der MENA. In R. F. Nohr & H. Schwaab (Hrsg.), *Metal Matters. Heavy Metal als Kultur und Welt* (S. 343–356). Münster: Lit Verlag.

Epp, A. (2015a). Underground politics: "I am sure they know we are not the devil's son and that metal is against corruption" – heavy metal as (sub-) cultural expressions in authoritarian regimes. In P. Guerra & T. Moreira (Hrsg.), *Keep it Simple, Make it Fast! An approach to underground music scenes Volume 1* (S. 173–182). Porto: Universidade do Porto. Faculdade de Letras.

Epp, A. (2015b). Classroom: Heavy Metal Concert – An Area of Excess or a Place of Learning? In T.-M. Karjalainen & K. Kärki (Hrsg.), *Modern Heavy Metal: Markets, Practices and Cultures* (S. 79–88). Helsinki: Aalto University Publication.

Epp, A. (2016). Worshipping the Devil or (Sub-)Cultural Expressions against Authorities? In K. Holtsträter & M. Fischer (Hrsg.), *Lied und populäre Kultur – Jahrbuch des Zentrums für populäre Kultur und Musik 2015/2016* (S. 87–98). Münster: Waxmann.

Giddens, A. (1990). *The Consequences of modernity*. Cambridge: Polity Press.

Hamann, M. (2012). Orte und Organisationsformen von Museen. In H. Bockhorst, V.-I. Reinwand & W. Zacharias (Hrsg.), *Handbuch kulturelle Bildung* (S. 654–659). München: kopaed.

Hargreaves, J., Miell, D., & MacDonald, R. A. R. (2002). What are musical identities and why are they important? In J. Hargreaves, D. Miell & R. A. R. MacDonald (Hrsg.), *Musical identities* (S. 1–10). Oxford: University Press.

Heinisch, C. (2011). Zwischen Kult und Kultur. Kontinuitätsbehauptungen im Heavy Metal. In R. F. Nohr & H. Schwaab (Hrsg.), *Metal Matters. Heavy Metal als Kultur und Welt* (S. 411–430). Münster: Lit Verlag.

Hoffmann-Riem, C. (1984). *Das adoptierte Kind. Familienleben mit doppelter Elternschaft*. München: Fink.

von Humboldt, W. (1960): Schriften zur Anthropologie. In A. Flitner & K. Giel (Hrsg.), *Wilhelm von Humboldt, Werke in fünf Bänden*. Darmstadt: Wiss. Buchgesellschaft.

von Humboldt, W. (1963). Schriften zur Sprachphilosophie. In A. Flitner & K. Giel (Hrsg.), *Wilhelm von Humboldt, Werke in fünf Bänden*. Darmstadt: Wiss. Buchgesellschaft.

von Humboldt, W. (1981). Kleine Schriften, Autobiographisches, Dichtungen, Briefe. Kommentare und Anmerkungen zu Band I – V, Anhang. In A. Flitner & K. Giel (Hrsg.), *Wilhelm von Humboldt, Werke in fünf Bänden*. Darmstadt: Wiss. Buchgesellschaft.

Kames, M. (2013). Heaven Shall Burn / Veto Tour 2013 / MartinKames.com. [You Tube]. https://www.youtube.com/watch?v=-U1q5Y6tDxQ. Zugegriffen: 08. August 2018.

Koller, H.-C. (2009). *Grundbegriffe, Theorien und Methoden der Erziehungswissenschaft. Eine Einführung*. Stuttgart: Kohlhammer.

Kunz-Ott, H. (2012). Museum und Kulturelle Bildung. In H. Bockhorst, V.-I. Reinwand & W. Zacharias (Hrsg.), *Handbuch kulturelle Bildung* (S. 648–654). München: kopaed.

Mertens, G. (2010). *Orchestermanagement*. Wiesbaden: Springer VS.

Mertens, G. (2012). Konzerthäuser und Orchester als Orte Kultureller Bildung. In H. Bockhorst, V.-I. Reinwand & W. Zacharias (Hrsg.), *Handbuch kulturelle Bildung* (S. 553–556). München: kopaed.

Parncutt, R. (2015). Prenatal development. In G. E. McPherson (Hrsg.), *The child as musician* (S. 3–30). Oxford: Oxford University Press.

Riesman, D. (1958). *Die einsame Masse. Eine Untersuchung der Wandlungen des amerikanischen Charakters*. Reinbek bei Hamburg: Rowohlt.

Taube, G. (2012). Theater und Kulturelle Bildung. In H. Bockhorst, V.-I. Reinwand & W. Zacharias (Hrsg.), *Handbuch kulturelle Bildung* (S. 616–622). München: kopaed.

ThisIsRanma (2011). Heaven Shall Burn – Live @ Wacken Open Air 2011 – Full Concert [You Tube]. https://www.youtube.com/watch?v=1DXyn2l7asI. Zugegriffen: 08. August 2018.

Thrashmetal d. (2015). System of a Down – Live in Armenia (1080p) 2015 [You Tube]. https://www.youtube.com/watch?v=uXpEcumKktk. Zugegriffen: 08. August 2018.

Waldschmidt, A. (2004). Normalität. In U. Bröckling, S. Krasmann & T. Lemke (Hrsg.): *Glossar der Gegenwart* (S. 190–196). Frankfurt a. M.: Suhrkamp.

Teil III
Ästhetische Gegenstände – Bergende Dechiffrierungen

Stadtgestaltung als Erziehungsmaßnahme. Oder: Reaktionäre Architektur und die Entbildung des Öffentlichen

Robert Pfützner

1　Einleitung

In der Sozialgeografie und der Raumsoziologie wird seit etlichen Jahren über die Veränderungen des Urbanen diskutiert: Gentrifizierung, Überwachung, Privatisierung und die neoliberale Restrukturierung urbaner Räume stehen hier im Zentrum der Forschung. Auch das erziehungswissenschaftliche Interesse an diesen Phänomenen steigt, wie nicht zuletzt die Vorträge und Debatten auf dem Kongress des Fachverbandes DGfE im Jahr 2016 (vgl. Glaser et al. 2018) demonstrieren. Ich will mit diesem Text an diese Debatten anknüpfen und den Zusammenhang von Stadtgestaltung und Pädagogik am Beispiel der (Neu)gestaltung der Potsdamer Innenstadt diskutieren. Anknüpfend an die Thematik dieses Bandes wird es mir darum gehen, die verborgenen pädagogischen Implikationen urbaner Umgestaltungspolitik und der entsprechenden räumlichen Neugestaltungen freizulegen. Ich möchte diesen Text nutzen, um die Möglichkeiten einer pädagogischen Interpretation der Stadtlandschaft auszuloten und in explorativer Absicht die pädagogischen Aspekte der Gestaltung öffentlicher Räume herauszuarbeiten und so den Konnex von Gestaltung, Politik und Pädagogik zu thematisieren. Ich werde dabei der These nachgehen, dass die aktuellen Umgestaltungsprozesse innerstädtischer Räume, wie sie nicht nur in Potsdam, sondern zum Beispiel mit dem Wiederaufbau des Berliner Stadtschlosses oder der Rekonstruktion des

R. Pfützner (✉)
Potsdam, Deutschland
E-Mail: robert.pfuetzner@posteo.de

© Springer Fachmedien Wiesbaden GmbH, ein Teil von Springer Nature 2019
C. Bach (Hrsg.), *Pädagogik im Verborgenen*,
https://doi.org/10.1007/978-3-658-21891-1_12

Dresdner Neumarktes in vielen – zumal ostdeutschen Städten – greifen, mit einem impliziten Programm politischer Umerziehung einhergehen, das aus den Elementen der Tilgung der Geschichte (historistische Enthistorisierung), der Zerstörung einer öffentlichen politischen Sphäre (postbürgerliche Depolitisierung) und der Stärkung der Konsumorientierung besteht.

In einem ersten Schritt möchte ich die grundlegenden Begriffe, die meine Beobachtungen und Analysen strukturieren, festlegen. Da es sich im Folgenden um eine pädagogische Explikation städtischen Raumes handeln wird, gilt es zunächst herauszuarbeiten, was ich in diesem Text unter dem Begriff *Pädagogik* verstehe. Dies werde ich unter Bezugnahme auf Klaus Pranges *Zeigestruktur der Erziehung* und die kritische Bildungstheorie Heinz-Joachim Heydorns (1916–1974) tun. Da städtischer Raum aus mannigfaltigen Perspektiven beschrieben und so als je anderer Gegenstand konstituiert werden kann, wird im Folgenden eine Bestimmung des städtischen Raums als öffentlicher Raum erfolgen – und dies unter kursorischer Referenz auf die politische Theorie Hannah Arendts (1906–1975). In einem zweiten Schritt werde ich die (künftigen) ästhetischen An- und Zumutungen der Potsdamer Innenstadt im Vergleich zweier unterschiedlicher Entwicklungslinien skizzieren. Der erste und zweite Schritt werden im Anschluss daran kombiniert, um eine pädagogische Analyse aktueller bzw. geplanter Raumkonfigurationen zu versuchen. Zuletzt werde ich meine Ergebnisse vor dem Hintergrund eines auf Emanzipation und Mündigkeit beruhenden Konzepts pädagogischer Ethik bündeln und damit eine Kritik dieser pädagogischen Architekturen in Aussicht stellen.

2 Der Pädagogische Blick: *Erziehung* und *Bildung*

Wenn es in diesem Aufsatz darum gehen soll, zu zeigen, dass die Gestaltung des urbanen Raumes, mithin also dessen Ästhetik, nicht nur eine Frage des Designs, des vermeintlich individuellen Geschmacks, der Stadtplanungspolitik oder der Raumordnung ist, sondern auch ein pädagogisch relevantes Phänomen, muss ein Begriff des Pädagogischen zugrunde gelegt werden. Für meine Argumentation erscheint der Vorschlag des Erziehungswissenschaftlers Klaus Prange, *Erziehung* als Kernbegriff der Pädagogik näher zu bestimmen, als fruchtbar. Prange macht die Geste des auf Lernen bezogenen Zeigens als Kern von Erziehung aus. Ein solches Verständnis von Erziehung bietet meines Erachtens ein gutes Werkzeug, um die Dimension des Pädagogischen in der Gestaltung des Urbanen freizulegen.

Da Pädagogik sich aber nicht in Erziehung und Lernen erschöpft, sondern immer auch in einem Verhältnis zu *Bildung* gedacht werden muss – das sich schlechterdings nicht auf Lernen oder Erziehung reduzieren lässt – werde ich im zweiten Teil dieses Abschnitts ein Bildungsverständnis im Anschluss an Heinz-Joachim Heydorn skizzieren, das es möglich macht, den Bezug zu Arendts Konzeption des Öffentlichen herzustellen, um so das Spannungsfeld von urbanem Design, Erziehung, Öffentlichkeit und Bildung diskutieren zu können.

Im Mittelpunkt der Überlegungen Klaus Pranges in *Die Zeigestruktur der Erziehung* steht „die Frage darnach [sic!], worin die Eigenart des pädagogischen Verhaltens und Handelns besteht, die sie nicht nur von der ärztlichen Intervention, sondern ebenso vom rechtlichen und politischen, wirtschaftlichen und künstlerischen Verhalten unterscheidet" (Prange 2005, S. 22). Er identifiziert diese Eigenart in der Artikulation von Zeigen und Lernen. Diese realisiere sich in einem Dreierverhältnis: Demnach bedarf es, um von einer pädagogischen Situation zu sprechen „eines ‚Lerngegenstands', eines ‚Schülers' und eines ‚Lehrers'" (Prange 2005, S. 48). Schon mit der Bezeichnung der drei Stellen der Beziehung macht Prange aber deutlich, dass nicht jedes Verhältnis zwischen einem Gegenstand und zwei Personen ein pädagogisches ist. Der Lerngegenstand ist ein spezifischer, der von Schüler*innen angeeignet und von Lehrer*innen gelehrt werden soll. Pädagogisch wird diese Situation somit dadurch, dass die Tatbestände des Lernens aufseiten der ‚Schüler*innen' und des Zeigens der ‚Lehrer*innen' aufeinander bezogen würden. Dabei komme dem Lernen der Schüler*innen das Primat vor dem Zeigen der Lehrer*innen zu: „Es gibt das Lernen anders als das Erziehen. Das erste von Natur und sozusagen unausweichlich, das zweite als ein Tun und Verhalten, das man auch lassen kann […]" (Prange 2005, S. 59). Schwierig sei dabei für Pädagog*innen, dass das Lernen „die Unbekannte in der pädagogischen Gleichung" (Prange 2005, S. 82) sei, denn es finde im Verborgenen statt und sei von außen nicht einsehbar. Damit haben wir einen *ersten* für die weitere Diskussion wichtigen Punkt identifiziert: Menschen lernen immer, es ist aber von den Erziehenden von außen nicht zweifelsfrei feststellbar, was gelernt wird. Dennoch und gerade deshalb müssen Menschen, die sich in erzieherischer Absicht zeigen auf das Lernen anderer beziehen, entscheiden, was sie zeigen, um zumindest einen Rahmen des Lernbaren zu schaffen.

Hiermit kommt ein *zweiter* Aspekt des Zeigens ins Spiel, der inhaltlich-thematische Aspekt. Diesem liegen in der Regel bestimmte Überlegungen zugrunde, die legitimieren, warum bestimmte Themen zu Lerngegenständen gemacht werden und andere nicht. „Dabei folgt diese Thematisierung nicht nur dem, was das Kind von sich aus möchte (oder wovon wir vermuten, dass es das möchte), sondern wir lenken das Lernen in Richtung auf erwünschtes Verhalten, stellen selber Aufgaben und Fragen, auf die das Kind mutmaßlich von sich aus nicht verfallen würde, und wir setzen auch Grenzen und schränken das Lernen ein" (Prange 2005, S. 40 f.). Prange selbst macht in seinem Buch deutlich, dass er die

Begriffe „Kind", „Schüler" und „Lehrer" eher als Metaphern benutzt, die generell unabhängig von Alter und Lernsituation Educand*innen und Erzieher*innen meinen. Daher können wir diese Ausführungen auch auf Erwachsene in allen als pädagogisch zu qualifizierenden Situationen beziehen. Die Bemerkung vom Einschränken des Lernens führt Prange etwas ausführlicher aus, und gerade dieser Punkt wird für die Diskussion meines Fallbeispiels besonders relevant sein: „Zugleich gehört zu diesem Zeigen immer auch das Verbergen: Die Kinder sollen nicht alles hören und sehen [...]" (Prange 2005, S. 66). Und wenige Seiten später heißt es: „Insofern gehört das Verdecken und Verbergen, das Vorenthalten und der Entzug von Erfahrungsmöglichkeiten zum Formenkreis des Erziehens" (Prange 2005, S. 75). Die Frage, was gezeigt, was verborgen wird und welche Folgen das für Lernprozesse hat, wird der zweite analytische Anknüpfungspunkt sein.

Eine *dritte* Analyseebene wird relevant, wenn Prange auf den Charakter des Zeigens als „mehrstelliges Prädikat" (Prange 2005, S. 78) aufmerksam macht: „Es enthält den Bezug auf Sachverhalte und auf Personen zugleich, und das bedeutet, dass wir als Zeigende immer auch uns selbst zur Erscheinung bringen, nämlich durch die Form, die wir je nach Umständen, nach Adressaten und thematischen Gegebenheiten wählen" (Prange 2005, S. 78). Mit diesem Gedanken weist Prange auf ein, für pädagogische Analysen, zentrales Element hin: Wer zeigt, offenbart etwas von sich, lässt zumindest darüber spekulieren, warum er etwas zeigt und welche Absicht dahinter steckt.

Viertens argumentiert Prange gegen die Vorstellung, dass es von den Fakten getrennte Wertungen gäbe und beides im Akt des Lernens unabhängig voneinander erworben werden könne: „Es gibt nicht erst bloß Information, der dann noch eine Wertung hinzugefügt wird [...], vielmehr verhält es sich primär so, dass das Wahrnehmen und seine Artikulation im Lernen und durch das Lernen von vornherein gemäß den je besonderen Voraussetzungen erfolgen, *wie* [Herv. i. O.] wir etwas vernehmen und uns zu eigen machen, und zwar zugleich in Abhängigkeit davon, was wir schon können und wissen, was wir und wie wir bereits gelernt haben" (Prange 2005, S. 96). Wenn man dieser Beobachtung zustimmt, kommt für die pädagogische Analyse von Raum auch die Frage nach den, in der Darstellung transportierten, Wertmustern in den Blick.

Der *fünfte* und letzte Aspekt, der für die folgende Analyse eine Rolle spielt, betrifft drei von Prange unterschiedene Modi des Zeigens: Das *Darstellen*, das *Vormachen* und das *Appellieren*. Dem korrespondieren auf der Seite des Lernens die Operationen des Erwerbs von Kenntnissen, von Fertigkeiten und von Haltungen (vgl. Prange 2005, S. 121). Analytisch ist also danach zu fragen, welche Kenntnisse, welche Fertigkeiten und welche Haltungen durch das Gezeigte erworben werden sollen.

Prange greift aber ein wenig zu kurz, wenn er die begrifflichen Koordinaten des Pädagogischen lediglich durch die Erziehung als die Artikulation von Lernen und Zeigen beschreibt. Bildung als nicht ausschließlich auf die Zeigeform reduzierbares – aber auch auf das Lernen bezogenes – Phänomen ist dem hinzuzufügen. Gleichwohl kann Bildung nicht ohne Erziehung gedacht werden. Aber Bildung ist eben nicht ein Ergebnis von Erziehung, sondern steht, wie nicht zuletzt Heinz-Joachim Heydorn herausgearbeitet hat, in einem dialektischen Verhältnis zu ihr: „Mit dem Begriff der Bildung wird die Antithese zum Erziehungsprozeß entworfen; sie verbleibt zunächst unvermittelt. Erziehung ist verhängt […]. Bildung dagegen begreift sich als entbundene Selbsttätigkeit, als schon vollzogene Emanzipation. Mit ihr begreift sich der Mensch als sein eigener Urheber […]" (Heydorn 1970, S. 10). Ähnliches, nur mit etwas anderer Akzentsetzung, schreibt Heydorn in *Zur Neufassung des Bildungsbegriffs:* „Erziehung ist Zucht, notwendige Unterwerfung, die wir durchlaufen müssen, Aneignung, um die wir nicht herumkommen; Bildung ist Verfügung des Menschen über sich selber, Befreitsein, das in der Aneignung schon enthalten ist, aus ihr schließlich hervortreten soll" (Heydorn 1972, S. 120). Auch wenn Heydorns Sprache stellenweise etwas zu pathetisch klingt, legt er doch einen wichtigen, herrschaftskritischen Aspekt von Pädagogik frei, dem in diesem Text gefolgt werden soll: Es wird somit nicht nur um das Aufzeigen von pädagogischen Prozessen gehen, sondern auch um eine Kritik dieser Prozesse dort, wo sie Möglichkeiten von Emanzipation systematisch zu verhindern versuchen. Damit wäre das *sechste* pädagogische Element der Analyse umrissen.

3 Pluralität, Öffentlichkeit und öffentlicher Raum

Den Hintergrund dieses Textes bildet die Überzeugung, dass öffentlichen Räumen sowohl für das Bestehen demokratischer Gesellschaften wie für die Bildungsprozesse einzelner Menschen eine konstitutive Funktion zukommt. Die Politikwissenschaftlerin Hannah Arendt hat sich in ihrem Werk intensiv am Denken der griechischen Antike abgearbeitet und daran Denkfiguren entwickelt, die auch für das Nachdenken über heutige soziale und politische Prozesse fruchtbar sind. Grundlegend für Arendt war dabei im Anschluss an Sokrates das Faktum der Pluralität des Menschen: „Die Menschen existieren nicht nur wie alle irdischen Wesen im Plural, sie tragen die Signatur dieser Pluralität in sich" (Arendt 2016a, S. 60). Diese Pluralität der Menschen ist für Arendt die Grundlage der Forderung nach einer politisch freien öffentlichen Sphäre. Denn nur dort sei es möglich, seine *doxa,* also seine Meinung über die Dinge der Welt und des

Zusammenlebens mit anderen auszutauschen und so auf Fehlwahrnehmungen hin zu prüfen. Dabei geht es aber nicht nur um die Suche nach einer intersubjektiven Wahrheit in den *doxai,* sondern auch um das Präsentieren der eigenen Person: „Das Wort *doxa* [Herv. i. O.] bedeutet nicht nur Meinung, sondern auch Glanz und Ruhm. Insofern steht es mit der Politik in Verbindung, der Öffentlichkeit, in der jeder erscheinen kann und zeigen, wer er ist. […] Im Privatleben ist man verborgen und kann nicht erscheinen und glänzen, und deshalb ist dort keine *doxa* möglich" (Arendt 2016a, S. 48). Dieses Sich-Zeigen ist nun für Arendt kein egomanisches Self Marketing, sondern ist wichtig, um im Sich-Gegenseitig-Zeigen zu einem Gemeinsamen, einer gemeinsamen Sicht auf die Welt zu kommen – also überhaupt erst eine gemeinsame Welt im Sprechen und Handeln zu schaffen. Dieses Gemeinsame aber „ist ungreifbar, da es nicht aus Dinghaftem besteht und sich in keiner Weise verdinglichen oder objektivieren läßt; Handeln und Sprechen sind Vorgänge, die von sich aus keine greifbaren Resultate und Endprodukte hinterlassen. Aber dies Zwischen ist in seiner Ungreifbarkeit nicht weniger wirklich als die Dingwelt unserer sichtbaren Umgebung. Wir nennen diese Wirklichkeit das Bezugsgewebe menschlicher Angelegenheiten, wobei die Metapher des Gewebes versucht, der physischen Ungreifbarkeit des Phänomens gerecht zu werden" (Arendt 2016b, S. 225). Dieses Bezugsgewebe menschlicher Angelegenheiten kann sich nur öffentlich bilden – vor allem wenn es darum gehen soll, gemeinsam und bewusst Gesellschaft zu gestalten.

Das von Arendt beschriebene Bezugsgewebe zeichnet sich nicht nur durch seine Unsichtbarkeit aus, sondern ist mit der materiellen Welt verknüpft: „Nun ist dieses Gewebe menschlicher Bezüge natürlich, trotz seiner materiellen Ungreifbarkeit, weltlich nachweisbar und genauso an eine objektiv-gegenständliche Dingwelt gebunden, wie etwa die Sprache an die physische Existenz eines lebendigen Organismus gebunden ist […]" (Arendt 2016b, S. 225). Die Analogie Arendts hinkt hier ein wenig, denn Sprache wird von lebenden Organismen hervorgebracht, jedoch nicht die menschlichen Bezüge von der objektiv-gegenständlichen Dingwelt. Vielmehr ist es so, dass diese Dingwelt mindestens ein Dreifaches ist: Sie ist Mittel, Voraussetzung und Resultat menschlicher Bezugnahmen. In diesem Sinne ist Arendt zu ergänzen, wenn sie schreibt: „Das, was von seinem [des Menschen, R. P.] Handeln schließlich in der Welt verbleibt, sind nicht die Impulse, die ihn selbst in Bewegung setzten, sondern die Geschichten, die er verursachte" (Arendt 2016b, S. 226 f.). Für unseren Kontext wäre zu spezifizieren, dass es sich bei diesen Geschichten nicht nur um verbale oder schriftliche Zeugnisse handeln muss, sondern auch um – räumliche – Materialisierungen dieses Handelns. Diese materiellen Spuren menschlichen Handelns – die räumlichen Strukturen, die es hervorbringt, verändert und auslöscht – sind neben den unsichtbaren menschlichen Beziehungen das sichtbare Korrelat, das die Möglichkeiten und Grenzen des öffentlichen Raumes bedingt.

Das Bezugsgewebe menschlicher Angelegenheiten bildet sich nach Arendt im Zwischenraum von Mensch und Welt. Dieser Zwischenraum selbst aber ist ein der Gestaltungskraft des Menschen ausgelieferter Raum. Daher stellt sich immer auch die Frage nach dessen Gestaltung und inwiefern diese die Entwicklung des zwischenmenschlichen Bezugsgewebes beeinflusst. Raum muss es ermöglichen, dass sich Menschen zueinander handelnd ins Verhältnis setzen können. Kurzum: Für eine Öffentlichkeit, in der Menschen in ihrer Pluralität in Erscheinung treten, braucht es öffentliche Räume. Was aber sind öffentliche Räume? Die Geografen Andrew Light und Jonathan M. Smith definieren den *öffentlichen Raum* in einer ersten Annäherung als „nothing more than space which all citizens are granted some legal rights of acces" (Light und Smith 1998, S. 3). Öffentliche Räume seien Räume, „in which citizens gather to form themselves into, and represent themselves as, a public" (Light und Smith 1998, S. 3). Nun sind Light und Smith nicht so naiv zu behaupten, dass diejenigen, die sich in öffentlichen Räumen begegnen, *alle* Menschen wären. Wer dort repräsentiert wird, und wer sich zeigen darf, ist von umkämpften Machtverhältnissen abhängig. Folgerichtig ist daher festzuhalten, dass die „Idee, einen allgemein zugänglichen Ort zu schaffen, an dem freie Bürger ihre Ansichten uneingeschränkt zum Ausdruck bringen können, [...] ein unerfüllt gebliebener Menschheitstraum [ist]" (Hanzer 2009, S. 125). In allen bisherigen Gesellschaften waren je unterschiedliche Gruppen vom Zugang zum und von der Repräsentation im öffentlichen Raum ausgeschlossen.

Die Konfliktträchtigkeit des öffentlichen Raumes kann im Anschluss an den marxistischen Geografen Don Mitchell verdeutlicht werden. Mitchell identifiziert zwei dieser konfligierenden Perspektiven, die auf den öffentlichen Raum geworfen werden können. Die erste ist die staatlich organisierter Politik, die öffentlichen Raum als „planned, orderly, and safe" (Mitchell 1995, S. 115) wahrnehme – zumindest als normative Zielvorstellung. Staatliche Kontrolle und die Überwachung konformen Verhaltens zur Etablierung von Sicherheit stehen in dieser Perspektive im Zentrum. Dass in derartigen Räumen Pluralität im Handeln und die dadurch *per definitionem* unvorhersehbare Etablierung zwischenmenschlicher Bezüge wenig erwünscht ist, dürfte evident sein. Anders gestaltet sich die zweite Perspektive. In dieser sei „public space [...] taken and remade by political actors; it is politicized at its very core; and it tolerates the risks of disorder [...] as central to its functioning" (Mitchell 1995, S. 115). Dabei wird von den staatlichen und quasistaatlichen Akteuren freilich immer wieder versucht, im Sinne der ‚Ordnung' diese Widersprüche zu tilgen, und dies hauptsächlich durch Prozesse der „silence, isolation and demonization", wie sie Debora Burrington (1998, S. 108) im Kontext des Umgangs mit Queers im öffentlichen Raum nachgewiesen hat. Die Strategien des Verschweigens, der Isolation und der Dämonisierung lassen sich aber darüber hinaus generell als Raumordnungsstrategien identifizieren. Ich werde in meiner Analyse wieder darauf zu sprechen kommen.

4 Die Restrukturierung des Urbanen

Nach diesen Vorarbeiten können die aktuell in etlichen deutschen Städten zu beobachtenden urbanen Umgestaltungen nun einer kritisch-pädagogischen Analyse unterzogen werden. Drei Fragen werden im Folgenden im Fokus stehen: Erstens: Was wird gezeigt, was verborgen und wie artikuliert sich Erziehung hierbei? Zweitens: Wie hängt dieses Zeigen bzw. diese Erziehung mit politischer Öffentlichkeit im Anschluss an Hannah Arendts Gedanken zusammen? Mithin: Was bedeutet die ästhetisch gestaltete Form des Zeigens für die Bildung des und im Öffentlichen? Die Stadt Potsdam eignet sich als Fallbeispiel für diese Diskussion recht gut, denn seit dem Ende der DDR hat hier ein umfassender Prozess der Rekonstruktion des Vorkriegsstadtbildes stattgefunden. Die damit verbundenen pädagogischen Implikationen lassen sich an einem aktuellen Ereignis, dem Abriss des ehemaligen Instituts für Lehrerbildung – nachmals Fachhochschule Potsdam (ab 1991) – in der Innenstadt aufzeigen.

Zu dem Zeitpunkt, an dem ich diesen Text schreibe, wird das Gebäude nach heftigen innerstädtischen Auseinandersetzungen abgerissen (vgl. Berichterstattung in der *Märkischen Allgemeinen Zeitung* oder den *Potsdamer Neuesten Nachrichten*, u. a.: Haase und Kramer 2018; Fabian 2017; Röd 2017). An der Kontroverse um den Umgang mit diesem Bau und vor allem im Hinblick auf die beiden mit Erhalt oder Abriss assoziierten Gestaltungsformen lässt sich der Zusammenhang zwischen Ästhetik, Öffentlichkeit und Pädagogik exemplarisch illustrieren. Zuvor aber ein paar Fakten zum Gebäude. Das Institut für Lehrerbildung wurde von 1971 bis 1977 nach den Entwürfen der Architekten Sepp Weber, Wolfgang Merz, Dieter Lenz und Herbert Gödicke gebaut (vgl. Allahverdy et al. 2016, S. 191); und war offensichtlich dem von Mies van der Rohe (1886–1969) entworfenem *Home Federal Savings and Loan* Gebäude in Des Moines (Iowa/USA) nachempfunden. Das schlanke Gebäude bestand aus drei Segmenten, die drei Innenhöfe umschlossen. Von den drei Etagen war das Erdgeschoss leicht zurückgesetzt und von einem Kolonnadengang umschlossen. Große Fenster und Stahlbetonlamellen dominierten die beiden oberen Geschosse. Entgegen der sowohl zuweilen offiziell propagierten Version des Bruches mit der aristokratisch-militaristischen Vergangenheit

Potsdams als auch entgegen der als monolithisch dargestellten DDR-Kulturpolitik nahm die Gestaltung des Gebäudes lokale historische Gestaltungselemente auf und fügte sich so in das historische Potsdamer Stadtensemble: „Sämtliche Fassaden des Gesamtkomplexes […] waren […] in einem gelblichen Farbton gehalten, der Assoziationen zum im Volksmund so bezeichneten ‚Potsdam-Gelb' weckt und der sich am prominentesten am Schloss Sanssouci findet" (Allahverdy et al. 2016, S. 195). Dementsprechend bewerten Allahverdy, Johannsen und Klusemann das Gebäude:

> Es handelt sich beim ehemaligen *IfL* [Institut für Lehrerbildung, Herv. i. O.] […] um einen auf dem Gebiet der ehemaligen DDR einmaligen Gebäudekomplex der Nachkriegsarchitektur. Er ist einerseits ein erkennbarer Vertreter der ‚Ostmoderne' – charakteristisch sind vor allem die Formsteine der Verbinder, die Assoziationen an ähnliche Strukturen, wie sie etwa an Warenhäusern der DDR zu finden sind, aufkommen lassen. Andererseits sind einige gestalterische Merkmale auszumachen, durch die wahrscheinlich eine Anlehnung an historische Potsdamer Motive hergestellt werden sollte. Gerade aufgrund der plastischen Durchgliederung der Fassade kann dem Gebäude durchaus architektonische Qualität attestiert werden (Allahverdy et al. 2016, S. 195).

Nun, dieses Gebäude wird beim Erscheinen meines Textes Geschichte sein, und an seiner Stelle ein an der Vorkriegsgestaltung orientiertes Wohn- und Einkaufskarree entstehen. Denn trotz großer Proteste und dem Versuch einer zivilgesellschaftlichen Initiative, das Gebäude zu kaufen und als öffentlichen Ort zu erhalten[1], hat die Stadt ihr Abrissprojekt durchgesetzt. Damit findet eine Restrukturierung ihre Fortsetzung, die mit dem Wiederaufbau des Stadtschlosses – in dem nun der Landtag residiert – begann und die mit dem inzwischen auch initiierten Wiederaufbau der Garnisonskirche ihr Ende noch nicht gefunden haben wird.

Nach dieser kurzen Skizze aktuell stattfindender urbaner Rekonstruktionsprozesse gilt es den Bezug zu den Kategorien des Pädagogischen und des Öffentlichen herzustellen. Ich werde dabei zuerst die beschriebenen raumästhetischen Praktiken mit der Brille der sechs oben entwickelten pädagogischen Kategorien analysieren.

---

[1]Das *Bündnis Stadtmitte für Alle* ist ein Zusammenschluss verschiedener Vereine, Initiativen und Personen aus Potsdam, der sich nicht ausschließlich mit dem Abriss der Fachhochschule bzw. einer Alternative dazu beschäftigt. Seinem Selbstverständnis nach geht es dem Bündnis darum, die „großen gesellschaftlichen Potenziale der Stadtmitte und ihre Fehlentwicklung der letzten Jahre in den öffentlichen Blick" zu rücken (http://stadtmittefueralle.de/selbstverstaendnis/). Weitere Informationen auf der Website: http://stadtmittefueralle.de.

4.1 Unabdingbarkeit von Lernen

An dieser Stelle ist lediglich an Pranges These von der Unumgänglichkeit des Lernens zu erinnern. Der Mensch als lernendes Wesen kann nicht nicht lernen, er nimmt seine Umwelt lernend war. Für unser Fallbeispiel heißt das: Die Menschen, die sich durch die Potsdamer Innenstadt bewegen, tun dies wahrnehmend und somit lernend. Was sie dabei wahrnehmen wirkt sich darauf aus, was sie lernen. Daher rückt die Frage danach, was denn überhaupt (noch) wahrnehmbar ist, in den Blick.

4.2 Auswahl des Gezeigten und Verborgenen

Pranges Bestimmung der Erziehung durch das auf Lernen verwiesene Zeigen im Spannungsfeld von zeigend-ins-Wahrnehmungsfeld-Rücken und zeigend-aus-dem-Bereich-des-Wahrnehmbaren-Rücken, also Verbergen, lässt sich nun offensichtlich im Kontext der Umgestaltung urbaner Räume in Potsdam verdeutlichen. Denn es geht ja nicht darum, wie beispielsweise eine ökonomisch, ökologisch und sozial nachhaltige Stadtentwicklung aussehen könnte, es geht auch nicht darum, in Zeiten von Wohnungsnot erschwinglichen (vielleicht kommunalen) Wohnraum für Alle zu schaffen. Aber es geht offensichtlich darum, eine Fassade aufzubauen, die man zeigen kann – und eine andere Fassade abzureißen, also sie zu ‚verbergen', wenngleich endgültig. Diese durchaus didaktisch zu nennende Bewertung und Auswahl dessen, was gezeigt werden kann, geschieht vordergründig durch eine Diskussion über das Ästhetische, die mit wenigen Ausnahmen alles, was in der DDR gebaut wurde, als ‚hässlich' apostrophiert (vgl. u. a. Schmitz 2011 oder Haubrich 2013). Dämonisierung könnte man dies auch nennen. Damit ist aber nur ein Aspekt dessen benannt, was gezeigt wird. Weitere Dimensionen, auf die ich weiter unten eingehen werde, sind das Zeigen und Verbergen von öffentlichen Räumen, von ((un)erwünschten) Verhaltensweisen und materialisierter Geschichte.

4.3 Zeigen und das Zurückverweisen auf die Zeigenden

Prange schreibt, dass die Geste des Zeigens immer auch auf den Zeigenden zurückverweist und er sich im Zeigen selbst zeigt. Wer und was zeigt sich im Akt des Zeigens barocker Fassaden? Es erscheint mir nicht sinnvoll hier auf einzelne Akteure einzugehen, obgleich diese eine nicht unbedeutende Rolle spielen. Stattdessen macht es mehr Sinn, dieser Frage hegemonietheoretisch nachzugehen. In diesem

Sinne kann der Abriss der repräsentativen DDR-Bausubstanz und der Wiederaufbau von Gebäuden aus der Monarchie als Prozess der Herstellung einer – im Anschluss an Antonio Gramscis (1891–1937) Begrifflichkeit – neuen kulturellen Hegemonie beschrieben werden, in der neue Deutungsmuster über Geschichte und Gegenwart materiell symbolisiert werden (vgl. einleitend Becker et al. 2013). Interessanterweise entwickelt selbst die kommunistischer Sentimentalitäten unverdächtige *Frankfurter Allgemeine Zeitung* eine solche Interpretation des Geschehens vor Ort:

> Was man am Alten Markt versucht, ist die komplette Auslöschung all dessen, was zu Zeiten der DDR gebaut wurde, und das ist nicht nur ein Akt der Herzlosigkeit gegenüber denen, die hier in den siebziger und achtziger Jahren ihre Zeit verbracht und vielleicht ein paar schöne Erinnerungen an den Ort haben; es nimmt auch denen, die nach Potsdam kommen, die Chance, seine Geschichte zu verstehen. Es sind ja vor allem der aus Westdeutschland stammende Bürgermeister und ein paar sehr wohlhabende, ebenfalls aus dem Westen zugezogene Neu-Potsdamer, die hier ihre Vorstellung von einem preußischen Arkadien durchkämpfen, eine Vorstellung, die ihre Wurzeln im biederen westdeutschen Wendehammer-Dasein hat, in der Welt des Nachbarschaftsstreits, in der keine Störung der eigenen Geschmacksvorlieben geduldet wird (Maak und Seidl 2017).

Aber es geht eben nicht nur darum, dass diejenigen, die diese Politik verfolgen, dafür nur ästhetische Gründe anführen. Es handelt sich schlicht um ein konterrevolutionäres Gestaltungsprogramm, das als „unterwerfendes Design" (vgl. von Borries 2017) bezeichnet werden kann, und zwar im doppelten Sinne. Erstens: Die Geschichte der ‚unterworfenen' DDR soll aus dem Stadtbild getilgt werden. Zweitens unterwirft das neue Design offensichtlich die Nutzer*innen des städtischen Raumes, in dem es nur beschränkte Lebensäußerungen zulässt: Wohnen und Konsumieren. Damit kann in einem, zwar etwas kurzschlüssigen, deswegen aber nicht unbedingt falschen, Verfahren auf die Frage nach dem sich im Zeigen Zeigenden die Antwort gegeben werden: Es zeigt sich eine städtische Elite, die ein Interesse an der Förderung von Wohn- und Konsumräumen, der Zerschlagung öffentlichen Eigentums und damit dem Entzug der Grundlage pluralen politischen Handelns hat. Postdemokratie (vgl. Crouch 2008) wird so materialisiert.

4.4 Implizierte Wertungen

Es erscheint nun fast überflüssig auf die damit – also mit dem, was im Potsdamer Stadtbild gezeigt und verborgen wird – verknüpften Bewertungen hinzuweisen. Wenn entschieden wird, dass ein sanierungsfähiges, als öffentlicher Raum nutzbares

Gebäude wie die Fachhochschule abgerissen wird, und stattdessen Neubauten im historischen Gewand zur Wohn- und Konsumnutzung errichtet werden, werden die hiermit verknüpften Werte sehr deutlich. Die normative Orientierung an einer nachhaltigen Siedlungsentwicklung, wie sie allenthalben propagiert wird, entlarvt sich als Ideologie. Doch weist diese Beobachtung eher auf die Entscheidungsträger*innen zurück, die über die Gestaltung entscheiden. Die irgendwann abgeschlossene Rekonfiguration des Raumes selbst aber wird bestimmte Wertungen implizieren, zu denen sich die Menschen lernend zu verhalten haben. Darauf wird nun einzugehen sein.

4.5 Drei Operationen des Zeigens

Der pädagogische Charakter der Stadterneuerungsprozesse dürfte bis hierher ansatzweise deutlich geworden sein. Noch präziser lässt sich der implizite pädagogische Charakter der Stadterneuerung illustrieren, wenn wir uns an die drei von Prange beschriebenen Operationen des Zeigens erinnern: Zeigen von Wissen (Darstellen), Zeigen von Tätigkeiten (Vormachen) und das Zeigen von Werten (Appellieren).

Darstellen Wie oben schon erwähnt, wird mit dem Abriss der Fachhochschule eine Dimension der Geschichte getilgt. Eine fingierte Homogenität wird geschaffen, die sich am vermeintlichen Glanz und Gloria Preußens im 18. und 19. Jahrhundert orientiert. Gebäude, die diese Fiktion irritieren und aufbrechen könnten, die zum Nachdenken anregen, die auf die Brüche in der Geschichte hinwiesen, werden beseitigt. Räumlich-materiell gesprochen: Sie werden abgerissen. Pädagogisch gesprochen: Sie werden *de-thematisiert*. Das Zusammenspiel von Zeigen und Verbergen wird hier wieder deutlich. Wobei das Verbergen hier nichts vom temporären, didaktisch gebotenen Noch-Nicht-Zeigen hat, sondern ein Löschen ist, permanente De-Thematisierung. Wenn Lernen darauf angewiesen ist, das da etwas ist, das zu lernen ist, so verdünnt das Löschen den Kosmos des Lernbaren und reduziert damit den Horizont gewesener und möglicher Pluralität (politisch könnte man dies als Strategie des Verschweigens identifizieren). Im Verschwindenlassen der Zeugnisse einer anderen, der DDR-Zeit, verschwindet auch ein alltäglicher Anknüpfungspunkt an mögliches Wissen um ein Anderes, um das Kontingente der Geschichte.

Der zweite Aspekt betrifft die Umwandlung von öffentlichem Raum in privatisierte Räume. Dabei macht schon die Pluralform deutlich, dass es sich bei dem Prozess der Privatisierung auch um eine Zergliederung handelt, die den Raum eines gemeinsamen Handelns, der im (Singular) öffentlichen Raum möglich ist, reduziert. Das verweist auf das gezeigte oder zeigbare Wissen. Im öffentlichen Raum ist eine ganz andere – potenziell demokratische – Möglichkeit gegeben, Wissen zu zeigen, zu teilen, auszutauschen. So beispielsweise in der möglichen gewesenen Nutzung der Seminar- und Hörsaal-Räume für Bildungsveranstaltungen. An die Stelle dieser Option treten nun Einkaufsmöglichkeiten und private Wohnräume. Der Modus der Wissenspräsentation und Wissensaneignung wird nun arg eingeschränkt.

Vormachen Könnte man bis hierher noch sagen, dass die beschriebenen Prozesse auf die unterschiedlichen Modi des Zeigens und Aneignens von Wissen keine drastischen Auswirkungen haben, wird dies beim zweiten Modus des Zeigens, dem Zeigen von Tätigkeiten bzw. des Vormachens schon eindringlicher deutlich. Blickt man darauf, welche Tätigkeiten in diesen neugestalteten Räumen möglich sind, vorgemacht und damit mimetisch oder performativ anzuzeigen wären, wird der *politische* Unterschied zwischen verschiedenen Gestaltungsweisen sehr schnell deutlich: Ein Raum, der aus Wohn-, Konsum- und Museumsräumen besteht, gestattet Laufen, Schauen, vielleicht Staunen und bewunderndes Innehalten. Aber aktives Produzieren, gemeinsames Handeln und kollaboratives Lernen ist dort nur limitiert durchführbar. Ein forschendes, infragestellendes *Warum?* wird mithilfe einer ästhetischen Harmonisierung und einer privatistischen Segmentierung blockiert (Diese politische Strategie könnte man, im Rückgriff auf Burringtons oben genannte Begrifflichkeiten, auch als Isolation bezeichnen).

Es lohnt zur Verdeutlichung dieses Gedankens ein Blick auf das für den Ort der ehemaligen Fachhochschule entworfene Alternativprogramm des zivilgesellschaftlichen Bündnisses *Stadtmitte für alle:*

> Eine Fülle von Funktionen mit gesellschaftlichem Mehrwert können im Hochschulgebäude Raum finden. Die FH kann und soll ein Ort für Alle werden – für die Stadt Potsdam und ihre Bewohner*innen und Besucher*innen, ein Ort für das Land Brandenburg und die Wissenschaftslandschaft. Menschen aller Alter, Hintergründe und Herkünfte bieten sich hier vielfältige Möglichkeiten, mit anderen in Kontakt zu kommen, Interessen zu entwickeln und zu pflegen und die Zukunft dieser Stadt aktiv mitzugestalten (Bündnis „Stadtmitte für Alle" 2017, S. 7).

Appellieren Die Verquickung von Werten mit der Form der Gestaltung wurde oben schon angerissen und soll hier im Kontext der appellativ-erzieherischen Ebene des gestalteten Raumes noch einmal aufgegriffen werden. Mit der historisierenden Gestaltung wird eine Haltung passiv staunender Ehrfurcht in einer Atmosphäre von Musealität gefordert, die Haltung eines Rezipienten, eines

Konsumenten, nicht eines – im politischen Sinne – Produzenten politischer Handlungen. Das Weben am Bezugsgewebe menschlicher Angelegenheiten wird unterbunden.

Um die Dimension des Normativen zu verdeutlichen, lohnt ein kleiner Exkurs von Potsdam nach Dresden, wo mit dem Wiederaufbau der Frauenkirche und der historistischen Rekonstruktion des Neumarktes die wertenden Implikationen des Dargestellten besonders klar hervortreten. Während die Ruine der im Krieg zerstörten Kirche gleichsam als Wunde das Stadtbild unterbrach – die keine Funktion hatte und keine gestaltete Fassade (mehr) zeigte – nötigte sie zum an- und innehalten. Sie sorgte in gewisser Weise für eine Unterbrechung im räumlichen Gefüge, die zwar nicht zwangsläufig Lernen evozierte, die es aber immerhin *ermöglichte*. Die durch menschliche Handlungen sich materialisierte Geschichte lag in Form der Ruine vor den Passant*innen. Ganz anders verhält es sich mit dem wieder aufgebauten dominanten Kuppelbau und dem umgebenden Neumarkt: Nicht der Bruch ist hier die ästhetisch vorherrschende und Lernen evozierende Erfahrung, sondern die Kontinuität eines barocken Stadtensembles, das in seiner Rekonstruktion den Schein einer abgeschlossenen architektonischen Einheit bilden und den historischen Widerspruch tilgen soll. Was wird hier nahegelegt? Nicht das An- und Innehalten, nicht die unterbrechende Irritation, sondern das zum Himmel Schauende, das um sich sehende Staunen, das Anmutige, das Repräsentative der Residenzstadt – die Einheit von Kirche und Krone – wird zum Lerngegenstand dieser verborgenen erzieherischen Bemühung. Die Geschichte dazwischen – der ruinöse Widerspruch – wurde gelöscht. Aufwachsende, die die Ruine nicht mehr kennen, die nicht einmal die Baustelle des Neubaus erlebt haben, erfahren diesen Bruch als Lernanlass nicht mehr. Es wird nichts infrage gestellt. Alles war so wie es ist und so ist es gut. Analoges ließe sich zum Wiederaufbau der Potsdamer Garnisonskirche sagen.

4.6 Bedingung von Bildung

Nun können wir abschließend die Frage stellen, die sich aus der Perspektive einer kritischen Bildungstheorie ergibt: Inwiefern ermöglichen oder verhindern bzw. wie bedingen die beschriebenen urbanen Erziehungsakte Bildung? Wenn für erfolgreiche Bildungsprozesse der Gang durch das „Zuchthaus der Geschichte" (Heydorn 1970, S. 9) nötig ist – also die Aneignung dessen, durch das wir geworden sind, was wir sind, um sich mit diesem Wissen und dem daraus erwachsenden Bewusstsein auch kritisch davon befreien zu können und den

Blick auf ein Anderes zu öffnen – dann erscheint die Tilgung der historischen Dimensionen im öffentliche Raum problematisch. Denn nicht nur werden so die Zeugnisse einer Epoche demontiert, über die dann nur noch – abstrakt – medial vermittelt gelernt werden kann, sondern in der Re-Inszenierung einer anderen historischen Epoche wird der geschichtliche Prozess gleichsam nach dem Bedienen der Rückspultaste pausiert und die dynamische Dimension historischer Entwicklung ästhetisch dementiert.

Denken wir neben dem Aspekt der Geschichtlichkeit noch an ein weiteres Element des Heydornschen Bildungsbegriffs, so kommt in Verbindung mit Arendts Konzeption pluraler Öffentlichkeit ein weiterer problematischer Aspekt in den Blick. Für Heydorn ist Bildung immer auf einen kollektiven sozialen Prozess angewiesen, durch den sich Befreiung realisiert. Für Arendt ereignet sich Freiheit nur in der praktizierten Möglichkeit aufeinander bezogener Akte öffentlichen Handelns. Die Argumentation beider aufnehmend kann die These aufgestellt werden, dass individuelle Bildungsprozesse immer auf einen kollektiven Austausch mit anderen in einer freien öffentlichen Sphäre angewiesen sind. Für den Menschen als körperliches Wesen braucht es dazu auch materielle als öffentliche Räume. Hier wird deutlich, dass nicht so sehr die historische Rekonstruktion das bildungstheoretische und -praktische Problem darstellt, sondern die Vernichtung von öffentlichem Raum und derjenigen – in der FH potenziell möglich gewesenen – Orte, an denen am Bezugsgewebe menschlicher Angelegenheiten gewebt hätte werden können. Stattdessen findet postbürgerliche Atomisierung durch die Umwidmung in Wohn- und Konsumräume statt. Arendt stellte heraus, dass schon den alten Griechen klar war, dass in den „eigenen vier Wänden" keine Politik stattfindet.[2] Bildung, so ließe sich hinzufügen, wohl auch nur begrenzt, insofern für sie eben auch eine öffentliche Dimension nötig ist.

5 Schluss

Der hier vorgelegte Versuch einer pädagogischen Hermeneutik der Ästhetik urbanen Raumes soll nun nicht missverstanden werden. Es geht mir nicht um das Aufzeigen einer heute vermeintlich problematischen politisch-pädagogischen Instrumentalisierung urbaner Ästhetik im Kontrast zu einer früher weniger

---

[2]Gerade das macht ja den politischen Charakter dieser Umgestaltung aus, dass sie Räume für politisches Handeln durch Privatisierung kontinuierlich reduziert.

problematischen Nutzung. Die Gestaltung von urbanen Räumen ist immer mit politisch-pädagogischen Aspekten verbunden gewesen. Besonders bekannt ist dies im Kontext der Haussmannschen Umgestaltung von Paris Mitte des 19. Jahrhunderts. Bleiben wir aber bei Potsdam, so kann auch für die DDR-Zeit eine entsprechende Programmatik nachgewiesen werden. So schrieb der Potsdamer Stadtarchitekt Werner Berg 1969:

> Über zweieinhalb Jahrhunderte bestimmten das Militär und die übrigen Machtinstrumente eines auf Eroberungspolitik ausgerichteten Militärstaates die Geschicke der Stadt. [...] Mit der Zerschlagung des Hitlerfaschismus und der Beseitigung der Macht der Junker und Monopole war erstmals [...] die Möglichkeit gegeben, die stadtbildenden Faktoren auf dem menschlichen Fortschritt dienende Ziele zu richten und den Widerspruch zwischen der von fleißigen Arbeitern, Handwerkern und feinsinnigen Architekten und Künstlern geschaffenen Barockstadt und ihren Funktionen aufzuheben. [...] In der Stadt [...] ist die endgültige Überwindung des preußisch-deutschen Militarismus durch die demokratischen Kräfte des deutschen Volkes unter Führung der Partei der Arbeiterklasse auch architektonisch zu manifestieren (Berg zit. nach Klusemann 2016, S. 22).

Dass nun, nach dem Scheitern der DDR, auch dieser gestalterische Anspruch von einer neuen politischen Stoßrichtung abgelöst wird, ist da wohl kein Wunder. Neben den Aspekten der Überwachung, der Kommerzialisierung und der Privatisierung (vormals) öffentlicher Räume trägt die ästhetische Gestaltung dieser Räume einen Teil zur politischen Neujustierung des Öffentlichen bei. Während die allgegenwärtigen Videokameras vielleicht noch wenigstens bei einigen Unbehagen erzeugen, Eintrittspreise oder Verbotsschilder immerhin für Empörung sorgen, ist die barocke Gestaltung einer Neubaufassade weniger widerstandsgenerierend. Sie unterstützt aber mindestens genauso stark eine Erziehung weg vom Citoyen hin zum postpolitischen Konsumenten.

Dass die hier vorgeschlagene Analysebrille, die Räume in Hinblick auf ihre zeigenden, verbergenden und somit erziehenden und Bildung bedingenden Aspekte untersucht, dabei aber nicht in einem raumdeterministischen Fehlschluss stecken bleibt, sondern Räume als von handelnden Menschen im Hinblick auf handelnde Menschen hervorgebracht und damit umstritten begreift, müsste weiter ausdifferenziert werden. Dies könnte in Verbindung mit einer hegemonietheoretischen Perspektive im Anschluss an die Arbeiten Antonio Gramscis unter Umständen neue Ansätze zur pädagogischen und politischen Interpretation urbaner Räumlichkeit liefern.

Literatur

Allahverdy, A., Johannsen, J. & Klusemann, C. (2016). Institut für Lehrerbildung / Wissenschaftliche Allgemeinbibliothek. In C. Klusemann (Hrsg.): *Das andere Potsdam. DDR-Architekturführer. 26 Bauten und Ensembles aus den Jahren 1949-1990* (S. 191–199). Berlin: Vergangenheitsverlag.

Arendt, H. (2016a). *Sokrates. Apologie der Pluralität.* Berlin: Matthes & Seitz.

Arendt, H. (2016b). *Vita activa oder Vom tätigen Leben.* München: Piper.

Becker, F., Candeias, M., Niggemann, J., & Steckner, A. (Hrsg.) (2013). *Gramsci lesen. Einstiege in die Gefängnishefte.* Hamburg: Argument-Verlag.

von Borries, F. (2017). *Weltentwerfen. Eine politische Designtheorie.* Berlin: Suhrkamp.

Bündnis „Stadtmitte für Alle" (2017): Kaufangebot für die Fachhochschule. http://stadtmittefueralle.de/wp-content/uploads/2017/08/Stadtmitte_Kaufangebot_FH.pdf. Zugegriffen: 11. August 2018.

Burrington, D. (1998). The Public Square and Citizen Queer. Towards a New Political Geography. *Polity, 31,* S. 107–131.

Crouch, C. (2008). *Postdemokratie.* Bonn: Bundeszentrale für politische Bildung.

Fabian, N. (2017). „Erst der Anfang": Protest gegen FH-Abriss geht weiter. *Märkische Allgemeine* vom 17. Juli 2017. http://www.maz-online.de/Lokales/Potsdam/Erst-der-Anfang-Protest-gegen-FH-Abriss-geht-weiter. Zugriffen: 11. August 2018.

Glaser, E., Koller, H.-C., Thole, W. & Krumme, S. (Hrsg.) (2018). *Räume für Bildung - Räume der Bildung. Beiträge zum 25. Kongress der Deutschen Gesellschaft für Erziehungswissenschaft.* Opladen, Berlin, Toronto: Barbara Budrich.

Haase, J., & Kramer, H. (2018). FH-Abriss. Neuer Protest. *Potsdamer Neueste Nachrichten* vom 08. März 2018. http://www.pnn.de/potsdam/1264787/. Zugriffen: 11. August 2018.

Hanzer, M. (2009). *Krieg der Zeichen. Spurenlesen im urbanen Raum.* Mainz: Schmidt-Verlag.

Haubrich, R. (2013). Kein Denkmalschutz für die elenden DDR-Bauten! *WELT online* vom 13. August 2013. https://www.welt.de/kultur/kunst-und-architektur/article118975328/Kein-Denkmalschutz-fuer-die-elenden-DDR-Bauten.html. Zugriffen: 11. August 2018.

Heydorn, H.-J. (1970). *Über den Widerspruch von Bildung und Herrschaft.* Frankfurt a. M.: Europäische Verlagsanstalt.

Heydorn, H.-J. (1972). *Zu einer Neufassung des Bildungsbegriffs.* Frankfurt a. M.: Suhrkamp.

Klusemann, C. (2016). Architektur und Städtebau in Potsdam 1949-1990. Einführung in die Thematik. Forschungsstand. In ders. (Hrsg.): *Das andere Potsdam. DDR-Architekturführer. 26 Bauten und Ensembles aus den Jahren 1949-1990* (S. 21–30). Berlin: Vergangenheitsverlag.

Light, A., & Smith J.M. (1998). Introduction. Geography, Philosophy, and Public Space. In ders. (Hrsg.), *The Production of Public Space* (S. 1–16). Oxford: Oxford University Press.

Maak, N., & Seidl, C. (2017). Stadtplanung – Make Potsdam schön again. *Frankfurter Allgemeine Zeitung* vom 10. April 2017. http://www.faz.net/aktuell/feuilleton/stadtplanung-make-potsdam-schoen-again-14953237.html. Zugegriffen: 11. August 2018.

Mitchell, D. (1995). The End of Public Space? People's Prak, Definition of the Public, and Democracy. *Annals of American Geographers, 85,* S. 108–133.

Prange, K. (2005). *Die Zeigestruktur der Erziehung: Grundriss der Operativen Pädagogik*. Paderborn: Schöningh.
Röd, I. (2017). OB Jakobs: FH muss besser gesichert werden. *Märkische Allgemeine* vom 08. November 2017. http://www.maz-online.de/Lokales/Potsdam/OB-Jakobs-FH-muss-besser-gesichert-werden. Zugriffen: 11. August 2018.
Schmitz, T. (2011). Hässliches Kulturgut. Die Plattenfänger. *Süddeutsche Zeitung* vom 19. Juli 2011. https://www.sueddeutsche.de/leben/haessliches-kulturgut-die-plattenfaenger-1.1121975. Zugriffen: 11. August 2018.

Froh, zu demonstrieren. Zum Verhältnis von Empowerment und Kritik der zweiten OFF-Biennale Budapest

Carolin Krahl

Seit dem Zweifel an der Künstlerkritik (vgl. Boltanski und Chiapello 2003) in den späten 1990er Jahren und deren Ausdifferenzierung im 21. Jahrhundert (vgl. u. a. Draxler 2007; Holert 2014) wird die Möglichkeit einer kritischen oder politischen Kunst von kuratorischer und künstlerischer Seite vielfach thematisiert und problematisiert. Zuweilen wird sie vollumfänglich verworfen und mit ihr die Kritik als solche, wie die Berlin Biennale 2016 mit dem Konzept der Post-Kritik (vgl. Horn 2016, S. 23) in praktischer, in theoretischer Hinsicht etwa Bruno Latours (vgl. 2007) Volte gegen den autoritären Zug der Kritik zeigen. Der vorliegende Text soll dem keine Diskussion jener Grundlagen, auf denen die Möglichkeiten von Kunst, kritisch zu sein, sowohl bezweifelt als auch betont werden können, hinzufügen. In seinem Zentrum steht indessen ein Wechsel des Modus, in dem das Verhältnis von Kunst und Politik gedacht wird: von einem kritischen Anspruch hin zu einem pädagogischen. Ein solcher wird, so will ich darstellen, von der OFF-Biennale Budapest formuliert und praktisch gemacht. Eine Betrachtung der Motivationen, Formen und Konsequenzen dieses Wechsels anhand des konkreten Kontextes der Biennale übersetzt eine Prämisse ins Methodische: dass weder das Kritische noch sozial Aufklärerische der Kunst substanziell gegeben oder verwehrt, sondern in einer je spezifischen Situation zu erörtern sind.

In Anbetracht der Geschichte und Gegenwart des Biennalenformats ist eine Biennale im Off als Gegen-Öffentlichkeit, wie sie seit 2015 in Budapest stattfindet, eine programmatische Irritation. Die OFF-Biennale Budapest wirkt als Aneignung einer etablierten institutionellen Größe, die besondere Aufmerksamkeit auf sich lenkt, dabei üblicherweise staatlich gefördert und begrüßt wird

C. Krahl (✉)
Leipzig, Deutschland
E-Mail: carolin.krahl@posteo.de

© Springer Fachmedien Wiesbaden GmbH, ein Teil von Springer Nature 2019
C. Bach (Hrsg.), *Pädagogik im Verborgenen*,
https://doi.org/10.1007/978-3-658-21891-1_13

sowie ursprünglich – und diese Dimension ist bis heute trotz aller Öffnung (etwa in Venedig) ein strukturelles Prinzip – der Repräsentation von Nationalstaaten diente.[1] Dieser Ausgangspunkt machte das Format der Biennale zu einem dezidiert politischen. In dem Maße, in dem zwar Nationalstaatlichkeit das primäre Ordnungsprinzip der meisten Biennalen bleibt, die nationale Repräsentationsfunktion aber zunehmend in den Hintergrund und eine globale Perspektive in den Vordergrund tritt, werden vermittelnde und bildende Funktionen präsenter. Erhalten bleibt der auffallend große Erwartungshorizont, der Biennalen umgibt – „Is it possible to create a biennial as a site of learning? A school where a space can be created for reflection beyond all differences […]? […] And what role can art play in designing a new world?" (aus dem Moore 2018).

Die Strahlkraft des Biennale-Titels nutzten die Gründerinnen der OFF-Biennale, um ein Gegenprogramm zur Kunst- und Kulturpolitik Ungarns zu entwerfen:

> OFF supports the work of Hungarian artists and brings the international art scene closer to the Hungarian public; […] It does not apply for Hungarian state funding, and stays away from state-run art institutions. It strives to take an active part in the social discourse on public issues and to enhance the culture of democracy by the means of art (OFF-Biennale Association 2017, S. 3).

In struktureller Hinsicht wendet sich die OFF-Biennale von institutioneller und nationaler Anbindung ab und einem erklärten Außerhalb des „Off" zu, das sich jenseits eines politisch appropriierten Kunstbetriebes verortet und gleichwohl diesseits der gesellschaftlichen Öffentlichkeit steht. Ein Dissens mit der – stark kulturpolitisch orientierten – Regierungspolitik Ungarns wird deutlich und ein Wille zur Kritik im Rahmen der Kunst impliziert. Ob und in welcher Weise sich diese Implikation im Verlauf der knapp zweimonatigen Veranstaltung konkretisierte, wird weiter unten näher betrachtet. Zunächst ist das Bestehen der OFF-Biennale Budapest als Ausrufezeichen einer Krise anzuerkennen, die sich aus der Beziehung zwischen nationalistischer Politik und der Kunst ergibt.[2] Mithin macht sie Formen der künstlerischen Kritik erwartbar. Zugleich legt der klar

---

[1]Zu den Anfängen und der nationalen Struktur von Biennalen vgl. Sabine B. Vogel (2010).

[2]Das Moment der Krise wäre für einen kritischen Modus im OFF nicht unerheblich: „Vielmehr muss die gegenwärtige Wirklichkeit in eine Situation gelangt sein, die als Unwahrheit erfahrbar, erleidbar wird, so daß das Denken, das ihrem bestimmenden Grundzug kritisch widerspricht, sich der in seiner Kritik implizierten neuen Wahrheit bewußt werden kann. Es kann die Wirklichkeit umdenken. Aber indem es sie umdenkt, leistet es beides: es zeigt das Bisherige in seinem, erst aus der Krisis her sichtbar werdenden Grundzug und das diesem Grundzug widersprechende Andere, auf das es hinauswill" (Guzzoni 1981, S. 17).

formulierte Fokus auf die Zivilgesellschaft eine Untersuchung des Formats auf mögliche pädagogische Dimensionen nahe. Die erste OFF-Biennale im Jahr 2015 stellte die Größe des Zusammenschlusses verschiedener Gruppen, Künstler_innen und Orte und das für das Projekt konstitutive Moment der Aneignung in den Mittelpunkt. Die Demonstration des Engagements und der vorhandenen Kapazitäten einer freien Kunstszene war vorrangig und machte ein übergeordnetes Thema obsolet. Als weitere Entwicklung nach der Formation legte das kuratorische Kernteam für die zweite Auflage dagegen Wert auf eine gemeinsame inhaltliche Perspektive:

> The first edition of OFF-Biennale drew momentum from the joint struggle for the sustainability of a critical-minded and independent art and thinking, in a social environment that witnessed increasingly antidemocratic, segregationist, and xenophobic tendencies. As a next step, we must move forward and prove art's competence, audacity, and commitment in social issues (OFF-Biennale Association 2017, S. 5).

An diesem Ziel richtete sich das Leitmotiv der Biennale 2017 aus: *Gaudiopolis – the City of Joy* stellte den Bezug zu einer Kinderrepublik namens Gaudiopolis her, die der lutherische Pastor Gábor Sztehlo (1909–1974) 1945 in Budapest gründete. In diesem Titel zeichnen sich bereits Aspekte ab, die eine Untersuchung der OFF-Biennale auf pädagogische Dimensionen hin motivieren: die Assoziation von Kunst bzw. Ästhetik mit dem Spiel, der weiterhin starke Aspekt der Aneignung – hier der Stadt *(City of Joy)* – und die Hervorhebung demokratischer Bildungsprinzipien. Ganz anders als es die zuvor von mir verwendeten Begriffe von Krise und Kritik erwarten lassen, wird jedoch aus dem Programm und der Themenwahl von OFF 2017 eine ostentative Positivität und Freude deutlich. Die letztlich realisierte OFF-Biennale schien primär im Zeichen einer sozialpädagogischen Bestärkung durch die „liberating power of art" (OFF-Biennale Association 2017, S. 5) zu stehen. Es ist diese Ebene, die im Fokus der vorliegenden Betrachtung der Biennale steht, wenngleich sie aufgrund der Organisationsstruktur von OFF nicht für alle Teile des Programms generalisierbar ist. Dieses wurde von ungefähr 70, mehrheitlich externen Kurator_innen gestaltet; Galerien, Künstlerinnen, Künstler und Initiativen können sich um eine Teilnahme an der Biennale mit je eigenen Projekten bewerben. Zugunsten der Stichhaltigkeit werden nachfolgend drei Ausstellungen beleuchtet, die dem zentralen Kuratorinnen-Team der OFF-Biennale unterstanden, bzw. von diesem initiiert wurden *(Somewhere in Europe,*

People Players, Rebels).[3] Ergänzt werden sie beispielhaft um Ausstellungen und Aktionen, die extern kuratiert wurden, der Programmatik von *Gaudiopolis* jedoch entsprechen.

Zwar wurde im Programm der Biennale 2017 demokratische Bildung teils explizit-informativ, teils stärker ästhetisch anverwandelt bearbeitet. Diese offenkundige *Thematisierung* von Bildung soll der hier angestellten Untersuchung jedoch lediglich ein Anlass sein, um nach den weniger sichtbaren *Prämissen* des Ausstellungsprojekts der Biennale selbst und deren pädagogischem Impetus zu fragen. Im Kontext der politischen Strukturen, aus denen die OFF-Biennale hervorging, ist diese Frage explizit auf Dimensionen der politischen Bildung hin zu fokussieren.

1 Von der Thematisierung pädagogischer Ansätze zu pädagogischen Ausstellungsprämissen

Mit dem Leitmotiv *Gaudiopolis – The City of Joy* bezog sich die OFF-Biennale 2017 offenkundig auf Bildung und die Dimension des Spiels in Relation zu Kunst einerseits, zur politischen Gemeinschaft andererseits. Für diese wollte die Kinderrepublik Gaudiopolis von Sztehlo schließlich ein Modell sein. Die zentrale Ausstellung *Somewhere in Europe*[4] in der Galerie der Open Society Archives (OSA) Budapest zeichnete die Geschichte von Gaudiopolis und weiteren Kinderrepubliken in Ungarn und andernorts nach. Angelegt war sie als Informationsausstellung mit wenigen künstlerischen Versatzstücken – und damit im Programm der OFF-Biennale singulär. Sztehlo schrieb mit dem Budapester Projekt in den späten 1940er Jahren die Geschichte früherer Kinderrepubliken fort – der Boys' Town Nebraska, der Shkid Republik (Republik der Landstreicher) in der Sowjetunion (Republik der Landstreicher), nach der sich später die Kindergruppe Škid im Lager Theresienstadt benannte. Die verschiedenen Kinderrepubliken basierten

---

[3]Sie tragen im Programmheft (vgl. OFF-Biennale Association 2017) jeweils den Vermerk „curatorial team of OFF-Biennale". Ausnahmen hiervon bilden die unten knapp besprochene Ausstellung *Holiday* und die abschließend betrachtete Performance *Gladness Demo* von Endre Tót.

[4]Der Titel bezog sich auf einen gleichnamigen Film von Géza Radványi aus dem Jahr 1948, in dem Mitglieder der Republik als Schauspieler agierten. Der Film spielt in der Nachkriegszeit und folgt einer Gruppe verwaister und obdachloser Jungen, die eine erwachsene, männliche Orientierungsfigur finden und eine Gemeinschaft aufbauen.

auf demokratischen Prinzipien und betrieben ihre eigenen Presseorgane – primär Zeitschriften –, in denen auch Literarisches publiziert wurde. Zudem strebten die verschiedenen Republiken das Erlernen handwerklicher und anderer lebenspraktischer Fähigkeiten an. Sztehlo gründete Gaudiopolis zunächst, um vor allem jüdischen Waisenjungen eine Zuflucht zu bieten. Mit der Zeit wuchs Gaudiopolis auf mehrere Häuser und die Mädchenunterkunft Tildy Zoltanné an; die Häuser stellten eigene Bürgermeister, Gerichte und Ämter (vgl. Kamp 1994, S. 598). Diese Formen der Selbstverwaltung waren eine radikale Umsetzung reformpädagogischer Konzepte, von denen alle Kinderrepubliken beeinflusst waren. Selbstbestimmung, schöpferisches und soziales Lernen, Erfahrungszentriertheit und die Vermittlung der Bedürfnisse des Subjekts mit denen des Kollektivs im selbstverwalteten Kontext bildeten Grundzüge jener Initiativen (vgl. ebd., S. 44 ff.).

Gaudiopolis wurde im Kontext der OFF-Biennale zu einer „verwirklichten Utopie", wie es im einleitenden Wandtext zu *Somewhere in Europe* hieß. Sie war eine von vielen kleineren Gemeinschaften in Ungarn, die in der Nachkriegszeit ähnliches versuchten. Die Ausstellung betonte deren Unabhängigkeit vom Staat, die schließlich mit der Sowjetisierung nicht mehr aufrecht zu halten war, woraufhin Gaudiopolis sich auflöste. So wurde eine Verbindungslinie gezogen zur Situation der OFF-Biennale sowie zu gesellschaftspolitischen Fragen im Ungarn der Gegenwart, zwischen der Erziehung und Bildung von Kindern und der Art, wie Menschen regiert werden. Doch verlief diese Linie über eine große Leerstelle. Die in der Ausstellung rekonstruierte Geschichte endete mit Auflösung der Kinderrepublik in den 1950er Jahren.

Die Verbindung zur Gegenwart wurde durch drei künstlerische Arbeiten hergestellt. Die Künstler_innen und Kunstpädagog_innen des Architecture Uncomfortable Workshops kreierten mit Budapester Schüler_innen einen Teil des Ausstellungsmobiliars als begrenzt nutzbare Interpretationen bekannter Möbelstücke (vgl. Abb. 1). Die Verständigung über den Gebrauch und die Fertigung in Eigenregie, bei der zweckentfremdete Materialen zum Einsatz kamen, übersetzten Ansätze von Sztehlos Schule in einen künstlerischen Zusammenhang. Hinzu traten zwei Videoarbeiten: Binelde Hyrcan's *Cambeck* (2010) und *Unfinished Portrait of Youth Today* (2017) von David Mikulán.

Letztgenannter Film folgt einer Gruppe von Jungen auf ihren Streifzügen durch die weniger pittoresken Teile Budapests. Sie spielen Streiche, bemalen Straßen, fahren Skateboard; unterlegt sind die Sequenzen mit der Erzählstimme eines der Jungen. Seine Sprache und die seiner Freunde ist oft hart, die Schuhe der Jungen sind kaputt, ihre materiellen Möglichkeiten – das begreift man schnell – begrenzt; die Stadt, durch die sie streifen, ist von Armut geprägt, ebenso wie ihr familiäres

Abb. 1 Ausstellung *Somewhere in Europe* mit Objekten des Architecture Uncomfortable Workshop im Vordergrund © Carolin Krahl

Umfeld. Indem er jedoch die Perspektive ganz den Jungen anheimstellt und diese auf Momente ihres Zusammenseins beschränkt, verschiebt Mikulán den Fokus weg vom sichtbaren Elend, seinen Zwängen, Gründen, Konsequenzen. Zeichen von ökonomischer Not sind vorhanden, doch werden sie zum Hintergrund, der ob der aneignenden Kreativität der Kinder und ihrer Kraft verblasst. Vordergründig in dieser Arbeit ist das Element der Ermächtigung, des Empowerments. Diese Priorisierung ordnet die realen Bedingungen ihrer positiven Umdeutung tendenziell unter. Die materielle Gegenwart erscheint sekundär gegenüber ihrer kreativen Anverwandlung durch die Einzelnen. Jene positive Grundhaltung, die Bestärkung kreativer Persönlichkeitsanteile und die Zentralisierung aneignender Kreation als Dimension der Erfahrung machen *Unfinished Portrait of Youth Today* zu einer künstlerischen Arbeit, die wesentliche Motive der OFF-Biennale bündelt.

Für *People Players,* der zweiten zentralen Ausstellung im Programm der Biennale, setzten sich Künstler_innen dezidiert mit Fragen von Bildungsprozessen und Persönlichkeitsentwicklung auseinander. Sie versammelten ältere und neuere Videoarbeiten die autoritäre, anti-autoritäre sowie non-direktive Bildungsmodelle in künstlerische Bildwelten und Erzählungen überführten – etwa *En rachânant* von Danièle Huillet und Jean-Marie Straub aus dem Jahr 1982. Andere stellten den Konflikt zwischen erwachsener und kindlicher Perspektive in den Vordergrund, so Johanna Billings *I'm Gonna Live Anyhow Until I Die* von 2012 und Zbyněk Baldráns *To be framed* (2016), in dem die künstlerische Beobachtung und Interpretation als Gewaltakt an der kindlichen Welt befragt wird. Die Ausstellung beinhaltete darüber hinaus Installationen ungarischer Künstler_innen, die teils aus Workshops mit Kindern und Jugendlichen entstanden, in denen folglich pädagogische Methoden einen Teil der künstlerischen Praxis ausmachten.

Somewhere in Europe und *People Players* entwickelten den roten Faden der OFF-Biennale Budapest: einmal in informativer Hinsicht, einmal in künstlerisch-praktischer. Auf ihrer Grundlage, gleichwohl über die Thematisierung von Bildungsmodellen und die Umsetzung pädagogischer Konzepte für künstlerische Arbeiten hinaus, befrage ich die Biennale im Folgenden auf weniger offen zutage tretende Strukturen, in denen sich eine Hinwendung zur Pädagogik und deren Bezug zur gesellschaftspolitischen Gegenwart ausdrückt. Dabei komme ich auf jene Merkmale zurück, die oben beispielhaft an Dávid Mikuláns Videoarbeit herausgefiltert wurden: positive Grundhaltung, Eigeninitiative, die Bestärkung kreativer Persönlichkeitsanteile und die Zentralisierung aneignender Kreation als Dimension der Erfahrung.

2 Positionsbestimmung durch Rückschau und Traditionsbildung

Drei Namen auf nicht fixiertem Fotopapier in einer Dunkelkammer – JOVÁNOVICS, BIRKÀS, BEKE – bildeten das installative Zentrum der Ausstellung *Rebels* des Künstlerduos Little Warsaw für die OFF-Biennale. Die Namen schwanden im Laufe des Ausstellungszeitraums zur Unsichtbarkeit. *Rebels* zirkulierte um eine Protestaktion ungarischer Kunststudent_innen zwischen 1989 und 1990. Nach dem Ende des Realsozialismus forderten sie eine Demokratisierung der Hochschule und eine Berufung neo-avantgardistischer Künstler_innen und Theoretiker_innen an die Universität, welche zuvor im Abseits der staatlich geförderten Kunst agiert hatten. Exemplarisch für jene Forderung standen die Namen des Bildhauers György Jovánovics, des Malers Ákos Birkás wie des Kunsthistoriker László Beke. Die Studierenden hatten sie auf den Asphalt vor die Akademie geschrieben. Little Warsaws Arbeit fokussierte jene Protestbewegung vermittels ausgestellter historischer Dokumente, einer Foto-Graphic Novel, in der die Ereignisse rekonstruiert werden, und der genannten Dunkelkammerinstallation, über die es im Begleittext zur Ausstellung hieß: „The inscription in the darkroom […] shows that even such a well documented historical episode (immortalised on TV and video, in newspaper articles and in official records) can offer so few tangible, lasting mementos."[5] Zudem kann die Dunkelkammer als Metapher für einen unentschiedenen Zustand, das offene Ergebnis betrachtet werden: Der genannte Protest war nur teils erfolgreich, da zwar die Intermedia-Klasse eingerichtet und mit Neo-Avantgarde-Vertreter_innen besetzt wurde, eine umfassende Demokratisierung, die die Studierenden einschließen würde, und die Herstellung einer Autonomie der Schule von der Regierung jedoch ausblieben.

Rebels war eine unter vielen Ausstellungen der OFF-Biennale, die einen Bezug zur Neo-Avantgarde und Formen von Protest und Aneignung des öffentlichen Raums im Kontext des sozialistischen Ungarns und der Transformation herstellen. Modernistische Darstellungsweisen waren in Ungarn bis in die 1960er Jahre hinein – länger, als es etwa in Polen und Jugoslawien der Fall war – von Ausstellungen ausgeschlossen (vgl. Székely 2015, S. 6). Die marginalisierte Position nicht-figurativer und konzeptueller Kunst in Ungarn, deren Kanonisierungsprozess erst langsam mit dem Systemwechsel einsetzte, markierte diese in besonderer Weise als oppositionell. Katalin Székely (vgl. ebd., S. 6) weist darauf hin, dass sich infolge des langanhaltenden institutionellen Ausschlusses eine besondere, identifikatorische Traditionsbildung der avantgardistischen Kunst vollzog. „Die ungarische Neo-Avantgarde wandte sich auch nicht in dem Maße gegen ihre Vorgänger, wie es in Polen oder Jugoslawien üblich war" (ebd., S. 6). Selbst die Avantgarde der 1920er Jahre galt bis in die 60er hinein offiziell als verpönt, sodass, laut Székely, eine Ablösung schwer möglich war, waren doch modernistische Grundlagen noch immer uneingelöst. Der Protest der Kunststudierenden in Budapest 1989/1990, den auch Little Warsaw bearbeiteten, bezeugt, dass die Gegenposition konzeptueller bis post-konzeptueller Kunst bis in die Transformationsjahre hinein Aktualität hatte. Deutlich wurde auch in dieser Bewegung die positive Referenz der Studierenden auf die vorige Generation marginalisierter Künstler_innen.

Die OFF-Biennale demonstrierte, dass diese Traditionslinie bis in die Gegenwart verlängerbar ist. Die ungarische Neo-Avantgarde, zumal der 1970er und 80er Jahre, scheint einen Referenzpunkt für die zeitgenössische Kunst auszumachen, der Identifikationen ermöglicht. Neben Little Warsaws *Rebels* ist in diesem Zusammenhang die Ausstellungsreihe *City Theater* zu nennen, die an drei unterschiedlichen Orten – zum Teil Galerien, die bereits in den 1970er Jahren als Ausstellungsorte

---

[5]Gedruckter Begleittext zu *Rebels*.

konzeptueller Kunst fungierten – Arbeiten neo-avantgardistischer, zum großen Teil ungarischer Künstler_innen zeigte. Tatsächlich handelte es sich in der Mehrheit um Dokumentationen von Kunstaktionen im öffentlichen Raum, den Aktionskünstler_innen vor dem Hintergrund einer (selbst-) kontrollierten Öffentlichkeit realsozialistischer Prägung in Beschlag nahmen und umdeuteten. In Relation zum Untertitel der OFF-Biennale 2017 – *City of Joy* – wurden diese Dokumentationen als Inspirationsmomente für die Gegenwart lesbar.

In den Programmtexten und kuratorischen Beiträgen der Biennale wurden die Termini Neo-Avantgarde und ‚counter culture', Gegenkultur, häufig synonym verwendet. Die marginalisierte Position schien auch hier zu einem zentralen Moment der Beschreibung zu werden, die mithin über das Ästhetische hinaus eine Verbindung zur Gegenwart auf Grundlage der politisch-institutionellen Position von Künstler_innen suggeriert. Wenn verschiedene Ausstellungen und Programme der OFF-Biennale an einer Historisierung der Neo-Avantgarde arbeiteten, so deuteten auch sie diesen Traditionszusammenhang an. In diesen Ausstellungen wurde ein überwiegend positiver Bezugspunkt hergestellt, von dem die zeitgenössische Kunst ausgehen und lernen kann; und dieses Lernen bezieht sich implizit auf ihr Verhältnis zur Regierung und der von ihr kontrollierten Öffentlichkeit. Explizit wurde diese Verbindung nicht: Der auch rechercheaufwendigen Bearbeitung politischer Rahmenbedingungen von neo-avantgardistischen und gegenkulturellen Aktionen im sozialistischen Ungarn stand eine Ausklammerung direkter zeitaktueller Bezüge gegenüber. Vielmehr diente die Gegenwart häufig als Basis zur Aktualisierung historischer Prozesse und für Formen des Reenactments.[6] Eine offensive Thematisierung aktueller politischer Problemstellungen – etwa des Nationalismus, seiner Spiegelung in der Kunst- und Kulturförderung – fand jedoch kaum statt. Als Ausnahme ist Szabolcs KissPáls *From Fake Mountains to Faith – Hungarian Trilogy* (2017) zu nennen, die eine Geschichte des ungarischen Nationalismus mit musealen Mitteln erzählte und bissige, kaum verschlüsselte Kritik an der gegenwärtigen Regierung Ungarns übte.

---

[6]In diese Richtung wies, neben der weiter unten noch zu beschreibenden *Gladness Demo*, die Abschlussveranstaltung der OFF-Biennale 2017 hin: eine Performance von Dominika Trapp mit dem Titel *Peasant in Atmosphere*: „The project takes the Dance-House movement as its point of departure. Starting in the 1970s, dance houses were important venues of Hungarian 'counter culture' during the socialist times. […] Inspired by the original performers of the Hungarian folk music and the representatives of the early Hungarian Avant-Garde, the activity of the 'activists' of the 1910s and 1920s a conceptual music group is initiated" (OFF-Biennale Association 2017, S. 59).

Für das Profil der OFF-Biennale 2017 und ihrer Programmwahl können, mit Ausnahmen wie der oben genannten, Traditionsbildung, Identitätsstiftung und Empowerment als dominante Strukturmerkmale ausgemacht werden. Sie scheinen als Voraussetzung für politische Positionierungen gedacht zu werden, in der eine Stärkung von Subjektposition und Identität der kritischen Reflexion vorausgehen. Demgemäß tauchten die gesellschaftspolitische Gegenwart und die Kritik an ihr allenfalls subtextuell auf; ästhetische Formen der Negation, wie sie für KissPáls Arbeit zentral waren, spielten eine vergleichsweise marginale Rolle.

Die Abwendung von Formen der Negativität und Kritik lässt sich theoretisch vom Standpunkt der Ästhetik her begründen, die durch die Zurichtung auf einen Zweck ihrer Spezifik beraubt wird – eine Position, für die aus philosophischer Sicht etwa Christoph Menke argumentiert:

> Versteht man die Kunst oder das Ästhetische *als* Erkenntnis, *als* Politik oder *als* Kritik, so trägt dies nur weiter dazu bei, sie zu einem bloßen Teil der gesellschaftlichen Kommunikation zu machen. Die Kraft der Kunst besteht nicht darin, Erkenntnis, Politik oder Kritik zu sein (2013, S. 11).

Die Kunst tritt demnach nicht in einen Modus von etwas, sondern behauptet sich als das prinzipiell Andere. Daher wäre das Feld der Kunst auch insofern ein Feld der Freiheit, als es frei vom Sozialen sei, die Kunst zwar Effekte habe, aber prinzipiell nicht der Produktivität unterstellt werden könne (vgl. ebd., S. 14).

Eine solche Begründung auf der Basis ästhetischer Freiheit kann jedoch keine Anwendung auf die OFF-Biennale finden, sofern deren Selbstdarstellung ernst genommen wird. In ihr wird wiederholt der soziale Anspruch der Kunst betont; die Demonstration der Produktivität von Kunst zählt zu ihren klar formulierten Zielen: „It strives to take an active part in the social discourse on public issues and to enhance the culture of democracy by the means of art" (OFF-Biennale Association 2017, S. 3). Indessen lässt die genannte Positivität der Biennale weniger auf eine Ablehnung der Strategisierung von Kunst schließen, als auf eine veränderte Methode.

Über die Akzentuierung von Identitätsbildung, Aneignung und demokratischen Formationsprozessen wird das Negative und Analytische der Kritik zugunsten einer Ermöglichung von Alternativen verabschiedet. So scheint der Ansatz von OFF dem Plädoyer Richard Rortys für eine getrennt zu denkende Beziehung zwischen Veränderung und Kritik jenseits der Dialektik näher zu sein: „the best way to expose or demystify an existing practice would seem to be by suggesting an alternative practice, rather than criticizing the current one" (zit. nach Jaeggi und Wesche 2009, S. 7). Wie Rahel Jaeggi und Tilo Wesche hierzu anmerken, verneint diese Perspektive einen Übergang von einer alten Praxis zur neuen als Transformation und hat somit „keinen Maßstab, von dem her sich die durch Kritik motivierte Transformation als ein Fortschritt zum Besseren – und nicht nur als ein Übergang zu etwas anderem – verstehen ließe" (ebd., S. 7 f.). Es ist diese normative Dimension der Kritik, die zwischen gut und schlecht unterscheiden will, welche noch im OFF abseits steht. Dagegen priorisiert die Biennale Herangehensweisen, wie sie aus dem Bereich der non-direktiven Pädagogik bekannt sind: Sie zielen auf Selbstbestimmung und darauf, Interessen und Standpunkte erst auszubilden, um somit ihre selbstbewusste Artikulation erst zu ermöglichen (vgl. Hinte 1990, S. 179). Ein vorgegebenes Ziel im Sinne einer Position schließen sie aus, aber auch eine strukturelle Perspektive, da sie sich jeweils auf das Individuum und dessen Selbstverantwortung konzentrieren. Als Beleg hierfür kann ein Auszug aus der Ausstellungsbeschreibung zu *Somewhere in Europe* dienen, welche das Inspirationspotenzial der Kinderrepubliken für die Gegenwart wie folgt einbettet:

> The exhibition presents the history of Gaudiopolis along with similar initiatives which were most often born out of the courage, the perseverance and enthusiasm of private individuals (or smaller groups) driven by their beliefs in a just and equal society (OFF-Biennale Association 2017, S. 12).

Die weithin fehlende Bezugnahme zu der aktuellen Situation, die überwunden werden soll, und ihrer strukturellen Dimension im Programm der OFF-Biennale kann ihrerseits jedoch nicht ohne die Beachtung des spezifischen kulturpolitischen Kontextes erklärt werden, aus dem die Biennale entstand und in dem sie sich bewegt.

3   Die Lücke der Gegenwart

> The exhibiting artists are encouraged to enter a seemingly utopian space, where they do not have to participate in the power games of the authoritarian discourse. Actions within Hungarian cultural politics in recent years have not only made the situation of newcomers to art more difficult, but have also forced them into a position of reaction. This constant struggle is exhausting, difficult work in which individual skills and creative energies are subordinated by [sic!] the power against which we define ourselves.[7]

---

[7]Gedruckter Begleittext zu *Holiday*.

Skizziert wird hier das kuratorische Konzept zur Ausstellung *Holiday*, die Arbeiten von Kunststudierenden in Budapest versammelte. Das Zitat bedarf einer Aufschlüsselung: Die „[a]ctions within Hungarian cultural politics", auf die sich bezogen wird, meinen unter anderem das Einsetzen eines regierungsnahen Gremiums namens Magyar Műveszet Akádemia (Ungarische Kunst-Akademie, meist verkürzt MMA oder englisch HAA), das über Förderungen entscheidet und dem seit 2012 diverse Museen unterstellt wurden, zu denen auch das wichtigste Haus für Gegenwartskunst in Ungarn, die Budapester Műcsarnok/Kunsthalle, zählt. Die MMA bevorzugt ungarische Kunst vor internationaler und etablierte in der Kunsthalle einen *Nationalen Salon* – eine Großausstellung zur Repräsentation der Nation Ungarn.

Die erzwungene Positionierung von Künstler_innen, gegen die sich die Kurator_innen Guyla Muskovics und Andreas Soós mit *Holiday* stemmen wollten, expliziert Barnabás Bencsik (2016) in einem Aufsatz zum Nationalen Salon und der Arbeit der MMA wie folgt:

> The 'System of National Cooperation', as the government of Viktor Orbán named itself in 2010, has polarized every segment of society, not excluding the sub-system of contemporary culture and art. As the most effective means to serve this end, the HAA has not only divided the community of artists and cultural workers owing to the circumstances of its founding and continuous institutional existence, but each of its programs, open calls, or invitations also imply yet another provocative pressure to make a statement: are you with or against us?

In Anbetracht jener Vorformatierung der Öffentlichkeit durch die politische Obrigkeit[8] werden auch im Rahmen von *Holiday* „joyfulness of art, playfulness, solidarity and free thinking" betont, welche schließlich alternative Strategien aufzeigen sollten, „outside the rules created by the system".[9] Die Bandbreite der ausgestellten künstlerischen Arbeiten reichte von Innerlichkeit anstrebenden Zeichnungen bis hin zu einer Kurzanimation, in der die Teilnahme an sozialen Bewegungen halb-ironisch zum Statusgewinn umgedeutet wird. Das kuratorische Konzept von *Holiday* beleuchtet die Konstellation zwischen Politik und

---

[8]Was ich hier Vorformatierung nenne – eine strukturell begründete Diskurshoheit und -kontrolle – reicht weit über das Feld der Kunst hinaus und wird etwa von der Mediengesetzgebung demonstriert. Sie ist eine der entscheidenden Methoden der Regierungspolitik von Fidesz (Ungarischer Bürgerbund).
[9]Gedruckter Begleittext zu *Holiday*.

Kunst im Hinblick auf künstlerische Produktions- und Ausstellungs*bedingungen*. Zur Analyse einer konkreten künstlerischen Arbeit bietet sich allerdings ein letzter Ortswechsel an. Indem ich die *Gladness Demo,* eine Performance im öffentlichen Raum – zumal eine gemeinschaftlich ausgeführte und neo-avantgardistisch inspirierte – näher untersuche und kontextualisiere, trage ich auch den Ansprüchen und Schwerpunkten der OFF-Biennale analytisch Rechnung.

Die genannte Aktion wurde von Endre Tót initiiert, der zu den kanonisierten Künstlern der ungarischen Konzeptkunst zählt. Seit den 1970er Jahren reduziert Tót, ursprünglich Maler, in seinen Aktionen und Arbeiten die Bedeutungsebene der von ihm verwendeten Zeichen zur Hervorhebung der Schreib- und Kunstakte selbst, die er dann mit sozio-politischen Kontexten kollidieren lässt. Maschinenbriefe voller Nullen beendete er mit den Worten: „I am glad if I can type zeros". Mit den vielfältigen Arbeiten der *Zer0*- und *Gladness*-Reihen etablierte Tót seine spezifische Signatur. An die Stelle eines Inhalts jenseits des Mediums wird die Freude über den Akt der Produktion zur einzigen Botschaft seiner Arbeiten. Diese Methode wendete er auch auf Demonstrationen an: Auf ihnen trugen er und andere Teilnehmer_innen Transparente mit Aufschriften wie „We are glad if we can hold this in our hands." – oder Schilder mit lauter Nullen. ‚Gladness' – der Stolz, ein Schild zu tragen etwa – wird an die Stelle expliziter politischer Forderungen – *Zer0* – gesetzt. Die Freiheit des Individuums, der Meinungsäußerung und der Presse werden auf diese Weise zu Primärforderungen, die nicht sprachlich propagiert, sondern vorgeführt werden.

Ebendiesen Ansatz verfolgten Tót und die Teilnehmer_innen der *Gladness Demo* im Rahmen der OFF-Biennale. Angeführt wurde die Demonstration von einem Transparent mit der Aufschrift: „Örülunk, hogy demonstrálhatunk!" („Wir freuen uns, demonstrieren zu können!") Die übrigen Schilder setzten ein weiteres Markenzeichen Tóts ein: das breite Lächeln. Tót trug es überall in seiner Arbeit zur Schau, auf Fotografien, auf Stempeln, die sein lachendes Konterfei zeigten. Da Tót in Ungarn zur randständigen Neo-Avantgarde zählte – er emigrierte 1978 – hatte sein Lachen einen absurden, subversiven Zug. Für die Demonstration im Rahmen der OFF-Biennale ließen sich Gegenwartskünstler_innen und Kurator_innen fotografisch ablichten – lächelnd oder aus vollem Halse lachend. Diese Portraits wurden für die Demonstration auf Schilder montiert und von den jeweils Abgebildeten getragen (vgl. Abb. 2). Auch Tóts bekanntes Stempel-Portrait fand sich auf den Plakaten wieder (vgl. Abb. 3).

Im Hinblick auf mögliche Forderungen machte sich diese Demonstration lediglich über die gewählte Route verständlich: Sie führte vom Gebäude des Vigadó, dem Sitz der MMA, zur Műcsarnok am Heldenplatz. Beide Orte waren in den letzten Jahren mehrfach Schauplätze politischer Demonstrationen von

Abb. 2 Die *Gladness Demo* am Budapester Heldenplatz mit Endre Tót im Vordergrund © Carolin Krahl

Abb. 3 Detail der *Gladness Demo* mit einer Reproduktion des Markenzeichens von Endre Tót © Carolin Krahl

Künstler_innen und Kulturschaffenden.[10] So wurde am Heldenplatz 2013 eine Beerdigungszeremonie für die Műcsarnok abgehalten, die jüngst der MMA unterstellt worden war. Im Folgejahr organisierte eine Gruppe wöchentliche Protestaktionen verschiedener Künstler_innen gegen diese Politik. Die *Gladness Demo* schrieb die Geschichte dieses Kampfes fort und unterschied sich doch deutlich von dessen vorigen Stationen. Dass man mit der Versammlung die staatlichen Kunstinstitutionen und deren politische Agenda infrage stellte und angriff, war allein durch die genannte Demonstrationsroute zu erahnen. Gemäß dem von Tót etablierten Konzept wurden keinerlei explizite Forderungen gestellt. Der Fokus richtete sich indessen auf das Innere der Gruppe selbst. Die Aktion war gekennzeichnet von einer betont positiven Selbstbezüglichkeit, wie sie etwa Pride-Marches auszeichnet. Anders als letztere aber, blieb die *Gladness Demo* auf diese Dimension innerer Bewusstseinsbildung beschränkt. In der Aktion traten sowohl der Fokus auf die Selbstermächtigung als auch die Ablehnung einer ausdrücklichen Kritik an politischen Entscheidungen und Strukturen offen zutage. Die Tradition des Demonstrierens vor der Kunsthalle weist schließlich auch auf jene Erschöpfung hin, die schon *Holiday* thematisierte: Keine einzige Forderung der diversen Aktionen um die Műcsarnok und andernorts wurde realisiert oder auch nur von den Verantwortlichen erwogen. Die OFF-Biennale scheint daraus eine spezifische und prinzipielle Lehre zu ziehen, die den Akt der Selbstbehauptung, der Stärkung einer Gruppe, ihrer Selbstinformation und Autonomie im Übertrag von der Sphäre der Kunst auf die Zivilgesellschaft priorisiert. Bildlich gesprochen ist OFF der Versuch, aus einer Sackgasse heraus wieder in Aktivität zu gelangen, wobei dem „Gegner" der Rücken zugewendet wird. Im Umkehrschluss soll gerade in diesem versuchten Positionswechsel jenes subversive Potenzial von Endre Tóts Lachen reaktiviert werden: „An act of joy and its public demonstration is a snub par excellence to an oppressive political system" (OFF-Biennale Association 2017, S. 49). Zugleich ist diese Lesart bewusst eindimensional: Die *Gladness Demo* war unbestreitbar auch ein Akt des Schweigens, einer spezifischen Selbstzensur, die auf der Annahme gründet, entlang bestimmter, etablierter Ausdrucksformen längst nicht mehr gehört zu werden.

Diese Zwiespältigkeit durchdringt die OFF-Biennale; die Betonung von Freude und Stolz im Titel und den kuratorischen Überblickstexten lässt jenen Widerspruch jedoch nicht als offenen Konflikt zu. Hier läge ein kritisches Potenzial,

---

[10]Eine umfangreiche Geschichte historischer Momente vor der Műcsarnok unter Einbeziehung der jüngeren Protestaktionen bis 2014 vermittelt Dóra Hegyi (vgl. 2015) in ihrem Fotoessay *In Front of the Kunsthalle Budapest*.

eine Möglichkeit zu Auseinandersetzungen auch jenseits der ausschließlichen Konzeption von Kritik und der pädagogischer Stärkung von Subjekten. Auch führt diese Entgegensetzung zuweilen zu Erklärungsmustern, die dem Objekt der subtextuellen Kritik nicht gerecht werden oder dieses verschiebt. Gerade der zugrunde liegende Nationalismus und seine Inanspruchnahme künstlerischer Institutionen rücken in den Hintergrund. Im Bedürfnis der Bestärkung wird nur selten die Zivilgesellschaft selbst als Teil eines Problems adressiert. Tendenziell durchdringt die Biennale ein Narrativ, demzufolge die Obrigkeit allein die politische Bildung und Entwicklung der Zivilgesellschaft verhindert. Für das Scheitern der historischen Gaudiopolis wurde im Ausstellungstext zu *Somewhere in Europe* allein die Sowjetisierung verantwortlich gemacht, die demokratische Bestrebungen, wie sie vielfach in Ungarn vorhanden gewesen seien, zunichte gemacht habe. Insbesondere für den Übertrag auf die gegenwärtige sozio-politische Situation hat diese totalitarismustheoretische Grundannahme Konsequenzen. So weist etwa Vírag Molnár (vgl. 2016) darauf hin, dass gerade die zeitgenössische Form des ungarischen Nationalismus kein reines Diktat ‚von oben' darstellt, sondern insbesondere von der Zivilgesellschaft und Initiativen ‚von unten' befördert wurde. Die Lücke der Gegenwart verhindert somit nicht allein eine offensive Regierungskritik, sondern auch eine Kritik der Zivilgesellschaft.

Auch verhindert die Lücke eine selbstkritische Prüfung der Grundlagen, auf denen sich die Künstler_innen im OFF sich als solche artikulieren. So war die *Gladness Demo* auch mit dem Schriftzug „Talpra Magyar Avantgarde" („genesene ungarische Avantgarde") beschildert, unterlegt mit den Farben der Nationalflagge. Die identitätspolitische Herangehensweise der OFF-Biennale wirft die Frage auf, inwiefern sich die Kunstszene selbst, insbesondere über den starken Rückbezug auf lokale Strömungen sowie über die Subtextualisierung von sozio-politischen Bedingungen, zu einem auf Ungarn verengten Diskurs reduziert und ihr Enthusiasmus sich wiederum patriotischer und national markierter Muster annähert. Auch Anspielungen, wie sie die *Gladness Demo* über ihre Route machte, beruhen auf der Annahme selbstverständlichen Wissens im ungarischen Kontext. Dabei hat das Erstarken nationalistischer Strömungen einen globalen Maßstab, den eine internationale Biennale künstlerisch adressieren und mit der Spezifik der Situation in Ungarn vermitteln könnte.

4 Fazit

Die Komplexität der Situation, in der sich die OFF-Biennale kulturpolitisch bewegt, wurde oben anhand des institutionellen Gefüges sowie der Formatierung von Öffentlichkeit durch politische Hegemonie dargelegt. Sie beeinflusste die kuratorische Entscheidung, das Verhältnis von Kritik und Empowerment tendenziell hin zur Marginalisierung kritischer Ausdrucksformen und Ansprüche zu verschieben und Bildung thematisch in den Vordergrund zu rücken. Dahinter werden bei eingehender Betrachtung selbstbestärkende Methoden erkennbar, deren Notwendigkeit sich ohne Kenntnis des kulturpolitischen Kontextes kaum erschließt. Da die konkreten Anlässe einer Gegen-Biennale also zu einem nicht explizit adressierten Subtext werden, bleibt auch die Position, die bestärkt werden soll, undeutlich. Diese Tendenz kann freilich nur für einen Teil der umfangreichen und ambitionierten Biennale gelten, der gleichwohl zentral war und dem Leitmotiv folgte. Die oben angestellte Untersuchung zielt nicht auf Diskreditierung dieses Unternehmens, sondern auf eine Darstellung konkreter Schwierigkeiten im Ausdruck von Kritik vermittels künstlerischer Praxis in einer spezifischen politischen Situation. Eine solche Einbettung künstlerischer Ansätze im Umgang mit nationalistischer Politik und Ideologieproduktion nimmt in der Theorielandschaft zu zeitgenössischer Kunst und ihrer Relation zu Krise und Kritik bislang wenig Raum ein. Diese ist aktuell auf Formen des ästhetischen Kapitalismus pluralistischer Gesellschaften fokussiert, wobei unter der Vorwegnahme des Globalen und Internationalen im Kapitalismus die strukturierende Norm des Nationalen verschwindet.

Die OFF-Biennale und ihre Untersuchung erweitern das Spektrum der Diskussion um kritische oder transformierende Potenziale der Kunst um die Dimension der Folgen neoliberaler Strukturen in Form des erstarkenden Nationalismus. Das Bestehen der OFF-Biennale Budapest verweist auf eine Verquickung von Nationalismus, seinen repräsentativen, narrativen Ansprüchen mit der Kunst und deren Überführung in eine konkrete Kulturpolitik. Auf sie reagieren die Macher_innen der Biennale im Rahmen der Kunst und loten Möglichkeiten aus, unter den genannten Voraussetzungen Handlungsfähigkeit herzustellen. Daraus ergibt sich ihr Absehen von pointierter Kritik, an deren Stelle in der zweiten OFF-Biennale 2017 Empowerment und Bewusstseinsbildung traten. Auf den ersten Blick stellte die Pädagogik vor allem einen thematischen und historischen Rahmen der Ausstellungsreihe dar. Die offenkundige Verbindung zur Gegenwart fehlte. Eingeholt wird sie durch pädagogische Methoden im Rahmen der Kunst und für Kunstschaffende, die erst auf den zweiten Blick auszumachen sind.

Trotz aller Manöver zur Verkleidung kritischer Perspektiven ist die OFF-Biennale die wohl einzige Biennale bislang, die Fragen nach der Unabhängigkeit großer Kunstveranstaltungen und -häuser, nach dem Bestehen eines künstlerischen Betriebes überhaupt unter den Bedingungen des erstarkenden Nationalismus stellt. Dies macht die Außenseiterin zu einer akut relevanten Biennale.

Literatur

aus dem Moore, E. (2018). Biennials under Political Pressure. ONCURATING 37. http://www.on-curating.org/issue-37-reader/biennials-under-political-pressure.html#.Wwv6-CAuCM8. Zugegriffen: 28. Mai 2018.
Bencsik, B. (2016). The Steamroller Advances Relentlessly. mezosfera magazine 1. http://mezosfera.org/the-steamroller-advances-relentlessly/. Zugegriffen: 28. Mai 2018.
Boltanski, L., & Chiapello, E. (2003). *Der neue Geist des Kapitalismus*. Konstanz: UVK.
Draxler, H. (2007). *Gefährliche Substanzen: Zum Verhältnis von Kritik und Kunst*. Berlin: b_books.
Guzzoni, U. (1981). *Identität oder nicht: Zur Kritischen Theorie der Ontologie*. Freiburg/München: Karl Alber.
Hegyi, D. (2015). In Front of the Kunsthalle Budapest: An Image Journey between 1896 and 2014. In dies., Z. László & Z. Leposa (Hrsg.), *War of Memories: A Guide to Hungarian Memory Politics* (S. 133–165). Budapest: tranzit.hu.
Hinte, W. (1990). *Non-direktive Pädagogik: eine Einführung in Grundlagen und Praxis des selbstbestimmten Lernens*. Wiesbaden: DUV.
Holert, T. (2014). *Übergriffe: Zustände und Zuständigkeiten der Gegenwartskunst*. Hamburg: Philo Fine Arts.
Horn, G. (2016). Einleitung. In L. Boyle, S. Chase, M. Roso & D. Toro (Hrsg.), *9. Berlin Biennale für zeitgenössische Kunst: The Present in Drag* (S. 22–27). Berlin: Distanz.
Jaeggi, R., & Wesche, T. (2009). Einführung. In dies. (Hrsg.), *Was ist Kritik?* (S. 7–21). Frankfurt a. M.: Suhrkamp.
Kamp, J.-M. (1994). *Kinderrepubliken: Geschichte, Praxis und Theorie radikaler Selbstregierung in Kinder- und Jugendheimen*. Opladen: Leske und Budrich.
Latour, B. (2007). *Elend der Kritik: Vom Krieg um Fakten zu Dingen von Belang*. Zürich/Berlin: Diaphanes.
Menke, C. (2013). *Die Kraft der Kunst*. Berlin: Suhrkamp.
Molnár, V. (2016). Civil society, radicalism and the rediscovery of mythic nationalism. *Nations and Nationalism 22 (1)*, S. 165–185.
OFF-Biennale Association (2017). *Gaudiopolis 2017: The City of Joy*. Budapest: Programmheft.
Székely, K. (2015). Bookmarks. In dies. (Hrsg.), *Bookmarks: Hungarian neo-avant-garde and post-conceptual art from the late 1960s to the present* (S. 4–13). Berlin: Distanz.
Vogel, S. K. (2010). *Biennalen – Kunst im Weltformat*. Wien/New York: Springer.

„The Danger of a Single Story" – Ästhetisch-pädagogische Zugänge zur menschlichen Pluralität in Anlehnung an Chimamanda Ngozi Adichie und Hannah Arendt

Anne Otzen und Ole Hilbrich

1 Einleitung

Ritualisiertes (Vor-)Lesen von Märchen, Bilderbuch und Adoleszenzroman, Geschichten erfinden im Spiel, die Weitergabe familiärer Anekdoten, das Verfassen von Tagebucheinträgen und die Aufforderungen (von sich) zu erzählen – alle diese Praktiken zeigen an, dass Erzählungen in schriftlicher und mündlicher Form mit der pädagogischen Praxis verwoben sind. Neben diesen alltagspädagogischen Erzählanlässen lässt sich aber auch weiter eine Konjunktur des Erzählens in pädagogischen Kontexten beobachten; zu nennen sind hier Erzählzeiten in mehrsprachigen Kindertagesstätten oder Erzählfestivals in Großstädten.[1] Diese Programme

---

[1] Vgl. zum Beispiel das jährlich stattfindende Bremer Erzählfestival „Feuerspuren", das in einem von Migration geprägten Stadtteil mit Hilfe von mehrsprachigen Erzählungen neue Verbindungen zwischen den Bewohner_innen stiftet und die mit der Mehrsprachigkeit verbundene Stimmen- und Perspektivenvielfalt in der ganzen Stadt und darüber hinaus hörbar machen will (vgl. http://www.feuerspuren.de/).

A. Otzen
Universität Bremen, Bremen, Deutschland
E-Mail: anne.otzen@uni-bremen.de

O. Hilbrich (✉)
Ruhr-Universität Bochum, Bochum, Deutschland
E-Mail: ole.hilbrich@rub.de

© Springer Fachmedien Wiesbaden GmbH, ein Teil von Springer Nature 2019
C. Bach (Hrsg.), *Pädagogik im Verborgenen*,
https://doi.org/10.1007/978-3-658-21891-1_14

und Events sehen einerseits im Erzählen einen Schlüssel zur *literacy* und damit zur Bildung; andererseits werde durch die Förderung des Erzählens das Interesse für kulturelle sowie sprachliche Vielfalt und Gemeinsamkeiten geweckt (vgl. Wardetzky und Weigel 2008; Wieler 2005).

Nicht nur der schulische Literaturkanon, sondern auch Debatten zu Rassismus in Kinderbüchern – wie jüngst am Beispiel von Pippi Langstrumpf (vgl. Greiner 2015) – unterstellen, dass Geschichten eine eigene Pädagogizität aufweisen. Ersichtlich wird dies, wenn wie in diesem Fall die Vermittlung nicht mehr zeitgemäßer Weltbilder als unverantwortlich kritisiert wird. Umgekehrt wird die unterstellte Pädagogizität der (Kinder-)Literatur von der Hoffnung getragen, dass die Darstellung vielfältiger Lebensweisen und schwieriger Themen wie Flucht, Tod, Scheidung mit entsprechenden Altersempfehlungen neben dem Genuss/ der Unterhaltung auch erzieherisch helfend zur Seite steht, indem sie an die entwicklungsspezifischen Lebenswelten der Zöglinge anknüpft (vgl. Abraham und Kepser 2009; Müller-Michaels 1999; Saupe und Leubner 2017).[2] Doch so eingängig die Relevanz des Zusammenhangs von Erzählen und Erziehen hier bereits hervortritt, so unklar erscheint dieser, wenn wir die Ebene der politischen und pädagogischen Programmatik verlassen und uns auf die Ebene der erziehungstheoretischen Argumentation begeben: Dass im Kontext dieser im Feuilleton wie in der Literaturdidaktik angesiedelten Überlegungen Erzählungen *als* Literatur betrachtet werden, verweist auf die Bedeutung des *ästhetischen* Charakters von Erzählungen. Ein Blick in die Geschichte der Erziehungs- und Bildungsphilosophie ergibt, dass die erzieherische Kraft der Künste im Humanismus als Grundlage aller Erziehung galt (vgl. Dietrich 2012). Wie in Schillers Briefen *Über die ästhetische Erziehung des Menschen* (vgl. 2000) zu lesen ist, wurde die Beschäftigung mit dem Schönen als Weg zur individuellen und politischen Freiheit des Menschen betrachtet. Schillers vielversprechende Hoffnung richtete sich darauf, dass die ästhetische Erfahrung die sinnlichen und abstrakt-reflexiven Vermögen der Menschen auf eine Weise zu vermitteln helfe, die das aufklärerische Projekt einer sittlichen Vervollkommnung des Menschen befördern könne – ohne, wie Schiller es an der Schreckensherrschaft infolge der Französischen Revolution beobachtete, in Brutalität zu verfallen.

---

[2]Die Bedeutsamkeit von Geschichten für die kindliche Entwicklung wurde aus einer psychoanalytischen Perspektive von Bruno Bettelheim (1903–1990) beschrieben, der in seiner Studie *Kinder brauchen Märchen* (2009) die Wichtigkeit von Märchen für die Entwicklung der kindlichen Seele betonte, indem er darauf aufmerksam machte, dass Märchen dem kindlichen Denken und Fühlen entsprechen und den Abbau von Ängsten und inneren Konflikten fördern würden (vgl. vom Orde 2012).

Aus der Sicht einer gegenwärtigen und sozialtheoretisch informierten Erziehungswissenschaft (vgl. Bellmann 2016) ist dieser Ansatz Schillers jedoch problematisch: Dem humanistischen Entstehungskontext des Textes entsprechend, verkürzt er die Pädagogizität ästhetischer Praktiken auf die ästhetische Erfahrung eines von seinen sozialen Bezügen abgelösten Subjekts (vgl. Ricken 2006). Die Eingebundenheit pädagogischer Erfahrungen und Handlungen in soziale und kulturelle Kontexte sowie in Interaktionen gerät damit nicht in den Blick. Um die Pädagogizität des Erzählens stattdessen als diese Kontexte miteinbeziehende *Praxis* zu begreifen, ist eine Verschiebung der Analyseebene notwendig: Weg von der Betrachtung der Erfahrung des sich bildenden Subjekts mit dem ästhetischen Objekt bzw. der erzählten Geschichte, hin zum Vollzug des Erzählens als performativem Geschehen mit (ästhetischen) Effekten für die in es verwickelten Subjekte. Leitend für den folgenden Beitrag ist deshalb die Annahme, dass Erzählen sowohl von seiner Form als auch von seinen normativen/ethischen Dimensionen her gedacht eine (auch) pädagogische Praktik ist. Die sprachliche Handlung des Erzählens zeichnet sich dadurch aus, dass jemand jemanden eine Geschichte erzählt, indem er_sie Orte, Personen, Ereignisse miteinander verknüpft (vgl. Martínez 2011). Eine Nähe narrativer und erzieherischer Praktiken fällt dann ins Auge und lohnt genauer betrachtet zu werden, wenn wir davon ausgehen, dass wir in der Erziehung – als in kulturelle Zusammenhänge eingebundene Menschen – in der Interaktion unsere Lebensform mitteilen. So bestimmt Mollenhauer Erziehung „zuallererst [als] Überlieferung, Mitteilung, was uns wichtig ist" (1983, S. 20).

Um diesen Zusammenhang näher zu erläutern, versuchen wir zunächst, die Befunde einer anthropologisch ausgerichteten Erzähltheorie mit der Operativen Pädagogik Klaus Pranges ins Gespräch zu bringen (Kap. 2.). Auch Hannah Arendt (1906–1975) geht in ihrer Phänomenologie menschlicher Tätigkeiten, mit denen Menschen auf elementare Bedingungen ihrer Existenz reagieren, auf die Bedeutung des Erzählens ein. Diese liege im Beitrag des Erzählens zum Erhalt einer zwischenmenschlichen Welt, indem es Sinnzusammenhänge, die bspw. in Erinnerungen vorliegen, fixiert und damit einer gemeinsamen Betrachtung zugänglich macht. Auch Erziehen leiste durch die Einführung von Nachkommen in die Welt einen Beitrag zu deren Erhalt. Die Einsicht, dass Welterhalt jedoch stets auch Welterneuerung bedeutet, zeigt sich daran, dass die Welt sich nur in einer Vielfalt von Perspektiven offenbart, die mit den ‚neuen' Menschen in die Welt kommen und mit dem steten Weitererzählen von Geschichten Eingang in die Betrachtung der Welt finden. Eine ethische Perspektive besteht darin, dass der Erhalt einer pluralen Welt notwendige Bedingung einer nicht-totalitären Form des Zusammenlebens ist. Sowohl der Gedanke, dass Erzählen elementar für die menschliche Weltwahrnehmung ist, als auch die Überlegung, dass die Vielfalt menschlicher Perspektiven auf diese Welt sich erst in Form von *vielen* Geschichten zeigt, sind bestimmend für das Schreiben von Chimamanda Ngozi Adichie. Ihre überaus erfolgreichen und lesenswerten Romane und Erzählungen sowie biografischen Essays thematisieren Familien-, Generationen- und Geschlechterbeziehungen mit samt ihrer Verstrickungen in rassistische und (post-)koloniale Kontexte (vgl. exemplarisch Adichie 2003, 2016). Anhand einer Textstelle aus dem Roman *Purple Hibiscus* (2003) zeigen wir – im Anschluss an die Darstellung Arendts (Kap. 3) –, *wie* sich Erzählen als pädagogische Praxis der Stiftung pluraler Perspektiven verstehen lässt (Kap. 4). Das Motiv einer *Pädagogik im Verborgenen* hilft uns zu zeigen, dass trotz des scheinbar *bloß* ästhetischen Charakters des Erzählens in Romanform, eine implizite pädagogische Intention rekonstruiert werden kann, die der Präsentation des Textes in einem sozialen und kulturellen Kontext eingeschrieben ist (Kap. 4). Wir schließen unseren Text mit einer kurzen Zusammenfassung (Kap. 5).

2 Erzählen und Erziehen

Die Dreistelligkeit der Relation – jemand *(x)* erzählt jemanden *(y)* eine Geschichte *(z)* – findet eine Analogie in Klaus Pranges Operativer Pädagogik (vgl. 2005), die Erziehen als Zeigen bestimmt: jemand *(x)* zeigt jemanden *(y)* etwas *(z)* (vgl. Martínez 2011; Prange 2005). Diese Strukturhomologie der beiden Tätigkeiten lässt sich vertiefend beschreiben, wenn erzähltheoretische Erkenntnisse zu elementaren Operationen des Erzählens mit dem Ansatz der Operativen Pädagogik ins Gespräch gebracht werden. Dabei zeigt sich, dass der Form beider Tätigkeiten jeweils ein sensibler Umgang mit der Kontingenz menschlicher Weltwahrnehmung (vgl. Koschorke 2012, S. 11) eingeschrieben ist.[3]

Eine Reihe von Überlegungen zu einer narrativen Anthropologie bzw. Kulturtheorie stellt das Erzählen als elementare Praktik des Menschen dar. Roland Barthes (1915–1980) zufolge besitzen alle Gemeinschaften ihre Erzählungen und so seien diese „international, transhistorisch, transkulturell und damit einfach da, so wie das Leben" (Barthes 1988, S. 102, zit. n. Koschorke 2012, S. 9). Michael

---

[3]Vgl. zum Begriff der Kontingenz die Überlegungen Norbert Rickens (vgl. 2004), der u. a. betont, dass Kontingenz nicht nur auf die logische Andersmöglichkeit, sondern auch auf die existenzielle Endlichkeit und Begrenztheit menschlichen Lebens verweist. Insbesondere Rickens Reflexionen zur Perspektivität und konstitutiven Sozialität menschlicher Praxis versuchen wir mithilfe unserer Ausführungen zu konkretisieren.

Scheffel ergänzt dieses anthropologische Diktum, indem er darauf hinweist, dass auch das Erzählen trotz der universellen Ansprüche aus onto- und phylogenetischer Sicht nicht einfach gegeben sei, sondern dass sich die Fähigkeit zum Erzählen in der Entwicklung vom Säugling zum Erwachsenen, aber auch in der evolutionären Geschichte des Menschen erst ausbilden muss(te) (vgl. Scheffel 2011, S. 74).[4] Der Literaturwissenschaftler Albrecht Koschorke bestimmt in seinem Buch *Wahrheit und Erfindung. Grundzüge einer allgemeinen Erzähltheorie* (2012) die Universalität des Erzählens als Einsatzpunkt einer umfassenderen Kulturtheorie (vgl. ebd., S. 9 ff.): Da für das Erzählen selbst die Unterscheidungen zwischen Eigentlichkeit und Uneigentlichkeit, Spiel und Ernst, Fantasie und Realität, nicht als unbedingt und relevant gelten, nimmt er an, dass das Erzählen „einer ursprünglicheren, unterhalb solcher Gegensätzlichkeiten liegenden Schicht des Daseins entstammte" (ebd., S. 16). Um die mit dem Erzählen einhergehende Unsicherheit zu vermindern, ist es, Koschorke zufolge, aus dem *logos* ausgegliedert und dem *mythos* zugewiesen worden (vgl. ebd., S. 17 ff.). Dennoch und obwohl im Alltag Unterscheidungen wie *wahr & falsch* bzw. *real & irreal* notwendig sind, widersteht das Erzählen dieser strikten Trennung:

> Das Erzählen hat sich nicht ins Reservat der Schönen Künste einsperren lassen. Der Drang die Welt erzählerisch zu modellieren, hält sich nicht an die Grenzziehung zwischen gesellschaftlichen Funktionssystemen. Das betrifft alle Ebenen – von den Alltagsgeschichten über wissenschaftlichen Theorien bis hin zu den *master narratives*, in denen sich Gesellschaften als ganze wiedererkennen – und alle Formen: von den konventionellen Floskeln, in denen sich kleine Narrative verbergen und die Grammatik der Umgangssprache einsenken, bis zu den elaboriertesten, nur von Spezialisten beherrschbaren Erzähllabyrinthen. Wo immer sozial Bedeutsames verhandelt wird, ist das Erzählen im Spiel (ebd., S. 18 f.).

Der Rückgriff auf die Theorie Koschorkes erscheint sinnvoll, da er einerseits dem Erzählen eine sozialtheoretische Bedeutung zuschreibt, die über die Grenzen der Literaturwissenschaft hinausgeht und interdisziplinäre Anschlüsse ermöglicht (vgl. ebd., S. 18 f.). Andererseits erläutert Koschorke im Rahmen seiner Auseinandersetzungen – ähnlich wie Prange es für das Erziehen über das Zeigen illustriert – die *Operationen* des Erzählens; diese genauer zu betrachten erscheint uns für die Frage nach der verborgenen Pädagogizität im Erzählen vielversprechend.

Als „[o]ntologisch indifferen[t]" (ebd., S. 16) kann Erzählen sowohl Wissen übermitteln als auch verzerren, Irreales real erscheinen lassen oder mit derartigen

---

[4]Zum Erwerb der Erzählfähigkeit im Kindesalter vgl. Becker (2011).

Oppositionen spielen (vgl. ebd., S. 17 ff.). Erzählen kann mit Koschorke als eine kontingenzsensible Praktik verstanden werden, wenn er die „anthropologische Erklärung" (vgl. ebd., S. 11) anführt, dass Menschen über das Erzählen von Geschichten ihre Lebenswirklichkeit in Zusammenhänge einbetten, indem sie ihre Erfahrungen *motivieren*, d. h. mit Zielen und Absichten versehen, anstatt sie dem bloßen Zufall auszuliefern (vgl. ebd., S. 11).[5] Diesen Aspekt der „Kontingenzbewältigung" (ebd., S. 11) im Erzählen lesen wir im Folgenden als einen pädagogischen, insofern das Erziehen selbst mit Kontingenz konfrontiert ist. Klaus Prange unterscheidet zwei Seiten der Erziehung: Erziehen und Lernen (vgl. 2005, S. 58). Dabei gilt das Lernen sowohl als Bezugspunkt als auch als Voraussetzung von Erziehung, denn das Lernen soll durch Erziehung gesteuert werden, kann aber selbst nicht durch diese hergestellt werden (vgl. ebd., S. 41; S. 58 ff.; S. 80 ff.), da es „als anthropologische Konstante" (ebd., S. 88) dem Erziehen vorgängig ist. Den Kontingenzaspekt am Zeigen illustriert Prange damit, dass das Zeigen das Lernen nicht mit den Regeln der „Billardphysik" erfassen kann (2002, S. 117). Dass immer auch ander(e)s, mehr oder weniger gelernt als gezeigt wird, liegt daran, dass das Lernen dem Zeigen vorausgeht und Kinder auch lernen, ohne dass ihnen etwas von Erziehenden gezeigt wird. Erziehen als Zeigen – so wie Prange es in der Operativen Pädagogik beschreibt – ist auf das Lernen gerichtet und damit wie das Erzählen an der Bewältigung von Kontingenz interessiert. Prange verdeutlich das, wenn er argumentiert, dass das Zeigen die Aufmerksamkeit des Gegenübers entsprechend lenken muss. Weiter illustriert er, dass zum Zeigen zwangsläufig das Verbergen gehört: So soll das Kind (noch) nicht alles hören und sehen (vgl. Prange 2005, S. 80 ff.). Ebenso wie das Erzählen kommt das Zeigen nicht isoliert vor, sondern immer in sozialen und historischen Konstellationen (vgl. ebd., S. 123 f.).[6]

---

[5]Dass das Erzählen nicht nur dem Zeitvertreib und der Bewältigung von Angst diene – wie Koschorke mit Verweis auf Hans Blumenbergs *Arbeit am Mythos* (1990) anführt –, verdeutlicht der Hinweis, es handele sich bei dieser Deutung um eine koloniale Strategie, einer „primitiveren Entwicklungsstufe der Menschheit" und fantastischen Naturmächten rationale Erklärungen entgegenzusetzen. Weiter habe das Erzählen auch nicht die Aufgabe Trost und Sicherheit zu spenden, schließlich seien ganze literarische Genres dem Grauen und Schrecken gewidmet (vgl. 2012, S. 10 f.).
[6]Erziehende zeigen sich darüber hinaus im Zeigen selbst als Zeigende (vgl. Prange 2005, S. 78 f., 2002, S. 118) und haben dementsprechend, mit Arendt gesprochen, die Verantwortung – und hiermit erhält die Operative Pädagogik eine ethische Unterfütterung –, dem Zeigen „eine gute Form zu geben" (ebd., S. 163). Norbert Ricken schlägt darüber hinaus in seiner Rezeption Pranges vor, die Intersubjektivität des Zeigens zu akzentuieren und das Zeigen als ein Adressierungs- und Konstitutionsgeschehen aufzufassen, indem er dem Zeigen das Anerkennen als pädagogische Grundform des Handelns zur Seite stellt (Ricken 2009, S. 121 ff.).

Jedoch bleibt der Zeigeakt wie eine erzählte Geschichte unbestimmt. Denn die Kontingenz dessen, was genau und wie gelernt wird bzw. wie die Geschichte wirkt, lässt sich nicht auflösen. Bezüglich der Wirksamkeit von Zeige-Akten weist Prange auf die ästhetische Qualität des Zeigens hin, indem er diese mit der Betrachtung eines Kunstwerkes vergleicht, und dabei betont, dass sie sich erst im Erleben selbst einstellt und nicht vorausgesagt werden kann (vgl. ebd., S. 162 f.). Dieser Aspekt lässt sich auch auf die Rezeption von Erzählungen übertragen, denen ebenfalls Überschüsse eigen sind. Mit Koschorke und Prange können wir – für die Frage nach der verborgenen Pädagogizität von Erzählungen – den kontingenzbändigenden sowie -stiftenden Charakter dieser Praktiken herausstellen. Um in der Analyse der Erzählungen Adichies benennen zu können, *wie* Erzählungen ihre pädagogische Wirkung entfalten, betrachten wir im Folgenden die elementaren Operationen des Erzählens nach Koschorke.

Reduktion, Schemabildung, Redundanz und Variation, Diversifikation, Sequenzbildung und Rahmung, Motivation, Positionierung der Erzählinstanz sowie Erregung und Bindung von Affekten werden von Koschorke als elementare Operationen des Erzählens beschrieben. Dabei durchziehen diese Operationen ein Wechselspiel von Öffnung und Schließung.[7]

> Dieser informellen und in gewisser Weise einladenden Offenheit [des Erzählens] steht jedoch die Gravitationskraft bestimmter kulturprägender Narrative entgegen. [...] Die Buntheit der Erzähloberfläche, in der die Turbulenzen der Welt ‚draußen' nachklingen, wird durch Reduktion auf wiederkehrende Grundmuster gleichsam ausgefiltert – ein Prozess der Akkommodation, der das Neue, das jeden Augenblick aufglüht und vergeht, in die langsamere, gleichförmigere Arbeit der kulturellen Semiosis überführt (Koschorke 2012, S. 38).

Als selektive Tätigkeit (vgl. ebd., S. 29) ist das Erzählen der Reduktion verpflichtet und im Zuge der Schemabildung wird die Schließung als „Verknappung, Angleichung und Vervollständigung" (ebd., S. 32) vollzogen. Neben der Möglichkeit der Schematisierung besitzt das Erzählen auch die Möglichkeit, durch Variation und Diversifikation aus alten Geschichten Neues und Anderes entstehen zu lassen (vgl. ebd., S. 57) und sorgt auf diese Weise für Stabilität *und* Wandel in sozialen Gemeinschaften (vgl. Scheffel 2013). Im Begriff des Narrativs, wie Koschorke ihn beschreibt, lässt sich dieses Doppel von Öffnung und Schließung

---

[7] Auf dieses Wechselspiel von Öffnung und Schließung weist auch Maike Weißpflug in ihrer Auseinandersetzung mit Koschorke in ihrer inspirierenden Betrachtung des Erzählens bei Arendt hin (vgl. 2014, S. 219).

nachvollziehen: als „Dispositive von mittlerem Härtegrad" (2012, S. 30) konfigurieren sie Sinn, ohne diesen endgültig festzuschreiben. Narrative stehen damit den individuellen Geschichten gegenüber; der Erfolg und die Verbreitung von Erzählungen – so Koschorke – begründe sich dadurch, dass sie den Mustern eines kulturell gebräuchlichen Narrativs entsprechen oder auch mit diesen Erzählweisen erkennbar spielen (vgl. ebd., S. 30 f.).

Inwiefern diese Spielarten der Narrative uns mit einer verborgenen Pädagogizität konfrontieren, wenn sie über Öffnung und Schließung ein Spiel mit Kontingenz und Sinn verfolgen, werden wir in Kap. 4 anhand der Texte Adichies aufzeigen. Dass mit diesem spezifischen Umgang mit der Kontingenz menschlicher Weltwahrnehmung auch eine ethische Dimension verknüpft ist, die beide Praktiken – Erziehen und Erzählen – teilen und die Pädagogizität des Erzählens weiter verdeutlichen kann, werden wir nun anhand von Arendts phänomenologischer Betrachtung menschlicher Tätigkeiten herausarbeiten.

3 Hannah Arendt: Herstellen und Beurteilen der Welt aus unterschiedlichen Perspektiven

Der Rückgriff auf Hannah Arendts politisches und philosophisches Denken erlaubt es, die bereits erarbeiteten Bezüge zwischen Erziehen und Erzählen erneut zu betrachten. Der Aspekt des in beiden Tätigkeiten nachgezeichneten sensiblen Umgangs mit Kontingenz wird dafür in den Kontext einer ethischen Lesart von Arendts phänomenologisch begründeter Deutung menschlicher Pluralität gestellt (vgl. Butler 2016; Loidolt 2018).

Die strukturelle Homologie von Erziehen und Erzählen lässt sich innerhalb von Arendts Denken im Rahmen der in *Vita Activa* (vgl. 2002) ausgeführten Typologie menschlicher Tätigkeiten rekonstruieren. Arendt beschreibt darin durch ihre Unterscheidung der (nicht-kontemplativen) menschlichen Tätigkeiten in „Arbeiten", „Herstellen" und „Handeln" unterschiedliche Modi, in denen Menschen auf elementare Bedingungen ihrer Existenz reagieren:[8] Erziehen und Erzählen leisten dabei als „herstellende" Tätigkeiten einen Beitrag zum Erhalt des

---

[8]Während sich die „Arbeit" in der Reproduktion der biologischen und alltäglich verzehrten Lebensgrundlagen erschöpft, bringt das „Herstellen" dauerhaft bestehende Gegenstände hervor, die sich als „Gebrauchsgegenstände" (als Tisch oder Hammer) nur langsam abnutzen oder als „Kunstwerk" über Generationen Bestand haben. Das „Handeln" schließlich bezeichnet die politische Tätigkeit des Menschen, die für Arendt darin besteht, etwas Unvorhergesehenes tun zu können, andere damit anzustecken und auf diese Weise zu einer Erneuerung des politischen Gemeinwesens beizutragen (vgl. 2002, z. B. S. 16 f.).

menschlichen Zusammenlebens in Form einer gemeinsam geteilten „Welt".[9] Im Sinne Koschorkes wird damit der sinnfixierende bzw. schließende Aspekt der beiden Tätigkeiten betont.

Die Aufgabe der *Erziehung* liegt für Arendt darin, Menschen in die Welt einzuführen. Wesentlich für die Aufgabe der Erziehung ist es, dass Erwachsene gegenüber der jüngeren Generation für die „Welt" Verantwortung übernehmen, „obwohl auch sie sie nicht gemacht haben, selbst wenn sie heimlich oder offen wünschen sollten, sie sei anders als sie ist" (2016a, S. 270). Der „weltschaffende" (Benhabib 1998, S. 217) Charakter, den die Erziehung mit anderen herstellenden Tätigkeiten teilt, äußert sich in ihrem Fall vor allem darin, „etwas zu hegen und zu schützen" (2016a, S. 273) – in ihrer „Pauschalverantwortung" (ebd.) für die „Welt" ist sie „konservativ", wie Arendt sagt (vgl. ebd.).[10]

Die anvisierte Gemeinsamkeit von Erziehen und Erzählen zeigt sich, wenn in Betracht gezogen wird, dass auch das *Erzählen* einen „herstellenden" Charakter im Sinne Arendts hat. In *Vita Activa* erläutert sie, wie das Erzählen die menschliche ‚Innenwelt' – Arendt versteht darunter „die Leidenschaften des Herzens, die Gedanken des Geistes, die Lust der Sinne" (2002, S. 63) – in Form einer Geschichte „verdinglicht" (ebd., S. 227). Auf diese Weise besitzen (bereits alltägliche) Erzählungen die Macht zunächst Verborgenes so umzugestalten, dass es für andere weltliche Wirklichkeit erlangt, die sich im „Gehört- und Gesehenwerden" (ebd., S. 62) zeigt. Ein weiteres Beispiel ist die menschliche Biografie: Die „Lebensgeschichte" (ebd., S. 116) ergibt sich aus der Kohärenz stiftenden Verknüpfung zunächst unverbundener Ereignisse und Ursachen. Erst in der Erzählbarkeit eines menschlichen Lebens,

---

[9]Arendt versteht unter „Welt" zum einen die materielle Infrastruktur einer „Dingwelt" (2002, S. 16), bestehend aus Gegenständen in Form von Werkzeugen, Technik, aber auch Architektur, innerhalb derer Menschen ihre unterschiedlichen Aktivitäten entfalten können. Zum anderen verweist „Welt" auf einen immateriellen Zusammenhang, ein „Bezugsgewebe" (2002, S. 225) kultureller Deutungen (bspw. in Form geteilter Erinnerungen im Sinne eines „kollektiven Gedächtnisses" (Halbwachs)), die diese Aktivitäten in einen sinnvollen Zusammenhang bringen und ihnen auf diese Weise Bedeutung beimessen lassen (vgl. Loidolt 2018, S. 98 f.).

[10]Arendts Konservatismus ist im Zusammenhang mit ihrer klaren Zuordnung der Erziehung in den traditionell dem weiblichen Geschlecht zugewiesenen privaten Bereich insbesondere aus feministischer Perspektive heftig kritisiert worden (vgl. Benhabib 1998, S. 215, 220 sowie Torkler 2015, S. 31–34). Wir halten diese Einwände politisch für plausibel, erachten Arendts Theorie – wie übrigens auch viele ihrer Kritiker_innen – jedoch für komplex genug, die in Arendts Schriften zum Teil vertretenen „Fehlurteile" im Weiterdenken ihrer Theorie zu revidieren. Die in diesem Beitrag vorgelegt Re-Lektüre von Arendts Erziehungsverständnis im Licht des Erzählens verstehen wir als Schritt in diese Richtung.

d. h. in einer Form, die von anderen als sinnvoller Zusammenhang verstanden werden kann, unterscheidet es sich von biologischen Lebensprozessen, die ohne Anfang und Ende in der bloßen Erneuerung und anschließendem Verzehr der Lebensgrundlagen zirkulär verlaufen (vgl. ebd., S. 116 f.). Wie im Falle des Erziehens geht es im „herstellenden" Erzählen also darum, einen Beitrag zu einer zwischenmenschlichen verlässlichen Realität zu leisten, die – wie die Beispiele zeigen – nicht nur in der „Versicherung" von den uns umgebenden Gegenständen, sondern auch „unserer selbst" (ebd., S. 63) liegt.[11] Die Thematisierung von Gemeinsamkeiten des Erziehens und Erzählens in Arendts Denken wäre jedoch unvollständig und sogar irreführend, wenn sie sich allein darauf beschränken würde, deren weltschaffenden Charakter herauszustellen, ohne darauf hinzuweisen, dass der Erhalt der Welt auf das Engste mit ihrer steten Erneuerung verflochten ist. In Arendts Denken findet sich also ebenfalls eine Formbestimmung beider Tätigkeiten, die Momente der Schließung mit denen der Öffnung verschränkt.

Anders als Koschorke erklärt Arendt die Kontingenzsensibilität des *Erzählens* nicht über eine differenzierte Betrachtung von dessen Operationen, sondern weist – vermittelt durch die Kategorie der „Welt" – auf ein Zusammenspiel des Kontingenz bannenden Erzählens mit dem für die Kontingenz verantwortlichen „Handeln" hin. So berichten Geschichten stets von etwas Unvorhersehbaren. Arendt verdeutlicht diese Überlegung mit ihrer Aussage, dass Geschichten als „Nebenprodukte" (ebd., S. 226) menschlichen Handelns etwas zum Ausdruck bringen, was auch den Handelnden selbst gar nicht bewusst war. In diesem Sinne offenbart eine Geschichte – auf nicht-intentionale Weise – „[w]er jemand ist oder war" (ebd., S. 231). Die Fixierung einer Handlung in Form einer Geschichte durch eine andere Person läuft dabei stets Gefahr, durch weitere Handlungen überholt zu werden, da sich bereits Erzähltes im Lichte neuer Ereignisse anders darstellen kann (vgl. Loidolt 2018, S. 185).[12] *Zugleich*

---

[11]In ihrem Aufsatz *Wahrheit und Politik* schreibt Arendt: „Die politische Funktion des Geschichtenerzählers, der Geschichtsschreiber wie der Romanschriftsteller, liegt darin, daß sie lehren, sich mit den Dingen, so wie sie nun einmal sind, abzufinden und sie zu akzeptieren" (2016c, 367 f.).

[12]Eine solche auf historisches Erzählen verweisende Interpretation wirft zwangsläufig die Frage auf, ob sie lediglich für faktuales, nicht aber für das im Zusammenhang dieses Textes noch bedeutsamere fiktionale Erzählen Gültigkeit beanspruchen kann (diese Deutung wird durch Arendts Unterscheidung von „einer wirklich gesehenen und einer nur erfundenen Geschichte" (2002, S. 231) genährt). Insofern „Kunstwerke", zu denen fiktionale Texte ja gerechnet werden müssen, aber ebenfalls menschliche Erfahrungen, ihre „Fähigkeit, zu denken und zu sinnen" (ebd., S. 203) zur Grundlage haben, sollte diese Unterscheidung für unseren Zusammenhang ihre Bedeutsamkeit verlieren: Fiktionale Texte gewinnen ihren Stoff ebenfalls aus dem realen Leben und sind in ihrer Verstehbarkeit damit ebenfalls abhängig von historischen Entwicklungen.

kann das Unvorhersehbare als solches nur erkennbar werden, weil es sich von dem Hintergrund des immateriellen Bezugsgewebes bisheriger menschlicher Geschichten (und den damit verbundenen Erinnerungen und kulturellen Deutungen) abhebt. Erzählungen bergen stets etwas „Neues" und dieses Neue setzt voraus, dass es zuvor schon etwas gegeben hat (vgl. Arendt 2002, S. 226). *Zuletzt* fordern Erzählungen uns beim Zuhören zu Urteilen heraus. Infolge ihrer Auseinandersetzung mit Kants Überlegungen zum Geschmacksurteil kommt Arendt zu dem Schluss, dass ästhetische (wie politische) Urteile stets die Perspektive anderer zu berücksichtigen suchen – nicht indem sie sie vorschnell übernehmen, sondern indem sie antizipieren, ob sie von einem anderen Standpunkt ebenfalls überzeugen können (vgl. Arendt 2016b, S. 298 ff.). Eine Validierung eines Urteils kann dann nur kommunikativ erfolgen (vgl. Loidolt 2018, S. 220). Dadurch, dass die Anzahl möglicher Perspektiven auf eine Erzählung aber prinzipiell unbegrenzt ist, kann die Bedeutung einer Geschichte nicht endgültig fixiert werden.

Die Tatsache, dass die welterhaltende Tätigkeit des Erzählens aufs Engste mit der Erneuerung dieser Welt im Handeln verknüpft ist, kann nun ihrerseits erleuchten, dass auch die *Erziehung*stätigkeit sich nicht bloß im „Konservative[n] im Sinne des Konservierenden" (2016a, S. 273) erschöpft. An dieser Stelle ist es notwendig, Arendts Überlegungen zur Erziehung im Sinne ihrer eigenen Theorie zu ergänzen (vgl. Torkler 2015, S. 16, 31–34). In ihrer Rede über *Die Krise in der Erziehung* (2016a) macht Arendt deutlich, dass die welterhaltende Erziehung nur dazu dient, die angehenden Erwachsenen letztendlich in die Lage zu versetzen, die Welt in der politischen Tätigkeit zu erneuern: „Gerade um des Neuen und Revolutionären willen in jedem Kinde muß die Erziehung konservativ sein […]" (ebd., S. 273).[13] Der Versuch Arendts, die Tätigkeit der Erziehung strikt von denen der Politik zu trennen, verdeckt jedoch, dass es zwischen den beiden Sphären des Privaten und der Öffentlichkeit, in denen sie die Tätigkeiten jeweils ansiedelt, einen Übergangsbereich geben muss: Ziel der Erziehung ist nicht das Verfertigen eines statischen Produkts (z. B. eines Möbelstücks), sondern

---

[13] Arendt wendet sich mit dieser Verschränkung konservativer Erziehung und erneuernder Politik – die ja auch die Trennung der Bereiche von Erziehung und Politik impliziert – gegen reformpädagogische Erziehungsvorstellungen, die im Interesse des „Wohl des Kindes" (2016a, S. 268) deren Befreiung von der „Unterdrückung durch die Erwachsenen" (ebd.) voranzutreiben bzw. auf dem Wege der Erziehung unmittelbar politische Veränderungen herbeizuführen versuchen.

das Ermöglichen von kontingentem Handeln; Politisches Handeln muss – andersherum betrachtet – erst erlernt werden.[14] Arendt spricht zwar davon, dass die Schule der Ort sei, an dem „[d]as Kind […] normalerweise seine erste Bekanntschaft mit der Welt" (ebd., S. 269) macht; wie dort jedoch, „dasjenige, wodurch ein jeder Mensch sich von jedem anderen in seiner Einzigartigkeit unterscheidet" (ebd., S. 270) erlernt werden soll, bleibt – wie ironischerweise von Arendt selbst gefordert – im „Dunkel[n]" (ebd., S. 267). Unser Vorschlag, die Verflechtungen von Erziehen und Erzählen in den Blick zu nehmen, kann hier für etwas Licht sorgen: Wenn Erzählungen, wie weiter oben erläutert, nicht nur das Handeln zum Gegenstand haben sowie dessen kulturelle Verstehensbedingungen bereitstellen, sondern auch selbst das Tätigwerden in Form von Urteilen herausfordern, erweisen sie sich als passendes Medium für Erziehungsbemühungen. Im Medium der Geschichte gelingt es der Erziehung sowohl ihrer Stabilisierungs- und Tradierungsfunktion gerecht zu werden, sowie die Voraussetzung für die Hinterfragung des Tradierten zu schaffen: Mithilfe des Urteils über eine Geschichte gelingt es, die Welt aus einer anderen Perspektive zu betrachten, nämlich, wie Arendt selbst über das Urteil in Anlehnung an Kant schreibt, „aus der Perspektive aller anderen, die ebenfalls präsent sind" (2016b, S. 299) und die von meinem Urteil überzeugt werden wollen.

Arendts somit auch für das Erziehen bedeutsamer Hinweis, dass die enge Verknüpfung des Erzählens mit dem Handeln sowie dem Urteilen zu einer steten Erneuerung und Vervielfältigung des Geschichtenbestandes innerhalb einer Gruppe von Menschen führt, hat eine ethische Bedeutung, die über die bloße Beschreibung der spezifischen Form dieser Tätigkeiten hinausgeht (vgl. Loidolt 2018, Kap. 6). Das Unvorhersehbare, das im Handeln zum Ausdruck kommt, ebenso wie der Versuch im Urteilen ein subjektives Geschmacksurteil im Gespräch mit Anderen an deren jeweils differenten Perspektiven zu schärfen, ist Ausdruck einer je subjektiven Perspektive auf die Welt. Die sich darin zeigende Einzigartigkeit, so Arendt, wird jedoch nur erfahrbar, wenn sie als Verbindung mit der Einzigartigkeit aller anderen Menschen betrachtet wird: Menschen existieren im Plural (vgl. 2002, S. 17). Die Tatsache, dass die Erfahrbarkeit der eigenen Gleichheit und Verschiedenheit von Anderen in bestimmten gesellschaftlichen

---

[14]Die Politische Bildung stört sich keineswegs an Arendts verkürzten Überlegungen zur Anbahnung politischer Handlungsfähigkeit in der Erziehung und bezieht Arendts Konzept politischen Urteiles in ihre – die theoretische Kohärenz strapazierende – Diskussion unterschiedlichster Urteilskonzeptionen mit ein (vgl. Detjen et al. 2012).

Arrangements verunmöglicht werden kann, hat Arendts lebenslange Auseinandersetzung mit den totalitären Regimen des 20. Jahrhunderts ebenso wie mit der von ihr skeptisch betrachteten amerikanischen Massengesellschaft gezeigt. Der ethische Impuls der daraus erwächst, erweist sich im Kontext der Erziehung darin, dass deren Engagement für den Erhalt der Welt letztendlich von dem paradoxen Ziel geleitet sein muss, die Fähigkeit zu deren steter Erneuerung anzubahnen: Nur auf diese Weise kann die menschliche Pluralität sichtbar werden. Für den Kontext des Erzählens bedeutet das, dass nur eine Form der kulturellen Selbstrepräsentation, die sensibel für die in der Kultur angelegten Zusammenhänge von *Wahrheit und Erfindung* (vgl. Koschorke 2012) ist, verhindert, dass menschliche Vielfalt im Namen einer ‚reinen' Wahrheit ausgelöscht wird oder aber in der Beliebigkeit bloß ‚erfundener' Weltansichten keiner Bestätigung durch andere mehr zugänglich ist (vgl. auch Arendt 2016c).

4 Chimamanda Ngozi Adichie: The Danger of a Single Story

Im Folgenden wenden wir uns der Pädagogik des Erzählens anhand eines Auszugs aus Adichies Roman *Purple Hibiscus* [Blauer Hibiskus] (2003) zu. Unter Rückgriff auf Koschorkes Erzähltheorie wollen wir zeigen, inwiefern das Erzählen über Schließungs- und Öffnungsbewegungen Sinn fixiert sowie erweitert und – mit Arendt gesprochen – plurale Perspektiven auf die Welt schafft. Koschorkes über die Materialität des Textes hinausgehenden Überlegungen zu einer kultur- bzw. sozialtheoretischen Bedeutsamkeit des Erzählens nehmen wir dabei in unsere Reflexionen zur Rezeption des Erzählens in unterschiedlichen Kontexten mit auf. In einem *zweiten* Schritt werden wir die verborgene Pädagogizität des Erzählens thematisieren und dafür abschließend Sequenzen aus Adichies TED Talk *The Danger of a Single Story* aus dem Jahr 2009 hinzuziehen.[15] Den folgenden analytischen Abschnitten sei an dieser Stelle eine Bemerkung zur unserer Lektüre vorangestellt: Während des Verfassens der folgenden Analysen wurden wir mit unseren *single stories* konfrontiert, also unserem Eingebundensein in spezifische Geschichten und Perspektiven auf die Welt. Auch wenn der folgende Abschnitt

---

[15]TED Talks sind kurze, didaktisch aufbereitete Präsentationen eines Themas durch eine_n Expert_in vor einem physisch anwesenden Publikum, die über eine Videoplattform einem weltweiten Publikum zur Verfügung gestellt werden. Adichies Rede wurde zum Zeitpunkt des Verfassens dieses Artikels bereits über 15 Mio. mal abgespielt (vgl. https://www.ted.com/talks/chimamanda_adichie_the_danger_of_a_single_story).

das Ziel verfolgt, die Pluralität der Erzählweisen im Kontext ihrer Produktion und Rezeption herauszuarbeiten, wird auch die folgende Lesart zwangsläufig blinde Flecken aufweisen.

4.1 Weihnachtsgeschichten

Der zunächst zu betrachtende Auszug stammt aus dem Roman *Purple Hibiscus*, den wir mit Rückgriff auf die oben vorgestellten Begrifflichkeiten Koschorkes analysieren. In *Purple Hibiscus* erzählt die 15jährige Kambili die Geschichte ihres eigenen Erwachsenwerdens in einer Zeit politischer Unruhen in Nigeria sowie die Geschichte ihrer Familie. Diese ist katholisch geprägt und gehört einer gehobenen Schicht an, die Beziehungen der einzelnen Familienmitglieder zum Vater sind problematisch, da dieser seiner Frau und seinen Kindern mit seiner fanatischen Religiosität teils gewaltvoll begegnet und sie in ihrem Alltag stark einschränkt. Im folgenden Auszug berichtet Kambili über die in ihrer christlichen Familie sehr bedeutsame Weihnachtszeit:

> Dust-laden winds of harmattan came with December. They brought the scent of the Sahara and Christmas, and yanked the slender, ovate leaves down from the frangipani and the needlelike leaves from the whistling pines, covering everything in a film of brown. We spent every Christmas in our hometown. Sister Veronica called it the yearly migration of the Igbo. She did not understand, she said in that Irish accent that rolled her words across her tongue, why many Igbo people built huge houses in their hometowns, where they spent only a week or two in December, yet were content to live in cramped quarters in the city the rest of the year. I often wondered why Sister Veronica needed to understand it, when it was simply the way things were done (Adichie 2003, S. 53).

Dieser Romanauszug thematisiert Weihnachten über das Schema Jahreszeit, Duft, Ferien, Familie und Ritual (wie z. B. das Nach-Hause-Fahren). Dieses Schema ist auch Gegenstand zahlreicher Erzählungen, die in europäischen oder angloamerikanischen Settings angesiedelt sind und wird über weltweit verbreitete Hollywood-Darstellungen oder durch in zahlreiche Sprachen übersetzte Kinderliteratur (wie bei Astrid Lindgren) transportiert. Das Besondere an der hier vorliegenden Textstelle ist, dass sie dem Weihnachtsnarrativ Pluralität verleiht. Diese konstituiert sich in dieser Textstelle über zwei Momente.

[1] Die vorliegende Erzählung referiert mit dem Verweis auf die jahreszeitliche Veränderung im Dezember auf einen gemeinsamen Bedeutungszusammenhang, in dem das jährlich wiederkehrende christliche Weihnachtsfest steht.

Pluralität bzw. eine Öffnung dieses Zusammenhangs aus Sicht der europäischen und anglo-amerikanischen Erzählungen entsteht hier einerseits in der Diversifikation (vgl. Koschorke 2012, S. 51) des Schemas bezogen auf die jahreszeitliche Symbolik. Weihnachten wird in dieser Erzählung durch den Wind Harmattan, der die Blätter fallen lässt, sowie den Duft der Sahara angekündigt und nicht durch Kälte und Schnee, wie in bekannten europäischen oder anglo-amerikanischen Darstellungen. Die Begriffe „Harmattan", „Frangipani" und „Sahara", die in vielen ‚westlichen' Erzählungen nicht mit Weihnachten kombiniert werden, lokalisieren Weihnachten jenseits von Europa und Amerika und öffnen den Assoziations- und Bedeutungsraum des Festes über die mächtigen europäischen und anglo-amerikanischen Erzählungen hinaus. Wir gehen davon aus, dass Leser_innen, die in ihrer literarischen Sozialisation vor allem mit Literatur (auch Filmen, Hörspielen etc.) aus einem europäischen oder anglo-amerikanischen Kontext Erfahrungen sammeln konnten, durch die Rezeption dieses Textausschnitts mit ihrem impliziten Schema von Weihnachten konfrontiert werden.[16] Die Diversifikation der jahreszeitlichen Ereignisse, die mit dem Weihnachtsfest einhergehen, kann so eine Erfahrung der Fremdheit erzeugen: Staubbraune statt schneeweiße Weihnachten – das irritiert diejenigen, die bisher mit dieser Variante der Weihnachtsstimmung nicht vertraut waren. Vermeintliche Selbstverständlichkeiten werden so durch Adichies Text als Narrative (als Dispositive mittleren Härtegrades) im Sinne Koschorkes entlarvt.

[2] Weiter konstituiert sich Pluralität in diesem Textabschnitt über die Figuren der Ich-Erzählerin Kambili und der Sister Veronica,[17] die als Europäerin über ihren irischen Akzent vorgestellt wird und nicht versteht, warum die Igbo[18] nur an Weihnachten in ihre großen Häuser fahren. Die artikulierte Fremdheitserfahrung der Sister Veronica, die über ihren Akzent gleichsam als Fremde vorgestellt wird, wird der Perspektive der Ich-Erzählerin Kambili gegenübergestellt, die sich wundert, warum

---

[16]Die Schulbuchanalyse zu „Weihnachten in Europa", die Irina Grünheid und Paul Mecheril (vgl. 2017) vorgelegt haben, zeigt, dass diese Schemata natürlich nicht allein durch literarische Erfahrungen geprägt werden, sondern – neben eigenen Erfahrungen – auch bspw. Gegenstand von in- und exkludierenden Thematisierungen in institutionellen Kontexten wie der Schule sind.

[17]Anhand der nigerianischen und europäischen Geistlichen, die im Roman in der Kirche und Schule beschrieben werden, werden die Kolonialgeschichte Nigerias und ihre komplexen Verflechtungen mit katholischer Missionierung thematisch.

[18]Igbo bezeichnet sowohl eine der größten Bevölkerungsgruppen Nigerias (vor allem im Südosten) sowie eine der am meisten gesprochenen Sprachen im Land.

Sister Veronica dieses Ritual überhaupt nachvollziehen muss, „when it was simply the way things were done" (Adichie 2003, S. 53). Die Fremdheit, die die Europäerin äußert, wird mit dem Verweis auf ihr eigenes Fremdsein (irischer Akzent) und der von Kambili geäußerten Selbstverständlichkeit begegnet. Die Perspektiven der Sister Veronica und Kambili zeigen, dass Weihnachten als Narrativ sich über bestimmte Schemata konstituiert, diese aber variantenreich gefüllt sind und damit in Form von pluralen Erzählungen vorliegen.

Folgen wir unseren Ausführungen zur strukturellen Ähnlichkeit von Erzählen und Erziehen (Kap. 2) sowie zu deren ethischen Bedeutsamkeit in Hinblick auf die plurale menschliche Existenz (Kap. 3), lässt sich in dieser durch die Praxis des Erzählten vermittelten *ästhetischen* Wirkung gleichfalls eine Pädagogik im Verborgenen erkennen. Diese besteht darin, die Erfahrung der Kontingenz der eigenen Welterfahrung, die in der Befremdung mit der Variation eines vertrauten Schemas zum Ausdruck kommt, auf andere Kontexte zu übertragen. In der Beschäftigung mit den Erzählungen Adichies kann eine Form von ästhetischer Urteilsfähigkeit eingeübt werden, die – wie wir mit Arendt zeigen konnten – auch für das politische Handeln maßgeblich ist: Indem ein Gegenstand aus der Perspektive möglichst vieler anderer betrachtet wird, erhalten wir einen Einblick in die menschliche Pluralität. Dieser Pluralität Ausdruck zu verschaffen, ist das Kennzeichen einer nicht-totalitären Form des Zusammenlebens, die es nach Arendt zu erhalten gilt.

4.2 The Danger of a Single Story – das Pädagogische bei Adichie

Adichie selbst stützt unsere pädagogische Lesart ihrer Textstelle in ihrem TED Talk aus dem Jahr 2009, *The Danger of Single Story,* dem wir auch den Titel unserer eigenen Ausführungen entlehnt haben. Die von uns rekonstruierte Pädagogik im Verborgenen wird hier von der Autorin durch ihre poetologisch-politische Skizze ihres literarischen Programms – „many stories matter" (17:39) – explizit gemacht.[19] In der Form zahlreicher biografischer Geschichten verdeutlicht Adichie

---

[19] Arnd-Michael Nohl weist in einem aktuellen Beitrag darauf hin, dass Erziehung „neben reflektierten auch durch habituierte und spontane Intentionen in Gang gebracht werden [könne]" (2018, S. 121). Dass Adichie selbst eine eigene Interpretation ihrer Praxis des Erzählens liefert, die unsere These stützt – und zugegebenermaßen unsere Interpretation inspiriert hat – ist somit keineswegs eine notwendige Voraussetzung, um von der Pädagogizität ihrer Erzählung zu sprechen. Genau darauf weist das Motiv einer Pädagogik *im Verborgenen* in ästhetischen Gegenständen und Praktiken hin.

zunächst, wie ihre eigene Schreibbiografie durch die Leseerfahrung britischer und amerikanischer Kinderbücher geprägt war. Die Geschichten dieser Bücher seien so mächtig gewesen, dass sie Adichies eigene Geschichten auf absurde Weise geprägt hätten: Die von der in Nigeria aufwachsenden Siebenjährigen verfassten Geschichten wurden so von im Schnee spielenden, Apfel essenden und über das Wetter sprechenden Charakteren besetzt, die Adichies eigener Erfahrungswelt völlig fremd waren: „We didn't have snow. We ate mangoes. And we never talked about the weather because there was no need to" (01:20). Adichie sieht in dieser Beeinflussung ihres eigenen Schreibens die Mächtigkeit von Geschichten belegt,[20] denen gegenüber wir, besonders als Kinder, „verwundbar [vulnerable]" (01:48) seien. Erst die Lektüre von afrikanischen Autor_innen wie Chinua Achebe und Camara Laye öffneten ihr die Augen: „I realized that people like me, girls with skin the color of chocolate, whose kinky hair could not form ponytails, could also exist in literature" (02:25). Diese Erfahrung verallgemeinert Adichie anschließend durch eine Reihe weiterer Geschichten aus ihrem Familienleben, als junge Studentin in den USA sowie als Besucherin in Mexiko. Stets geht es darum, dass die Betrachtung der Perspektive der Welt aus Sicht einer „single story" die Gefahr birgt, die Realität anderer Menschen zu verkennen und ihnen nicht gerecht zu werden oder sie sogar zu verletzen. Am Beispiel der einzigen Geschichte, die ihre amerikanische Mitbewohnerin über Menschen aus Afrika kannte, verdeutlicht sie, dass auf diese Weise die Anerkennung anderer als Menschen bedroht ist: „In this single story there was no possibility of Africans being similar to her, in any way. No possibility of feelings more complex than pity. No possibility to connection as human equals" (05:09). Die Gefahr, die von der Verkürzung durch die „single story" ausgeht, wendet Adichie abschließend mit dem Gedanken, „[t]hat when we reject the single story, when we realize that there is never a single story about any place, we regain a kind of paradise" (18:23) und illustriert so das ethische Ziel pluraler Erzählungen.

---

[20]Adichie beschreibt die Mächtigkeit von Geschichten mit dem Igbowort „nkali": „It's a noun that loosely translates to ‚to be greater that another.' Like our economic and political worlds, stories too are defined by the principle of nkali. How they are told, who tells them, when they're told, how many stories are told, are really dependent on power" (09:50).

5 Zusammenfassung

Ausgehend von der Annahme einer pädagogischen Bedeutsamkeit von Erzählungen, die sich in zahlreichen Alltagspraktiken und der zunehmenden Beliebtheit von narrativen pädagogischen Zugängen erweist, haben wir in diesem Artikel zunächst versucht, einen Zusammenhang zwischen Erziehen und Erzählen auf der Ebene einer operativen und phänomenologischen Formbestimmung beider Tätigkeiten herzustellen. Eine weitere Überlegung führte uns im Anschluss an Arendts Überlegungen zur Pluralität der Menschen dazu, eine ethische Bedeutsamkeit beider Tätigkeiten auszumachen, die im Erhalt einer nicht-totalitären Form des Zusammenlebens besteht. Für eine materialgestützte Erprobung der These, dass der ästhetischen Praxis des Erzählens eine implizite Pädagogik innewohne, haben wir abschließend eine Textstelle aus dem Roman *Purple Hibiscus* von Chimamanda Ngozi Adichie herangezogen. Die Interpretation der Textstelle mithilfe der narratologisch-kulturtheoretischen Kategorien Koschorkes im Zusammenspiel mit Annahmen über die kontextspezifische Rezeption der Romane Adichies hat ergeben, dass die Diversifikation eines erzählerischen Schemas zu einer Befremdung der Leser_innen führen kann, die auf diese Weise mit der Kontingenz ihrer eigenen eingewöhnten Wahrnehmungsschemata konfrontiert werden. Diese Befremdung zu intendieren, haben wir zur Pädagogik im Verborgenen in Adichies Roman erklärt. Adichies eigenes eindringliches Warnen vor „[t]he Danger of a Single Story" expliziert diese ihrer ästhetischen Praxis eingeschriebene Intention.

Literatur

Abraham, U., & Kepser, M. (2009). *Literaturdidaktik Deutsch. Eine Einführung*. Berlin: E. Schmidt.
Adichie, C. N. (2003). *Purple hibiscus. A novel*. Chapel Hill: Algonquin Books of Chapel Hill.
Adichie, C. N. (2016). *Mehr Feminismus! Ein Manifest und vier Stories*. Frankfurt a. M.: Fischer Taschenbuch.
Arendt, H. (2002). *Vita activa oder Vom tätigen Leben*. München: Piper.
Arendt, H. (2016a). Die Krise in der Erziehung. In U. Ludz (Hrsg.), *Zwischen Vergangenheit und Zukunft* (S. 255–276). München: Piper.
Arendt, H. (2016b). Kultur und Politik. In U. Ludz (Hrsg.), *Zwischen Vergangenheit und Zukunft* (S. 277–304). München: Piper.
Arendt, H. (2016c). Wahrheit und Politik. In U. Ludz (Hrsg.), *Zwischen Vergangenheit und Zukunft* (S. 327–370). München: Piper.
Becker, T. (2011). Erzählkompetenz. In M. Martínez (Hrsg.), *Handbuch Erzählliteratur: Theorie, Analyse, Geschichte* (S. 58–63). Stuttgart: Metzler.

Bellmann, J. (2016). Der Aufstieg der Bildungswissenschaften und das sozialtheoretische Defizit der Erziehungswissenschaft. In N. Ricken, R. Casale & H.-C. Koller (Hrsg.), *Die Sozialität der Individualisierung* (S. 51–70). Paderborn: Schöningh.

Benhabib, S. (1998). *Hannah Arendt: die melancholische Denkerin der Moderne*. Frankfurt a. M.: Suhrkamp.

Bettelheim, B. (2009). *Kinder brauchen Märchen*. München: Dt. Taschenbuch-Verlag.

Blumenberg, H. (1990). *Arbeit am Mythos*. Frankfurt a. M.: Suhrkamp.

Butler, J. (2016). Gefährdetes Leben und die Ethik der Kohabitation. In dies., *Anmerkungen zu einer performativen Theorie der Versammlung* (S. 133–162). Berlin: Suhrkamp.

Detjen, J., Massing, P., Richter, D., & Weißeno, G. (2012). Kompetenzdimension Politische Urteilsfähigkeit. In J. Detjen, P. Massing, D. Richter & G. Weißeno (Hrsg.), *Politikkompetenz – ein Modell* (S. 35–64). Wiesbaden: Springer VS.

Dietrich, C. (2012). Ästhetische Erziehung. Kulturelle Bildung Online. https://www.kubi-online.de/artikel/aesthetische-erziehung. Zugegriffen: 15. März 2018.

Greiner, U. (2015). Kinderbücher. Die kleine Hexenjagd. *Die Zeit*. http://www.zeit.de/2013/04/Kinderbuch-Sprache-Politisch-Korrekt. Zugegriffen: 20. April 2018.

Grünheid, I. & Mecheril, P. (2017). Symbolische In- und Exklusionsphänomene im Schulbuch. Weihnachten, Europa und ‚die Anderen'. In J. Budde, A. Dlugosch & T. Sturm (Hrsg.), *Studien zu Differenz, Bildung und Kultur. (Re-)Konstruktive Inklusionsforschung. Differenzlinien, Handlungsfelder, Empirische Zugänge* (S. 287–305). Opladen: Budrich.

Koschorke, A. (2012). *Wahrheit und Erfindung. Grundzüge einer allgemeinen Erzähltheorie*. Frankfurt a. M.: S. Fischer.

Loidolt, S. (2018). *Phenomenology of plurality. Hannah Arendt on political intersubjectivity*. New York: Routledge.

Martínez, M. (2011). Erzählen. In M. Martínez (Hrsg.), *Handbuch Erzählliteratur: Theorie, Analyse, Geschichte* (S. 1–11). Stuttgart: Metzler.

Mollenhauer, K. (1983). *Vergessene Zusammenhänge. Über Kultur und Erziehung*. München: Juventa.

Müller-Michaels, H. (1999). Literarische Anthropologie in didaktischer Absicht. Begründung der Denkbilder aus Elementarerfahrungen. *Deutschunterricht 52* (3), S. 164–174.

Nohl, A.-M. (2018). Zur intentionalen Struktur des Erziehens. Eine praxeologische Perspektive. *Zeitschrift für Pädagogik 64* (1), S. 121–138.

Prange, K. (2002). Zeigend sich zeigen – Zum Verhältnis von Professionalität und Engagement im Lehrerberuf. In T. Hansel (Hrsg.), *Lehrerbildungsreform. Leitbilder einer alltagstauglichen Lehrerbildung* (S. 111–122). Herbolzheim: Centaurus.

Prange, K. (2005). *Die Zeigestruktur der Erziehung. Grundriss der Operativen Pädagogik*. Paderborn: Schöningh.

Ricken, N. (2004). Diesseits von Relativismus und Universalismus: Kontingenz als Thema und Form kritischer Reflexionen. In A. Schäfer & M. Wimmer (Hrsg.), *Tradition und Kontingenz* (S. 27–58). Münster [u. a.]: Waxmann.

Ricken, N. (2006). *Die Ordnung der Bildung. Beiträge zu einer Genealogie der Bildung*. Wiesbaden: Springer VS.

Ricken, N. (2009). Zeigen und Anerkennen. Anmerkung zur Grundform pädagogischen Handelns. In K. Berdelmann & T. Fuhr (Hrsg.), *Operative Pädagogik. Grundlegung, Anschlüsse, Diskussion* (S. 111–134). Paderborn [u.a.]: Schöningh.

Saupe, A. & Leubner, M. (2017). Pädagogik. In M. Martínez (Hrsg.), *Erzählen: ein interdisziplinäres Handbuch* (S. 149–157). Stuttgart: Metzler.
Scheffel, M. (2011). Erzählen als Produkt der kulturellen Evolution. In M. Martínez (Hrsg.), *Handbuch Erzählliteratur: Theorie, Analyse, Geschichte* (S. 74–79). Stuttgart: Metzler.
Scheffel, M. (2013). Im Dickicht von Kultur und Narration. Albrecht Koschorke versucht Kulturtheorie und Erzählforschung zu vereinen. *DIEGESIS 2* (1).
Schiller, F. v. (2000). *Über die ästhetische Erziehung des Menschen. In einer Reihe von Briefen.* Stuttgart: Reclam.
Torkler, R. (2015). *Philosophische Bildung und politische Urteilskraft. Hannah Arendts Kant-Rezeption und ihre didaktische Bedeutung.* Freiburg: Verlag Karl Alber.
vom Orde, H. (2012). Bruno Bettelheim. Kinder brauchen Märchen. *Televizion 25* (2), S. 8–9.
Wardetzky, K. & Weigel, C. (2008). *Sprachlos? Erzählen im interkulturellen Kontext. Erfahrungen aus einer Grundschule.* Baltmannsweiler: Schneider Verlag Hohengehren.
Weißpflug, M. (2014). Erzählen und Urteilen. Narrative politische Theorie nach Hannah Arendt. In W. Hofmann, J. Renner & K. Teich (Hrsg.), *Narrative Formen der Politik* (S. 209–225). Wiesbaden: Springer VS.
Wieler, P. (Hrsg.). (2005). *Narratives Lernen in medialen und anderen Kontexten.* Freiburg im Breisgau: Fillibach-Verlag.

Die Extrawurst für Kinder – oder Verpackungen von Kinderlebensmitteln als Artefakte pädagogischer Vorstellungen

Juliane Noack Napoles

1 Einleitung

Im folgenden Beitrag wird die Verpackung der Pausen-Geflügel-Mortadella für Kinder der Marke Gutfried Junior als Artefakt thematisiert und hinsichtlich (impliziter) pädagogischer Vorstellungen und (impliziter) pädagogischer Praktiken befragt. Zentral sind dabei solche, die sich in der ästhetischen Gestaltung – dem Design – der Wurstverpackung manifestieren, verstanden als „das kreative, ästhetische In-Form-bringen der Dinge mit den Zwecken individueller und sozialer Bedürfnisbefriedigung und Begehrenserzeugung" (Zirfas in diesem Band). Abgezielt wird somit auf eine ästhetische Formgebung herstellbarer Güter unter funktionalistischer Perspektive.

Das Design von Produktverpackungen orientiert sich vordergründig an Marketingkriterien und der jeweiligen Käufer- und Konsumentengruppe, die vor allem bei Kinder(lebensmittel)produkten nicht identisch sind. Man spricht hier von „Kindermarketing". Diese Form des Marketings, die seit dem Millennium zunehmend an Bedeutung gewinnt, „bezieht sich auf sämtliche strategischen und operativen betrieblichen Maßnahmen zur Initiierung und Steigerung des Absatzes von Produkten und Dienstleistungen für Kinder als spezifische Zielgruppe" (Effertz 2017, S. 77). Sie ist inzwischen zu einem festen Bestandteil der Konsumkultur westlicher Gesellschaften geworden, die ihrerseits durch eine intensive

J. N. Napoles (✉)
Universität zu Köln, Köln, Deutschland
E-Mail: jnoackna@uni-koeln.de

Ästhetisierung des Alltagslebens, zu dem auch Waren, Marken und Werbung gehören, gekennzeichnet ist (vgl. Effertz 2017, S. 77).

Die jeweilige Marketingstrategie geht jedoch nur dann auf, wenn sie den Nerv der entsprechenden Kultur trifft, wobei unter „Kultur" hier im allgemeinsten Sinne die „gestaltete und gelebte Wahrheitsvorstellung einer Gemeinschaft" (Peper 2012, S. 14) verstanden wird. Auf der Mikroebene ist das die Gemeinschaft der Eltern bzw. Erziehungsberechtigten und ihrer Kinder. Da die besagte Mortadella einschließlich ihrer Verpackung seit 2005, also mittlerweile seit über zehn Jahren, auf dem Markt ist, lässt sich annehmen, dass deren Design sowohl auf der Text- als auch auf der Bildebene den Wahrheitsvorstellungen dieser Kundengruppe entspricht. Diese beziehen sich jedoch nicht nur auf erwartbare Produkteigenschaften, über die auf der Verpackung informiert wird, oder auf die Art und Weise, wie dies geschieht. Sie beziehen sich auch auf zugrunde liegende, gemeinsam geteilte Vorstellungen über Kinder, Kindheit und pädagogisches Handeln, die hinter den Marketingstrategien ebenso verborgen bleiben wie hinter der Produktästhetik und so den Schein des Nichtintentionalen und des nichtgezielten Einwirkens auf adressierte Personen konstituieren.

Daraus ergibt sich folgende erkenntnisleitende Frage: Welche pädagogischen (Wahrheits-)Vorstellungen liegen der ästhetischen Gestaltung der Verpackung der Geflügel-Mortadella für Kinder von Gutfried zugrunde? Da die den Artefakten anhaftenden Sinn- bzw. Bedeutungszusammenhänge nicht unmittelbar identifizierbar, d. h. aus deren Erscheinungsform und Gestalt ableitbar sind, müssen sie erst erschlossen werden. Methodisch werden dafür die in einzelnen exemplarischen Elementen der Wurstverpackung innewohnenden Sinnhorizonte erfasst und die Interpretationsversuche anschließend bezogen auf die erkenntnisleitende Frage im sozialen Zusammenhang auf Sinnhaftigkeit geprüft. Angenommen wird dabei, wie Keitsch und Pooch (2017, S. 203) feststellen, dass „Artefakte mittels eines rekonstruktiven Ansatzes Auskunft über kollektiv geteilte Aspekte von Kultur" bieten. Die erkenntnisleitende Frage selbst basiert auf den folgenden Grundannahmen, durch die sie erst ihre volle Sinndimension erhält: erstens, dass es sich bei der Wurstverpackung auch um ein ästhetisches Objekt handelt; und zweitens, dass Artefakte im Allgemeinen und ästhetische Objekte im Speziellen implizite pädagogische Strukturen aufweisen, die sich rekonstruieren lassen.

Basierend auf diesen Vorüberlegungen ist der Text wie folgt gegliedert: Zuerst wird die Wurstverpackung als zu analysierendes Artefakt und ästhetisches Objekt vorgestellt, das implizite pädagogische Strukturen aufweist (2). Anschließend werden einzelne Aspekte der Wurstverpackung hinsichtlich pädagogischer Fragestellungen sowohl auf textlicher als auch auf bildlicher Ebene analysiert (3). Die Arbeit schließt mit Reflexionen über die Frage, inwiefern die angestellten Auseinandersetzungen nicht nur Bildungsbewegungen darstellen, sondern tatsächlich initiieren und somit zu einer Pädagogik aus dem Verborgenen heraus beitragen können (4).

2 Die Verpackung der Wurst – Artefakt und ästhetisches Objekt

In diesem Artikel erfolgt, wie eingangs erwähnt, eine analytische Auseinandersetzung mit dem Artefakt *Wurstverpackung,* um die soziale Welt, konkret pädagogisches Handeln, zu rekonstruieren und zu verstehen. Da es sich jedoch um eine Wechselbeziehung handelt, muss im Umkehrschluss auch die soziale Welt hinter dem Artefakt berücksichtigt werden (vgl. Lueger und Froschauer 2018), weshalb das Kinderlebensmittel im Folgenden vorgestellt und kontextualisiert wird, bevor näher erläutert wird, was unter einem Artefakt und seiner Ästhetik zu verstehen ist (vgl. Dietrich 2013).

Die Pausen-Geflügel-Mortadella ist ein Artikel des ersten Kinderwurst-Sortiments in Deutschland, das unter der Marke Gutfried Junior im Januar 2005 von der Firma Nölke lanciert wurde. Die Wurst wird vor allem in Supermärkten abgesetzt, deren unterschiedliche Formen sich dennoch hinsichtlich des Selbstbedienungsprinzips, des Schwerpunkts auf einem Komplettangebot an Lebensmitteln als Verkaufsware und des Aufbauens der Regale nach einem bestimmten Prinzip gleichen (vgl. Burghardt und Zirfas 2016). Dementsprechend besteht das Sortiment der Kinderwurst aus fünf Selbstbedienungs-Wurstartikeln, nämlich den bei Eltern und Kindern besonders beliebten Sorten Mortadella, Salami, Streichwurst, Wiener Würstchen und Hackbällchen. Erstmalig wurde damit ein gesamtes Sortiment von einem Hersteller angeboten, mit dem Kinder den ganzen Tag begleitet und bei verschiedenen Anlässen mit dem passenden Produkt versorgt werden können: Frühstück, Pause, Mittagessen, Snack zwischendurch, Abendessen, Kinderfeste.

Wie häufig bei Kinderartikeln besteht die besondere Herausforderung des Marketings darin, dass Konsumenten und Käufer nicht identisch sind: „Einerseits muss beim Konsumenten (Kinder) das Bedürfnis nach dem Produkt geweckt werden, andererseits müssen auch die Käufer (Eltern bzw. Erwachsene) vom Produkt überzeugt werden" (Heidemann 2007, S. 228). Dazu wurden zur Produkteinführung TV-Spots für Kinder und eine Printkampagne in Kinderzeitschriften geschaltet. Die Eltern sollten auf rationaler Ebene mit dem Gesundheitsaspekt überzeugt werden, weswegen Gutfried Junior in der Kommunikation ihnen gegenüber vor allem an das Gewissen bzw. den Wunsch, gute Eltern zu sein und die eigenen Kinder gesund zu ernähren, appellierte.

Darüber hinaus wurden Ernährungsbroschüren mit Tipps einer Ernährungsexpertin und Rezepten für Mahlzeiten auf der Basis aller Gutfried-Junior-Produkte erstellt und in Kindergärten und Schulen verteilt. Außerdem bietet eine Website Infotainment bestehend aus Spiel, Spaß und Lernen für Kinder sowie Allergieinformationen, Nährwertprofilen u. a. für Eltern an. Die Kinder als Zielgruppe werden von Gutfried Junior vor allem dadurch angesprochen, dass die

Verpackung jeder Wurstsorte mit einem anderen farbenfrohen Bild mit bekannten Janosch-Figuren, wie dem kleinen Bären oder der Tigerente, gestaltet ist (vgl. Heidemann 2007, S. 228).

Damit erfüllt die Geflügel-Mortadella die Kriterien eines Kinderlebensmittels, wie sie vom Forschungsinstitut für Kinderernährung Dortmund (FKE) formuliert werden. Es handelt sich dabei um Produkte, die mindestens eines der folgenden Kriterien erfüllen: Aufschrift „für Kinder" oder „Kids", auffällige Gestaltung der Verpackung, spezielle Formung (z. B. als Tier- oder Comicfiguren), Beigaben (z. B. Aufkleber, Sammelbilder oder Spielfiguren) sowie speziell an Kinder gerichtete Werbung bzw. Internetauftritte der Hersteller (vgl. Düren und Kerstin 2003, S. 16).

Diese Kriterien spiegeln wider, was Kinderprodukte generell zunehmend kennzeichnet, nämlich deren „Premiumisierung", wodurch sie immer hochpreisiger werden. Der Preisabstand zwischen Gutfried Junior und anderen Handelsmarken beträgt beispielsweise je nach Erzeugnis zwischen 20 und 60 % (vgl. Heidemann 2007). Darüber hinaus fallen solche Premiumprodukte durch aufwendig gestaltete Verpackungen auf, die oftmals bekannte Figuren aus Kinderbüchern oder Film und Fernsehen tragen, deren Lizenz der Hersteller teuer erwerben musste.

Aber nicht nur im Zusammenhang mit Kinderlebensmittelprodukten sind Verpackungen und Reklamen heutzutage im Supermarkt das, was wir wahrnehmen: „Unsere Sinne werden immer weniger durch die Lebensmittel selbst, sondern viel stärker durch ihre Hüllen affiziert, die uns mit Farben, Formen und Symboliken Lustgewinn und Lebensqualität versprechen" (Burghardt und Zirfas 2016, S. 258). Verpackungen dienen dem Aufbau eines Images, der Erhöhung des vermuteten Produktwertes, der Wiedererkennung, dem Erlebnischarakter und der Wahrnehmungslenkung.

Eine fundierte Entscheidung erlauben die Informationen auf der Verpackung währenddessen nicht, weil sie nur schwer verständlich, unvollständig oder gar irreführend sind. In Anlehnung an Huxleys *new speech* und Adornos *Jargon* führen Burghardt und Zirfas (vgl. 2016, S. 258) aus, dass der Verpackungsinhalt mit einem eigenen Jargon versehen werde, der wiederum auf das Inhaltliche zu verzichten scheint. Demnach werde suggeriert, dass das Eigentliche auf der Verpackung zu finden sei. Und erst die blinde Akzeptanz der Verpackungsinformationen führt zu einem scheinbaren Gespür für die Konsumenten, dass das Produkt ihnen Sicherheit, Gesundheit und Lebensqualität garantiert. Hinzu kommt, dass solche Vorstellungen nicht mit dem Produkt, sondern mit der Marke, dem Namen und dem Design assoziiert werden.

So erkannten fast alle Kinder im Rahmen einer empirischen Studie in einem Kindergarten die Produkt- und Markenlogos und die dazugehörigen Zeichentrickfiguren. Wurden Werbespots für die Produkte ausgestrahlt und verfügten sie über einen hohen Distributionsgrad, (er)kannten sie die Kinder ebenfalls. Dies führt den Autor und Kindermarketingexperten Pacyna zu der Schlussfolgerung: „Kinder kennen und wollen vor allem […] die Lebensmittel, welche sie im Fernsehen gesehen haben oder häufig beim Einkaufen im Supermarkt sehen" (2007, S. 90). In diesem Sinne ist es die Verpackung der Lebensmittel, die die Kinder wiedererkennen und die ihre Fantasiewelt *bevölkert:* Man kann hier von einer Transzendenz oder Metaphysik der Verpackung sprechen, die eine Fülle von Versprechen *beinhaltet* (vgl. Burghardt und Zirfas 2016).

Die Verpackung der Geflügel-Mortadella, der Gegenstand dieses Artikels, wird als Artefakt und als ästhetisches Objekt behandelt. Diese methodische Perspektive ermöglicht es, pädagogische Wahrheitsvorstellungen, die der Gestaltung der Wurstverpackung zugrunde liegen, sichtbar werden zu lassen. Hierbei wird ein Artefakt verstanden als „any object […] made, affected, used, or modified in some way by human beings. […] – these objects are used to characterize or identify a people, culture, or stage of development" (Kipfer 2007, S. 17). Damit werden jene Gegenstände, die nicht von Menschen verändert wurden, aus Artefaktanalysen ausgeschlossen, weil sie erst nachträglich – durch ihre Wahrnehmung – in soziale Kontexte einbezogen werden. Dagegen existieren Dinge, die durch menschliche Aktivitäten hergestellt werden, von Anfang an in einem sozialen Kontext und bringen durch ihre bloße Existenz Aktivitäten, Vorstellungen und soziale Ordnungsformen zum Ausdruck. Sie tragen die Gesellschaft bereits in sich.

„Als Artefakte werden demzufolge Objekte bestimmt", so Lueger und Froschauer, „die in der materialen Welt als Gegenstände verankert sind, die durch menschliche Eingriffe erzeugt, gehandhabt, modifiziert oder verwandelt wurden und werden. Solcherart sind sie Externalisierungen menschlichen Handelns, die einmal in die Welt gesetzt, den Menschen als ihnen äußerlich begegnen und als solche in ihre Denk- und Handlungsweisen intervenieren" (2018, S. 11). Da sich diese „in ihrer Existenz auf eine soziale Produktion stützen, verbergen sich unter [ihrem] Deckmantel kollektive Anteile, die sich aus der Koordinierung des sozialen Lebens ergeben und in Form lebensweltlicher Protokolle Auskunft über das Umfeld, in dem sie sich befinden, geben können" (Keitsch und Poch 2017, S. 203). Sie verkörpern als materialisierte Produkte menschlichen Handelns „Objektivationen sozialer Beziehungen und gesellschaftlicher Verhältnisse" (Lueger 2000, S. 141).[1]

---

[1] Die Wurstverpackung stellt nicht nur ein Artefakt dar, sondern gleichsam ein „Technofossil", wobei es interessant ist, sich zu vergegenwärtigen, dass das Gewicht der Summe aller Technofossilien, d. h. menschengemachter Artefakte, von denen ein Gutteil Müll ist, schon jetzt 30 Billionen Tonnen beträgt (vgl. Folkers 2018).

Dietrich (vgl. 2013) verweist darauf, dass eine bestimmte Form der Aufmerksamkeit erforderlich ist, um *Etwas* als ästhetisches Objekt oder auch die ästhetischen Seiten eines Objektes wahrzunehmen. Diese Aufmerksamkeit kennzeichnet eine spezifische Form des Zugangs zur Welt, nämlich den sinnlichen Zugang. Käufer * innen der Wurstverpackung erfassen diese zunächst und zuallererst in ihrer Wahrnehmung und entscheiden dann oftmals in Sekunden, ob sie dieses oder eben ein anderes Produkt kaufen. Dabei wird die Wurstverpackung als Ganzes wahrgenommen (vgl. Abb. 1), d. h. bezogen auf die Vorderseite als Bild.

Abb. 1 Vorderseite der Wurstverpackung. (Eigenes Foto © Juliane Noack Napoles)

Eine ästhetische Analyse ist in diesem Sinne eine Analyse der sinnlichen Erfahrungsaspekte der Verpackung hinsichtlich pädagogischer Dimensionen. Klaus Mollenhauer (1928–1998) hat darauf aufmerksam gemacht, dass in der Analyse von Bildern eine Quelle erziehungswissenschaftlicher Erkenntnis gesehen werden kann, für die es drei überzeugende Gründe gibt:

> Es gibt keine Kultur, in der die Menschen ihre Weltsicht nicht auch in Bildern zum Ausdruck brachten; in Bildern kann ein anderer Sinn verschlüsselt sein, als in den oralen oder schriftlichen Beständen; [und] in unserer Gegenwart scheinen die visuellartifiziellen Ereignisse derart zuzunehmen, daß diese zu einem immer wichtigeren Bestandteil unserer kulturellen Erfahrung und Selbstauslegung werden (Mollenhauer 1997, S. 247; Rechtschreibung im Original).

Demzufolge scheint es erkenntnisversprechend, die Wurstverpackung als ästhetisches Objekt sowohl bezüglich pädagogischer Vorstellungen und Strukturen als auch hinsichtlich der Frage zu untersuchen, was sie zum erziehungswissenschaftlichen Wissen beiträgt.

3 Analyse der Verpackung der Pausen-Geflügel-Mortadella

Die Aufmachung der Vorderseite der Wurstverpackung erinnert an die typische Gestaltung der Janosch-Bücher (vgl. Abb. 2). Gerahmt wird die Szenerie von den tigerententypischen Streifen – jedoch nicht als Längs-, sondern als Querstreifen. Der Hintergrund des Bildes im Zentrum ist so unterteilt, dass das obere Dreiviertel den Himmel und das untere Viertel die Wiese darstellt. Folgt man der Gestaltung gemäß den Lesegewohnheiten lateinischer Schriftsprache, besteht die Verpackungsoberfläche aus neun Zeilen, die von oben nach unten wären: Gutfried (1), Junior (2), Pausen-Geflügel- (3), Mortadella (4), Finden kleine Tiger bärenstark (5). Die unteren beiden Drittel zieren mittig eine Scheibe der Mortadella mit der Tigerente darauf, die nach links schaut. Links und rechts schauen jeweils der Bär und der Tiger hinter der Wurstscheibe hervor und winken dem Betrachter zu (6). Unten links steht die Tigerente (8) vor der Wurstscheibe (7), jedoch schaut sie entgegen ihrer Abbildung auf der Wurst nach rechts auf ein Schild, auf dem geschrieben steht: „Weniger Fett – Plus Calcium", an das die Tigerente mit der Schnur, an der sie der kleine Tiger sonst zieht, angebunden ist (8). Die letzte imaginierte Zeile wird durch den Zweizeiler: „Die Extrawurst für Kinder – schmeckt und macht Spaß" gebildet (9).

Es folgt eine heuristische Auseinandersetzung mit einzelnen sowohl schriftlichen als auch bildlichen Aspekten entlang dieser neun Zeilen, wobei „das Erkennen der Struktur des Gegenstandes und seiner Dynamik, nicht in erster Linie das ‚Verstehen'" (Kleining 1991, S. 202) zentral ist.

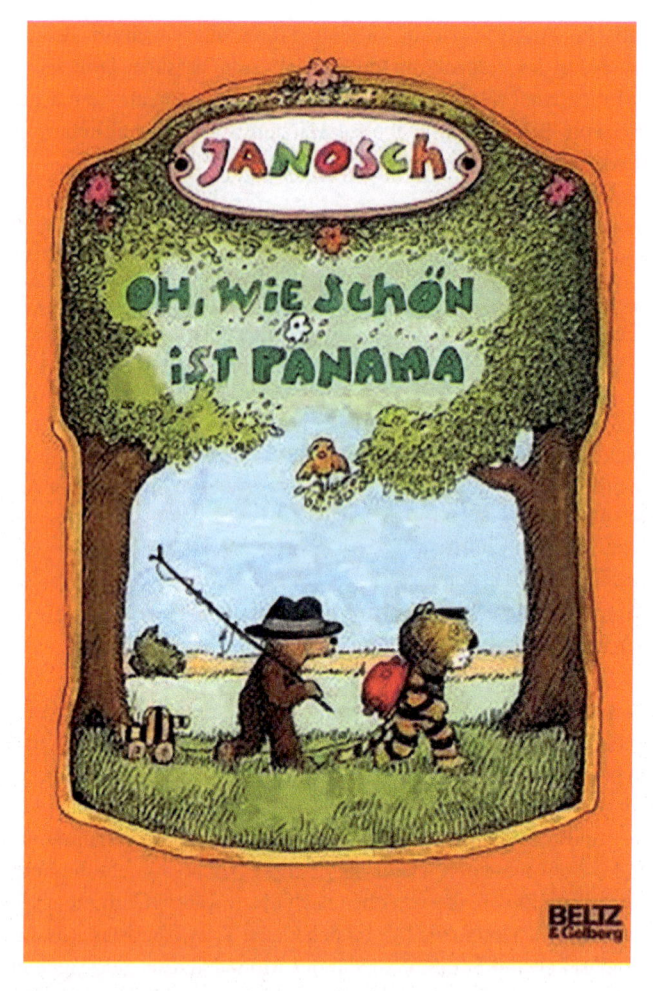

Abb. 2 Buchdeckel des Buches *Oh, wie schön ist Panama*. (Eigenes Foto © Juliane Noack Napoles)

3.1 Gutfried (1) und Junior (2): Getrennte Lebenswelten

In der ersten Zeile erscheint der Name „Gutfried" als Logo und in der zweiten Zeile das Wort „Junior" in bunten Druckbuchstaben. Gutfried ist eine Marke von Heinrich Nölke, einem der drei Unternehmensbereiche der Nölke-Gruppe neben Velisco (Putenproduktion) und Frischedienst Union (Großverbraucher und Metzgereien).

Die Firma Nölke wurde 1924 als Wurstfabrik gegründet und ist heute einer der führenden Fleisch- und Wurstproduzenten in Deutschland mit etwa 2300 Mitarbeitern und einem Umsatz von rund 430 Mio. EUR (vgl. Heidemann 2007, S. 227). Es zeichnet das Unternehmen aus, dass es stets versucht, den Wurstproduktemarkt durch Produkt- und Marketingneuheiten zu beleben. So ist Nölke Pionier für Wurstwaren in der Selbstbedienung, und auch Geflügelwurst wurde von diesem Unternehmen in Deutschland eingeführt; das geschah zum gleichen Zeitpunkt, als auch die Marke Gutfried am Markt etabliert wurde.

Nachdem 2004 beim Relaunch der Marke der Gesundheitsaspekt als dauerhafte Positionierung festgelegt wurde, stieg der Umsatz von Gutfried bereits in den ersten fünf Monaten des Jahres 2005 um 21,03 %. Die Einführung der Marke Gutfried Junior muss als Strategie angesehen werden, diesen Trend weiterhin für sich zu nutzen (vgl. Heidemann 2007). Der zweite Teil des Namens der neu von der Firma Nölke eingeführten Marke steht in der zweiten Zeile mit den Buchstaben geschrieben, wie sie auch auf den Umschlägen der Janosch-Bücher für den Namen „Janosch" verwendet werden. Die Ähnlichkeit der beiden Worte „Janosch" und „Junior" hinsichtlich der Wortlänge und der Buchstaben ist augenscheinlich und sicherlich auch gewollt.

Obwohl es sich bei Gutfried Junior um den gesamten Markennamen handelt, ist dieser auf der Verpackung mithilfe ästhetischer Maßnahmen – nämlich der unterschiedlichen Gestaltung der Namensbestandteile und deren Erscheinen in zwei aufeinanderfolgenden Zeilen – in die Bestandteile „Gutfried" und „Junior" separiert worden. Dies bringt rein optisch die hier zugrunde liegende Vorstellung zum Ausdruck, dass es eine vom Bereich der Erwachsenen getrennte Lebenswelt des Kindes gibt, nämlich die Kindheit. Damit verbunden kommt weiterhin visuell zum Ausdruck, dass von einer gewissen Eigenart der Kinder und ihrer spezifischen Bedürfnisstruktur ausgegangen wird, wenn nämlich das Wort „Junior" in bunten Buchstaben erscheint, während der Markenname „Gutfried", der für eine Wurstpalette steht, die sich nicht an eine spezifische Altersstufe richtet, weniger kindlich gestaltet anmutet.

Diese Trennung des Markennamens in einen Erwachsenen- und einen Kinderteil charakterisiert das gesamte Design der Wurstverpackung, das sowohl aus Bild- als auch aus Textelementen besteht, wobei die Textelemente „Junior", „Neu", „Mortadella" und der Text auf dem Schild „Weniger Fett – Plus Calcium" auch bildlich bzw. scheinbar kindgerecht gestaltet sind. Die Bildelemente – ein Bär, ein Tiger und eine Holzente mit schwarzgelben Tigerstreifen – stammen aus Kinderbüchern des Autors und Illustrators Janosch (Horst Eckert), die 1978 im Buch *Oh, wie schön ist Panama* erstmals erschienen. Damit lässt sich auch auf der gestalterischen Ebene eine Trennung kindlicher und erwachsener Lebenswelten nachzeichnen, richten sich doch die gemalten Elemente an die Kinder und die geschriebenen an die Erwachsenen.[2]

Dieser Unterteilung liegen Annahmen über die Entstehung des Konzepts der Kindheit zugrunde, wie sie von Autoren wie Neil Postman (vgl. 1983) formuliert wurden. Demzufolge hat das Konzept der Kindheit seine Wurzeln in der Einführung des Buchdrucks mit Johannes Gutenbergs Erfindung der Druckerpresse um 1450, durch den zunächst der Erwachsene und dadurch ex negativo das Kind als des Lesens und Schreibens Kundige bzw. Unkundige voneinander unterschieden wurden. Das Erwachsensein wird erst erworben, indem man Lesen und Schreiben lernt. Kinder können dies (noch) nicht und müssen es in eigens dafür eingerichteten Institutionen, den Schulen, lernen, was gleichsam zu einer Institutionalisierung der Kindheit führte: „Wo die Lese- und Schreibfähigkeit allgemein hoch im Kurs stand, gab es Schulen, und wo es Schulen gab, da entfaltete sich die Vorstellung von Kindheit sehr rasch" (Postman 1983, S. 51). In diesem Sinne strukturiert die Unterscheidung von Kindern und Erwachsenen den Lebenslauf entlang der Differenzen kompetent/nicht kompetent und mündig/unmündig durch alle Lebensphasen hindurch: „Sie ist als die pädagogische Differenz Voraussetzung für Erziehung, Kind also ein pädagogisches Konstrukt und Kindheit eine Wissensform, eine soziale Epistemologie" (Honig 2011, S. 178).

3.2 Pausen-Geflügel-Mortadella (3, 4): Getaktete Kindheit

Das Wort „Pause" im Zusammenhang mit Kindern und Kindheit weckt Assoziationen mit Schule und Schulpausen sowie Pausenbrot. Bei der vorliegenden Wurst handelt es sich um eine für Pausen und somit als ein für das Pausenbrot in der Schule oder dem Kindergarten angedachtes Nahrungsmittel.

Betrachtet man die Gestaltung der Wurstverpackung erst ab dem Wort „Junior", wofür zum Beispiel auch spricht, dass sich das Gutfried-Logo auf dem Rahmen befindet, wird deutlich, dass es sich um eine Junior-Pausen-Geflügel-Mortadella handelt. Dies betont und verstärkt die Lesart, nach der sich hier die zugrunde liegende pädagogische Vorstellung zeigt, dass Kinder eine gewisse Eigenart und eine spezifische Bedürfnisstruktur haben. Weiterhin offenbart sich,

---

[2]Eine Unterteilung, die bezüglich des Schildes unten rechts auf dem Bild aus marketingstrategischen Gründen gebrochen wird (vgl. dazu Abschn. 3.4).

dass sich diese Bedürfnisse im offensichtlich normierten und für alle Kinder prinzipiell ähnlichen Tagesverlauf verändern. So ist die Geflügel-Mortadella eines von fünf Produkten aus dem Wurstsortiment, das die Kinder über den Tag begleiten soll.

Gleichzeitig ist das Wort „Mortadella" in der vierten Zeile bunt und verspielt gestaltet und steht damit in einem krassen Gegensatz zu der an Schönschrift angelehnten Gestaltung der Worte „Pausen Geflügel-". Diese Gegensätzlichkeit wird dadurch forciert, dass beide Wortteile durch den Zeilenumbruch auch räumlich voneinander getrennt sind.

Das Alltagsleben von Kindern, so die sich hier widerspiegelnde (pädagogische) Praxis, ist von zwei nebeneinander existierenden Vorstellungen von Zeit bestimmt. Einerseits sollen Kinder festgesetzte Tagespläne, Stundenpläne, Termine und Tempi befolgen, andererseits dürfen (und sollen) sie zeitvergessen spielen (vgl. Zeiher 2001, S. 432 f.). Der Pause kommt dabei die Doppelrolle zu, dass sie kurzzeitig Zeitzwänge unterbricht, um sich von eben diesen zu erholen und damit Zeit zum Spielen bietet, wenn auch nicht zum *zeitvergessenen* Spielen.

In Analogie zur Arbeitswelt unterliegt auch die Arbeitszeit der Schüler einer genauen Zeitregelung, die – trotz neuer Erziehungsideale im Laufe des 20. Jahrhunderts weg von rigoroser Disziplinierung – Formen verinnerlichter Zeitdisziplin aufweist. Diese lässt sich wiederum bis in die Mitte des 16. Jahrhunderts zurückverfolgen. So legt Erasmus von Rotterdam (vermutl. 1466/1467/1469–1536) in seiner Schrift *De civilitate morum puerilium* von 1529 Regeln dar, wie bäuerische Jungen durch Affektkontrolle zu zivilen Knaben erzogen werden sollen, wobei das Kontroll- und Regelungsinstrument der Zeittakt ist. Dies zieht sich seitdem in den staatlichen Schulordnungen durch, in denen die Dauer der Schulzeit, der Schultag, die Jahrgangsklassen und eben auch die Pausen festgelegt werden. Das subjektive leib- und/oder naturorientierte Zeitempfinden von Kindern hat sich diesem öffentlich verordneten Standardkontinuum anzupassen (vgl. de Haan 2001, S. 1633 ff.).

Damit knüpft die Idee einer Pausen-Geflügel-Mortadella an Überlegungen zur gesellschaftlichen Herstellung von Zeitbedingungen an, die trotz einer „Tendenz zur Individualisierung der Zeitbestimmung" (Zeiher 2007, S. 70) nicht an Bedeutung verlieren. Nach wie vor ist die Macht des ökonomischen Drucks auf die zeitliche Lebensführung von Menschen enorm, auch wenn die gesellschaftlichen Zeitbedingungen für das Handeln von Kindern in der *späten, reflexiven, flüssigen* Moderne vielfältiger, inkonsistenter, ambivalenter und konfliktreicher werden: „Die Zeiten im individuellen Alltagserleben sind weniger standardisiert, und sie fügen sich kaum mehr zu extern vorgefertigten Tageslaufmustern zusammen, die allen Personen, die miteinander Beziehungen pflegen, genügend zeitliche Möglichkeiten dazu bieten. […] Das Zusammenfügen im Alltagsablauf überlässt die Gesellschaft den Individuen" (Zeiher 2007, S. 70). Vielleicht erklärt dies den Ruf nach „Sicherheit und Orientierung im Alltag" (Borcherding 2015, S. 1), wonach Kinder einen Alltag mit festem Rhythmus und klarer Struktur brauchen, weil sie sich nur dann sicher und geborgen fühlen würden. Ein Wurstsortiment, bestehend aus einzelnen Artikeln für jede Phase dieses Rhythmus, scheint Eltern ebendiese Sicherheit und Orientierung zu versprechen.

3.3 Finden kleine Tiger bärenstark (5, 6, 7): Romantisierung von Kindheit

Der kleine Bär, der kleine Tiger und die Tigerente des Autors und Illustrators Janosch sind das Erkennungszeichen der Marke Gutfried Junior, das sie unverwechselbar machen soll. Zeichentrickfiguren gelten als beliebte *Visuals* für Lebensmittel, da sie die Optik der Verpackung unterstützen und sofort signalisieren, dass es sich um ein Lebensmittel für Kinder und nicht für Erwachsene handelt. Bei bekannten Figuren, wie den Janosch-Figuren, schätzen Marketingfachleute darüber hinaus, dass die Produkte aufgrund des Bekanntheits- und Beliebtheitsgrads der Figuren attraktiv wirken und das Image der Figur auf das Produkt übertragen wird. Sie gehen beispielsweise davon aus, dass „man die Janosch-Figuren eher mit Fantasie, Träumereien und Leichtigkeit verbindet und sie deshalb die Repräsentanten für leichte Geflügelwurst sind" (Pacyna 2007, S. 56).

Gemeinsam ist den Figuren, dass sie anthropomorph sind. Sie weisen menschliche Züge auf, d. h., sie sehen zwar aus wie die Tiere, die sie darstellen, aber sie können meistens sprechen und fühlen wie Menschen: „Die Figuren sollen dem Nachwuchs vermitteln, was passiert, wenn das Produkt konsumiert wird – es schmeckt, man hat Spaß, manchmal bekommt man auch mehr Power und die Freunde finden es sowieso toll, man erhält also Anerkennung" (Pacyna 2007, S. 57).

In diesem Sinne konnte eine Studie (vgl. Enax et al. 2015) zeigen, dass Grundschüler ihr Essen nach der Attraktivität der Verpackung aussuchen und auch entsprechend als schmackhafter beurteilen. Dazu durften acht- bis zehnjährige Grundschüler zwischen drei Früchtemüslis wählen, die sich lediglich in der Verpackung unterschieden: eine Standardverpackung, die zweite mit Informationen zu gesundheitlichen Aspekten und schließlich die dritte mit Zeichentrickfiguren. Das Müsli in der attraktiven Verpackung war am begehrtesten und schnitt auch beim Geschmackstest am besten ab. In Hinblick auf diese Ergebnisse sprechen die Autoren von einem klassischen Marketing-Placeboeffekt, bei dem bestimmten Produkten Wirkungen zugesprochen werden, ohne dass diese durch den Inhalt gerechtfertigt wären (vgl. Enax et al. 2015).

Beim Einkauf – darauf wurde bereits hingewiesen – werden weniger die Lebensmittel selbst wahrgenommen; vielmehr ziehen die Verpackungen – deren Farben, Formen und Symboliken – ihre Aufmerksamkeit mit dem Versprechen von Lustgewinn und Lebensqualität auf sich (vgl. Zirfas 2011). Im Fall der Geflügel-Mortadella sollen bereits die kleinsten Konsumenten durch die Verwendung der Janosch-Figuren angesprochen und erreicht werden. Sowohl die Wahl dieser Figuren als auch deren Gestaltung auf der Wurstverpackung mit ihren Verweisen zu dem Buch *Oh, wie schön ist Panama* lassen eine romantische Idee von Kindheit mit den Topoi „Kindheit als Paradies, als goldenes Zeitalter und als poetische Daseinsweise" (Schmid 2014, S. 58) erkennen. In diesen Topoi spiegeln sich wiederum unterschiedliche Dimensionen der romantischen Idee des Kindes und der Kindheit wider. So „verweist der Topos Kindheit als Paradies auf die religionsphilosophische Dimension", wie Schmid ausführt, „der Topos vom goldenen Zeitalter auf deren geschichtsphilosophische und der Topos der poetischen Daseinsform auf die ästhetische Dimension" (2014, S. 58).

Der kleine Bär, der kleine Tiger und die Tigerente wohnen in paradiesischen Zuständen, nämlich in einem kleinen, gemütlichen Haus mit Schornstein; sie haben alles, was das Herz begehrt und brauchen sich vor nichts zu fürchten. Darüber hinaus ist der kleine Tiger so stark wie ein Tiger und der kleine Bär so stark wie ein Bär. An diesen modifizierten Phraseologismen (vgl. Burger 1997) knüpft auch die Werbebotschaft an, dass nämlich kleine Tiger die Geflügel-Mortadella bärenstark finden. Die Formulierung „Finden kleine Tiger bärenstark" lässt in poetischer Lesart folgende Deutung zu: entweder findet das Kind die Wurst bärenstark, dann ist es ein kleiner Tiger, oder aber, wenn es ein kleiner Tiger ist, findet es die Wurst bärenstark. Diese Kreisbewegung manifestiert sich prominent in der runden Wurstscheibe, deren fotoähnliche Abbildung mittig in der unteren Hälfte die Verpackungsoberfläche als „Kern des Realen" (Burghardt und Zirfas 2016, S. 259) erscheint und gleichsam den Glauben suggeriert und provoziert, „dass nichts realer erscheint als die Erwartung von Realität" (ebd. 2016, S. 259).

Die Kreisbewegung kommt aber auch in der Geschichte selbst zum Ausdruck, in der sich der kleine Bär und der kleine Tiger auf den Weg nach Panama – ihrem Traumland – machen. Weil sie den Weg nicht kennen, stellen sie einen Wegweiser mit der Aufschrift „Panama" auf, ähnlich dem Schild auf der Wurstverpackung mit der Verheißung auf Gesundheit. Auf ihrer Reise begegnen sie vielen Tieren, die sie nach dem Weg fragen, und kommen schließlich wieder zu ihrem Wegweiser. Ihre Freude über die Ankunft in Panama, ihrem paradiesischen Zuhause, ist grenzenlos.

Die Janosch-Figuren sind dabei nicht nur entzückend gezeichnet und als Tierfiguren mit vorangestelltem Diminutiv doppelt verniedlicht (vgl. Alexander 2009), sondern zudem Kultfiguren jener Generation, die jetzt selbst Eltern sind, also

Kinder haben; und diese ist es, die die eigentliche Zielgruppe der Wurst darstellt. Damit haben wir es hier möglicherweise mit romantischen Kindheitsvorstellungen auf intergenerationaler Ebene zu tun, wenn nämlich solche Kulte durch „Mischungen aus Nostalgie bzw. nostalgischer Regression, Ironie und (manchmal) [der] Weigerung, sich Anforderungen und Zumutungen des Erwachsenenlebens zu stellen" (Hengst 2001, S. 869), charakterisiert sind. „Ironie dient" dabei, wie Hengst feststellt, „als Alibi für die Wiederbelebung kindlicher Freuden, als Versuch, Liebgewonnenes aus der Kindheit ins Erwachsensein ‚herüberzuretten'" (ebd. 2001, S. 869). Es kaufen also nicht nur die Kinder Ideen von Kindheit, sondern auch die Erwachsenen; und sie tun dies sowohl der Kinder wegen als auch für sich selbst (vgl. Hengst 2001, S. 869) – was zu der Erklärung beitragen kann, warum Eltern seit zehn Jahren die *Tigerenten*wurst kaufen, trotz diverser Studien, wie die oben benannte, die rationale Argumente gegen diesen Kauf liefern.

3.4 Tigerente und Schild (8): Regelorientierter Verhandlungshaushalt

Auf der Zeile (8) steht unten links die Tigerente vor der Wurstscheibe und schaut entgegen ihrer Abbildung auf der Wurst nach rechts auf ein Schild, auf dem geschrieben steht: „Weniger Fett – Plus Calcium", an das die Tigerente mit der Schnur, an der sie der kleine Tiger sonst zieht, angebunden ist. Sowohl die Tigerente als auch das Schild sind im Stile Janoschs gezeichnet und ebenso sind die Buchstaben auf dem Schild entsprechend gestaltet. Der Schnabel der Tigerente scheint regelrecht auf das Schild zu zeigen, darauf hinzuweisen und aufzufordern, es zu lesen, was Assoziationen mit dem pädagogischen Zeigefinger aufkommen lässt. Geht man davon aus, dass die Zielgruppe des Produkts noch nicht lesen kann (vgl. Abschn. 3.1), ließe sich ein Szenario imaginieren, in dem ein Kind, ob des visuellen Aufforderungscharakters der Szene, seine Eltern fragt, was dort geschrieben steht. Sie können dem Kind darauf jedoch nur antworten, wenn sie lesen, was auf dem Schild steht; und auch wenn sie das Kind damit vertrösten, dass es das noch nicht verstehe, sind sie nun trotzdem darüber informiert, dass die Wurst weniger Fett enthält und mit Calcium angereichert, also gesund ist. Hierbei handelt es sich um eine Marketingstrategie, um die Kaufentscheidung der Eltern oder anderer Erziehungsberechtigter mit gesundheitlichen Argumenten zugunsten des Produkts zu beeinflussen.

Wird mit einer solchen Art von Beschwichtigung gearbeitet – im Marketing spricht man von „Reassurance" –, spricht man von einer Gatekeeper-Kampagne, d. h., „dass man zwar die Zielgruppe Kleinkind hat und eine kindgerechte Kampagne erstellt, dass man aber gleichzeitig den Eltern das Gefühl vermittelt, sie tun ihren Kindern mit dem Kauf des Produkts etwas Gutes" (Pacyna 2007, S. 55). Auch wenn Eltern möglicherweise zunehmend weniger als „Gatekeeper" in dem Sinne fungieren, dass sie ihre Kinder vor potenziell schädlichen Umwelteinflüssen bewahren, weil das Kind selbst ins Zentrum der Marketingstrategien gerückt ist (vgl. Effertz 2017), so sind sie nach wie vor Gatekeeper in dem Sinne, dass sie eben doch die Personen sind, die über die Weitergabe von Waren entscheiden (vgl. BayaMedia.Design o. J.).

Gleichzeitig werden zunehmend Spots und Anzeigen für Kinderlebensmittel basierend auf der Feststellung produziert, dass Kinder nicht nur eine direkte Kaufkraft, sondern ebenso eine nicht zu unterschätzende indirekte Kaufkraft besitzen. „[D]as heißt", wie Pacyna darlegt, dass „sie […] die Entscheidungen der Eltern beim wöchentlichen Einkauf im Supermarkt" beeinflussen (2007, S. 51): „Schon Kleinkinder, die nicht älter als zwei Jahre sind, geben den Eltern im Supermarkt durch Fingerzeig zu verstehen, was sie haben wollen" (ebd.).

Die empirische Beobachtung, auf die sich Gatekeeper-Kampagnen stützen, wird in der Pädagogik als die „zivilisatorische Annahme eines Übergangs vom Befehls- zum Verhandlungshaushalt" (du Bois-Reymond 1998, S. 85) bezeichnet und diskutiert. Den Verhandlungshaushalt charakterisiert, „daß der Spielraum der Kinder, um als gleichberechtigte Partner am Familiengeschehen teilzunehmen, groß ist und daß sich die Eltern im Konfliktfall nicht mit Strafen durchsetzen, sondern daß beide Parteien miteinander reden, nach Kompromissen suchen und sich für das Gelingen eines angenehmen Familienlebens mitverantwortlich fühlen" (ebd.; Rechtschreibung im Original). Die Leitkonzepte des Verhandlungshaushalts sind Selbstständigkeitsauffassungen, Pluralisierung, Informalisierung, Protoprofessionalisierung und Partizipation, wobei sich letzteres explizit auch auf die Warenwelt bezieht.

Werbestrategien, die sich an Kinder richten, die dann wiederum ihre Eltern zum Kauf des beworbenen Produkts bewegen, ergeben erst vor dem Hintergrund des beschriebenen Generationenverhältnisses und konkret auch in Verbindung mit dem Element der Partizipation Sinn. Dieses umfasst die erweiterten Möglichkeiten der Kinder, an Lebensbereichen der Erwachsenen teilzunehmen, was primär bedeutet, an der Kommunikation der Erwachsenen teilzuhaben, d. h. dem weitgehend gleichberechtigten Sprechen der Generationen (und der Geschlechter): „Gesprochen und verhandelt wird tendenziell über alles, auch über Angelegenheiten, die ehemals reine Erwachsenensachen waren, wie Familienanschaffungen" (ebd., S. 94). Insofern ist die Tigerente das Argument des Kindes, und die gesundheitsbezogenen Informationen sind das Reassurance-Argument der Eltern für den möglichen Kauf dieses Kinderlebensmittels.

3.5 Die Extrawurst für Kinder (9): Partikularisierung von Kindern

Das letzte analysierte Element ist der Slogan „Die Extrawurst für Kinder – schmeckt und macht Spaß", der alle Artikel des Wurstsortiments der Marke Gutfried Junior ziert und charakterisieren soll. Auf der Verpackung der Geflügel-Mortadella steht dieser Satz als Zweizeiler unten rechts innerhalb des gestalteten Rahmens, was zudem den im Satz verwendeten Parallelismus visualisiert – Extrawurst wird mit „Schmecken" und Kinder mit „macht Spaß" assoziiert. Der Slogan knüpft an Erziehungsvorstellungen vor allem des vorletzten Jahrhunderts an, nach denen sich Kinder Autoritäten, wie den Eltern, zu beugen und ihnen zu gehorchen hatten. Hinsichtlich des Essens kommt dies beispielsweise in dem Ausspruch zum Ausdruck: „Was auf den Tisch kommt, wird gegessen".

Die Konsequenz, wenn man dies nicht tut, also ungehorsam ist, wird dem Kind sehr anschaulich in der Geschichte vom Suppen-Kaspar des Frankfurter Arztes und Psychiaters Heinrich Hoffmann (1809–1894) aus dem Jahre 1844 vor Augen geführt. Zur Essenszeit, als die Suppe serviert wird, fängt der Suppenkasper plötzlich an zu schreien: „Ich esse keine Suppe! Nein! Ich esse meine Suppe nicht! Nein, meine Suppe ess ich nicht!" Eine Extrawurst bekommt er nicht, die Eltern bleiben konsequent und schließlich: „Am vierten Tage endlich gar, der Kaspar wie ein Fädchen war. Er wog vielleicht ein halbes Lot und war am fünften Tage tot" (Hoffmann 2016, S. 18).

In diesem Sinne wird auch in Erziehungsratgebern, wie bspw. dem im Dritten Reich entstandenen und danach in *bereinigter* Form noch bis 1987 veröffentlichten *Die Mutter und ihr erstes Kind,* argumentiert: „Nein, wir machen es anders. Lehnt das Kind trotz aller geduldigen Versuche Gemüse ab, so bleibt gar nichts anderes übrig, als es einmal hungern zu lassen. Das abgelehnte Gemüse wird zur nächsten Essenszeit wieder gereicht und muß unter dem Zwang des Hungers schließlich gegessen werden" (Haarer 1958, S. 182; Rechtschreibung im Original). Bis 1987 erreichte der Bestseller eine Gesamtauflage von 1,2 Mio. Exemplaren. Er wurde, so ist anzunehmen, somit von den Eltern gelesen, deren Kinder heutzutage die Generation der Eltern konstituieren, an die sich die Marketingstrategien richten.

Durch die Verwendung des Begriffes „Extrawurst" wird an dieser Erziehungstradition angeknüpft, aber nur um sie umso effektiver konterkarieren zu können, und zwar insofern, als dass durch den Konsum der Wurst performativ die Norm hergestellt wird, Kinder bedürfen bzw. verdienen sehr wohl Extrawürste, nämlich solche, die schmecken und Spaß machen. Wäre dem nicht so, bräuchte man nur von „Wurst für Kinder", aber eben nicht von Extrawurst zu sprechen.

Die Formulierung „jemandem eine Extrawurst zu gewähren" hat ihre Wurzeln im Mittelalter, als Wurst (noch) als eine besondere Delikatesse galt und die Gewährung einer Extrawurst eine Bevorzugung darstellte. In diesem Sinne bedeutet die Redewendung „jemanden zu bevorzugen", „ihn privilegiert außer der Reihe zu behandeln". Die Redewendung wird aber auch verwendet, wenn jemand Sonderwünsche hat oder eine Bevorzugung möchte, und dies mit der Begründung verweigert wird, es gäbe keine Extrawürste (vgl. Wernert et al. 2017).

Hier geschieht nun genau das Gegenteil: Die Formulierung „Extrawurst für Kinder" verweist zwar auf die Erziehungsidee, dass Kinder keiner Extrawurst bedürfen, erzeugt aber performativ durch den Konsum der Extrawurst, die schmeckt und Spaß macht, die Norm, dass Kinder eine Extrawurst bekommen und – glaubt man der Werbung, dass „gute Eltern" diese Wurst kaufen – auch bekommen sollen. Meinte das Präfix „extra" in früheren Zeiten „zusätzlich", so wird es nun in der Bedeutung von „besonders" benutzt. Übertragen auf erzieherische Normen geht es um eine besondere Behandlung von Kindern. Geht man von der Beschreibung der Extrawurst als schmeckend und Spaß machend aus, lässt sich dies auf den besonderen Umgang mit Kindern übertragen, der sowohl ästhetisch als auch hedonistisch geprägt sein soll.

Bezüglich der Frage nach dem kindlichen Geschmack bzw. der kindlichen Erziehung zum Geschmack ist die Erziehungswissenschaft weder sonderlich gefragt, noch fühlt sie sich als Wissenschaft dafür zuständig. Dies verdeutlicht Fuhs (vgl. 2017) anhand einer Publikation, die Dagmar von Cramm – Ernährungswissenschaftlerin, Kochbuchautorin und Mitglied im Präsidium der Deutschen Gesellschaft für Ernährung – geschrieben hat und von der Stiftung Warentest verlegt wurde. So bringe von Cramm den Prozess der Geschmackssozialisation derart auf den Punkt, als dass sich Kinder geschmacklich nicht primär selbst entwickeln, sondern von ihren Eltern entwickelt werden und der kindliche Geschmack eine Frage der richtigen Geschmackserziehung sei. Diese bestehe laut der Autorin darin, die Kinder zwar in die Planung des Familienessens mit einzubeziehen, aber der- oder diejenige, der bzw. die kocht, solle letztendlich bestimmen, was es zu essen gibt. Dazu Fuhs weiter: „Hier wird […] ein partnerschaftliches Modell der Erziehung in der Familie unter der Flagge der Gesundheit der Kinder […] außer Kraft gesetzt. Die Kinder werden scheinbar beteiligt, aber (mit Tricks und auch elterlicher Autorität) sollen die Erwachsenen das durchsetzen, was von der Ernährungswissenschaft und von der Pädiatrie als gesunder Geschmack für Kinder definiert wurde" (ebd. 2017, S. 67).

Hier wird ernährungswissenschaftlich die Standardisierung und Konformisierung von Lebensmitteln, die bereits Mitte des 19. Jahrhunderts begann, weitergeführt, wobei die Standardisierung über den Geschmack bzw. die Geschmacksbildung verläuft, „das meint über die Aromaindustrie mit ihren über 2500 im Labor hergestellten Substanzen" (Burghardt und Zirfas 2016, S. 250). Bildungstheoretisch ist diese Gleichmachung sowohl auf physischer als auch psychischer Ebene insofern bemerkenswert, als dass der Geschmackbegriff über kulinarische Zusammenhänge hinaus einen umfänglichen Begriff für Ästhetik, Moral und soziale Differenzierung darstellt. Demnach bezeichnet Geschmack „ganz allgemein das Vermögen, Ähnlichkeiten und Unterschiede wahrzunehmen, Gleiches vom Ungleichen zu unterscheiden [...] Geschmack ist ästhetische Kompetenz – das Feststellen und Reflektieren einer schmeckenden Unterscheidung" (Zirfas 2011, S. 20 ff.).

4 Abschließende Bemerkungen und Fazit

Im vorliegenden Text wurde das Ziel verfolgt, verborgene pädagogische Vorstellungen und Strukturen, die sich in oder auch hinter der ästhetischen Gestaltung der Verpackung der Geflügel-Mortadella für Kinder von Gutfried Junior verbergen, herauszuarbeiten. Ein solches Vorgehen kann diverse Lesarten und Fokussierungen hervorbringen, wobei die hier vorgeschlagene eine mögliche darstellt. Für jedes analysierte Element gilt, dass sich die Lesart auch in den anderen wiederfindet, jedoch besonders in jener eindringlich zum Ausdruck kommt, an der sie entwickelt wurde.

Führt man die fünf Analysestränge zusammen, scheint das Bild einer letztlich verborgenen intergenerationalen Verflechtung von Ansichten über Erziehung und Kindheit auf. Die drei eigentlich nicht anwesenden Generationen, die von der Wurstverpackung anwesend gemacht werden (vgl. Langeveld 1955), sind das Kind (als Konsument der Wurst), die Eltern des Kindes (als Käufer der Wurst) und die Großeltern des Kindes (in ihrer Funktion als Eltern der Eltern, deren Erziehungsideen expliziert werden, damit sich die Eltern durch den Kauf des Produkts [für ihre Kinder] von diesen bewusst abgrenzen können, ohne dass diese unbewusst gegen eine Kaufentscheidung wirken).

Neben solchen historischen Erkenntnissen rücken auch systematische ins Blickfeld, die beispielsweise Fragen des Geschmacks berühren. Entsprechend den Entwicklungen seit den 1950er Jahren hebt auch das Design der analysierten Wurstverpackung darauf ab, dass die Wurst schmackhaft sei. Schmecken aber ist nicht nur etymologisch eng mit dem Geschmack verbunden, der als umfassender Begriff für Ästhetik, Moral und sozialen Differenzierung gilt, sondern das Schmecken selbst „ist eine Welt- und Selbstbewahrheitung" (Burghardt und Zirfas 2016, S. 262). Bildungstheoretisch aufschlussreich ist diesbezüglich die Vermutung, „dass, selbst wenn der Einzelne sich nicht bewusst und reflexiv im

Supermarkt ernährt – ja gerade dann, wenn er unbewusst zugreift –, die Lebensmittel und ihre Verpackungen ihre latenten Geschmacksbildungswirkungen entfalten" (Burghardt und Zirfas 2016, S. 262). „Der Geschmack ist deshalb", wie Zirfas ausführt, „zu einem universellen ästhetischen und kulturellen Generator geworden, weil er als *der* Schnittpunkt von individueller Leiblichkeit und sozialer bzw. kultureller Allgemeingültigkeit gelten kann" (2011, S. 24; Herv. i. O.).

Hieran dürfte einerseits deutlich geworden sein, dass Artefakte im Allgemeinen und ästhetische Objekte im Speziellen implizite und verborgene pädagogische Strukturen aufweisen, die sich rekonstruieren lassen. Die Analyse des Designs der Wurstverpackung selbst begründet dann insofern einen Bildungsprozess, als dass die Auseinandersetzung mit der Verpackung des Lebensmittels sowohl kognitiv, rational als auch sinnlich erfolgt. Gleichsam führt die Analyse des konkreten Produktdesigns somit nicht nur zu Bildungsmöglichkeiten und -grenzen, sondern gleichfalls zu ihrer Aufklärung, worin wiederum der spezifische Beitrag dieser Analyse zum erziehungswissenschaftlichen Wissen (vgl. Mollenhauer 1997) gesehen werden kann.

Der Erkenntnisgewinn geht jedoch über die dargestellten interpretatorisch gewonnenen Ergebnisse hinaus. Dies ist deshalb der Fall, da die hier erfolgte – notwendigerweise kritische – Auseinandersetzung zwischen Ich und Welt nicht nur Bildungsbewegungen darstellt. Tatsächlich initiiert sie diese. Sie kann somit einerseits für pädagogisches Sehen und Denken sensibilisieren und andererseits zu einer Pädagogik aus dem Verborgenen heraus (in aufklärerischer Absicht) beitragen.

Literatur

Alexander, R. (2009). Schwarz-Gelb und die Generation Tigerente. *Welt, veröffentlicht am 23. September 2009.*
BayaMedia.Design (o. J.). Glossar wichtiger Begriffe. https://www.bayamedia.de/Marketingbegriffe.pdf. Zugegriffen: 01. Juni 2018.
Borcherding, M. (2015). Kinder brauchen einen festen Tagesablauf – Sicherheit und Orientierung im Alltag. Kizz. Das Elternmagazin für die Kitazeit. https://www.kizz.de/erziehung/familienalltag/kinder-brauchen-einen-festen-tagesablauf-sicherheit-und-orientierung-im-alltag. Zugegriffen: 03. Juni 2018.
Burger, H. (1997). Phraseologie im Kinder- und Jugendbuch. In R. Wimmer & F.-J. Berens (Hrsg.), *Wortbildung und Phraseologie* (S. 233–254). Tübingen: Gunter Narr Verlag.
Burghardt, D. & Zirfas, J. (2016). Halbbildung im Supermarkt. Zur Kritik an der kulinarischen Entmündigung. In B. Althans & J. Bilstein (Hrsg.), *Essen – Bildung – Konsum. Pädagogisch-anthropologische Perspektiven* (S. 245–266). Wiesbaden: Springer VS.

Dietrich, C. (2013). Ästhetische Erziehung. Kulturelle Bildung online. https://www.kubi-online.de/artikel/aesthetische-erziehung. Zugegriffen: 17. Mai 2018.
Düren, M., & Kersting, M. (2003). Das Angebot an Kinderlebensmitteln in Deutschland. Produktübersicht und ernährungsphysiologische Wertung. *Ernährungs-Umschau, 50*, S. 16–21.
de Haan, G. (2001). Zeit. In D. Lenzen (Hrsg.), *Pädagogische Grundbegriffe. Band 2 Jugend bis Zeugnis* (S. 1633–1637). Reinbek bei Hamburg: Rowohlt.
du Bois-Reymond, M. (1998). Der Verhandlungshaushalt im Modernisierungsprozeß. In P. Büchner et al., *Teenie-Welten. Aufwachsen in drei europäischen Regionen* (S. 83–112). Opladen: Leske & Budrich.
Effertz, T. (2017). Die dunkle Seite kindlicher Konsumkultur. Kindermarketing und seine ökonomischen Kosten. In S. Schinkel & I. Herrmann (Hrsg.), *Ästhetiken in Kindheit und Jugend. Sozialisation im Spannungsfeld von Kreativität, Konsum und Distinktion* (S. 77–94). Bielefeld: transcript.
Enax, L. et al. (2015). Food packaging cues influence taste perception and increase effort provision for a recommended snack product in children. *Front. Psychol. 6 (882)*. https://doi.org/10.3389/fpsyg.2015.00882.
Folkers, A. (2018). Stoffwechselstörungen. Müll, Metabolismus, Materialismus. In L. Hansen, K. Roose & D. Senzel (Hrsg.), *Die Grenzen der Dinge. Ästhetische Entwürfe und theoretische Reflexionen materieller Randständigkeit* (S. 239–264). Wiesbaden: Springer VS.
Fuhs, B. (2017). Kindergeschmack. Überlegungen zu Ästhetik und Bildung in der Kindheit. In S. Schinkel & I. Herrmann (Hrsg.), *Ästhetiken in Kindheit und Jugend. Sozialisation im Spannungsfeld von Kreativität, Konsum und Distinktion* (S. 55–76). Bielefeld: transcript.
Haarer, J. (1958). *Die Mutter und ihr erstes Kind*. München: Carl Gerber.
Heidemann, Ch. (2007). Neues Gesundheits- und Ernährungsbewusstsein: Gutfried Junior. In Ch. Belz, M. Schögel & T. Tomczak (Hrsg.), *Innovation Driven Marketing. Vom Trend zur innovativen Marketinglösung* (S. 226–232). Wiesbaden: GWV.
Hengst, H. (2001). Kinderkultur und -konsum in biographischer Perspektive. In I. Behnken & J. Zinnecker (Hrsg.), *Kinder. Kindheit. Lebensgeschichte. Ein Handbuch* (S. 855–869). Seelze-Velber: Kallmeyerische Verlagsbuchhandlung.
Hoffmann, H. (2016). *Struwwelpeter*. Fränkisch-Crumbach: design cat GmbH.
Honig, M.-S. (2011). Kind. In K.-P. Horn et al. (Hrsg.), *Klinkhardt Lexikon Erziehungswissenschaft, Band 2: Gruppenpuzzle – Pflegewissenschaft* (S. 177–179). Bad Heilbrunn: Klinkhardt.
Keitsch, P. & Pooch, M.-T. (2017). Artefakte als empirischer Zugang zur Erforschung von Wohnräumen der stationären Erziehungshilfe. In M. Meuth (Hrsg.), *Pädagogisch institutionelles Wohnen* (S. 195–220). Wiesbaden: Springer VS.
Kleining, G. (1991). Heuristik für Psychologie und Sozialwissenschaften. In G. Jüttemann (Hrsg.), *Individuelle und soziale Regeln des Handelns. Beiträge zur Weiterentwicklung geisteswissenschaftlicher Ansätze in der Psychologie* (S. 197–207). Heidelberg: Asanger.
Kipfer, B. A. (2007). *Dictionary of Artifacts*. Malden, MA: Blackwell Publishing.
Langeveld, M. (1955). Das Ding in der Welt des Kindes. *Zeitschrift für Pädagogik, 1*, S. 69–83.

Lueger, M. (2000). *Grundlagen qualitativer Feldforschung. Methodologie, Organisierung, Materialanalyse*. Wien: WUV-Universitätsverlag.
Lueger, M. & Froschauer, U. (2018). *Artefaktanalyse. Grundlagen und Verfahren*. Wiesbaden: Springer VS.
Mollenhauer, K. (1997). Methoden erziehungswissenschaftlicher Bildinterpretation. In B. Friebertshäuser & A. Prengel (Hrsg.), *Handbuch Qualitative Forschungsmethoden in der Erziehungswissenschaft* (S. 247–264). Weinheim/München: Juventa.
Pacyna, M. (2007). *Marketing für Kinderlebensmittel. Kindliche Wahrnehmung als Basis des Lebensmittelmarketings*. Saarbrücken: VDM Verlag Dr. Müller.
Peper, J. (2012). *Ästhetisierung als Zweite Aufklärung. Eine literarästhetisch abgeleitete Kulturtheorie*. Bielefeld: Aisthesis.
Postman, N. (1983). *Das Verschwinden der Kindheit*. Frankfurt a. M.: S. Fischer.
Schmid, P. (2014). Die bürgerliche Kindheit. In M. S. Baader, F. Esser & W. Schröer (Hrsg.), *Kindheiten in der Moderne. Eine Geschichte der Sorge* (S. 42–71). Frankfurt a. M./New York: Campus.
Wernert, W., Trenker, D., & E. Sommer (2017). *Die Extrawurst*. https://www.bmnt.gv.at/land/lebensmittel/trad-lebensmittel/Fleisch/Fleischprodukte/extrawurst.html. Zugegriffen: 5. Juni 2018.
Zeiher, H. (2001). Leben in der Zeit führen – im Wandel der Zeit. In I. Behnken & J. Zinnecker (Hrsg.), *Kinder. Kindheit. Lebensgeschichte. Ein Handbuch*. (S. 432–441). Seelze-Velber: Kallmeyerische Verlagsbuchhandlung.
Zeiher, H. (2007). Zeitwohlstand in der Kindheit. *ZSE, 27*, S. 58–72.
Zirfas, J. (2011). Die Tischgemeinschaft als ästhetisch-moralische Anstalt. Über Bildung, Geschmack und Essthetik. In E. Liebau & J. Zirfas (Hrsg,), *Die Bildung des Geschmacks. Über die Kunst der sinnlichen Unterscheidung* (S. 17–44). Bielefeld: transcript.

Nach dem Fall der Wand. Versteckte pädagogische Vorgänge im post-edukativen Theater

Iris Laner

Einleitung

Das Verhältnis, das Erziehung und Theater zueinander unterhalten, ist seit jeher gespalten. Einerseits wird dem theatralen Raum seit der Antike eine Erziehungsrolle zugeschrieben und die Bühne als mögliche Bildungsstätte ausgelotet. Andererseits wird gefordert, das Theater als nicht-pädagogische, künstlerische Anstalt zu betrachten, wobei nicht zuletzt seine edukativen Wirkungen problematisiert werden. Martin Schäfer rückt in seinem Projekt *Das Theater der Erziehung* diese komplexe Beziehung ins Zentrum einer erziehungswissenschaftlichen Betrachtung von Theater und Theatralität. Dabei kreisen seine Ausführungen um die Dopplung von Angewiesenheit erzieherischer Vorgänge auf das theatrale Geschehen und dem Versuch deren „Austreibung [] aus der Ordnung der Erziehung und Bildung" (Schäfer 2016, S. 66), wie sie für das Nachdenken über Erziehung und Theater typisch ist. Die benannte Gespaltenheit zeigt sich im rezenten Diskurs mehr denn je, wenn Theatermacher_innen, Kritiker_innen und Theoretiker_innen gegenwärtig nicht nur der pädagogischen Verantwortung des Theaters, sondern auch seinen pädagogischen Möglichkeiten eine entschiedene Absage erteilen. Die Beispiele hierfür sind zahlreich und die Vertreter_innen einer post-edukativen Haltung äußern sich nicht selten polemisch. „Ästhetische

---

I. Laner (✉)
Akademie der bildenden Künste Wien, Wien, Österreich
E-Mail: i.laner@akbild.ac.at

© Springer Fachmedien Wiesbaden GmbH, ein Teil von Springer Nature 2019
C. Bach (Hrsg.), *Pädagogik im Verborgenen*,
https://doi.org/10.1007/978-3-658-21891-1_16

Erziehung" ernsthaft als Absicht des Theaters zu reklamieren, ist so laut Vladimir Sorokin nicht mehr als ein Akt, bestenfalls, des Laientums oder, schlimmstenfalls, der Verrücktheit (vgl. Sorokin 1997, S. 24). Sorokins provokanter Aufruf zur Kritik am Theater als Erziehungsanstalt sieht sich heutzutage in guter Gesellschaft. Wie der russische Autor argumentieren, schreiben und inszenieren viele seiner Kolleg_innen gegen die Bürde einer Erziehung an, die dem Theater ihrer Ansicht nach lange Zeit affirmativ und unbefragt angetragen wurde: Theater hat heute nicht mehr zu erziehen! Der theatrale Raum soll befreit werden und sich post-edukativ als Stätte der Verführung, der Ironie oder des entfesselten künstlerischen Geschehens entfalten.

Entgegen der zeitgenössischen Forderungen nach der Befreiung des Theaters von edukativen Geschäften hat sich dieses in der abendländischen Denkgeschichte nicht selten mit der offen formulierten Zuschreibung konfrontiert gesehen, dass es zu erziehen hat. In der griechischen Antike müssen der theatrale Raum und die in ihm verbreiteten Erzählungen laut Platon hauptsächlich deswegen so rigide überwacht und im Bedarfsfall einer Zensur unterzogen werden, weil ihnen eine pädagogische Funktion zugeschrieben wird: Das Theater hat uns zu moralisch besseren Menschen zu machen. Bei Aristoteles findet sich eine ähnliche Überzeugung. Theatrale Inszenierungen haben nicht nur die Macht, sie haben auch die Aufgabe, uns eine Vorstellung vom guten Leben zu geben. Sie haben beispielhaften Charakter und sollen uns so zu emotional durchdachten Handlungen anleiten, die wir auf ihre Konsequenzen hin abschätzen können. Auch nach der Antike finden sich vor allem in den Ästhetiken des 18. und 19. Jahrhunderts vielerlei Überlegungen nicht nur über den pädagogischen Wert, sondern auch über die erzieherische Aufgabe des Theaters. Ein besonders eindrückliches Beispiel dafür, dass das Theater eine bedeutende Rolle in der Erziehung markiert und damit einen wichtigen Beitrag zur Gesellschaft leistet, liefert im 20. Jahrhundert Bert Brecht (1898–1956). Sein episches Theater spricht dem Bühnenraum nicht nur ein immenses pädagogisches Potenzial, sondern auch eine enorme, nicht zuletzt politische, Verantwortung zu.

Es ist aufgrund dieser Bürde, die dem Theater historisch auferlegt zu sein scheint, nicht überraschend, dass sich Theatermacher_innen mehr und mehr auf das moderne Credo des L'art pour l'art versteifen und sich dezidiert von seiner erzieherischen Funktion freisprechen wollen, um nun freie Kunst – oder, wie Sorokin fordert, ironische Spielereien – machen zu dürfen. Viele zeitgenössische Formen des Theaters basieren auf der offen geäußerten oder versteckt vertretenen Forderung, die erzieherische Verantwortung aus dem theatralen Raum auszuschließen und auf der zerrissenen Bühne dem Pädagogischen keinen Platz mehr einzuräumen. Diese Intention, nicht erzieherisch, sondern künstlerisch, ironisierend oder provokativ zu arbeiten, zeigt sich nicht zuletzt darin, dass dem Publikum kein Rat mehr gegeben werden soll, dass ihm kein positives Beispiel für das eigene Denken, Fühlen und Handeln vorgespielt werden darf, dass es dagegen herausgefordert, schockiert, konfrontiert, befragt, mitunter verwirrt und nach dem Fall des Vorhangs nicht selten mit offenen Fragen zurückgelassen wird. Mit der Problematisierung nicht nur der Intention, das Publikum zu erziehen, sondern auch der Infragestellung, ob und inwiefern dies überhaupt möglich ist, wird das Theater als pädagogischer Raum allerdings nicht geschlossen. Wenn sich hier pädagogische Vorgänge beobachten ließen, so meine Überlegung, dann müssten sie, bis zu einem gewissen Grad zumindest, so gestaltet sein, dass sie sich entgegen einer dezidiert post-edukativen Haltung der Theatermacher_innen entfalten und diese sozusagen hinterrücks umgehen. *Versteckte pädagogische Vorgänge im post-edukativen Theater lassen sich, so meine These, als ein Übergang vom theatralen Ereignis als Erziehungsvorgang hin zu einem Bildungsgeschehen beobachten.* Es wird auf der Bühne damit nicht mehr von den Theatermacher_innen über die Schauspieler_innen auf die Zuschauenden erzieherisch gewirkt. Vielmehr wird ein Erfahrungsraum kreiert, in welchem das Publikum in seiner eigenen Antwort auf das Erfahrene in einen Bildungsprozess eintreten kann, wenn es die Normalität seiner eigenen Erfahrungswelt herausgefordert sieht. Meine These baut auf einer Leitdifferenz zwischen den beiden pädagogischen Konzepten Erziehung und Bildung[1], an der sich meine Ausführungen orientieren, wobei ich Erziehung als interpersonales Geschehen verstehe, in dem ein_e Erzieher_in auf eine zu erziehende Person, durch Vermittlungsarbeit etwa, wirkt. Zeichen eines solchen Wirkens, wie sie für den theatralen Raum eine Rolle spielen, können das Aufzeigen von Beispielen für eine Orientierung, Ratschläge und Hinweise auf die Notwendigkeit einer Reflexion sein. Bildung hingegen fasse ich als einen erfahrungsbasierten Prozess der Veränderung des Selbst[2], in dem die interpersonale Vermittlung von Anlässen zu einer solchen Veränderung nicht vordergründig ist oder auch entfallen kann.

Um meine These auszuführen, werde ich im Folgenden zunächst die klassisch antike Auffassung der edukativen Aufgaben des Theaters nach Platon und

---

[1] Siehe zur näheren Erläuterung dieser Differenz Fußnote 8.
[2] Diese Veränderung wird teleologisch in Bildungstheorien nicht selten als „Selbstwerdung" oder „Personwerdung" beschrieben (vgl. Schäfer 2005). Dezidiert nicht-normative Theorien beschreiben Bildung hingegen als Veränderung, die nicht auf ein zu sich Kommen abzielen muss (vgl. Koller 2012).

Aristoteles und ihre kritische Abwandlung durch Bert Brecht vorstellen. Freilich sind diese drei Autoren nicht ungebrochen an dessen Erziehungsaufgaben interessiert, sie schreiben dem Bühnenraum allerdings eine klar edukative Funktion zu – teils in problematisierender, teils in normativer, teils in programmatischer Weise. Nach dieser Darstellung werde ich erörtern, inwiefern nach der performativen Wende in einem nun postdramatischen Theater die Erziehung nicht mehr als Aufgabe des Theaters gesehen wird, da die Beziehung zwischen Theatermacher_innen, Schauspieler_innen und Zuschauenden anders gedacht wird. Theater ereignet sich dieser Auffassung gemäß nicht mehr als Aufführung von den aktiv Gestaltenden, welche vom Publikum passiv wahrgenommen wird. Vielmehr werden die Zuschauenden nunmehr als sich aktiv engagierend im Rezeptionsvorgang begriffen. Hierdurch werden sie selbst Teil des Spiels. Sie kreieren die Erfahrung, die sie im Theater machen, mit. Ein Verständnis von Erziehung, laut dem ein_e Erzieher_in auf eine_n zu Erziehende_n wirkt, lässt sich damit nicht mehr vereinbaren. An zwei konkreten Beispielen, der Performance *Confirmation* des britischen Theatermachers und Performers Chris Thorpe, und der Theaterinstallation *Cellar Door* von Thomas Bo Nilsson möchte ich abschließend zeigen, wie und wo sich in einem post-edukativen Theater – einem Theater, das nicht intendiert zu erziehen – Situationen von erziehungswissenschaftlichem Interesse aufspüren lassen, die sich nicht als Erziehungsvorgänge, sondern als Bildungsgeschehen verständlich machen lassen. Solche Momente folgen nicht mehr dem Prinzip der Beispielhaftigkeit von auf der Bühne vorgelebten Gefühlen, Gedanken und Handlungen. Sie speisen sich dagegen aus Erfahrungen des Unwohlseins, der Unheimlichkeit, der Uneindeutigkeit, wenn in ihnen Dinge, Überzeugungen, Theorien – die bis dahin selbstverständlich und klar schienen – fraglich werden. In diesem Sinne können sie nicht nur zu einer Auseinandersetzung mit dem theatral aufgeführten Thema beitragen, sondern auch mit dem, worin dieses mit unserer konkreten Lebenswelt unmittelbar zusammenhängt und uns direkt betrifft. Zentral für eine solche nicht mehr dramatisch oder lehrstückhaft vermittelte, sondern eine unmittelbar performative Konfrontation ist das Durchbrechen der Vierten Wand, der Grenze zwischen Bühnen- und Zuschauerraum. Diese ist für das klassische Theater der Garant dafür, dass sich das Publikum aus einer distanzierten Haltung heraus bewusst und reflektiert für die erzieherisch gehaltvollen Inhalte der Stücke öffnen kann. Wenn das Publikum sich im zeitgenössischen Theater nicht mehr der Illusion hingeben kann, dass es unsichtbar für die Schauspieler_innen und unbeteiligt am Geschehen bleibt, sondern wenn es selbst Teil des Spiels wird, dann wird es anders angesprochen. Und auch seine Betroffenheit wird eine andere. Gefühle des Ausgesetztseins, des Nicht-mehr-entscheiden-Könnens, des Teil-von-etwas-Werdens, zu dem man sich womöglich gar nicht vollbewusst entschieden hat, sind für diese andere Form der

Betrachtung typisch. Nach dem Fall der Wand kann die/der Zuschauer_in in eine Erfahrungssituation gebracht werden, die sie/ihn nachhaltig beschäftigt. Gerade hierin kann sich eine zunächst versteckte pädagogische Kraft entfalten, die bildend wirksam werden kann, aber nicht zwangsweise eintreten muss. Das Theater im post-edukativen Sinne trägt so zwar nicht mehr die Bürde der Erziehung. Sein Publikum aber muss sich nunmehr selbst für den Bildungsprozess engagieren, wenn es dem Fall der Wand nicht bloß fragend und irritiert beiwohnen will.

1 Vor und nach dem Drama: Theater und seine edukativen Aufgaben

Dass das Theater erziehen kann und dies auch tun soll, ist eine Überzeugung, die in der griechischen Antike paradigmatisch ausbuchstabiert wird. Die antiken Überlegungen haben in der abendländischen Geistesgeschichte großen Einfluss auf das Verständnis der Beziehung zwischen Erziehung und Theater. Theater und die dramatischen Formen des Erzählens besitzen dieser Auffassung nach nicht nur ein pädagogisches Potenzial. Sie bekommen auch eine dezidiert edukative Aufgabe zugesprochen. Die Wirkung der nachahmenden und insbesondere der dramatischen Künste auf Kinder und Jugendliche, aber auch auf Erwachsene, wird als gravierend eingeschätzt. Der theatrale Raum soll für die Erziehung daher gezielt nutzbar gemacht werden. Man denkt eingehend sowohl über den Einflussbereich wie auch über die Aufgabe und Verantwortung der Geschichtenerzähler_innen und Theatermacher_innen nach. Künstler_innen sollen, damit sie zur erwünschten Erziehung der Bürger_innen beitragen können, ihr Gestalten an festgelegten Prinzipien ausrichten. Wenn sie dies nicht tun, ist ihre Kunst entweder als wertlos abzutun, aus dem Kanon auszuschließen oder aus dem gesellschaftlichen Raum zu verbannen.

Das starke Interesse an den pädagogischen Wirkungen künstlerischer Ausdrucksformen lässt sich wohl nicht zuletzt darauf zurückführen, dass in den vorsokratischen Überlegungen keine strikte Trennung von Denken und Dichten, Reflektieren und Imaginieren forciert wird (vgl. Jamme 1991; Buchheim 1994). Vor der Wende zum Logischen und Analytischen sind selbst theoretische Überlegungen und metaphysische Reflexionen von mythischen Erzählungen durchwirkt. Diese werden nicht nur meist in einer kanonischen Form der Dichtung notiert. Sie werden normalerweise auch singend und vom Lyraspiel begleitet vorgetragen. Nicht nur Geschichten, sondern auch Theorien werden inszeniert. Der Mythos, der das griechische Denken insbesondere vor Sokrates bestimmt, hält es nicht für notwendig, das Wahre vom Falschen, das Wirkliche vom bloß Scheinbaren, das Reale vom Fingierten trennscharf zu scheiden. Sowohl das, was tatsächlich beobachtet oder vernünftig erschlossen werden kann, als auch das, was erdichtet ist, hat Wert für die Bildung des griechischen Geistes.

Mit Sokrates wird zwar die ungebrochene Macht des Mythos in die Schranken gewiesen, wenn eine entschiedenere Trennung von Denken und Dichten, Erkennen und Vorstellen angestrebt wird (vgl. Zeller 1859). In der wissenschaftlichen Reflexion stehen nun die Logik und das analytische Vorgehen an erster Stelle. Für das alltägliche Leben in der griechischen Polis allerdings bedeutet das allerdings nicht unbedingt einen Einschnitt. Weiterhin begleiten und prägen dichterische Erzählungen und dramatisch inszenierte Geschichten das Leben von der Kindheit bis ins Greisenalter. Darstellungen von Göttinnen und Göttern, in Gestalt von Wand- und Vasenmalereien etwa, sind im alltäglichen Leben stets präsent. In den Zeichnungen des perfekten Menschen in den bekannten antiken Skulpturen wird Harmonie und Schönheit in Szene gesetzt. Neben dem Gedichteten, Gemalten und Gebildhauerten findet die Musik im Alltag ihren Platz: Singen im Chor und Tanzen zählen zu den regelmäßigen Beschäftigungen. Ästhetische Spiele und Geschichten – die Künste – durchwirken das griechische Leben auf vielerlei Arten und erfüllen in dieser Hinsicht die verschiedensten Funktionen. Gespielt, musiziert, erzählt und betrachtet wird im öffentlichen Raum. Damit hat die ästhetische Auseinandersetzung nicht nur Bedeutung für die/den Einzelne_n, sondern für die gesamte Gemeinschaft (vgl. Zirfas et al. 2009).

Da die ästhetischen Spiele und die Geschichten für die Öffentlichkeit und damit für das Zusammenleben in der Polis zentral sind, ist es nicht verwunderlich, dass ihre positiven wie auch ihre negativen Einflüsse eingehend diskutiert werden. Denker wie Platon und Aristoteles machen es sich neben der Erörterung metaphysischer, politischer oder ethischer Fragen nicht zuletzt zur Aufgabe, Wert wie auch Gefahren der Künste für die Erziehung der Bürger_innen aufzuschlüsseln. Wichtig dabei ist auch zu verstehen, inwiefern die Künste das Verständnis und die Erkenntnis der Welt befördern können. Vor allem Platon ist an dieser Perspektive interessiert. Seiner Ansicht nach können die nachahmenden Künste, zu denen neben der Malerei und der Bildhauerei vor allem Dichtung und Theater zählen, zwar Wahres zeigen und damit zur Erkenntnis beitragen. Sie tun dies allerdings mit viel geringerer Wahrscheinlichkeit als die herstellenden, nicht-nachahmenden Künste, wie die Handwerkskunst. Dass sie weniger privilegiert sind für das Aufzeigen von Wahrheiten und das Hervorbringen von Erkenntnis, liegt daran, dass in ihnen nicht Wesen und Funktionalität der Dinge ins Zentrum der Aufmerksamkeit gerückt wird, sondern deren bloße Erscheinung (vgl. Platon 1994, S. 598b). Neben dem Interesse an der epistemologischen Dimension des Ästhetischen kreisen die antiken Überlegungen hauptsächlich um die ethische Funktion künstlerischer Nachahmungen. Die Künste dienen der

Erziehung moralischer Menschen. Das Kernthema einer so verstandenen moralischen Erziehung ist der Beitrag, den eine künstlerische Darstellung zum Führen eines guten Lebens leisten kann. Das Interesse an der moralischen Erziehung hängt nun allerdings mit der epistemologischen Perspektive auf die Wahrheitsfähigkeit des ästhetischen Objekts zusammen. Für Platon wie auch für Aristoteles können Kunstwerke nämlich nur dann zu einer Verbesserung in moralischer Hinsicht beitragen, wenn die Künstler_innen das wahre Sein von Dingen oder Personen kennen. Nur wenn ein_e Künstler_in erkennen kann, wer oder was wirklich gut ist, kann er oder sie dieses oder jenes auch als gut und damit in einer ethisch angemessenen Weise darstellen.

Die platonische Philosophie rückt diesen Zusammenhang ins Zentrum der Überlegungen über den Mehrwert der Künste (vgl. Laner 2012). Platon ist der Überzeugung, dass der Mensch als Mensch einen Hang zum Lernen durch Nachahmung besitzt, wodurch die nachahmenden Künste eine enorme Bedeutung für die Erziehung bekommen. So gut Lernprozesse durch Nachahmung auch funktionieren, so problematisch kann es jedoch auch sein, den Künsten Erziehungsaufgaben zu überantworten. Platon betont wiederholt und in unterschiedlichen Zusammenhängen, dass das Tun der Nachbildner_innen überwacht und kontrolliert werden muss. Im Zweifelsfall sind jene Kunstwerke aus dem Staat zu verbannen, die den von ihm befürworteten ethischen Prinzipien nicht entsprechen.[3]

---

[3] Zeitgenössische Autoren wie Alain Badiou oder Jacques Rancière sehen in Platon ganz klar das Aushängeschild einer Zurückweisung der Idee, dass die nachahmenden Künste überhaupt einen Bezug zur Wahrheit unterhalten können, womit ihnen automatisch auch jedes Bildungspotenzial abgesprochen wird. Für Badiou ist Platon der Gewährsmann für ein „didaktisches Schema" zur Vermittlung von Kunst und Philosophie. Die Nachahmung der Künste sei im platonisches Denken nicht auf die Wahrheit gerichtet, sondern allein auf so etwas wie Wahrheitseffekte. In den Fängen der Kunst ist keine dialektische Operation möglich, die zur Wahrheitsfindung aber nötig ist. Badiou erklärt die Notwendigkeit der Überwachung und Kontrolle der Künste so auch als logische Folge von Platons Unterwerfung der Wahrheit unter das philosophisch-dialektische Paradigma des Denkens (vgl. Badiou 2009, S. 7 ff.).

Rancière listet Platon als den Hauptvertreter, wenn nicht sogar als alleinigen Vertreter, des von ihm so genannten „ethischen Regimes der Bilder". Platons einziges Interesse gälte der Bedeutung der Bilder im lebensweltlichen Zusammenhang der Polis. In seiner Beschreibung des „ethischen Regimes der Bilder" diagnostiziert Rancière in Rekurs auf diese Linie platonischer Überlegungen eine „platonische Abwertung der *mimesis*" (Rancière 2006, S. 30) sowie eine „Polemik Platons gegen die Trugbilder der Malerei, der Dichtung und des Theaters" (ebd., S. 36). Dahin gehend unterscheidet sich Rancières Lesart zwar sehr klar von derjenigen Badious, insofern dieser Platon keinen Fokus auf die ethische Dimension der Künste zusprechen würde. Beiden gemein ist allerdings die in der abendländischen Philosophiegeschichte recht gängige Einordnung Platons unter diejenigen Denker, die der Kunst eine Aufgabe für die Wahrheitsfindung zusprechen.

Das Problem, an dem sich Platons kunstskeptische Überlegungen abarbeiten, ist jenes, inwiefern Nachahmungen überhaupt Wahres und Gutes darstellen und inwiefern sie in dieser Hinsicht ein akzeptables Mittel für Erziehungsmaßnahmen sein können. Nachahmungen und Fiktionen müssen für Platon nicht per se unwahr sein. Sie können es aber sein. Und wenn sie es sind, dann sieht er in den Kunstwerken auch eine Bedrohung. Für ihn sind jene Kunstwerke, die nicht das Wahre zeigen, das Ergebnis bestimmter mimetischer Praktiken, die als verstellend und damit als manipulierend problematisiert werden müssen. Immer dann, wenn ein_e Künstler_in Charaktere oder deren Handlungen so darstellt, dass ihr Bild von der Wirklichkeit abweicht, sieht Platon darin ein Problem. Demgegenüber erzählt eine pädagogisch wertvolle Nachahmung entweder von einem guten Charakter, der Gutes tut. Oder aber er handelt von einem schlechten Charakter, der Schlechtes tut. Die Vorbildwirkung solcher Erzählungen und ihr edukativer Wert liegt darin, dass sie aufzeigen, inwiefern denjenigen, die gut sind und Gutes tun, Gutes widerfahren wird. Diejenigen hingegen, die schlecht sind und Schlechtes tun, werden kein Glück im Leben haben (vgl. ebd., S. 378c).

Für die Beantwortung der Frage nach dem edukativen Wert der nachahmenden Künste ist nach Platon folglich entscheidend, wie ein_e Künstler_in an das Werk herangeht, d. h. vor welchem Hintergrund, mit welcher Absicht und vor allem auch wie sie/er künstlerisch tätig wird. Die epistemologische Vielschichtigkeit, die durch den Raum des Nachahmens eröffnet wird, entpuppt sich als Herausforderung für den stets an der Wahrheit interessierten Platon, wodurch seine Überlegungen zur Zensur bestimmter Weisen und Formen der nachahmenden Künste motiviert werden. Verbannt werden müssen jene Erzählungen, die ihre Zuhörer_innen in einer falschen Weise beeinflussen, die ihnen nicht die richtigen Motive für ein gutes Zusammenleben mit anderen in einer Gemeinschaft vermitteln, sondern sie in die Irre leiten (vgl. Platon 1964, S. 662b–c). Gefördert werden hingegen muss jene Art des Erzählens, die positive Vorbilder für moralisch adäquates Handeln schafft.

Auch für Aristoteles spielt die Vorbildwirkung von Erzählungen eine wichtige Rolle. Und auch er betont in diesem Zusammenhang ihren edukativen Wert. Aristoteles' Konzept der Erziehung ist eng mit seinem Verständnis des idealen Staats verbunden, das sich am hellenistischen Denken orientiert. Erziehung unterstützt die bestehenden Hierarchien und hat insofern eine staatstragende Funktion. Erzogen wird nach Aristoteles der/die Staatsbürger_in, wobei diese_r definiert ist als jemand, der/die zu guten und noblen Taten fähig ist und immer vor dem Hintergrund des sozialen Kontexts des Staates handelt (vgl. Moseley 2010). Anders als Platon bemüht sich Aristoteles weniger darum, unterschiedliche Formen von künstlerischen Nachahmungen auf ihre Angemessenheit hin zu befragen. Für ihn steht im Zentrum seiner Erörterung der Rolle, die die nachahmende Kunst – und letztlich das Theater – für die Erziehung spielt, die Charakterisierung der in ethischer wie auch pädagogischer Hinsicht bestmöglichen Form von Nachahmung: der Tragödie. Weniger als Platon bemüht sich Aristoteles daher um Kontrolle und Zensur der Kunst im Staat. Während Platon versucht, in einer möglichst differenzierten Weise Vor- und Nachteile des Einsetzens der nachahmenden Künste für Erziehungszwecke zu eruieren, nimmt sich Aristoteles der Aufgabe an, eine Anleitung für die Produktion sowohl ästhetisch anregender wie auch pädagogisch wertvoller Kunstwerke zu geben. Aristoteles' Überlegungen zur Tragödie können daher auch eher als ein normatives denn als ein deskriptives Unternehmen gelesen werden, insofern sie eine Norm für die – in ästhetischer und in pädagogischer Hinsicht – bestmögliche Form der Nachahmung definieren. Platon hingegen beschreibt im Gegensatz hierzu mögliche Wirkungen künstlerischer Werke und diskutiert deren pädagogische Angemessenheit. Die betonte Notwendigkeit einer Zensur kann so als nachträgliche Korrektur verstanden werden. Aristoteles hingegen drängt auf eine Ausrichtung am Bestmöglichen von vornherein.

Laut Aristoteles besitzt der Mensch einen natürlichen Instinkt, welcher ihn für Nachahmungen wie auch für Rhythmus und Harmonie empfänglich macht (vgl. Aristoteles 2008, S. 1448b). Aus der Tatsache dieser Instinkthaftigkeit des Menschen leitet sich der Grundbaustein für die Form der Tragödie in zweierlei Hinsichten ab: Die Tragödie muss etwas nachahmen und sie muss rhythmisch und harmonisch gestaltet sein. Als solche bildet sie die Basis für die Etablierung der aristotelischen ästhetischen Norm. Objekt der Nachahmung, und damit der tragische Inhalt, sind nach Aristoteles der handelnde Mensch und sein Charakter. Im Unterschied zur Komödie, die ebenfalls Charakter und Handlung nachahmt, werden in Tragödien die Heldinnen und Helden besser gezeichnet als sie es in Wirklichkeit sind (vgl. ebd., S. 1448a). Damit kann die Tragödie auch jene Vorbildwirkung entwickeln, durch die ihre Rezipient_innen etwas für ihr eigenes Leben lernen können. Zu den tragischen Held_innen kann man aufschauen. Selbst dort, wo sie fehlgehen, sind sie in ihrem Charakter über uns erhaben und werden so zu Vorbildern, mit denen wir mitleiden und an deren Beispiel geschult wir unsere eigenen Handlungen und Motive überdenken können.

Mit der Unterscheidung zwischen tragischer und komischer Erzählform zeigt sich nicht zuletzt, dass Aristoteles davon ausgeht, dass die/der nachahmende Künstler_in erkennen kann, wie die Menschen in Wirklichkeit sind, dass er/sie also über die Natur der Menschen, ihre Motivation für Handlungen usw. Kenntnis erlangt. Die Angemessenheit einer Nachahmung basiert folglich auf der Haltung, mit der der/die Künstler_in sein/ihr Wissen um die Welt verarbeitet. Es ist dem/der Dichter_in überlassen, die Welt mit ihren Menschen als besser oder schlechter als in Wirklichkeit darzustellen. Die bestmögliche Form der Dichtung definiert sich nicht wie bei Platon über die Entsprechung von wirklicher und dargestellter Welt, sondern über eine Abweichung der dargestellten von der wirklichen Welt. Diese Abweichung ist es auch, die laut Aristoteles zu Erziehungszwecken eingesetzt werden kann.

Das Hauptkriterium für eine gelungene Tragödie ist im aristotelischen Verständnis die umfassende Nachahmung einer ernsthaften und bedeutenden Handlung, deren einzelne Stränge aus ihrer Beziehung zueinander motiviert sind (vgl. ebd., S. 1449b). Die auftretenden Charaktere sind grundsätzlich als Akteure bestimmt, d. h. sie werden als Verursacher_innen der dargestellten Handlungen gezeichnet. Die Teile, aus denen sich die tragische Handlung zusammensetzt, sind ineinander verstrickt und bilden ein homogenes kausales Netz. In der perfekten Tragödie gibt es daher auch keine Nebenschauplätze, alles ist in seiner Bedeutung für die Haupterzählung miteinander verwoben. Die einzelnen Handlungen werden in dieser Weise zu einem Ganzen, das aus einem Anfang, einer Mitte und einem Ende besteht. Bedeutend ist für Aristoteles, dass dieses Ganze in formaler Hinsicht harmonisch geordnet ist, wodurch es schön und ästhetisch ansprechend wirkt und die Rezipierenden affiziert, in seinen Bann zieht. Inhaltlich konzentriert sich die tragische Sequenz von Ereignissen auf die Darstellung eines Umschlags vom Glück ins Unglück oder umgekehrt. In beiden Fällen baut sich der Plot einer Tragödie um ein schicksalhaftes Ereignis auf, das eine gravierende Veränderung bewirkt. Diese Veränderung ist in den Gesamtzusammenhang der Handlung nicht bloß als mögliche oder wahrscheinliche, sondern – trotz des Überraschungseffekts, der sie begleitet – als notwendige eingeschrieben. Die Notwendigkeit des Handlungsverlaufs, den eine tragische Erzählung darstellt, markiert für Aristoteles nämlich den Kernunterschied zur historischen Erzählung, die bloß die kontingente Abfolge bereits geschehener Ereignisse abbildet.

Die kausale Logik, die die Dichter_innen in ihren Tragödienerzählungen kreieren, führt dazu, dass sich die Rezipient_innen von einer Geschichte besonders einnehmen und mitreißen lassen. Daneben verleitet diese in besonderem Maße zu einer Imitation und zeitigt hierin einen Lerneffekt. Dieser bezieht sich, ähnlich wie Platon dies beschreibt, auf die Ebene des moralischen Gefühls und des Handelns. Die tragische Erzählung gibt den Rezipient_innen nun aber kein direktes Beispiel für das eigene Leben, da ihre Held_innen eben nicht glücklich werden, sondern ihnen Schlimmes widerfährt. Der erzählte Umschlag vom Glück ins Unglück eröffnet vielmehr einen Raum für die Exploration unterschiedlicher moralischer Gefühle. Erziehung im Theater vollzieht sich bei Aristoteles nicht primär durch intellektuelle Einsicht, d. h. durch ein kognitives Nachvollziehen moralisch richtigen Verhaltens, das sodann nachgeahmt werden kann. Sie beruht dagegen auf einer Schulung emotionaler Haltung und Einstellung, die das Ideal des angemessenen mittleren Zustands zum Ziel hat. Die edukative Funktion des Theaters realisiert sich damit nicht primär über eine intellektuelle, verstandesgemäße, sondern über eine gefühlsmäßige Ebene.[4] Im Zentrum steht jene emotionale Läuterung, welche durch das Mitfühlen des tragischen Verlaufs der Ereignisse ausgelöst wird. Aristoteles spricht von einem kathartischen Effekt. Entscheidend für den Lerneffekt einer Tragödie ist der Umstand, dass sie eine emotionale Antwort in den Rezipierenden auszulösen imstande ist. Gibt es diese emotionale Antwort, dann geht mit dem Mitfühlen und Miterleben ein Reinigungsprozess einher, der die Mitfühlenden und Miterlebenden von negativen Gefühlen befreit und sie so mehr und mehr in die Mitte eines ausbalancierten Zustands (vgl. Aristoteles 2010, S. 1104a) führt.

Das pädagogische Potenzial und die damit verbundene edukative Aufgabe des Theaters konzentrieren sich nach Platon und Aristoteles um die Vermittlung einer Vorstellung und die Anleitung zur praktischen Umsetzung vom guten Leben. Entscheidend ist hierbei das Prinzip der Vorbildwirkung. Die Rezipient_innen leben mit den Held_innen mit, haben emotional an ihrem Schicksal teil und sind dadurch bereit, nach deren Beispiel zu leben oder aber aus ihren Fehlern zu lernen. Die Wirkung des Spiels entfaltet sich so auch hauptsächlich im Rahmen der Gefühle, die eine dramatische Erzählung genau dann auslöst, wenn sie das Publikum in ihren Bann zieht, wenn sie es mitreißt. Es sind damit nicht vordergründig die intellektuellen Bezugnahmen, die den moralischen Lernprozess anstoßen, wie ihn die antiken Überlegungen zur Dramatik und zum Theater in den Blick nehmen. Als Voraussetzung für ein edukativ arbeitendes Theater gelten das volle emotionale Engagement und die Involviertheit der Zuschauenden. So etwas wie eine kritische Distanz wird erst dort thematisiert, wo es um eine Evaluation der Angemessenheit der Inhalte geht, die durch die Erzählungen vermittelt werden. Diese ist aber nicht den Rezipient_innen selbst an die Hand gegeben. Sie wird bei Platon hingegen von den staatlichen Kontrollorganen übernommen und vollzieht sich nachträglich. Nach Aristoteles wird sie durch die normativen Vorgaben zur Gestaltung der Tragödie vorweggenommen.

Derart unmittelbar zugänglich scheinen die pädagogisch wertvollen Inhalte theatral inszenierter Erzählungen aber nicht für alle Denker_innen zu sein. Bert

---

[4]Man könnte das Verhältnis zwischen kognitivem, intellektuellem und gefühlsmäßigem Engagement auch dahin gehend verstehen, dass die emotionale Auseinandersetzung, die durch die Tragödie angeregt wird, kognitiven Wert hat. Wesentlich scheint mir aber, dass sich Einsicht und Reflexion hier eben nicht über ein Verstehen, sondern über ein Fühlen realisieren. Martha Nussbaum (vgl. 1986) weist auf diesen Zusammenhang und den kognitiven Gehalt von Emotionen in Aristoteles' Tragödientheorie hin.

Brechts Gedanken zum epischen Theater, welchem – wie bei Platon und Aristoteles – eine dezidierte Erziehungsaufgabe zukommt, kreisen im Gegensatz zur direkten Wirkung des Dramas auf das moralische Empfinden um die Idee, dass eine kritische, eine reflexive Distanz auf Publikumsseite bereits im Moment des Rezipierens hergestellt werden muss, damit die Zuschauer_innen in einen Lernprozess eintreten können. Das pädagogische Potenzial, das der theatrale Raum zu entfalten vermag, beruht nämlich seines Erachtens auf der Möglichkeit des Austretens aus der Unmittelbarkeit, des Unterbrechens des ungebrochenen Mitfühlens mit dem auf der Bühne Gezeigten und damit auf dem Beginnen des bewussten Kritisierens und schließlich auch der politischen Intervention (vgl. Brecht 1967, S. 678 f.). Neben der Fiktion, die die Geschichte schafft und die das Publikum freilich nicht zuletzt emotional berührt, braucht es damit noch eine weitere Ebene, damit Erziehung in der gewollten Weise stattfinden kann. Das Theater muss laut Brecht daher auch „nichtaristotelisch" vorgehen, insofern es die geschlossene dramatische Struktur aufzubrechen hat (vgl. ebd., S. 240 ff.). Nur so kann es pädagogisch wirksam werden und seine Bedeutung auch als Instrument politischer Umwälzung entfalten. Das klassische Drama nämlich würde allein auf einer Ebene der Gefühle affizieren und das Publikum in eine Welt der Illusion entführen. Es würde diesem aber nicht ermöglichen, reflexiv und überlegt mit dem Geschehen auf der Bühne zu arbeiten, über dieses nachzudenken, sich in Bezug auf dieses aktiv zu engagieren und aus diesem schließlich auch zu lernen.

Man könnte meinen, dass die Übernahme einer reflexiven Haltung dem Erfahrenen gegenüber nun der/dem Einzelnen überantwortet ist, die/der den Theaterraum betritt. Brecht ist nicht dieser Meinung. Seines Erachtens liegt die Last des Nachdenkens, der Reflexion und der kritischen Intervention nicht bei der/beim Einzelnen. Zumindest nicht ausschließlich. Es ist notwendig, dass dem Publikum in Sachen Reflexion auf die Sprünge geholfen wird. Dieses darf in seiner Kontemplation daher auch nicht allein gelassen werden und gänzlich der Illusion des dramatischen Spiels verfallen. Es muss dagegen bewusst zum Nachdenken und, weiter noch, zum eigenen Engagement angeregt werden. Mit den richtigen Strategien der Erziehung können so nicht nur der theatrale Raum, sondern auch andere Darstellungsräume, wie etwa der massenmediale Raum, in ihrem pädagogischen Potenzial erschlossen werden. Brechts Ausführungen zum erzieherischen Wert des Radios sind in dieser Hinsicht besonders aufschlussreich. Da das Radio nicht nur die Einzelnen, sondern die Masse erreichen kann, bietet es als pädagogisches Medium immense Möglichkeiten. Damit es erziehen kann, ist es laut Brecht allerdings notwendig, dass das Gesendete in einer bestimmten Weise aufgenommen wird. Das Publikum darf nicht bloß passiv-empfangend zuhören. Es muss sich dagegen aktiv-gestaltend im Rezeptionsvorgang engagieren (vgl. Brecht 1992a, S. 552 ff.). Das eigene Gestalten, das aktive sich

Einschreiben und damit das Durchbrechen eines rein kontemplativen Geschehens muss dabei angeleitet sein. Es bleibt nicht der/dem Einzelnen überlassen, was aus dem Gehörten gemacht wird. Das Publikum engagiert sich nicht frei, sondern es hat klar definierten Aufgaben zu folgen (vgl. Brecht 1992b, S. 87 ff.). Eine Art von Disziplin, die sich an das Erledigen dieser Aufgaben knüpft, ist nun für Brecht nicht problematisch oder gar anti-emanzipatorisch. Im Gegenteil sieht er in der Disziplinierung die einzige Möglichkeit zur Befreiung eines rein kontemplierenden, befangenen, mitlebenden und mitleidenden Publikums. Eine von Brecht gemeinte Befreiung als Effekt des pädagogischen Geschehens zielt damit nicht auf die Realisierung der persönlichen Freiheit der Einzelnen, sondern auf die Freiheit der Masse, des Kollektivs.

Brechts Überlegungen zur Erziehung zum und durch das Radiohören lassen sich in mehreren Punkten auf das Theater übertragen. Auch die Zuschauenden dürfen hier nicht bloß passiv teilhaben und in kontemplierender Haltung verbleiben, sondern müssen aktiv werden, nachdenken und sich kritisch engagieren. Auch sie tun das allerdings nicht frei, sondern unter Anleitung, die sich aber freilich anders vollzieht als über das entpersonalisierte Geschehen im Rahmen einer massenmedialen Übertragung. Im Theater sind ja sowohl die Zuschauenden wie auch die Schauspieler_innen anwesend, wobei letztere in anderer Weise und leiblich konkreter mit ersteren agieren und so erzieherisch tätig werden können. Eine konkrete Möglichkeit zur Befreiung der Rezipierenden im beschriebenen Sinne und somit zu einer nicht individuellen, sondern kollektiven Form der Reflexion kann im Rahmen des Theaters durch eine lehrstückhafte Inszenierung gegeben werden, in der das Publikum direkt angesprochen wird.[5] Aufführungen im Stil von Lehrstücken können das dramatische Geschehen pointiert unterbrechen, die Illusionsmaschinerie zum Stehen bringen, dem Publikum Hinweise geben, es gezielt zum Nachdenken anregen, kritisch werden lassen (vgl. ebd., S. 1143) und es damit auffordern, sich selbst gewissermaßen in das Bühnengeschehen gedanklich einzuschreiben. Im Vergleich zu Platon und Aristoteles vollzieht sich ein solches Einschreiben nach Brecht durch das eingesetzte Verfahren der Desillusionierung nicht primär auf emotionaler, sondern auf einer intellektuell-reflexiven Ebene.

---

[5]Brecht schreibt in diesem Sinne exemplarisch über das Stück *Die Mutter:* „Das Stück […] bedient sich der hingebenden Einfühlung des Zuschauers keineswegs so unbedenklich wie die aristotelische [Dramatik] und steht auch zu gewissen psychischen Wirkungen, wie etwa der Katharsis, wesentlich anders. […] Bemüht, ihren Zuschauer ein ganz bestimmtes praktisches, die Änderung der Welt bezweckendes Verhalten zu lehren, muß sie ihm schon im Theater eine grundsätzlich andere Haltung verleihen, als er gewohnt ist." (Brecht 1967, S. 1036).

2 Post-dramatische und post-epische Interventionen

Trotz der großen Unterschiede zwischen Platon, Aristoteles und Brecht ist diesen gemeinsam, dass sie dem Theater eine klare edukative Aufgabe übertragen. Das Theater und die dramatischen Erzählungen können nicht nur, sie sollen auch erziehen. Die besprochenen Denker teilen neben dieser generellen Affirmation der pädagogischen Dimension des theatralen Raums auch die Einschätzung der Rolle der Geschichtenerzähler_innen und Theatermacher_innen: Diese haben Erziehungsaufgaben zu wahren, wenn auch in unterschiedlicher Weise. Ob und inwiefern Erzählungen und deren Inszenierung eine pädagogische Dimension entfalten können, hängt davon ab, was von den Künstler_innen in diese hineingelegt wird. Wenn die Künstler_innen im Sinne Platons das Richtige bzw. im Sinne Aristoteles' in der richtigen Weise nachahmen, dann können ihre Werke in der gewünschten Art pädagogische Effekte erzielen. Wenn diese im Sinne Brechts das Schauspiel an den entscheidenden Stellen unterbrechen und zu einem Nachdenken bzw. zu eigenem reflexiven Engagement auffordern, dann kann im Theater gelernt werden.

Brechts post-aristotelisches Theater sieht dessen edukative Dimension – und hier liegt einer der zentralen Unterschiede zwischen den besprochenen Positionen – nicht mehr an eine bloß dramatische Wirkung gebunden.[6] Erziehung vollzieht sich hier in Folge einer Distanznahme, des Unterbrechens des vollständigen Mitlebens und Mitleidens mit dem inszenierten Geschehen. Damit Theater erziehen kann, braucht es laut Brecht nicht nur Mimesis als ausgeklügelte Form der Nachahmung von Charakteren und deren Handlungen, die die Zuschauenden in ihren Bann zieht und so vorbildhaft wirksam wird, wie sie in den antiken Theorien beschrieben werden. Es braucht ebenso die Vermittlung einer Möglichkeit, sich zum Bühnengeschehen zu positionieren, dieses mit emotionalem Abstand in den Blick zu nehmen und über es nachzudenken. Ohne diese reflexive Ebene ist nach Brecht kein Lernen im Theater möglich. Im Zusammenhang der Thematisierung dieser Distanznahme gegenüber dem Bühnengeschehen und einer damit verbundenen Desillusionierung des Theaters werden auch erste Überlegungen zum Durchbrechen der sogenannten Vierten Wand, der Grenze zwischen Bühnen- und Publikumsraum, entwickelt. Wenn die

---

[6]Nichtsdestotrotz wird die dramatische Wirkung und der Emotionsgehalt der Tragödie nie gänzlich abgelehnt. Es geht laut Brecht um die Herstellung des richtigen Verhältnisses zwischen Lustempfinden im Theater und Reflexions- bzw. Erkenntnisarbeit (vgl. Brecht 1967, S. 661 ff.).

Zuschauenden direkt adressiert und im Rahmen einer zu erzielenden Verfremdung, des „V-Effekts" (Brecht 1971, S. 38), zum Nachdenken angespornt werden, wenn „das Geläufige auffällig, das Gewöhnliche erstaunlich" (ebd., S. 39) wird, dann ist damit die absolute Grenzziehung zwischen dem Geschehen auf und vor der Bühne aufgehoben. Das Aufheben dieser Grenze entspringt bei Brecht nicht zuletzt einer erklärten erzieherischen Absicht. Erst dort, wo das Publikum seine passive Position aufgibt, wo es adressiert und aktiv in das Spiel miteinbezogen wird, kann es auch tatsächlich lernen aus der Erfahrung, die es im Theater macht.

Im Theater nach Brecht wird mit der verstärkten Arbeit am Niederreißen der Vierten Wand nun interessanterweise die Intention des Erziehens mehr und mehr verabschiedet. Theater wird mit der post-dramatischen und post-epischen Wende[7] nicht zuletzt post-edukativ. Zu Beginn habe ich mit dem Verweis auf Sorokin auf eine radikale post-edukative Position im zeitgenössischen Theater hingewiesen. Mit dieser Entwicklung zu einem dezidierten Nicht-Erziehen allerdings – so die These, die ich im Folgenden vertreten werde – entwickelt der theatrale Raum eine andere, eine versteckte, vielleicht auch eine ungewollte, zumindest aber eine nicht intendierte pädagogische Wirkung. Wo das Theater heute nicht mehr erziehen will, kann es im Gegenzug einen Raum für Bildung eröffnen. Wenn nämlich nicht mehr daran geglaubt wird, dass die/der Künstler_in das Miterleben der Rezipient_innen kontrollieren oder Reflexionsbewegungen in den Zuschauer_innen anstoßen kann bzw. soll und somit deren Erfahrung nicht mehr in eine von ihr/ihm intendierte Richtung lenkt, dann bleibt es schließlich tatsächlich der/dem Einzelnen überlassen, was er sie aus ihrer/seiner Erfahrung macht. Damit bietet die Erfahrung im Theater zwar keinen Raum mehr für eine Erziehung durch die andere Person, die auf oder hinter der Bühne steht. Es eröffnet aber einen Raum für Bildungsprozesse, wenn diese als durch Erfahrung motivierte Selbstbildung verstanden werden.[8]

---

[7] Laut Hans-Thies Lehmann, der den Begriff des „postdramatischen Theaters" prägt, verfährt Brecht nicht radikal genug in seiner Kritik am klassischen Theater. Daher braucht es nach dem epischen Theater seines Erachtens eine erneute Intervention, um dem Theater ein neues Gesicht zu geben.

[8] Im Diskurs der deutschsprachigen Bildungstheorie ist Erziehung handlungsorientiert, insofern im erzieherischen Geschehen immer mehrere Personen miteinander in Beziehung stehen: Mindestens interagieren im Erziehungsgeschehen ein_e Erzieher_in und ein_e zu Erziehende_r. Bildung bezeichnet dagegen einen nicht fremdbestimmten, autonomen, theoretisch zumindest solitären Prozess der Selbstwerdung, eine „Personwerdung unter dem Gesichtspunkt der Eigenaktivität des sich Bildenden: Bildung, so könnte man vielleicht sagen, ist immer Selbstbildung" (Schäfer 2005, S. 153). Geht es im Erziehungsgeschehen darum, dass ein Lerninhalt vermittelt wird, indem ein_e Erzieher_in auf eine_n

Bildungsprozesse können – so viel ist in der Theorie der Bildung immer wieder betont worden – vor allem durch eine besondere Klasse von Erfahrungen angestoßen werden. Ein Kernunterschied zur Erziehung, insofern diese als interpersonales Geschehen verstanden wird, kann dahin gehend benannt werden, dass eine Person sich theoretisch auf sich allein gestellt durch die Auseinandersetzung mit solchen Erfahrungen bilden kann – Erfahrungen nämlich, welche eine Unterbrechung des gewöhnlichen Flusses des Erlebens herbeiführen und somit für eine nachhaltige Irritation der Wahrnehmungsnormalität sorgen können. Derartige Erfahrungen, die als Krisen oder Widerfahrnisse bezeichnet werden können, erweisen sich hierin als mögliche Auslöser für Veränderungen und Transformationen.[9] Sie können in diesem Sinne nicht nur die bestehende Weltsicht erschüttern. Sie können auch neue Horizonte und Perspektiven eröffnen, damit zur Reflexion anstoßen und im Weiteren zu einer Neuorientierung beitragen. Vermittelt oder zugänglich gemacht durch eine zweite Person müssen sie, wird Bildung als Transformation durch eine krisenhafte Erfahrung verstanden, im Gegensatz zum Erziehungsgeschehen nicht oder nur nachträglich.

Einen Raum für solche Arten der Erfahrung zu schaffen, die das Bekannte erschüttern und alternative Perspektiven entwickeln, ist ein Prinzip, das für das

---

zu Erziehende_n einzuwirken versucht, so kreist das Bildungsereignis um Eigenengagement. „Während es bei Erziehungsarbeiten um Vermittlung von für wichtig gehaltenen Verhaltensweisen, Einstellungen, Fähigkeiten usw. geht, bezieht sich Bildung vor allem auf den Umgang mit diesem Vermittelten und diese Weise, über den Umgang mit dem Vermittelten, auch mit sich selbst" (Dietrich et al. 2012, S. 24). Bildung hat mit einer Veränderung zu tun, die das sich bildende Subjekt als Ganzes betrifft. Gerade jene Theorien, die Bildung als transformatorisches Geschehen explizieren (vgl. Marotzki 1990; Koller 2012), streichen diesen Aspekt mit aller Klarheit heraus. Die Verantwortung dafür, ob, inwiefern und was im Zuge eines Bildungsereignisses gelernt werden kann, liegt im Bildungsprozess beim sich bildenden Subjekt selbst und kann nicht mehr einer anderen Person zugeschrieben werden. Autonomie und Mündigkeit stehen damit als Kernideen im Zentrum der Diskussionen rund um Bildung. Sie werden dabei durchaus als Paradigmen des Bildungsgeschehens problematisiert (vgl. Meyer-Drawe 1990; Rieger-Ladich 2002).

[9]Vor allem im Rahmen jener Theorien, die Bildung als Transformationsgeschehen verstehen, werden solche Erfahrungen beschrieben (vgl. Marotzki 1990; Koller 2012). Auch in der phänomenologischen inspirierten Reflexion über Bildung spielen Erfahrungen mit Widerfahrnischarakter oder gar negative Erfahrungen eine zentrale Rolle (vgl. Buck 1969; Waldenfels 2002; Meyer-Drawe 2008).

zeitgenössische Theater typisch ist.[10] Erika Fischer-Lichte etwa betont, dass nach der performativen Wende die „Schwellenerfahrung" (Fischer-Lichte 2004, S. 305) im Zentrum des ästhetischen Geschehens steht. Schwellenerfahrungen zeichnen sich dadurch aus, dass sie sich an einer Grenze bewegen, etwa jener zwischen dem, was einem vertraut ist, und dem, was man nicht kennt und was dadurch verstörend wirken kann. Im Theaterraum kann eine solche Schwellenerfahrung ausgelöst werden, wenn die Grenze zwischen dem Präsenten, dem hier und jetzt leiblich Anwesenden, und dem Repräsentierten, dem, was nicht direkt gegeben, aber durch dieses Anwesende angezeigt wird, in den Fokus gerückt wird. Normalerweise wird im Theatergeschehen das Präsente vom Repräsentierten überschattet und dient lediglich als Träger des Letzteren. Theatrale Schwellenerfahrungen lassen es nun unklar werden, ob eine Schauspielerin auf der Bühne bloß jemand anders darstellt – also als anwesende Person dem repräsentierten Charakter einen Leib gibt – oder ob sie auch sich selbst zeigt. In ihrer leiblichen Anwesenheit ist sie natürlich stets selbst da. Im klassischen Theater aber würde diese Leiblichkeit als solche keine Rolle spielen und nur als Vermittlung einer Illusion dienen. Wenn die leibliche Präsenz der Schauspieler_innen nach der sogenannten performativen Wende allerdings eigenen Raum und Gewicht bekommt, dann werden die Zuschauenden laut Fischer-Lichte mit der Unentscheidbarkeit konfrontiert, ob sie es mit einem fiktiven Charakter oder mit einer realen Person zu tun haben, deren Agieren auf der Bühne sie verfolgen. Hält er sich an dieser Grenze auf, wird der Prozess der Rezeption, ebenso wie die Rezipierenden selbst, verunsichert und instabil (vgl. ebd., S. 255 ff.).

Eine ähnliche Entwicklung des Theaters wie Fischer-Lichte beschreibt Hans-Thies Lehmann. Er spricht allerdings nicht von einer performativen Wende, sondern von einer Wende zum „Postdramatischen". Die Kritik am Theater als Illusionsmaschinerie, wie sie schon im Rahmen von Brechts Entwurf des epischen Theaters formuliert wird, wird dabei weitergeführt. Das von ihm beschriebene

---

[10]Freilich ist die Konstruktion eines alternativen Erfahrungsraumes aber auch schon für Brecht eine der Kernideen des epischen Theaters. Der Verfremdungseffekt zielt in erster Linie auf das Durchbrechen der Bühnennormalität und somit auf das Eröffnen anderer Erfahrungen des Zuschauens diesseits des Verfallens in die dramatische Illusion. Brecht aber glaubt an die Möglichkeit des Erziehens, so viel sollte bereits klar geworden sein. Das bedeutet nicht zuletzt, dass er der Überzeugung ist, dass die Erfahrung des Publikums durch gezielte Interventionen auf der Bühne in die intendierten Bahnen gelenkt werden kann. Viele zeitgenössische Positionen teilen diesen Glauben nicht. Sie zeigen sich dagegen überzeugt davon, dass sich die Zuschauenden in den Theaterraum einschreiben und hierin mit ihren jeweiligen Hintergründen, Lebensgeschichten etc. ihre eigenen Erfahrungsräume erst entwerfen müssen.

neue Theater sucht wie jenes den Bruch mit der reinen Bühnenfiktion (vgl. Lehmann 1999, S. 29). Wie für Carl Hegemann ist das Durchbrechen der Vierten Wand in diesem Zusammenhang eine zentrale Strategie. Das klassische Theater, das letztlich an der Herstellung einer möglichst ungebrochenen Illusion interessiert ist, baut nämlich darauf, dass es zwischen Bühnen- und Publikumsraum eine nicht zu durchbrechende Grenze gibt, die als Voraussetzung für den Aufbau einer in sich geschlossenen dramatischen Handlung gesehen wird: „[E]ine zentrale Grundverabredung des Theaters [ist] [...], daß es im Theater eine vierte Wand gibt und die Schauspieler ‚so tun als ob'" (Hegemann 2005, S. 129). Anders als Lehmann sieht Hegemann dabei Brecht als denjenigen Theoretiker und Theatermacher, der mit den Prinzipien des klassischen Theaters bricht und die Vierte Wand zu Fall bringt. Das epische Theater birgt in dieser Hinsicht ein emanzipatorisches Potenzial. „Die Verabredung des Als-ob wurde aufgelöst, was in der Konsequenz dazu führt, daß die Diskrepanz zwischen denen auf der Bühne und denen im Zuschauerraum tendenziell abgebaut werden muß. So ließe sich Emanzipation denken, denn mit dem Aufheben der vierten Wand wäre jeder in der Lage, das, was ihm persönlich und gesellschaftlich relevant erscheint, in einer nicht-hierarchischen Struktur mit szenischen Mitteln darzustellen" (ebd., S. 130). Nach Hegemann ist das epische Theater mit seiner Kritik am klassischen aristotelischen Drama also nicht nur ein Ort des Lernens. Es ist auch, ganz im Sinne Brechts, ein Ort nicht zuletzt politischer Befreiung, es eröffnet einen Raum für Emanzipation. Zur Emanzipation aber muss das Publikum laut Brecht angeleitet werden. Und gerade weil diese Anleitung als Lenkung und Disziplinierung des Publikums so stark ins Zentrum gerückt wird, ist die Theorie des epischen Theaters für Lehmann nicht radikal genug. Sie impliziert eine hierarchische Struktur und damit immer noch eine klare Abschottung des Bühnenraums vom Publikumsraum. In dieser Hinsicht durchbricht sie auch nicht die Vierte Wand. Im Theater nach der postdramatischen Wende, wie sie Lehmann versteht, wird mit Brechts Ansichten daher auch entschieden gebrochen werden müssen. Im Zuge eines solchen Bruchs treten schließlich neue Erfahrungsräume in den Blick. Durch den zunehmenden Abbau der „ästhetischen Distanz" (Lehmann 1999, S. 189) – jener absoluten Grenzziehung nämlich zwischen dem, was auf der Bühne, und dem, was vor ihr passiert – kann im Theater etwas anderes, davor nicht Dagewesenes geschehen. Wenn sich das Publikum nicht mehr in Sicherheit wägen kann, wenn es involviert wird in das theatrale Spiel und aus diesem folglich Ernst für eine Wirklichkeit wird, die der postdramatische Theaterraum schafft, dann werden Erfahrungen möglich, die sich zwischen reiner Fiktion und außertheatraler Realität bewegen: Grenzerfahrungen oder eben Schwellenerfahrungen im Sinne Fischer-Lichtes. Voraussetzung dafür, dass solche Erfahrungen gemacht werden können, ist in jedem Fall ein Prozess der Desillusionierung, der selbst mit theatralen Mitteln zu erreichen gesucht wird. Diese Desillusionierung ist aber im Unterschied zum epischen Theater bei Brecht nicht als erzieherische Strategie gemeint, sondern eher im Gegenteil als ein Freiwerden für das eigentliche Geschehen im durchbrochenen Bühnenraum. Desillusionierung wird zwar von den Theatermacher_innen inszeniert, wodurch ihnen in gewisser Weise ein erzieherisches handeln zugesprochen werden kann. Eine Erziehungsarbeit, verstanden als ein interpersonales Geschehen, in dessen Rahmen ein_e Erzieher_in einen Lern- bzw- Reflexionsprozess motiviert, vollzieht sich im post-dramatischen Theaterraum aber gerade deshalb nicht, weil im Zentrum der eigene Umgang der einzelnen Zuschauenden mit den Erfahrungen steht, die sie machen.

Desillusionierung als Bruch mit dem Illusionsgeschehen auf der Bühne ist allerdings trotz dieser Konzentration auf die Erfahrung des reinen Theatergeschehens keine alleinig ästhetische Strategie. Es ist auch eine, wenn auch vielleicht versteckte, pädagogische Strategie. Insofern die eben beschriebenen Grenz- oder Schwellenerfahrungen, wie sie das zeitgenössische Theater in Szene setzt, andere Erfahrungsräume quer zur Normalität implizieren, können sie Bildungsbewegungen anstoßen. Werden anerkannte Grenzen wie die zwischen Fiktion und Realität, Illusion und Wirklichkeit fraglich, dann kann dies nicht nur momentanen ästhetischen Genuss zur Folge haben. Es kann auch eine Infragestellung der Anerkennung dieser Grenzen und der mit ihnen einhergehenden Weisen, wie die Welt gesehen wird, damit eingeleitet werden.

3 Post-dramatische Erfahrungen: Zwei Beispiele

Wie solche versteckten pädagogischen Vorgänge im zeitgenössischen Theater zum Einsatz kommen können, möchte ich nun abschließend anhand zweier Beispiele post-dramatischer, performativer Stücke erläutern. Schließlich möchte ich damit nicht nur meine These untermauern, dass sich das Theater heute zwar durch eine Abwendung von der Erziehungsaufgabe auszeichnet, die es als solche auch offen fordert, dass es dadurch aber nicht weniger pädagogisch ist, insofern es nunmehr durch die von Fischer-Lichte und Lehmann beschriebenen Grenz- und Schwellenerfahrungen, die es typischerweise auslöst, Bildungsgeschehen ermöglicht. Diese Möglichkeit der Bildung möchte ich nach der Diskussion dieser beiden Beispiele am Ende des Textes mit abschließenden Überlegungen zum pädagogischen Potenzial des Theaters konfrontieren: Müsste, damit das Theater bildend wirksam werden kann, nicht vielleicht doch neben den erschütternden und verunsichernden Erfahrungen noch etwas vermittelt werden, was dem Publikum

Strategien in die Hand gibt, um mit dem Gesehenen, Gehörten, Gefühlten, dem Verstandenen und dem Nicht-Verstandenen umzugehen? Müsste in diesem Sinne nicht vielleicht doch abermals über erzieherisches Handeln im Theater nachgedacht werden? Und wäre im Zuge dessen nicht vielleicht auch ein wiederholtes Zurückkommen, ein Neulesen der Theorien wie der von Brecht, Aristoteles und Platon sinnvoll?

Zunächst aber zum ersten meiner beiden Beispiele, der Performance *Confirmation* des englischen Theatermachers Chris Thorpe. *Confirmation* ist ein 80-minütiges Experiment, das im Theater durchgeführt wird. Es ist ein Dialog zwischen Chris, einem überzeugten Liberalen, und Glen, einem weißen Suprematisten, der von einer Person, Chris Thorpe, in wechselnden Rollen performt wird. Die Vierte Wand kommt in diesem Stück nicht nur räumlich zu Fall, wenn das Publikum direkt auf die Bühne geholt wird und Thorpe zwischen den um ihn im Kreis gestellten Stühlen spielt. Die mitten im Geschehen sitzenden, direkt durch Blicke und Rede adressierten Zuschauenden werden auch ins Spiel miteinbezogen: Sie bekommen kleine Zettel überreicht, die sie auf Geheiß vortragen sollen. Sie werden so in die Rolle von Glen, dem Rechtsradikalen, gedrängt und nehmen seine Worte in den Mund. Die Erfahrung über das Empfinden von Glens Position, über die Nachvollziehbarkeit seiner politischen Positionierung, über seinen Hass und seine menschenverachtende Einstellung, die hier gemacht wird, wird so fast überbordend. Mitten auf der Bühne, dem Geschehen ausgesetzt, angesprochen von Chris und Glen gleichermaßen, befindet man sich als Zuschauende_r plötzlich in einer heiklen, ja, durchaus unangenehmen Lage. Man bekommt Sätze in den Mund gelegt, die man so nie sagen würde, hinter denen man sich nicht stehen sehen möchte. Man wird in ein Spiel involviert, von dem man nicht Teil sein will. Man macht vielleicht eine Erfahrung über sich selbst, die man so nicht hätte machen wollen – so erging es zumindest mir selbst, als ich die Performance miterlebt habe. Thorpe bezeichnet seine Performance und seine Arbeit generell nicht umsonst als ein Experiment mit dem eigenen Denken, Glauben und Fühlen. Die Bühne wird zu einem „laboratory for thinking about how we think and how we are"[11]. Das Experiment, dem auf der Bühne ein Raum gegeben wird, ist allerdings kein Gedankenexperiment. Wenn Thorpe auf die Bühne geht und die Zuschauenden direkt adressiert, sie in das Spiel einbindet, könnte man vielleicht meinen, dass er erzieherisch tätig wird, dass seine Performance also gerade keine Infragestellung, sondern eine Fortführung einer

---

[11] http://www.theguardian.com/stage/2015/apr/07/chris-thorpe-theatre-confirmation-a-nations-theatre.

Erziehung im Theater ist. *Confirmation* aber ist kein Lehrstück. Es formuliert nicht offen die Fragen, die es verhandelt. Thorpe tritt nicht auf, um anzuzeigen, an welchen Stellen einer Geschichte man die Ohren spitzen und reflektieren muss. Er macht nicht zwischendurch halt, um einen Raum für kritische Intervention zu schaffen. Es wird im Laufe der Performance nicht direkt problematisiert, wie wir denken, fühlen, handeln sollen, was wir warum glauben sollen. Insofern operiert die Performance nicht erzieherisch in dem Sinne, dass Thorpe als Erzieher sein Publikum in eine bestimmte Richtung weisen würde. Anders als im epischen Theater wird nicht gezielt auf Reflexion gedrängt, die Zuschauenden werden nicht durch einen Fingerzeig zum Nachdenken angehalten. Anders als im klassischen dramatischen Theater wird das Publikum auch nicht zu einem identifikatorischen Mitleiden und Mitfühlen eingeladen. Weder Thorpe selbst noch sein Gesprächspartner Glen taugen so recht als Protagonisten, an deren Beispiel man sich orientierten könnte. Dieses Stück gibt keinen Rat und es lebt auch kein Beispiel vor. Es macht dagegen (Selbst-)Erfahrungen möglich, indem man an sich selbst erfahren kann, welche Gedanken einem in den Sinn kommen, welche Gefühle man entwickelt, welchem Glauben man nachhängt, wenn man mit der Situation konfrontiert wird, dass man sich von etwas überzeugen lässt, das man eigentlich – politisch, ethisch, menschlich – nicht für richtig hält. In diesem Sinne könnte man sagen, dass dieses Stück einen Bildungsprozess eröffnet, denn die Erfahrung, die hier gemacht wird, kann nicht nur überaus verstörend wirken, sie kann einen selbst nachhaltig infrage stellen. Als solche verdient sie im Lichte einer Auffassung von Bildung als transformatorischem Geschehen, welches durch eine krisenhafte Erfahrung ausgelöst wird (vgl. Marotzki 1990; Koller 2012), durchaus erziehungswissenschaftliche Aufmerksamkeit. Thorpe geht zwar nicht auf die Bühne, um sein Publikum zu erziehen. Und sehr wahrscheinlich glaubt er auch nicht daran, dass dieses erzogen werden kann. Er geht aber erklärtermaßen auf die Bühne, um im Rahmen einer „Laborsituation" einen experimentellen Erfahrungsraum zu gestalten, der zu Bildungsbewegungen anstoßen kann.

Ein zweites Beispiel für Erfahrungen im Theater, die nicht in erzieherischer Absicht auf die Bühne gebracht werden, aber dennoch bildsam sein können, möchte ich mit *Cellar Door* von Thomas Bo Nilsson geben. *Cellar Door* ist eine interaktive Installation im theatralen Raum, die über einen Zeitraum von drei Wochen performt wird. Im Theater wird eine Welt aufgebaut, die über den Bühnenraum hinausgeht und mehrere unterschiedliche Räume umfasst, in denen die Performer_innen ihrem jeweiligen Rollenbild entsprechend leben. In der Kellerwelt herrschen eigene Regeln und dementsprechend gehen als krude erscheinende Dinge vor sich, die von den Besucher_innen Schritt für Schritt erkundet werden können. Worum es in *Cellar Door* genau geht und wie die Vorgänge hier sich verständlich machen lassen, wird sich dem Publikum aller Wahrscheinlichkeit nach aber nicht gänzlich erschließen. Da es keine Bühne gibt und man sich direkt in der und durch die Installation bewegt, gibt es keine Grenze zwischen Bühnen- und Publikumsraum, die abgeschritten werden könnte. Obwohl Performer_innen anwesend sind, die in der Installation ihren jeweiligen Teil zur Erzählung der Geschichte beitragen, werden die Besucher_innen zu einem wesentlichen Bestandteil der Aufführung. Sie gestalten das Spiel mit. Sie bewegen sich durch eine fiktive Welt und haben dabei grundsätzlich zwei Möglichkeiten, sich zu dieser zu verhalten: Sie können diese entweder weitestgehend unbeteiligt passieren oder sie sind spätestens dann gezwungen mitzuspielen, wenn sie diese Welt in ihren Details kennenlernen wollen. Thomas Bo Nilsson kreiert ein aufwendiges Paralleluniversum, in dem eigene Gesetze die Vorgänge bestimmen. Durch den Eintritt in die Kellerwelt hat das Publikum Gelegenheit, diese auszuloten. Bis zu welchem Grad und ob dies überhaupt gelingt, ist allerdings nicht garantiert. Denn man kann in seinen Erkundungen fehllaufen und so nur recht wenig bis gar nichts in Erfahrung bringen. Daneben können die Performer_innen auch mal müde, launisch, lustlos oder missgünstig sein und einem einfach nicht die Hinweise geben, die man braucht, um die entscheidenden Informationen über das Geschehen zu bekommen und sich dadurch in den installierten Räumen orientieren zu können. Sie leiten einen also bewusst nicht an, setzen einen nicht in Kenntnis, weigern sich, die Uneingeweihten einzuweihen. Sie lehren und erziehen nicht.[12] Konfrontiert wird man mit dem Passieren der *Cellar Door* so mit allerlei an Unwissen und Verunsicherung. Viele Dinge gehen da vor sich, die man sonst, wenn überhaupt, nur ganz am Rande der Gesellschaft vermuten würde. Somit gibt es zwar einen Bezug zur eigenen Welt und man fühlt sich womöglich auch stellenweise an Persönliches erinnert oder betroffen, es stellt sich im Explorieren der vielen Räume, die die Installation umfasst, aber insgesamt wohl eher ein Gefühl der Irritation, Befremdlichkeit und Orientierungslosigkeit ein.

Anders als Thorpes Stück verhandelt Nilssons Installation nicht ein Thema. Anders als *Confirmation* gibt es nicht durch gezielte Infragestellung zu einer kritischen Reflexion und Selbstbildung Anlass. *Cellar Door* befremdet und verstört durch die Konfrontation mit einer Welt, in der andere Regeln und Gesetze

---

[12]Zumindest nicht im oben ausgeführten Sinne. Was in *Cellar Door* passiert, könnte aber vielleicht auch mit einem Begriff von negativer Erziehung beschrieben werden und würde insofern nicht, entsprechend der von mir in diesem Text forcierten Leitdifferenz, bloß einen Bildungsprozess markieren. Der systematischen Klarheit halber konzentriere ich mich hier aber auf einen relativ geradlinigen Begriff von Erziehung.

herrschen. Sie konfrontiert mit Unwissen und Unverständnis. In diesem Zuge macht die Performance in einer eigenartigen Weise erfahrbar, was zu einer Neuorientierung nach der Verstörung nötig ist. Irritationen, so könnte man in Anbetracht der Vorgänge im Keller sagen, reichen nicht aus, um sich zu bilden. Eine Erfahrung des Widerfahrnis oder der Krise allein muss nicht bereits transformatorischen Charakter haben. Damit sich etwas ändert, damit man letztlich selbst auch anders wird, muss man sich auch anders orientieren, wenn man einmal auf eine abweichende Fährte geführt wurde. Diese Möglichkeit einer Neuorientierung hängt dabei nicht nur an einem selbst. Wenn die Performer_innen oder andere, besser orientierte Besucher_innen dabei nicht behilflich sind, dann fühlt man sich schnell ganz verloren und verlässt den Theaterraum mit nicht viel mehr als einer Reihe von offenen Fragen.

4 Bildung nach dem Fall der Vierten Wand: Zusammenfassung und Ausblick

Auch wenn im rezenten Nachdenken über das Theater der künstlerische mehr als der erzieherische Anspruch ins Zentrum gerückt wird, stellen gerade die postdramatischen und performativen Theaterformen, wie sie heute mehr und mehr das Bühnengeschehen bestimmen, „Bildungsangebote" bereit. Wenn nämlich im Zuge einer zunehmenden Problematisierung des dramatischen Illusionstheaters und auch des erziehenden epischen Theaters die Vierte Wand fällt, wenn die Zuschauenden nicht nur angesprochen und zum Nachdenken aufgefordert, sondern selbst auf die Bühne geholt werden, wenn die Grenze zwischen Bühnen- und Zuschauerraum im Theatergeschehen immer wieder gesucht werden muss und kaum gefunden werden kann, dann kann sich das Publikum nicht mehr auf das vorgelebte Beispiel der fiktiven Held_innen verlassen oder dem Rat der/des lehrenden Erzählerin/Erzählers folgen. Dann rücken andere Theatererfahrungen als die mitfühlenden, mitleidenden oder die reflexiven in den Fokus: Es sind Erfahrungen des Unwissens, der Irritation, des In-Frage-gestellt-Werdens. Im Unterschied zum Brecht'schen Theater, das ebenso wie rezente Formen auf eine Verfremdung abzielt, fehlt den post-dramatischen, post-epischen, performativen Stücken in den allermeisten Fällen die erzieherische Schlagseite im erörterten Sinne. Es bleibt dem Publikum damit selbst überlassen, was es aus dem Erfahrenen macht. Ob und inwiefern, wenn im Angesicht dieser Wende zum Post-Edukativen Erziehung abgeschafft wird, im Gegenzug ein Raum für Bildung im Theater eröffnet wird, hängt davon ab, wie sich die Erfahrungen bei der/beim Einzelnen ausgestalten. Dabei entscheidet letztlich nicht nur die Tatsache der Irritation, die im neuen Theater forciert wird, darüber, ob jemand sich im Zuge einer Erfahrung verändert und sich in diesem Sinne bildet. Es braucht neben solchen „negativen" Erfahrungen auch einen Anhaltspunkt für eine Neuorientierung. Allein das Fragwürdigwerden des Erfahrens eröffnet noch keinen alternativen Erfahrungsraum.[13] Es stellt zwar einen Ausgangspunkt für Bildungsbewegungen dar, ist aber noch nicht deren Garant.

Bildung als subjektives Geschehen, als letztlich selbstverantwortetes Unterfangen zu verstehen, würde bedeuten, dass es an der/dem Einzelnen liegt, aus den gemachten Erfahrungen der Irritation einen Anlass für Perspektivenwechsel und Neuorientierung zu machen.[14] Die Frage stellt sich allerdings, ob eine solche scheinbar solipsistische (Erfahrungs-)Angelegenheit, die zu bildungswertigen Transformationen führt, nicht selbst wiederum Voraussetzungen hat. Und wenn dem so ist, dann müsste weiter gefragt werden, wie diese sich für eine Diskussion über die Erschließung der pädagogischen Potenzialität des Theaterraumes fruchtbar machen ließen. Meines Erachtens sind daher nicht nur die Brecht'schen edukativen Interventionen, sondern auch die Betonung der Notwendigkeit des Mitfühlens und Mitleidens und ihres erzieherischen Werts nach Platon und Aristoteles nicht einfach als irrelevant und überwunden abzutun. Bildung im Theater müsste, so viel möchte ich abschließend unterstreichen, wohl auch ein bisschen

---

[13] Das betonen auch Autor_innen wie Antonio Gramsci oder neuerdings Chantal Mouffe, wenn sie darauf hinweisen, dass sich eine Umwälzung der Gesellschaft im Zuge eines kritischen Bildungsgeschehens nicht nur abgrenzend vollziehen kann, sondern auch eine positive, nicht zuletzt emotionale Perspektive und Orientierung braucht (vgl. Gramsci 2012; Mouffe 2014).

[14] Die weiter oben genannten Theorien, die Bildung entweder als Transformationsgeschehen verstehen oder aber negative, krisenhafte Erfahrungen oder Widerfahrnisse als Ausgangspunkt von Bildungsprozessen begreifen, betonen zwar die Fragwürdigkeit dieser Souveränität, teilen aber gleichzeitig die Ansicht, dass Bildung eine Sache des einzelnen Subjekts ist. Welche Auswirkungen eine Rede von einem Subjekt, das sich selbst fremd wird und so im Innersten bereits vom anderen durchwirkt ist, auf diese subjektzentrierte Orientierung hat, müsste separat diskutiert werden. Viele rezente erziehungswissenschaftliche Positionen nehmen das Verhältnis von Eigenem und Anderem dezidiert in den Blick. Wichtig scheint mir, neben einer bildungstheoretischen Diskussion der Geschlossenheit und der Grenzen von Subjektivität, aber ein Miteinbeziehen überindividueller, kollektiver Bewegungen und der Rolle der gemeinschaftlichen Stiftung von neuen Perspektiven zu sein.

erziehend sein, um nicht zu riskieren, ein bloßes Irritationsspiel zu werden, das sein Publikum mit Fragezeichen in den Augen das Theater nach der Aufführung verlassen lässt.[15]

Literatur

Aristoteles (2008). *Werke. Band 5. Poetik.* Darmstadt: Wissenschaftliche Buchgesellschaft.
Aristoteles (2010). *Nikomachische Ethik.* Berlin: Akademie Verlag.
Badiou, A. (2009). *Kleines Handbuch zur Inästhetik.* Wien: Turia+Kant.
Brecht, B. (1967). *Gesammelte Werken in acht Bänden. VII.* Frankfurt a. M.: Suhrkamp.
Brecht, B. (1971). *Über Politik auf dem Theater.* Frankfurt a. M.: Suhrkamp.
Brecht, B. (1992a). *Gesammelte Werke in 20 Bänden. Band 18.* Frankfurt a. M.: Suhrkamp.
Brecht, B. (1992b). *Schriften zur Literatur und Kunst. Band I.* Frankfurt a. M.: Suhrkamp.
Buchheim, T. (1994). *Die Vorsokratiker. Ein philosophisches Porträt.* München: Beck.
Buck, G. (1969). *Lernen und Erfahrung. Zum Begriff der didaktischen Induktion.* Stuttgart: Kohlhammer.
Dietrich, C., Krinninger, D., & Schubert, V. (2012). *Einführung in die Ästhetische Bildung.* Weinheim/Basel: Beltz.
Fischer-Lichte, E. (2004). *Ästhetik des Performativen.* Frankfurt a. M.: Suhrkamp.
Gramsci, A. (2012). *Gefängnishefte. Kritische Gesamtausgabe. 10 Bände.* Hamburg: Argument.
Hegemann, C. (2005). *Plädoyer für die unglückliche Liebe. Texte über Paradoxien des Theaters 1980–2005.* Berlin: Theater der Zeit.
Jamme, C. (1991). *„Gott an hat ein Gewand". Grenzen und Perspektiven philosophischer Mythos Theorien der Gegenwart.* Frankfurt a. M.: Suhrkamp.
Koller, H.-C. (2012). *Bildung anders denken. Einführung in die Theorie transformatorischer Bildungsprozesse.* Stuttgart: Kohlhammer.
Laner, I. (2012). Konsens stiften? Überlegungen zum Ethos des Bildes nach Platon und Rancière. *Rheinsprung 11,* 4, S. 15–27.
Lehmann, H.-T. (1999). *Postdramatisches Theater.* Frankfurt a. M.: Verlag der Autoren.
Marotzki, W. (1990). *Entwurf einer strukturalen Bildungstheorie. Biographietheoretische Auslegung von Bildungsprozessen in hochkomplexen Gesellschaften.* Weinheim: Deutscher Studien Verlag.

---

[15]Einen in Bezug auf das zeitgenössische Theater radikalen, wenn nicht sogar polemischen Vorschlag, wie der theatrale Raum gestaltet werden müsse, um dem Publikum mehr Anhaltspunkte für eine kritische Reflexion und Neuorientierung zu bieten, macht Bernd Stegemann in seiner *Kritik des Theaters* (vgl. Stegemann 2013). Neben der Darstellung des post-dramatischen Theaters als einer letztlich nicht funktionierenden, weil gewollten und erwartbaren Störung des normalisierten Erfahrungsraumes, braucht es seines Erachtens eine Rückkehr zur bewussten Auseinandersetzung mit der Wirklichkeit, wie sie im Theater vermittelt werden kann. Für diesen Hinweis und viele andere hilfreiche Kommentare, die zur Gestaltung des Textes viel beigetragen haben, danke ich Clemens Bach.

Meyer-Drawe, K. (1990). *Illusionen der Autonomie. Diesseits von Ohnmacht und Allmacht des Ich*. München: Kirchheim.
Meyer-Drawe, K. (2008). *Diskurse des Lernens*. München: Fink.
Moseley, A. (2010). *Continuum Library of Educational Thought. Aristotle*. London/New York: Continuum.
Mouffe, C. (2014). *Agonistik. Die Welt politisch denken*. Berlin: Suhrkamp.
Nussbaum, M. C. (1986). *The Fragility of Goodness. Luck and Ethics in Greek Tragedy and Philosophy*. Cambridge: Cambridge Univ. Press.
Platon (1964). *Sämtliche Werke. 6. Nomoi*. Hamburg: Rowohlt.
Platon (1994). *Sämtliche Werke. 2. Lysis, Symposion, Phaidon, Kleitophon, Politeia*. Hamburg: Rowohlt.
Rancière, J. (2006). *Die Aufteilung des Sinnlichen. Die Politik der Kunst und ihre Paradoxien*. Berlin: b_books.
Rieger-Ladich, M. (2002). *Mündigkeit als Pathosformel. Beobachtungen zur pädagogischen Semantik*. Konstanz: UVK.
Schäfer, A. (2005). *Einführung in die Erziehungsphilosophie*. Weinheim: Beltz.
Schäfer, M. J. (2016). *Das Theater der Erziehung. Goethes „pädagogische Provinz" und die Vorgeschichten der Theatralisierung von Bildung*. Bielefeld: transcript.
Sorokin, V. (1997). Die Schaubühne als narkomanische Anstalt. *Theater der Zeit* 09/1997, S. 24–26.
Stegemann, B. (2013). *Kritik des Theaters*. Berlin: Theater der Zeit.
Waldenfels, B. (2002). *Bruchlinien der Erfahrung. Phänomenologie, Psychoanalyse, Phänomenotechnik*. Frankfurt a. M.: Suhrkamp.
Zeller, E. (1859). *Die Philosophie der Griechen in ihrer geschichtlichen Entwicklung. Sokrates und die Sokratiker. Plato und die alte Akademie*. Tübingen: Fues.
Zirfas, J., Klepacki L., Bilstein, J., & Liebau, E. (Hrsg.) (2009). *Geschichte der ästhetischen Bildung. Band 1 Antike und Mittelalter*. Paderborn: Schöningh.

Autor_inneninfo

Clemens Bach, M.A., arbeitet an einer Dissertation zur pädagogischen Kunsttheorie des ungarischen Avantgardekünstlers László Moholy-Nagy. Als Promotionsstipendiat des LGS (Landesgraduiertenstipendium) der Friedrich-Schiller-Universität Jena ist er zusätzlich als freier Autor tätig und lebt in Berlin. Forschungsinteressen: Allgemeine Pädagogik (Erziehungs- und Bildungstheorie, methodologische Fragestellungen); interdisziplinäre Verschränkung von Pädagogik, Soziologie, Kunst-, Literatur- und Theaterwissenschaft; Geschichte und Theorie der Ästhetischen Bildung sowie der historischen Avantgardebewegungen.

Malte Brinkmann, Dr., ist Professor für Allgemeine Erziehungswissenschaft an der Humboldt-Universität zu Berlin. Seine Forschungsgebiete liegen in den Bereichen der Bildungs-, Erziehungs-, sowie der Übungspraktiken, der Phänomenologischen Erziehungswissenschaft und der videografischen Unterrichtsforschung.

Sebastian Engelmann, Dr., ist wissenschaftlicher Mitarbeiter in der Abteilung Allgemeine Pädagogik am Institut für Erziehungswissenschaft der Universität Tübingen. Seine Forschungsgebiete liegen in den Bereichen Post- und Transhumanismus, sowie der der pädagogischen Problem- und Ideengeschichte.

André Epp, Dr., ist wissenschaftlicher Mitarbeiter am Institut für Bildungswissenschaftliche Forschungsmethoden der Pädagogischen Hochschule Karlsruhe. Er promovierte an der Universität Hildesheim zu den Subjektiven Theorien von Lehrkräften über ungünstige Faktoren in der Bildungsbiografie von Schülerinnen und Schülern und den sozialen Konstruktionen der Lehrkräfte. Darüber hinaus hat er den Promotionsstudiengang Qualitative Bildungs- und Sozialforschung an der Universität Magdeburg erfolgreich abgeschlossen. Seine Arbeitsschwerpunkte sind die qualitative Bildungs- und Biografieforschung und ihre theoretischen Grundlagen, Professions- und Lehrer*innenbildungsforschung, Subjektive

Theorien, Orte des non-formalen und informellen Lernens, Übergänge im Bildungssystem und soziale Ungleichheit. Gegenwärtig habilitiert er zur biografischen Genese Subjektiver Theorien.

Friederike Förster, M.A., studierte an der Friedrich-Schiller-Universität Jena Erziehungswissenschaft und Psychologie (B.A.) und den Masterstudiengang „Bildung, Kultur und Anthropologie". Seit 2015 befindet sie sich in einem Studium der Schauspielregie an der Hochschule für Schauspielkunst „Ernst Busch" in Berlin und arbeitet als freie Puppen- und Schauspielregisseurin.

Ole Hilbrich, M.Ed., ist wissenschaftlicher Mitarbeiter an der Fakultät für Philosophie und Erziehungswissenschaft der Ruhr-Universität Bochum. Er promoviert zu dem Thema „Erziehen und Streiten – Auf der Suche nach der systematischen Bedeutung von ‚Streit' für Theorien der Erziehung" (Arbeitstitel). Weitere Arbeitsschwerpunkte: Theorien des Politischen; Erziehung und Demokratie.

Carolin Krahl, M.A., ist Literatur- und Kunstwissenschaftlerin und lebt als freie Autorin in Leipzig. Sie ist Redaktionsmitglied der Zeitschrift „PS – Anmerkungen zum Literaturbetrieb/Politisch Schreiben". Über mehrere Jahre recherchierte sie in Ungarn zum Wesen des zeitgenössischen Nationalismus und dessen Auswirkungen auf die ungarische Literatur und Kunst der Gegenwart. Hieraus entwickelte sie journalistische und wissenschaftliche wie auch literarische Texte und performative Lesungen.

Iris Laner, Dr., hat Philosophie und Bildnerische Erziehung studiert und arbeitet derzeit als Post-Doc am Institut für Kunst- und Kulturwissenschaften der Akademie der Bildenden Künste Wien. Sie forscht dort im Rahmen des vom FWF geförderten Projekts „Aesthetic Practice and the Critical Faculty" zur Frage, inwiefern ästhetische Bildungsprozesse zu kritischerem Wahrnehmen, Denken und Handeln beitragen können. Ihre Forschungsinteressen liegen im interdisziplinären Spannungsfeld zwischen Philosophie und Erziehungswissenschaft mit einem Schwerpunkt auf Ästhetik, Wissensvermittlung und Fremdverstehen.

Irene Leser, Dr., ist Forschungskoordinatorin und wissenschaftliche Mitarbeiterin am Institut für Erziehungswissenschaften der Humboldt-Universität zu Berlin. Ihre Forschungsschwerpunkte sind: qualitative Methoden, Bildungs-, Migrations- und Kindheitsforschung.

Juliane Noack Napoles, Dr., ist wissenschaftliche Mitarbeiterin an der Professur Allgemeine Erziehungswissenschaft mit dem Schwerpunkt Pädagogische Anthropologie an der Universität zu Köln. Forschungsschwerpunkte: Identitätsforschung, Lebenslauf- und Biografieforschung, qualitative Forschungsmethoden;

aktuell Mitarbeit an den Projekten: Geschichte der ästhetischen Bildung und Pädagogische Zugänge zur Vulnerabilität.

Anne Otzen, M.Ed., ist wissenschaftliche Mitarbeiterin an der Universität Bremen. Arbeitsschwerpunkte: Ironie in der Pädagogik, Literatur und Pädagogik, Sozialisations- und Erziehungstheorien, Theorien der Anerkennung, Ethnografie.

Robert Pfützner, Dr., ist Berufsschullehrer, Lehrbeauftragter an der TU Darmstadt und freier Mitarbeiter am Haus der Kulturen der Welt in Berlin. Arbeitsschwerpunkte: Theorie und Praxis solidarischer Bildungsprozesse, pädagogische Professionsethik, Geschichte und Systematik sozialistischer Pädagogik.

Ulf Sauerbrey, PD Dr., ist Akademischer Rat auf Zeit am Fachbereich Grundschulpädagogik und Kindheitsforschung an der Universität Erfurt und Privatdozent am Institut für Erziehungswissenschaft an der Friedrich-Schiller-Universität Jena. Arbeitsschwerpunkte: Theorien der Erziehung und Bildung, öffentliche und familiale Kleinkindererziehung, Pädagogik und Medien, qualitative Sozialforschung.

Carlos Willatt, Lic., hat Musik und Philosophie an der Pontificia Universidad Católica in Santiago de Chile studiert. Lehrtätigkeit in den Fächern Musik (Privatlehrer) und Philosophie (Gymnasium) in Chile. Seit 2015 ist er Stipendiat des DAAD und Doktorand in dem Arbeitsbereich Allgemeine Erziehungswissenschaft des Instituts für Erziehungswissenschaften der Humboldt-Universität zu Berlin. Forschungsschwerpunkt: Ästhetische Erziehung und Bildung.

Ole Wollberg, StR, hat Kunst, Französisch und Erziehungswissenschaften an der Universität Hamburg und der Hochschule für Bildende Künste Hamburg studiert. Er ist Lehrer für Kunst und Französisch und arbeitet an einem Promotionsprojekt über Schweigendes Wissen in malerischen Prozessen. 2014 bis 2016 war er Promotionsstipendiat der Uni Hamburg in der Fakultät für Erziehungswissenschaft. Dort war er Mitarbeiter im Arbeitsbereich FuL (Forschungs- und Le[] rstelle. Kunstpädagogik und Visuelle Bildung). Arbeitsschwerpunkte: Ästhetische Bildung, tacit knowing, Kompetenzbegriff in der Kunstpädagogik.

Jörg Zirfas, Dr., ist Professor für Erziehungswissenschaft mit dem Schwerpunkt Pädagogische Anthropologie an der Universität zu Köln. Er ist Vorsitzender der Sektion Allgemeine Erziehungswissenschaft (DGfE), der Kommission Pädagogische Anthropologie (DGfE) und der Gesellschaft für Historische Anthropologie (FU Berlin); zudem ist er Mitglied des Interdisziplinären Zentrums Ästhetische Bildung (FAU Erlangen-Nürnberg) und des Arbeitskreises Psychoanalyse und Lebenskunst (Berlin). Arbeitsschwerpunkte: Pädagogische und Historische Anthropologie, Bildungsphilosophie und Psychoanalyse, Pädagogische Ethnografie und Kulturpädagogik.